Der Feldberg

Regierungspräsidium Freiburg (Hg.)

Der Feldberg

Subalpine Insel im Schwarzwald

Unter Mitarbeit von
Iris und Joachim Asal, Regina Biss, Arno Bogenrieder,
Harald Brünner, Stefan Büchner, Peter Detzel, Klemens Fritz,
Odwin Hoffrichter, Angelika Kobel-Lamparski, Hubertus Knoblauch,
Friedrich Kretzschmar, Franz Lamparski, Thomas Ludemann,
Andreas Matzarakis, Jörg-Uwe Meineke, Bernhard Metz,
Günther Osche †, Wolfgang Pankow, Hannes F. Paulus,
Helga Rasbach, Kurt Rasbach, Wolfgang Röske, Helmut Saurer,
Bernd-Jürgen Seitz, Ernst Joachim Tröger, Thomas Ullrich,
Wolfhard Wimmenauer

JAN THORBECKE VERLAG

Die Auflage wurde gefördert durch:

Stiftung Naturschutzfonds Baden-Württemberg

FSC MIX Papier aus verantwortungsvollen Quellen FSC® C004592

Für die Schwabenverlag AG ist Nachhaltigkeit ein wichtiger Maßstab ihres Handelns. Wir achten daher auf den Einsatz umweltschonender Ressourcen und Materialien. Dieses Buch wurde auf FSC®-zertifiziertem Papier gedruckt. FSC (Forest Stewardship Council®) ist eine nicht staatliche, gemeinnützige Organisation, die sich für eine ökologische und sozial verantwortliche Nutzung der Wälder unserer Erde einsetzt.

Bibliografische Information der Deutschen Nationalbibliothek
Die Deutsche Nationalbibliothek verzeichnet diese Publikation in der Deutschen Nationalbibliografie; detaillierte bibliografische Daten sind im Internet über http://dnb.d-nb.de abrufbar.

Alle Rechte vorbehalten
© 2012 Jan Thorbecke Verlag der Schwabenverlag AG, Ostfildern
www.thorbecke.de

Umschlaggestaltung: Finken & Bumiller, Stuttgart
Umschlagabbildung vorn: Feldberg, Luftaufnahme (Hermann Miller)
Umschlagabbildungen hinten (von links nach rechts): Alpen-Troddelblume (Hubertus Knoblauch), Blattkäfer (Wolfgang Pankow), Auerhuhn (Klaus Echle), Rotfuchs (Erich Marek)
Karte im Vorsatz und Abb. 466–469: Geodaten aus dem Räumlichen Informations- und Planungssystem (RIPS) der Landesanstalt für Umwelt, Messungen und Naturschutz Baden-Württemberg (www.lubw.baden-wuerttemberg.de); Kartengrundlage: © Landesamt für Geoinformation und Landentwicklung Baden-Württemberg (LGL) (www.lgl-bw.de) Az.: 2851.9-1/19
Druck: Firmengruppe APPL, Wemding
Hergestellt in Deutschland
ISBN 978-3-7995-0757-8

Inhalt

Geleitwort		9
Vorwort des Herausgebers		10
Danksagung		12
A	Geomorphologie und Landschaftsentwicklung	14
	1. Tektonik und Altrelief – Hebung und Abtragung als Gegenspieler	14
	1.1 Naturräume	16
	1.2 Das variszische Grundgebirge	16
	1.3 Das mesozoische Deckgebirge und dessen Abtragung	18
	2. Flussgeschichte – Rhein und Donau im Widerstreit	21
	3. Die Kaltzeiten und ihre Auswirkungen – Eis und Wasser als Formungselemente	27
	3.1 Der Südschwarzwald im Pleistozän	28
	3.2 Die Täler im Feldberggebiet	30
	3.3 Zeitliche Einordnung der Glazialspuren im Bereich des Feldbergs	48
	4. Die spätpleistozäne und aktuelle Landschaftsveränderung	54
B	Das Grundgebirge im Feldberggebiet	63
	1. Einführung	63
	2. Erscheinungen und Erkennung der Gesteine und Minerale im Gelände	65
	2.1 Gesteinsaufschlüsse	65
	2.2 Gesteinsminerale	68
	3. Die Haupteinheiten des Grundgebirges im Feldberggebiet	69
	3.1 Gneise und Migmatite	69
	3.2 Metagranite (Randgranit und Lägerfelsen-Granit)	76
	3.3 Die »Alten Schiefer«	76
	3.4 Gesteine des Oberdevons und Unterkarbons	79
	3.5 Granite	80
	3.6 Gesteine des jungen Vulkanismus	82
	4. Erz- und Mineralgänge	83
	5. Die Verwitterung der Gesteine und ihrer Minerale	87
	5.1 Verwitterung der Gesteine	87
	5.2 Verwitterung der Minerale	90
	6. Tektonik	90
	7. Blitzspuren an Felsen im Feldberggebiet	92
C	Klima	95
	1. Einführung	95
	2. Klimaelemente	96

	3. Erholung, Gesundheit und Tourismus	103
	4. Klimawandel	106

D Die Vegetation der Weidfelder und der waldfreien Sonderstandorte 107
    1. Der Feldberg – Ein Berg für Botaniker 107
    2. Die Weidfelder 111
        2.1 Die Weidfelder der Hochlagen 114
        2.2 Die Lawinenbahnen 127
        2.3 Die Waldreitgras-Flur 131
        2.4 Die Flügelginsterweide 134
        2.5 Die Fettweiden 136
        2.6 Die Lägerflur 137
    3. Quellfluren, Rieselfluren und Flachmoore 139
        3.1 Die Quellfluren 141
        3.2 Die Rieselfluren 145
        3.3 Die Flachmoore 149
    4. Hochmoore 157
        4.1 Die Vegetation der Schlenken 162
        4.2 Die Vegetation der Bulte 165
    5. Der Feldsee 167
    6. Felswände 169
    7. Die Gefährdung der Feldbergvegetation 176
    8. Alpenpflanzen – Feldbergpflanzen: ein Vergleich 178

E Die Waldlebensräume und ihre Vegetation – Standorte, Charakterisierung und Verbreitung .. 181
    1. Der Feldberg – Ein Waldberg 181
    2. Standörtliche Charakterisierung, Wuchsbedingungen und Untergliederung der Wälder im Feldberggebiet 186
    3. Nutzungsgeschichte, Waldbewirtschaftung und Waldentwicklung 190
        3.1 Köhlerei im Feldberggebiet – Historische Bedeutung und wissenschaftlicher Wert .. 196
        3.2 Aktuelle Besitzverhältnisse und Waldbewirtschaftung 199
        3.3 Waldnaturschutz im Feldberggebiet – Tannenanteil, Prozessschutz, Entfichtung und »Verheidelbeerung« 202
    4. Die natürliche Baumartenzusammensetzung und die Fichtenfrage 210
        4.1 Holzkohleanalytische Ergebnisse von Rückständen der historischen Waldköhlerei .. 214
    5. Die Lebensraumtypen der Wälder und ihre Standorte 219
        5.1 Hainsimsen-Buchenwald 221
        5.2 Waldmeister-Buchenwald 226
        5.3 Bergahorn-Buchenwald 230
        5.4 Blockhalden-, Schlucht- und Schatthangwälder 240
        5.5 Auwälder 244
        5.6 Hochlagen-Fichtenwald 247
        5.7 Hainsimsen-Tannenwald 251
        5.8 Natürliche Fichtenwälder der Sonderstandorte 253
        5.9 Sukzessionsflächen des Waldes – Schlagflur- und Vorwaldvegetation 259
        5.10 Subalpine Gebüsche, Hochstauden- und Hochgrasfluren 260

	6.	Die Verbreitung der Lebensräume im Feldberggebiet	261
	6.1	Zur Methodik und Durchführung der kartografischen Erfassung	261
	6.2	Spektrum und Flächenanteile der Lebensraumtypen	264
	6.3	Lebensraummosaik und Verbreitungsmuster	266

F Die Tierwelt des Feldberggebiets ... 279

1. Einführung ... 279
2. Zur Tiergeografie der Feldbergfauna ... 280
    - 2.1 Ökologische Tiergeografie ... 281
    - 2.2 Historische Tiergeografie ... 282
    - 2.3 Überbleibsel der Eiszeit: Glazialrelikte ... 286
    - 2.4 Der boreo-alpine Verbreitungstyp ... 287
    - 2.5 Bindung an kühle Standorte und Höhenstufenvikarianz ... 288
    - 2.6 Rassen- und Artbildung als Folge der Disjunktion ... 289
3. Die Fauna der Gewässer im Feldberggebiet ... 291
    - 3.1 Allgemeine Charakterisierung ... 291
    - 3.2 Die Bergbachfauna ... 294
    - 3.3 Die Fauna der Quellen ... 304
    - 3.4 Die Fauna im Feldsee ... 307
4. Der Badische Riesenregenwurm Lumbricus badensis ... 312
5. Die Insektenfauna der Moore ... 329
6. Käfer im Feldberggebiet ... 334
    - 6.1 Käferarten des Gipfelplateaus und der subalpinen Borstgrasrasen ... 335
    - 6.2 Arten der »Eislöcher« ... 337
    - 6.3 Arten der montanen und subalpinen Wälder ... 338
7. Schmetterlinge der Feldbergregion ... 348
    - 7.1 Tagfalter ... 349
    - 7.2 Nachtfalter ... 351
8. Bemerkenswerte Heuschrecken ... 355
9. Amphibien und Reptilien des Feldberggebiets ... 357
10. Vögel der montanen und subalpinen Stufe ... 361
    - 10.1 Vögel des Offenlands und der Übergangsbereiche zum Wald ... 361
    - 10.2 Vögel des Waldes ... 367
11. Säugetiere des Feldberggebiets ... 373
    - 11.1 Bodenlebende Kleinsäuger ... 373
    - 11.2 Fledermäuse ... 380
    - 11.3 Großsäuger ... 383

G Naturschutz und Tourismus am Feldberg ... 400

1. Die Bedeutung des Feldbergs für den Naturschutz ... 400
    - 1.1 Naturschutz am Feldberg im Wandel der Zeiten ... 400
    - 1.2 Der lange Arm der Eiszeit ... 403
    - 1.3 Waldfreie Refugien ... 404
2. Das Naturschutzgebiet Feldberg im Licht der Naturschutzgeschichte Baden-Württembergs ... 409
    - 2.1 Vorkriegs- und Kriegsjahre (1936–1945) ... 409
    - 2.2 Nachkriegsjahre (1945–1951) ... 412

2.3	Aufbaujahre (1952–1959)	416
2.4	Umbruchjahre (1960–1969)	419
2.5	Aufbruchjahre (1970–1979)	420
2.6	Fruchtbare und wechselhafte Jahre (1980–1996)	422
2.7	Der Naturschutz wird europäisch (1997–2011)	429
3.	Tourismus und Naturschutz – Konfliktherd Feldberg	433
3.1	Tourismus am Feldberg – gestern, heute und morgen	437
3.2	Wintersport	437
3.3	Sommertourismus	442
3.4	Einfluss des Klimawandels	446
3.5	Wege zum Miteinander	447
3.6	Kooperation statt Konfrontation – Wege zu einem konstruktiven Miteinander	452
4.	Ausblick: Weitere Herausforderungen sind absehbar	459

Literatur 462

Autorinnen und Autoren 472

Abkürzungen der Bildautorinnen und -autoren 474

Register 475

Geleitwort

Liebe Leserinnen und Leser,

der Feldberg vereint gleich mehrere Superlative. Er ist nicht nur der höchste Berg Baden-Württembergs, sondern beherbergt auch eine einmalige Tier- und Pflanzenwelt und ist zentraler Bestandteil des ältesten und größten Naturschutzgebietes im Land.

Die Lektüre dieses Buches gibt Ihnen Einblicke in die faszinierende Welt des Feldberggebietes, von den Waldlebensräumen über geologische und klimatische Grundlagen bis hin zur vielfältigen Tier- und Pflanzenwelt: Lesen Sie, staunen Sie und lernen Sie den Feldberg kennen und schätzen.

Als wesentlicher Bestandteil großflächiger FFH- und Vogelschutz-Gebiete, den Bausteinen des europaweiten Schutzgebietsnetzes Natura 2000 zur Sicherung europaweit gefährdeter Lebensräume sowie Tier- und Pflanzenarten, spielt der Feldberg auch europaweit eine wichtige Rolle.

Das Land Baden-Württemberg unterstützt insbesondere die Biotop- und Landschaftspflege am Feldberg. Denn Landschaftspflege, Naturschutz und Tourismus wirken wechselseitig aufeinander ein und bilden ein magisches Dreieck: Landschaftspflege, Naturschutz und der Ausflug in Natur und Landschaft gehen dabei Hand in Hand.

Das ist gerade in einem so stark besuchten Gebiet wie dem Feldberg entscheidend. Eine wichtige Voraussetzung dafür ist eine umfangreiche Sensibilisierung der Gäste. Das Feldbergbuch ist eine gute Grundlage und ergänzt in idealer Weise die Arbeit des Feldberg-Rangers und des auf dem Feldberg angesiedelten Naturschutzzentrums Südschwarzwald.

Ich freue mich, dass die Stiftung Naturschutzfonds Baden-Württemberg auch diese Auflage des Feldbergbuches unterstützen konnte und wünsche Ihnen eine informative und unterhaltsame Lektüre.

Alexander Bonde
Minister für Ländlichen Raum und Verbraucherschutz
Vorsitzender der Stiftung Naturschutzfonds Baden-Württemberg

Vorwort des Herausgebers

Liebe Leserinnen und Leser,

nachdem das 2009 ebenfalls vom Regierungspräsidium Freiburg herausgegebene »dritte Kaiserstuhlbuch« so großen Anklang fand, dass es bereits 2011 neu aufgelegt werden musste, folgt nun das »dritte Feldbergbuch«. Auch hier war es wie beim Kaiserstuhl der Badische Landesverein für Naturkunde und Naturschutz, der zu seinem 60-jährigen Jubiläum 1941 ein Werk über den Feldberg vorgesehen hatte – wegen des Kriegs konnte die von Karl Müller herausgegebene erste Feldberg-Monografie erst sieben Jahre später im Jahr 1948 erscheinen.

Über 30 Jahre später erschien 1982 das »zweite Feldbergbuch« in der von der damaligen Landesanstalt für Umweltschutz herausgegebenen Reihe über die Natur- und Landschaftsschutzgebiete Baden-Württembergs.

Genau dreißig Jahre später kommt nun das »dritte Feldbergbuch« mit fast demselben Titel und annähernd derselben Gliederung auf den Markt. Fast unverändert aus dem Buch von 1982 übernommen wurden die Texte des 2009 verstorbenen Freiburger Zoologen Prof. Dr. Günther Osche, dessen anschauliche Schilderungen über Tiergeografie und Gewässerfauna nach wie vor Gültigkeit haben.

Was hat sich nun in den letzten dreißig Jahren am Feldberg getan?

An der Gestalt und Entwicklung der Feldberglandschaft hat sich wenig verändert, und gegenüber anderen Regionen erstaunlich konstant geblieben ist bisher auch die Tier- und Pflanzenwelt des Feldberggebiets. Deren »supalpine« Besonderheiten sind überwiegend noch vorhanden, bei den Tieren sogar bereichert durch einige Neufunde.

Das abschließende Kapitel »Naturschutz und Tourismus am Feldberg« wurde vom Leiter des dortigen Naturschutzzentrums, Dr. Stefan Büchner, und von Dr. Bernd-Jürgen Seitz, dem stellvertretenden Leiter meines Referats Naturschutz und Landschaftspflege, verfasst, der die Bucherstellung auch koordinierte. An diesem Kapitel lassen sich die Entwicklungen der letzten Jahrzehnte besonders gut nachvollziehen. Der Tourismus hat – des einen Freud, des anderen Leid – erheblich zugenommen. Trotz immer wieder zu vernehmender »Unkenrufe« hat sich aber die Qualität des Naturschutzgebiets Feldberg in seiner Substanz nicht wesentlich verschlechtert. Dies ist nicht zuletzt ein Verdienst des 2001 eröffneten Naturschutzzentrums und des zum Regierungspräsidium gehörenden »Feldberg-Rangers« Achim Laber. Dieser war auch an der Mehrzahl der Filme des Freiburger Filmemachers Dirk Adam auf der beiliegenden DVD beteiligt, die zeigen, dass auch der Humor eine »pädagogische Naturschutzmaßnahme« sein kann.

Wiederum förderte die Stiftung Naturschutzfonds dieses Vorhaben, was insbesondere eine großzügige Ausstattung mit Bildern möglich machte.

Mit dem Thorbecke-Verlag, der ja auch die ebenfalls großzügig ausgestatteten Kompendien über die Naturschutzgebiete der vier Regierungsbezirke unseres Landes herausgibt, haben meine Mitarbeiter des Referats Naturschutz und Landschaftspflege und namentlich der Koordinator des Buchs, Dr. Bernd-Jürgen Seitz, wieder eine kompetente und angenehme Zusammenarbeit erlebt.

Mein besonderer Dank gebührt den Autoren Prof. Dr. Wolfhard Wimmenauer, Prof. Dr. Arno Bogenrieder, Prof. Dr. Hannes Paulus und Dr. Odwin Hoffrichter sowie als Bildautoren dem Ehepaar Helga und Dr. Kurt Rasbach, welche schon im »zweiten Feldbergbuch« mitarbeiteten, ebenso wie den zahlreichen neuen Mitautoren, deren Namensnennungen Sie aus den verschiedenen Abschnitten entnehmen können.

Ihnen, liebe Leserinnen und Leser, wünsche ich nun viel Freude bei der Lektüre.

Bärbel Schäfer
Regierungspräsidentin

Danksagung

Den Autoren des vorliegenden Buchs standen viele Fachkollegen, Freunde und Kenner des Feldbergs beratend und unterstützend zur Seite, denen an dieser Stelle herzlich gedankt werden soll. Unter den zahlreichen Bildautoren (siehe Liste im Anhang), die ihre Bilder zum Teil kostenlos zur Verfügung stellten, danken die Autoren insbesondere Helga und Dr. Kurt Rasbach, die einen Großteil des Buchs mit ihren brillanten und aussagekräftigen Aufnahmen ausstatteten und zur Unterstützung der Autoren sogar die Kosten für Abzüge und Proofs übernahmen.

Für die Genehmigung zum Nachdruck eines Auszugs aus der Geomorphologischen Karte 8114 Feldberg danken wir der Koordinationskommission des früheren DFG-Schwerpunktprogramms Geomorphologische Detailkartierung in der Bundesrepublik Deutschland, namentlich Herrn Prof. Dr. R. Dikau (Bonn). Die Erstellung von Kartenskizzen und Schemazeichnungen übernahm dankenswerterweise Herr Klaus-Dieter Lickert.

Für Hinweise auf Blitzspuren an Gesteinen ist Frau Prof. Dr. O. Wilmanns und Herrn Präparator Norbert Kindler sehr zu danken, ebenso für die Gespräche über Petrologie und Entwicklung des Grundgebirges mit Herrn Dr. Horst Peter Hann (Tübingen). Drei Mineralienfotos wurden von Herrn Helge Steen zur Verfügung gestellt.

Dr. Christine Endler, Sandra Galaboff und Martin Hämmerle wird hier für die Analyse von Daten und die Erstellung von Grafiken für das Klima-Kapitel gedankt.

In den vegetationskundlichen Teil haben neue Forschungs- und Kartierungsergebnisse Eingang gefunden, die im Rahmen des Naturschutzgroßprojekts Feldberg-Belchen-Oberes Wiesental erarbeitet und in den Mitteilungen des Vereins für Forstliche Standortskunde und Forstpflanzenzüchtung veröffentlicht wurden. Dass wir diese Ergebnisse uneingeschränkt für das dritte Feldbergbuch verwenden durften, dafür bedanken wir uns sehr herzlich bei allen Beteiligten, insbesondere bei Geldgebern, Projektträgern und den Co-Autoren Wolfgang Röske und Matthias Krug. Entsprechendes gilt für die vegetationsgeschichtlichen Gesichtspunkte, die auf neuen holzkohleanalytischen Forschungsergebnissen basieren, die durch die Volkswagen-Stiftung, das Bundesministerium für Bildung und Forschung sowie die Deutsche Forschungsgemeinschaft gefördert wurden.

Das Kapitel zu den Waldlebensräumen und ihrer Vegetation ist der Mutter des Autors gewidmet, die seine ersten und im Feldberggebiet ihre letzten gemeinsamen Wanderschritte mit ihm gegangen ist und die Bäume und Wälder so liebte.

Aufgrund der Erkrankung des Hauptautors des zoologischen Kapitels wurde es auf der Grundlage des Beitrags im Feldbergbuch von 1982 von zahlreichen Autoren aktualisiert, die in den jeweiligen Unterkapiteln genannt sind; für Korrekturen bzw. Ergänzungen dankt der Herausgeber an dieser Stelle insbesondere Frank Baum, Wolfgang Pankow und Jürgen Trautner (Käfer), Wolfgang Röske (Libellen) und Ernst-Joachim Tröger (Netzflügler).

Das Kapitel über den Badischen Riesenregenwurm möchten die Autoren mit herzlichem Dank für Anregungen und Diskussionen Herrn Prof. Dr. Heinz W. Zöttl zum 85. Geburtstag widmen.

Für Fundmeldungen von Amphibien und Reptilien im Feldberggebiet haben insbesondere Werner Ebser, Guido Kless, Hubertus Knoblauch, Achim Laber und Gerrit Müller beigetragen, denen hier gedankt werden soll.

Feldberg-Ranger Achim Laber sei auch gedankt für eine Vielzahl von Informationen und Bildern zur Geschichte der Besucherlenkung und Landschaftspflege im Naturschutzgebiet Feldberg sowie für dauerhaft humorvolle Unterstützung. Herr Diez von der Wetterwarte Feldberg stellte langjährige Temperaturdaten zur Verfügung, Valerie Bässler (Naturpark Südschwarzwald) steuerte wertvolle Informationen und Hinweise zum Thema Geocaching bei und Prof. Ralf Roth (Deutsche Sporthochschule Köln) hilfreiche Daten zu Wintersportaktivitäten.

Die Autoren

A Geomorphologie und Landschaftsentwicklung

Bernhard Metz und Helmut Saurer

Die Landschaft ist für Naturinteressierte der Rahmen, in dem Naturerleben stattfindet, und gleichzeitig wesentliches Element dieses Erlebens. Landschaft bietet aber weit mehr als reine Naturerfahrung. Der Reiz einer Landschaft ergibt sich für viele Besucher erst aus dem kleinräumigen Wechsel von einerseits natürlichen und andererseits vom Menschen eingebrachten Elementen. Landschaft in diesem Sinne ist also Natur- und Kulturlandschaft zugleich. In diesem Kapitel konzentrieren wir uns trotz der allgemeiner gehaltenen Überschrift auf die natürlichen Landschaftselemente und deren Genese, die durch Prozesse der Erdoberflächenformung – der Geomorphogenese – bestimmt sind.

Beginnend mit einem Blick zurück in die ferne Vergangenheit werden mit der im Wesentlichen durch tektonische Vorgänge geprägten Altlandschaft und der daraus resultierenden, im wahrsten Wortsinne bewegten Flussgeschichte die großen Eckpunkte der Naturlandschaftsentwicklung vorgestellt. Die Feingestaltung mit vielen gut erhaltenen und leicht sichtbaren Formen erfolgte dann im Pleistozän, bevor in der jüngsten erdgeschichtlichen Einheit, dem Holozän, noch einmal eine vorerst letzte Überprägung erfolgte.

1. Tektonik und Altrelief – Hebung und Abtragung als Gegenspieler

Der Höchste – dieser je nach Standpunkt als unauffällige Kuppe oder markante Erhöhung er-

1 Das Feldbergmassiv von Norden aus gesehen. Links befindet sich der Seebuck (1448 m) mit dem ehemaligen Fernsehturm, nach rechts schließt sich zunächst der Baldenweger Buck (1460 m) und dann der Höchste (1493 m) an mit dem neuen Fernsehturm, dem früheren NATO-Richtfunkturm und der Wetterwarte. Sehr deutlich ist der steile Nordabfall zum Zastler Loch zu erkennen. Schräg davor befindet sich die Ohmenkapelle bei St. Märgen. (HKR)

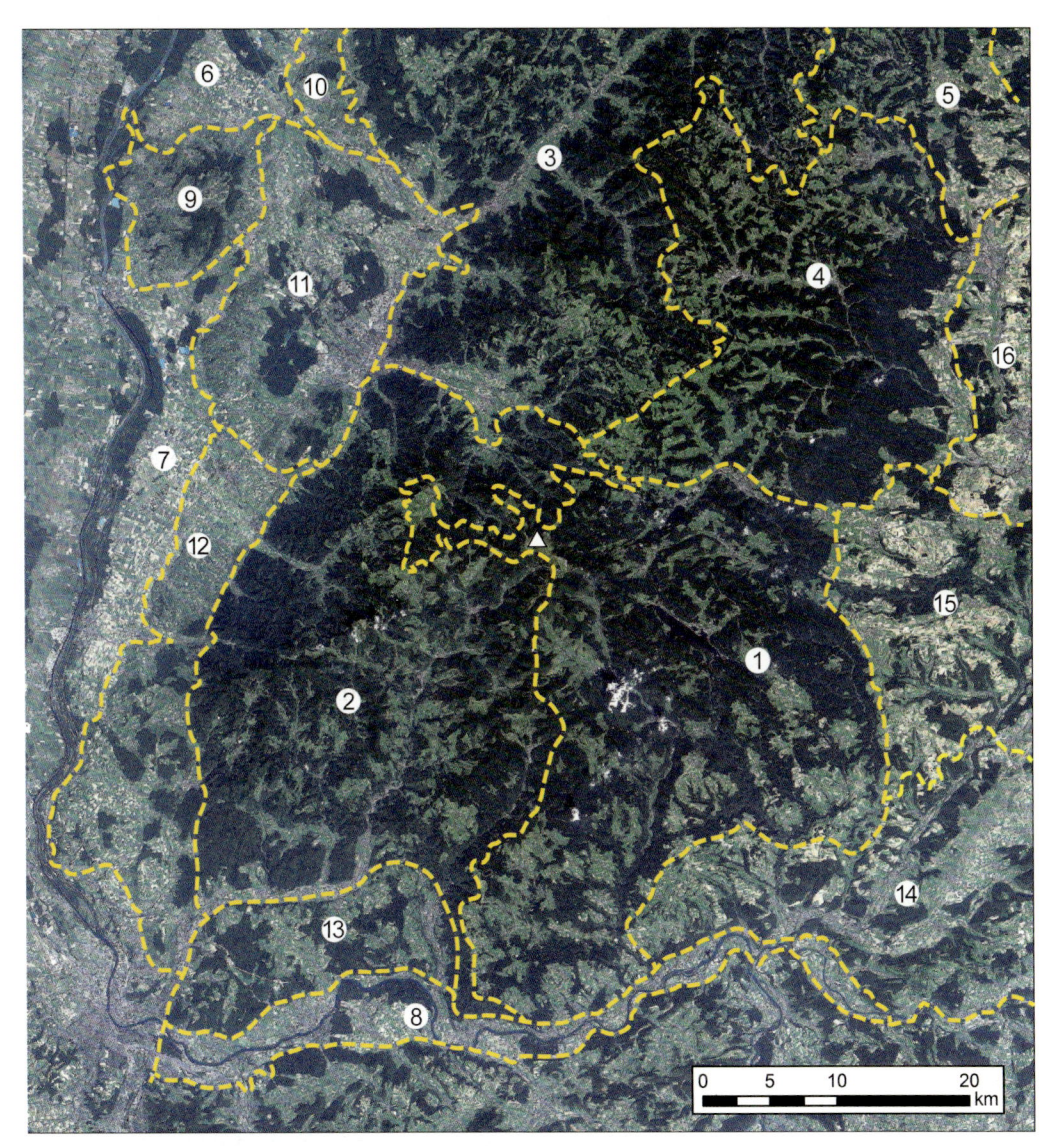

2 Die Naturraumeinheiten von Südschwarzwald und Umgebung. Die naturräumlichen Einheiten sind mit einer Landsat-ETM-Aufnahme vom 11.9.1999 überlagert. Im Satellitenbild wird die unterschiedliche Nutzung des Raumes durch den Menschen und damit indirekt die unterschiedliche Naturraumausstattung offensichtlich (nach Reichelt 1964; © Satellitenbild: ESA). Bei den weißen Flecken im Bild handelt es sich um kleinräumige Quellwolken. Der Feldberggipfel ist mit einem weißen Dreieck markiert. Die Naturraumeinheiten sind: 1 Südlicher Hochflächenschwarzwald, 2 Südlicher Kammschwarzwald, 3 Mittlerer Talschwarzwald, 4 Südöstlicher Schwarzwald, 5 Ostrand des mittleren Schwarzwalds, 6 Straßburg-Offenburger Rheinebene, 7 Markgräfler Rheinebene, 8 Hochrheintal, 9 Kaiserstuhl, 10 Emmendinger Vorberge, 11 Freiburger Bucht, 12 Markgräfler Hügelland, 13 Dinkelberg, 14 Klettgauer Schichtstufenland, 15 Mittleres Wutachland, 16 Baarhochmulde.

scheinende Bereich des Feldbergs – ist nicht nur der höchste Gipfel des Feldbergmassivs (Abb. 1), sondern des gesamten Schwarzwaldes und dessen französischer Schwester Vosges (Vogesen), wie auch aller deutschen Mittelgebirge. Form und Höhenlage der Erdoberfläche im Feldberggebiet haben sich im Lauf der Erdgeschichte vielfältig gewandelt: von einem Meeresboden zu einem Faltengebirge, weiter zu einer großräumigen flachen Beckenlandschaft und schließlich zu dem heute sichtbaren, durch Täler gegliederten Mittelgebirgsrelief. Diese Geschichte ist in Teilen auch heute noch aus der Landschaft ablesbar, weil einzelne Elemente dieser aus sogenannten Reliefgenerationen stammenden Formen erhalten geblieben sind. Um die Entstehung der heute erkennbaren geomorphologischen Formen und Einheiten des Feldberggebietes zu verstehen, ist deswegen ein Rückblick in die Erdgeschichte nötig, der eine Betrachtung erfordert, die räumlich teilweise weit über das Feldberggebiet hinausreicht.

1.1 Naturräume

Ganz selbstverständlich werden Begriffe wie Schwarzwald oder Oberrheinebene benutzt. Aber was ist damit gemeint? Mit dem Konzept der naturräumlichen Einheiten wird versucht, die Vielfalt und Individualität der Landschaften greif- und beschreibbar zu machen. Naturräume werden über Merkmale wie Relief, Gestein, Klima, Boden, Wasserhaushalt oder eine Kombination davon voneinander abgegrenzt. Über das Relief und das Gestein ist damit die direkte Prägung der Naturräume durch die im Laufe der Erdgeschichte veränderlichen geomorphologischen Prozesse gegeben. Die Abgrenzung des Schwarzwaldes, wie auch die innere Differenzierung des Südschwarzwaldes selbst, sind direkte Folgen der unterschiedlichen Landschaftsgeschichte. Im Westen und Süden ist der Südschwarzwald durch tektonische Störungslinien abgrenzbar, im Osten durch einen markanten Gesteinswechsel. Innerhalb des Schwarzwaldes wiederum sind unterschiedliche Hebung und Erosionsleistung der Flüsse für die Abgrenzung verantwortlich. Satellitenbilder sind gut geeignete Hilfsmittel, um die Naturraumeinheiten zu illustrieren, da die Nutzung, die sich häufig aus den unterschiedlichen Bedingungen ableiten lassen, gut erkennbar ist. Deutlich tritt in solchen Bildern daher der markante Übergang des waldreichen Schwarzwaldes zu der intensiv genutzten Oberrheinischen Tiefebene im Westen und den Gäulandschaften im Osten hervor (Abb. 2).

Nach dieser Raumgliederung liegt der Feldberg im Grenzbereich der beiden Naturraumeinheiten Südlicher Hochflächenschwarzwald und Südlicher Kammschwarzwald. Insbesondere die Gipfelregion ist dem Hochflächenschwarzwald zuzuordnen, der als flach nach Südosten einfallende Landoberfläche charakterisiert werden kann. Darin haben sich die ehemals zur Donau orientierten Abflüsse nur verhältnismäßig wenig eingeschnitten. Im Nordwesten und Südwesten dagegen dominiert der Eindruck der steilen, tief eingeschnittenen Täler des Kammschwarzwaldes. Die ehemalige Fläche ist durch tiefe Täler in einzelne Kämme zerschnitten, was an eine Firstlandschaft erinnert.

1.2 Das variszische Grundgebirge

Für große Teile Mitteleuropas ist die Zeit der variszischen Gebirgsbildung vor 380 bis 290 Millionen Jahren ein Ausgangspunkt der Reliefformung. In diesem Zeitraum bildete sich aus dem Ozean zwischen den damaligen Kontinenten Prä-Gondwana im Süden und Laurussia im Norden ein breiter Hochgebirgsgürtel (Abb. 3). Dieser Hochgebirgsgürtel war bedeutend weiter ausgedehnt, als es die heutigen Alpen sind, die auf

3 Das variszische Gebirge in Mitteleuropa. Ähnlich dem heutigen Faltengebirgszug von Europa (Alpen) bis nach Zentralasien (Himalaya) erstreckte sich das variszische Gebirge über viele Tausend Kilometer. Überreste davon finden sich heute in den Gesteinen des Schwarzwaldes genauso wie beispielsweise in der Bretagne oder den nordamerikanischen Appalachen. (nach EBERLE et al. 2007)

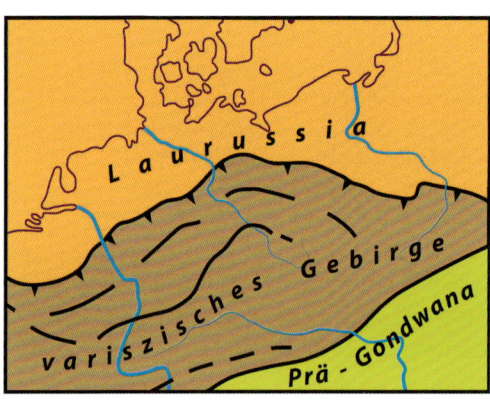

4 a/b Gegensatz zwischen einem jungen Hochgebirge und einem eingeebneten Altrelief. Der Blick über den sanften Rücken des Seebucks zu den Alpen, die über dem Nebelmeer im Schweizer Mittelland zu schweben scheinen, lässt den Gegensatz zwischen einem jungen Hochgebirge und der Mittelgebirgslandschaft des Schwarzwaldes erahnen (oben). Besonders deutlich wird der gänzlich andere Landschaftscharakter der süddeutschen Schichtstufenlandschaft im unteren Bild mit dem Blick vom Seebuck nach Osten zum Rand der Schwäbischen Alb. Trotz der Zertalung dominiert der Eindruck einer flächenhaften Landschaft. Das obere Bild zeigt die Situation in den 1980er-Jahren. Zwischenzeitlich wurde der Sendemast auf dem Feldbergturm abgebaut. (HKR)

den Schwarzwaldhöhen vor allem bei Inversionswetterlagen ein prächtiges Panorama bilden (Abb. 4a).

Das variszische Gebirge ist längst abgetragen und wurde nahezu vollständig eingeebnet. Allerdings bildet der Sockel dieses Hochgebirges aus dem späten Erdaltertum (Paläozoikum) den kristallinen Kern des Schwarzwaldes. Die Gesteine dieses variszischen Sockels sind im Zuge der Gebirgsbildung neu entstanden (Granite) oder es wurden ältere Gesteine durch den hohen Druck metamorph umgeformt (Gneise). Durch Erosion wurde das Gebirge nach Abschluss der Kontinentkollision wieder nahezu eingeebnet. Auf die entstandene Fläche (»prä-triadische Landoberfläche«) wurden im Erdmittelalter (Mesozoikum) Sedimente abgelagert, die viele Hundert Meter Mächtigkeit erreichten. Blickt man heute vom Feldberg aus nach Osten, hat man den Eindruck einer weitgehend flachen Landschaft (Abb. 4b), auch wenn diese in sich zwischenzeitlich schon wieder von der erosiven Kraft der Flüsse zergliedert wurde. Dennoch ist der Blick gut geeignet, sich die weite Ausdehnung der mitteleuropäischen Ebenen vorzustellen, die sich im Mesozoikum vom heutigen Feldberggebiet aus in alle Richtungen erstreckten.

1.3 Das mesozoische Deckgebirge und dessen Abtragung

Im späten Paläozoikum vor etwa 280 Millionen Jahren war die Landschaft so weit eingeebnet und tiefer gelegt, dass eine ausgedehnte Sedimentationsphase einsetzte. Die aus dem Erdmittelalter stammenden Sedimente wurden unter teils terrestrischen, teils marinen Bedingungen gebildet. Im engeren Feldberggebiet sind diese Gesteine nicht mehr erhalten, da sie durch spätere Hebungsvorgänge bereits wieder der Abtragung unterworfen waren. Wenige Kilometer östlich des Schluchsees oder entlang der Bundesstraße 31 östlich von Neustadt finden wir jedoch den Übergang von den im Südschwarzwald dominierenden kristallinen Gesteinen zum Buntsandstein. Dabei handelt es sich um unterschiedliche Gesteine einer festländischen Sedimentation, die unter ariden, also trockenen Klimabedingungen ab etwa 248 Millionen Jahre vor der heutigen Zeit gebildet worden sind. Weiter nach Osten folgen die jüngeren Gesteine der Trias (Muschelkalk und Keuper) sowie der Jurazeit (Lias, Dogger und Malm; 206–144 Mio. Jahre vor heute). Das Auftreten dieser Gesteine gibt einen wichtigen Hinweis auf die tektonische Entwicklung des Raums, seit die Sedimente gebildet worden sind. In der Kreidezeit (144–65 Mio. Jahre vor heute) haben sich die tektonischen Bewegungen erneut verändert. Die Absenkung, welche die Entstehung der mächtigen Sedimentgesteine erst ermöglichte, kam zum Stillstand und es setzte zunächst langsam wieder Erosion ein. Unter den tropischen Bedingungen des Alttertiärs wurde die Landschaft zunächst über die unterschiedlichen Gesteine hinweg flächenhaft tiefer gelegt. Man kann davon ausgehen, dass die Feldbergregion in langen Abschnitten der Kreide und des Alttertiärs Teil einer ausgedehnten, nur wenig über dem Meeresspiegel liegenden Flachlandschaft, einer sogenannten Rumpffläche, war. Vor etwa 50 Millionen Jahren setzte die Bildung des Oberrheingrabens ein. Damit verbunden ist für den Schwarzwald und den Feldberg eine Hebung im Westen, die zu einer Schrägstellung der Erdoberfläche führt. Reste der alten Rumpfflächen aus der Zeit vor der Trias und aus dem Tertiär sind auch heute noch erhalten und bilden die älteste Reliefgeneration des Raumes (Abb. 5).

Die Hebung der Erdoberfläche, die im Westen des heutigen Schwarzwaldes besonders stark war und daher zu einer Kippung und Schrägstellung geführt hat, erklärt die Entstehung einiger Aspekte der heutigen Landschaft sehr gut:

- Die Erosion ist im Westen besonders intensiv wirksam gewesen. Daher sind die mesozoischen Schichten des Deckgebirges in den Hochlagen des Südschwarzwaldes mittlerweile vollständig abgetragen. Die jüngsten und damit im mesozoischen Sedimentstapel am weitesten oben liegenden Gesteine aus der Jurazeit sind nur weiter östlich erhalten geblieben.
- Im Scheitelbereich der tektonischen Hebung kommt es durch die Vergrößerung der Oberfläche zur Entstehung eines Grabens, an dessen Flanken sich Schwarzwald im Osten und Vogesen im Westen anschließen und der damit das Bild der oben eingeführten französischen Schwester des Schwarzwaldes rechtfertigt.

Die Vorstellung eines großräumigen Hebungszentrums im Bereich des heutigen Oberrheingrabens erklärt die Großform damit sehr gut. Sie er-

5 Hochflächenreste im südlichen Kammschwarzwald. Die flächenhafte Tieferlegung der Landoberfläche unter den tropischen Bedingungen des Alttertiärs hinterließ eine Landschaft, die als große Fläche angesehen werden kann und nur durch niedrige Erhöhungen und flache Muldentäler gegliedert war. Erst die Entwicklung der letzten 50 Millionen Jahre führte nach und nach zu einer Zerschneidung der Feldbergregion. Dennoch kann selbst im Einzugsbereich des Wiesetals, das zum tief zerschnittenen Naturraum des Südlichen Kammschwarzwaldes gehört, der ehemals flächenhafte Charakter der Landschaft an den einheitlichen Niveaus der Kämme gut nachempfunden werden. Einige Verflachungen lassen sich sogar beiderseits der Täler erkennen, wie das mit Linien hervorgehobene Niveau im Bild. (HKR)

laubt aber nur eine grobe Annäherung an die tatsächlichen Verhältnisse. Es bleibt dabei beispielsweise offen, weshalb sich das Feldbergmassiv 100–200 Meter über das Gipfelniveau der anderen hohen Berge des Südschwarzwaldes hinaushebt (Belchen 1414 m, Schauinsland 1284 m, Hochkopf 1263 m, Kandel 1241 m). Die Ursache hierfür liegt in einer weitergehenden Zerstückelung der Erdkruste durch die tektonischen Beanspruchungen. Sie ist durch Bruch- und Störungslinien und daran ansetzende Verwerfungen (siehe auch Abb. 8) untergliedert. Das Strukturblockbild (Abb. 6) verdeutlicht die quer durch den Südschwarzwald ziehenden Graben- und Horstsysteme. Das Feldbergmassiv bildet den Gipfelbereich eines solchen Horsts und ist daher höher gelegen als die Umgebung. Die Verwerfungen lassen sich in kristallinen Gesteinen wegen des Fehlens von Leithorizonten nur schwer direkt nachvollziehen. Die Identifikation und Lokalisierung der Verwerfungen orientiert sich daher am Vergleich der Höhenlage von Flächenresten. Zusätzliche Hinweise auf die Lage von Verwerfungen erhält man über die Verbreitung des Buntsandsteins. Reste dieser ältesten Gesteine aus dem Mesozoikum springen im Bereich des Bonndorfer Grabens weiter nach Westen als in den nördlich und südlich anschließenden Bereichen und belegen somit die tektonische Absenkung dieses Bereichs. LIEHL (1982: 17) stellt in diesem Zusammenhang fest, dass zwischen dem nördlichen Bonndorfer Graben und einer als Albtalgraben bezeichneten weiteren, herzynisch ausgerichteten Grabenzone im Süden »die höhere Scholle des Feldberg-Schauinslandrückens« liegt und dass »dieser Feldberg-Schauinsland-Horst in sich wiede-

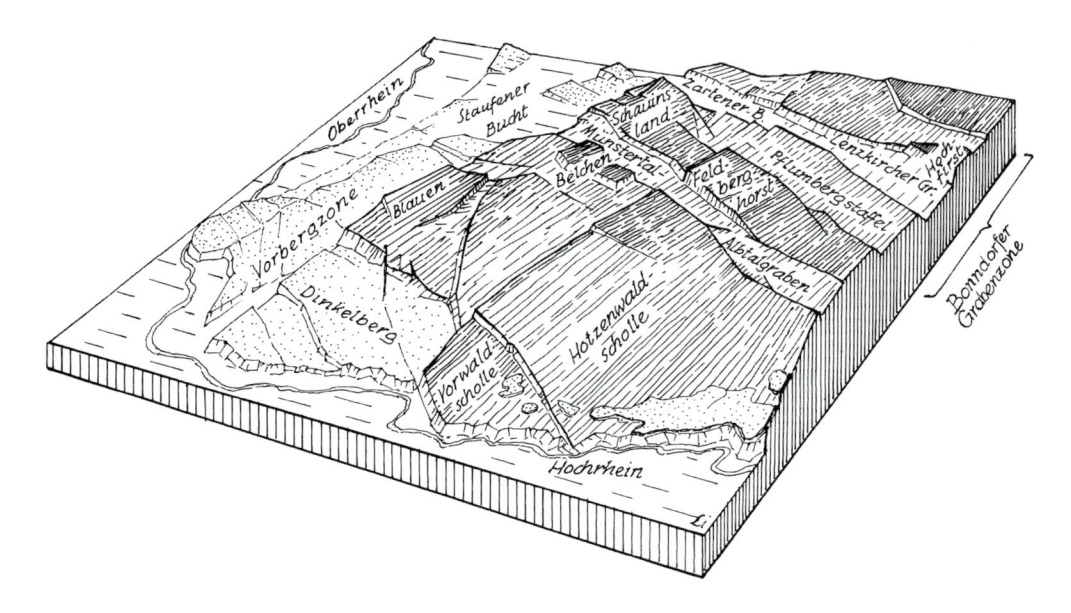

6 Graben- und Horststrukturen des Südschwarzwaldes in einem schematischen Blockbild. (LIEHL 1982)

rum gestaffelt« ist durch »nicht genau festlegbare ›rhenanische‹ Verwerfungen«. Die Begriffe rhenanisch und herzynisch beschreiben hierbei Vorzugsrichtungen von Verwerfungen in Mitteleuropa, die parallel zum Oberrhein bzw. zum Nordrand des Harzes verlaufen.

Zusammenfassend kann die Entstehung der 1300 bis knapp 1500 m hohen subalpinen Insel des Feldbergs im Wesentlichen als Folge vielschichtiger tektonischer Vorgänge mit einer großräumigen Hebung und einer kleinräumigen Zerstückelung durch Störungen und Verwerfungen erklärt werden. Die Unterschiede im Grad der Zertalung des Feldbergmassivs sind dagegen Folge der Flussgeschichte, die eng mit der Entstehung des Oberrheingrabens in Zusammenhang zu bringen ist.

Die Bildung des Oberrheingrabens ist gleichzeitig als Absenkung der Grabenmitte und als Hebung der Grabenränder vorstellbar (Abb. 7). Damit wurden Gesteine der randlich liegenden höheren Bereiche, den Vorläufern von Schwarzwald und Vogesen, erodiert und z. T. im Graben selbst abgelagert. Zugleich blieben die älteren Sedimente im Bereich des Grabens von der Erosion geschützt. Die Oberfläche des engeren Grabenbereichs war während der ganzen Zeit der

7 Verbreitung jurassischer Sedimente an der Tertiärbasis des Oberrheingrabens. Durch die Absenkung des Oberrheingrabens wurde dieser mit Sedimentgesteinen aus dem Tertiär und dem Pleistozän verfüllt. Zugleich wurden die mesozoischen Gesteine vor der Abtragung geschützt. Im südlichen Oberrheingebiet liegen deshalb unter den tertiären Sedimenten Gesteine aus der Jurazeit (blau). Dies ist ein Beleg dafür, dass Schwarzwald und Vogesen früher zusammenhingen. Die orange eingefärbte Fläche zeigt die Verbreitung paläozoischer Gesteine an der Erdoberfläche im Bereich der Grabenschultern. (nach PFLUG 1982 und EBERLE 2007)

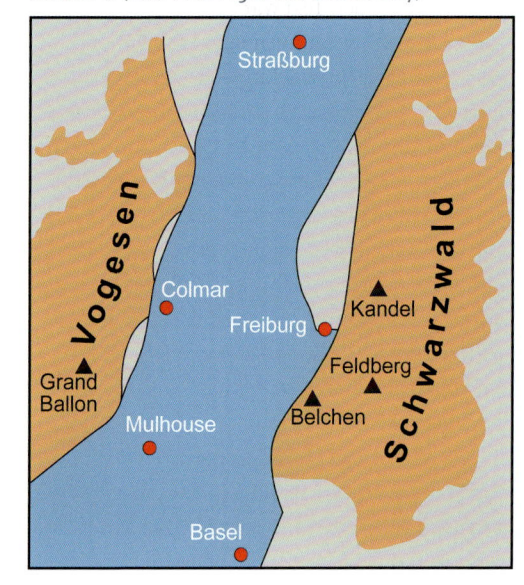

Grabenbildung in einer niedrigen Höhenlage, zeitweise drang sogar ein Meeresarm in den Graben vor. Die phasenweise erfolgte Hebung der Grabenschultern sorgte für eine Vergrößerung der Höhenunterschiede. Flüsse und Bäche konnten sich tief in die Gesteine einschneiden. Die Absenkung des Grabens war im Norden zunächst größer. Dementsprechend setzte die verstärkte Erosion an der Schwarzwaldwestseite zunächst im Norden ein und wanderte langsam nach Süden, bis schließlich auch vom Hochrhein ausgehend die intensive Zertalung wirksam wurde. Die starke Erosion an den Grabenschultern sorgte für die Abtragung der mesozoischen Gesteine des sogenannten Deckgebirges und legte in den besonders hoch herausgehobenen Teilen des Südschwarzwaldes die Granite und Gneise des kristallinen Sockels des alten variszischen Gebirges frei. Dauer und Intensität dieser Zerschneidung sind im Südschwarzwald aufgrund der Grabenentwicklung nicht gleich und bedingen das unterschiedliche Relief von Kammschwarzwald und Hochflächenschwarzwald, an deren Grenze der Feldberg heute liegt.

2. Flussgeschichte – Rhein und Donau im Widerstreit

Im vorangehenden Text war der Fokus auf die tektonischen Bewegungen mit deren Folgen für die Landschaftsentwicklung und die heutige Ausprägung der Formen gerichtet. Die Flüsse wurden lediglich als mittelbar wirksame, landschaftsgestaltende Elemente betrachtet. Insbesondere die Entwicklung der letzten 10 Millionen Jahre mit der Zerschneidung der Landschaft erfordert aber eine Betrachtung, die das Gewässernetz in den Vordergrund stellt. Kurzgefasst und stark vereinfacht kann diese Landschaftsentwicklung als Widerstreit der beiden Hauptflüsse Donau und Rhein angesehen werden.

Eine schlüssige Begründung für die stärkere Betrachtung der Flüsse liefern EBERLE et al. (2007: 45): »*Geotektonische Ereignisse und Klimaumschwünge bewirkten intensivere und vielfältigere Abtragungsprozesse, die sich nach einer langen Phase der kreidezeitlich bis alttertiären Flächenbildung über geologische Strukturen hinweg zunehmend an Gesteinsunterschieden und tektonischen Leitlinien des Untergrunds orientierten.*« Differenziert wirksame physikalische Erosionsprozesse, wie sie von Flüssen ausgeübt werden, gewinnen gegenüber den generell wirksamen, chemischen Prozessen an Gewicht und treten z. T. sogar in den Vordergrund.

Dabei haben die Rheinzuflüsse auf kurzer Distanz einen größeren Höhenunterschied zu überwinden als die (ehemaligen) Donauzuflüsse. Dementsprechend ist die Erosionskraft viel größer und die starke Zerschneidung der Landschaft durch rückschreitende Erosion bis in die Oberläufe ist die naheliegende Konsequenz. LIEHL (1982) hat in einer Übersichtskarte die Verbreitung der beiden Landschaftstypen der rhenanischen und danubischen Formung im Feldberggebiet dargestellt (Abb. 8). In der Landschaft sind die rhenanisch überformten Täler steiler und wilder, während im danubischen Relief meist weite Talungen dominieren. Bedingt durch die horstartige Heraushebung des Feldbergmassivs weisen allerdings auch die danubischen Täler im Oberlauf eine Steilstrecke auf. Direkt am Feldberg ist der Gegensatz deshalb im Gelände nicht so eindrücklich zu erkennen wie an vielen Stellen der näheren Umgebung (Abb. 9). Mithilfe eines Höhenprofils lassen sich die Auswirkungen der unterschiedlichen Erosionskraft auch für das engere Feldberggebiet gut nachvollziehen (Abb. 8 unten).

Für Besucher der Feldbergregion, die über das Höllental kommen, ist der Bereich um Hinterzarten die ideale Region, um die landschaftlichen Gegensätze zwischen rhenanischem und danubischem Relief besonders deutlich wahrzunehmen. Gleichgültig ob man per Auto, per Bahn oder zu Fuß über das Löffeltal oder die Ravennaschlucht von Westen nach Hinterzarten kommt, beeindruckt der Gegensatz zwischen dem engen, dunklen Höllental und den weiten, östlich anschließenden Talformen (Abb. 9 oben). Die Fließrichtung der Bäche entspricht jedoch nicht überall der rhenanischen oder danubischen

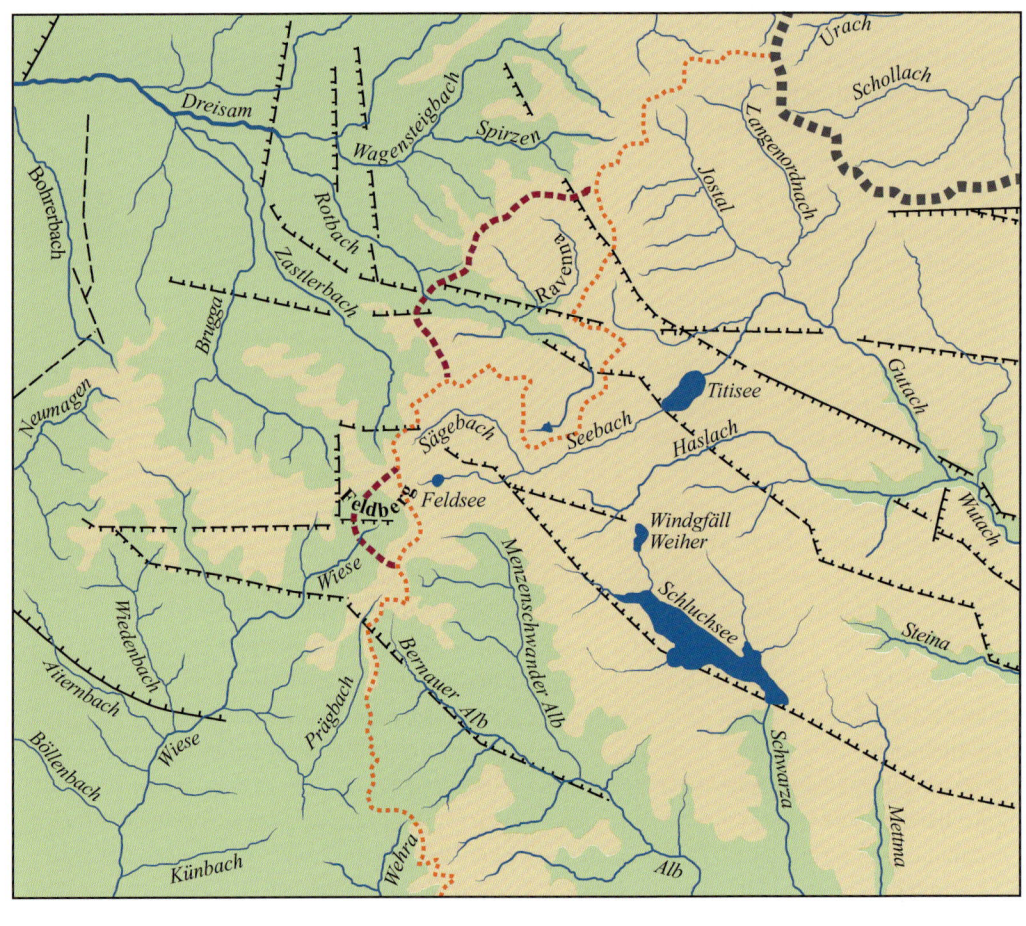

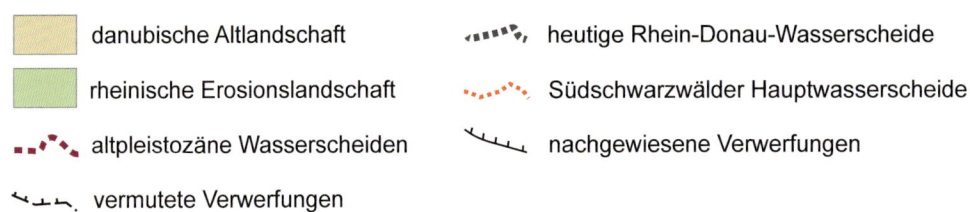

22 GEOMORPHOLOGIE UND LANDSCHAFTSENTWICKLUNG

danubische Altlandschaft

rheinische Erosionslandschaft

altpleistozäne Wasserscheiden

vermutete Verwerfungen

heutige Rhein-Donau-Wasserscheide

Südschwarzwälder Hauptwasserscheide

nachgewiesene Verwerfungen

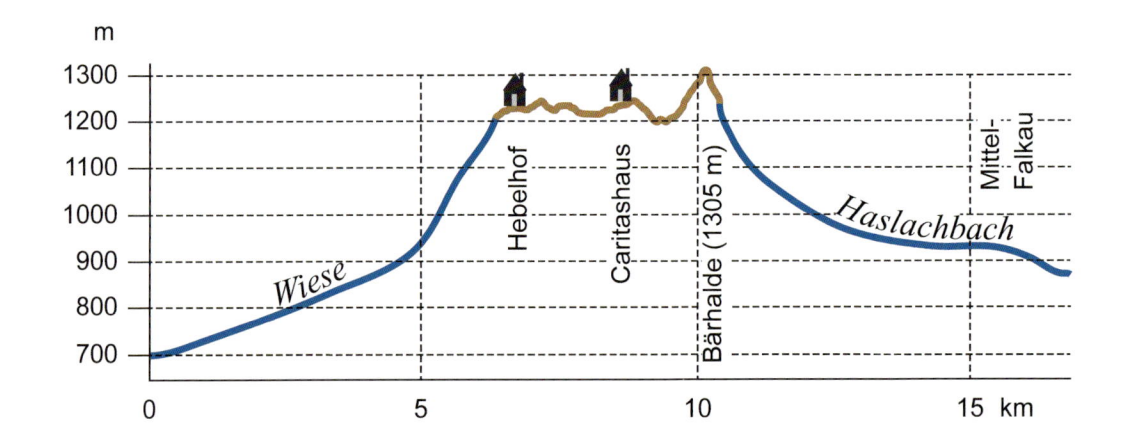

Landschaft, in der sie fließen. So entwässert der westliche Teil des Hinterzartener Moores in das Löffeltal und damit zum Rhein. Das Relief dort ist jedoch von der danubischen Altlandschaft geprägt. Dementsprechend erscheint der oberste Talabschnitt im Längsprofil deutlich flacher als der Mittelteil (Abb. 9 unten). Seit die Entwässerung nach Westen gerichtet ist, hat der Rotbach (Löffelbach) den Bereich der stärksten Erosionswirkung, hierbei handelt es sich um den steilsten Bereich im Längsprofil, flussaufwärts verlagert. Der obere Bereich des Einzugsgebietes wurde jedoch erst während der letzten Kaltzeit nach Westen umgelenkt. Die seither verstrichene Zeit ist angesichts der geringen Wassermenge im Oberlauf zu kurz gewesen, um auf der gesamten Länge bereits eine starke Eintiefung zu erreichen. Das danubische Relief konnte deswegen noch nicht in ein rhenanisch geprägtes Tal umgeformt werden. Obwohl die gesamte Feldbergregion seit Ende der letzten Kaltzeit komplett zum Rhein entwässert, lässt sich die Verlagerung der Wasserscheide an vielen weiteren Stellen gut nachvollziehen. Die beiden Reliefgenerationen der danubischen Altformen und der aktuellen rhenanisch geprägten Talbildung sind weit verbreitet. Es dauert in geologischer Zeitperspektive nur noch eine kurze Zeit, bis die danubischen Talformen aus dem Südschwarzwald weitgehend verschwunden sein werden. Aufgrund der Ablenkung der ehemaligen Feldbergdonau, die heute zunächst als Seebach in den Titisee, dann weiter als Gutach über Neustadt hinaus und schließlich als Wutach zum Rhein fließt, ist der Kampf um die Wasserscheide am Feldberg seit der letzten Kaltzeit endgültig zugunsten des Rheins entschieden worden. In Abb. 8 ist die erosive Wirkung der zum Rhein entwässernden Wutach dadurch erkennbar, dass das rhenanische Relief nicht mehr nur von Nordwesten, Westen und Süden, sondern auch von Osten in den Hochschwarzwald hineingreift. Lediglich ganz im Nordosten des Kartenausschnitts von Abb. 8 gehört heute noch ein kleiner Teilbereich, der von Urach und Schollach entwässert wird, zum Einzugsgebiet der Donau.

Die Flussgeschichte des Südschwarzwaldes und der Feldbergregion ist genau genommen nicht nur von Rhein und Donau beeinflusst. Zu Beginn der großen Veränderungen in den Flusseinzugsgebieten spielte auch der Doubs eine Rolle, der den südwestlichen Bereich des Südschwarzwaldes über die heutige Burgundische Pforte entwässerte. Hauptsächlich vergrößerte der Rhein jedoch sein Einzugsgebiet auf Kosten der Donau (Abb. 10). Durch die großen klimatischen Schwankungen und die damit einhergehenden Vereisungen des Südschwarzwaldes haben sich im Eiszeitalter des Pleistozäns vermehrt Flussumlenkungen ergeben. Dabei war von Bedeutung, dass die Gewässer des Pleistozäns einerseits eine sehr stark wechselnde Wasserführung zwischen Winter und Sommer hatten und andererseits aufgrund der enormen Produktion an Frostschutt große Frachtmengen transportiert werden konnten. Frostschutt entsteht, wenn Frost in wasserführende Gesteinsklüfte eindringt und aufgrund der Volumenvergrößerung zur Sprengung des Gesteinsverbundes führt. Durch die geringeren Temperaturen während der Kaltzeit und das Fehlen einer Vegetationsdecke, die Temperaturschwankungen hätte dämpfen können, war die Frostschuttproduktion entsprechend hoch. Zusätzlich fehlte die stabilisierende Wirkung von Pflanzenwurzeln, sodass der aufbereitete Gesteinsschutt besonders leicht abtransportiert werden konnte. Der Transport von großen Frachtmengen durch ein Fließgewässer ist jedoch nur bei entsprechend großem Gefälle möglich. Geht das Gefälle im Längsverlauf zurück, wird ein Teil der Fracht sedimentiert und das Flussbett wird nach und nach höher ge-

8 Verbreitung des rhenanischen und des danubischen Relieftyps im Feldberggebiet. Das Höhenprofil von der Poche oberhalb von Todtnau über die Wiesequelle, den Hebelhof, das Caritashaus, die Bärhalde, die Haslachquelle und Altglashütten bis nach Vorderfalkau macht die Auswirkungen der unterschiedlichen Erosionskraft der Flüsse gut nachvollziehbar. Die Wiese hat sich auf derselben Laufstrecke etwa 200 m tiefer eingeschnitten als die Haslach. (nach LIEHL 1982, verändert und ergänzt)

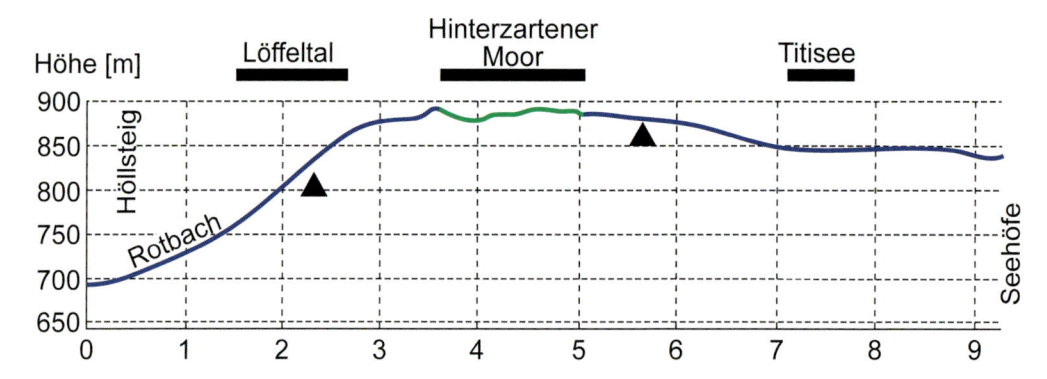

9 Rhenanische und danubische Täler bei Hinterzarten. Die beiden Fotos zeigen Talabschnitte aus dem Löffeltal (links) und des Abflusses aus dem Hinterzartener Moor nach Osten Richtung Titisee nordöstlich des Jockelishofs (rechts). Die Position der Aufnahmen ist im Höhenprofil jeweils mit einem Dreieck markiert. Das Profil beginnt im Höllental zwischen Posthalde und Höllsteig, führt durch das Löffeltal und Hinterzartener Moor zum Titisee und weiter entlang der Gutach bis zu den Seehöfen östlich von Titisee. (HSA)

legt, wodurch das Gefälle noch kleiner wird und sich eine Selbstverstärkung des Prozesses ergeben kann.

Der Einzugsbereich der Feldbergdonau war während der letzten Kaltzeit vom Feldberg kommend bis über Neustadt hinaus vereist. Der Feldberggletscher hat große Mengen Moränenmaterial transportiert und in die damalige Feldbergdonau entlassen. Zusätzlich wurde dem Fluss von den Hängen und Seitenbächen viel Material zugeführt. Die Folge war eine Aufschotterung des Flussbettes, wie sie im vorangehenden

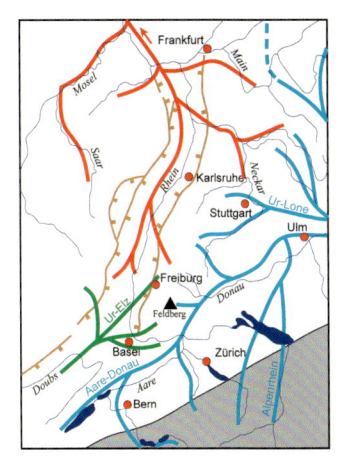

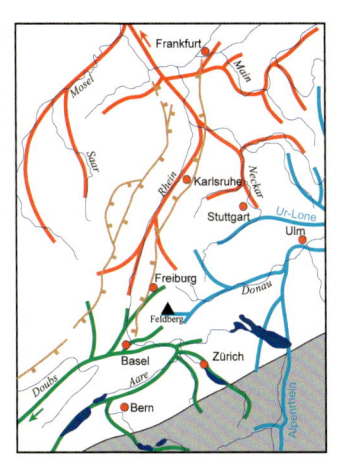

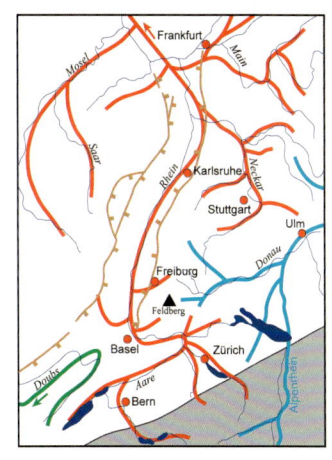

10 Die großen Entwässerungssysteme des Schwarzwaldes vor ca. 8 (a), 3,5 (b) und 2,5 (c) Millionen Jahren. Zu Beginn des Pleistozäns vor 2,5 Millionen Jahren hat der Rhein den nördlichen Schwarzwald vollständig und den mittleren Schwarzwald weitgehend entwässert. Im südlichen Schwarzwald gehörten dagegen große Bereiche noch zum Einzugsgebiet der Donau. Die Verlagerung der Wasserscheide ist am Feldberg seit Ende der letzten Kaltzeit (Würm) abgeschlossen. Alle Bäche, die am Feldberg entspringen, entwässern seither zum Rhein. (aus EBERLE et. al. 2007, verändert)

Absatz bereits beschrieben wurde. Im Laufe dieses Prozesses konnte die Feldbergdonau zunächst nur bei Hochwasser, später dauerhaft über eine niedrig liegende Wasserscheide in ein nach Süden zum Rhein entwässerndes Tal fließen. Damit war die Flussanzapfung oder besser Flussablenkung der Feldbergdonau in das Tal der Ur-Wutach abgeschlossen (Abb. 11). Infolge der großen Wassermengen war eine rasche Eintiefung und die Bildung der Wutachschlucht möglich. Durch rückschreitende Erosion hat die Wutach den Bereich der Versteilung des Längsprofils von der einstigen Stelle der Ablenkung flussaufwärts bis etwa zur Gutachbrücke (Eisenbahn) hinaus verschoben.

So einsichtig die Veränderung der Flusseinzugsgebiete von Rhein und Donau aufgrund der unterschiedlichen Gefälle auch sein mag, so schwierig abzuschätzen ist es, was dies im Detail bedeutet. Zwei Aspekte, die sich bei näherer Betrachtung von Abb. 8 ergeben, sind in diesem Zusammenhang weitere Überlegungen wert.

Der junge und deswegen so markante Übergang zwischen rhenanischem und danubischem Relief bei Hinterzarten ist im Hinblick auf die Veränderung der Schwarzwälder Hauptwasserscheide eine Besonderheit. Denn die Schwarzwälder Hauptwasserscheide, die eine westliche und südwestliche Abflussrichtung von der südöstlich und östlich gerichteten Entwässerung trennt, ist vom Altpleistozän bis heute erstaunlich wenig verlagert worden. Von einem kleinen Bereich des oberen Wiesetals und der beschriebenen Situation bei Hinterzarten und nördlich anschließend im Bereich der Ravennaschlucht abgesehen, blieb die Lage dieser Wasserscheide über lange Zeiträume mehr oder weniger stabil. Das bedeutet, dass bereits im Altpleistozän die Schwarzwälder Hauptwasserscheide existierte. Wenn man darüber hinaus die älteren Verebnungen und Flachformen in den westlich des Hauptkamms liegenden Bereichen des Schwarzwaldes betrachtet, fällt auf, dass diese leicht nach Südwesten und Westen geneigt sind. Beispiele sind die Flächenreste über dem Wiesetal (siehe Abb. 5) oder die ausgedehnten Ebenheiten um St. Peter und St. Märgen. Es lässt sich daraus folgern, dass sich die Schwarzwälder Hauptwasserscheide bereits im Tertiär lange Zeit in einer ähnlichen Lage befand wie heute. Weiterhin lässt sich schließen, dass die damaligen Täler mit geringen Höhenunterschieden nach Westen und Südwesten entwässerten und dabei in ihrem Einzugsgebiet flache Muldentäler und flache, weit-

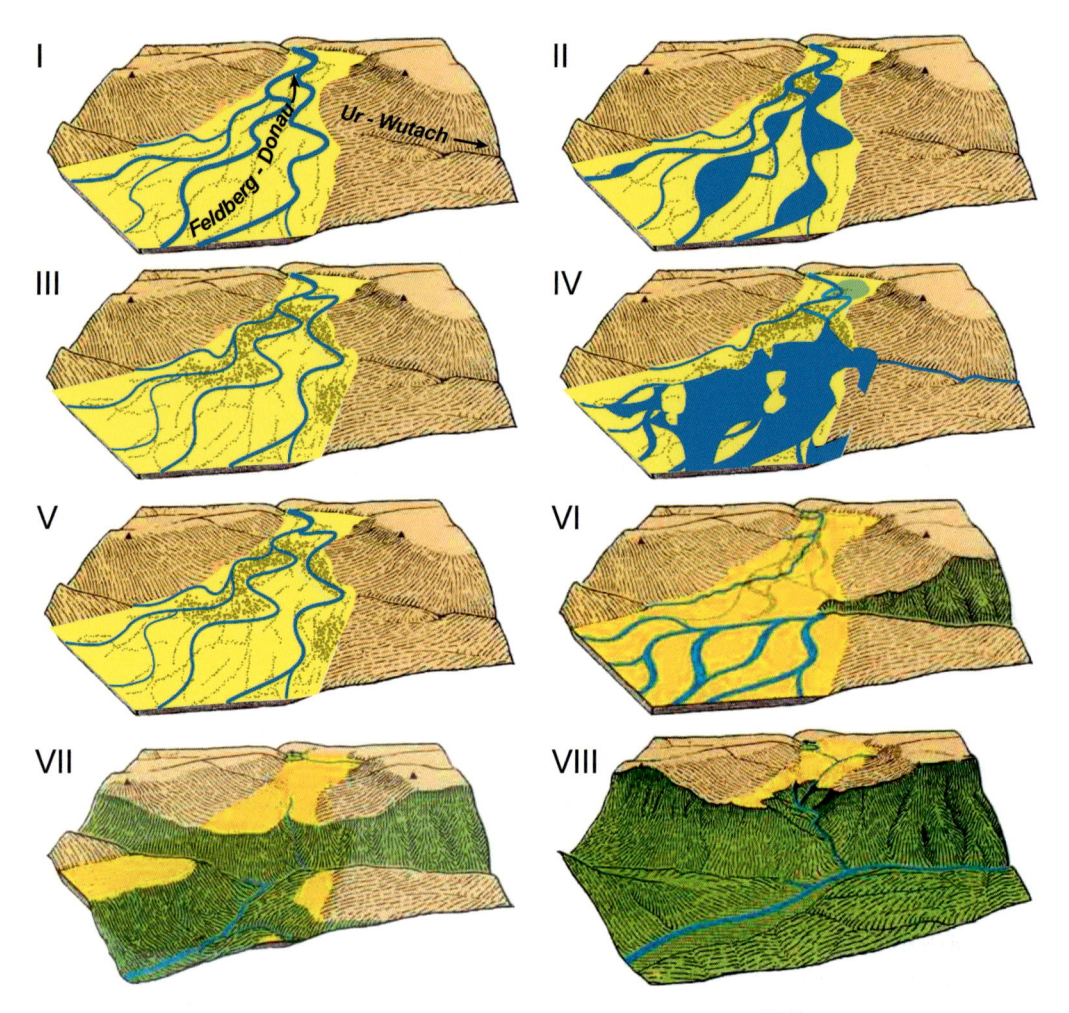

11 Die Umleitung der Feldbergdonau in den heutigen Wutachunterlauf. Die Feldbergdonau ist durch eine niedrig liegende Wasserscheide vom Einzugsgebiet der Ur-Wutach getrennt (I). Durch die jahreszeitlich wechselnde Wasserführung der Feldbergdonau kommt es zu Hochwasserereignissen (II) und Flussverlagerungen (III). Zugleich sorgt die starke Sedimentation in der Aue für eine Höherlegung des Flusslaufs. Bei einem massiven Hochwasserereignis kann es so zum Abfluss von Wasser über die Wasserscheide in das nach Süden gerichtete Einzugsgebiet der Ur-Wutach kommen (IV). Die Überleitung ist zunächst möglicherweise nur temporär (V) und wiederholt sich bei weiteren Hochwasserereignissen. Durch den großen Höhenunterschied nach Süden ist die Erosionsleistung des übertretenden Wassers sehr groß. Dadurch kommt es zur Tieferlegung der Wasserscheide und Festlegung der Abflussrichtung (VI) sowie zur dauerhaften Verlagerung der Abflussrichtung. Weitere Erosion bedingt im Verlauf der Zeit die Entstehung der rhenanisch geprägten Wutachschlucht (VII und VIII). (aus STUMPF [o. J.], nach KRÜGER (1994))

gestreckte Wannen schufen, deren Reste heute noch erkennbar sind.

Der zweite hervorzuhebende, aus Abb. 8 ableitbare Aspekt bezieht sich auf die weite Verschiebung der Wasserscheide zwischen Rhein und Donau nach Osten. Dadurch fällt diese heute weitgehend nicht mehr mit der Schwarzwälder Hauptwasserscheide zusammen. Demnach sind im Wesentlichen nicht Vergrößerungen der Einzugsgebiete westwärts entwässernder Flüsse und Bäche für die Verschiebung der Wasserscheide zwischen Rhein und Donau verantwortlich, sondern Flussablenkungen, von denen es eine ganze Reihe gegeben haben muss. Aus geomorphologischer Sicht ist dies plausibel, da an einer Wasserscheide selbst kaum genügend Wasser zur Verfügung steht, um rückschreitend zu erodieren. Flussumlenkungen durch das Überfließen niedriger Wasserscheiden sind dagegen wesentlich effizienter. LIEHL (1982: 26f.) hat Beispiele für die Umlenkung von südostwärts aus dem Feldbergmassiv abfließenden Flüssen so anschaulich beschrieben, dass seine Aussagen hierzu kaum kürzer und klarer formuliert werden können: »Rings um den Feldberg, im höchsten Teil des Schwarzwaldes, wiegt die Talrichtung von NW nach SO oder auch OSO, beim St. Wilhelmer-, Zastler- und Höllental die umgekehrte Richtung, deutlich vor. Sie entspricht östlich des Feldbergs zweifellos der ursprünglichen Abdachungsrichtung. Erst nach einem Lauf von 7–12 km biegen die Alb unterhalb St. Blasien, die Schwarza bei Seebrugg, die Mettma bei Rothaus und die Steina bei Steinabad plötzlich nach S oder sogar nach SSW zum Hochrhein um. ... Ebenso, wie man das obere Albtal über die Umbiegung unterhalb St. Blasien hinaus über den Sattel von Häusern nach Südosten verfolgen kann, so setzt sich auch die Talung der oberen Schwarza über das Schluchseebecken hinaus zur Mettma und über Rothaus weiter bis zur Schlücht hin fort; auch die obere Steina findet über einen Sattel westlich Wellendingen eine gerade Fortsetzung nach OSO zum Merenbach. Talaufwärts lässt sich zum mindesten die breite Schwarza-Talung (Schluchsee) in einem nur wenig höheren Niveau über den Windgfällweiher zum ›Rotmeer‹, dem breiten Sattel zwischen Altglashütten und Bärental verfolgen. Die Dreiseenbahn und die Bundesstraße 500 benützen diesen Talzug, um ohne wesentliche Steigung oder Tunnel die Wasserscheide zu überwinden. Verfolgt man vom Rotmeer diesen Talzug weiter nach WNW, so wird er zwar durch das tiefer liegende Seebachtal unterbrochen; auf dessen gegenüberliegender Talseite aber setzt sich das Sägenbachtal wiederum in gleicher Richtung nach WNW fort.« Mettma und Schwarza sind daher nichts anderes als frühere Umlenkungen eines nach Südost entwässernden Ur-Sägebachs, der in die damals noch nach Osten fließende Aare-Donau mündete.

Als Fazit der beiden ersten Kapitel ist für die Betrachtung der weiteren Landschaftsentwicklung festzuhalten, dass die Großform durch eine Schiefstellung und Zerstückelung einer ehemals weitgehend flachen Landschaft entstanden ist. Reste dieser ältesten Reliefgeneration sind im Feldberggebiet als Gipfelniveaus und Verebnungen an Talhängen erhalten. Der nächste bedeutende Relieftyp ist die danubisch geprägte, verhältnismäßig breite und flache ost- und südostwärts ziehende Talung. Als dritte, rezente Reliefgeneration sind die rhenanisch geformten, tiefen und abschnittsweise steilen Täler zu nennen. Sie reichen von Westen und Südwesten weit in das Gebirge hinein. Von Südosten breitet sich dieser Relieftyp langsam flussaufwärts aus. Durch die wechselnden Klimabedingungen des Eiszeitalters hat sich in den entsprechenden großen und mittelgroßen geomorphologischen Formen eine weitere Überprägung der Landschaft eingestellt, die eine vielfältige Mixtur mittel- und kleinskaliger geomorphologischer Erscheinungen entstehen ließ. Diese Detailformung ist Gegenstand der beiden Folgekapitel.

3. Die Kaltzeiten und ihre Auswirkungen – Eis und Wasser als Formungselemente

Im Pleistozän waren Teile des Schwarzwaldes mehrfach vergletschert. Spuren der letzten Vereisungsphase, der Würm-Kaltzeit, sind weit verbreitet anzutreffen (Abb. 12). Viele der in der Folge angesprochenen Formen sind in der Geomorphologischen Karte (GMK) 1:25000 Blatt 8114 Feldberg aufzufinden. Ein Ausschnitt aus der GMK ist am Ende dieses Kapitels angefügt (siehe Abb. 44).

Aus der Zeit der vorletzten Vergletscherung sind im Umkreis des Feldbergs außer an einer isolierten Stelle südwestlich des Herzogenhorns im Prägbachtal (Abb. 13) keine Spuren bekannt. Höhenlage und Verwitterungsgrad werden hier als Datierungskriterien herangezogen (SCHREINER 1981). Durch die intensive Tektonik kann man keine exakten Angaben über die Höhenlage einzelner Bereiche im Verlauf des frühen Quartärs machen. Aussagen zu früheren Vergletscherungen sind daher schwierig abzuleiten. Es steht

12 Blick über den See zur Ortschaft Titisee. Das Ortsbild wird beherrscht von Hotelbauten auf der flachen, spätglazialen Endmoräne, die für die Bildung und Erhaltung des Titisees verantwortlich ist. (BM)

aber zu vermuten, dass die Anlage der Kare und Trogtäler im Hochschwarzwald in der Riss-Kaltzeit erfolgte. Die heutigen Oberflächenformen sind durch jene Vorgänge, die sich während der letzten Kaltzeit in den Hochlagen des Südschwarzwaldes vor und unter dem Gletschereis oder den Eis- und Firnkappen abspielten, geprägt, überformt und verändert worden.

13 Die würmkaltzeitliche Vergletscherung des Südschwarzwaldes. Zusätzlich sind an Wiesetal-, Wehratal-, Albtal- und Schwarzatalgletscher die Grenzen der risskaltzeitlichen Gletscher eingetragen. (nach Schreiner/Sawatzki 2000)

3.1 Der Südschwarzwald im Pleistozän

Während sowohl in der südlichen Rheinebene als auch in den niedriger gelegenen Gebieten des Schwarzwaldes und des anschließenden Hotzenwaldes pleistozäne Schuttdecken, Solifluktionsdecken, Lössaufwehungen und fluviale Terrassensedimente dominieren, tragen die Lockermassen im Hochschwarzwald nur ganz selten solche charakteristischen Periglazialzüge. Lössvorkommen sind im Hochschwarzwald nicht bekannt und auch nicht zu erwarten. Nur dort, wo an besonders steilen, exponierten Hän-

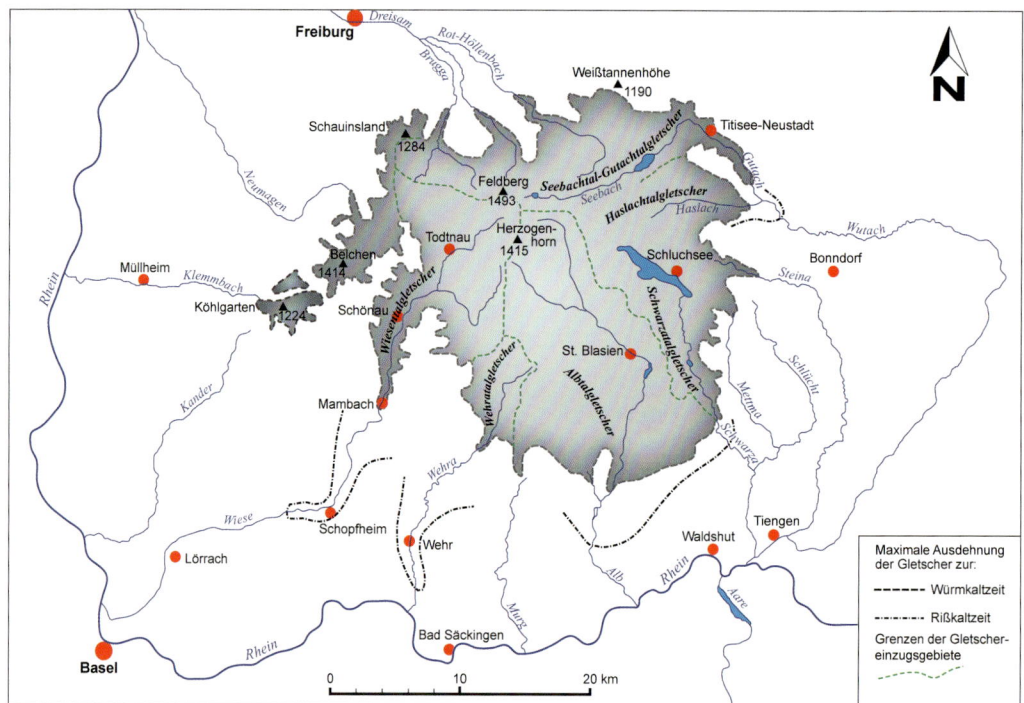

14 Glazifluviale Schotterfläche bei Neustadt. Dieser flache Talboden wurde im ausgehenden Pleistozän von den Schmelzwässern der langsam abschmelzenden Gletscher aufgeschüttet. (HSA)

gen die Moränendecke entfernt wurde, gibt es Hangschutt. Tatsächlich kann man im Einzelfall oft nicht entscheiden, ob nun eine Moräne oder eine Solifluktionsdecke vorliegt, zumal die letztkaltzeitliche Moränendecke selbst fast immer der Schuttlieferant ist. Auch ULLMANN (1960) hat im Bereich des Feldbergs keine ausgedehnten Schuttdecken, sondern lediglich Block- und Schutthalden, verstürzte Felsburgen und Moränen über Grus gefunden und beschrieben.

Es steht fest, dass in der Umgebung des Feldbergs alle Erhebungen in der Würm-Kaltzeit mindestens Firnkappen getragen haben, während die Täler bis hoch hinauf vergletschert gewesen sein müssen. An einigen Stellen, wie beispielsweise am 1231 m hoch gelegenen Caritashaus, sind Transfluenzpässe ausgebildet, die eine mächtige Eisdecke vermuten lassen.

Der Feldberg war während der Würm-Eiszeit das Zentrum einer ca. 1000 km² großen Vergletscherung. Von den höchsten Lagen ausgehend, in denen eine flächendeckende Kappenvereisung anzutreffen war, flossen einzelne Eisströme in die Täler ab. Während der Riss-Kaltzeit war im Schwarzwald eine weit größere Fläche von bis zu 3200 km² eisbedeckt. Die Spuren dieser Vereisung sind im Bereich des Feldbergs bis auf eine Stelle entfernt oder von jüngerem Material überdeckt. Während der größten würmkaltzeitlichen Eisausdehnung bildete sich im Feldberggebiet mit den benachbarten Hochflächen und den oberen Talabschnitten eine geschlossene Eiskappe aus, von der sich erst ganz am Rand einzelne Talgletscher lösten. Dabei erreichte das Gletschereis in den Tälern z. T. Mächtigkeiten von mehreren Hundert Metern. ERB (1948) bezeichnete diese Art der Vergletscherung mit einheitlichem Nähr- und getrenntem Zehrgebiet als »Norwegischen Gletschertyp«, was auch durchaus dem damaligen Bild entsprechen kann.

Im Südosten des Feldberggebietes war die Ausdehnung der Eisdecke am größten. Hier bildeten sich auch die längsten Schwarzwaldgletscher, Albtal- und Wiesetalgletscher, mit jeweils bis zu 25 km Länge aus. Im Zuge des spätglazialen Abschmelzens wurde der zusammenhängende Eiskörper nach und nach aufgelöst und es bildeten sich einzelne Gipfelgruppen als Zentren

15 Terrassen der Gutach im Stadtgebiet von Neustadt. Nachkaltzeitlich hat sich der kleine Fluss phasenhaft in die auf Abb. 14 beschriebene Schotterfläche eingeschnitten, wobei jede Verflachung auf eine Ruhephase während der Erosion hindeutet. (BM)

der Vereisung heraus, die dann bei erneuten Vorstoßphasen einzelne voneinander getrennte Nährgebiete darstellten. Hauptzentrum war der Feldberg, weitere Zentren bildeten der Schauinsland, der Belchen, der Kandel, das Gebiet Blößling-Farnberg und der Bereich Bärhalde im südlichen Schwarzwald (REICHELT 1966). Es entwickelte sich so aus der Kappenvereisung mehr und mehr eine Talvergletscherung des alpinen Typs (ERB 1948). Am Übergang vom Spät- zum Postglazial gab es dann im Feldberggebiet nur noch einige, fast zungenlose Karglescher. Vor den Gletscherstirnen flossen die Schmelzwässer über meist weit verzweigte Schotterflächen ab, die heute im Landschaftsbild als flache Talböden erhalten sind (Abb. 14). Durch die phasenhafte Absenkung der Vorfluter kam es im Wechsel zu Erosions- und Stillstandsphasen, was die Ausbildung von Terrassen zur Folge hatte (Abb. 15).

3.2 Die Täler im Feldberggebiet
3.2.1 Das Seebachtal

Am Fuß des Feldbergs bildet das Feldseekar mit dem Feldsee den Anfang des Seebachtals (oft auch Bärental genannt). Die Umrahmung dieses Kares reicht in eine Höhe von 1300 bis 1400 m, der Karboden liegt auf 1076 m Höhe. Über dem eigentlichen Hauptkar haben sich unterhalb des Bismarckdenkmals am Seebuck noch zwei kleinere, karähnliche Hohlformen, sogenannte Karoide, in ca. 1400 m Höhe ausgebildet. Der Feldsee und seine Umrahmung wird in fast allen Veröffentlichungen als Musterbeispiel für einen Karsee und ein Kar im Mittelgebirgsrelief bezeichnet. Weil der Boden der Nische nicht höher liegt als der Boden im Haupttal, wird jedoch in einigen Arbeiten der Karcharakter angezweifelt. Diese Landschaftsform trägt aber alle Merkmale eines Kares und übte wohl auch während der verschiedenen Kaltphasen diese Funktion aus. Auch HAASE (1968) ist der Meinung, dass Form und Lage des Kares zwar wichtige Kriterien zu Definition sind, dass aber in erster

16 Feldberg mit dem Feldsee. Der markante, fast kreisrunde Feldsee wird von einer steilen Rückwand begrenzt. Sie geht im oberen Bereich in die flache Gipfelregion des Feldbergs über. Deutlich zu erkennen sind die mit Pfeilen markierten kleinen, karähnlichen Hohlformen am linken oberen Bildrand. (EM)

Linie die Funktion ein Kar zu einem solchen macht.

Die Ausbildung von Karen oder karähnlichen Formen ist primär von der Exposition abhängig. Im Feldberggebiet treten Kare an nord-, nordost- oder ostexponierten Hängen auf. Die niederschlagsbringenden West- und Südwestwinde haben die Ost- und Nordhänge durch deren Situation im Lee zu Schneefängern und Schneespeichern werden lassen.

17 Feldseekar. Die steile, halbkreisförmige Umrahmung des Feldsees stellt das am besten erhaltene Kar des südlichen Schwarzwalds dar. (BM)

Das nach Osten exponierte Feldseekar ist das größte Kar im Schwarzwald (Abb. 17). Auf den ersten Blick ist es ein einfaches Kar, im Bau sehr einheitlich und ausgereift. Die ca. 300 m hohe, lehnsesselartige Karrückwand zeigt vielfach extrem steile Felspartien. Die z. T. bewaldete und von tiefen Rillen durchfurchte Felswand geht in ca. 1350 bis 1400 m Höhe mit einem scharfen Knick in die Gipfelfläche des Feldbergs (Seebuck) über. Betrachtet man die Karrückwand genauer, so kann man, wie bereits bei der Beschreibung von Abb. 16 erwähnt, unterhalb des Bismarckturmes mehrere Nischen erkennen, die,

18 Das Feldseemoor von der Moräne aus, die den heute verlandeten See aufgestaut hat. (HSA)

als Nivationsnischen entstanden, kleine, hochgelegene Karoide oder Karembryonen darstellen. Sie zeigen ein junges Stadium der Karentwicklung an.

Die hinter der Karschwelle liegende, übertiefte Mulde des Karbodens wird vom Feldsee eingenommen. Durch die Karschwelle und einen Endmoränenwall, der auf dieser aufliegt, wird der Seespiegel auf einer Höhe von 1108,80 m aufgestaut.

Talabwärts von dieser Moräne lag früher ein weiterer, heute vermoorter See (Abb. 18). Dieser wurde durch die beiden Endmoränenwälle unterhalb des Raimartihofes aufgestaut. Der erste, direkt am Moor liegende Wall ist durch den Seebach in zwei Teile zerschnitten worden. 200 m talwärts findet sich ein Rundhöcker. Dieser ist allerdings so klein, dass er nicht im Isohypsenbild der topografischen Karte erscheint. Die Lokalisierung ist dennoch leicht möglich, da er in der Topografischen Karte 1:25000, Blatt 8114 Feldberg durch den Höhenwert 1070,60 m markiert ist. Einen Kilometer weiter liegen im östlichen Winkel der Waldhofwiese in circa 1000 m Höhe zwei gut erhaltene, relativ hohe Endmoränenwälle. Sie müssen von einem kleinen, dem Gletscher im Seebachtal tributären Waldhofgletscher stammen, der von der südlichen Talflanke aus dem Waldhofkar mit einem Karboden in etwa 1100 m Höhe in das Haupttal geflossen ist. Das Zungenbecken dieses Gletschers ist innerhalb der Moränenwälle als heute moorerfüllte Wanne gut zu erkennen. Im Bereich des Kunzenmooses zeugen einige kleine Rundhöcker von der Arbeit des Gletschers. Zwei weitere Endmoränenwälle befinden sich im Wald östlich des Kunzenhofes. Ihre Lage am Talrand und ihre leichte Krümmung nach außen deuten darauf hin, dass sie, wie auch das Kunzenmoos, als ehemalige Zungenbecken von Eismassen des hier ebenfalls von Süden aus dem Wannekar stammenden Gletschers gebildet wurden.

Auf der gegenüberliegenden nördlichen Talseite des Seebachtals findet man von den oft beschriebenen »Zipfelmoränen« nur einen kleinen Rest einer Moränendecke auf einer Felskuppe, die sich deutlich über die Talsohle erhebt. Diese Moränenreste scheinen daher eher zur Grundmoränendecke im Seebachtal als zu einer eigenständigen, zur Typuslokalität eines Zipfelhofstandes erhobenen Endmoräne zu gehören.

Von Norden her mündet beim Zipfelhof das Sägebachtal als Hängetal glazialer Überprägung in das Seebachtal ein. Die Konfluenzstufe wurde spät- bzw. postglazial durch erosive Arbeit des Baches zerstört. Oberhalb des Zipfelhofes befinden sich im Seebachtal einige Rundhöcker als Zeugen der Eisüberformung. Das oben bereits erwähnte, im Süden des Zipfelhofes oberhalb des Kunzenmooses ausgebildete Wannekar (Abb. 19) trägt einen vernässten Karboden auf ca. 1100 m und wird, ähnlich wie das Feldseekar, von einem Moränenwall abgeriegelt. Unterhalb des Hochkopfes befindet sich in 1250 m Höhe eine Nische, die sehr wahrscheinlich ein spätes Karbildungsstadium im großen Wannekar repräsentiert. Weiter talabwärts finden sich beiderseits des Seebaches zwei mit Grundmoränenmaterial bedeckte Felshügel, die oftmals fälschlicherweise als Endmoränen gedeutet worden sind. Auf dem nördlichen dieser beiden Rundhöcker wurde der Michelhof erbaut. Auf der südlichen Talseite, unterhalb der Ortschaft Bärental, gibt es mehrere Hügel, die Reste einer deutlichen Moränenstaffel mit mindestens fünf hintereinander angeordneten Wällen darstellen. Zwischen diesem Punkt und der Löffelschmiede verengt ein Paragneiszug das Tal, das sich dann nordöstlich dieser Engstelle wieder erweitert und verflacht. Dieser Teil des Seebachtals ist der verlandete und aufgefüllte Bereich eines ehemals fast 5 km langen Zungenbeckensees. An dessen Nordostende findet sich eine wallähnliche Anhäufung von Kiesen und Tonen, die eine Terrasse mit einem 40 m hohen Abfall zum Titiseebecken bilden. Nach SCHREINER (1981: 76) sind dies wahrscheinlich Reste von Endmoränen des Titiseestandes, »die infolge starker Schmelzwassertätigkeit in der Tiefenlinie des Titiseebeckens weitgehend zu glazifluvialen Kiesen umgelagert worden sind«. Die hochwürmzeitlichen Endmoränen des Maximalstandes wurden nach MEINIG (1966) im heutigen Stadtgebiet von Neustadt abgelagert und waren nur bei der Anlage von Baugruben aufgeschlossen.

19 Das Wannekar zwischen Bärhalde (1274 m) und Hochkopf (1308 m) vom Zipfelhof aus gesehen. Die weiße Linie markiert den Übergang des Karbodens in den Hangbereich des Seebachtals. (HKR)

20 Blick über Altglashütten ins Haslachtal mit Falkau. Im Hintergrund der Hochfirst bei Neustadt mit Saig. (HSA)

Außer der typischen glazialen Trogform zeigt das Seebachtal im Querprofil an manchen Stellen auffallende Hangasymmetrie und im Längsprofil unregelmäßiges Gefälle. Vom Feldsee bis zur Mündung des Sägebaches beim Kunzenhäusle (Punkt 912,80 m in der TK 1:25000, Bl. 8114, Feldberg) ist ein recht kräftiges Gefälle von durchschnittlich 0,7 % zu beobachten. Danach folgt ein sehr flaches, ungefähr 2 km langes Talstück bis zum Behabühl (unterhalb des Bahnhofes Bärental) mit maximal 0,1 % Gefälle. Am Behabühl schneidet sich der Seebach mit ca. 0,12 bis 0,15 % Gefälle in den Untergrund ein, um schließlich unterhalb dieses Felsriegels in die Ebene der Titiseeniederung überzugehen. Diese beiden Gefällsstufen sind in erster Linie petrografisch bedingt.

Da Anlage und Verlauf des Seebachtals variszisch ausgerichtet sind und außerdem streckenweise der Gneis-Granit-Grenze folgen, stehen Tektonik und Petrovarianz im Vordergrund. Die Anlage dieses Tals ist ein Beispiel für eine größere Anzahl solcher variszischer Rinnen (wie z. B. Haslach- und Urseetal). Sie ist durch die Struktur des Gneisuntergrundes und durch die mit dem Streichen zusammenfallende Nordgrenze des Bärhaldegranits bestimmt (DEECKE 1918). Die Asymmetrie des Seebachtals beruht auf der Vererbung des subsequenten Talverlaufs in das Grundgebirge.

3.2.2 Das Haslachtal

Das Tal von Neuglashütten, also das obere Haslachtal, hat seinen Beginn mit zwei Quellästen in zwei nebeneinander liegenden Karen, die sich mit oberen Rändern auf ca. 1250 m unterhalb des Bärhaldekamms gebildet haben. Über diesen Karböden befindet sich unterhalb der höchsten Erhebung im Bärhaldekamm (1317,2 m in der TK 1:25000, Bl. 8114, Feldberg) noch ein kleineres Kar, das HAASE (1965) als Miniaturkar beschrieben hat. Es besitzt einen Karboden in 1280 m Höhe. Der Karboden des darunter gelegenen Doppelkares liegt bei ca. 1100 m. Am nördlichen Rand des Kares zieht die Moränendecke als dichter Überzug bis zum Gewann Happ (nordwestlich von Neuglashütten) in 1149,9 m hinauf. In dieser Decke ist in 1100 m parallel zum

Tal ein wallförmiger, flacher Rücken ausgebildet, der als gravitativ überformte Seitenmoräne gedeutet werden kann. Weiter talabwärts sind oberhalb des Rathauses von Neuglashütten in etwa 1020 m Reste einer ehemals zusammenhängenden, an den Hang angelehnten Seitenmoräne vorzufinden. Von dort fließt der Haslachbach durch die Rotmeersenke nach Osten.

Diese Senke stellt eine breite Zone von Moor- und Sumpfgelände dar. Die Umgebung der Senke wird von geschlossener Grundmoränenbedeckung überzogen. Als nordöstliche Begrenzung der Senke fungieren zwei langgestreckte, wallförmige Moränenrücken, die als Trasse für den Bahnbau genutzt wurden. Am Ausgang der Senke nach Süden in Richtung Altglashütten erstrecken sich beiderseits des Haslachbaches zwei Moränenwälle, die als Endmoränen das Tal an dieser Stelle abgeschlossen haben. An dieser Stelle stieß auch von Südwesten kommend ein Gletscher aus dem Schwarzenbachtal in das Haupttal vor. Das Schwarzenbachtal beginnt ebenfalls in einem Kar, dessen Umrahmung knapp 1200 m erreicht. In 1130 m wird es von einem quer zum Tal verlaufenden, allerdings undeutlichen Endmoränenwall abgeschlossen. Ein deutlicherer Wall quert in 1040 m Höhe bogenförmig das Tal. Dieser ist im Zentrum des Bogens vom Bach durchschnitten.

Hinter dem Wall dehnt sich eine flache, versumpfte Talzone aus, wohl ein kleines verlandetes Zungenbecken. 200 m weiter talabwärts findet man in 1025 m auf beiden Talseiten Reste zweier hintereinander gelegener Moränenwälle, von denen der innere besser erhalten ist als der äußere. Auch hinter diesen Wällen dehnt sich eine flache Zone mit holozäner Füllung aus.

Nordöstlich von Altglashütten fließen dann Haslachbach und Schwarzenbach zusammen und bilden die Haslach, die 5 km östlich von Lenzkirch nach dem Zusammenfluss mit der Gutach die Wutach bildet. Im bebauten Gebiet von Altglashütten mündet auch der nördliche Abfluss des Windgfällweihers in die Haslach. Dieser kleine See liegt in einer glazialen Bifurkationssenke, d. h. er entwässerte vor der künstlichen Spiegelanhebung in Zusammenhang mit dem Schluchseeprojekt sowohl in die Haslach als auch in den Schluchsee. Der südliche Teil des Windgfällweihers ist heute stark versumpft, was

21 Blick über den Windgfällweiher nach Osten. Am Nordufer (links im Bild) liegt eine flache Endmoräne. (BM)

muss in diesem Bereich beträchtlich gewesen sein, da wir südlich dieser Stelle unterhalb des Falzbergs in 1070 m Höhe, also 201 m über dem tiefsten Punkt der Wanne, Moränenmaterial finden, das aufgrund seiner Lagerung und Mächtigkeit von SCHREINER (1981) als Seitenmoräne des Würm-Maximalstandes gedeutet wurde. Es liegt, anders als am Titisee, eine echte Talübertiefung vor. Rezent wird diese Übertiefung ausgeglichen durch die Frachtführung seitlich einmündender Bäche, die im Seebecken Deltas aufbauen. Es sind dies vor allem der Krummenbach, der Abfluss des Windgfällweihers und der Fischbach. Diese langsame Verlandung und Auffüllung wurde deutlich, als die mächtigen Kies- und Geröllansammlungen nach der Entleerung des Schluchsees im Sommer 1983 aus der Wasserfläche auftauchten. Diese Entleerung war nötig geworden, da dringende Reparaturen an der Staumauer vorgenommen werden mussten. Mit dem Absinken des Seespiegels haben sich dann die kleinen Bäche sehr rasch wieder in ihre eigenen Deltaablagerungen eingeschnitten. Die östlich der Staumauer bei Seebrugg aufgeschlossene Moräne dürfte einem spätglazialen Hochstand angehören, da die Eisrandlage des Würm-Maximalstandes einige Kilometer südöstlich von Höchenschwand bei der Einmündung des Föhrenbaches in die Schwarza in einer Höhenlage von etwa 500 m angenommen wird.

3.2.5 Das Menzenschwander Albtal

Der Talschluss der Menzenschwander Alb ist im unteren Bereich steil und trogförmig ausgebildet. Im weiteren Talverlauf aufwärts, etwa im Bereich südlich der Menzenschwander Hütte, weist das Längsprofil der Alb eine Verflachung auf, bevor beim Hebelhof auf 1230,8 m auf dem Sattel zwischen Grafenmatt und Seebuck der Übergang in das obere Wiesetal erfolgt. Auf diesem Sattel sind unmittelbar an der Straße (B 317) zwei Rundhöcker erhalten. Sie weisen, ebenso wie ein weiterer unterhalb des Hochkopfes gegenüber dem Caritashaus, Gletscherschrammen auf. Am eigentlichen Talanfang, unterhalb des Trogschlusses, liegen beiderseits des Baches in 1020 m Höhe zwei korrespondierende Reste eines Endmoränenwalles, der, bevor sich die

23 Die gestaffelt aufgereihten Menzenschwander Klusemoränen bilden die am besten erhaltene Endmoränenlandschaft im Schwarzwald. Die roten Pfeile markieren drei der vier Wälle dieser Staffel. (HKR)

24 Innere Klusemoräne bei Menzenschwand. Deutlich erkennbar sind die oberhalb des inneren Walls auftretenden Vermoorungserscheinungen. (HKR)

Menzenschwander Alb durchgeschnitten hatte, das Tal sichelförmig abgeschlossen haben muss. Auf der südlichen Talseite vor diesem Wallteil hat sich eine kleine Zone mit Toteislöchern (Eiszerfallslandschaft) erhalten können. Der anschließende flache Talboden wird von einer Serie von Wällen nach Süden hin abgeschlossen. Der als Kluse bezeichnete Bereich zeigt die am besten ausgeprägte und erhaltene Endmoränenlandschaft im ganzen Schwarzwald. Es handelt sich um eine Gruppe von vier Endmoränenwällen, von denen der innerste am besten erhalten ist.

Dieser innerste Wall besteht heute aus drei Teilstücken und liegt in 990 m Höhe. Bevor die Alb diesen Wall durchschnitten hatte, hat er das Tal vollständig abgeriegelt und den ehemaligen Zungenbeckensee aufgestaut. Heute ist dieser spätglaziale Moränenstausee verlandet und zeigt

25 Seitenmoräne oberhalb des inneren Klusemoränenwalls. Der dammartige Charakter dieser Seitenmoräne ist gut zu erkennen. (BM)

26 In der Seitenmoräne der inneren Klusemoräne (siehe Abb. 25) aufgeschlossenes Moränenmaterial in ungeregelter Lagerung mit groben, kantengerundeten Geschieben. (HKR)

unmittelbar an der Endmoräne Vermoorungserscheinungen. Der obere, nördliche Teil dieses Walles dehnt sich hangparallel im Tal aus und stellt den Übergang zwischen Stirn- und Ufermoräne dar. Er ist deutlich vom eigentlichen Talhang abgesetzt und geht erst weiter oberhalb im Wald in diesen über (Abb. 25). Diese Moräne ist entlang des Weges zwischen Menzenschwand-Hinterdorf und dem Talschluss aufgeschlossen und zeigt sehr deutlich die Charakteristik von Moränenmaterial in seiner unsortierten Lagerung. Die einzelnen groben Gesteinsbrocken (Abb. 26) belegen einen glazialen und glazifluvialen Transport mit entsprechender Bearbeitung (Kantenrundung).

Weiter unterhalb folgen zwei kleinere, ebenfalls von der Alb zerschnittene Moränenwälle kurz hintereinander. Zwischen den Einmündungen von Hirschbächle und Geschweihbach in die Alb liegt in 960 m Höhe der vorderste Wall. Er ist durch die Alb und das Hirschbächle in drei Teilstücke zerschnitten worden. Im weiteren Verlauf fällt das Tal der Menzenschwander Alb als Seitental mit einem Wasserfall über eine etwa 20 m hohe Konfluenzstufe zum Haupttal ab. Hervorgerufen wurde diese Stufe durch die gewachsene Eigenmächtigkeit des Albgletschers nach dem Zusammenfluss mit dem offenbar recht mächtigen Gletscher aus dem Krunkelbachtal, der von Westen her dem Albgletscher Eis zuführte. Das Nährgebiet des Krunkelbachgletschers setzte sich aus zwei Ursprungsbereichen zusammen. Diese zwei Kare haben sich stufenartig unterhalb des Herzogenhorns ausgebildet. Das obere Herzogenhornkar ostnordöstlich des Gipfels anschließend reicht mit seiner Umrahmung bis auf 1400 m, während der vermoorte Karboden heute auf ca. 1160 m liegt. Das etwas tiefer zwischen 1030 und 1340 m liegende Kriegshaldekar ist größer und zeigt eine mächtigere Rückwand. Das Quellgebiet des Krunkelbaches bildet eine flach abfallende, vermoorte Mulde, die Teil eines ca. 1230 m hohen Sattels zwischen dem nach Bernau-Hof exponierten Schwemmbachkar und dem Krunkelbachtal ist. Dieser Sattel, die Scheide zwischen den beiden Albtälern, deutet mit seiner Grundmoränenbedeckung und vor allem mit seiner stark überprägten Rundhöckerflur auf eine wirkungsvolle glaziale Überformung hin. Der 1236 m hohe Roßrücken selbst stellt den größten dieser Rundhöcker dar. Die Toteislöcher innerhalb einer kleinräumigen Eiszerfallslandschaft in 1220 m vervollständigen den glazigenen Charakter dieses Gebiets.

Im Krunkelbachtal stößt man talabwärts am Brand in 990 m Höhe auf den vermoorten Rest eines flachen Talbodens. Diese Verflachung stellt das Relikt des ehemaligen Zungenbeckens dar und entstand unmittelbar hinter der etwas weiter unterhalb liegenden Endmoräne auf 980 m. Dieser Wall ist der hinterste von drei aufeinanderfolgenden Endmoränenzügen, die sich hier analog zum oberen Menzenschwander Tal auch in etwa der gleichen Höhenlage gebildet haben. Dieser erste Wall ist heute nur noch auf der südlichen Seite des Baches zu erkennen. Der nördliche Ast dürfte der Erosion zum Opfer gefallen sein.

Unterhalb dieser Stelle liegt auf 930 m fast rechtwinklig zum Bachlauf der nächste Moränenwall, der sich auf beiden Talseiten die Hänge hinauf bis fast an den Waldrand erstreckt. Genau in der Mitte ist dieser Wall vom Bach zerschnitten. Unmittelbar davor liegen die beiden Äste des dritten Walles. Sie liegen auf 920 m fast talparallel nahe am Bach, sodass der südliche Rücken bereits stark angeschnitten ist.

Unterhalb des Zusammenflusses von Krunkelbach und Menzenschwander Alb folgt im Haupttal südlich von Menzenschwand eine zweite Stufe von 8 bis 10 m Höhe, die nach Vordermenzenschwand hinabführt. Hier stößt von Westen das Tälchen des Schleifbaches auf das Haupttal. Dieser Bach entspringt im Scheibenlechtenmoos unterhalb des Spießhorns in 1097 m Höhe. Dieses Hochmoor liegt innerhalb eines mustergültigen Endmoränenwalles in einem kleinen Kar. Im gesamten Talverlauf bis zu seiner Einmündung in das Haupttal sind Moränenvorkommen Beweise für die Eisbewegung. Damit könnte auch diese Stufe als Konfluenz-

27 Talschluss des Krunkelbachtals mit Herzogenhorn. (HKR)

28 Rundhöcker bei Menzenschwand. (HKR)

stufe gedeutet werden. Da allerdings der Massenzuwachs des Hauptgletschers durch die Aufnahme des seitlich einmündenden Eises nicht groß war, konnte diese Stufe nicht die Höhe wie etwa jene weiter im Norden im Bereich des Krunkelbachtals erreichen. Unterhalb dieser kleinen Stufe beginnt der Talabschnitt im Bereich Schreimatten und Steppbergmatten, in dem die ebene, zugeschotterte Talsohle von zahlreichen Rundhöckern (Abb. 28) überragt wird.

Am Beispiel des Menzenschwander Albtals ist die glaziale Überformung eines fluvial angelegten Tals gut zu erkennen. Auffallend ist in erster Linie der Talquerschnitt mit Wannenform, die Trogboden, Trogwände und Trogkanten aufweist (Abb. 27 und 29).

Von der breiten Talsohle steigen die meist bewaldeten Hänge relativ steil an und zeigen gelegentlich vom Gletschereis geschliffene und geschrammte Felspartien. Richtung und Gefälle der Talsohle sind auffallend. Der annähernd nord-südliche Verlauf entspricht einer der Hauptkluftrichtungen des Bärhaldegranits. Zwischen den Ortsteilen Menzenschwand-Hinterdorf und -Vorderdorf besteht allerdings eine Parallelverschiebung der Talrichtung nach Westen (STRIGEL 1952). Südlich des Ortsteils Vorderdorf ist eine deutliche, gesteinsbedingte Talasymmetrie zu finden (Abb. 29). Hinsichtlich des Gefälles zeigt die Talachse keine Regelhaftigkeit, sondern sie ist unterteilt in Abschnitte mit geringerem Gefälle, die durch kurze, steilere Zwischenstücke getrennt sind. Im Längsprofil fallen die beiden Gefälleknicke an der Einmündung des Krunkelbachtals und oberhalb der Kluse am Beginn des eigentlichen Menzenschwander Albtals auf, während die kleine Stufe bei Menzenschwand-Vorderdorf nicht zur Geltung kommt (Abb. 30). Südlich von Menzenschwand-Vorderdorf weist der Talquerschnitt nicht mehr die reine Glazialtrogform auf, da durch die Aufschotterung der Alb ein Sohlental entstanden ist.

3.2.6 Das Bernauer Albtal

Das Tal der Bernauer Alb beginnt oberhalb von Bernau-Hof im Talschluss des Felsenkopfkares, das vom Hohfelsen mit 1253 m überragt wird. Das Einzugsgebiet reicht im Norden bis zum Gipfel des Herzogenhorns. Entlang des Tals stößt östlich von Bernau-Hof von Norden her das

Schwemmbachtal hinzu, das seinen Talanfang im 1200 m hoch gelegenen Schwemmbachkar hat. Bei Bernau-Dorf, an der breitesten Stelle des Tals, fließt von Westen kommend das Sägenbächle in die Bernauer Alb. Dieses Seitental bietet geomorphologisch einige interessante Aspekte. So ist der im Gewann »Auf der Wacht« auf 973 m gelegene flache Sattel zwischen dem Sägenbächletal und dem Prägbachtal glazial überformt. Dies belegen die Rundhöcker unmittelbar östlich und westlich unterhalb der Passhöhe. In 970 m Höhe liegt eine von der Straße Geschwend–Bernau angeschnittene Endmoräne sowie eine unmittelbar dahinter gebildete vermoorte Verflachung. Weiterhin sind kurz vor der Einmündung des aus Süden zufließenden Stempfelbächles in das Sägenbächle südlich der Lunzismühle im Ortsteil Poche in etwa 920 m drei flache elliptische Hügel sichelförmig angeordnet. Diese sind Teile eines Endmoränensystems, das einerseits zum Gletscher gehört haben könnte, der seinen Ursprung am Blößling in ca. 1200 m Höhe hatte, das andererseits aber auch jenem Gletscher zugeschrieben werden könnte, der sich vom Gebiet »Auf der Wacht« nach Osten bewegt haben muss. Alle Hangbereiche sind mit Moränenmaterial überdeckt. Drainagegräben im Gebiet Lehnle südlich des Weilers Poche hatten diese Ablagerung 1983/84 auf einer Länge von mindestens 300 m aufgeschlossen. Es handelt sich zweifellos um eine in situ

29 Querprofile durch das Menzenschwander Albtal. In den meisten Talabschnitten des oberen Albtals ist ein Trogtal ausgebildet. Gesteinsbedingt treten abschnittsweise auch Asymmetrien im Talquerschnitt auf. (nach METZ 1985: 28)

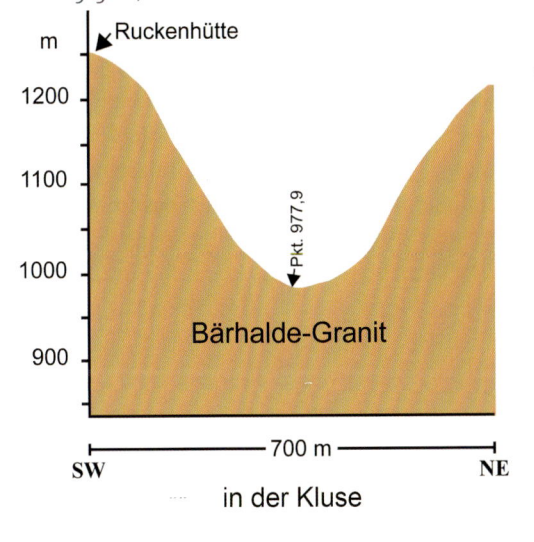

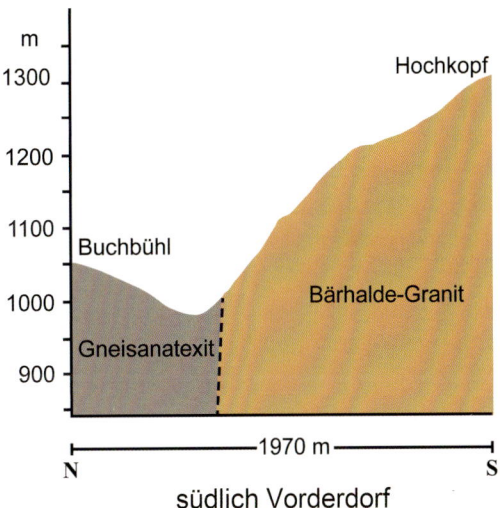

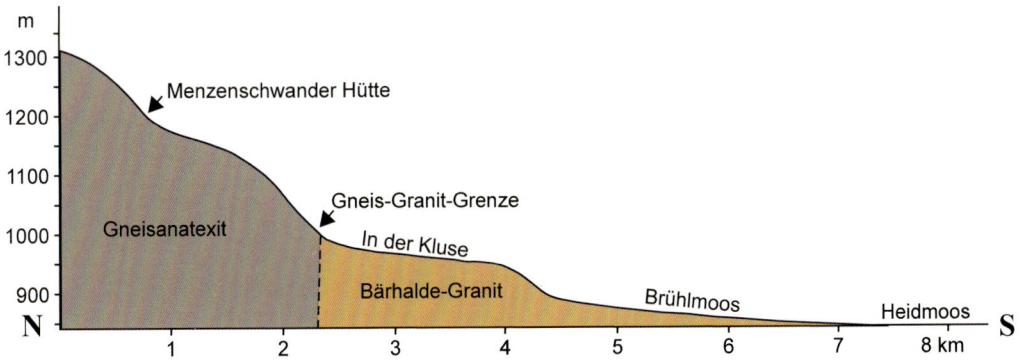

30 Längsprofil des Menzenschwander Albtals. (nach METZ 1985: 27)

abgelagerte, unverwitterte Grundmoräne von großer Mächtigkeit. In dieser kiesig-lehmigen Grundmasse stecken kantengerundete Geschiebe unterschiedlicher Größe mit Durchmessern bis zu 1 m.

In der Umgebung von Bernau-Riggenbach und Bernau-Innerlehen zeugen Steilkanten von starker nachkaltzeitlicher Zerschneidung. Der ebene Talboden unterhalb dieser Kanten belegt eine daran anschließende Sedimentationsphase. Diese Terrassen müssen nachkaltzeitlich eingeschottert worden sein und sind somit zu den holozänen Formen zu zählen. Die Eisrandlage des Albtalgletschers im Würm-Maximum befand sich etwa 16 km südlich des Zusammenflusses von Bernauer und Menzenschwander Alb bei der Niedermühle in 630 m Höhe.

Ein wichtiger Gegensatz zwischen dem Menzenschwander und dem Bernauer Albtal besteht in den Querprofilen. Während im Menzenschwander Tal ein relativ enger Glazialtrog vorliegt, zeichnet sich das Bernauer Tal durch eine breite, geräumige Wannenform aus. Für die Entstehung dieser Talform sind hier zwei Faktoren verantwortlich. Eine Ursache ist die Tektonik, denn die Bernauer Alb lehnt sich an die nach dem Tal benannte Bernauer Albtalstörung an. Diese macht sich in den unterschiedlichen Höhenlagen der beiderseitigen Talränder bemerkbar, die im Nordosten 1200 bis 1300 m und im Südwesten 1000 bis 1100 m Höhe erreichen. Diese Talasymmetrie wird durch die Seitentäler noch stärker betont. Im Nordosten sind es kurze, steile Gerinne, im Südwesten hingegen breite, flachere Talformen. Der zweite ursächliche Faktor kann in der leichteren Ausräumbarkeit der paläozoischen Schiefer gesehen werden. Im Bereich von Bernau-Innerlehen verengt allerdings ein kontaktgehärteter Schieferzug das Tal von Südwesten her beträchtlich. Dieser Querriegel wird vom Spitzenberg gebildet, aus dem bei Punkt 948,1 m ein mächtiger Rundhöcker herausmodelliert wurde.

3.2.7 Das Wiesetal

Der kaltzeitliche Wiesetalgletscher hatte seinen Ursprung im weit ausladenden Kar zwischen Todtnauer Hütte im Westen und Seebuck im Osten. Eine steile, bewaldete Rückwand umschließt dieses größte südexponierte Kar des Hochschwarzwaldes. Die Eismassen, die sich von hier aus in südwestliche Richtung bewegten, erhielten zusätzlich Nahrung über die Transfluenzzone um den Bereich Hebelhof-Feldbergerhof. Unmittelbar unterhalb des großen Kares beginnt ein ausgesprochen charakteristisches Trogtal, das bis Todtnau und damit bis zur Einmündung des Schönenbachtals zu verfolgen ist (siehe Abb. 5).

Dieses Tal hat zur Zeit der Würmvereisung einen Gletscher aufgenommen, der aus der Umgebung des Schauinslands nach Osten abgeflossen ist. Aus dem Belchengebiet abfließende Eismassen trafen bei Utzenfeld über Wieden und Aitern kommend auf den Wiesetalgletscher (RAHM 1989: 388). Dieser hatte ein größeres Einzugsgebiet und war dadurch mächtiger als die etwas kleineren Gletscher in den Nebentälern. Die Folge war, dass diese heute Stufenmündungen aufweisen, also als Hängetäler ausgebildet sind. Auch die Nebentäler weisen in manchen Fällen seitlich einmündende Hängetäler auf, wie das beim Stübenbächle nördlich von Todtnau im Schönenbachtal zu beobachten ist. Hier überwindet das Stübenbächle über einen fast 200 m hohen Wasserfall den Höhenunterschied zum Schönenbachtal. Allerdings kann diese Steilstufe nicht auf die Erosionskraft des Gletschers im Haupttal zurückzuführen sein, da, wie es LIEHL (1982: 46) ausführt, selbst in der Zeit stärkster Vereisung das Eis im Haupttal nicht bis in diese Höhe gereicht haben kann. Er schreibt die Hängemündung einer älteren Reliefgeneration zu, die hier bedingt durch die relativ geringe Wirkung der nicht sonderlich dicken Eismasse erhalten blieb. Im Wiesetal selbst liegen einige Endmoränenwälle quer zum Talverlauf und dienen auch hier zur Rekonstruktion der spät- und postglazialen Verhältnisse. Deutliche Wälle befinden sich zum Beispiel im Bereich von Schlechtnau südlich von Todtnau. Zwischen Utzenfeld und Schönau sowie westlich von Schönau bei Schönenberg findet man markante Rundhöcker als Hinweise

31 Blick ins St. Wilhelmer Tal. (HKR)

auf die pleistozäne Überformung durch fließendes Eis. Ebenfalls sichere Belege hierfür sind die unzähligen Schmelzwasserrinnen, die meist parallel zum Talverlauf liegen. Im Regelfall stellen diese aber keine subglazialen Formen dar, sondern sind tatsächlich als parallel zum Eisrand angelegte Abflussrinnen des seitlich von den Hängen abfließenden Wassers zu deuten. Dort, wo Kolke und Gletschertöpfe ausgebildet sind, wie beispielsweise auf halbem Weg zwischen Schönau und Zell oder im Bereich Lindau-Ibach, lagen die Verhältnisse anders. Hier muss das Wasser in den Gerinnen unter Druck gestanden haben, sodass von einem subglazialen Abfluss auszugehen ist.

Der gesamte nördliche Hotzenwald zwischen Schwarzatal im Osten und Wiesetal trägt Spuren einer ausgedehnten, wenn auch verhältnismäßig dünnen Eisdecke, die durch zahlreiche Transfluenzen gekennzeichnet ist. Diese wurden von LIEHL (1982: 62) in der Karte der glazialen und glazifluvialen Erosionsformen erfasst. Die weitesten Eisvorstöße erfolgten dort, wo entlang der präexistenten Täler ein Abfluss nach außen leicht erfolgen konnte. So lagen die Gletscherenden im Würm-Maximum im Wiesetal bei Mambach nördlich von Zell, im Wehratal bei Todtmoos-Au (LESER 1979: 30) und im Murgtal bei Hottingen.

3.2.8 Das St. Wilhelmer Tal

Eines der am besten erhaltenen Trogtäler im Schwarzwald ist das vom Feldberg nach Nordwesten zum Bruggatal gerichtete Tal von St. Wilhelm. Westlich und nördlich des zwischen Hüttenwasen und Stübenwasen fast einheitlich um etwa 1370 m hohen Feldbergplateaus bildet ein fast 450 m hoher Steilabfall die Rückwand eines nach Norden geöffneten Kares, das bezeichnenderweise Napf heißt. Westlich davon, durch die Erhebung des Schmalecks (1280 m) vom Napf getrennt, ist ein weiteres, nach Nordosten exponiertes Kar ausgebildet, das durch die Schlagerhöhe (1203 m) von einem dritten, parallel dazu angelegten Kar, dem Katzensteigkar, abgetrennt wird. Mächtige Eismassen, nur durch die höchsten Teile des Hochfahrn-Tote-Mann-Kamms vom Eis im Zastlertal getrennt, haben sich im tief

32 Zastler Loch mit zwei Karbodenresten (durch Pfeile markiert). Ein weiterer Boden befindet sich etwas außerhalb des Bildes und wird durch einen dritten Pfeil (rechts unten) angedeutet. (HKR)

eingeschnittenen Tal angesammelt und sind im Bereich Hohe Brücke in ca. 650 m mit den Eismassen vom Schauinsland und aus der Mulde von Hofsgrund zusammengeflossen.

Auch vom Haldenköpfle (1265 m), Trubelsmattkopf (1280 m) und vom Neustützkopf (1257 m) kamen Eismassen hinzu, die ihren Weg nach Norden nahmen. Die tiefe Lage des Zartener Beckens hatte ein starkes Einschneiden der prä- und interglazialen Flüsse zur Folge, was dazu führte, dass der Gletscher im Bruggatal schon bei der heutigen Ortschaft Hintertal am Holzschuhplatz in 516 m seinen Maximalstand im Würm erreichte. Die steilen Hänge im gesamten Bereich vom Notschrei (1118 m) bis zur Mündung in das Zartener Becken haben bewirkt, dass die spät- und nachkaltzeitlichen Oberflächengewässer stark erodierend abflossen und somit der kaltzeitliche Formenschatz hier nicht so gut erhalten ist wie in anderen Tälern. Im St. Wilhelmer Tal jedoch, das, wie erwähnt, ein gut erhaltenes Trogtal darstellt, sind an mehreren Stellen Moränen aufgeschlossen, die spätglaziale Halte oder Vorstöße repräsentieren. Im oberen Talbereich ist unterhalb der Riesenhalde im Napf in 910 m ein zweigeteilter Moränenwall erhalten. Die Talsohle oberhalb dieses Walles ist stark vernässt. Dort, wo randlich der anstehende Fels an die Oberfläche tritt, ist er zu Rundhöckern abgeschliffen, die im Napf und an anderen Stellen im St. Wilhelmer Tal in größerer Zahl zu finden sind. Weiter außerhalb im Tal reihen sich an der Einmündung des Katzensteigtals bei der Ortschaft Hintertal in 780, 770 und 740 m Höhe deutliche Moränenwälle auf. Die markanteste Moräne dieser Staffel liegt am Maierhof in 700 m.

3.2.9 Das Zastlertal

Das nach Nordwesten entwässernde Zastlertal hat seinen Talschluss im Zastler Loch am Feldberg. Dies ist ein relativ gut erhaltenes Treppenkar mit drei Karböden, einem oberen in 1400 m, einem stark zerschnittenen mittleren in 1320 m und einem unteren, noch am besten erkennbaren in 1250 m Höhe.

Die obere Umrandung des Kares bilden einige Karnischen (Karoide), die bis auf ca. 1450 m hinaufreichen. Die Karschwelle am untersten Karboden ist halbseitig der Erosion zum Opfer gefallen. Hinter dem rundhöckerähnlich überschliffenen Riegelrest, auf dem heute die Zastler Hütte steht, liegt das kleine Moor des höchstgelegenen Zungenbeckens im Südschwarzwald. Abgeschlossen wird es durch einen Endmoränenwall auf 1250 bis 1270 m. Zwischen dem Wall und der Felswand verläuft eine kleine Rinne, die als periphere Umfließungsrinne zu deuten ist. Die aus der Moränen- und Vegetationsdecke herausragenden flachen Felsen tragen deutliche Gletscherschliffe, z. B. unmittelbar oberhalb der Zastler Hütte (Abb. 33).

Weiter unterhalb befindet sich auf 1060 m ein kleines, vermoortes Becken, das nach Norden hin in 1040 m Höhe durch eine Gruppe von mehreren Moränenhügeln abgeschlossen wird. An Bachanrissen des Zastlerbaches wird das Material ständig neu aufgeschlossen. Weiter unterhalb bei der Kluse stößt von Südosten kommend aus dem Rinkendobelkar ein kurzes Seitental auf das Zastlertal. Der obere Rand des Rinkendobelkares liegt bei 1200 m. In ungefähr 1100 m ist dort ein schwach ausgebildeter, erosiv zerschnittener Endmoränenwall des Hanggletschers eines sehr späten Vorstoßes zu finden. Die Eisrandlage im Würm-Maximum ist erst weit unterhalb des Zusammenflusses von Rinkendobelbach und Zastlerbach in der Umgebung des Jockelehofes außerhalb des Blattbereichs zu finden. Im Gegensatz zu den flachen Querprofilen der Mulden- und Sohlentäler der Ostabdachung weist das Zastlertal eine ausgesprochene Kerbtalform auf. Die spät- und postglazialen Erosionsleistungen der Schmelzwässer waren so hoch, dass außer den erwähnten Glazialspuren keine anderen erhalten sind. Die Hänge sind sehr steil, und unterhalb der schroffen Felsen finden sich Schutt- und Blockansammlungen wie Felsstürze und Blockhalden. In solchen Blockhalden befinden sich viele große Hohlräume, in denen sich in Abhängigkeit von der jeweiligen topografischen Situation und vom Volumen der Hohlräume über den Winter hinweg Kaltluft ansammeln kann.

33 Gletscherschliff nahe der Zastler Hütte. Die Schliffspuren sind die von links oben nach rechts unten im Bild zu erkennenden Rillen, während die anderen Risse im Gestein angelegte Klüfte sind, die zum Teil mit Lockermaterial angefüllt sind. (HKR)

Diese kann aufgrund ihrer geringen Temperatur und der damit verbundenen größeren Dichte über schmale Auslässe in den unteren Bereichen der Blockhalde nach und nach aus dieser heraussickern. Im Bereich solcher Ausgänge ist die Lufttemperatur im Sommerhalbjahr deutlich geringer als in der Umgebung. Schnee- und Eisreste können sich z. T. lange halten, woraus sich die Bezeichnung Eislöcher ableitet (Abb. 34).

3.3 Zeitliche Einordnung der Glazialspuren im Bereich des Feldbergs

Die umfangreiche Literatur zu Fragen der zeitlichen Einordnung von Eisrandlagen und Transfluenzen im Hochschwarzwald benennt bis 1981 mit einer Ausnahme alle Hochstände und Vorstoßphasen nach Typuslokalitäten im Seebachtal und versucht, die Erscheinungen in den Nachbargebieten mit jenen im Seebachtal zu parallelisieren. Ausgangsbasis für diese Parallelisierung ist der Würm-Maximalstand, während dessen der gesamte Umkreis des Feldbergs von Gletschereis oder in den höchsten, exponierten Regionen zumindest von Firnkappen überzogen war. Für die Eisrandlagen des Würmmaximums ist von einer mittleren Lage der klimatischen Schneegrenze zwischen 930 m (HANTKE 1978) und 1000 m (HAASE 1966b) auszugehen.

In den Übergangsbereichen von Firnkappen (unbewegtes oder sehr langsam fließendes Eis) zu Gletschern finden wir, wie z. B. südlich des Schluchsees, hochgelegene Anhäufungen von Lockermaterial, die als Ufermoränen gedeutet werden können. Das schließt aber keineswegs aus, dass oberhalb noch eine dünne Decke von Moränenstreu existiert hat. Auch die hochgelegenen Talscheiden, Kuppen und Gipfelplateaus tragen, wie zahlreiche Autoren ebenfalls unterstreichen, häufig diese dünne Auflage lockerer Geschiebestreu (Zone III bei HAASE 1968a). Es muss also auch hier eine Materialbewegung

34 Zastler Eislöcher. Aus Blockhalden kann unter bestimmten Bedingungen bis weit in den Sommer hinein Kaltluft heraussickern und Schnee- sowie Eisreste in Vertiefungen lange Zeit erhalten. Die Kälte kann die Zusammensetzung der Vegetation beeinflussen. (HKR)

35 Keßlermoos mit Transfluenzpass. Hier floss Eis vom Seebachtal über den flachen Sattel zum Tal des Zartenbachs. (HSA)

stattgefunden haben. Nach dem Rückzug des Eisrandes und dem Ausdünnen der Gletscher ist im Seebachtal im Bereich der Ortschaft Titisee der erste Halt bzw. Wiedervorstoß dieses Gletschers zu erkennen. Diese Eisrandlage repräsentiert das Titiseestadium mit einer zugeordneten Höhe der klimatischen Schneegrenze bei 1000 m (HANTKE 1978) respektive 1070 m (HAASE 1966b). Im Feldberggebiet sind noch die markanten Seitenmoränenwälle unmittelbar westlich und wahrscheinlich auch nördlich der Falkenmatten dem Titiseestadium zuzuordnen, dessen Endmoränen bei Mühlingen aufgeschlossen sind. Nach SCHREINER (1981) sind vermutlich auch die Moränen im Urseetal bei Punkt 846,80 m und die große Endmoräne bei Raitenbuch gleichen Alters. Am Ostende des Schluchsees liegt die Endmoräne des Titiseestadiums in Höhe der Staumauer. Kennzeichnend für dieses Stadium waren größere, durch Endmoränenwälle umsäumte Zungenbecken, die nach Freigabe durch das Eis von Schmelzwasser aufgefüllt wurden. Solche Zungenbecken sind der Ur-Schluchsee, der Titisee, Falkenmatten, Ursee und mehrere kleinere, heute verlandete Seen hinter Endmoränenwällen.

Das Bild der Vereisung zeigte eine Auflösung der zusammenhängenden Eiskappe in verschiedene örtliche Nährgebiete (REICHELT 1966), wodurch einige Rücken bereits eisfrei wurden. Durch die Existenz mehrerer Transfluenzpässe wirkte die Vergletscherung aber noch immer weitgehend geschlossen (ERB 1948). Im Bereich des Feldbergs bestanden Transfluenzen besonders ausgeprägten Erscheinungsbildes vom Seebachtal über Silberberg und Mathisleweiher (998,80 m) sowie über Erlenbruck und Keßlermoos (932 m) bei Hinterzarten (Abb. 35) und eine weitere über die Rotmeersenke nach Süden ins Haslachtal.

Auch das alte Tal des heutigen Windgfällweihers (966 m) diente als Transfluenzzone vom Haslachtal zum Aha-Schluchsee-Tal. Im Norden des Seebachtals bestand noch eine Transfluenz vom Rinken ins Zastlertal. Vom Feldberg/Seebuck nach Südosten floss das Eis im Bereich »Beim Zeiger« ins Wiesetal (1230 m) und ins Menzenschwander Albtal. Da diese Zone im Vereisungszentrum lag, ist anzunehmen, dass bis in die späten Phasen der würmzeitlichen Vereisung hier eine Eisscheide in Funktion war. Im Gebiet der beiden Albtäler gab es ebenfalls einige Sättel, über die Eis vom einen zum anderen Tal gelangen konnte: vom oberen Menzenschwander Albtal über den Sattel am Caritashaus ins Waldhofkar (1231 m), zwischen Hochkopf und Bärhalde hinüber ins Wannekar (1228 m), von Hintermenzenschwand am Kapellenkopf vorbei ins Aha-Schluchsee-Tal (1209 m) und von Menzenschwand über das Äulemer Kreuz ins Äuletal (1137 m). Zwischen dem Krunkelbachtal und dem Bernauer Albtal bestand eine der höchsten Transfluenzzonen im engeren Feldberggebiet über den Roßrücken ins Tal von Bernau-Hof (1236 m). Schließlich ist noch die Transfluenz vom Prägbachtal über die Wacht ins Bernauer Albtal (973 m) zu erwähnen.

Ein im Seebachtal ursprünglich als Endmoränenwall gedeuteter Riegel aus anstehendem Gneis mit punktueller Moränenüberdeckung unweit des Zipfelhofs (siehe S. 33) galt lange Zeit als Typuslokalität für das Zipfelhofstadium. Für diesen Stand gibt es in anderen Tälern (z. B. Menzenschwander Albtal, Haslachtal) bessere und vor allem eindeutigere Nachweise. Da der von HAASE (1968a) beschriebene Falkaustand offensichtlich aufgrund der Höhenlage und der petrografischen Kriterien mit dem Zipfelhofstadium identisch ist (HANTKE/RAHM 1976), wurde zeitweise auch vom Falkau-Zipfelhof-Stand gesprochen. Da, wie beschrieben, unterhalb der Ortschaft Bärental eine fünffach zu gliedernde Moränenstaffel kräftige Gletscherbewegung mit deutlichen Stillstandsphasen belegt und die Höhenlage eine Korrelation mit Falkau erlaubt, erscheint es sinnvoll, den Bärentalstand als Stillstands- bzw. Vorstoßphase in die Chronologie aufzunehmen (SCHREINER 1981). Aufgrund ihrer tiefen Lage könnte man auch die Kluse-Moränen im oberen Menzenschwander Albtal diesem Stand zuordnen. Mit Recht sind aber SCHREINER (1981), LIEHL (1975) und auch RAHM (1970) der Meinung, dass diese Wälle trotz ihrer niedrigen Lage, aber wegen der zu rekonstruierenden Größe des Einzugsgebietes in Ostsüdostexposition, einen späteren Vorstoß repräsentieren.

Dem Bärentalstand zuzuordnen sind aber die Moränenwälle im Rotmeer bei 960 m, die Wälle am Windgfällweiher und die kleinen Moränenhügel im oberen Urseetal. Diese Phase wird charakterisiert durch eine weiter fortgeschrittene Auflösung der zusammenhängenden Eisdecke mit aktiven Nährgebieten im Feldbergplateau, auf dem Bärhalde-Schnepfhalde-Kamm und am Blößling-Farnberg-Kamm im Südosten außerhalb des Blattes Feldberg. Auch der Belchen dürfte zu dieser Zeit noch eine Eiskappe oder eine mächtige Firndecke getragen haben (REICHELT 1966). Die klimatische Schneegrenze während des Bärentalstandes lag bei 1100 bis 1150 m (HANTKE/RAHM 1976) bzw. 1170 m (HAASE 1966b).

Die Moränenwälle, die das Waldhofmoor im oberen Seebachtal umschließen, stellen eine weitere Schlüsselstelle für die Spätglazialgliederung im Hochschwarzwald dar. Sie repräsentieren den nach dieser Lokalität benannten Waldhofstand. Sie müssen kurz nach dem Bärentalstand abgelagert worden sein, als das Eis im Seebachtal bereits über diese Schwelle hinaus zurückgeschmolzen war. Nur so war dem seitlichen Eiszufluss von der nordexponierten Seite aus die Möglichkeit gegeben, die beiden relativ mächtigen Wälle abzulagern. Weitere Endlagen dieses Stadiums haben sich im Schwarzenbachtal (oberhalb von Altglashütten) in 1025 m und im Haslachbachtal (bei Neuglashütten) in 1040 m Höhe erhalten können. Auch die Endmoränenwälle westlich des Schluchsees auf 970 bis 995 m werden von SCHREINER (1981) unter Vorbehalt in diesen Waldhofstand gestellt. Die klimatische Schneegrenze dürfte in dieser Zeit nach fast übereinstimmenden Angaben bei HANTKE/RAHM (1976) und HAASE (1966b) bei 1180 bis 1200 m gelegen haben.

Tab. 1 Versuch einer Parallelisierung von Schwarzwald-Gletscherständen mit Stadien im Alpenraum. (nach SCHREINER 1981, verändert und ergänzt)

Titiseestand	Singener Stadium	Innere Jungendmoräne
Bärentalstand	Konstanzer Stadium	Bühl
Waldhofstand	Älteste Dryas	Steinach
Äußerer und innerer Feldseestand	Ältere Dryas	Gschnitz

Eine Schneegrenzlage in Höhen um 1200 bis 1250 m wurde für das nächstjüngere Stadium, den Feldseemoorstand angenommen, während dessen nur noch in sehr hoch gelegenen Karen eine Karvergletscherung mit relativ kurzen Zungen wirksam gewesen sein kann. Eine Ausnahme bildet in diesem Fall lediglich das obere Menzenschwander Albtal, wo eine annähernd vollständig erhaltene Moränenstaffel diesem Stand zuzuordnen ist. Es sind dies die Klusemoränen (siehe Abb. 23 und 24). Benannt wurde dieses Stadium nach dem Feldseemoor zwischen dem äußeren und dem inneren Endmoränenwall östlich des Feldsees in knapp 1100 m. Untersuchungen von LANG (1975) haben ergeben, dass die Seeablagerungen im Feldseemoor Klimacharakteristika der Älteren Dryas aufweisen. Beweis für die vorgenommene Datierung ist das Vorkommen von allerödzeitlichen Bimstuffen in den Sedimenten. Damit ist eindeutig erwiesen, dass der Boden der Wanne im Feldseemoor bereits im Alleröd eisfrei gewesen muss. ERB (1948) hatte noch angenommen, dass der Gesamtkomplex Feldsee der Jüngeren Dryas zuzuordnen und damit jünger als das Alleröd sei. Ergänzend konnte MERKT (1985: 41) durch Bohrungen in das Seebecken, die nur im Winter von der dicken Eisdecke aus durchgeführt werden konnten, nachweisen, dass unter umgelagerten Sedimenten unterschiedlicher Herkunft in 9,40 m Tiefe eine 6 cm dicke Lage aus Laacher See-Tuff liegt. Daraus lässt sich schließen, dass der Boden des Feldsees seit dem Alleröd eisfrei ist. Diese Überlegungen rechtfertigen also, nur noch von einem Feldseestand zu sprechen, der allerdings zwei Eisrandlagen unterhalb des Feldseemoors (Äußerer Feldseestand) und unterhalb des Feldsees (Innerer Feldseestand) aufweist.

Dem Waldhofstand entsprechen im Zastlertal die Wälle in 1040 m und auch die undeutlichen Endlagen im Rinkendobel. Die Moränen im unteren Karboden des Zastler Lochs gehören in die Serie der Moränen des Feldseestandes (hier in 1250 bis 1270 m). Während für den Äußeren Feldseestand eine Schneegrenzlage von 1200 bis 1250 m angenommen wird, lag diese Grenze zur Zeit des Inneren Feldseestandes wohl bei ca. 1300 m. In postglazialen Kaltphasen konnten sich Firn- und Eisreste nur in den oberen Karbereichen des Zastler Lochs, in den Karoiden am Seebuck und im obersten Teil des Rinkendobelkares halten. An diesen Stellen sind auch heute noch bis weit in den Sommer Schneereste zu beobachten (siehe Abb. 16). Vorbehaltlich genauerer Datierungen aufgrund pollenanalytischer Untersuchungen oder anderer exakter absoluter Verfahren kann eine Parallelisierung mit Stadien der spätpleistozänen Alpengletscher vorgenommen werden (Tab. 1).

Die vom Eis freigegebenen Talbereiche stellten, bedingt durch quer zum Tal liegende Moränenwälle oder Felsrücken, in den meisten Fällen Sedimentfallen dar. Zunächst bildeten sich Stauseen aus, die – von wenigen Ausnahmen abgesehen – rasch verlandeten. Verantwortlich dafür war das große Materialangebot in den moränenbedeckten Höhen- und Hangbereichen. So konnten sich im Randbereich des großen Bärentalgletschers seit dem Würm-Maximum an der Einmündung von Jos- und Langenordnachtal die Fließgewässer beim Auftreffen auf die Seitenmoräne aufstauen und kleine Moränenstauseen bilden. In diese stehenden Gewässer haben die einmündenden Bäche Ablagerungen geschüttet, die im Aufschluss Deltaschichtung aufweisen (Abb. 36). In steilen Hangbereichen lösten sich

36 Aufschluss in den Ablagerungen eines kaltzeitlich in den Moränenstausee bei Langenordnach einmündenden Bachs. Deutlich erkennbar ist in dieser Aufnahme von 1979 die typische Deltaschichtung. Heute ist der Kiesabbau eingestellt und der Aufschluss nicht mehr vorhanden. (HKR)

nach Abschmelzen des Eises infolge der Druckentlastung und des Verlustes von Widerlagern verbreitet grobe Gesteinstrümmer. Diese bilden markante Sturzhalden aus grobem Blockschutt wie beispielsweise an der Rückwand des Feldseekars (Abb. 37).

Die Längsprofile fast aller Täler zeigen, dass mehrfach Gefällewechsel auftreten. Diese beweisen, dass die Erosionsterminante noch nicht erreicht ist. Nachkaltzeitliche Erosionsleistungen sind in den Oberläufen der Bäche zu beobachten, während die flachen Talzonen ausnahmslos den ausgeglichenen Mittelläufen zuzurechnen sind. Hier sind nur laterale Arbeitskanten, vorwiegend an Biegungen, festzustellen. Echte Flussterrassen treten eher selten auf. Auch diese Tatsache bestätigt eindeutig die Dominanz glazial-geomorphodynamischer Prozesse in diesem Teil des südlichen Hochschwarzwaldes. So findet man auch, wie schon betont, kaum echten Hangschutt. Die Problematik der Schuttdecken und deren Gliederung ist jedoch in nichtvergletscherten Mittelgebirgen für die Rekonstruktion pleistozäner und postglazialer Prozessbedingungen außerordentlich wichtig. In ehemals vergletscherten und sehr lange eisbedeckten Gebieten hingegen sind Moränendecken sowie deren Verbreitung und Erhaltungszustand die wichtigsten Kriterien für eine Gebietsanalyse. Solifluidale Bewegungen konnten selbstverständlich in jenen Gebieten eine Verlagerung des oberflächennahen Materials bewirken, in denen keine Firn- oder Eisbedeckung mehr vorhanden war. Der so bewegte Schutt besteht im Hochschwarzwald nur an extrem steilen Hängen nicht aus Moränenmaterial. Vor allem die Hangbereiche sämtlicher Täler sind bis weit hinauf von einer dichten Grundmoränendecke überzogen, in deren oberen Partien im ausgehenden Pleistozän solifluidale Vorgänge eine Verlagerung besorgten. Da aber in den Hochlagen des Südschwarzwaldes nur eine kurze Zeit periglaziale Bedingungen herrschten, ist die Bedeutung des periglazialen Hangschutts für die Morphogenese des Raumes nur von untergeordnetem Stellenwert. Eine Gliederung von Schuttdecken kann aufgrund der genauen Kenntnis der Bedingungen während der letzten Kaltzeit und während spätglazialer Klimaverschlechterungen, die durch eine eindeutige Einordnung von Glazialformen erhältlich ist, keine exakteren (und von den bisherigen Erkenntnissen unterschiedlichen) Ergebnisse mehr bringen. Zeitaufwändige Untersuchungen der oberflächennah bewegten Hangbereiche können im Feldberggebiet nur noch Aufschluss über postglaziale Schuttdeckenentwicklung geben. Bereits ULLMANN (1960) hat im Feldberggebiet nur im Krunkelbachtal am Südhang des Rabenfelsens, im oberen Menzenschwander Albtal am Südhang des Hochkopfes und am Hohspirn Blockhalden sowie an der Schnepfhalde und an der Bärhalde verstürzte Felsburgen beschrieben. Alle anderen Aufschlüsse in diesem Gebiet zeigen, auch bei ULLMANN (1960), Moräne über Grus. Diese Ablagerungsschichtigkeit wird bei Ullmann deutlich von den Schuttdecken abgesetzt, die er als »normale[n] Boden über dem Anstehenden« definiert, »der mehr oder minder viele Gesteinstrümmer aller Größenklassen enthalten kann« (Ullmann, 1960: 201). Auch hier im Bereich des Feldbergs sind die bewegten Materialansammlungen in den meisten Fällen einschichtig und zeigen eine nur kurze Zeit der Bewegung an.

Es können in diesem Lockermaterial Baumfußknicke und geringmächtige Schuttansammlungen hinter dickeren Baumstämmen auftreten.

37 Blockschutt unterhalb der Rückwand des Feldseekars. (HKR)

Diese spielen aber in dem auch in historischer Zeit niemals vollständig gerodeten Gebiet nur eine untergeordnete Rolle. Echte Schuttdecken können nur dort auftreten und sich weiter bewegen, wo einerseits Schuttlieferanten, andererseits wenig befestigte Hänge vorhanden sind. Im hier angesprochenen Gebiet treten vorwiegend Gneise und Granite auf, die unterschiedlich verwittern. Granit, der zu groben Blöcken verwittert, die in Grus eingelagert sind, bedingt die Entstehung von Blockhalden. Im Gegensatz dazu neigt der Gneis durch seine schiefrige Textur zur Abschuppung und Scherbenbildung. Diese Verwitterungsderivate bilden deshalb kleinstückige Schutthalden. Sie treten weit öfter in Erscheinung als klar zu erkennende, glieder- und datierbare Schuttdecken, weil die etwas flacheren Hänge bis zu einem Böschungswinkel von etwas mehr als 30° mit pleistozänem Lockermaterial überzogen sind. Dadurch enthält der oberflächennahe Untergrund einen hohen Anteil bindigen Feinmaterials. Es kommt daher nur zu sehr geringfügigem Bodenversatz. Allerdings weisen häufig die zwischen einem halben und einigen

Metern mächtigen Moränenlagen in ihren gröberen Partien hangabwärts gerichtete Strukturen auf, die auf periglaziale oder holozäne Umlagerung hindeuten.

4. Die spätpleistozäne und aktuelle Landschaftsveränderung

Die aktuellen morphodynamischen Prozesse beschränken sich nicht auf einzelne Relief- oder Gebietstypen, sondern können in allen Bereichen des Feldberggebiets beobachtet werden. Wie oben angeführt, kennzeichnen unausgeglichene und noch nicht konsolidierte Abflussverhältnisse die im Pleistozän entscheidend geprägte Landschaft im Feldberggebiet. Die durch Glazialerosion ausgeschürften Wannen und Talböden konnten postglazial mit Schottern und Sanden aufgefüllt und somit in einzelnen Talabschnitten lokal ausgeglichen werden. Wo heute noch Seen existieren, ist die Akkumulation rezent weiterhin aktiv. Beispiele für diese Sedimentation sind die gegenwärtigen Verlandungserscheinungen an Titisee, Schluchsee, Windgfällweiher, Mathisleweiher und Feldsee, die in Abhängigkeit von Größe und Form des Einzugsgebietes in unterschiedlichem Maße ausgeprägt sind. Die Abflüsse dieser Seen speisen zahlreiche, in alle Richtungen entwässernde Flüsse. Viele dieser Abflüsse sind künstlich gefasst und damit reguliert. Die breiten, heute ebensohligen Talböden der größeren Täler sind spät- bis postglaziale Aufschüttungen, die aktuell nur an wenigen Stellen von den kleinen, in diesen flachen Laufabschnitten meist mäandrierenden Bächen eingeschnitten werden. Häufig wird das Bild dieser flächenhaften Ablagerungen durch die Schwemmfächer der seitlich einmündenden Nebenbäche verändert. Diese meist flach geneigten Fächer überlagern häufig die Ablagerungen im Haupttal und können den Hauptbach an die gegenüberliegende Talflanke drängen (z. B. am Seebach, kurz vor dessen Mündung in den Titisee). Normalerweise gehen die Schwemmfächer flach und kaum merklich in den Talboden über.

Manchmal sind sie aber vom Hauptbach angeschnitten worden und zeigen ausgeprägte Erosionskanten, wie z. B. im Seebachtal unterhalb des Zipfelhofs.

Die zum großen Teil frisch aussehenden Block- und Schutthalden im hohen Schwarzwald sind unterhalb der steilen Felspartien zu finden und verdanken ihre Entstehung vorwiegend spätpleistozänen Massenselbstbewegungen. Zur Zeit ihres Abgangs waren die Hänge noch weitgehend vegetationslos. Die glazial überformten Täler konnten postglazial nur in ganz geringem Umfang durch Trümmeranhäufungen umgestaltet werden. Die rezenten Prozesse sind noch viel weniger in der Lage, durchgreifende Veränderungen herbeizuführen. Die Böschungswinkel der einzelnen Halden weisen keine großen Unterschiede auf. Block- und Schutthalden überziehen streifenartig und in ganz wenigen Fällen auch flächenhaft die über 25° steilen Hänge. Sie haben sich bevorzugt in der Höhenlage zwischen 700 und 1000 m gebildet. Diese Höhenstufe stellt im südlichen Hochschwarzwald nach ULLMANN (1960) die Region der maximalen Frostwechselhäufigkeit dar. Da die Intensität der Frostsprengung während der pleistozänen Kaltzeiten zweifellos größer war als heute, darf angenommen werden, dass die Entwicklung der im Hochschwarzwald zu findenden Halden im Wesentlichen abgeschlossen ist.

Die steilen Karrückwände sind die Bereiche, in denen man die meisten Schutthalden (in geringer Anzahl auch Blockhalden) antrifft. Im Feldseekar werden die bis zum Feldsee hinabreichenden Schutt- und Blockhalden und auch die verstürzten Felsburgen hauptsächlich von den turbulent fließenden Schmelzwässern im Frühjahr zerschnitten. Das hierbei frei werdende und von den Sturzbächen abtransportierte Gesteinsmaterial wird teilweise bis zum Feldsee verfrachtet, dort abgelagert und trägt so zur Verlandung des Sees bei.

Die lineare Erosion stellt im Bereich des Feldbergs den Hauptfaktor der rezenten Geomorphodynamik dar. Einige Bäche überwinden turbulent fließend überwiegend petrografisch bedingte, aber glazial übersteilte Stufen. Hier setzt rückschreitende Erosion an und bildet teilweise klammartige Einschnitte mit Wasserfällen. So mündet das Menzenschwander Albtal oberhalb einer glattgeschliffenen Felsstufe aus Granit in das Krunkelbachtal. Diesen Höhenunterschied überwindet die Menzenschwander Alb in einer kurzen Schlucht mit fast senkrechten Hängen mit Höhen zwischen 8 und 12 m. Am oberen Beginn dieser Engstelle wurde ein Teil des Wassers der Alb abgeleitet und umfließt so die Schlucht, um kurz darauf über einen künstlichen Wasserfall in den Krunkelbach zu stürzen (Abb. 38).

Der Bach hat sich hier über einen Wasserfall an der Grenze vom Granit zum Granitporphyr eingeschnitten (LIEHL 1969). Dass dieser Erosionsprozess rezent aktiv ist, zeigt die Tatsache, dass oberhalb der Steilstufe keine aktuellen Erosionsleistungen des Baches zu beobachten sind. An steilen Hangpartien kommt es auch zur Ausbildung von Kleinformen durch linienhafte Abtragung. Diese Rillen und Runsen sind Ergebnisse zeitlich begrenzter Erosionsvorgänge. Nach Starkregen ist häufig zu beobachten, wie sich diese Formen rasch vergrößern. Die Wandungen solcher kurzer, steiler Rinnen sind oft nahezu senkrecht und ihr oberer Bereich ähnelt der Abrissnische eines Erdrutsches. Zusätzliche Voraussetzung für die Entstehung dieser Erosionsform ist das Fehlen einer Waldbedeckung. Daher treten diese Bildungen häufig an hangsenkrecht angelegten Schneisen zur Holzabfuhr auf. Vereinzelt kann unter Waldbewuchs auch subsilvines Bodenfließen beobachtet werden. Es werden hier, an ausreichend steilen Hängen, vorwiegend die oberen Dezimeter der Grundmoränendecke umgelagert. Allerdings stellen meist die Baumstämme bewegungsbremsende Hindernisse dar, hinter denen sich kleine Schutt- und Geschiebeansammlungen bilden. Im waldfreien Gebiet des Feldberg-Herzogenhorn-Massivs befinden wir uns in der Zone der gebundenen Solifluktion. Lokale Bodenfließbewegungen sind vor allem in der Umgebung von Quellaustritten zu beobachten, wie z. B. im Grüble nördlich des

38 Wasserfall bei Menzenschwand. Dieser spektakuläre Wasserfall wurde künstlich angelegt und ersetzt weitgehend die natürliche, für Touristen weniger attraktive Steilstufe im Hintergrund des Bildes. (HKR)

Seebucks bei Punkt 1418,90 m und weiter nordöstlich davon in der Umgebung des Emil-Thoma-Weges westlich des Feldsees. Oberflächenveränderungen sind im Feldberggebiet auch deutlich an Stellen sehr spät im Jahr abschmelzender Schneeflecken gebunden (Abb. 39). Daher fehlen sie sowohl in tieferen Lagen als auch an den süd- und westexponierten Hängen des Feldbergs.

An trockenen oder nur oberflächlich durchfeuchteten Standorten, besonders aber in windexponierten Lagen kommt es im Herbst und im Frühjahr zur Bildung von Kammeis (Abb. 40). Für die damit verbundene Solifluktion sind die Häufigkeit des Frostwechsels und der Wassergehalt der oberflächennahen Bodenschicht die ausschlaggebenden Faktoren. Bei diesem Prozess entstehen senkrecht zur Abkühlungsoberfläche kleine Eisnadeln, die dem unterlagernden Subst-

39 Schneeflecken mit Nivationswirkung am Osterrain. Bis in den Frühsommer zu beobachtende Schneeflecken haben Auswirkungen auf die Bearbeitung des oberflächennahen Untergrunds. Der Vorgang der sogenannten Nivation setzt an den Stellen an, die aufgrund der Schneebedeckung erst sehr spät im Jahr mit der Vegetationsentwicklung beginnen können. Dadurch bleiben größere Flächen der Abtragung ausgesetzt. (HKR)

40 Bodenbewegung durch Kammeis. Die Bodenkrume wird von kleinen Eisnadeln angehoben und beim Tauen hangabwärts verlagert. Je häufiger Frostwechsel auftritt, desto stärker ist die Bodenbewegung. (HKR)

41 Blick über den Feldsee zum Feldberg (mit Bismarckturm). Der Hang zeigt deutlich eine Gasse im schütteren Wald, durch die Lawinen abgehen. (HKR)

rat Wasser entziehen. Beim Wachsen dieser Eisnadeln werden Bodenpartikel angehoben und beim Tauen des Eises hangabwärts versetzt. Bei häufigem Frostwechsel können großflächig Lageveränderungen feiner bis grober Bodenbestandteile beobachtet werden.

Schnee ist auch verantwortlich für die Veränderung der steilen Hänge im Umkreis des Feldsees. Dort gehen immer wieder Lawinen ab, die sich an besonders im Winter gut erkennbaren Sturzbahnen mit starker Wucht abwärts bewegen. Ein solcher Lawinengang ist besonders deutlich zwischen Bismarckdenkmal und Feldsee ausgebildet (Abb. 41).

Zusätzlich spielt der Einfluss des Menschen auf die Oberflächenformen gerade im Feldberggebiet eine wichtige Rolle. Der Name Feldberg deutet bereits darauf hin, dass schon die frühen Siedler, die dem Berg den Namen gegeben haben, waldfreies, offenes Gelände (Feld) vorgefunden haben. Dieses Gebiet konnte ohne großen Arbeitsaufwand als Weide nutzbar gemacht werden. Urkundliche Nachrichten über die Frühzeit des Weidebetriebs auf dem Feldberg gibt es seit dem Hochmittelalter. Damals wurde der Name »Veltperch« geprägt. Somit konnte seit etwa 800 Jahren die Vegetations- und Bodendecke durch Viehtritt und Verbiss stark in Mitleidenschaft gezogen werden.

Noch wesentlich stärker wirkt rezent allerdings der Mensch selbst direkt auf die landschaftsformenden Prozesse ein. Mit dem zunehmenden Fremdenverkehr gehen der Ausbau des Verkehrsnetzes, der Siedlungen und der Erholungsflächen Hand in Hand. Die Belastung äußert sich besonders markant in den Gipfelbereichen durch eine lineare, teilweise flächenhafte Zerstörung der Vegetation durch Tritt (Abb. 42). Dies bedeutet eine signifikante Zunahme der Erodierbarkeit. So hatte sich beispielsweise am Aufstieg zum Herzogenhorn eine Erosionsrinne von circa 600 m Länge mit bis zu 1,50 m Tiefe

42 Flächenhafter Bodenabtrag, verursacht durch unkontrolliertes Begehen. (HKR)

und einer Basisbreite von etwa 40 cm ausgebildet (Abb. 43). Zum Erhalt der Landschaft müssen sich unter dieser Belastung Besucherlenkung und konservierende Maßnahmen ergänzen (siehe Kapitel G).

43 Mit Astwerk abgedeckte Erosionsrinne (früherer Wanderweg) am Herzogenhorn. (HKR)

DIE SPÄTPLEISTOZÄNE UND AKTUELLE LANDSCHAFTSVERÄNDERUNG 59

44 Legende zum Kartenausschnitt GMK Feldberg 8114

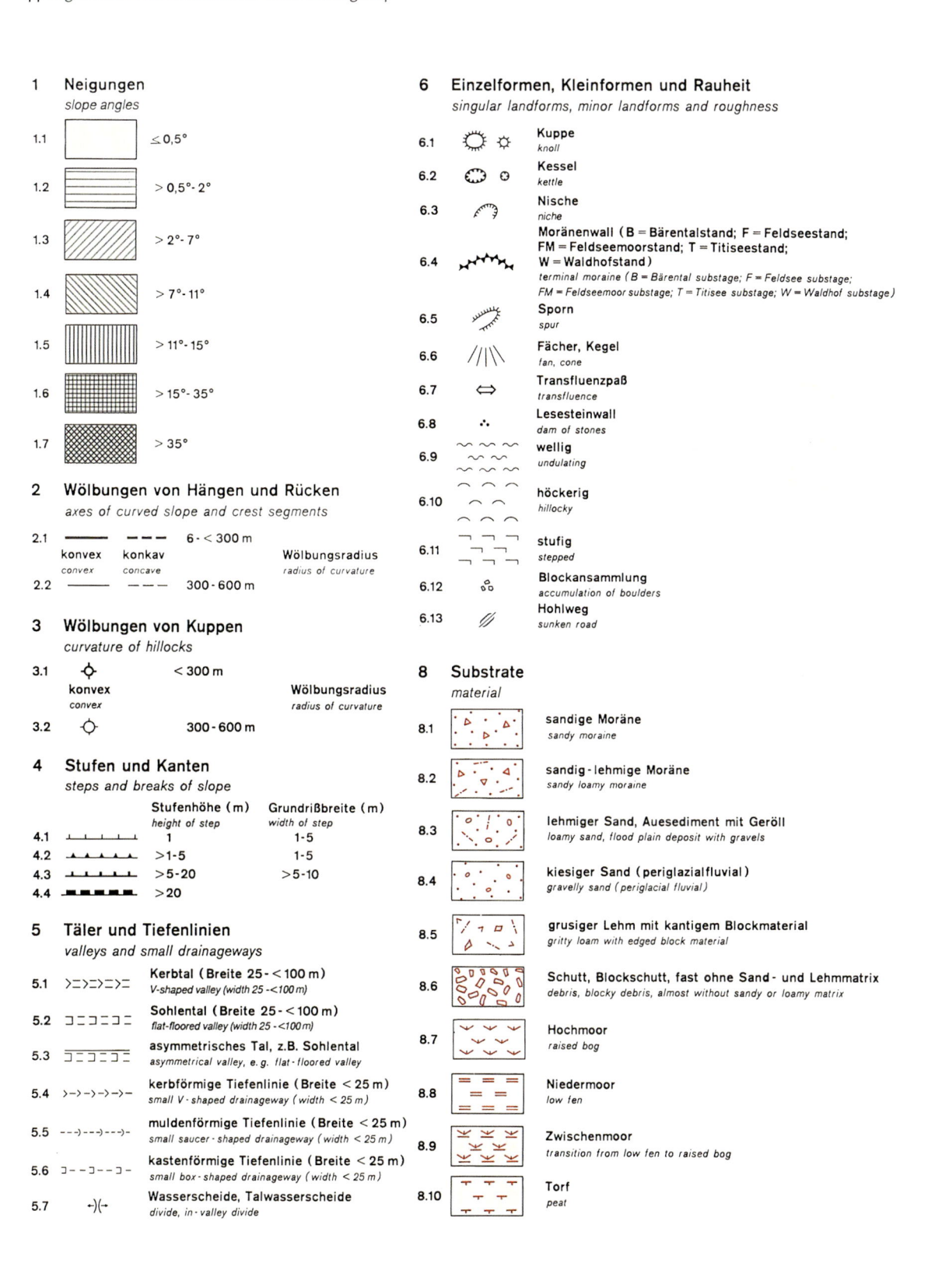

1 Neigungen
slope angles

1.1		≤ 0,5°
1.2		> 0,5°- 2°
1.3		> 2°- 7°
1.4		> 7°- 11°
1.5		> 11°- 15°
1.6		> 15°- 35°
1.7		> 35°

2 Wölbungen von Hängen und Rücken
axes of curved slope and crest segments

	konvex / convex	konkav / concave		Wölbungsradius / radius of curvature
2.1	——	– – –	6 - < 300 m	
2.2	——	– – –	300 - 600 m	

3 Wölbungen von Kuppen
curvature of hillocks

	konvex / convex		Wölbungsradius / radius of curvature
3.1	◇	< 300 m	
3.2	◇	300 - 600 m	

4 Stufen und Kanten
steps and breaks of slope

		Stufenhöhe (m) / height of step	Grundrißbreite (m) / width of step
4.1	⊥⊥⊥⊥⊥	1	1-5
4.2	┷┷┷┷┷	>1-5	1-5
4.3	┷┷┷┷┷	>5-20	>5-10
4.4	▬▬▬▬▬	>20	

5 Täler und Tiefenlinien
valleys and small drainageways

5.1	>⊐>⊐>⊐>⊐	Kerbtal (Breite 25 - <100 m) / V-shaped valley (width 25 - <100 m)
5.2	⊐⊏⊐⊏⊐⊏	Sohlental (Breite 25 - <100 m) / flat-floored valley (width 25 - <100 m)
5.3	⊐⊏⊐⊏⊐⊏	asymmetrisches Tal, z.B. Sohlental / asymmetrical valley, e.g. flat-floored valley
5.4	>->->->->-	kerbförmige Tiefenlinie (Breite <25 m) / small V-shaped drainageway (width <25 m)
5.5	---)---)---)-	muldenförmige Tiefenlinie (Breite <25 m) / small saucer-shaped drainageway (width <25 m)
5.6	⊐- -⊐- -⊐-	kastenförmige Tiefenlinie (Breite <25 m) / small box-shaped drainageway (width <25 m)
5.7	⊸)(⊸	Wasserscheide, Talwasserscheide / divide, in-valley divide

6 Einzelformen, Kleinformen und Rauheit
singular landforms, minor landforms and roughness

6.1	☼ ☼	Kuppe / knoll
6.2	◯ ⊙	Kessel / kettle
6.3	⌒	Nische / niche
6.4	⋀⋀⋀⋀	Moränenwall (B = Bärentalstand; F = Feldseestand; FM = Feldseemoorstand; T = Titiseestand; W = Waldhofstand) / terminal moraine (B = Bärental substage; F = Feldsee substage; FM = Feldseemoor substage; T = Titisee substage; W = Waldhof substage)
6.5	⋀	Sporn / spur
6.6	//\\	Fächer, Kegel / fan, cone
6.7	⇔	Transfluenzpaß / transfluence
6.8	∴	Lesesteinwall / dam of stones
6.9	∼∼∼∼	wellig / undulating
6.10	⌒⌒⌒	höckerig / hillocky
6.11	⌐⌐ ⌐⌐	stufig / stepped
6.12	᳁	Blockansammlung / accumulation of boulders
6.13	▨	Hohlweg / sunken road

8 Substrate
material

8.1		sandige Moräne / sandy moraine
8.2		sandig-lehmige Moräne / sandy loamy moraine
8.3		lehmiger Sand, Auesediment mit Geröll / loamy sand, flood plain deposit with gravels
8.4		kiesiger Sand (periglazialfluvial) / gravelly sand (periglacial fluvial)
8.5		grusiger Lehm mit kantigem Blockmaterial / gritty loam with edged block material
8.6		Schutt, Blockschutt, fast ohne Sand- und Lehmmatrix / debris, blocky debris, almost without sandy or loamy matrix
8.7		Hochmoor / raised bog
8.8		Niedermoor / low fen
8.9		Zwischenmoor / transition from low fen to raised bog
8.10		Torf / peat

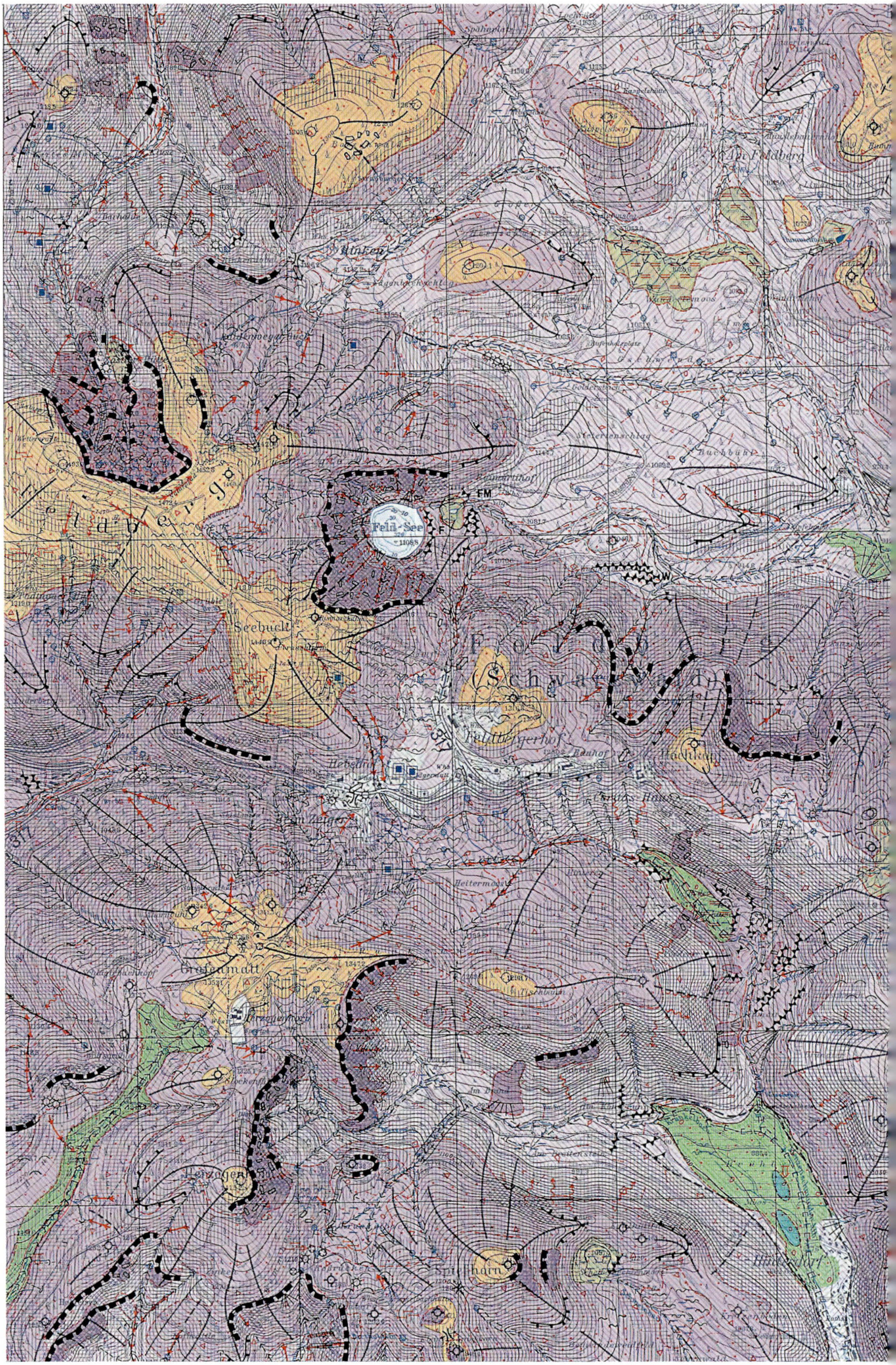

DIE SPÄTPLEISTOZÄNE UND AKTUELLE LANDSCHAFTSVERÄNDERUNG

47 Schieferung im Gneis (Flächen etwa auf den Beschauer zulaufend), überlagert von einer zweiten, nach rechts einfallenden Kluftschar (hell beleuchtete Flächen). Dadurch entstehen im Anbruch markante, plattige bis prismatische Formen. Bundesstraße 317 nahe dem Caritashaus. (HKR, 2010)

Gesteinen, großenteils tektonischer Entstehung, bei Graniten und Ganggesteinen auch Bildungen im Laufe der Abkühlung. Da in den Aufschlüssen fast immer mehrere, unter verschiedenen Winkeln sich schneidende Kluftsysteme vorhanden sind, entstehen meist eckig-winkelige Gestaltungen (Abb. 47). Auffällig geglättete, manchmal sogar glänzende Kluftflächen heißen Harnische. Auf ihnen zeigt häufig eine Striemung die Richtung der letzten tektonischen Bewegungen an.

48 Regelmäßige Klüftung im Bärhaldegranit. Drei Kluftsysteme (eines davon als Fläche dem Beschauer zugewandt) schneiden sich etwa rechtwinklig. Die rundlichen hellen Flecken auf der Gesteinsoberfläche sind Flechten. An der Bundesstraße 317, etwa 0,6 km östlich des Caritashauses. Objektbreite etwa 2,5 m. (HKR, 1978)

Bei Gneisen und Schiefern folgt eine der Kluftrichtungen zugleich auch der *Schieferungsfläche*, in der Hauptminerale, meist Glimmer, mehr oder weniger vollkommen parallel orientiert sind. Bei den Graniten, besonders im Bärhaldegranit, kommen verbreitet mehrere etwa gleichwertige, annähernd senkrecht zueinander stehende Kluftrichtungen vor; sie bedingen eine quaderartige Absonderung des Gesteins (Abb. 48). Durch weitere Verwitterung und Erosion können sich aus solchen Vorformen sehr verbreitet Granit-»Wollsäcke« bilden (Abb. 49).

Steigerung der tektonischen Beanspruchung der Gesteine schafft stark und scheinbar unregelmäßig zerklüftete Scherzonen; solche sind in den Steinbrüchen Bader bei Bärental und Wacht bei Bernau je nach dem Stand der Aufschlüsse eindrucksvoll zu sehen (Abb. 50, siehe auch Abb. 63). Die Bruchstücke der Gesteine sind unregelmäßig-eckig bis linsenförmig und oft durch Rutschflächen begrenzt. Durch weiter

49 »Wollsackverwitterung« am Bärhaldegranit. Köpfle bei Menzenschwand-Hinterdorf. Breite der vorderen Blockgruppe etwa 4 m. (HKR, 1989)

51 Wechsellagerung von leukokratem Gneis und dunklem Hornblendegneis. Brenntehalde südlich des Gisibodens; Objekthöhe 14 cm. (HKR, 2010)

langgestreckte und parallel orientierte Glimmeraggregate kennzeichnend (Abb. 52, 53). Die Quarzgehalte der verbreitetsten Gneise bewegen sich zwischen etwa 25 und 45 %, die Glimmergehalte zwischen 5 und maximal 30 %. In Paragneisen können als farbige bis dunkle Minerale neben Biotit noch Hornblende, Granat und die Umwandlungsprodukte des Cordierits auftreten (siehe S. 68).

Einlagerungen der Gneise, in denen Hornblende (ein Mineral der Amphibolgruppe) eine Hauptkomponente ist, werden *Amphibolite* genannt; sie enthalten weiterhin meist Plagioklas, oft auch Granat, Biotit und Quarz. Die Amphibolite sind graugrün bis grünlich-schwarz, fein- bis mittelkörnig, geschiefert oder ungeregelt-massig. Sie sind meist verwitterungsbeständiger als die umgebenden Gneise und neigen daher zur Fels- und Blockbildung (z. B. Alpersbach gegen

52 Orthogneis mit flaserigem Gefüge; Ansicht quer zur Paralleltextur. Dunkel: Biotit; hell: Quarz und Feldspäte (Plagioklas > Orthoklas). St. Wilhelmer Tal; Objektbreite 8 cm. (HKR, 2010)

53 Orthogneis mit flaserigem Gefüge; Ansicht senkrecht zur Paralleltextur. St. Wilhelmer Tal; Objektbreite 8 cm. (HKR, 2010)

54 Eklogitamphibolit, natürliche, angewitterte Oberfläche, aus der große Granatkörner hervortreten. Zeigerhalde im Zastlertal; Objekthöhe 9,5 cm. (HKR, 2010)

55 Eklogitamphibolit, angeschliffen; dunkle bis hell grünlichgraue Bereiche sind die Gesteinsmatrix aus Hornblende und Plagioklas in verschiedenen Mengenverhältnissen. (HKR, 2010)

die Lochrütte, oberstes Zastlertal, Silberberg und Umgebung). Nach ihrer chemischen Zusammensetzung waren ihre Ausgangsgesteine Basalte im weiteren Sinne. In den meisten Amphiboliten der Mittelschwarzwälder Gneismasse zeigen bestimmte Mineralkomponenten und Strukturen eine Metamorphose unter viel höheren Drücken an als die, welche für die einschließenden Gneise und Migmatite angenommen werden können. Sie müssen im Lauf ihrer Entwicklung Gesteine mit den Hauptmineralen Granat, Pyroxen und Disthen, also *Eklogite*, gewesen sein (Abb. 54, 55). Ob auch die einschließenden Gneise diese Hochdruckbedingungen erlebt, dann aber wieder die Mineralbestände niedrigerer Drücke erworben haben, ist fraglich. Anders müsste angenommen werden, dass die vielen Eklogitlinsen tektonisch von unten her in die Gneise eingeschert wurden – eine Vorstellung, die angesichts der Verteilung und der großen Zahl dieser Eklogitamphibolite im ganzen Mittelschwarzwald auch Schwierigkeiten macht. Das Feldberggebiet enthält im Nordwesten der Karte Abb. 45 solche Gesteine; zwischen diesem Bereich und dem Süd- und Südostrand des Gneisgebirges bzw. dem Randgranit liegt die Zone Sulzburg-Vöhrenbach, die keine Hochdruckrelikte enthält.

Als Fund des Jahres 2011 ist das kleine Vorkommen eines metamorphen Gesteins nahe der Zastler Hütte erwähnenswert, das mit seinen relativ großen Glimmerblättchen und dem Granatgehalt zunächst an Kimberlit, das Muttergestein der Diamanten, erinnert. Das als nur metergroße Schollen in Migmatit anstehende Gestein und Blöcke desselben in der Moräne bestehen aus zwei Arten von Amphibol, dem gelblichbraunen Magnesiumglimmer Phlogopit, Plagioklas und Granat. Das Gestein ist ungewöhnlich für den Schwarzwald; es könnte, wie die Amphibolite, auf einen alten, vom Erdmantel ausgehenden Vulkanismus zurückgeführt werden.

3.1.2 Migmatite

In vielen Aufschlüssen des Feldberggebiets zeigen sich an den Gneisen markante Veränderungen der oben beschriebenen Gefüge und die Entwicklung neuer Strukturen, die zu einem im Handstücks- bis Aufschlussbereich grob »gemengten« Erscheinungsbild führen. Der für so beschaffene Grundgebirgsgesteine eingeführte Name Migmatit (nach dem griechischen »Vermengen«) soll diese Eigenschaft kennzeichnen.

Bei näherer Betrachtung lassen sich verschiedene Stufen der Umwandlung feststellen, aus denen die zunehmende Veränderung des Gesteinszustandes abzulesen ist. Eine verbreitete Form dieser Überprägung besteht in einer Kornvergröberung, die besonders an den Feldspäten, aber auch an den anderen Gesteinsmineralen deutlich wird. Eine mehr oder weniger vollkommene Entregelung der Glimmer (oder Hornblenden) ist damit verbunden. So entstehen aus ursprünglich fein- bis kleinkörnigen Paragneisen klein- bis mittelkörnige, lagig-schlierige oder richtungslos-massige Gesteine, in der Fachterminologie Metablastite und Diatexite. Diese aus dem Griechischen abgeleiteten Namen beziehen sich bei den Erstgenannten auf das Sprossen größerer Feldspäte, bei den zweiten auf die für ihre Entste-

56 Rechts unten Paragneis (dunkel) mit hellen Metatekten; oben unregelmäßig verlaufender Gang aus hellem Granit. Straßenanschnitt bei der Falkauer Stierhütte. (HKR, 2010)

57 Gefalteter Metatexit. Die drei Hauptkomponenten dieses anatektischen Gesteins, Paragneis-Altbestand (oben, grau, feinkörnig), Metatekte (hell) und dunkle, glimmerreiche Restite zwischen den Metatekten sind deutlich erkennbar. Oberstes Zastlertal, Forststraße im Schweizerwald; Objektbreite 12 cm. (HKR, 2010)

hung angenommene Aufschmelzung. Eine andere, noch auffälligere Art der Umbildung erzeugt zunächst millimeterschmale, weiterhin aber zentimeter- bis dezimeterbreite Adern und Lagen aus hellen Mineralen (Feldspäte und Quarz), die sich von dem biotitreicheren Paragneis-Untergrund deutlich abheben; häufig sind diese noch durch besonders biotit- und cordieritreiche »Restite« gegen den Gneis abgegrenzt. So beschaffene Gesteine heißen Metatexite (Abb. 55–59). Die Adern bilden sich anfänglich meist auf Schieferungsflächen der Gneise; bei weiterer Entwicklung können sie aber auch quer durch das Gneisgefüge greifen. Gesteine, in denen die Trennung der hellen Adern von ihrer dunkleren Umgebung in der beschriebenen Weise vollzogen ist, zeigen oft besonders deutlich Anzeichen von Bewegungen während dieser Bildungsphase. Falten, Stauchungen und Fließerscheinungen sind weit verbreitet. Sie vermitteln zutreffend den Eindruck eines gleichsam plastischen Verhaltens der Gesteinssubstanz; die in den letzten Phasen der Bewegungsvorgänge entstandenen Gefüge sind – kristallin erstarrt –

58 Gefalteter Metatexit mit stärker entwickelten, hellen Quarz-Feldspat-Adern, dunklen Restitlagen und nur geringen Resten des Paragneis-Altbestandes. Zastler Tal; Objektbreite etwa 20 cm. (HKR, 2010)

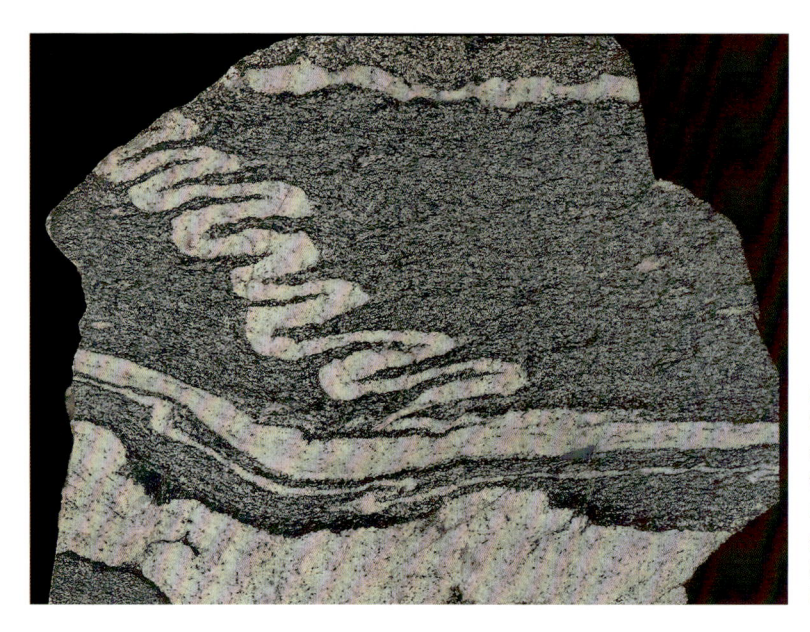

59 Paragneis (grau, feinkörnig) mit deutlich abgesetzten hellen Metatekten, die in verschiedener Weise gefaltet und gestaucht sind. Stollenbacher Weide; Objektbreite 10 cm. (HKR, 2010)

noch erhalten. Die Minerale der hellen Adern (Metatekte) sind z. T. mittel- bis grobkörnig ausgebildet (Abb. 58); zentimetergroße Feldspäte und Biotite sind keine Seltenheit.

Zwischen der metablastisch-diatektischen und der metatektischen Umwandlung bestehen alle Übergänge; bei der Steigerung der metatektischen Prozesse kann der zunächst angelegte Gegensatz zwischen hellen Adern und dunklen Gneisresten (»Restiten«) wieder verwischt werden (Abb. 60). Die Endprodukte der metatektisch-diatektischen Umwandlung der Gneise sind mittelkörnige, schlierige bis richtungslosmassige Gesteine, die sich in Mineralbestand und Gefüge plutonisch-magmatischen Gesteinen, wie Granit, Granodiorit und Tonalit, nähern. Sie repräsentieren so Vorstufen der Granitbildung durch Anatexis (griechisch = Aufschmelzung); die Entwicklung »fertiger« Granitgefüge kann an den Migmatiten des Feldberggebiets allerdings nicht gezeigt werden. Zwar ist der weiter unten zu behandelnde »Rand-

60 Hornblende führender Paragneis (dunkel), von diatektischen Feldspat-Hornblende-Schlieren durchsetzt; in der Mitte rechts ein kleiner Bereich mit granitartig-körnigem Gefüge. Aufschluss an der Straße nach Todtnauberg, etwa 1 km südöstlich der Abzweigung am Schindelbächle; Objektbreite 70 cm. (HKR, 1978)

granit« offenbar durch einen solchen Prozess entstanden, doch sind dort die Vorgänge durch eine anschließende tektonische Überprägung verschleiert.

Die Orthogneise unterliegen weniger der metatektischen als der metablastisch-diatektischen Art der Umwandlung. Die Amphibolite sind gegenüber diesen Prozessen resistenter als die Paragneise, doch kommen auch hier Kornvergröberung und Aderbildung mit großen Hornblendekristallen vor. Als allgemeine Ursache der Migmatitbildung wird ein Anstieg der Temperatur auf mehr als 700 °C angenommen, der die Gesteine schrittweise zum Schmelzen brachte und die beschriebenen Veränderungen ihrer Gefüge bewirkte.

3.1.3 Kalifeldspat-Augengneise

Bis zu mehrere Zentimeter große Orthoklase kennzeichnen eine Gneiszone, die hauptsächlich zwischen den gewöhnlichen Gneisen des Mittelschwarzwaldes und der nördlichen Grenze des Randgranits (siehe unten) liegt und durch Übergänge mit beiden verbunden ist. Hier sind auf einem Paragneis-Substrat viele große Orthoklaskristalle gesprosst; für ihr Zustandekommen wird die Zufuhr von leicht beweglichen, heißen Lösungen (Fluiden) mit Kalium angenommen; der Stoffbestand des Gesteins wird damit wesentlich und auch äußerlich erkennbar verändert. Abb. 61 zeigt einen Aufschluss eines solchen Gesteins.

61 Kalifeldspat-Augengneis mit einigen Lagen von leukokratem Gneis (rechts). Schwemmbachfelsen etwa 1 km westlich der Krunkelbachhütte; Objekthöhe etwa 1,90 m. (HKR, 1978)

3.2 Metagranite (Randgranit und Lägerfelsen-Granit)

Der Begriff Metagranit kennzeichnet ein granitisches Gestein, das zwar metamorph überprägt, aber noch nicht in den Gneiszustand gelangt ist. Der Randgranit hat seinen Namen wegen seiner Lage am Süd- und Südostrand des Gneisgebirges, nahe der Grenze zu den Gesteinen der Badenweiler-Lenzkirch-Zone, bekommen. Er scheint durch fortgeschrittene Anatexis einer durch leukokrate Gneise (siehe S. 69) ausgezeichneten Gesteinsserie (Zone von Sulzburg-Vöhrenbach) entstanden zu sein (ALTHERR 1975), erfuhr aber anschließend eine starke tektonische Durchbewegung; die zunächst gebildeten granitischen Gefüge wurden dabei wieder deutlich verändert. Der Verlauf der tektonischen, metamorphen und magmatischen Prozesse, die über den langen Zeitraum vom Untersilur bis in das Unterkarbon den Randgranit und seine Begleitgesteine schufen, ist von HANN et al. (2003) ausführlich analysiert und dargestellt worden. Im engeren Feldberggebiet zeigt sich der Randgranit als ein helles, klein- bis mittelkörniges Gestein, das teils gleichmäßig körnig ist, teils aber auch zusätzlich bis zu 3 cm große Kalifeldspäte (Orthoklase) enthält; sie sind, wie oft auch der Glimmer, mehr oder weniger deutlich eingeregelt (Abb. 62). Als nicht in den Granitzustand gelangte Relikte sind Lagen von kleinkörnigen hellen Gneisen (leukokrate Gneise) und Amphiboliten verbreitet. Gegenüber diesem Gesteinssubstrat ist der Randgranit mit viel Orthoklas in gleicher Weise wie die oben genannten Feldspat-Augengneise an Kalium angereichert, wieder ein Hinweis auf die Rolle von Fluiden in tieferen Bereichen der Erdkruste. Ein dem Randgranit sehr ähnliches Gestein findet sich, ebenfalls im Verband mit hellen Gneisen, auch am Lägerfelsen und seiner Umgebung mit einer Ausdehnung von etwa 0,5 km². Das Vorkommen ist eine der von Norden her hochgeschobenen Schollen solcher Gesteine, wie sie nach HANN et al. (2003) in vergleichbaren Positionen auch weiter westlich im Gneisverband nördlich des Randgranits dargestellt werden.

3.3 Die »Alten Schiefer«
3.3.1 Der Spießhorn-Verband

Paragneise mit Einlagerungen von leukokraten Gneisen, Amphiboliten und Kalksilikatgesteinen begleiten, vom Wiesetal bis nahe Lenzkirch, die Süd- und Südostgrenze des Randgranits. Die Breite dieses Verbandes ist mit 1 km im Bereich der Spießhörner bei Bernau am größten. Die petrografischen Kriterien der Gesteine verweisen sie in die größere Einheit der Gneise des Mittelschwarzwaldes; sie stehen in tektonischem Kontakt zu den nach Süden und Südosten anschließenden metamorphen Verbänden der *Badenweiler-Lenzkirch-Zone*. Diese Grenze ist demnach – obwohl im Gelände oft nur wenig deutlich – ein wichtiges Element der tektonischen Struktur dieses Bereiches. Charakteristisch sind die Kleinkörnigkeit der Paragneise sowie die genannten Einlagerungen andersartiger Gesteine, die ebenfalls die genannte Zuordnung bestätigen. Im Bereich Bernau-Hof/Spießhorn und im Kähnerwald beim Windgfällweiher kommen, neben Amphiboliten, Kalksilikatfelse und -schiefer als zentimeter- bis meterdicke Einlagerungen in Amphiboliten vor. Sie sind von graugrüner Farbe und feinkörnig; Hauptmine-

62 Wechsellagerung von Gneis, Kalifeldspat-Augengneis und Randgranit (Mitte). Brandhalden bei Menzenschwand; Objektbreite 9 cm. (HKR, 1978)

63 Stark zerklüftete bis verruschelte Gesteine des Verbandes von Geschwend-Sengalenkopf im Steinbruch Wacht; die schichtige Wechsellagerung metamorpher Grauwacken (hell) und Tonschiefer (dunkler) ist im mittleren Bereich zu erkennen. Wacht bei Bernau. (HKR, 2010)

rale sind Diopsid, Plagioklas, Epidot, Calcium-Aluminium-Granat und Umwandlungsprodukte dieser Minerale. Die entscheidenden Besonderheiten der im Allgemeinen fein- bis kleinkörnigen Gesteine des Verbandes sind großenteils nur mikroskopisch erkennbar; sie sind in den Erläuterungen zur Geologischen Karte 1:25000 Blatt Feldberg ausführlicher beschrieben.

3.3.2 Der Verband von Geschwend-Sengalenkopf

Vom Spießhorn-Verband durch eine wichtige tektonische Grenze abgesetzt, erstreckt sich der Verband von Geschwend-Sengalenkopf von Aitern bei Schönau bis zum Urseetal. Seine aufgeschlossene Breite beträgt nur wenige Hundert Meter. Der Charakter der vorherrschenden Gesteine des Verbandes ist beispielhaft im Steinbruch Wacht zu sehen (Abb. 63). Es sind niedriggradig metamorph umgewandelte Grauwacken und Tongesteine, die für das bloße Auge ihre mineralischen Komponenten kaum erkennen lassen. Indessen sind verbreitete Einlagerungen dieses Verbandes reich an gut sichtbaren, artenreichen *Geröllen*. Sie können bis zu wenigen Zentimetern Dicke und über 20 Zentimeter Länge erreichen; das Längen-Dicken-Verhältnis ist in vielen Fällen 20:1 oder noch größer. Trotz dieser

Geröll und eine Anzahl weiterer von verschiedenen Fundorten heben sich durch ihre »Übergröße« (bis zu 15 cm Durchmesser) von den meisten anderen Geröllen ihrer Umgebung ab (Abb. 66). Sie können als »dropstones«, d. h. von schwimmenden Eisbergen auf das Meer transportierte und fallen gelassene Steine gedeutet werden (l. c. S. 509). Sie sind Zeugen einer auch sonst bekannten »Eiszeit« im späten Ordivizium, dem damit die Sedimente des Verbandes von Geschwend-Sengalenkopf zuzuordnen wären. Paläontologische Befunde ergaben für weiter westlich gelegene Teile des Verbandes auch jüngere Alter; die dadurch entstandenen Probleme werden ausführlich von SAWATZKI/HANN (2003) diskutiert. So lenken auch Erkenntnisse im Feldberggebiet den Blick auf die großräumigen, plattentektonischen Bewegungen, bei denen Teile der Erdkruste Tausende von Kilometern gegeneinander und auch in Bezug auf Achse und Äquator der ganzen Erde verschoben wurden.

64 Metamorphes Konglomerat aus dem Verband von Geschwend-Sengalenkopf. Die hellen Quarzitgerölle (oben) und alle dunklen Schiefergerölle sind stark ausgewalzt; das große Porphyrgeröll (Mitte) ist relativ wenig deformiert. Objekthöhe 10 cm. (HKR)

65 Metamorphes Konglomerat mit sehr stark ausgewalzten Porphyr- und Quarzit-Geröllen (rosa bzw. gelblich) in dunkler Schiefer-Matrix. Eine jüngere Quarzader (weiß) schneidet das Parallelgefüge unter spitzem Winkel. Wacht bei Bernau; Objektbreite 7 cm. (HKR, 1978)

starken tektonischen Verformung kann eine Vielzahl von Gesteinsarten unterschieden werden; es sind am häufigsten Quarzite, Schiefer und Sandsteine, vulkanische Gesteine (Andesite, Dacite und Rhyolithe), seltener Granite und Verwandte, selten Gneise, Gabbro und Basalt (Abb. 64, 65) (ZIEGLER/WIMMENAUER 2001). Der Herkunftsbereich dieser Gerölle bestand demnach aus einem Grundgebirgskomplex mit Gneisen, Graniten und verwandten Plutoniten, einem »Schiefergebirge« aus verschiedenartigen Sedimentgesteinen und einer Assoziation vulkanischer Gesteine, wie sie in einem Gebirgsgürtel am Nordrand des Gondwana-Kontinents vorgekommen sein könnten. Das Alter eines Granitgerölls aus dem Steinbruch Wacht bestätigt mit 790 Millionen Jahren diese Vorstellung. Dasselbe

66 Granitgeröll (»dropstone«) in Schiefer des Verbandes von Geschwend-Sengalenkopf. Wacht bei Bernau; Länge 10 cm. (HKR, 2010)

3.3.3 Der Verband von Bernau

Dieser Gesteinsverband erstreckt sich zu beiden Seiten des Bernauer Tals bis zum Kontakt mit dem Bärhalde- und Sankt Blasier Granit; kleinere Areale liegen im Bereich unserer Karte auch nördlich des Schluchsees. Alle sind Teile der »Alten-Schiefer«-Formation der Zone Badenweiler-Lenzkirch. Die Gesteine sind für das bloße Auge feinkörnig bis dicht, frisch von grauer bis schwarzer Färbung, weithin stark zerklüftet und zersplittert. Im Aufschlussbild sind sie meist scheinbar ungeschichtet; im Kleinbereich zeigt sich aber oft Feinschichtung; dort ist die ursprüngliche Natur der Gesteine (Grauwacken und Tonschiefer) gut erkennbar. Weitere Einzelheiten von Mineralbestand und Gefüge sind in den Erläuterungen zur Geologischen Karte 1:25000 behandelt. Die Gesteine haben eine niedriggradige Metamorphose erlebt; am Rabenstock, nahe Bernau-Dorf und bei Riggenbach hat die Kontaktmetamorphose durch den unterlagernden Bärhaldegranit eine Umwandlung zu Knotenschiefern und Hornfelsen bewirkt. Mikrofossilien in dieser und der Einheit des Verbands von Geschwend-Sengalenkopf deuten auf Sedimentationsalter der Ausgangsgesteine vom Ordovizium bis zum Silur (HANN et al. 1995, VAIDA et al. 2004).

3.4 Gesteine des Oberdevons und Unterkarbons

3.4.1 Sedimentgesteine

Diese in der Nähe von Bernau und beim Windgfällweiher auftretenden Formationen gehören, wie die beiden zuvor behandelten Verbände, auch zur Zone Badenweiler-Lenzkirch. Sie sind im Feldberggebiet nur an wenigen Stellen aufgeschlossen. Es dominieren fein- bis kleinkörnige Grauwacken und noch feiner körnige Sedimente (»Siltite«); solche enthalten am Kapf bei Aha undeutliche, verkohlte Pflanzenreste. Diese und die im Dünnschliff sichtbaren Eigenschaften lassen die Gesteine als nur sehr wenig metamorph verändert erscheinen. Am Nordhang des Blößlings kommen bis zu 3 cm große Gerölle vor; es sind Grauwacken einer älteren Generation, Metagrauwacken nach Art der »Alten Schiefer«, Vulkanite oder Subvulkanite des Oberdevons/Unterkarbons in verschiedenartigen Ausbildungen, granitische und tonalitische Tiefengesteine sowie, nach ALTHERR/MAASS (1961), auch Granitporphyr, Quarzit, Phyllit, schwarze Schiefer und Kieselschiefer. Das Geröllspektrum spiegelt die Verhältnisse im Einzugsgebiet der Sedimente wieder, das auch Gesteine eines vor-oberdevonischen »Grundgebirges«, aber keine Gneise und Migmatite umfasste. Es war das zu dieser Zeit sich erhebende variszische Gebirge, dessen Abtragungsprodukte in einen angrenzenden Meeresbereich geliefert wurden.

3.4.2 Vulkanische und subvulkanische Gesteine

Gesteine solcher Art sind gebietsweise wesentliche Bestandteile der Zone Badenweiler-Lenzkirch; im Feldberggebiet treten sie nur untergeordnet südwestlich der Wacht und am Spitzenberg bei Bernau auf. Von ihrer Bildungsweise ist ihnen äußerlich wenig anzusehen; mikroskopisch (in Dünnschliffen) lassen sich mehrere Typen von Gesteinen unterscheiden, die je nach ihrer Zusammensetzung als Orthophyr, quarzarmer Porphyr, Dacit und Andesit bezeichnet worden sind. Eine Übersicht hierzu, in der auch die früheren Bearbeiter, z. B. BURGATH/MAASS (1973) zitiert werden, haben SAWATZKI/HANN (2003) gegeben.

3.5 Granite
3.5.1 Bärhaldegranit

Die Verhältnisse im Gelände und die geologische Karte zeigen deutlich, dass der Bärhaldegranit als aus der Tiefe aufsteigende Intrusion in die Gneise und die Gesteine der Badenweiler-Lenzkirch-Zone eingedrungen ist und die bis dahin bestehenden Zusammenhänge durchbrochen hat. Der typische Bärhaldegranit ist ein massiges, gleichmäßig mittel- bis grobkörniges Gestein von blassrosa bis rötlicher Gesamtfarbe (Abb. 67–69). Nur in tiefen Aufschlüssen erscheint der Granit fast weiß. Auch natürliche Gesteinsoberflächen, die lange der Verwitterung ausgesetzt waren, sind hell gelblich-grau bis

67 Bärhaldegranit, helle, grobkörnige Varietät. Feldspäte weiß, Quarz bräunlichgrau, Biotit schwarz. Menzenschwand; Objektbreite 7 cm. (HKR, 1978)

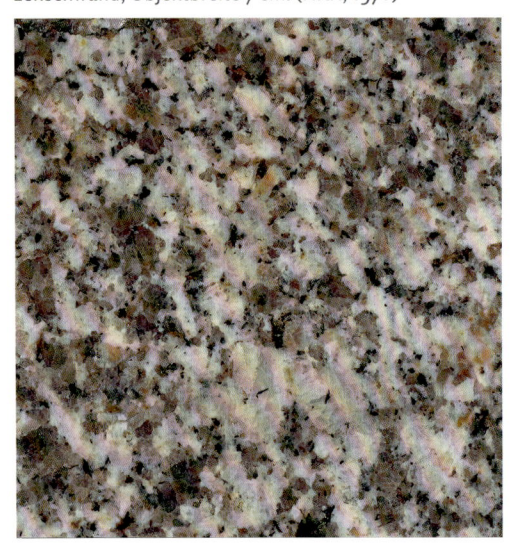

68 Bärhaldegranit, rosa mittelkörnige Varietät. Feldspäte rosa, Quarz sehr hell grau bis bräunlichgrau, Biotit schwarz, Hämatit rot. (HKR, 1978)

69 Bärhaldegranit, zersetzt; Orthoklas rot, zersetzter Plagioklas hellgelb, Biotit dunkelbraun. Menzenschwand, Sandgrube; Objektbreite 7 cm. (HKR, 1978)

weißlich. Die Hauptminerale des Bärhaldegranits, Orthoklas, Plagioklas, Quarz, Biotit und Muskovit, sind mit bloßem Auge deutlich erkennbar. Der Biotit ist weithin zersetzt und zeigt dann nicht mehr den sonst charakteristischen Glanz. In kleinen Hohlräumen kommen frei gewachsene Kristalle von Kalifeldspat, Quarz, Muskovit und Turmalin vor (Abb. 70). In der Nähe des Westkontakts wird der Granit kleinerkörnig – eine Wirkung der dort etwas schneller verlaufenden Abkühlung. Ruscheln und stark vergruste Partien sind verbreitet; eine mächtige Grusdecke mit Rötungs- und Bleichungszonen gab es lange Zeit in einer Sandgrube bei Menzenschwand (siehe Abb. 83). Bei der Abtragung nur teilweise vergruster Gesteinspartien verbleiben »Wollsäcke«, d. h. gerundete Blöcke von bis zu mehreren Metern Größe (siehe Abb. 49).

3.5.2 Der Schluchseegranit

Der Schluchseegranit ist im Gelände gegen den Bärhaldegranit nicht scharf abzugrenzen; auch innerhalb des Bärhaldegranits treten Gesteinspartien auf, die dem Schluchseegranit äußerlich

70 Drusenminerale im Bärhaldegranit. Kalifeldspat hell gelblichweiß, Quarz (oben rechts) bräunlich, Muskovit, hellbräunliches Aggregat tafeliger Kristalle (Mitte). Menzenschwand-Vorderdorf; Objektbreite 3,5 cm. (HKR, 1978)

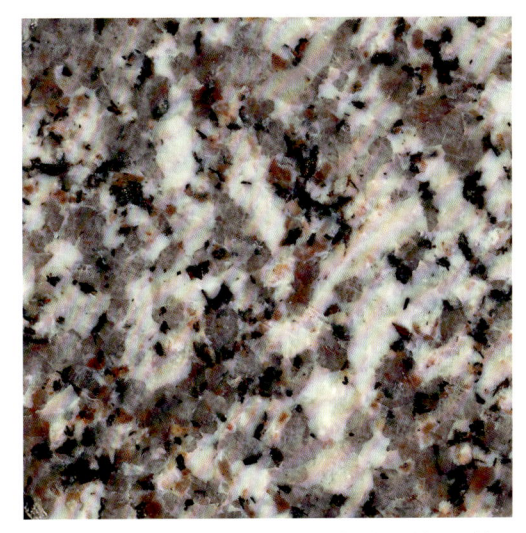

71 Schluchseegranit; Orthoklas weiß, Plagioklas weiß bis rötlich, Biotit schwarz. Objektbreite 7 cm. (HKR, 1978)

gleichen. Der typische Schluchseegranit ist ein grobkörniges, massiges Gestein von weißlicher, allenfalls rosa Gesamtfarbe (Abb. 71). Die Orthoklase sind im Durchschnitt etwas größer als die übrigen Gesteinsminerale. Der Biotit ist im Allgemeinen frisch erhalten; die übrigen Gemengteile und Drusenminerale sind dieselben wie im Bärhaldegranit.

3.5.3 Die Ganggranite

Helle granitische Gesteine treten in den Gneisen des Feldberggebiets verbreitet als Gänge von bis zu mehreren Metern Breite und als schmale Adern auf (siehe Abb. 56). Die klein- bis mittelkörnigen Gesteine sind weiß bis rötlich; die Hauptminerale Quarz, Feldspäte, Biotit und Muskovit sind mit bloßem Auge unterscheidbar. Turmalin und grünlich-graue Umwandlungsprodukte des Cordierits sind als zusätzliche Komponenten nicht selten. Grob- bis großkörnige Abwandlungen – sogenannte Pegmatite – sind als Begleiter der Ganggranite oder als selbstständige Adern im Gneis häufig (z. B. Steinbruch beim Zipfelhof).

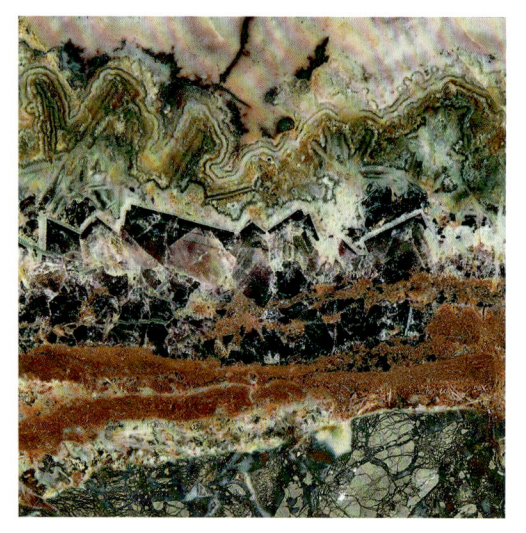

74 Gangerz, Anschliff: Pyrit (unten, gelblichgrau), weißer und rot pigmentierter Quarz (etwa in der Mitte), Flussspat (hell- bis dunkelviolett, Schnittfiguren würfeliger Kristalle), achatartig gebänderter Quarz (oben). Grube Krunkelbach bei Menzenschwand; Objektbreite 5 cm. (HKR, 1978)

75 Nierige Aggregate von Pechblende (schwarz glänzend) und Einzelkristalle von Uranocircit (grün). Grube Krunkelbach bei Menzenschwand; Objektbreite 1,2 cm. (HS, 2010)

nen nicht sehr auffällig; sie bildet millimeter- bis höchstens zentimeterstarke Lagen zwischen den anderen Mineralen, gelegentlich mit charakteristischen, »traubig-nierigen« Aggregaten (Abb. 75). Eine vielseitige mineralogische, geochemische und hydrologische Bearbeitung erfuhr die Lagerstätte Krunkelbach durch HOFMANN (1989). Zu den herausragenden Ergebnissen der Arbeit gehört die Erkenntnis, dass der fein verteilte Gehalt des Nebengesteins (Bärhaldegranit) an Uraninit die Quelle des in der Lagerstätte konzentrierten Urans ist. Die Bildung der Lagerstätte im Unterrotliegenden ist der Begegnung von aufsteigenden heißen Tiefenwässern mit oberflächennahen, oxidierenden Wässern zu verdanken. Die an Flüssigkeits- und Gas-

76 Uranocircit-Kristalle auf Quarz. Grube Krunkelbach bei Menzenschwand; Objekthöhe 1,8 cm. (HS, 2010)

77 Uranophan, büschelige Aggregate dünner Kristallfasern. Grube Krunkelbach; Sammlung J. Otto; Objektbreite 1,1 cm. (HKR, 1978)

einschlüssen der Minerale feststellbaren Temperaturen bewegten sich zwischen etwa 150 und 300 °C. Dabei wurden die oben genannten Hauptminerale gebildet. Erneute hydrothermale Mineralbildungen und Umlagerungen ereigneten sich zur Jurazeit und, mit dem Beginn der tektonischen Anlage des Oberrheingrabens, im Tertiär (PFAFF et al. 2009). Erst vor einigen Hunderttausend Jahren, d. h. mit der besonderen Heraushebung des Feldberggebiets und der Anlage tief eingeschnittener Täler, setzte der Zutritt von Oberflächenwässern ein; sie bewirkten die Oxidation der Erzminerale und die Bildung einer Vielzahl von Oxidationsmineralen (Abb. 76, 77).

Unter diesen sind Hydroxide, Phosphate, Arsenate und andere Verbindungen des Urans am auffälligsten und Gegenstände detaillierter mineralogischer Studien. 1992 registrierte WALENTA 90 Mineralarten, von denen mehrere sogar Erstfunde sind. Es sind dies der Joliotit (ein Urancarbonat), Uranotungstit (ein Uranat-Wolframat von Eisen, Barium und Blei), Arsenuranospathit (Aluminium-Uranat-Phosphat), Uranosilit (Uransilikat) sowie die Differenzierung vier verschiedener Formen des Uranocircits (Barium-Uran-Phosphat); spätere Funde desselben Autors sind ein weiteres Urancarbonat, der Churchit, das Seltenerd-Phosphat Grimselit sowie das Ura-

Tab. 2 Erz- und Mineralgänge des Feldberggebietes (Angaben nach SCHÜRENBERG in METZ/RICHTER/SCHÜRENBERG 1957 und LIM 1975)

Lage und Name des Ganges	Streichen u. Fallen	mittlere Mächtigkeit (cm)	bekannte Länge (m)	bekannte Höhe (m)	Gangarten	Erzminerale
Krunkelbachtal Gang I	110°	80	100	160	Quarz, Flussspat, Schwerspat	Pyrit, Pechblende, Hämatit
Gangzüge am Silberberg (Wasserloch bis Zimmerwinkel) insgesamt	etwa 5°		2800		Flussspat, Quarz, (plus/minus) Schwerspat, Karbonate	Bleiglanz, Kupferkies
a) Fahl	0–5° 80°W-90°	80	400	145	Flussspat, Quarz, Schwerspat, Kalkspat, Dolomit	Bleiglanz, Kupferkies
b) Silberberg	0–40° 80°W-90°	100	560	100	Flussspat, Quarz, Schwerspat, Kalkspat, Ankerit-Dolomit	Bleiglanz, Kupferkies, Silbererze
c) Baumhalden Hauptgang	0–10° 80°W-90°	bis 120	700	200	Flussspat, Quarz, Schwerspat	Kupferkies, Bleiglanz, Silbererze
Brandenberg	355–10°	bis 150	300	60	Flussspat, Quarz, Schwerspat, Karbonate	Bleiglanz, Kupferkies
Rotenbach	10–30° ?	50	700	220	Kalkspat, Quarz, Eisenspat	versch. Kupfererze, Bleiglanz
Kammentobel	45° 65°SE	5–20	200	50	Schwerspat, Flussspat, Quarz	Bleiglanz
Silberberg bei Bärental	0–10° ?	30	400	60	Schwerspat, Flussspat, Quarz	Bleiglanz, Zinkblende
Zimmerhalde bei Bernau-Hof	15–20° 70° E	40	800	90	Schwerspat, Flussspat, Quarz	Kupferkies

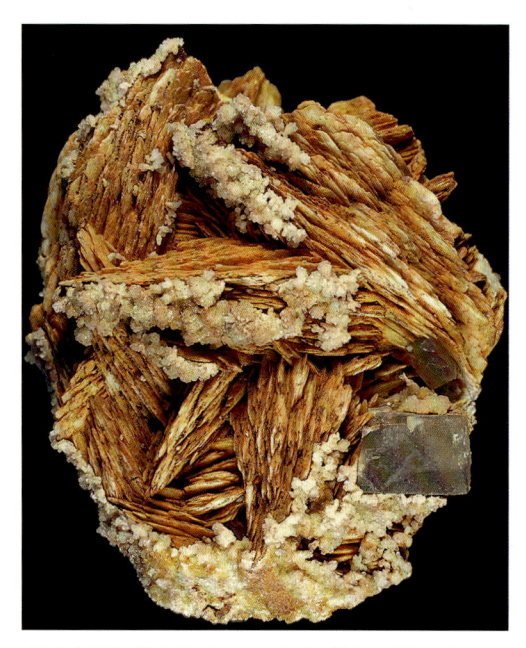

78 Calcit (hell), blättrige, von bräunlichem Limonit überzogene Schwerspat-Aggregate und ein würfeliger Flussspat-Kristall. Grube Maus bei Todtnau; Objekthöhe 16 cm. (HS, 2010)

narsenat Arsenovanmeersscheit. Die angegebenen systematischen Zugehörigkeiten sind symptomatisch für die außerordentliche stoffliche Vielfalt, die in einer einzigen Lagerstätte vorkommt. Die Gehalte der Minerale an Uran, Eisen, Kupfer und anderen Schwermetallen sowie an Schwefel und Arsen stammen aus den Erzmineralen der Gänge, wogegen das Phosphat hauptsächlich aus der Verwitterung des Nebengesteins abzuleiten ist. Die Elemente wurden von den zutretenden Wässern vorübergehend in Lösung gebracht, vereinigten sich dann aber noch in der Nähe bei Reaktionen, durch welche die neuen, schwerlöslichen Mineralarten entstanden. Ähnliche Verhältnisse, die zur Bildung von noch mehr Mineralarten führten, herrschen im Schwarzwald im Bereich der Grube Clara bei Oberwolfach mit etwa 250 und im Wittichener Revier mit über 150 Arten. Verglichen mit der mineralogischen Einfachheit der Tiefengesteine (Gneise und Granite) waren es die fein abgestuften Bedingungen in einer begrenzten Zone unfern der Erdoberfläche, die zu diesem arten-

reichen und vielfarbigen »Aufblühen« im Mineralischen führten. Noch in der Zone der Bodenbildung vergehen die meisten solcher Minerale, ohne zutage zu kommen. Nur die Arbeit der Bergleute und die Aufmerksamkeit der Mineralsammler haben sie und ihre Farben buchstäblich ans Licht gebracht.

Andere Erz- und Mineralgänge des Feldberggebiets sind mit ihren Hauptmineralen in der Tab. 2 aufgeführt. Nebengesteine der Gänge sind größtenteils Gneise und Migmatite, beim Rotenbach-Gang auch Granitporphyr, beim Zimmerhalde-Gang metamorphe Gesteine des Spießhorn-Verbandes. Hauptminerale sind Quarz, Schwerspat, Flussspat und Erzminerale; ein Beispiel schön kristallisierter Gangminerale aus dem Todtnauer Revier zeigt Abb. 78. An mineralogischen Besonderheiten sind zu erwähnen: Flussspatkristalle von Brandenberg, die im Tageslicht grünblau, im künstlichen Licht violettblau erscheinen; die Farben halten sich am Tageslicht nicht lange. Im Silberberg-Gang tritt ein dichter, oft achatartig gebänderter Quarz (Chalcedon) auf, der durch äußerst fein verteilte Erzpartikelchen in verschiedenen Tönen blau gefärbt ist (Abb. 79). Auf den Halden des Baumhalde-Ganges sind Stücke von feinkörnigem

79 Durch fein verteilte Erzminerale blau gefärbter Chalcedon, weißer Quarz, Bleiglanz (dunkel, zum Teil metallisch glänzend). Halde des Silberberggangs bei Brandenberg; Objektbreite 3,3 cm. (HKR, 1978)

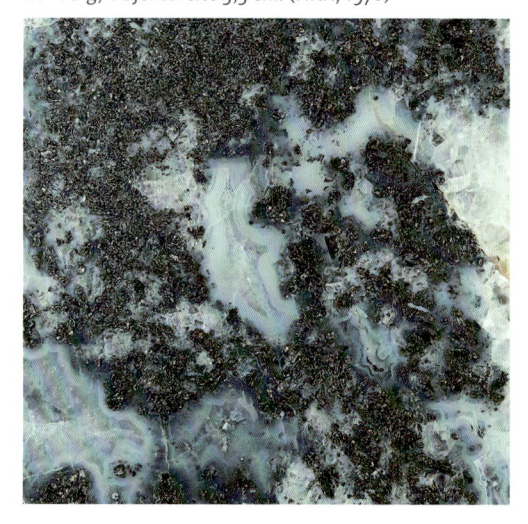

80 Flussspat-Negative in Quarz. Bis zu 2 cm große Hohlformen bilden die jetzt weggelösten Flussspatwürfel ab. Quarz, der schmale Risse im Flussspat ausfüllte, ist als papierdünne »Scheidewände« in den Negativen erhalten. Baumhaldengang bei Todtnau; Objektbreite 12 cm. (HKR, 1978)

Quarz mit Flussspat-Negativen zu finden, die eine selektive Herauslösung diese Minerals anzeigen (Abb. 80). Die hier genannten Erz- und Mineralgänge gehören hinsichtlich ihrer Bergbaugeschichte zum Todtnauer Revier. Der Bergbau dürfte hier schon früh im 13. Jahrhundert begonnen haben; er erlebte eine Blüte im 14. Jahrhundert. Aus dieser Zeit stammt auch das Todtnauer Stadtsiegel, das einen Bergmann mit seinen Arbeitsgeräten zeigt. Im 17. Jahrhundert war der Bergbau ganz erloschen. Versuche der Wiederbelebung im 18. Jahrhundert und Anfang des 19. Jahrhunderts brachten keine nennenswerten Erfolge. Erst als Flussspat als Industriemineral für verschiedene Zwecke Bedeutung gewonnen hatte, wurden die Gänge von Brandenberg und Fahl im frühen 20. Jahrhundert neu eröffnet und mit Unterbrechungen bis 1964 bzw. 1960 abgebaut. Von 1956 bis 1959 fand Bergbau auf Flussspat auch an der Zimmerhalde bei Bernau statt.

Mineralreich im Sinne der Artenzahl (40) ist auch die Ganglagerstätte Rotenbach nahe dem Feldberg (Brill 2010). Ein Calcium-Eisen-Arsen-Mineral, das noch keinen Namen bekommen hat, scheint hier eine Neuentdeckung zu sein (Tab. 2).

5. Die Verwitterung der Gesteine und ihrer Minerale

5.1 Verwitterung der Gesteine

Fast überall stellen sich die Gesteine und ihre Minerale gar nicht in ihrem ideal frischen Zustand dar, sondern von einer mineralischen Patina oder Algen und Flechten überzogen, mehr oder weniger unfrisch, sehr oft als Hangschutt und in Boden verwandelt. Je nach den gegebenen Verhältnissen wirken sich diese Verwitterungsvorgänge als mechanische Auflockerung des Mineralbestandes und in der stofflichen Umwandlung der Minerale selbst aus (»physikalische« und »chemische« Verwitterung). Auf flachem bis mäßig starkem Relief, d. h. auf Hochflächen, Kuppen und an nicht zu stark geneigten Hängen, kann die Verwitterung sehr weit, unter Umständen bis zu mehreren Zehnern von Metern tief, in den Felsuntergrund reichen. Umgekehrt tritt an steilen Hängen und in Bachschluchten verbreitet nahezu frisches Gestein zutage; die Abtragung ist hier schneller vorangeschritten als die tiefgründige Verwitterung. Auch dort sind aber die Gesteine äußerlich stark verändert, sodass ihre eigentliche Natur oft nicht ohne Weiteres zu erkennen ist. Die Oberflächen frei liegender Stücke und erst recht solche der Steine im Hangschutt

81 Blockhalden unter dem Scheibenfelsen. Zastlertal. (HKR, 1978)

tragen meist Überzüge mit gelblichen oder braunen Farben, die aus feinkristallinen Verwitterungsmineralen, z. T. mit Humuspigmenten, bestehen. Eine besondere Darstellung der Bodenbildungen im Feldberggebiet hat STAHR (1990) in den Erläuterungen zur Geologischen Karte 1:25000, Blatt Feldberg, gegeben.

Das Verwitterungsverhalten der Gneise ist sehr unterschiedlich. Das liegt einerseits an der großen Mannigfaltigkeit der unter diesem Begriff zusammengefassten Gesteine, andererseits auch an den lagebedingten Verschiedenheiten. Blockhalden und steinreicher Schutt sind an steilen Hängen im Gneisgebiet weit verbreitet (Höllental, Zastlertal, St. Wilhelmer Tal, Feldseekar u. a.) (Abb. 81). Sonst liegen unter der Humusdecke bis zu mehrere Meter dicke Massen von angewitterten Gesteinsbruchstücken in einem lehmig-sandigen Bindemittel. Ähnlich ist auch das Verwitterungsverhalten der Alten Schiefer; ein Pyritgehalt des Gesteine bewirkt die Ausscheidung von reichlich Limonit und Sulfatmineralen an der Oberfläche; letztere kommen, durch ihren Geschmack kenntlich, auf regengeschützten Flächen im Bereich der Alten Schiefer vor, so unweit der in Abb. 46 gezeigten Lokalität bei Bernau. Rote Verwitterungsböden kommen auf Gneis, aber auch anderen Kristallingesteinen verbreitet vor; sie deuten oft auf verruscheltes Gestein im Untergrund und sind möglicherweise Bildungen

82 Roterde-Verwitterung auf Gneis. Jägermatte am Feldberg. (HKR, 1978)

aus wärmeren Klimaphasen der jüngeren geologischen Vergangenheit (Abb. 82; GARCIA-GONZALEZ/WIMMENAUER 1975).

Der Bärhaldegranit zeigt ein sehr charakteristisches, auch bei vielen anderen Graniten anzutreffendes Verwitterungsverhalten, das *Vergrusung* genannt wird (Abb. 83). Besonders der vorherrschende grobkörnige Granit zerfällt durch Lockerung des Verbandes zwischen den einzelnen Mineralkörnern zu einem groben Sand, der die Hauptkomponenten des Gesteins, Feldspäte, Quarz und Glimmer, in noch nahezu unverändertem Zustand enthält. Bei der Abtragung der vergrusten Gesteinsanteile bleiben Fel-

83 Vergruster Bärhaldegranit, darüber Moränenblöcke. Menzenschwand. (HKR, 1978)

sen und Blöcke mit gerundeten Formen, die als »Wollsäcke« charakterisiert werden, zurück (siehe Abb. 48).

Die klimatischen und gesteinsbedingten Standortbedingungen des Mittelgebirges bringen es mit sich, dass freie Oberflächen von Felsen, Blöcken oder offen an der Luft oder im Wasser liegenden Steinen weithin durch Pflanzenbewuchs verdeckt sind. Viele dieser Überzüge sind unscheinbar und auf den ersten Blick leicht mit dem »Stein« an sich zu verwechseln. Dies gilt vor allem für Flechten, die sich als graue, grünliche oder bräunliche, nur millimeterdicke Krusten auf dem Gestein ausbreiten, ohne dabei typisch pflanzliche Formen zu zeigen. Noch weniger als Pflanzen erkennbar sind manche Algenarten, die nicht grün, sondern dunkelbraun bis schwarz erscheinen. Unter rinnendem Wasser treten solche dunklen Blaualgenüberzüge auch in künstlichen Aufschlüssen schon nach wenigen Jahren auf und verdecken bald manchen, den Geologen und Petrografen wertvollen und zunächst noch ganz frischen Aufschluss.

5.2 Verwitterung der Minerale

Maßgeblich für alle diese Veränderungen an den Gesteinen ist das Verwitterungsverhalten ihrer Minerale, das deshalb hier auch kurz zu behandeln ist. Der *Quarz* ist unter den Hauptmineralen das chemisch am wenigsten angreifbare; er bleibt auch an der Erdoberfäche weitgehend erhalten. Beim Zerfall der Gesteine wird er aus der Bindung mit seinen Begleitmineralen freigesetzt und weiterhin nur mechanisch zerkleinert. Er wird im weiteren Verlauf zum Hauptbestandteil der Bach- und Flusssande. Sehr viel verwitterungsempfindlicher sind die *Feldspäte*, besonders die in den Gneisen und Migmatiten überwiegenden Plagioklase. Sie sind im frischen Zustand farblos und glasglänzend. Mit einsetzender chemischer Verwitterung verschwindet der Glanz; die Feldspäte werden zunehmend trübe mit weißlichen oder schmutziggelben Farbtönen. Bei vollständiger Umwandlung tritt an die Stelle des harten Feldspats eine weiche, erdige Substanz. Ursache dieser Veränderung ist die Bildung von Tonmineralen; die Gehalte der Feldspäte an Calcium, Natrium und schließlich auch Kalium werden durch die Einwirkung des Wassers herausgelöst. Im Verwitterungsboden bewirken die Tonminerale dessen »Lehmigkeit«, d. h. die Aufnahme- und Speicherfähigkeit für Wasser und die damit verbundene »Bindigkeit« der Böden. In den Grusböden sind diese Eigenschaften kaum entwickelt, weil dort die Feldspäte großenteils noch nicht in Tonminerale umgewandelt sind.

Der in den Gneisen reichlich vorhandene dunkle Eisen-Magnesium-Glimmer *Biotit* verliert bei der Verwitterung einen großen Teil seines Eisens und wird dadurch, unter Erhaltung der plattig-schuppigen Beschaffenheit, heller, etwa bronzebraun bis -gelb. Solche als »Katzengold« bezeichneten angewitterten Glimmer sammeln sich gelegentlich in Sandablagerungen von Bächen und Rinnsalen an und haben schon manchem Beobachter einen vermeintlich wertvollen Fund vorgetäuscht. Der helle Glimmer des Granits, der Muskovit, verwittert nur sehr schwer.

Eisenoxidminerale, brauner Limonit und roter Hämatit, sind Endprodukte der Verwitterung der eisenhaltigen Minerale Biotit, Hornblende und Pyrit; sie färben, fein verteilt, das angewitterte Gestein, oft bis in viele Meter Tiefe unter der Oberfläche. Rote Eisenoxidminerale sind die Ursache der entsprechenden Bodenfarbe, die besonders auch in Ruschelzonen auftritt und solche oberflächlich anzeigt. Auf die besonderen Mineralbildungen bei der Verwitterung der Erzlagerstätten wurde schon zuvor eingegangen.

6. Tektonik

Das geologische Kartenbild des Feldberggebiets zeigt auf den ersten Blick einen Ausschnitt der Mittelschwarzwälder Gneis- und Migmatitmasse (MGM), der die ganz nordwestliche Hälfte einnimmt und die Gipfel des engeren Feldberggebiets mit enthält. An die MGM schließt sich nach Süden und Südosten eine Abfolge von Gesteinseinheiten an, deren Grenzen die prominentesten tektonischen Elemente des Gebiets sind. Es ist der Bereich der »Südschwarzwälder Hauptbewegungszone«, in der die Gneismasse mit dem Randgranit und dem Spießhorn-Verband (SV) auf den Verband von Geschwend-Sengalenkopf (VGS) und dieser wiederum auf den Verband von Bernau (VB) aufgeschoben sind. Von diesen Verlagerungen sind auch Sedimente und Vulkanite des Oberdevons und Unterkarbons mit betroffen; zusammen mit den Verbänden VGS und VB sind sie die Haupkomponenten der Zone Badenweiler-Lenzkirch.

Mikropaläontologische Untersuchungen an Paragneisen der MGM weisen darauf hin, dass für ihre Protolithe unterschiedliche Sedimentationsalter (jüngstes Präkambrium bzw. Ordivizium) anzunehmen sind (HANEL et al. 1998, MONTENARI 1999). Orthogneise und leukokrate Gneise, die als magmatische Intrusionen in die ältesten Sedimentgesteine zu deuten sind, haben bei physikalischen Altersbestimmungen, allerdings außerhalb des Feldberggebiets, Alter ergeben, die mit 590 bis 530 Millionen Jahren in das jüngste Präkambrium fallen. Für andere Paragneise der MGM machen mikropaläontologische Untersuchungen ordovizische Alter wahrscheinlich; dasselbe gilt nach SAWATZKI/VAIDA/HANN (1997) auch für Paragneise der Südschwarzwälder Gneismasse (SGM). Damit erscheinen Protolithe dieser »jüngeren« Paragneise nicht als entscheidend älter als die Sedimente des VGS und VB, für die nach VAIDA et al. (2004) ebenfalls ordovizische Alter bestimmt wurden.

Die tektonisch bedingte Einsenkung der Badenweiler-Lenzkirch-Zone bringt es mit sich, dass dort metamorphe Gesteine niedriger Grade und sogar kaum metamorphe Sedimentgesteine in nahezu gleichen Höhen zutage treten wie die höhergradigen Gneise der benachbarten MGM und SGM. An ihrem Südrand, aber nicht mehr im Bereich der Karte Feldberg, ist die Zone mit steilen Störungen gegen die Gneise und Migmatite des Südschwarzwaldes (SGM) begrenzt. Nach HANN et al. (2003) sind diese Verhältnisse die Auswirkung der Kollision zweier Krustenplatten im frühen Unterkarbon vor etwa 350 Millionen Jahren und eines darauf folgenden »Kollapses«, der dann die grabenartige Lage der Zone hinterlassen hat. Im Verlauf des Kollisionsprozesses näherten sich Krustenteile einander, die zuvor voneinander entfernt lagen und wahrscheinlich auch verschiedenen »Terranen« (Kleinkontinenten) im Sinne der Plattentektonik angehörten. Das gilt vor allem für die jetzt nur wenige Kilometer voneinander entfernten Gneis- und Migmatitblöcke des Mittel- bzw. Südschwarzwaldes (MGM und SGM). Gemeinsame Komponenten beider Einheiten sind Paragneise, die aus Grauwacken und tonigen Grauwacken abgeleitet werden können, doch gibt es auch wesentliche petrografische und geophysikalische Unterschiede zwischen beiden (WIMMENAUER 1986). Für beide Einheiten gilt indessen, dass sie im Verlauf des Kollisionsvorganges gestaucht und verdickt wurden; dabei wurden Teile ihrer Gesteinsmasse tief versenkt und selbst in den Bereich beginnender Aufschmelzung gebracht. Mit der Verdickung war aber auch eine Heraushebung der obersten Erdkruste verbunden; es entstand das variszische Gebirge, das indessen nur bis zum Oberkarbon Bestand hatte.

Zwischen den beiden Terranen MGM und SGM liegen heute die Mctagranite (Randgranit und Lägerfelsen-Granit), die Verbände von Geschwend-Sengalenkopf (VGS) und Bernau (VB), deren niedriger metamorphe Gesteine keine so tiefe Versenkung erlebt haben. Die Grauwacken des VGS sind nach ZIEGLER/WIMMENAUER (2001) Ablagerungen an einem Hang des Kontinents Gondwana, der seinerzeit auf der Südhalbkugel der Erde lag. Sie enthalten entsprechend Gerölle dieser Herkunft und, als wichtige Zeugen eines kalten Klimas, die oben schon erwähnten »dropstones«. Mit seinem Alter von 790 Millionen Jahren ist ein solcher (siehe Abb. 66) das älteste datierte Gesteinsstück im Feldberggebiet. Viel höhere Alter von Zirkonen in Paragneisen sind auf die Aufarbeitung sehr alter Gesteine im Einzugsgebiet der ursprünglichen Sedimente zurückzuführen. Solche ehemaligen Sandkörner sind mit ihren Altern, die in die Milliarden Jahre gehen, Zeugen von räumlich und zeitlich weit entfernten, sonst kaum erschließbaren Ereignissen.

Die heutige Lage der Einheiten VGS und VB in engstem Kontakt mit den Gneisterranen MGM und SGM ist Ergebnis weit reichender *plattentektonischer Verschiebungen* aus nicht genauer anzugebenden, entfernteren Lagen zur Zeit ihrer Bildung. Der Randgranit erscheint als eigene tektonische Einheit zwischen dem Grundgebirge und den Verbänden der Zone Badenweiler-Lenzkirch (HANN et al. 2003). Im Bild der Karte Abb. 45 ist der Lägerfelsen-Granit als gleichartig dargestellt; er ist nach Süden durch eine als Aufschiebung gedeutete tektonische Linie begrenzt, die gewissermaßen die Lageverhältnisse des Randgranits in einer weiter nördlich gelegenen Position wiederholt. Ähnliche tektonische Lagen haben nach HANN/SAWATZKI (2001) weitere Fragmente von Randgranit bei Königshütte im Wiedener Tal, westlich des Hasenhorns und nordwestlich des Gisibodens, die zusammen mit dem Vorkommen am Lägerfelsen eine eigene »Schuppenzone« definieren. Sie durchzieht die südlichste Einheit des Mittelschwarzwälder Gneisgebirges (MGM), die Zone von Sulzburg-Vöhrenbach im Sinne von WIMMENAUER/HANEL 1997. Nördlich bis nordöstlich anschließend verläuft die etwa parallel streichende Aufschiebung der Gneise mit Hochdruckrelikten, in der auch die Gipfel des Feldbergs liegen.

Während für die bisher behandelten tektonischen Prozesse ein duktiles, das heißt nachgiebig verformbares Verhalten der betroffenen Gesteine anzunehmen ist, trafen spätere tektonische Ereignisse die Gesteine schon in höheren Krustenbereichen an. Die Gesteine reagierten dort in einem eher spröden Zustand; es entstanden Verwerfungen, Scherzonen und Ruscheln (siehe S. 67). Als Beispiel sei hier noch einmal der Steinbruch Bader in Bärental genannt, der 2005 eine genaue Untersuchung durch Th. AGRICOLA erfahren hat. Die beim Abbau entstandenen Wände des Bruches zeigen weithin nur wenig von den originalen Gesteinsstrukturen. Ihr Anblick ist vielmehr geprägt von den Auswirkungen jüngerer tektonischer Bewegungen (siehe Abb. 50). Die dabei entstandenen Klüfte und Spalten sowie die Oberflächen der dadurch gebildeten »neuen« Gesteinskörper lassen bei genauerer Untersuchung eine Mehrzahl von Deformationsprozessen und -phasen erkennen. Die Gneise wurden bis in den Meter- und Zentimeterbereich zerspalten, durchbewegt und mit neuen Strukturen und Mineralbildungen versehen. Charakteristische Formen in Bereichen einer solchen tektonischen Überarbeitung sind Phakoide, bündel- oder linsenförmige und von Rutschflächen begrenzte Körper, in deren Innerem oft noch die älteren Gesteinsstrukturen erhalten sind. Auf mehr oder weniger ebenen Harnischflächen ist die letzte Bewegungsrichtung an parallelen Striemen erkennbar. Bei der Verwitterung und beim Gesteinsabbau werden solche Flächen bevorzugt freigelegt. Am häufigsten ist dort Biotit und sein Umwandlungsmineral Chlorit in markanter Parallelorientierung angereichert. Weiter sind oft Umwandlungsprodukte von Sillimanit, feinkristalline Überzüge aus Hellglimmer und vielfach auch rostfarbige Eisenhydroxide (Limonit) vorhanden; manchmal ist auch Graphit als dunkles Pigment beteiligt. Als junge Bildung auf Klüften kommt auch Calcit vor.

Andere Anzeichen tektonischer Vorgänge sind die Öffnung der Räume für die Granitmassive und, in späteren Zeitabschnitten, die kilometerlangen Spalten, in welche die Granitporphyre und Mineralgänge eindrangen. Weniger auffallend sind viele weitere tektonische Linien, denen lange Talzüge folgen; tektonisch bedingt ist letztlich auch die besondere Hochlage der Feldberggipfel.

7. Blitzspuren an Felsen im Feldberggebiet

Blitze hinterlassen an Felsen aus Silikatgesteinen charakteristische Spuren, die im besonders gewitterreichen Feldberggebiet mehrfach zu finden sind. Beispiele sind die Vorkommen bei Menzenschwand, auf dem Baldenweger Buck und am

84 Fulgurit, schwarze, glasige Dekorationen auf Bruchkanten von Quarz und Feldspat. Granitrundhöcker im Menzenschwander Tal; Objekthöhe 1,1 cm. (HKR, 2010)

Hauseckfelsen, deren Entdeckung O. Wilmanns bzw. N. Kindler zu verdanken ist. Im Menzenschwander Albtal liegt unterhalb des Dorfes ein großer, durch den würmeiszeitlichen Gletscher geformter Rundhöcker aus Bärhaldegranit. Beim Entwurzeln eines darauf stehenden Baumes durch Wind ist die raue, aber sonst frische Granitoberfläche freigelegt worden. Über einige Dezimeter sind auf Kanten der Minerale dunkle bis schwarze, glänzende Schmelzdekorationen (Fulgurite) gebildet worden, die ihre Einzelheiten erst mit der Lupe erkennen lassen. Ihre Formen sind am ehesten als Girlanden und filigrane Netzwerke aus feineren Strängen oder Fäden zu charakterisieren (Abb. 84).

Ein Vorkommen auf Gneis ist der Hauseckfelsen im oberen Zastlertal. Breite Spalten und bis zu mehrere Meter große, verlagerte Bruchstücke zeigen das gewaltsame Zerbrechen des Gesteinskörpers deutlich an. Hitzewirkungen des Blitzes finden sich reichlich auf Gesteinskanten und -flächen im Zwischenraum dieser Blöcke und, allerdings durch Flechtenbewuchs schwerer erkennbar, auch auf deren Außenseiten. Die filigranen Netzwerke aus Schmelzfäden sind sehr schön ausgebildet; in ihren Maschen liegt gelegentlich eine dünne Glasur mit schwachen Perlmuttfarben.

Bei einem Blitzschlag am 3. August 1963 wurde auf dem Baldenweger Buck eine Herde von 113 Schafen getötet; eine Gedenkplakette auf der südlichsten Felskuppe erinnert an das Ereignis. Bleibende Blitzspuren sind an zwei niedrigen Felskuppen auf Orthogneis noch zu sehen. Der tiefer gelegene, nördliche Felsen, ein Kegel von etwa 3 m Höhe, ist durch scharfkantige Risse von 2 bis 3 cm Breite zerspalten. Bis zu mehrere Dezimeter große Gesteinsbruchstücke wurden einige Meter weit fortgeschleudert; sie ließen sich in ihre Ausbruchsnischen wieder einpassen. Als das Vorkommen 1992 zum ersten Mal unter dem Gesichtspunkt »Fulgurite« untersucht wurde, waren auf Bruchflächen zweier Felsen auch dünne, dunkle Schmelzüberzüge sichtbar; Reste verkohlter Vegetation lagen in unmittelbarer Nachbarschaft. Der seither aufgekommene Flechtenbewuchs beginnt diese Erscheinungen wieder zu verdecken.

Tab. 3 Rückblick: Die geologische Entwicklung des Grundgebirges im Feldberggebiet
Altersangaben in Millionen Jahren (Ma); MGM = Gneismasse des Mittelschwarzwaldes, SGM = Gneismasse des Südschwarzwaldes.

Proterozoikum (>530 Ma)	älteste Sedimentablagerungen (später → Paragneise).
Kambrium (530 Ma)	Intrusion von Graniten (später → Orthogneise).
Ordovizium bis Silur (490 bis 440 Ma)	Weitere Sedimentablagerung in den Bereichen der späteren MGM, SGM und der Alten Schiefer. Gerölle und »dropstones« von Gondwana.
Oberdevon bis Unterkarbon (390 bis 330 Ma)	Tektonische und Tiefenprozesse: Metamorphose aller bisher gebildeten Gesteine zu Gneisen und Schiefern. Anatexis der Gneise in MGM und SGM, Entwicklung des Randgranits in der Zone Sulzburg-Vöhrenbach. Kollision der Terrane MGM und SGM, dazwischen Sedimentgesteine der vorausgehenden Phase; Oberflächenprozesse: Erhebung des variszischen Gebirges, Abtragung, Ablagerung von Grauwacken und Konglomeraten; Vulkanismus.
Mittelkarbon (um 330 Ma)	Endgültige Anlage der Zone Badenweiler-Lenzkirch. Intrusion des Bärhalde- und Schluchseegranits, später Granitporphyr-Gänge.
Oberkarbon bis Perm (320 bis 250 Ma)	Heraushebung der bisher gebildeten Gesteinseinheiten und Abtragung; Bildung eines Flachreliefs.
Trias und Jura (250 bis 150 Ma)	Ablagerung der Schichten des Deckgebirges.
Älteres Tertiär	Beginn des Einbruchs des Oberrheingrabens. Basalt am Hochkopf (40 Ma), Alpersbacher Vulkanschlot.
Jüngeres Tertiär	Heraushebung des Schwarzwaldes, Abtragung des Deckgebirges und Freilegung des Grundgebirges.
Pleistozän	Vereisung, Bildung der Glazialformen und -ablagerungen (ab 0,4 Ma belegt).
Holozän	Bodenbildung, Erosion und jüngste Talfüllungen.

C Klima

Andreas Matzarakis

1. Einführung

Montane Gebiete, dazu gehört auch der Feldberg, besitzen eine meteorologische und klimatologische Sonderstellung. Auf dem Gipfel von Bergen können die atmosphärischen Prozesse besser und eindeutiger beobachtet, erfasst und vor allem erlebt werden. Klimatologisch gesehen erfasst man hier Extremereignisse und mittlere Verhältnisse, die für Gebirge charakteristisch sind. Die Bedeutung von solchen Regionen ist früh erkannt worden und es wurden Beobachtungseinrichtungen in Form von Stationen bzw. bemannten Einrichtungen errichtet (Abb. 85–87). Die Untersuchungen finden auf dem Feldberg seit 1925 statt. Hierbei werden Beobachtungen und Messungen durchgeführt, da sie die Grundlage für die Bestimmung des Klimas und seine Veränderungen an einem bestimmten Ort bilden. Dies ist umso mehr von Bedeutung, wenn es sich um Orte oder Regionen handelt, deren wirtschaftliche Einnahmen zum größten Teil vom Wetter oder von den klimatischen Gegebenheiten abhängen. Die Untersuchungen beziehen sich hier auf unterschiedliche Zeiträume, aber vor allem auf 1961–1990 bzw. 1961–2000.

Aufgrund von Messungen und Beobachtungen durch den Deutschen Wetterdienst (Abb. 87) ist festgestellt worden, dass die Jahresdurchschnittstemperatur auf dem Feldberg bei 3,3 °C liegt (für den Zeitraum 1961–1990, welcher auch die letzte vollständige klimatologische Messperiode darstellt). Das Klima auf dem Feldberg ist subatlantisch geprägt, die Lufttemperaturschwankungen sind geringer als in den Tälern des Schwarzwaldes und des Oberrheingrabens. Im Winter ist die Sonnenscheindauer aufgrund der geringeren Bewölkung sehr hoch. Deshalb

85 Feldberg im Winter. (HMA)

86 Feldberg im Sommer. (HMA)

87 Station des Deutschen Wetterdienstes. (HMA)

ist es auf dem Feldberg im Winter relativ mild, in den umliegenden Hochtälern werden deutlich niedrigere Tiefsttemperaturen der Luft gemessen. Den Kälterekord hält der 10. Februar 1956, an dem -30,7 °C gemessen wurden. Die durchschnittliche Jahresniederschlagsmenge liegt bei 1911 mm, wobei ein großer Teil davon als Schnee fällt. Der August ist der einzige Monat, in dem es in historischer Zeit bisher noch nie geschneit hat. In allen anderen Monaten kam es seit Beginn der Wetteraufzeichnungen schon zu Schneefällen. Im langjährigen Mittel gibt es auf dem Feldberg jährlich 157 Tage eine geschlossene Schneedecke. Aufgrund der exponierten Lage kann es das ganze Jahr über zu orkanartigen Winden mit Geschwindigkeiten von bis zu 130 km/h kommen.

Im Rahmen dieser Untersuchung wurde auf die Darstellungen von üblichen Klimaelementen (Lufttemperatur, Luftdruck, Luftfeuchte, Wind und Niederschlag) zurückgegriffen und diese in Form von Häufigkeitsdiagrammen dargestellt. Die jeweiligen Klimaelemente stehen aufgrund von physikalischen Gegebenheiten im engen Zusammenhang miteinander, sie können daher nicht immer nach Ursache und Wirkung analysiert werden. Für die Darstellung sind einzelne Klimaelemente, die von Bedeutung sind, ausgewählt worden. Auf die sonst üblichen Darstellungen von Monatsmittelwerten wurde meistens bewusst verzichtet, weil diese für Laien eher schwer verständlich sind. Es wurde auf die Darstellungen von Häufigkeitsklassen zurückgegriffen (jedoch nicht in Form von Monaten), die monatsweise in drei Bereiche von zehn Tagen (Dekaden) aufgespalten wurden.

2. Klimaelemente

Üblicherweise werden die klimatischen Verhältnisse eines Ortes oder einer Region in Form von Klimadiagrammen dargestellt. Es wird versucht, aus den zwei gängigsten Klimaelementen Lufttemperatur (T_a) und Niederschlag (N) eine klimatische Charakterisierung durchzuführen. Ziel ist es hierbei, ein Gebiet auf der Grundlage von monatlichen Klimainformationen zu beschreiben und zu quantifizieren. Man verwendet dafür die Lufttemperatur (rechte Achse des Diagrammes der Abb. 88) und den Niederschlag (linke Achse des Diagramms der Abb. 88). Hierbei wird die Lufttemperaturachse doppelt so hoch dargestellt, um eine Beschreibung der Aridität oder Humidität zu erzielen. Sind die Werte des Niederschlags höher als die der Lufttemperatur, können der Zeitraum und die Region als humid bezeichnet werden. Liegt der Niederschlag unter dem Wert der Lufttemperatur, handelt es sich um eine aride Region. Auf Grundlage der Inhalte der

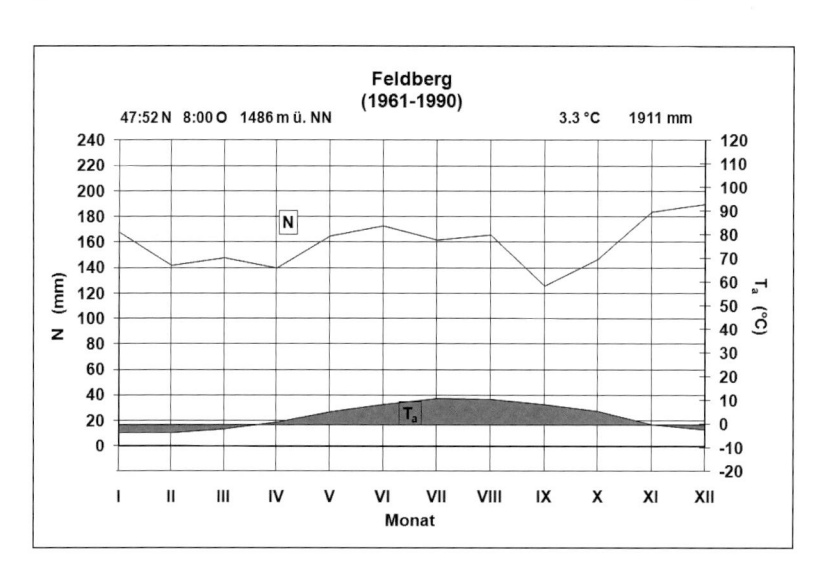

88 Klimadiagramm vom Feldberg (Datengrundlage: Deutscher Wetterdienst, auch für alle weiteren Diagramme).

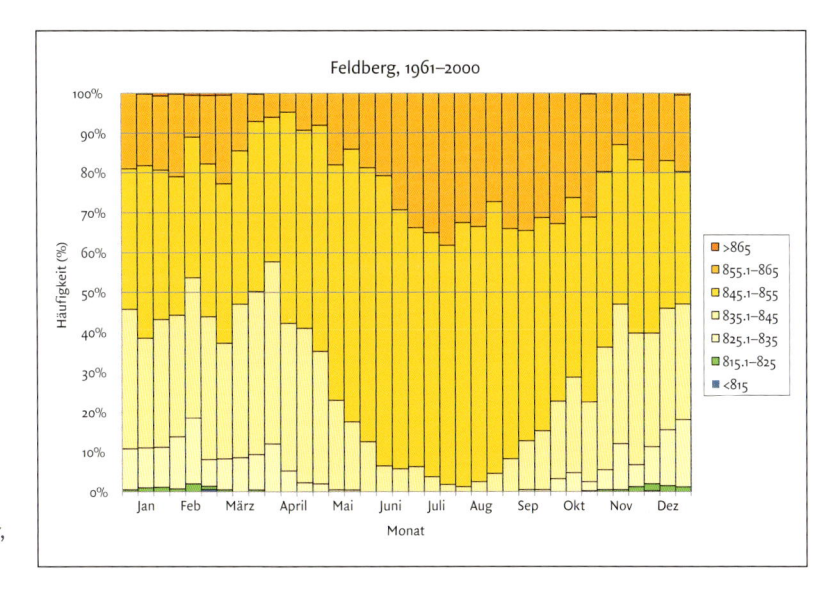

89 Häufigkeit (%) von Luftdruckbereichen (in hPa) auf dem Feldberg. Zeitraum: 1961–2000. (1 hPa entspricht 1 mbar, 1 mmHg = 1,3332 hPa).

Abb. 88 wird deutlich ersichtlich, dass es sich beim Feldberg mit seiner Höhe von 1486 m NN um ein humides Gebiet handelt.

Luftdruck: Der Luftdruck, also das Gewicht der Luftsäule über der Erdoberfläche, bezieht sich auf eine Grundfläche von 1 m² und ist bei der Beobachtung des Wetters sowie bei der Berechnung der Wettervorhersage die wichtigste Größe. Der Luftdruck in höheren Regionen ist in Bezug auf gesundheitliche Aspekte von Bedeutung. Aufgrund des abnehmenden Gewichts der Luft bei zunehmender Höhe über der Erdoberfläche ist der Luftdruck auf dem Feldberg um ca. 15 % geringer als in der Rheinebene. Die chemische Zusammensetzung der Luft ist mit der Höhe annähernd konstant, und auf 1500 m Höhe ist der verfügbare Sauerstoffgehalt der Luft um 15 % reduziert. Besucher profitieren davon, weil die erzwungene Einatmung anregend für den Körper ist.

Die hier dargestellten Häufigkeitsdiagramme geben die Häufigkeit von Klassen des Luftdrucks wieder. Die Monate sind in drei Intervalle unterteilt, z. B. bedeutet 20 %, dass in diesem Intervall maximal zwei Tage mit Luftdruck dieser Klasse auftreten können (siehe dazu erste Dekade oder erstes Intervall im Januar). Aus Abb. 89 wird ersichtlich, dass hoher Luftdruck von über 865 hPa sehr selten vorkommt, maximal an einem Tag pro Dekade des Monats. Es wird ebenfalls ersichtlich, dass die Klassen von 835 bis 855 hPa dominieren. Im Sommerhalbjahr ist diese Klasse in über 90 % der Tage dominant. Im Winterhalbjahr kann die Klasse mit niedrigerem Luftdruck von 825 hPa bis zu über 30 % der Tage vorhanden sein. Die ganz niedrigen Klassen kleiner als 815 hPa treten, genauso wie die Klassen mit ganz hohem Luftdruck, nur im Winterhalbjahr auf. Der Luftdruck auf dem Feldberg zeigt einen einfachen Jahresgang, mit höheren Werten zwischen Mai und Oktober und niedrigeren Werten zwischen November und April. Maßgeblich dafür ist die jahreszeitliche Luftdruckverteilung über Europa, die neben dem Sonnenstand die entscheidende Ursache für das vorherrschende Wetter und die Witterung ist. Die Tatsache, dass über das ganze Jahr eine Abfolge von Tief- und Hochdruckgebieten herrscht, die ihren Ursprung in weit entfernten Gebieten haben, spricht dafür, dass das Wetter und die Witterung auf dem Feldberg nicht hausgemacht sind, sondern von der Ferne gesteuert werden.

Sonnenscheindauer: Die Sonnenscheindauer, die in Stunden gemessen wird, kann durch die Topografie und das Gelände beeinflusst werden. Dieser Effekt ist auf dem Feldberg nicht vorhanden, weil es keine höheren Berge in der Umgebung gibt. Ein weiterer Einfluss auf die

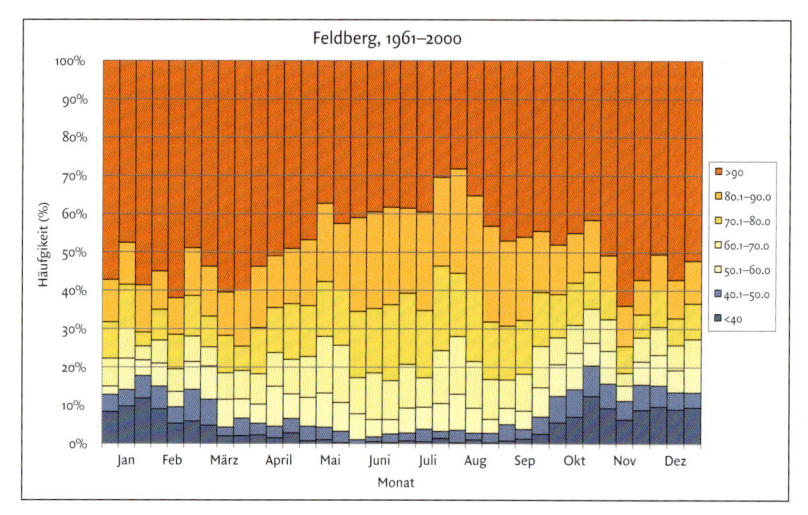

94 Häufigkeit in Klassen (in %) der relativen Luftfeuchte (in %) auf dem Feldberg. Zeitraum: 1961–2000.

dass von Mitte November bis Anfang April mehr als die Hälfte der Tage des Jahres auf dem Feldberg eine Lufttemperatur haben, die unter 0 °C liegen kann. Im Winter können aber auch Werte von bis zu 10 °C auftreten. Lufttemperaturwerte von über 10 °C werden im Zeitraum von Ende März bis Mitte November erreicht. Werte von über 20 °C sind eher selten und bisher nur im Juli und August vorgekommen.

Luftfeuchtigkeit: Aktuelle Luftfeuchteverhältnisse werden als Angaben der relativen Luftfeuchtigkeit in Prozent angegeben. Die relative Luftfeuchtigkeit gibt den Sättigungszustand der Luft mit Wasser an. Somit ist die relative Luftfeuchte kein absolutes, sondern ein relatives Maß. Im Sommer kann die relative Luftfeuchte niedrig sein und trotzdem kann die Luft viel mehr Wasserdampf enthalten. Im Winter ist trotz hoher Luftfeuchte der Wasserdampfgehalt der Luft niedrig. Abb. 94 zeigt die Häufigkeitsverhältnisse der relativen Luftfeuchte. Es ist überaus deutlich, dass auf dem Feldberg die relative Luftfeuchtigkeit an mehr als 50 % der Tage des Jahres über 90 % liegt. Dieser Anteil ist im Sommer niedriger und im Winter höher. Die mittleren Klassen zwischen 40 und 70 % relativer Luftfeuchte liegen im Bereich von 50 % der Tage im Sommerhalbjahr und ca. 30 % der Tage im Winterhalbjahr. Relative Luftfeuchtigkeit unter 40 % tritt nur an 10 % der Tage des Jahres

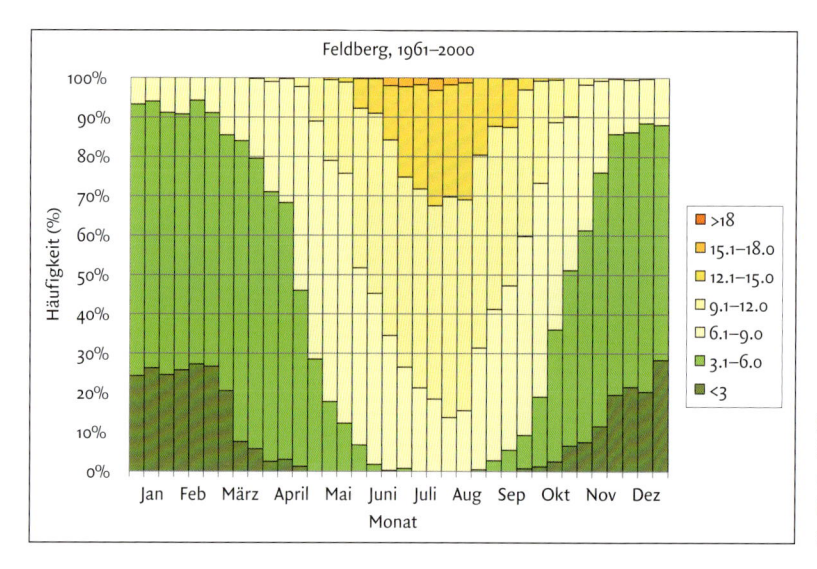

95 Häufigkeit in Klassen (in %) des Dampfdrucks der Luft (in hPa) auf dem Feldberg. Zeitraum: 1961–2000.

KLIMAELEMENTE 101

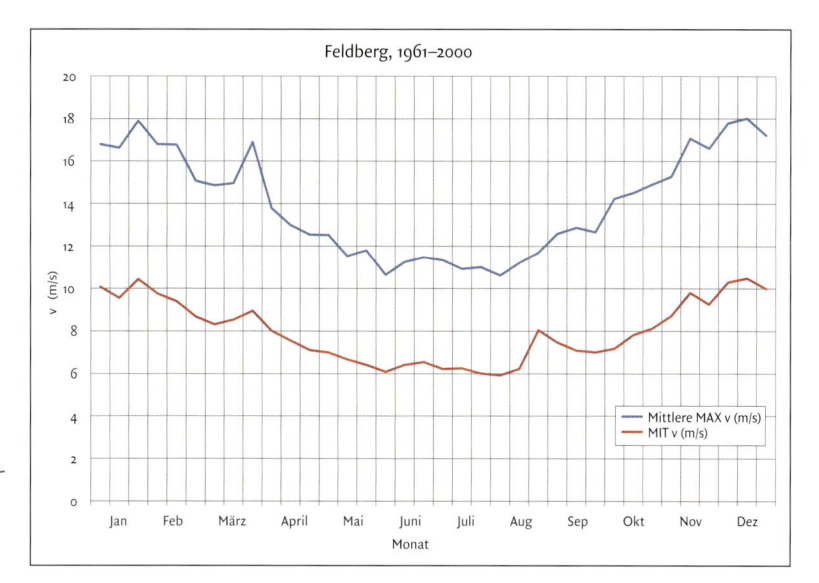

96 Jahresgang der Windgeschwindigkeit (in m/s) auf dem Feldberg. Zeitraum: 1961–2000.

im Winterhalbjahr und weniger als 10 % im Sommerhalbjahr auf. Der Dampfdruck ist in den Wintermonaten niedrig (unter 9 hPa) und nur in den Sommermonaten kann er Werte annehmen, die über 12 hPa liegen (Abb. 95).

Wind: Er entsteht durch Luftdruckunterschiede und ist somit bewegte Luft. Der Wind, definiert durch seine Geschwindigkeit und Richtung, hängt von der großräumigen Luftdruckverteilung ab. Aufgrund der vorherrschenden Druckverteilung über Mitteleuropa dominieren Winde aus West und Südwest. Der Wind im Gebirge ist mit dem des Flachlandes nicht zu vergleichen. Dadurch, dass auf dem Feldberg viel weniger Reibungseffekte auftreten, ist der Wind hier viel stärker. Abb. 96 spiegelt den Jahresgang (auf Basis von drei Monatsintervallen) wider. Die untere Kurve zeigt den Jahresverlauf der mittleren Windgeschwindigkeit und die obere den mittleren maximalen Wind. Wie aus der Abb. 97 ersichtlich wird, hat die Windgeschwindigkeit ihr Maximum im Winter und ihr Minimum im Sommer.

Die Häufigkeitsverteilung der Windgeschwindigkeit (Abb. 97) zeigt, dass ca. 1/3 der Tage des Jahres bei Werten unter 5 m/s liegen.

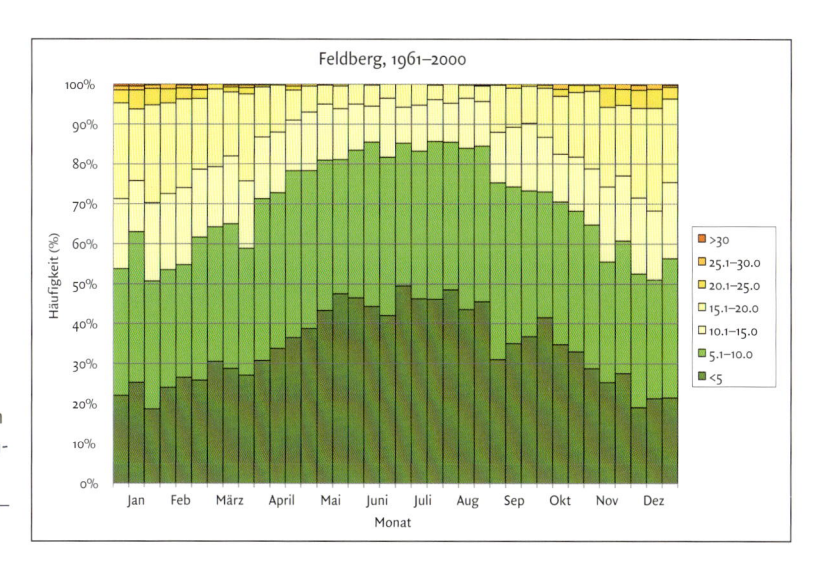

97 Häufigkeit in Klassen (in %) der Windgeschwindigkeit (in m/s) auf dem Feldberg. Zeitraum: 1961–2000.

Feldberg, 1961–2000 (Windrose 45° Sektoren)

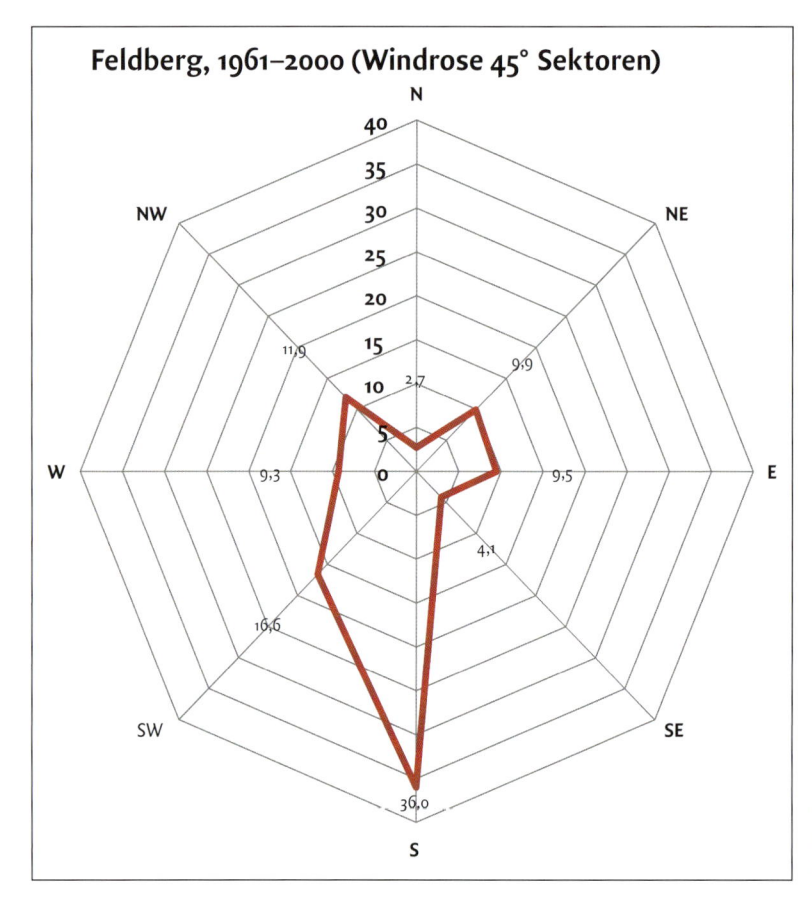

N: (values shown) 2,7
NE: 9,9
E: 9,5
SE: 4,1
S: 36,0
SW: 16,6
W: 9,3
NW: 11,9

98 Allgemeine Windrose (in %) für den Feldberg. Zeitraum: 1961–2000.

Dieser Anteil ist im Sommer höher. Die Klasse von 5 bis 10 m/s findet sich im Jahresverlauf an ca. 30 % der Tage. Die Häufigkeit der Klasse von 10 bis 15 m/s pendelt im Jahresverlauf um die 10 bis 15 % der Tage. Die Klasse von 15 bis 20 m/s tritt im Winter weitaus häufiger auf als im Sommer, ebenso die hohen Klassen (über 20 m/s Windgeschwindigkeit). Mehr als 50 % des Win-

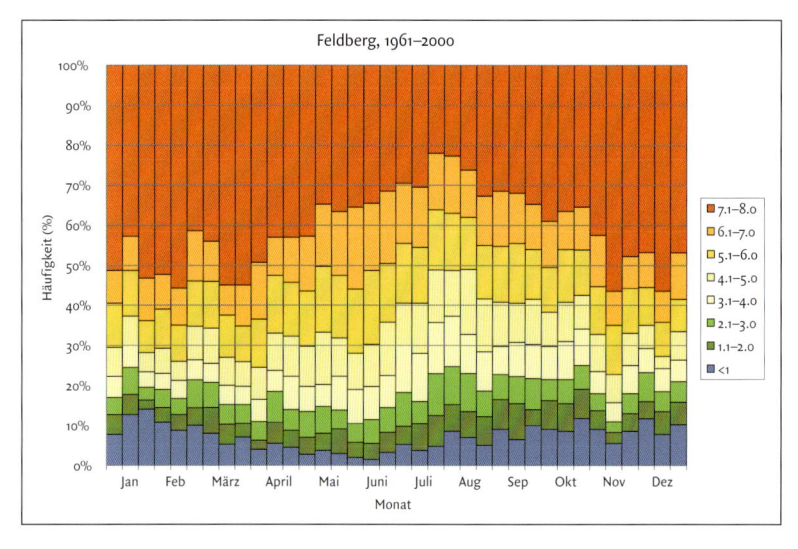

99 Häufigkeit von Klassen (in %) der Bewölkung (in Achteln) auf dem Feldberg. Zeitraum: 1961–2000.

des kommen aus südlicher und südwestlicher Richtung. Zwei weitere Maxima der Windrichtung liegen bei Nordwest und Nordost bis Ost (Abb. 98).

Bewölkung: Die Bewölkung wird in Achteln festgehalten und gibt an, wie viele Anteile des sichtbaren Himmels von Wolken bedeckt sind. Sie stellt momentan immer noch eine der wenigen meteorologischen Größen dar, die nicht gemessen, sondern beobachtet werden. Eine fast geschlossene Wolkendecke ist typisch für den Feldberg an ca. der Hälfte der Tage des Jahres (Bedeckungsgrad zwischen 6/8 und 8/8). Im Winter ist dieser Anteil höher als im Sommer. Ein Bedeckungsgrad von 2/8 bis 5/8 herrscht an ca. 30 bis 40 % der Tage des Jahres. Tage mit wenig Bedeckung (< 2/8) liegen zwischen 10 und 20 % im Winter und weniger als 10 % im Sommer (Abb. 99).

Niederschlag: Dieser beinhaltet alle Formen des Wasserdampfs, der in flüssiger oder fester Form die Erdoberfläche erreicht. Die Erfassung des Niederschlags erfolgt in der Einheit Millimeter (mm), was der Menge von einem Liter pro Quadratmeter entspricht (1 mm = 1 l/m²). Fällt der Niederschlag in fester Form, dann wird ein Wasseräquivalent angegeben. Der Niederschlag beträgt auf dem Feldberg im Mittel 1911 mm. Die monatlichen Niederschlagssummen haben ein Minimum im März und ein Maximum im Juli.

Die Häufigkeit der Niederschlagsereignisse ist über das Jahr fast gleichmäßig verteilt. An jedem zweiten Tag gibt es Niederschlag. An ca. 30 % der Tage fällt mehr als 5 mm Niederschlag (Abb. 100).

Schneedecke: Der Schnee, ein Gebilde aus Flocken und Schneekristallen, fällt auf den Boden, wenn er schwer genug ist. Liegt die Temperatur unter ca. 2 °C, kann er nicht verdunsten oder tauen. Daher fällt der Niederschlag im Sommer und in den Niederungen meistens als Regen. Die Schneedecke gibt die Höhe des Schnees (in cm) an einem bestimmten Tag an, z. B. 10 oder 30 cm (Abb. 101). Die Anzahl der Tage mit Schneedecke liegt im Durchschnitt bei 157 Tagen.

Gewitter: Die Anzahl der Tage mit Gewitter betrug im Zeitraum 1961–1990 ca. 40 Tage und liegt um 7 Tage höher als in Freiburg. An 270 Tagen gab es Nebel, fünfmal häufiger als in Freiburg.

3. Erholung, Gesundheit und Tourismus

Einmalige Regionen wie der Feldberg sind Magnete für Menschen, die sich bei verschiedenen Freizeitaktivitäten erholen wollen. Dafür ist eine Bewertung des Klimas für den Tourismus notwendig, die thermische/human-biometeorolo-

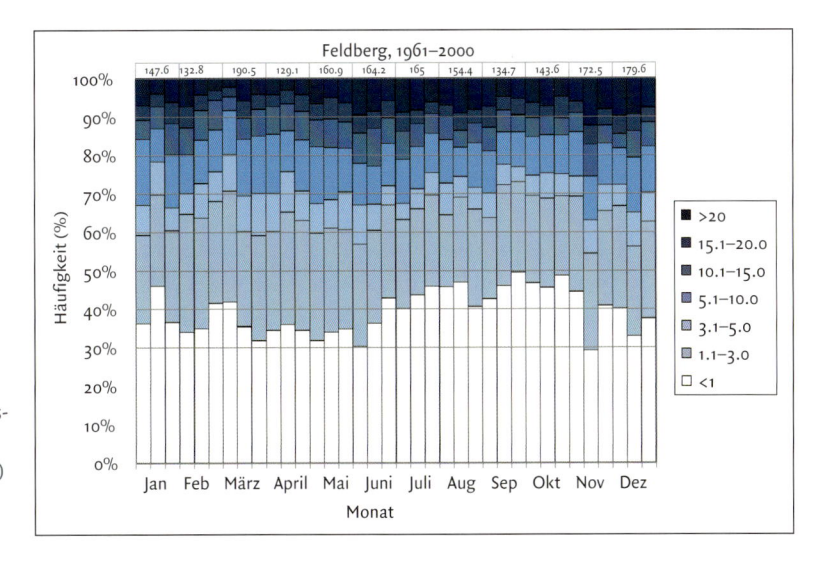

100 Häufigkeit von Klassen (in %) der Niederschlagssummen (in mm) auf dem Feldberg. Zeitraum: 1961–2000.

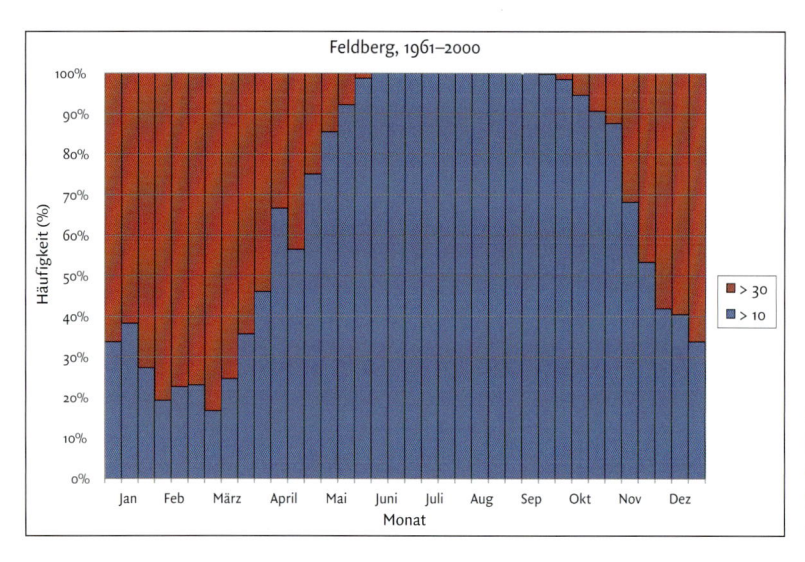

101 Häufigkeit von Klassen (in %) der Schneedecke (in cm) auf dem Feldberg. Zeitraum: 1961–2000.

gische, physikalische und ästhetische Faktoren berücksichtigt. Hierbei werden das Klima-Tourismus-Informationsschema (CTIS) sowie die Bioklimadiagramme für die Physiologisch Äquivalente Temperatur (PET) verwendet. Die Implementierung der Niederschlagsverhältnisse ist schon in Abb. 100 erfolgt.

CTIS kann Ergebnisse und Informationen einfach verständlich für die touristische Praxis und Erholung liefern und findet für eine bessere Planung des Urlaubs oder auch für die örtlichen Entscheidungsträger und Planer Verwendung. CTIS kann auch als Informationsgrundlage für eine größere Palette an Klimagrößen und -faktoren dienen. Enthaltene Klimainformationen sowie auch Wetterextreme können für die unterschiedlichen räumlichen und zeitlichen Planungsebenen integriert werden.

Im Detail können in CTIS enthalten sein:
a) Grundlegende und indirekte Klimagrößen (Lufttemperatur, Luftfeuchtigkeit, Windgeschwindigkeit, Bedeckungsgrad, Niederschlag) auf Tagesbasis,
b) zeitlich hochaufgelöste Informationen auf der Basis von Monatsdekaden (Aufteilung der einzelnen Monate in drei Intervalle),
c) Klimatische und bioklimatische Bedingungen, basierend auf Häufigkeitsklassen und Schwellenwerten auf der Grundlage der physiologisch äquivalenten Temperatur (PET),
d) Thermischer Komfort, Wärme- und Kältebelastung und feucht-warme Bedingungen (»Schwüle«),
e) Niederschlagsmenge,
f) Nebelhäufigkeit und Sonnenschein-/Bewölkungsverhältnisse,
g) Extremwindsituationen.

Basierend auf diesen Voraussetzungen werden folgende Schwellenwerte für die verschiedenen Facetten des Klimas im Tourismus ausgewählt:
Thermisch: Thermische Behaglichkeit (PET zwischen 18 und 29 °C), Hitzestress (PET > 35 °C), Kältereiz (PET < 4 °C)
Ästhetisch: Bedeckungsgrad (< 4/8), Nebel (auf der Grundlage von relativer Luftfeuchtigkeit > 93 %)
Physikalisch: Schwüle (auf der Grundlage von Dampfdruck > 18 hPa), Niederschlag ($\leq$ 1 mm) als trockener Tag, Niederschlag (> 5 mm) als nasser Tag, Windgeschwindigkeit (> 8 m/s).

Die ausgewählten tourismusrelevanten Parameter werden nicht in charakteristischen mittleren Zuständen (Mittelwerten) beschrieben, sondern in Form von mittleren Häufigkeiten, d. h. Häufigkeiten gemittelt über einen Zeitraum von 30 Jahren (Klimamittel). Die World Meteorological Organization (WMO) sieht in der 30-Jahresperiode eine sinnvolle Definition des Klimas. Somit können statistische Daten von 30 Jahren,

ERHOLUNG, GESUNDHEIT UND TOURISMUS

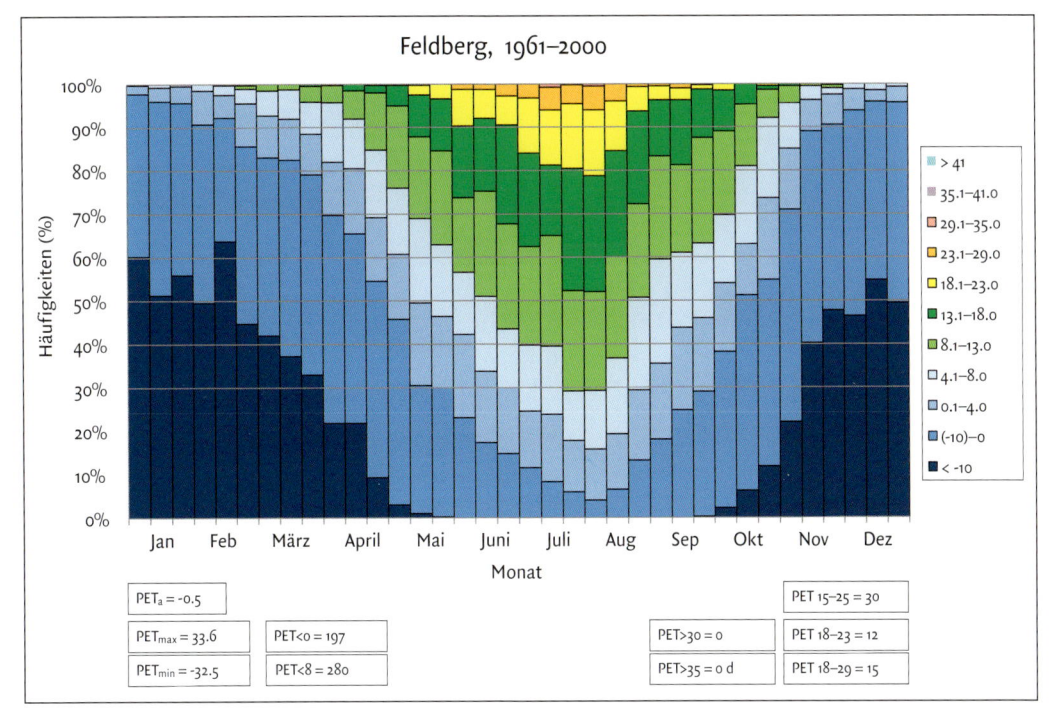

102 Häufigkeit von Klassen (in %) der Physiologisch Äquivalenten Temperatur (PET) auf dem Feldberg. Zeitraum: 1961–2000.

z. B. 1901–1930, 1931–1960, 1961–1990, als Bezug dienen und als klimatologischer Normalstandard genutzt werden, um einen weltweiten Vergleich der Klimaereignisse auf einer einheitlichen Basis sicher zu stellen.

Die Abb. 102 bis 104 basieren auf den oben genannten Größen und Faktoren und repräsentieren den Zeitraum 1961–2000. Für die zeitlich hochaufgelöste Analyse von PET ergibt sich, wie erwartet, dass der Feldberg während den Sommermonaten eine Insel ohne Wärmestress (»Behaglichkeitsinsel«) darstellt und Kältereiz zu mehr als der Hälfte des Jahres auftritt. Abb. 103 und 104 zeigen die in CTIS integrierten Faktoren und Größen. Abb. 103 gibt die Häufigkeit in Prozent an und kann somit direkt als die Anzahl von Tagen für einen bestimmten Zeitraum interpretiert werden. Abb. 104 basiert auf der Eignung oder Nicht-Eignung eines Faktors für Erholung bzw. Tourismus. Es wird ersichtlich, dass der Feldberg überwiegend eine Insel für den Schneesport und für Erholungssuchende während des Sommers darstellt.

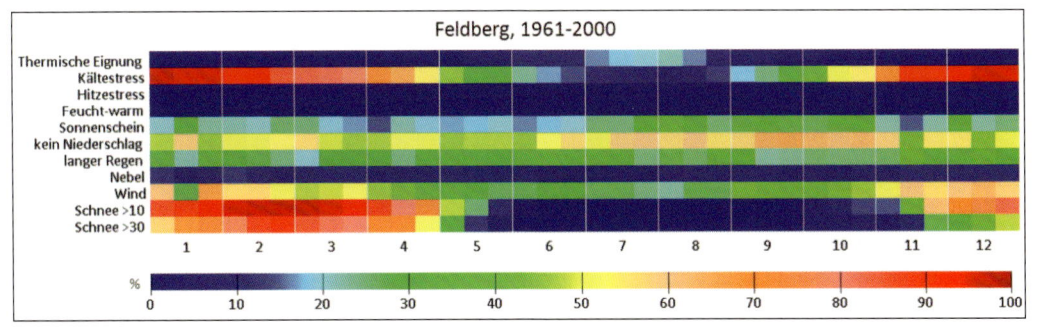

103 Klima-Tourismus/Transfer-Informations-Schema (CTIS) (in %) für den Feldberg. Zeitraum: 1961–2000.

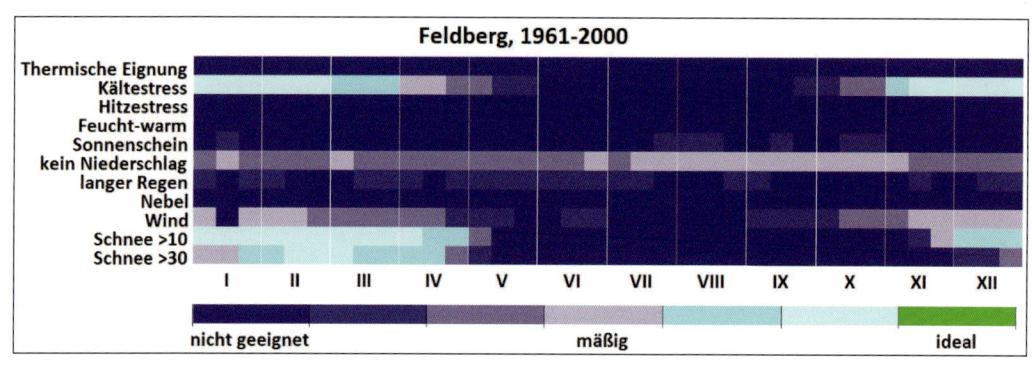

104 Klima-Tourismus/Transfer-Informations-Schema (CTIS) (bewertet) für den Feldberg. Zeitraum: 1961–2000.

4. Klimawandel

Heutzutage werden diese Daten aufgrund des sich schneller ändernden Klimas alle 10 Jahre für den Zeitraum der letzten 30 Jahre berechnet, z. B. 1961–1990, 1971–2000 usw., obwohl die nächste offizielle Periode erst 1991–2020 sein wird. Jene Parameter werden sowohl für die Klimanormalperiode 1961–1990 sowie für die Zukunftsprojektion 2021–2050 berechnet. Abgebildet werden jedoch lediglich die Änderungen und die Zukunftsprojektion (2021/2050) minus Klimanormalperiode (1961/1990), um einen potenziellen Trend abschätzen zu können. Ein Modell bildet ja lediglich eine mögliche »Realität« des zukünftigen Klimas ab und ist somit mit Unsicherheiten behaftet.

Im Zuge der öffentlichen und wissenschaftlichen Diskussion über den Klimawandel und seine Folgen ist auch der Tourismussektor näher in den Blickpunkt geraten, da sich der Klimawandel auf den gesamten ökologischen sowie ökonomisch-sozialen Bereich auswirkt. Klima und Tourismus sind eng miteinander gekoppelt; so ist das Klima ein entscheidender Faktor bei der Wahl der Destination sowie bei der Reiseart (Aktiv-, Wellnessurlaub, Städtereisen). Ob sich die Wahl des Urlaubsortes oder die Art der Reise im Zuge des Klimawandels ändern wird, ist schwer vorherzusagen. Jedoch können wir die zukünftigen klimatischen Änderungen mithilfe von globalen und regionalen Klimamodellen simulieren und Tendenzen meteorologischer Parameter bestimmen. Um jedoch das zukünftige Klima modellieren zu können, gehen neben der physikalischen Beschreibung des Klimasystems verschiedene Emissionsszenarien ein. Dabei werden mögliche politische, demografische, technische und kulturelle Entwicklungen berücksichtigt. Für die Klimamodellierung sowie für die Impact Studies werden nach neueren Erkenntnissen des IPCC 2007 vorwiegend die Klimasimulationen A1B und B1 verwendet. Diese beiden Szenarien bilden mit hoher Wahrscheinlichkeit das Klima der Zukunft gut ab.

Für die Region des Feldbergs wird mit einer durchschnittlichen Erhöhung der Lufttemperatur von 1 °C bis 2040 gerechnet, die im Winter stärker ausgeprägt sein wird (+1,3 bis +1,8 °C). Die thermischen Bedingungen werden in der gleichen Größenordnung zunehmen. Dies wirkt sich ebenfalls auf thermische Komfort- und Diskomfortbereiche aus. Kältestress wird um bis zu 20 Tage abnehmen. Thermisch komfortable Bedingungen nehmen damit zu. Die Häufung feuchtwarmer (ca. +15 Tage) und hitzebelastender Sommer mit bis zu ca. +6 Tagen kann vor allem in den tieferen Lagen zu Beeinträchtigungen in Freizeit und Erholung führen. Die Niederschläge werden im Winter zunehmen und im Sommer abnehmen. Schneetage sowie die mittlere Schneehöhe werden sich ebenfalls reduzieren. Mit jedem Grad Erwärmung steigt die Grenze der natürlichen Schneesicherheit um 150 m.

D Die Vegetation der Weidfelder und der waldfreien Sonderstandorte

Arno Bogenrieder

1. Der Feldberg – Ein Berg für Botaniker

Am Feldberg wächst eine ganz außergewöhnliche Flora. Seit dem Beginn ihrer wissenschaftlichen Erforschung vor etwa 200 Jahren hat sie unzählige Botaniker auf diesen Berg gelockt, die hier immer wieder Neues und Unerwartetes entdeckt und in Exkursionsberichten oder wissenschaftlichen Abhandlungen beschrieben haben. So wurde der Feldberg schon früh zu einem über die Grenzen des Großherzogtums Baden hinaus bekannten »Botaniker-Berg«. In einer der ersten Floren für die Vogesen und die elsässische Rheinebene (Flore Vogeso-Rhénanae, KIRSCHLEGER 1870) finden sich auch Exkursionsvorschläge für die badische Seite des Rheins und für den Schwarzwald, darunter auch eine Routenbeschreibung zum Feldberg. Da heißt es sinngemäß: »Um auf den Feldberg zu gelangen, müssen wir durch Freiburg, eine der beiden Universitätsstädte des Großherzogtums. Freiburg ist sehr sauber und elegant und auch die unmittelbare Umgebung ist malerisch und anziehend. Hinter Freiburg öffnet sich das breite Tal der Dreisam. Die schöne Straße ins Höllental und weiter zur Donau führt durch dieses Tal. Auf ihr können wir mit der Postkutsche bis Titisee fahren. Von hier lassen wir uns von einem Führer durch das Seebach- und Rothwassertal auf den Feldberg begleiten.«

Das ist eine Beschreibung wie aus einer anderen Welt. Aber die später in dem Bericht aufgeführten Pflanzennamen sind jedem Kenner der Feldbergflora wohl vertraut. Es sind genau dieselben Arten, die wir heute, bei sicherlich einfacherer Anreise, auf dem Feldberg finden können. Vieles spricht dafür, dass sich seit diesem Exkursionsbericht nichts Wesentliches an dem reichen Bestand der Feldbergflora geändert hat, denn Landschaft und Vegetation sind hier im Kernbereich unverändert geblieben, trotz Beweidung und Holznutzung, trotz des später aufkommenden Wintersports und des sommerlichen Massentourismus. So hat der Feldberg bis heute nichts von seinem Wert verloren, weder für die Wissenschaft noch für den botanisch interessierten Laien.

Der große Reichtum der Feldbergflora beruht in erster Linie auf der standörtlichen Vielfalt dieses Gebiets. Weidfelder, Lawinenbahnen, Viehläger, Flachmoore, Felsfluren und Gewässer bilden ein überaus mannigfaltiges Standortmosaik mit ganz unterschiedlichen Pflanzengesellschaften. Doch haben diese Gesellschaften trotz aller Unterschiede eines gemeinsam: Sie enthalten neben den normalen, für einen bestimmten Standorttyp eigentlich zu erwartenden Arten eine Reihe von Alpenpflanzen, von denen viele im Schwarzwald hier am Feldberg ihr einziges Vorkommen besitzen. Der Ausdruck »Alpenpflanzen« darf hier nicht allzu wörtlich verstanden werden, denn nur wenige von ihnen sind Alpenpflanzen im strengen geografischen Sinn. Viele kommen außer in den Alpen auch in den Hochlagen anderer europäischer Gebirge vor, zum Beispiel in den Karpaten oder in den Pyrenäen. Eine dritte Gruppe schließlich besitzt ein weiteres Teilareal in den skandinavischen Gebirgen oder in der arktischen Zone; hier spricht man von arktisch-alpinen Pflanzen. (Der häufig im gleichen Sinne verwendete Ausdruck »arktisch-alpin« ist eigentlich nicht korrekt, da »alpin« eine Höhenstufenbezeichnung darstellt und sich auf die Zone oberhalb der Waldgrenze bezieht. Freilich ist einzuräumen, dass viele unserer »Alpenpflanzen« gerade in der alpinen Stufe den Schwerpunkt ihrer Verbreitung besitzen, aber diese Höhenstufe existiert eben auch in anderen Hochgebirgen.) Etwa 50 »Alpenpflanzen« dieser Art gibt es im Hochschwarzwald, davon bleibt mehr als die Hälfte auf das engere Feldberggebiet beschränkt. Dies unterstreicht die Sonderstellung dieses Gebiets ganz nachdrücklich. (Zur Verbreitung der im folgenden genannten Pflanzenarten im Schwarzwald vgl. SEBALD et al. 1990/98).

Warum sind die Alpenpflanzen gerade hier am Feldberg so zahlreich? Die Annahme liegt nahe, dass der Feldberg als der höchste Berg des Schwarzwaldes vielleicht gerade noch die alpine Höhenstufe erreicht und dass er damit als einziger auch schon vor der Anlage des großen Weidfeldes auf der Feldbergkuppe (s. unten) den Alpenpflanzen Lebensmöglichkeiten in einer von Natur aus waldfreien alpinen Stufe geboten hat. Aber diese Annahme trifft, zumindest in dieser allgemeinen Form, nicht zu. Es herrscht heute weitgehend Einigkeit darüber, dass die klimatische Höhengrenze des Waldes am Feldberg noch nicht erreicht ist. Diese wäre wegen der geringeren Größe (Masseerhebung) des Schwarzwaldes und anderer Effekte gewiss niedriger anzusetzen als in den nördlichen Randalpen, mit schätzungsweise 1600 bis 1700 m läge sie aber immer noch in einem Höhenbereich, der im Schwarzwald nicht mehr erreicht wird. Die Höhe des Feldbergs allein bietet also keine Lösung für die Frage, warum gerade hier so viele Alpenpflanzen vorkommen.

Zum Verständnis der Zusammenhänge ist zunächst einmal Folgendes wichtig: Die Alpenpflanzen des Schwarzwaldes können nicht erst in jüngerer Zeit aus den Alpen angeflogen sein. Für Samen oder Früchte ohne besondere Flugeinrichtungen ist die Entfernung ohnehin zu groß, aber auch für gute Flieger ist eine Distanz von mehr als 100 km wohl nur sehr schwer zu überbrücken. Darüber hinaus ist die Wahrscheinlichkeit nur äußerst gering, dass ein Samenanflug aus den Alpen genau die wenigen überhaupt infrage kommenden Stellen trifft, sich dort Jungpflanzen entwickeln und diese sich gegen die Konkurrenz der anderen Pflanzen durchsetzen können. Nur für wenige der fraglichen Alpenpflanzen kann man diesen Fall überhaupt diskutieren, für die übergroße Mehrheit ist er jedenfalls mit Sicherheit auszuschließen. Woher also stammen die Alpenpflanzen im Feldberggebiet?

Die Antwort lautet: Es handelt sich um Überbleibsel einer anderen Klimaperiode, um sogenannte Eiszeitrelikte (Glazialrelikte). Das heißt aber nicht, dass die Pflanzen hier an dieser Stelle, an ihrem heutigen Wuchsort, seit der Eiszeit überdauert haben. Für die meisten der heutigen Vorkommen ist dies sogar mit großer Sicherheit auszuschließen, denn zum Höhepunkt der letzten Kaltzeit waren der Feldberg und einige weitere Schwarzwaldgipfel von Firnkappen bedeckt und mächtige Gletscherzungen schoben sich bis weit in die Hochtäler. Auf den schneefrei gefegten Flächen des Gipfelbereichs können allenfalls wind- und frostharte Flechten vorgekommen sein; Pflanzenwuchs im engeren Sinn gab es nur in tieferen Lagen und im Schwarzwaldvorland. Zwischen den beiden mächtigen Eisschilden Skandinaviens und der Alpen wuchs damals eine in weiten Gebieten baumlose Tundren-Vegetation, wie man sie heute im Norden Skandinaviens vorfindet. In den Sedimenten eiszeitlicher Seen finden sich nicht selten noch Spuren dieser Vegetation, zum Beispiel Pollen, Sporen oder sogar Blätter. Leitpflanze dieser Glazialflora ist eine recht häufige und aufgrund ihrer charakteristischen Blättchen auch in fossilisierter Form leicht identifizierbare Pflanze, die Silberwurz (*Dryas octopetala*); nach ihr nennt man das Artenspektrum der damaligen Vegetation auch Dryas-Flora. Ein Vergleich mit der heutigen Dryas-Vegetation in Skandinavien zeigt, dass man sich diese Vegetation nicht einheitlich vorstellen darf, sondern als ein Mosaik von Rasen- und Zwergstrauchgesellschaften, unterbrochen von Mooren, kleinen Gewässern und flechtenbewachsenen Felspartien. Sie umfasste also Pflanzen mit ganz unterschiedlicher ökologischer Konstitution und verschiedenartigen Standortansprüchen.

Vor etwa 20 000 Jahren begann in Mitteleuropa eine allmähliche, von Rückschlägen unterbrochene Erwärmung des Klimas. Damit wanderten die eiszeitlichen Pflanzengesellschaften im Schwarzwald in höhere Lagen und besiedelten die jetzt vom Eis befreiten Rohböden. In den tieferen Lagen wurden sie immer stärker bedrängt vom nunmehr nachrückenden Wald. Mit dem Erreichen der höchsten Schwarzwaldgipfel war kein weiteres Ausweichen mehr möglich, und so erlag schließlich hier und in anderen Mittelgebirgen der größere Teil der Eiszeitflora dem alles verdrängenden Wald. Auch die Leitpflanze der Dryas-Flora, die Silberwurz, ist im Schwarzwald irgendwann in der nacheiszeitlichen Waldperiode ausgestorben. OBERDORFER (1931) hat diese Art in den spätglazialen Sedimenten des Schluchsees nachgewiesen, dann verliert sich im Schwarzwald ihre Spur. Doch einige Arten überlebten. Manche der »Eiszeitpflanzen« sind wenigstens begrenzt schattenfest und konnten sich deshalb in den lichten Wald der Hochlagen einfügen, etwa als bachbegleitende Vegetation oder als Besiedler feuchter, quelliger Bereiche. Die meisten Arten ertragen allerdings keine wirkliche Beschattung; sie müssen an Stellen überdauert haben, die auch vor dem Auftauchen des rodenden Menschen niemals im eigentlichen Sinn bewaldet waren. Diese Flächen brauchen nicht groß gewesen zu sein, es gibt aktuelle Beispiele dafür, dass schon wenige Ar ausreichend sind. Solche Sonderstandorte gibt es am Feldberg eine ganze Reihe, und zwar nicht nur Moore oder Felspartien – die gibt es ja auch anderswo –, sondern vor allem auch solche Stellen, an denen aus lokalklimatischen Gründen (Schneeanhäufung, hohe Windgeschwindigkeiten) kein Baumwuchs mehr gedeiht und deshalb alpine Rasen und Schneeböden auch unterhalb der eigentlichen Waldgrenze, der sogenannten allgemeinklimatischen Waldgrenze, bis heute überdauern konnten. Eine erste Antwort auf die Frage, warum am Feldberg so viele Pflanzenarten der ehemaligen Eiszeitvegetation als sogenannte Glazialrelikte überdauert haben, lautet also: Weil es hier Pflanzenstandorte gibt, die auch im Zuge der nacheiszeitlichen Vegetationsentwicklung immer waldfrei geblieben sind und damit das Überleben arktisch-alpischer Pflanzen ermöglicht haben. Wie diese waldfreien Refugien im Einzelnen ausgesehen haben, das wird später ausführlicher behandelt werden. Soviel sei aber vorab gesagt: Allein mit der Höhe des Feldbergs hängen die Bedingungen für diese Sonderstandorte nicht in allererster Linie zusammen; es sind lokalklimatische und edaphische (vom Boden abhängige) Faktoren, die man sich auch noch auf der Meereshöhe des Herzogenhorns oder des Belchens verwirklicht denken könnte – und wie man sie dort, in einem bescheidenen Ausmaß freilich, auch tatsächlich vorfindet.

Neben solchen Sonderstandorten spielte hinsichtlich des Überdauerns vieler Arten der ehemaligen Glazialflora die Frage eine wichtige Rolle, wie weit die Standortbedingungen am Feldberg mit den ökologischen Möglichkeiten der einzelnen Arten übereinstimmen. So wird man vermuten, dass es sich bei den im Schwarzwald im Verlauf der nacheiszeitlichen Vegetationsentwicklung ausgestorbenen Pflanzen vor allem um Vertreter der hochalpinen bis nivalen Stufe oder der nördlichsten arktischen Zone handelt, und man wird weiter vermuten, dass im Silikatgebirge des Schwarzwaldes eher die Kalkpflanzen auf der Strecke geblieben sind als die Pflanzen sauren Bodens. Ersteres trifft zu, wie ein Vergleich mit späteiszeitlich im Schwarzwald nachgewiesenen Pflanzen zeigt (LANG 1952, 1953, 1955), letzteres ist jedoch ganz und gar unzutreffend. Im Gegenteil: Unter den Glazialrelikten des Feldbergs findet sich eine ganz erstaunliche Anzahl von Arten, die normalerweise eher auf neutral bis basisch reagierenden Böden vorkommen als auf sauren Silikatböden. Hier stoßen wir auf einen der weiteren Gründe für den Artenreichtum des Feldbergs. Die ohnehin basenkräftigen Gneise des Gebirgsstocks sind stellenweise von Calcitadern durchsetzt (z. B. im St. Wilhelmer Tal und im Bereich der Seewand), die das Wachsen und das Überdauern regelrechter Kalkpflanzen ermöglicht haben. Besonders deutliche Zeiger sind hier bestimmte Kalkmoose, die dem Gestein unmittelbar aufsitzen. Doch finden sich auch unter den Höheren Pflanzen eine ganze Reihe von Kalkzeigern, und der Einfluss dieser Calcitadern lässt sich von den

105 Blick von Bärental (ca. 1000 m) zum Feldberg. Links der Seebuck mit Fernsehturm (1448 m), rechts daneben der Mittelbuck. Darunter erkennt man die Karmulde des Feldsees. Der eigentliche Feldberggipfel (der »Höchste«) ist verdeckt. (HKR, 2002)

Felsspalten- und Felsbandgesellschaften bis in die benachbarten, vom austretenden Wasser gespeisten Pflanzengesellschaften hinein weiterverfolgen.

Sicherlich fehlt dem Arteninventar des Feldbergs auch manche Pflanze, die von den heutigen Standortbedingungen her als möglich erscheint. In manchen Fällen mögen hier unglückliche Zufälle eine Rolle gespielt haben, in anderen Fällen liegen die Gründe vielleicht in unzureichender Wanderungsfähigkeit oder geringer Konkurrenzkraft. Der Vergleich mit den Hochvogesen zeigt, dass wahrscheinlich auch die Lage der hocheiszeitlichen Rückzugsräume und damit die spätere Einwanderungsrichtung eine wichtige Rolle gespielt haben. So enthält die Flora der Hochvogesen doch manche Pflanze, die dem Hochschwarzwald fehlt und deren nacheiszeitliche Wiedereinwanderung vermutlich von Westen her erfolgt ist. Das gleiche gilt in umgekehrter Richtung für einige Arten, die nur im Schwarzwald vorkommen, den Vogesen aber fehlen (BOGENRIEDER 2001). Daraus wird man auch ableiten können, dass der Oberrheingraben im Laufe der nacheiszeitlichen Vegetationsentwicklung schon früh zur Wanderungsbarriere für Gebirgspflanzen geworden ist.

Wir können also feststellen, dass der Feldberg durch eine glückliche Kombination klimatischer und edaphischer Faktoren einigen Pflanzen der ehemaligen Eiszeitvegetation das Überdauern der nacheiszeitlichen Waldzeit ermöglicht hat. Die Flora des Feldbergs ist deshalb in gewissem Sinn ein Dokument, ein beredtes Zeugnis der eiszeitlichen und nacheiszeitlichen Vegetationsgeschichte.

Aber der Feldberg ist mehr als die verarmte Ausgabe eines Alpenberges im Schwarzwald, und seine reiche Pflanzenwelt verdient mehr als nur florengeschichtliches Interesse. Viele der erwähnten Glazialrelikte sind im Gefolge der menschlichen Rodung der Feldbergkuppe und durch die Schaffung der großen Weidfelder aus ihrem Refugium heraus auf die weiten, ehemals bewaldeten Flächen vorgedrungen und bilden hier heute zusammen mit den normalen, weit verbreiteten Arten von Mittelgebirgsweiden Pflanzengesellschaften, wie sie nur am Feldberg denkbar sind. Denn dieser Berg hat mit seinen Wechten und Lawinenbahnen ja nicht nur erste alpine Züge aufzuweisen, er ist darüber hinaus durch seine hohen Niederschläge und durch seinen vergleichsweise ausgeglichenen Temperaturverlauf auch deutlich »atlantisch« getönt. Hier mischen sich deshalb atlantische Florenelemente mit hochmontanen oder gar alpinen in ganz eigener Weise. Dazu kommt die breite Palette unterschiedlicher Standorte: Moore, Quellfluren, Felswände, Blockhalden, Lawinenzüge, Wechtenkanten – ein Reichtum, den der wirtschaftende Mensch bis heute noch nicht entscheidend eingeschränkt, sondern durch die Anlage der großen Weidfelder eher noch bereichert hat.

Die Flora des Feldbergs ist wirklich einzigartig, und zwar nicht nur für den Schwarzwald. Sie findet sich in dieser Zusammensetzung nicht in anderen Mittelgebirgen und auch nicht in den Alpen.

2. Die Weidfelder

Wie eine Insel ragt der waldlose Rücken des Feldbergmassivs aus dem Waldmeer seiner Umgebung (Abb. 105). Die Hochfläche scheint sich aus der Zone des Waldes hinauszuwölben in die Region der alpinen Matten. Bei etwa 1300 m beginnt sich der geschlossene Wald schnell in einzelne Gruppen niedriger Fichten aufzulösen, die mit ihren sturmzerzausten Wuchsformen bereits der Kampfzone des Waldes angehören (Abb. 106). Sie werden schließlich ersetzt von Rasen- oder Zwergstrauchgesellschaften und allen denkbaren Übergangsformen, die in ihrer Vielgestaltigkeit und mit ihren zahlreichen botanischen Besonderheiten einen ganz natürlichen Eindruck erwecken. Es scheint tatsächlich, als habe man mit dem Anstieg zum Gipfel des Feldbergs die Stufe oberhalb der Waldgrenze, die alpine Zone, erreicht.

Doch bei näherem Hinsehen wird man nachdenklich. Allzu scharf erscheint der Wald an vie-

106 Von Frosttrocknisschäden gezeichnete Kampfformen der Fichte im Bereich der Waldgrenze. (HKR)

len Stellen abgeschnitten und allzu vital drängt der Fichtenjungwuchs an anderen Stellen in die Freiflächen, und schließlich enden die äußersten Vorposten der Fichten nur wenige Höhenmeter unter dem Gipfelplateau. Zwar treten nach oben vermehrt ausgeprägte Kampfformen auf, mit oft auffallend dichter Beastung in Bodennähe und abgestorbenen oder durch Schneedruck oder Sturm abgebrochenen Ästen im oberen Stammbereich (Abb. 106). Dennoch erscheint beim allmählichen Zusammenschluss solcher Gruppen und dem dadurch zunehmenden Windschutz eine Bewaldung fast bis zum Gipfel doch nicht ausgeschlossen.

Tatsächlich sind die großen Freiflächen des Feldbergmassivs bis auf wenige Ausnahmen nicht natürlich, sondern erst vom Menschen geschaffen. Er hat den Wald auf der Hochfläche gerodet, um Weidefelder für die Sommerweide von Jungvieh zu gewinnen. Wir wissen nicht ganz genau, wann das geschehen ist, und wir wissen auch nicht genau, wie der ursprüngliche Wald ausgesehen hat. Aber sicherlich sind die Rodung und die spätere Offenhaltung durch die Tatsache erleichtert worden, dass sich der Wald hier tatsächlich seiner natürlichen Grenze nähert und dass es bereits einige waldfreie Flecken gab, von denen später noch die Rede sein wird.

Zum Alter der Weidfelder und auf die Zeit ihrer Entstehung gibt es immerhin einige Hinweise. In einer Schenkungsurkunde aus dem Jahr 1065 wird vom »Mons Veltperch« gesprochen (MÜLLER 1948) »Velt« bedeutete damals eine größere, weitgehend ebene, waldlose Fläche. Demnach muss zumindest ein Teil des Weidfeldes schon um die Jahrtausendwende bestanden haben. Möglicherweise bezieht sich der Name »Grafenmatt« auf den Grafen Berthilio, der um das Jahr 1000 herum im Breisgau residierte. Auch in den Vogesen hat es um diese Zeit größere Rodungen gegeben, was durch Urkunden über die Anlage von Käsereien in den Hochvogesen belegt ist.

Wie aber hat der Feldbergrücken vor dem Beginn der Rodungen ausgesehen? Vor einigen Jahrzehnten hat man beim Wegebau in der Nähe des Feldberger Hofs eine römische Goldmünze aus dem 2. bis 3. Jahrhundert n. Chr. gefunden. Sollten die waldscheuen Römer tatsächlich einen vollständig bis zum Gipfel bewaldeten Berg bestiegen haben? Oder waren die bereits erwähnten waldfreien Flecken doch so groß, dass sie aus der Ferne sichtbar waren und man von ihnen aus eine freie und weit reichende Übersicht über die Landschaft des südlichen Schwarzwaldes erwarten konnte? Folgt man der Auffassung von K. MÜLLER in der ersten Feldbergmonografie von 1948, so erscheint dies immerhin möglich. Er vertritt aus Gründen, die hier nicht näher dargelegt werden, die Meinung, dass alle Flächen des Feldbergkamms, denen die Heidelbeere aus klimatischen Gründen fehlt, ursprünglich waldfrei gewesen seien. Das wären dann immerhin die letzten 10 bis 20 Höhenmeter des Seebucks, des eigentlichen Feldberggipfels und des gegenüberliegenden Baldenweger Bucks – falls diese weitgehende Annahme überhaupt richtig ist. Man neigt heute eher zur Auffassung, dass man sich bei der Suche nach den bereits ursprünglich waldfreien Flächen auf solche Bereiche beschränken kann, die auch heutzutage keinen Fichtenanflug aufweisen oder die Fichten auch nach vielen Jahren nicht über die mittlere Schneehöhe hinauskommen. Das deckt sich in einigen Fällen mit der oben genannten Heidelbeer-Grenze, ergibt aber in der Regel deutlich enger gezogene Grenzen. Auf jeden Fall aber gelangt man mit jeder der beiden Methoden zu recht bescheiden dimensionierten Freiflächen, die man vielleicht von Weitem als möglichen Aussichtsort erkannt hat, die den Namen »Mons Veltperch« aber wohl kaum rechtfertigen. Bei der Entstehung dieses Namens muss die beginnende Rodung des Feldbergmassivs das Bild bereits mitbestimmt haben. Unbestritten ist jedenfalls, dass der weitaus überwiegende Teil der heutigen Freiflächen durch Rodung entstanden ist, ursprünglich also bewaldet war. Die Pflanzengesellschaften der Weidfelder sind deshalb bis auf die Gesellschaften der später zu besprechenden Sonderstandorte als Ersatzgesellschaften der ursprünglichen Wälder aufzufassen.

In ihrer floristischen Grundstruktur und in ihrem oft kleinflächigen Wechsel der Artenzusammensetzung spiegeln sich sowohl lokalklimatische und bodenbedingte Standortunterschiede als auch die Intensität und Art der Beweidung, die Weidpflege und vieles andere mehr. Aber der Einfluss der Beweidung wechselt nicht nur örtlich, sondern auch zeitlich. Den Jahren intensiver Weidenutzung folgen Zeiten zurückgehender oder ganz aussetzender Beweidung, in denen vor allem die Fichte mit ihren gut flugfähigen Samen als Pionier der Wiederbewaldung in Erscheinung tritt. So konnte zum Beispiel durch die geringe Weidenutzung nach dem Dreißigjährigen Krieg die Fichte die Flächen oberhalb der Todtnauer Hütte wieder zurückerobern. 1838 wurde infolge des steigenden Bevölkerungsdrucks und der wieder zunehmenden Weidfeldnutzung ein Großteil dieses Waldes geschlagen und erneut in Weidfeld umgewandelt (MÜLLER 1948).

Doch Beispiele für einen solchen Wechsel der Nutzungsintensität gibt es bis in jüngste Zeit. Nach Überwindung der Notjahre nach dem Zweiten Weltkrieg gingen in den 1960er-Jahren die Auftriebszahlen auf den Jungviehweiden des Feldbergs stark zurück, sodass man sich von Seiten des Naturschutzes und auch des Fremdenverkehrs mit der Frage zu beschäftigen begann, wie in Zukunft dem verstärkten Vordringen des Waldes zu begegnen sei. Zwar trägt das Großvieh selbst kaum etwas zur Eindämmung des Fichtenjungwuchses bei (anders etwa als Ziegen), diese Aufgabe der Weidpflege hat wohl immer der Hirte durch das Ausreißen oder Abhauen des Jungwuchses übernommen. Bei sinkender Kopfzahl der Herde wächst jedoch die Gefahr der Vernachlässigung abgelegener Flächen, denn die kleinere Herde findet ja auch genügend Futter an den bequem erreichbaren Weiden, fernab liegende oder ertragsärmere Weideflächen bleiben liegen und die Wiederbewaldung beginnt. Ende der 1970er-Jahre hat sich das Problem der immer kleiner werdenden Herden durch eine Änderung der Förderpolitik in das genaue Gegenteil verkehrt. Der Viehbesatz schnellte schlagartig wieder in die Höhe, die Weidflächen wurden eingezäunt, der Hüter war jetzt überflüssig. Plötzlich gerieten durch starke Trittschäden einige unersetzliche Pflanzenbestände in die Gefahr, ausgerottet zu werden, obwohl sie früher jahrhundertelang mit dem Weidebetrieb in offenbar friedlicher Koexistenz gelebt hatten. Es ist schwer zu entscheiden, was zu dieser Entwicklung den größeren Beitrag geliefert hat, die Umstellung von den lokalen Rinderrassen auf das moderne Hochleistungsvieh oder die andere Art der Beweidung ohne die behutsame Lenkung durch einen Hirten. Durch Verhandlungen zwischen den Vertretern des Naturschutzes und der Landwirtschaft ist es dann gelungen, einige der besonders wertvollen Flächen aus der Beweidung herauszunehmen. Die Übereinkunft hat sich bewährt und sie gilt mit kleineren Korrekturen bis heute.

Der größte Teil der Feldberg-Hochweide ist pflanzensoziologisch den hochmontanen bis subalpinen Borstgrasrasen zuzuordnen. (Die Nomenklatur der Höheren Pflanzen- und Gesellschaftsnamen folgt OBERDORFER 1977/1978/2001, die der Moose NEBEL/PHILIPPI 2000–2005). Solche von Borstgras (*Nardus stricta*, siehe Abb. 117) beherrschten Rasenflächen finden sich in allen silikatischen Mittelgebirgen Mittel- und Westeuropas bei ausreichenden Niederschlägen und langjähriger extensiver Beweidung. Innerhalb der Borstgrasrasen gibt es im Schwarzwald einen deutlich ausgeprägten Unterschied in der Artenzusammensetzung der Flügelginsterweiden in den mittleren Lagen und der Borstgrasrasen in den eigentlichen Hochlagen. Die Grenze zwischen diesen beiden Gesellschaftsausbildungen liegt je nach Exposition zwischen 1200 und 1300 m und wird mitbestimmt durch eine Reihe von klimatischen Faktoren, gut zu beobachten an der ab dieser Höhenlinie sehr zögerlichen Schneeschmelze im Frühjahr. Floristisch wird die Grenze markiert durch das Verschwinden typischer Arten tieferer Lagen (Flügelginster, Silberdistel), umgekehrt aber auch durch das Auftauchen einer Reihe von hochmontanen bis subalpinen Arten, unter ihnen mehrere der be-

107 Den Aspekt des Borstgrasrasens bestimmen hier Schweizer Löwenzahn (*Leontodon helveticus*) und Bärwurz (*Meum athamanticum*). (HKR)

reits erwähnten Glazialrelikte. Großflächig und in floristisch reichster Form findet sich diese Form des Borstgrasrasens, die Gesellschaft des Schweizer Löwenzahns (Leontodonto helvetici-Nardetum) nur im engeren Feldberggebiet, was in erster Linie mit der hier großflächig überschrittenen Höhengrenze bei 1300 m zu tun hat. Floristisch ärmere, aber in ihrer Grundstruktur übereinstimmende Ausbildungen gibt es auch in den Hochlagen der weiteren Umgebung (Herzogenhorn, Belchen).

2.1 Die Weidfelder der Hochlagen

Auf dem Rücken des Feldbergs wächst eine ganz eigenständige Weidfeldvegetation, die sich in vielem von den Flügelginsterweiden tieferer Lagen unterscheidet. Es handelt sich um eine von Zwergsträuchern durchsetzte Rasengesellschaft, die nach ihrer häufigsten Charakterart die »Gesellschaft des Schweizer Löwenzahns« genannt wird (Leontodonto helvetici-Nardetum, Abb. 107,

108 Gold-Fingerkraut (*Potentilla aurea*). (HKR)

109 Heidelbeerreiche Ausbildung des Borstgrasrasens mit Schweizer Löwenzahn (*Leontodon helveticus*) und Weißzüngel (*Leucorchis albida*). (HKR)

111 Alpen-Ruchgras (*Anthoxanthum alpinum*). (HKR)

109). Weitere Charakterarten, also Pflanzenarten, die fast ausschließlich in dieser Gesellschaft vorkommen, sind Gold-Fingerkraut (*Potentilla aurea*, Abb. 108), Weißzüngel (*Leucorchis albida*, Abb. 109), der seltene Alpen-Bärlapp (*Diphasiastrum alpinum*, Abb. 110) und das Alpen-Ruchgras (*Anthoxanthum alpinum*, Abb. 111), eine Art, die man aufgrund der großen Ähnlichkeit mit dem Gewöhnlichen Ruchgras (*Anthoxanthum odoratum*) erst vor einiger Zeit als einen charakte-

110 Alpen-Bärlapp (*Diphasiastrum alpinum*). (HKR)

112 Scheuchzers Glockenblume (*Campanula scheuchzeri*). Charakteristisch sind die im Knospenzustand nickenden Blüten. (HKR)

113 Der vom Weidvieh wegen seiner Bitterstoffe verschmähte Gelbe Enzian (*Gentiana lutea*). Im Vordergrund die Blätter der Bärwurz (*Meum athamanticum*). (HKR)

114 Berg-Wohlverleih (*Arnica montana*). Düngerfeindlicher Magerkeitszeiger und Arzneipflanze. (HKR)

115 Gewöhnliche Goldrute (*Solidago virgaurea*). (HKR)

116 Bärwurz (*Meum athamanticum*). Pflanze mit intensiv würzigem Geruch. (HKR)

117 Borstgras (*Nardus stricta*). Häufig und oft bestandsbildend in Silikatmagerrasen (Borstgrasrasen). (HKR)

ristischen Bestandteil der Hochlagen-Borstgrasrasen erkannt hat (SMETTAN 1981, BOGENRIEDER/STIETENCRON 1985, BOGENRIEDER/BÜHLER/HÄRRINGER 1993). Dazu kommen einige weitere Alpenpflanzen, die aus den Wald-, Gebüsch- oder Felsbandgesellschaften in die Weidfelder eingewandert sind und deshalb nicht als Charakterarten, aber doch als abgrenzende Arten (Differentialarten) gegen die Flügelginsterweiden (Festuco-Genistetum sagittalis) der tieferen Lagen dienen können. Zu ihnen gehören ausgesprochen häufige Arten wie Scheuchzers Glockenblume (*Campanula scheuchzeri*, Abb. 112) und Gelber Enzian (*Gentiana lutea*, Abb. 113).

Den besten Eindruck von dieser Pflanzengesellschaft gewinnt man bei einer Wanderung auf einem der zahlreichen Wege über den Feldbergrücken. Neben den bereits erwähnten Pflanzen bestimmen stellenweise Arnika (*Arnica montana*, Abb. 114) und die Echte Goldrute (*Solidago virgaurea*, Abb. 115) das Bild und außerdem einige der häufigsten Begleitarten der Gesellschaft, die aromatisch duftende Bärwurz (*Meum athamanticum*, Abb. 116), das Harzer Labkraut (*Galium harcynicum*), Blutwurz (*Potentilla erecta*) und die Grasarten Rot-Schwingel (*Festuca rubra* coll.), Draht-Schmiele (*Deschampsia flexuosa*), Rotes Straußgras (*Agrostis capillaris*) und natürlich auch das namengebende Borstgras (*Nardus stricta*, Abb. 117). Die zuletzt genannten Pflanzen sind kein Eigengut der Gipfelrasen, sondern sie gehören zum Bestand aller Weidfelder des höheren Schwarzwaldes. Sie bilden den Grundbestand aller Borstgrasrasen, von dem die hier beschriebene Gesellschaft lediglich eine Sonderausbildung darstellt.

Der erste Blick auf diese vielgestaltige Gesellschaft ist vielleicht eher verwirrend. Bestände mit viel Heidelbeere (*Vaccinium myrtillus*) wechseln scheinbar regellos mit Flächen, auf denen das Heidekraut (*Calluna vulgaris*) oder das Borstgras (*Nardus stricta*) dominiert. Nicht immer ist

118 Der »Tännlefriedhof« mit dem Baldenweger Buck. Im Vordergrund die heidekrautreiche Ausbildung des Borstgrasrasens. (HKR, 2002)

der Borstgrasrasen ein reiner »Rasen«, also eine überwiegend aus Gräsern bestehende Gesellschaft. Oft treten die Gräser ganz zurück und überlassen der Heidelbeere oder dem Heidekraut fast ganz das Feld. Diese Ausbildung der Gesellschaft bietet eher das Bild einer Zwergstrauchheide (Abb. 118, im Vordergrund). Doch völlig fehlt das Borstgras nur selten, immer wieder trifft man auf seine graugrünen, harten, buschigen Horste. Dieses Gras ist nicht nur eines der beiden namengebenden Arten in der hier beschriebenen Gesellschaft, sondern es spielt überall auf Weiden in den Silikatgebirgen Westeuropas eine wichtige Rolle. Das Borstgras ist ein ausgesprochenes »Weideunkraut«, denn das Weidevieh frisst seine harten, kieselsäurereichen Blätter nur unmittelbar nach dem Austrieb, später wird die Pflanze verschmäht, was eine indirekte Förderung gegenüber der Konkurrenz zur Folge hat. Regelmäßig sieht man im Herbst auf solchen Weiden ausgerupfte Horste des Borstgrases liegen, sogenannte Borstgrasleichen. Sie zeugen davon, dass die Pflanze im älteren Zustand zwar hin und wieder aus Versehen ausgerissen, nicht aber gefressen wird. Da die Pflanze überdies mit ihrem schützenden Mantel aus vorjährigen, abgestorbenen Borstblättern sehr trittfest ist, sind bei intensiver Beweidung alle Voraussetzungen für ein starkes Überhandnehmen gegeben. Zurückdrängen lässt sich das Gras nur durch frühzeitiges Abweiden oder rechtzeitige Mahd, leichter noch durch Mineraldüngung, denn die anspruchslose Pflanze wird bei verbessertem Nährstoffangebot rasch von der erstarkenden Konkurrenz anderer Gräser verdrängt, ein Verfahren, das im sich NSG Feldberg jedoch verbietet.

Auch der Gelbe Enzian ist ein Weideunkraut. Rinder tasten die Pflanze wegen ihres Bitterstoffgehalts nicht an, und selbst Schafe und Ziegen befressen sie nur ganz gelegentlich. So hat sich der Gelbe Enzian in hellen Scharen über die Weidfelder der Feldbergkuppe ausgebreitet (Abb. 119), und man begreift gar nicht, warum diese Pflanze vor etwa 100 Jahren eigens unter

Schutz gestellt worden ist. Fast wären ihr damals ihre mächtigen, tief im Boden liegenden Rüben zum Verhängnis geworden. Diese Rüben wurden großflächig ausgegraben, weil man aus ihnen (anders als auf den meisten Etiketten dargestellt) den bekannten Enzianschnaps herstellt. Die Jungpflanzen brauchen recht lange zum Aufbau einer Speicherwurzel; erst nach 10–15 Jahren bildet die Pflanze zum ersten Mal Blüten und Früchte. Die Zahl der noch nicht blühenden Rosetten liefert deshalb einen ungefähren Eindruck von der Menge an Jungpflanzen. Nimmt man dies als Maßstab für die weitere Entwicklung, so gewinnt man den Eindruck, dass diese Pflanze auf manchen Flächen in Zukunft zu einem ernsten Problem werden könnte.

Auch die übrigen Arten des Weidfeldes sind eigentlich keine guten Futterpflanzen. Heidelbeere, Heidekraut, Arnika und Bärwurz werden vom Großvieh kaum oder gar nicht gefressen. Nur der Schweizer Löwenzahn bildet hier eine Ausnahme, doch sind die dicht dem Boden aufliegenden Rosetten dieser Pflanze für das Vieh nur schwer greifbar. Was bleibt, sind einige regelmäßig auftretende Grasarten wie Rot-Schwingel (*Festuca rubra*), Rotes Straußgras (*Agrostis capillaris*), Ruchgras (*Anthoxanthum odoratum*), Draht-Schmiele (*Deschampsia flexuosa*) und Wald-Rispengras (*Poa chaixii*), wobei nur die beiden erstgenannten zu den wertvollen Futtergräsern gerechnet werden können, das Wald-Rispengras aber bereits wieder zu den Weideunkräutern zu zählen ist. Besonders futterreich sind die Weidfelder auf dem Feldberg also nicht. Es ist deshalb klar, dass hier ein so hoher Viehbesatz wie auf den besseren Weiden der Tieflagen nicht infrage kommt. Angesichts der riesigen Flächen stellt sich aber eher umgekehrt die Frage, ob in Zukunft überhaupt genügend Jungvieh zur Offenhaltung der Flächen zur Verfügung stehen wird.

Viele Pflanzenarten der Hochlagen-Weidfelder sind heute auf Weideflächen bis in die Tallagen des Schwarzwaldes verbreitet. Bei ihnen erscheint ihr ursprünglicher Charakter als Pflanzen der wenigen natürlichen, nicht von Menschen geschaffenen Rasen der Hochlagen weitgehend verwischt. Für einige Arten, zum Beispiel für das Gold-Fingerkraut und für das Alpen-Ruchgras, gilt dies aber nicht. Zwar haben beide Arten sowohl in den Alpen als auch am Feldberg vom Menschen geschaffene Weideflächen erobern können, den Charakter als Pflanzen der höheren Lagen haben sie jedoch bewahrt. Ursprünglich waren diese beiden Arten vermutlich auf die wenigen waldfreien Sonderstandorte des Feldbergs beschränkt, heute greifen sie deutlich darüber hinaus, aber nur an wenigen Stellen findet man sie unterhalb von 1200 m. Diese Pflanzen gehören deshalb zum Typus des »progressi-

119 Massenentwicklung des Gelben Enzians (*Gentiana lutea*). (HKR)

120 *Cetraria cucullata*. Eine frostharte Flechte arktisch-alpiner Windheiden. (HKR)

malen Rundblättrigen Glockenblume (*Campanula rotundifolia*), wie man sie aus Mauerfugen tieferer Lagen kennt. Die Blüten sind allerdings größer, violettblau und – bestes Merkmal – im Knospenzustand nickend (siehe Abb. 112). Ab einer bestimmten Höhe ersetzt *Campanula scheuchzeri* die Rundblättrige Glockenblume vollständig. Man kann deshalb bei diesem Artenpaar fast von »Höhenvikarianten« sprechen, von Arten also, bei denen jede eine eigene Höhenstufe vertritt und die sich deshalb gegenseitig ausschließen. Allerdings gibt es bei unserem Artenpaar eine Mischungszone, die am Feldberg etwa von 1100 bis 1300 m reicht. Hier kann man oft ein einzelnes Individuum nicht eindeutig der einen oder der anderen Art zuordnen; meist ist es sogar möglich, für jedes Merkmal fast lückenlose Übergangsreihen (Merkmalsgradienten) zu finden. Beide Arten hybridisieren leicht, und die Nachkommen sind ihrerseits wieder fertil (BIELAWSKA 1968). Offenbar setzen sich unter den scharfen Selektionsbedingungen von den vielen Keimlingen nur jeweils jene durch, deren Mischungsverhältnis der beiden Höhenvikarianten den Erfordernissen des speziellen Standorts am besten entspricht. Ein ähnliches Phänomen kann man übrigens am Feldberg beim Artenpaar Schlucht-Weide (*Salix appendiculata*) und Sal-Weide (*Salix caprea*) beobachten, ebenso bei der Zwerg-Vogelbeere (*Sorbus chamaemespilus*) und der Mehlbeere (*Sorbus aria*).

Zu den häufigen Alpenpflanzen in den Borstgrasrasen gehört das bereits erwähnte Gold-Fingerkraut (*Potentilla aurea*, siehe Abb. 108). Mit seinen großen, goldgelben Blüten und den orangeroten Saftmalen am Blütengrund ist die Pflanze kaum mit dem ebenfalls häufigen Aufrechten Fingerkraut (*Potentilla erecta*) zu verwechseln. Das Gold-Fingerkraut greift schon viel weniger weit über die Flächen der höchsten Lagen hinaus als Schweizer Löwenzahn und Scheuchzers Glockenblume. Bezeichnenderweise ist es auf den Nordhängen viel häufiger als auf den frühzeitig schneefreien Flächen der Süd- und Westseite.

ven Glazialrelikts« (WILMANNS/RUPP 1966). Darunter versteht man Pflanzen, deren Reliktcharakter zwar noch klar erkennbar ist, die sich aber aus ihren ursprünglichen Refugien heraus auf Sekundärstandorte ausgebreitet haben. Es finden sich in den Borstgrasrasen des Gipfelbereichs aber auch Beispiele für ausgesprochen »konservative Glazialrelikte«, etwa der Alpen-Bärlapp oder die Erdflechte *Cetraria cucullata* (Abb. 120). Sie haben ihren Charakter als Relikt eines anderen Klimas und der damals ganz andersartigen Vegetation noch viel deutlicher bewahrt. Den subalpinen Charakter der Weidfelder der Hochlagen bestimmen jedoch die progressiven Relikte wie Schweizer Löwenzahn (*Leontodon helveticus*), Gold-Fingerkraut (*Potentilla aurea*) und Scheuchzers Glockenblume (*Campanula scheuchzeri*).

Scheuchzers Glockenblume (*Campanula scheuchzeri*) gleicht auf den ersten Blick der nor-

Wesentlich seltener als die bisher vorgestellten Alpenpflanzen ist das Norwegische Ruhrkraut (*Gnaphalium norvegicum*, Abb. 121), eine arktisch-alpische Art, die am Feldberg ebenfalls zu den progressiven Glazialrelikten zu zählen ist. Zwar hat sich die Pflanze in den Weidfeldern nicht so erfolgreich durchzusetzen vermocht, dafür besiedelt sie andere Sekundärstandorte, nämlich Erdanrisse, Böschungen an Waldwegen oder Holzlagerplätze. In jüngster Zeit ist sie sogar auf neu angelegten Skipisten auf dem Schauinsland aufgetaucht. Vermutlich spielen hier, neben der Fähigkeit, Halbschatten zu ertragen, die gut flugfähigen Früchte und die schnelle Jugendentwicklung eine große Rolle. Doch mit solchen Schlüssen muss man vorsichtig sein. Das zeigt das Beispiel des Grünen Alpenlattichs (*Homogyne alpina*, Abb. 122), der seinen Schwerpunkt am Feldberg in den subalpinen Fichtenwäldern aufweist. Auch diese Pflanze hat gut flugfähige Früchte, erträgt Beschattung ausgezeichnet und hat eine rasche Keimlingsentwicklung. Trotzdem ist die Pflanze sowohl in den Weidfeldern als auch auf anderen Sekundärstandorten sehr selten. In den Borstgrasrasen kommt sie am ehesten in der heidelbeerreichen Ausbildung vor; hier ist wegen der Beschattung durch die höherwüchsige Heidelbeere die Schattentoleranz sicher ein wichtiger Vorteil.

Zu den großen Seltenheiten der Gipfelrasen gehört der Alpen-Bärlapp (*Diphasiastrum alpinum*, siehe Abb. 110). Er ist zum Kern der subalpinen Flora am Feldberg zu zählen. Als Pionier auf anderen Sekundärstandorten kommt der Alpen-Bärlapp kaum infrage, denn bis zur Entwicklung zu einer »richtigen« Pflanze müssen die Bärlapp-Gewächse ein sehr lange dauerndes Vorkeim-(Prothallium)Stadium durchlaufen. Aus den Sporen entwickeln sich zunächst kleine, rübenförmige Prothallien, die viele Jahre unter der Erdoberfläche leben, bis aus ihnen der Sporophyt, also die eigentliche, oberirdisch sichtbare

121 Norwegisches Ruhrkraut (*Gnaphalium norvegicum*). (HKR)

122 Sehr selten in den Borstgrasrasen wächst der Grüne Alpenlattich (*Homogyne alpina*). (HKR)

123 Zwerg-Ruhrkraut (*Gnaphalium supinum*), ein Spezialist schneegeprägter Standorte. Wuchshöhe ca. 8 cm. (HKR)

Pflanze hervorwächst. Der Alpen-Bärlapp ist sehr konkurrenzschwach, denn seine niederliegenden Triebe werden leicht von größeren Pflanzen überwachsen. Deshalb findet er sich vorwiegend an solchen Stellen, wo die Konkurrenz durch lange Schneebedeckung niedergehalten wird. Gelegentlich wächst er aber auch an Wegen, an denen der Rasenfilz entlang des steilen Wegrandes nicht so dicht zusammenschließt. Solche Stellen kann der Alpen-Bärlapp mit seinen Kriechtrieben gut ausnutzen. Die meisten Vorkommen des Alpen-Bärlapps liegen in Kammnähe auf der Nord- und Ostseite des Berges, vermutlich also sowohl räumlich als auch von den Standortfaktoren her nicht weit vom ehemaligen Ausgangspunkt entfernt. Wahrscheinlich sind für diese enge Bindung an die schneegeprägten Standorte der Gipfellage folgende Faktoren ausschlaggebend: Die Pflanze bleibt ganzjährig grün, stirbt also nicht wie die meisten Konkurrenten im Herbst oberirdisch ab. Sie gewinnt dadurch einige Wochen zusätzlicher Wachstumszeit, was sich in der Stoffbilanz besonders günstig bemerkbar machen dürfte, weil in dieser Zeit die Beschattung durch andere Pflanzen viel schwächer ist als im Sommer. Vor allem aber reicht selbst unter einer dünnen Schnee- oder Eisdecke unter Umständen die Lichtintensität durchaus noch für einen photosynthetischen Stoffgewinn (CURL/HARDY/ELLERMEIER 1972). Die lange Schneebedeckung verschafft aber der Pflanze nicht nur einen gewissen Konkurrenzvorteil, sie spielt darüber hinaus auch als Schutz vor der Winterkälte eine große Rolle. Die oberirdischen Triebe wären ohne Schneedecke der Kälte und Frosttrocknis (siehe S. 129) schutzlos ausgeliefert. Solchen Bedingungen sind sie jedoch nicht gewachsen, was sich nach Wintern mit schneearmen und gleichzeitig kalten Perioden leicht beobachten lässt. Daraus muss man schließen, dass der Alpen-Bärlapp den winterlichen Schneeschutz braucht und deshalb auf solche Stellen beschränkt bleibt, an denen starke Fröste nur in Zeiten hoher Schneesicherheit auftreten.

Ähnliches gilt für das Zwerg-Ruhrkraut (*Gnaphalium supinum*, Abb. 123), eine ebenfalls sehr seltene Art aus dem »Kern« der alpinen Flora am Feldberg (BOGENRIEDER/WILMANNS 1971). Diese Pflanze stellt gewissermaßen eine noch deutlicher alpin getönte Parallele des bereits besprochenen Norwegischen Ruhrkrauts dar. Auch das Zwerg-Ruhrkraut findet man am ehesten auf Sekundärstandorten: im Gipfelbereich als Pionier auf nicht allzu stark begangenen Weg- oder Trittspuren, im schneereichen Grüble auch um Brunnentröge und auf Viehsteigen. Alle diese Fundorte liegen oberhalb von 1350 m und sind dadurch gekennzeichnet, dass sich durch Kombination von Trittwirkung und langer Schneebedeckung die gegenseitige Konkurrenz nur noch ganz schwach bemerkbar macht. Durchweg handelt es sich um Standorte mit hoher Schneesicherheit. Es gibt einige Stellen auf dem Kamm, an denen das Zwerg-Ruhrkraut im Windschatten des Wegrandes reichlich vorhanden ist, auf der freigeblasenen Seite aber völlig fehlt. Offenbar braucht die Pflanze, ebenso wie der Alpen-Bärlapp, den winterlichen Schneeschutz. Das Zwerg-Ruhrkraut ist sehr konkurrenzschwach. In die Borstgrasrasen der Weidfelder vermag es kaum einmal einzudringen, offenbar ist die Pflanze aber ein guter Pionier. Die winzigen, ausgezeichnet flugfähigen Samen keimen sehr schnell, und bereits nach zwei Monaten haben die Pflanzen bei günstigen äußeren Bedingungen bereits wieder keimfähige Samen ausgebildet. Wo aber wuchs das Zwerg-Ruhrkraut, bevor es Wege und Viehsteige gab? Wo, anders gefragt, liegen die Primärstandorte? Selbst wenn man annimmt, dass die höchsten Kuppen des Feldbergrückens immer waldfrei gewesen sind, so hilft das in diesem Falle nicht viel weiter. Denn wenn es schon keine Bäume oder Sträucher gab, dann wuchs an diesen Stellen zumindest eine Art Rasen. Aber offenbar kann sich das Zwerg-Ruhrkraut ja auch in einer geschlossenen Rasengesellschaft nicht halten. Wo also war die Pflanze in der Zeit vor der Rodung? Erste Hinweise liefern die eben beschriebenen Sekundärstandorte und die schnelle Jugendentwicklung. Wenn heute an diesen Sekundärstandorten die Konkurrenz durch die Kombination von Tritt und langer Schneebedeckung ausgeschaltet wird, dann muss es ursprünglich eine ganz besonders lang dauernde Schneebedeckung allein gewesen sein.

Tatsächlich gibt es solche extrem lange schneebedeckten Sonderstandorte. An manchen Stellen der Zastler-Wechte liegt der Schnee durchschnittlich 8–9 Monate lang. Hier beginnt sich die Vegetation der Höheren Pflanzen bereits aufzulösen; sie wird ersetzt durch eine dünne Decke von Moosen. In dieser Schneeboden-Gesellschaft findet sich auch das Zwerg-Ruhrkraut.

Hier haben wir nun höchstwahrscheinlich zum ersten Mal einen der ursprünglich waldfreien Standorte des Feldbergs vor uns, eines der schon wiederholt erwähnten Refugien! Die Zusammensetzung der Flora hat hier bereits Züge der arktisch-alpinen Schneebodenvegetation.

J./M. BARTSCH (1940) haben deshalb diese Gesellschaft als eigene Assoziation (Nardo-Gnaphalietum supini) gefasst und von der übrigen Vegetation der Weidfelder abgetrennt. Zwar ist im Nardo-Gnaphalietum supini die Schneebedeckung noch nicht so extrem lang, dass die Überlebensmöglichkeit der Höheren Pflanzen überhaupt eine Grenze findet, doch treten diese bereits deutlich zurück. Nur das Borstgras, das Gold-Fingerkraut, der Schweizer Löwenzahn, die Bärwurz und die Alpen-Mutterwurz (*Ligusticum mutellina*, Abb. 124) sind noch regelmäßig vertreten, der Rest kapituliert vor den Anforderungen dieses extremen Standorts. Die Mutterwurz ist eine Pflanze schneegeprägter und vom Schmelzwasser durchsickerter Standorte, die auf der

124 Alpen-Mutterwurz (*Ligusticum mutellina*). (HKR)

West- und Nordseite die überaus ähnliche Bärwurz an manchen Stellen völlig ersetzt. Sie gehört ebenfalls zu den exklusiven Besonderheiten des Feldbergs, hat aber außerhalb der Alpen noch Vorkommen im Bayerischen Wald. Für die erwähnten Arten klärt sich damit zwanglos die Frage nach möglichen Überdauerungsorten, denn hier haben wir einen Standort vor uns, der vermutlich nacheiszeitlich wegen der winterlichen Wechtenbildung niemals Gebüsch- oder gar Waldvegetation getragen hat.

Der Wuchsort des Nardo-Gnaphalietum supini ist ein Standort, der von überaus langer Schneebedeckung geprägt ist. Für einen zweiten Typ der ebenfalls bereits ursprünglich waldfreien Standorte gilt das genaue Gegenteil. Es handelt sich um die sturmgefegte Kuppe des Baldenweger Bucks und – allerdings weniger deutlich – um die Hangkante am Nordabfall des Feldberggipfels. Hier erreichen die winterlichen Stürme eine solche Geschwindigkeit, dass der schützende Schnee ständig weggeblasen und auf die Leeseite der Kämme gefegt wird. Auch im Hochwinter ist das Gelände oft schneefrei, die Pflanzen sind dadurch dem Frost und dem austrocknenden Wind schutzlos ausgeliefert (Abb. 125). Da aus dem gefrorenen Boden kaum Wassernachschub möglich ist, erleiden die meisten Pflanzen unter solchen Bedingungen schnell tödliche Frosttrocknisschäden. Nur wenige Arten aus den normalen Borstgrasrasen vermögen sich hier noch zu halten. Am besten scheint noch das Heidekraut den harten Anforderungen des Standorts gewachsen zu sein, doch bleibt auch diese Pflanze dem Boden eng angedrückt und wirkt oft wie geschoren. Man gewinnt den Eindruck, dass an diesem Standort bei der Schwierigkeit, überhaupt zu überleben, die gegenseitige Konkurrenz bereits in den Hintergrund tritt. Die Vegetation der Höheren Pflanzen schließt nicht mehr so dicht zusammen und beginnt bereits lückig zu werden. In diesen Lücken findet sich (neben anderen Flechten-Arten, wie z. B. *Cetraria islandica*, *C. crispa*, *Cladonia arbuscula*) eine höchst interessante Erdflechte (WILMANNS 1971). Es handelt sich um *Cetraria cucullata* (siehe Abb. 120), eine Art der arktisch-alpinen Windheiden. Diese Pflanze hat im Schwarzwald (neben zwei weiteren Fundstellen, bei Bernau und Urberg) hier ihr einziges Vorkommen. Warum kommt diese Art ausgerechnet hier, an diesem klimatisch so ungünstigen Sonderstandort vor?

Vermutlich spielen dabei zwei Gründe eine entscheidende Rolle. Zum einen ist es die schwache Konkurrenz der Höheren Pflanzen, denn wo diese wirklich dicht zusammenschließen, ist das Wachstum dieser Erdflechte unmöglich. Zum anderen erfrieren Windheideflechten vom Typ der *Cetraria cucullata* auch bei tiefsten Wintertemperaturen nicht. Im Gegenteil, noch bei Tempe-

125 Die im Winter häufig schneefrei geblasene Kuppe des Baldenweger Bucks. Davor der »Tännlefriedhof« mit ausgeprägten Windformen der Fichte. (HKR, 2002)

raturen bis -20 °C können diese Flechten wirksam Photosynthese betreiben; ihnen verschafft also die fehlende Schneedecke einen Konkurrenzvorteil gegenüber den (auch im wörtlichen Sinne) »Höheren« Pflanzen. Es ist deshalb gut verständlich, dass Cetraria cucullata nirgends den Bereich der winterlichen Aperstellen hat verlassen können und etwa in die geschlossenen Borstgrasrasen eingedrungen ist. Hier sind die Wettbewerbsbedingungen viel zu ungünstig. Der Standort der Flechte ist deshalb strikt auf die beiden sturmgefegten Flächen am Höchsten und auf dem Baldenweger Buck beschränkt. Wenn man den äußerst unwahrscheinlichen Fall eines späteren Anfluges aus den Alpen ausschließt, bedeutet diese Tatsache, dass wir hier Standorte vor uns haben, die ebenfalls bereits ursprünglich waldfrei waren, denn im Schatten auch nur krüppelwüchsiger Bäume oder Sträucher hätte sich die Flechte mit Sicherheit nicht halten können. Der Windheide-Borstgrasrasen (Leontodonto-Nardetum cetrarietosum) auf der Kuppe des Baldenweger Bucks ist damit ein Dokument für die Existenz bereits ursprünglich waldfreier Flächen auf dem Feldbergkamm. Im Falle von Cetraria cucullata ist der Überdauerungsort nicht wie bei anderen Arten durch eine Sekundärausbreitung »maskiert«.

Kommen wir noch einmal auf das Heidekraut (Calluna vulgaris) zurück. Wir haben diese Art in der Flechten-Borstgrasweide des Baldenweger Bucks als sehr wind- und frostharte Art kennengelernt. Damit wird nun auch eine auffällige, oft großflächig verbreitete, heidekrautreiche Sonderausbildung des Borstgrasrasens verständlich. Diese Ausbildung findet sich an den frühzeitig schneefreien Stellen, vor allem also auf der Südseite des Berges, ebenso an den überblasenen Flächen in Kammnähe. Die Wirkung von Frost und Wind führte hier zur Ausbildung fast reiner Heidekrautbestände, in denen oft nur einzelne Exemplare des Schweizer Löwenzahns und des Borstgrases daran erinnern, dass wir uns noch immer im Leontodonto helvetici-Nardetum befinden. Nicht selten findet man in solchen Beständen den Keulen-Bärlapp (Lycopodium clava-

126 Keulen-Bärlapp (Lycopodium clavatum). (HKR)

tum, Abb. 126), der mit seinen langen Kriechtrieben das Gewirr der Zwergsträucher durchspinnt. Entsprechend seiner Herkunft aus lichten Wäldern verträgt er die Beschattung durch das Heidekraut so gut, dass er sich hier reichlich entwickeln kann und heute sogar der Schwerpunkt seiner Verbreitung in offenen Heidekrautbeständen liegt.

Am Übergang von der windexponierten Seite in den Windschatten findet man gewöhnlich einen überaus deutlichen Wechsel im Aspekt der Borstgrasrasen. Das Heidekraut tritt zurück und wird ab einer oft sehr scharf ausgeprägten Grenze vollständig von der Heidelbeere (Vaccinium myrtillus) abgelöst. Im Gegensatz zum Heidekraut benötigt die Heidelbeere in Zeiten stärkerer Fröste unbedingt Schneeschutz, denn ihre Triebe sind nur wenig frosthart. Bei ausreichender Schneesicherheit des Standorts und nicht zu starker sommerlicher Austrocknung wird die Pflanze aber meist ganz dominierend und bestimmt weitgehend den Aspekt. Diese Ausbildung findet man auf der schneereichen Leeseite des Berges über viele Hektar hin in fast monotoner Einheitlichkeit.

Besonders gut kann man den Wechsel von Heidekraut und Heidelbeere im Bereich des Feldbergkamms und der Gipfelkuppen beobachten. Auf der windzugewandten Seite dominiert das Heidekraut, im Lee, oft schon hinter unbedeutenden Geländekanten, vermag sich die Heidelbeere wieder durchzusetzen. MÜLLER (1948) hat die Vorkommen der Heidelbeere am Feldberg kartiert. Er fand auf der Gipfelkuppe des Höchsten, des Baldenweger-, Mittel- und Seebucks keine Heidelbeeren. Daraus hat er den Schluss gezogen, dass diese Flächen auch ursprünglich waldfrei gewesen seien. Doch dieser Schluss ist keineswegs zwingend. Durch die Rodung können sich die Windverhältnisse in Bodennähe (und damit die mittlere Schneehöhe) zuungunsten der Heidelbeere verändert haben. Ein frühes Verschwinden der dünneren Schneedecke bedeutet für die frostempfindliche Heidelbeere aber ein erhebliches Spätfrostrisiko. Möglicherweise ist deshalb auf den erwähnten Flächen die Heidelbeere erst nach der Rodung verschwunden, ihr Fehlen würde in diesem Falle nicht die ursprüngliche Waldfreiheit belegen, sondern wäre die Folge einer lokalklimatischen Veränderung durch die Rodung. Immerhin decken sich aber auf dem Baldenweger Buck die Grenzen der Bestände ohne Heidelbeere ziemlich gut mit den bereits besprochenen Windheide-Borstgrasrasen; hier mag die Hypothese zutreffen. Über die ursprüngliche Waldfreiheit von Mittel- und Seebuck sowie des Höchsten wird man weiterhin diskutieren müssen.

Nun sollen noch die Vertreter des atlantischen Florenelements der Borstgrasrasen behandelt werden, denn die Vorstellung der auffälligen oder charakteristischen Arten wäre unvollständig ohne die häufigen und für den Feldberg bezeichnenden subatlantischen Arten. Es handelt sich hier in erster Linie um die BÄRWURZ (*Meum athamanticum*, siehe Abb. 116) und das Harzer Labkraut (*Galium harcynicum*). Die Blätter der allgegenwärtigen Bärwurz sind kaum zu übersehen. Zerrieben riechen sie überaus aromatisch, was ihre Verwendung zur Bereitung von Kräuterkäse verständlich macht. Verwechseln kann man die Pflanze allenfalls mit der Alpen-Mutterwurz (*Ligusticum mutellina*, siehe Abb. 124), doch sind deren Blattfiederchen breiter; ein Unterschied, den man sich am besten im unmittelbaren Vergleich einprägt. Standörtlich unterscheiden sich die beiden Pflanzen ohnehin recht deutlich. Es gibt nur wenige Übergangsbereiche, in denen beide zusammen vorkommen (die Alpen-Mutterwurz ist eher eine Pflanze der Rieselfluren). Die Bärwurz ist eine schlechte Futterpflanze, im frischen Zustand wird sie vom Weidevieh recht sorgfältig gemieden (im Gegensatz zur Alpen-Mutterwurz). Das heutige Areal der Pflanze (Mittelgebirge West- und Mitteleuropas, im Schwarzwald weit verbreitet) weicht deutlich vom bisher bekannten Schema ab und weist die Pflanze als einen Vertreter des subatlantischen Florenelements aus. Immerhin hat die Bärwurz die Alpen noch erreicht. Dagegen sind die wenigen lokalen Vorkommen des Harzer Labkrauts in den Alpen lediglich auf Einschleppung zurückzuführen. Diese Pflanze ist noch viel deutlicher atlantisch als die Bärwurz und steht im Schwarzwald an der Ostgrenze ihres Areals. Bezeichnenderweise wird das Harzer Labkraut im engeren Feldberggebiet mit seinem atlantischen Klima noch einmal sehr häufig und bestätigt damit die klimatische Charakterisierung.

Vergleicht man die Borstgrasgesellschaft des Feldbergs (Leontodonto helvetici-Nardetum) mit den entsprechenden Beständen der Alpen (Nardetum alpigenum), so zeigt sich neben vielen Übereinstimmungen eine Reihe von auffälligen Unterschieden. So fehlen einige sehr charakteristische Arten der alpischen Borstgrasrasen am Feldberg völlig, z. B. der Stengellose Enzian (*Gentiana acaulis* = *G. kochiana*) und die Bärtige Glockenblume (*Campanula barbata*). Es drängt sich hier die Frage auf, ob das Fehlen dieser Arten am Feldberg ökologische oder historische Gründe hat. Dass tatsächlich zwischen Feldberg und Alpen mit gewissen klimatischen Unterschieden zu rechnen ist, zeigt das reichliche Vorkommen der beiden atlantischen Arten Bärwurz und Harzer Labkraut am Feldberg. Sie fehlen dem Nardetum alpigenum völlig, obwohl beide Arten die Alpen erreicht haben (*Galium harcynicum* allerdings nur eingeschleppt). Die vielen Alpenpflanzen in den Borstgrasrasen am Feldberg beweisen, dass es hier Refugien für Rasenpflanzen gegeben hat. Warum hätten bei geeignetem Klima die fehlenden Arten nicht ebenfalls in diesen Refugien überdauern können? Allerdings waren in der Zeit der größten Waldausdehnung diese Überdauerungsstandorte wahrscheinlich nicht besonders groß. Es ist deshalb durchaus auch denkbar, dass die fraglichen Arten durch unglückliche Zufälle verschwunden sind, ursprünglich also vorhanden waren. Für viele der heute fehlenden Alpenpflanzen haben wir entsprechende Fossilienbeweise, für die fraglichen Arten der Borstgrasrasen jedoch nicht. Die Frage, warum einige der charakteristischen Pflanzen der alpischen Borstgrasrasen am Feldberg fehlen, muss deshalb offen bleiben.

Zusammenfassend können wir feststellen, dass die Weidfelder des Feldbergs einen Borstgrasrasen mit stark subalpinem und deutlich atlantischem Einschlag tragen. Das Grundmuster der Gesellschaft (Leontodonto helvetici-Nardetum) wird durch eine Reihe äußerlich stark voneinander abweichender Ausbildungen abgeändert. An den Wuchsorten der Schneebodengesellschaft (Nardo-Gnaphalietum supini) und der Flechten-Windheide (Leontodonto-Nardetum cetrarietosum) haben wir sehr wahrscheinlich bereits ursprünglich waldfreie Standorte vor uns, die das Überdauern vieler Alpenpflanzen ermöglicht haben.

2.2 Die Lawinenbahnen

Von den Wechtenkanten des Seebucks und des Höchsten ziehen sich waldfreie Rinnen bis weit hinunter gegen den Feldsee und auf den Talboden des Zastler Loches. Es sind die Sturzbahnen der Schneebretter und Lawinen, die ziemlich regelmäßig aus den großen Wechten an der Karkante losbrechen. Diese Bahnen waren vermutlich schon zur Zeit der Anlage der Weidfelder in ganz ähnlicher Ausdehnung vorhanden wie heute; sie wurden zwar teilweise in die Weidefläche mit einbezogen, gehören aber nicht zu den gerodeten und vom Menschen geschaffenen Freiflächen, sondern zu den von Natur aus waldfreien Gebieten am Feldberg. Man wird darüber streiten können, ob die Lawinenbahnen als primäre Überdauerungsorte für einige der vorgestellten Alpenpflanzen gelten können, denn es ist nicht belegt, dass dieser waldfreie Sonderstandort auch während der nacheiszeitlichen Wärmezeit vor etwa 5000–8000 Jahren tatsächlich existiert hat; heute ist jedenfalls in den regelmäßig überfahrenen Lawinenbahnen jeder Baumwuchs unmöglich.

Einen besonders guten Blick über das System der Lawinenbahnen am Osterrain erhält man vom Gegenhang, dem Westabfall des Baldenweger Bucks. Auf den Felsrippen schiebt sich die Fichte bis weit hinauf gegen den Gipfel; sie endet erst unterhalb der Zone hoher winterlicher Schneeanhäufung, dem Abrissgebiet der Lawinen. Dagegen sind die gelegentlich von Lawinen überfahrenen Flächen baumfrei, hier wächst ein von vielen Hochstauden durchsetztes, lückiges Gebüsch oder – in den am häufigsten überfahrenen Lawinenbahnen – ein Rasen von ganz ähnlicher Zusammensetzung wie auf dem eigentlichen Weidfeld (Leontodonto helvetici-Nardetum).

Im oberen Teil sind die Lawinenbahnen meist nur schmal und dazu rinnenförmig zwischen den Felsrippen eingetieft. Hier beträgt der Abstand zwischen den Fichtengruppen auf den lawinensicheren Felsinseln und den völlig gehölzfreien Böden der Lawinenrinnen oft nur wenige Meter, deshalb ist hier keine richtige Fichten-Kampfzone ausgebildet. Nur hin und wieder zeugen herausgerissene oder abgeknickte Bäumchen am Rande der Lawinenbahn vom schroffen Wechsel der Standortbedingungen zwischen den lawinensicheren Felsrippen und den lawinengefährdeten Rinnen (siehe Abb. 32). Im Bereich des Lawinenfächers am Hangfuß verbreitert sich jedoch dieses schmale Band zu einer ausgedehnten

127 Abgestorbene, vom Schneeschimmel (*Herpotrichia juniperi* = *H. nigra*) befallene Jungfichten. (HKR)

Kampfzone. Hier sind die drei für die Fichte im Bereich der Waldgrenze hauptsächlich lebensbedrohenden Umweltfaktoren besonders gut zu studieren.

Am leichtesten sind die mechanischen Wirkungen des Schnees zu erkennen. Fast immer findet man im Frühsommer nach dem Abtauen der Lawinenaufschüttung herausgerissene, geknickte oder völlig abgebrochene Fichten, deren zahlreiche Jahresringe und alte Verletzungen auf einen jahrelangen Kampf mit der mechanischen Gewalt des Schnees schließen lassen. Die Elastizität des Fichtenschaftes wird schon bei wenigen Zentimetern Durchmessern ganz gering, und die Fähigkeit zum Stockausschlag fehlt vollständig. Beides sind sehr ungünstige Voraussetzungen für einen ständig vom Schneeschub bedrohten Standort, doch sorgen die gut flugfähigen Früchte und der Pioniercharakter der Fichte dafür, dass der Kampf stets von Neuem beginnt.

Schwerer als die direkte mechanische Schädigung wiegt im Aufschüttungsbereich der Lawinenbahnen aber meist die Schädigung durch den Schneeschimmel (*Herpotrichia juniperi* = *H. nigra*). Bei dieser durch einen parasitischen Pilz hervorgerufenen Krankheit erscheinen die Nadeln an den unteren Zweigen nach dem Abtauen des Schnees oft wie mit einer braunen Masse verklebt (Abb. 127). In den Alpen wird die Erscheinung vielerorts treffenderweise als »Kuhfladenkrankheit« bezeichnet. Später im Jahr fallen die vom Pilz befallenen und abgetöteten Nadeln ab und lassen einen dürren Zweig zurück, dessen Entstehungsursache nicht mehr unmittelbar zu erkennen ist. Schon nach kurzer Beobachtung über das Ausmaß und die Art der Pilzschädigung an verschiedenen Fichtenindividuen wird man feststellen, dass die Befallsstärke etwas mit der Dauer der Schneebedeckung zu tun hat: Je länger diese andauert, umso stärker werden offenbar die Schäden. Dafür spricht zum einen der stärkere Befall der unteren, lange schneebedeckten Zweige, zum anderen aber die besonders starke Schädigung von Pflanzen, die an Stellen lokaler Schneeanhäufungen leben. Dieser letzte Punkt ist freilich im Sommer nur zu erahnen, weil um diese Zeit die befallenen Nadeln bereits abgefallen sind.

Man muss sich fragen, warum das Wachstum des für die Fichte so gefährlichen Pilzes durch eine Schneedecke derart stark gefördert wird. Untersuchungen über die Temperaturabhängigkeit des Schneeschimmelwachstums haben ergeben, dass der Pilz bei etwa +16 °C am besten wächst, im Gegensatz zu anderen Pilzen aber ein Wachstum bei Temperaturen um den Gefrierpunkt immer noch möglich ist (KÖRNER 1999). Die Schneedecke ist daher für den Schneeschimmel in doppelter Hinsicht von Bedeutung. Sie verzögert zum einen das Absinken der Temperatur bis zu Kältegraden, bei denen das Pilzwachstum zum Erliegen kommt (etwa -4 °C), andererseits garantiert sie eine gleichbleibend hohe Luftfeuchtigkeit, die der Pilz für sein Wachstum ebenfalls benötigt. Damit wird verständlich, warum der Schneeschimmel trotz seines eigentlich viel höheren Temperaturoptimums nur unter einer lange bestehenden Schneedecke zu wirklich schwerwiegenden Schäden an den Zweigen von Nadelhölzern führt.

Schneeschimmelschäden findet man aus den eben dargelegten Gründen vor allem an jungen Fichten und an den unteren Zweigen von größeren Bäumen. Man könnte deshalb annehmen, dass mit der Überwindung einer kritischen Mindesthöhe, abgesehen von mechanischen Einwirkungen, dem Hochwachsen der jungen Fichte zu einem stattlichen Baum nichts mehr im Wege steht. Dies ist aber nicht der Fall, wie sich in der hier beschriebenen Kampfzone am Fuße der Lawinenbahnen, besser aber noch auf dem Feldbergrücken in windexponierten Lagen beobachten lässt. Mit dem Höherwachsen verlassen die Bäume immer mehr den Bereich des sicheren winterlichen Schneeschutzes und geraten dadurch zunehmend in die Gefahr der sogenannten Frosttrocknis. Sie bedroht vor allem die Baumkrone und die windzugewandten Äste. Zwar ist die Fichtennadel eine überaus wassersparende »Konstruktion«, deren Baueigentümlichkeiten (dickes Abschlussgewebe, Wachsüberzug, versenkte Spaltöffnungen) unerwünschten Wasserverlust äußerst wirksam einschränken, völlig verhindern kann jedoch auch die Fichtennadel eine gewisse Resttranspiration nicht. Dies kann vor allem bei scharf austrocknenden winterlichen Stürmen, wenn das Wasser im Holzkörper gefroren und kein Nachschub möglich ist, zu einem gefährlichen Ansteigen des Wasserdefizits im lebenden Gewebe führen. Über einer kritischen Grenze erleiden die Zellen schließlich tödliche Trockenschäden, der betroffene Teil stirbt ab. Nun versteht man die häufig auf dem Feldbergrücken anzutreffenden Kampfformen der Fichte mit ihrer dichten, den Schneeschutz suchenden Beastung im unteren Bereich des Stammes und den wenigen, oft fahnenförmigen Ästchen über dem Schneepegel auf der Leeseite des Stammes (siehe Abb. 106 und Abb. 118): Auf dem windüberblasenen Rücken apert der Schnee so früh aus, dass hier die Schäden durch den Schneeschimmel noch keine Rolle spielen, andererseits wird die hohe Gefahr der Frosttrocknis mit wachsender Entfernung vom Erdboden besonders groß.

Neugebildete Fichtennadeln brauchen im Jahr ihrer Entstehung eine bestimmte Zahl von Tagen mit positivem Stoffgewinn, um bis zum Einbruch des Winters richtig ausreifen zu können, also ein gut ausgebildetes Abschlussgewebe und eine ausreichend dicke Wachsschicht zu bilden (TRANQUILINI 1979). Bleibt der Stoffgewinn wegen langanhaltender Schlechtwetterperioden zu gering, so sind die jungen Nadeln im darauffolgenden Winter besonders anfällig gegen Frosttrocknis. Dies macht verständlich, warum im Aufschüttungsgebiet der Lawinenbahnen regelmäßig Pflanzen mit Frosttrocknisschäden zu finden sind, obwohl hier die Windgeschwindigkeiten bei Weitem nicht so groß sind wie auf der Kuppe und die Fichten auf den umliegenden Felsrippen keine Schäden zeigen: Für die schneebedeckten Pflanzen ist wegen der späten Ausaperung die Vegetationsperiode bereits deutlich verkürzt, darüber hinaus wird die Stoffbilanz durch die vom Schneeschimmel vernichteten Zweige weiter verschlechtert. Als Folge davon sind die neu gebildeten Nadeln im Herbst nur mangelhaft ausgereift und fallen deshalb schon bei geringer Anspannung des Wasserhaushalts im Winter der Frosttrocknis zum Opfer. Dieser mehrfachen Belastung sind die Pflanzen auf Dauer nicht gewachsen; letztlich sterben die meisten Jungfichten in der Kampfzone am Fuß der Lawinenbahnen nicht wegen eines der drei beschriebenen Faktoren endgültig ab, sondern durch die kombinierte Wirkung von Frosttrocknis, Schneeschimmel und mechanischer Schädigung.

Bei Kenntnis der schwierigen Standortbedingungen in den Lawinenbahnen und in ihrem Aufschüttungsbereich verdienen jene Gehölze besonderes Interesse, die noch wesentlich weiter in die offene Fläche vordringen als die Fichte. Sie müssen einerseits der scherenden Wirkung von Schneebrettern und Lawinen besonders gut gewachsen sein, andererseits der oft sehr lange dauernden Schneebedeckung. Es verwundert an-

128 Zwerg-Vogelbeere (Sorbus chamaemespilus). (HKR)

gesichts dieser Tatsache nicht, dass unter den vier vertretenen Straucharten wieder zwei Alpenpflanzen zu finden sind, die Großblättrige Weide oder Schlucht-Weide (Salix appendiculata) und die seltene Zwerg-Vogelbeere (Sorbus chamaemespilus, Abb. 128). Dazu gesellen sich aber überraschenderweise in beträchtlicher Menge zwei Holzarten der tieferen Lagen, die Vogelbeere oder Eberesche (Sorbus aucuparia) und die Mehlbeere (Sorbus aria). Insbesondere die Mehlbeere enthüllt hier ihre erstaunliche ökologische Spannweite, die in unserem Gebiet von den trocken-warmen Flaumeichenwäldern des Kaiserstuhls bis in die schneegeprägten Standorte am Feldberg reicht.

Die Mehlbeere stellt mit der Vogelbeere die Hauptmasse der Sträucher entlang der Lawinenbahnen. Erst im Bereich der großen Wechten auf der Ostseite des Baldenweger Bucks und des Höchsten mit ihrer regelmäßig sehr lange dauernden Schneebedeckung tritt sie allmählich zurück und wird von der Zwerg-Vogelbeere (Sorbus chamaemespilus) abgelöst. Dieser Strauch ähnelt der Mehlbeere, er hat jedoch kleinere, dunkelgrüne Blätter, deren Unterseite die mehlige Behaarung der Mehlbeere fehlt. Am leichtesten sind die beiden Arten zur Blütezeit zu unterscheiden, denn die Zwerg-Vogelbeere blüht nicht weiß, sondern lebhaft rot. Zwischen den beiden Arten gibt es alle Übergänge von ganz blassrosa blühenden Formen mit stark behaarter Blattunterseite bis zu weitgehend der richtigen Zwerg-Vogelbeere ähnelnden Sträuchern mit kräftig gefärbten Blütenblättern und nur schwacher Behaarung der Blattunterseite. Je mehr man sich den Zentren der Schneeanhäufung nähert, umso deutlicher werden an den Sträuchern die Züge von Sorbus chamaemespilus. Offensichtlich gibt es hier – ähnlich wie bei Campanula scheuchzeri – einen Hybridschwarm, dessen Merkmalsgradient den steigenden Selektionsvorteil von Sorbus chamaemespilus bei zunehmender Dauer der Schneebedeckung widerspiegelt. Tatsächlich entstehen aus Kreuzungen zwischen Sorbus aria und Sorbus chamaemespilus fruchtbare Hybriden, die ihrerseits zu Rückkreuzungen und Neukombinationen in der Lage sind (LILEFORS 1955). Es ist immer wieder bezweifelt worden, ob der eine Elternteil dieser Hybridreihe, die Zwerg-Vogelbeere, am Feldberg wirklich heute noch existiert. Auf diese Zweifel ist jedenfalls das Argument, dass es bei Hybriden notwendigerweise auch die Eltern dieser Hybriden geben müsse, kein hinreichender Einwand. Da die Hybriden ihrerseits wieder fruchtbar sind, kann sich das Erbgut von Sorbus chamaemespilus längst auf die Hybridpopulation verteilt haben und braucht in reiner, unvermischter Form gar nicht mehr zu existieren. Genau dies scheint nach Ansicht von Experten am Feldberg der Fall zu sein, denn die »besten« Individuen weisen immer noch gewisse Unterschiede zu der reinen, unvermischten Form in den Alpen auf.

Die Schlucht-Weide fehlt an Stellen mit regelmäßig sehr lange dauernder Schneebedeckung, gegen Schneedruck und Schneeschub ist sie dagegen sehr widerstandsfähig. Bei ihr kann man die Gründe für die mechanische Widerstands-

129 Vom Schneedruck abwärts gedrückte Triebe der Schlucht-Weide (*Salix appendiculata*). (HKR)

kraft, die übrigens bei den drei anderen Straucharten auf ähnlichen Eigenschaften beruht, am besten studieren. Die meisten Pflanzen sind »säbelwüchsig«, stehen also nicht völlig aufrecht, sondern sind etwas talwärts geneigt (Abb. 129). Die Abbiegung durch die winterliche Schneebedeckung wird hier nicht vollständig durch ein verstärktes Krümmungswachstum im Sommer wieder ausgeglichen. Aus dieser Stellung lassen sich die Sträucher leicht hangabwärts gegen den Boden drücken, ohne dabei abzubrechen, ein Vorgang, der sich im Herbst bei den ersten Schneefällen auf natürliche Weise wiederholt. In dieser gegen den Boden gedrückten Lage sind die Gehölze nicht nur der Wirkung der Frosttrocknis entzogen, sondern auch unempfindlicher gegen die Wirkung von Schneebrettern und Lawinen. (Dem Schneeschimmel bieten die in der Knospe geschützten Laubblätter ohnehin keine Angriffsfläche, er befällt nur Nadelhölzer.) An sehr häufig von Lawinen überfahrenen Stellen ist freilich auch dieser Schutz unzureichend.

Hier geht das hochstaudenreiche Gebüsch allmählich in einen offenen Rasen über, zu dessen bereits bekannten Alpenpflanzen sich in den Lawinenbahnen des Zastler Lochs eine ganz besondere Rarität gesellt, der Allermannsharnisch (*Allium victorialis*, Abb. 130). Ihren Schwerpunkt hat diese Pflanze allerdings in der später besprochenen Hochgrasflur.

2.3 Die Waldreitgras-Flur

Im Kontakt mit der Wechtenkante und den Lawinenbahnen steht im Zastler Loch und andeutungsweise auch am Seebuck eine offene Gebüschgesellschaft, die man zunächst als Durchgangsstadium bei der Rückentwicklung vom Weidfeld zum ursprünglichen Bergahornwald einordnen könnte. Allerdings zeigen die Bestände seit vielen Jahrzehnten keinerlei Entwicklungstendenz (OBERDORFER 1982), sodass man wohl von einer stabilen Endgesellschaft ausgehen muss, in der sich locker gestellte Büsche von Mehlbeere (*Sorbus aria*), Vogelbeere (*Sorbus aucuparia*), Schlucht-Weide (*Salix appendiculata*) und einzelne Exemplare des Berg-Ahorns (*Acer* pseudoplatanus) die Waage halten mit offenen, vom Berg-Reitgras (Calamagrostis arundinacea) dominierten Rasenflächen (Abb. 131). Die Gesellschaft (Sorbo-Calamagrostietum arundinaceae) ist von erstaunlichem floristischen Reichtum und weist überraschende Ähnlichkeiten mit den Hochgrasfluren der Vogesen auf. Was dort entlang der Wechtenkante der von Süd nach Nord verlaufenden Kammlinie über eine große Längsstreckung zu beobachten ist, findet hier am Feldberg kleinflächig und in artenärmerer Ausbildung seine Parallele. Trotzdem ist floristische Vielfalt auch hier noch bemerkenswert. Neben alpinen bzw. praealpinen Arten wie Alpen-Heckenrose (Rosa pendulina, Abb. 132), Hybriden von Zwerg-Vogelbeere und Mehlbeere (Sorbus x ambigua, Bastard-Mehlbeere), Hasenlattich (Prenanthes purpurea) und dem Gelben Enzian (Gentiana lutea) ist hier vor allem der Allermannsharnisch (Allium victorialis, siehe Abb. 130) zu nennen, der zu den großen Seltenheiten des Feldbergs zählt, aber auch zwei weitere Charakterarten der Gesellschaft, das Hasenlattich-Habichtskraut (Hieracium prenanthoides, Abb. 133) und das Alantblättrige Habichtskraut (Hieracium inuloides). Daneben findet sich eine Reihe von Arten, die auf außergewöhnlichen Basenreichtum des Ausgangsgesteins hindeuten, zum Beispiel Großer Fingerhut

130 Allermannsharnisch (Allium victorialis). (HKR)

131 Die Waldreitgrasflur ist eine artenreiche Naturwiese mit locker gestellten Büschen von Vogelbeere, Mehlbeere und Schlucht-Weide. (HKR)

132 Alpen-Heckenrose (*Rosa pendulina*). (HKR)

133 Hasenlattich-Habichtskraut (*Hieracium prenanthoides*). (HKR)

134 Schabenkraut-Pippau (*Crepis pyrenaica = C. blattarioides*). (HKR)

(*Digitalis grandiflora*), Berg-Flockenblume (*Centaurea montana*), Schabenkraut-Pippau (*Crepis blattarioides*, Abb. 134), Türkenbund (*Lilium martagon*) und Seidelbast (*Daphne mezereum*). Dass sich unter den genannten Pflanzen auch einige wärmeliebende Arten finden, mag mit dem windgeschützten und von hoher sommerlicher Einstrahlung geprägten Standort zu tun haben. Über ihre Herkunft kann man nur spekulieren. Vielleicht sind sie in der postglazialen Wärmezeit eingewandert, zusammen mit den Arten der sommerwarmen und lichten Laubmischwälder, die damals bis in die Hochlagen des Schwarzwaldes vordrangen. Heute sind diese Pflanzen von den warmen Tieflagen durch einen breiten Gürtel schattiger Buchenwälder getrennt.

Das vielgestaltige Mosaik dieser überaus blütenbunten Pflanzengesellschaft wird immer wieder unterbrochen von größeren Flächen, auf denen das Wald-Reitgras (*Calamagrostis arundinacea*, Abb. 135) vorkommt. Es gehört neben den *Sorbus*-Arten zu den Konstanten der Gesellschaft

135 Wald-Reitgras (*Calamagrostis arundinacea*). (HKR)

und ist deshalb mit Recht einer der namengebenden Arten (Sorbo-Calamagrostietum arundinaceae). Die mannigfaltige, von unterschiedlichen Aspekten geprägte Pflanzengesellschaft kann man am besten vom Weg, der vom Zastler Loch zum Gipfel des Feldbergs führt, studieren. Hier gewinnt man einen guten Eindruck von einer für den Schwarzwald einzigartigen Pflanzengemeinschaft, die außerdem floristisch von großem Reiz ist.

2.4 Die Flügelginsterweide

Wandert man vom Feldberggipfel über einen der zahlreichen Wege talwärts, so kann man bei etwa 1200 m eine ziemlich deutliche Artenverschiebung in den Weidfeldern feststellen. Sie betrifft nicht nur einige auffällige Arten, sondern eine ganze Artengruppe. Die »Alpenpflanzen« der Borstgrasrasen (Gold-Fingerkraut, Scheuchzers Glockenblume, Schweizer Löwenzahn) verschwinden allmählich, Borstgras und Arnika treten zurück. Dafür trifft man nun herdenweise den Flügel-Ginster (*Genista sagittalis*, Abb. 136), fast stets begleitet vom Hunds-Veilchen (*Viola canina*), der Gewöhnlichen Kreuzblume (*Polygala vulgaris*), der Schwarzen Flockenblume (*Centaurea nigra*) und der Silberdistel (*Carlina acaulis*). Wir befinden uns nun im Bereich der Flügelginsterweide (Festuco-Genistetum sagittalis). Früher muss dieser Typ von Extensivweide im höheren Schwarzwald weit verbreitet gewesen sein, dies belegen Hof- und Flurnamen wie Ramselehof, Ramselebauer und ähnliche Namen. Der Flügel-Ginster heißt im Schwarzwald »Ramsele«, der Besenginster dagegen »Ramse« (vgl. Ramshalde). Heute ist die Flügelginsterweide durch die Düngung der Bestände stark im Rückgang. Zuerst verschwinden bei stärkerer Düngung Flügel-Ginster, Feld-Enzian (*Gentiana campestris*), Katzenpfötchen (*Antennaria dioica*), Mondraute (*Botrychium lunaria*, Abb. 137) und Weiße Waldhyazinthe (*Platanthera bifolia*), dafür treten Weiß-Klee (*Trifolium repens*), Spitz-Wegerich (*Plantago lanceolata*), Wald-Rispengras (*Poa chaixii*) und Scharfer Hahnenfuß (*Ranunculus acris*) in den Vordergrund. Bei noch stärkerer Düngung verwandelt sich die Gesellschaft schließlich in eine Rotschwingelweide (Alchemillo-Cynosuretum).

136 Flügel-Ginster (*Genista sagittalis*). Das »Ramsele« ist ein charakteristischer Bestandteil der montanen Weidfelder im Schwarzwald. (HKR)

137 Echte Mondraute (*Botrychium lunaria*). Die kleine Farnpflanze hat durch Düngung der früheren Magerweiden viele ehemalige Wuchsorte verloren. (HKR)

138 Kugelorchis (*Traunsteinera globosa*). Sehr selten in mageren Bergwiesen des Feldberggebiets. (HKR)

Typische Bestände der Flügelginsterweide sind inzwischen recht selten geworden (vgl. SCHWABE-BRAUN 1978/1980). Am ehesten findet man sie im weiteren Feldberggebiet um die Erlenbacher Hütte, am Hinterwaldkopf, auf dem Schauinsland und auf einigen Flächen im Seebachtal (Bärental), hier besonders in weniger gedüngten Randlagen, an Waldrändern und um Holzlagerplätze.

Mit dem Rückgang wenig gedüngter Weiden und Wiesen ist auch die eigenartige Kugelorchis (*Traunsteinera globosa*, Abb. 138) sehr selten geworden. Man findet sie nur noch an ganz wenigen, etwas frischeren und nicht zu nährstoffarmen Stellen im weiteren Bereich des Seebachtals. Die Pflanze steht im Schwarzwald unmittelbar vor dem Aussterben, ein Schutz dieser letzten Fundorte ist deshalb unbedingt erforderlich.

Ganz anders verhält es sich beim Alpen-Hellerkraut (*Thlaspi caerulescens* ssp. *caerulescens* = *T. sylvestre*, Abb. 139). Diese Pflanze ist zwar im Feldberggebiet ebenfalls äußerst selten, wird aber nach Osten rasch häufiger und tritt im Gebiet um Altglashütten und Lenzkirch, auch um den Schluchsee, oft in ganzen Herden auf. Sie blüht bereits im zeitigen Frühjahr bald nach der Schneeschmelze und fällt dann in der Umgebung der noch wintergrauen Rasen ganz besonders auf. Das Alpen-Hellerkraut ist in den älteren Floren unseres Gebiets nicht erwähnt (z. B. SCHILDKNECHT 1863). Diese Tatsache, vor allem aber die Form des Areals der Pflanze im Schwarzwald, deuten stark auf eine Einschleppung hin.

Auch im ursprünglich ungedüngten Zustand ist der Futterreichtum der Flügelginsterweide viel größer als bei den Borstgrasrasen, obwohl der Flügel-Ginster selbst ein Weideunkraut darstellt. Er wird, obgleich zu den eiweißreichen Schmetterlingsblütlern gehörend, vom Großvieh kaum

139 Voralpen-Hellerkraut (*Thlaspi caerulescens* ssp. *caerulescens* = *T. sylvestre*). (HKR)

gefressen. Es ist recht merkwürdig, dass das »Ramsele« trotz dieses Tatbestandes zu der liebevollen Verkleinerungsform seines Namens und zur Ehre von Flurnamen gelangt ist. Vielleicht haben die Bauern schon früher etwas geahnt von der langfristig günstigen Wirkung der Pflanze mit ihren stickstoffsammelnden Knöllchenbakterien.

140 Läger-Rispengras (*Poa supina*). (HKR)

2.5 Die Fettweiden

In der Nähe von Viehhütten und auf den gedüngten Weideflächen in tieferen Lagen geht das Graugrün der armen Borstgrasrasen in das Dunkelgrün der Rotschwingelweide (Alchemillo-Cynosuretum) über. Um die Viehhütten bildet diese Gesellschaft in der Regel einen mehr oder minder ausgedehnten Gürtel, der sich zwischen einen eigenen Typ des Borstgrasrasens, der bereits schwache Anzeichen von Düngung aufweist (Leontodonto-Nardetum trifolietosum, Klee-Borstgrasrasen) und die eigentliche Lägerflur (siehe S. 137) schiebt. Kennzeichnend für die Rotschwingelweide sind eine Reihe von guten Futterpflanzen, z. B. der Weiß-Klee (*Trifolium repens*), das Kammgras (*Cynosurus cristatus*), stellenweise auch das seltene Läger-Rispengras (*Poa supina*, Abb. 140). Dagegen tritt das eher düngerscheue Borstgras völlig zurück, und auch die Alpenpflanzen der Borstgrasrasen fehlen hier vollständig. Ähnliches gilt auch für die entsprechenden Fettweiden in den Alpen (Poion alpinae), allerdings werden hier die Arten der Borstgrasrasen durch viele andere Alpenpflanzen

141 Herden des Alpen-Ampfers (*Rumex alpinus*) vor einer Viehhütte. (HKR)

vertreten (*Poa alpina*, *Crepis aurea*, *Trifolium badium*), die es am Feldberg nicht gibt.

Das vollständige Fehlen der oben genannten Alpenpflanzen in den hochgelegenen Fettweiden des Feldbergs ist ein Hinweis darauf, dass es für diese anspruchsvollen Arten keine Überdauerungsstätten gegeben hat. Man kann sich zwar mögliche Refugien immerhin vorstellen, etwa Wildläger oder bevorzugte Äsungsflächen im Bereich des sich auflösenden Waldes, aber offenbar gab es solche Standorte nicht oder jedenfalls nicht mit der notwendigen Kontinuität, sodass in den Fettweiden – ganz anders als in den Borstgrasrasen – keine Glazialrelikte zu finden sind.

Der Futterwert der Rotschwingelweide ist viel größer als der Wert der futterarmen Borstgrasrasen, doch floristisch ist sie durch das Fehlen typischer Alpenpflanzen und das Hervortreten einiger »Allerweltspflanzen« ungleich ärmer. Dies sollte man bei der immer wieder auftauchenden Absicht, das Weidfeld am Feldberg zu düngen, berücksichtigen. Durch kräftige Mineraldüngung ließen sich sicherlich die futterarmen Borstgrasbestände in recht kurzer Zeit in Rotschwingelweiden verwandeln, die mehr und vor allem besseres Futter liefern. Ob sich allerdings der erhebliche Mehraufwand wirklich lohnt, bleibt dahingestellt. Vom Gesichtspunkt des Naturschutzes aus wären die Folgen der Düngung jedenfalls verheerend, nicht allein wegen der möglichen Ausrottung von Alpenpflanzen in den Borstgrasrasen, sondern auch wegen der zu erwartenden Auswirkung auf die einzigartige Flora der Quellfluren und Flachmoore.

2.6 Die Lägerflur

In unmittelbarer Nähe der Viehhütten ist die Düngung durch die Viehexkremente ganz besonders stark. Hier sammeln sich jene Nährstoffe, die das Vieh durch Fraß den Weidfeldern entzogen hat. Normalerweise ist die geringe Menge von pflanzenverfügbarem Stickstoff im Boden ein Mangelfaktor für die Pflanzen, hier in der so genannten Lägerflur steht er reichlich zur Verfügung. Er begünstigt eine Reihe von großen und konkurrenzstarken Stickstoffpflanzen (Nitrophyten), die alles andere erdrücken und eine schon von Weitem ins Auge fallende, hochwüchsige und unduldsame Pflanzengesellschaft bilden, die Alpenampferflur (*Rumicetum alpini*).

Beherrschende Pflanze in dieser Gesellschaft ist der Alpen-Ampfer (*Rumex alpinus*, Abb. 141), der an den stickstoffreichsten Stellen in geschlossenen Herden auftritt und mit seinen großen, lappigen Blättern die gesamte Konkurrenz unterdrückt. Er vermehrt sich nicht nur über die reichlich gebildeten Samen, sondern vor allem durch die Verzweigung seines unterirdisch kriechenden Erdsprosses. Damit wird verständlich, warum er fast überall in solchen Herden auftritt. Vom Vieh wird die Pflanze überhaupt nicht oder erst gegen Ende der Vegetationsperiode gefressen, allenfalls zertreten; doch wird dieser Schaden durch schnellen Wiederaustrieb aus dem Erdspross rasch behoben. An den stickstoffreichsten Stellen bildet der Alpen-Ampfer meist Reinbestände. Nur da, wo die Stickstoffanhäufung im Boden etwas weniger stark ist, vermögen sich weitere Lägerflur-Pflanzen ebenfalls durchzusetzen, z. B. der Gute Heinrich (*Chenopodium bonus-henricus*), eine früher als Wild-Spinat gesammelte Art, der Blaue Eisenhut (*Aconitum napellus*, Abb. 142), der Spieß-Ampfer (*Rumex alpestris* = *R. arifolius*), die Große Brennnessel (*Urtica dioica*) und andere Arten. Als Besonderheit findet man in den Lägerfluren noch eine weitere Alpenpflanze, das Quirlblättrige Weidenröschen (*Epilobium alpestre*, Abb. 143), eine Art, die auch in den wenigen verbliebenen Bergahornwäldern der Hochlagen vorkommt.

Besonders reich entwickelt findet man die Lägerflur um die auch heute noch betriebenen Viehhütten, die St. Wilhelmer und die Baldenweger Hütte. Doch hält sich die Alpenampferflur auch nach dem Aufhören der Stickstoffzufuhr noch außerordentlich lang. So kann man um die Zastler Hütte auch heute noch, Jahrzehnte nach dem Ende des Weidegangs, eine kaum veränderte Lägerflur beobachten. Offenbar laufen an solchen ehemals stark gedüngten Stellen die Nährstoffe lange Zeit im Kreis, bevor sie ausgewaschen oder mit der Pflanzenmasse, z. B. durch Fraß, entfernt werden: Die Pflanzenwurzeln fangen den mineralisierten Stickstoff der abgestorbenen Pflanzenteile schnell wieder auf und schaffen ihn zurück in die ständig neu gebildete Biomasse. Nur wenn die oberirdischen Pflanzentriebe einige Male abgemäht und aus der Lägerflur entfernt wurden, kommt es zu einer allmäh-

142 Blauer Eisenhut (*Aconitum napellus*). (HKR)

143 Quirlblättriges Weidenröschen (*Epilobium alpestre*). (HKR)

lichen Aushagerung und damit Normalisierung der Verhältnisse.

Doch woher stammen die Pflanzen der Lägerflur eigentlich? Diese Frage ist schwer zu beantworten, denn vor der Rodung und dem Beginn des Weidebetriebs gab es ja sicherlich keine Standorte, auf denen die Verhältnisse auch nur entfernt den heutigen Bedingungen um die Viehhütten entsprochen haben. Eine gewisse floristische und ökologische Verwandtschaft besteht immerhin zu den Hochstaudenfluren im Unterwuchs des Bergwaldes; möglicherweise stammen einige der fraglichen Pflanzen von hier, z. B. der Blaue Eisenhut, der Spieß-Ampfer und das Alpen-Weidenröschen. Allerdings steht man spätestens beim Alpen-Ampfer vor einem Rätsel; er ist zwar in den Hochstaudenbeständen immer wieder vereinzelt zu finden, doch kann die Pflanze auch umgekehrt hierher eingeschleppt worden sein, denn früher war die Grenze zwischen Weidfeld und Wald weit weniger scharf als heute, und viele der leichter zugänglichen Hochstaudenfluren sind sicherlich ehemals gelegentlich durchweidet worden. Es ist nicht ausgeschlossen, dass der Alpen-Ampfer erst durch das Weidvieh in unser Gebiet eingeschleppt worden ist, denn die Früchte bleiben leicht im Kot zwischen den Klauen der Tiere hängen. Aber leicht vorstellbar ist auch dies nicht, denn das Vorkommen von *Rumex alpinus* am Feldberg reicht bis weit vor die Zeit der Viehtransporte per Eisenbahn zurück (SCHILDKNECHT 1863), und Viehtrieb von den Alpen bis in den Schwarzwald ist nicht eben wahrscheinlich. Leider fehlen auch in diesem Falle Fossilbelege völlig, sodass die Frage, ob *Rumex alpinus* im Schwarzwald ursprünglich oder eingeschleppt ist, zunächst offen bleiben muss.

Um einiges sicherer ist die Sache bei der Meisterwurz (*Peucedanum ostruthium*). Wahrscheinlich ist diese Art im Schwarzwald nicht ursprünglich. Ihr Vorkommen beschränkt sich überall auf die Nähe ehemaliger Bauernhöfe; in den eigentlichen Lägerfluren der Feldbergkuppen kommt sie gar nicht vor, uns ist auch keine Stelle bekannt, an der die Pflanze wirklich in die Hochstaudenfluren hineingreift. Die Meisterwurz erfreute sich andererseits früher einer außerordentlichen Wertschätzung als Heilpflanze; in vielen Kräuterbüchern des Mittelalters wird sie eines der »vornehmsten« Heilkräuter genannt, daher auch ihr Name. LEONHARD FUCHS gibt sie in seinem berühmten Kräuterbuch von 1543 sogar als Mittel gegen die Pest an. Man kann deshalb wohl davon ausgehen, dass die Meisterwurz einst in jedem Bauerngarten der montanen Region zu finden war und dass sie ihr heutiges Vorkommen im Südschwarzwald diesen ehemaligen Bauerngärten verdankt. Es wirft aber auch ein bezeichnendes Licht auf die klimatischen Verhältnisse am Feldberg, dass diese alpine Pflanze nur hier mit einzelnen Vorkommen seither überdauert hat.

3. Quellfluren, Rieselfluren und Flachmoore

Der weite Rücken des Feldbergs ist reich an kleinen Quellen. 2000 mm Jahresniederschlag machen sich eben bemerkbar! Bedingt durch die höheren Niederschlagsmengen auf der Leeseite des Gebirges liegen weitaus die meisten der Wasseraustrittsstellen auf der Nord- und Ostseite der Bergkuppe. Der günstig strukturierte Boden und das oberflächlich stark zerklüftete Muttergestein nehmen auch das Wasser von Starkregen schnell und vollständig auf, der direkte oberflächliche Abfluss bleibt deshalb gering. Mit der Tiefe wird die Zerklüftung des Gesteins aber offenbar rasch geringer, denn die ersten Wasseraustrittsstellen liegen bereits wenige Höhenmeter unterhalb des Kamms. Der Ausdruck »Wasseraustrittsstellen« ist durchaus zutreffend, denn es handelt sich nur selten um sprudelnde Quellen, sondern meist um wenige Quadratmeter große Flächen, aus denen fast unmerklich Wasser sickert. In manchen Fällen sammelt sich das austretende Wasser sofort in kleinen Rinnen und fließt schnell bergab. Diese Rinnen entlang ziehen sich fast immer die Bänder des weiß blühenden Bitteren Schaumkrautes (*Cardamine*

144 Bachbegleitende Vegetation mit Bitterem Schaumkraut (*Cardamine amara*) und den Blättern der Sumpfdotterblume (*Caltha palustris*). (HKR)

amara), das den Bach mit seinen kräftigen Trieben überdeckt (Abb. 144). Häufiger, vor allem auf schwächer geneigten Hängen, rieselt das Quellwasser zunächst auf breiter Fläche bergab und führt auf diese Weise oft zu großflächigen Vernässungen unterhalb der Wasseraustrittsstellen. Dies sind die Standorte der berühmten Rieselflur- und Flachmoorgesellschaften des Feldbergs. In der Regel erkennt man die Quellgebiete bereits aus großer Entfernung (Abb. 145). Die abweichende Farbe der Vegetation, vor allem aber die meist unruhig getreppten Böden heben diese Flächen deutlich von den umliegenden Borstgrasrasen ab.

Am Übergang vom Borstgrasrasen zu den nassen Standorten kann man mannigfache Übergangsbestände beobachten: den Borstgras-Torfbinsenrasen mit der alles beherrschenden

145 Rasenwülste am Osthang des Mittelbucks. Wassergesättigte Torfböden neigen zum Bodenfließen (Solifluktion) und führen zu treppenartigen Oberflächenstrukturen. (HKR)

Sparrigen Binse (Juncus squarrosus) und dem rot-violett blühenden Wald-Läusekraut (Pedicularis sylvatica) oder weitere Gesellschaften, wie den Wiesenknopf-Borstgrasrasen mit dem Großen Wiesenknopf (Sanguisorba officinalis) und dem Teufelsabbiss (Succisa pratensis). Allerdings sind solche Bestände meist nur kleinflächig ausgebildet und machen schnell den eigentlichen Gesellschaften der Quellfluren und Flachmoore Platz.

3.1 Die Quellfluren

In unmittelbarer Nähe der Wasseraustrittsstellen liegen die kleinen, oft nur quadratmetergroßen Quellfluren. Die Humus- oder Torfauflage ist hier nur ganz dünn oder fehlt überhaupt, lebhaft überrieselte Partien sind oft völlig vegetationsfrei. Schon auf den ersten Blick fällt auf, dass in den Quellfluren die Moose vorherrschen und die Höheren Pflanzen (Phanerogamen) deutlich zurücktreten. Oft erstrecken sich über viele Quadratmeter fast reine Moosteppiche aus *Philonotis seriata*, *Dicranella palustris* und *Warnstorfia exannulata* (auf die Wiedergabe der künstlichen deutschen Namen sei bei den Moosen verzichtet, sie sind ungebräuchlich). An Höheren Pflanzen finden sich hier am häufigsten das Bittere Schaumkraut (*Cardamine amara*, siehe Abb. 144), die Quell-Sternmiere (*Stellaria uliginosa* = *S. alsine*) und die Sumpfdotterblume (*Caltha palustris*), doch werden sie nie wirklich dominierend; offenbar sind die Moose den Standortbedingungen der Quellflur besser gewachsen. Hier liegt ein ähnlicher Sachverhalt vor wie bei den Schneeböden (siehe S. 123). Auch dort treten unter den schwierigen Bedingungen der besonders lang dauernden Schneebedeckung die Höheren Pflanzen deutlich zugunsten der Moose zurück. Mit Sicherheit ist weder in den Schneeböden noch in den Quellfluren in erster Linie die Konkurrenz der schwachwüchsigen Moose dafür ausschlaggebend, sondern es sind vielmehr Standortfaktoren, die das Wachstum der Höheren Pflanzen unmittelbar einschränken. Im Falle der Schneeböden ist dies bekanntlich die kurze Vegetationszeit. Aber wie ist es in den Quellfluren? Auch sie sind vielerorts lange schneebedeckt, aber die Vegetationszeit ist doch nirgends auch nur annähernd so kurz wie in den Schneeböden. Folgt man einem der Quellgerinsel etwas bergab, so findet man erste Hinweise. Die Höheren Pflanzen der Quellflur werden hier größer und üppiger, offenbar gedeihen sie mit zunehmender Entfernung vom Quellaustritt besser. Ganz offensichtlich hängt dies zusammen mit der allmählich ansteigenden Wassertemperatur.

Tatsächlich ist das Wasser unmittelbar an den Quellaustritten meist außerordentlich kalt, auch im Hochsommer können in den kältesten Quellfluren keine Temperaturen über 6–7 °C gemessen werden (WARNKE/BOGENRIEDER 1985), die Durchschnittstemperatur liegt oft nur wenig über der Jahresmitteltemperatur des Feldberggebiets. Die Substrattemperatur in den Quellfluren ist also sehr niedrig und zeigt überdies nur geringe jahreszeitliche Schwankungen. Solche kaltstenothermen Bedingungen sind für das Wachstum der Höheren Pflanzen sehr ungünstig. Es ist bekannt, dass viele Pflanzenarten auf niedrige Temperaturen im Wurzelraum bei gleichzeitig hohen Umgebungstemperaturen sehr negativ reagieren. Dies gilt auch für ausgesprochene »Kaltwasserspezialisten« wie die Eis-Segge (*Carex frigida*). Sie zeigt im Experiment bei Absenkung der Wassertemperatur einen ganz erstaunlichen Rückgang ihres Wachstums (BOGENRIEDER/WERNER 1979), ganz im Gegensatz zu den Wassermoosen der Quellfluren, die fast alle auf abgesenkte Wassertemperaturen in einem recht weiten Bereich zunächst positiv reagieren, was vermutlich mit der höheren CO_2-Löslichkeit in kaltem Wasser zusammenhängt (BOGENRIEDER/ESCHENBACH 1996). Daraus muss man schließen, dass tatsächlich die niedrige Wassertemperatur einen begrenzenden Faktor für die Höheren Pflanzen darstellt, während umgekehrt die Moose dadurch eine Förderung erfahren und auf diese Weise zu einer auffälligen Dominanz gelangen (Abb. 146–148).

Zu den Alpenpflanzen der Quellfluren gehören drei Arten der Gattung Weidenröschen (*Epilobium*), nämlich das Mierenblättrige Weidenrös-

146 Mierenblättriges Weidenröschen (*Epilobium alsinifolium*). (HKR)

147 Alpen-Weidenröschen (*Epilobium anagallidifolium*). (HKR)

chen (*Epilobium alsinifolium*, Abb. 146), das äußerst seltene Alpen-Weidenröschen (*Epilobium anagallidifolium*, Abb. 147), das am Feldberg lange als verschollen galt, und das Nickende Weidenröschen (*Epilobium nutans*, Abb. 148). Sie alle greifen gelegentlich hinüber in die standörtlich ähnliche Rieselflur, gelegentlich sogar in die sich anschließenden Flachmoore; ihr Schwerpunkt liegt

148 Nickendes Weidenröschen (*Epilobium nutans*) an einem von Moosen (*Bryum schleicheri*) beherrschten Kaltwasserstandort. (HKR)

aber eindeutig in den Quellfluren. Das gilt auch für den Stern-Steinbrech (*Saxifraga stellaris*, Abb. 149), ein Glazialrelikt, das am Feldberg eine ganz merkwürdige Bindung an den Steilabfall zum Feldsee aufweist, während es am Belchen viel weiter ausgreift und dort an manchen Stellen sogar recht häufig ist. Zu den Kaltwasser-Spezialisten unter den Höheren Pflanzen gehört vermutlich auch eine Frauenmantel-Art (*Alchemilla frigens*, Abb. 150), die erst vor kurzer Zeit am Feldberg entdeckt wurde und für die es bisher keine weiteren Nachweise für Deutschland gibt (HÜGIN 2006). Bei den Alpenpflanzen der Quellfluren handelt es sich durchweg um Arten mit einer engen Standortbindung. Eine Ausnahme bildet hier lediglich das Alpen-Mastkraut (*Sagina saginoides*, Abb. 151). Diese Pflanze hat sich, wohl durch die Fähigkeit zur Ausläuferbildung begünstigt, sekundär in lückige Trittrasengesellschaften ausbreiten können.

Auch unter den Moosen der Quellfluren herrschen die (sub-)arktisch-alpinen Arten eindeutig vor. An den kältesten Quellaustritten des Zastler Lochs kommt eine Moosgesellschaft vor, das Bryo-Philonotidetum seriatae, die von einem ausgesprochen arktisch-alpinen Moos beherrscht wird: *Pohlia wahlenbergii* var. *glacialis*. Bei einer Untersuchung über die Quellfluren des Feldbergs fanden sich hier die niedrigsten Wassertemperaturen, nämlich nur +5–6 °C um

149 Stern-Steinbrech (*Saxifraga stellaris*). (HKR)

die Mittagszeit im Sommer (WARNKE/BOGENRIEDER 1985). An etwas weniger kalten Wasseraustritten kommt gelegentlich ein anderes, ebenfalls arktisch-alpines Moos zur Vorherrschaft: *Scapania paludosa*. Es ist kennzeichnend für eine

150 Eine erst kürzlich am Feldberg entdeckte Frauenmantel-Art (*Alchemilla frigens*). Bisher einzig bekannter Wuchsort in Deutschland. (HKR)

151 Alpen-Mastkraut (*Sagina saginoides*). (HKR)

bestimmte Quellflurgesellschaft, das Scapanietum paludosae. Das Moos wächst immer auf sandig-kiesigem Boden, oft untergetaucht, flutende Rasen bildend. Es ist weniger streng als *Pohlia wahlenbergii* an die kältesten Quellfluren gebunden. Gelegentlich kann dieses Moos sogar in Flachmoore eindringen, sofern die Torfauflage nicht allzu mächtig ist. Doch bei genauerem Hinschauen entdeckt man, dass es auch dort Mineralboden bewohnt, z. B. solche Stellen, an denen Viehtritt den weichen Torfboden bis auf die mineralische Unterlage aufgerissen hat (KAMBACH/WILMANNS 1969). Im Scapanietum paludosae tritt auch eine Dreiergruppe von Moosen auf, die sich fast allgegenwärtig von den Quell- und Rieselfluren bis in die Flachmoore zieht: *Philonotis seriata*, *Dicranella palustris* und *Warnstorfia exannulata*. In allen Quellflur- und Flachmoor-Gesellschaften besetzt die eben genannte Dreiergruppe von Moosen solche Stellen, die keine oder nur eine geringe Feinerdeschicht haben, jedenfalls keine Torfauflage. Solche Kleinstandorte mit weitgehend übereinstimmenden Standortfaktoren innerhalb verschiedener Lebensräume werden oft von den gleichen, auf diese ökologische Nische spezialisierten Arten bewohnt. Man nennt eine solche auf gleichartigen Sonderstandorten in unterschiedlichen Pflanzengesellschaften immer wiederkehrende Artenkombination auch Synusie. Die beschriebene Dreiergruppe von Moosen bildet also eine Synusie, die mit hoher Regelmäßigkeit von den Quellfluren bis in die Flachmoore einen bestimmten, durch eine sehr geringe Deckschicht gekennzeichneten Kleinstandort besiedelt. Die Bewohner dieser Synusie bilden damit gewissermaßen die Klammer, die die floristisch und pflanzensoziologisch so unterschiedlichen Pflanzengesellschaften der Quellfluren und Flachmoore zusammenhält.

Auf ein weiteres mögliches Glazialrelikt unter den Moosen muss noch eingegangen werden: *Bryum schleicheri* (siehe Abb. 148). Es verhält sich am Feldberg keineswegs so, wie man es von einer Alpenpflanze erwartet. Das Moos findet sich nämlich vor allem auf der Süd- und Südwestseite des Feldbergs, also gerade nicht dort, wo alle anderen Glazialrelikte sich häufen. Die Quellfluren, in denen die Pflanze vorkommt, sind meist stark vom Vieh zertreten und deutlich mit Stickstoff angereichert. Gewöhnlich liegen die Fundorte in der Nähe von Brunnentrögen. Es gibt auch heute noch viele Standorte dieser Art, trotz nachlassender Beweidung. Dennoch ist *Bryum schleicheri* längst nicht überall zu finden – im Gegenteil. Das Vorkommen auf dem Feldberg ist ganz vereinzelt und punktuell. Angesichts der von den anderen Alpenpflanzen stark abweichenden Verteilung der Fundorte auf dem Feldbergrücken, vor allem aber wegen der eigenartigen Standortansprüche, muss man Zweifel daran hegen, ob *Bryum schleicheri* tatsächlich zu den Überbleibseln der Eiszeitflora gehört. Möglicherweise ist diese Pflanze viel später, vielleicht erst mit dem Einsetzen des Weidebetriebs, in das Gebiet eingewandert.

3.2 Die Rieselfluren

Die Biomasseproduktion in den Quellfluren ist nur gering. Das Wachstum der wenigen Höheren Pflanzen in den Quellfluren wird durch das kalte Wasser stark eingeschränkt, und die Wuchsleistung der Moose ist ohnehin nicht groß. Doch ist der Sauerstoffgehalt des Wassers hoch. Unter diesen Bedingungen zersetzt sich trotz der niedrigen Temperatur die jährlich anfallende tote Biomasse leicht und rasch, einiges davon wird wohl auch weggeschwemmt. Etwas weiter unterhalb der Wasseraustrittsstelle ändert sich dies. Durch die Erwärmung des Wassers geht der Sauerstoffgehalt allmählich zurück, gleichzeitig wird die Produktivität der Pflanzenbestände rasch größer und damit auch die Menge an Pflanzenstreu. Boden und Streu werden hier nur noch langsam von bereits deutlich sauerstoffärmerem Wasser durchflossen, dadurch kann die Sauerstoffnachlieferung leicht zum begrenzenden Faktor des Biomasseabbaus werden. Bei schlechter Sauerstoffversorgung wird nämlich die Tätigkeit der streuzersetzenden Bakterien und Pilze stark gehemmt – es bildet sich Torf. Zur Bildung eines Moores (d. h. eines Nassstandorts mit Torfdecke) kommt es also, wenn wegen des Sauerstoffmangels infolge der Wasserbedeckung die anfallende Pflanzenmasse nur langsam und zunächst unvollständig abgebaut wird. Auf dem Feldbergrücken haben wir es überall mit Flachmooren (Niedermooren) zu tun. Darunter versteht man solche Moore, die vom Grund- oder Hangwasser durchtränkt sind und deshalb noch mit Nährstoffen aus dem Muttergestein versorgt werden. Bei Hochmooren (siehe S. 157) ist dagegen das Torfwachstum so weit gediehen, dass die lebende Pflanzendecke auf der Mooroberfläche den Kontakt zum mineralischen Untergrund verloren hat und nur noch mit den wenigen Mineralien des Regenwassers versorgt wird. Hochmoore und Flachmoore unterscheiden sich also in Bezug auf die Mineralversorgung ganz grundlegend.

Zwischen die unten behandelten Flachmoore und die bereits besprochenen Quellfluren (Quellsümpfe) schiebt sich oft noch eine Übergangszone, die Rieselflur. Hier zersetzt sich die Biomasse entweder noch recht vollständig zu sogenanntem Sumpfhumus, oder es ist bereits eine dünne Torfauflage vorhanden. Deutlicher als alles, was bisher besprochen wurde, erinnert die Vegetation dieser Übergangszone an alpine Verhältnisse, denn sie ist außergewöhnlich reich an auffälligen und schönen Alpenpflanzen. Charakterart der Gesellschaft ist die bereits erwähnte Eis-Segge (*Carex frigida*, Abb. 152) mit ihren charakteristischen überhängenden Ährchen und den kastanienbraunen Spelzen. Nach ihr wird die Gesellschaft Eisseggenflur (Caricetum frigidae) genannt (OBERDORFER 1956). *Carex frigida* hat sich nicht in nennenswertem Maß auf Sekundärstandorte ausbreiten können; lediglich entlang der Bäche lässt sie sich bis 910 m hinab verfolgen, doch stellen diese Standorteroberungen keine wirkliche Arealerweiterung dar. Auf die Dauer können sich solche tiefgelegenen Vorkommen nur bei gelegentlichem

152 Die Eis-Segge (*Carex frigida*), ein Kaltwasserspezialist. (HKR)

153 Alpen-Troddelblume (*Soldanella alpina*), das Wahrzeichen der Feldbergflora. (HKR)

154 Torniger Moosfarn (*Selaginella selaginoides*). (HKR)

Samennachschub von oben halten, denn die Wuchsorte werden bei Hochwasser immer wieder weggerissen oder von Geröll überschüttet.

An etwas feinerdereicheren und nicht zu stark durchsickerten Stellen kommt in der Rieselflur oft in großen Mengen das Wahrzeichen der Feldbergflora vor: Das Alpenglöckchen, auch Alpen-Troddelblume genannt (*Soldanella alpina*, Abb. 153). Die Pflanze greift freilich auch in die Flachmoore hinein, doch liegt der Schwerpunkt ihrer Verbreitung wohl hier in den Eisseggenfluren. Wer einmal das Glück gehabt hat, im Frühjahr zwischen den tauenden Schneeflecken die rotvioletten Teppiche der zierlichen Soldanella-Blüten zu entdecken, wird dieses Bild kaum mehr vergessen. Die Vegetation ringsum wirkt noch grau und abgestorben, doch das Alpenglöckchen steht schon in voller Blüte. Unmittelbar nachdem sein Standort schneefrei geworden ist, beginnt es bereits zu blühen. Das Alpenglöckchen kommt in Deutschland außerhalb der Alpen nur am Feldberg vor. Es steigt hier nirgends tiefer als 1270 m, und die Vorkommen sind im Vergleich zu anderen Glazialrelikten deutlich von der Ost- auf die Nordseite verschoben. Offenbar bevorzugt die Pflanze kühle, lange schneebedeckte Rieselfluren und Flachmoore.

Es ist nachgewiesen, dass die Pflanze knapp oberhalb des Gefrierpunktes noch Photosynthese betreiben kann (BOGENRIEDER/WERNER 1979). Das sind Bedingungen, wie sie im Frühjahr unter einer abtauenden Schneedecke vorzufinden sind. Nun reicht die Lichtintensität unter einer Schneedecke von 11 bis 18 cm, je nach Beschaffenheit des Schnees, zu einem Stoffgewinn bereits aus, vorausgesetzt die Pflanzen sind wintergrün und zur Photosynthese bei derart niedrigen Temperaturen in der Lage. Genau dies trifft aber bei *Soldanella alpina* zu. Dadurch gewinnt die Alpen-Troddelblume im Vergleich zur

Konkurrenz einige Tage bis Wochen (der Schnee verschwindet in den kühlen Quellmulden im Frühjahr oft nur sehr zögerlich) an zusätzlicher Wachstumszeit. Wahrscheinlich ist aus diesem Grund das niederwüchsige und konkurrenzschwache Alpenglöckchen an kühlen Stellen mit langer Schneebedeckung der Konkurrenz anderer Pflanzen am ehesten gewachsen. Anders als in den Alpen ist die Pflanze am Feldberg aber keine Pflanze der lediglich besonders lange schneebedeckten Schneetälchen oder der Schneeböden, sondern sie braucht hier lange Schneebedeckung und zusätzlich den dauerfeuchten Boden der Rieselfluren und Flachmoore.

Noch stärker auf den Standort der Flachmoore dringt ein weiteres Glazialrelikt vor, das aber trotzdem seinen Schwerpunkt in der Rieselflur besitzt, der Dornige Moosfarn (*Selaginella selaginoides*, Abb. 154). Diese kleine Farnpflanze – sie wird kaum 6 cm hoch – ist zwischen den Bewohnern der Eisseggenflur nur sehr schwer zu entdecken, doch ist sie typisch für diese Gesellschaft. Hier kommt sie besonders in der Ausbildung mit *Soldanella* sehr regelmäßig vor; in der anschließenden Gesellschaft der Flachmoore erreicht sie zwar hin und wieder eine größere Individuenzahl, ist aber hier doch längst nicht so regelmäßig vorhanden wie in der Eisseggenflur. Dies erklärt sich aus der geringen Konkurrenzkraft dieser Pflanze. Mit ihrem niedrigen Wuchs und ihren winzigen Blättern vermag sie die Pflanzen der Umgebung weder zu beschatten noch ihnen über Wurzel- oder Nährstoffkonkurrenz ernsthaft zuzusetzen. Der Dornige Moosfarn gehört zu den wenigen Glazialrelikten, deren Anwesenheit in der späteiszeitlichen Flora des Schwarzwaldes durch Fossilfunde nachgewiesen ist. Günstige Voraussetzungen dafür schufen die gegen Zersetzung äußerst widerstandsfähigen und im Mikroskop leicht zu identifizierenden Sporen. Sie werden in beträchtlicher Menge produziert und mit dem Wind ausgebreitet, sodass ihre Anwesenheit in den nacheiszeitlich gebildeten Torfschichten keine Überraschung darstellt. Bei den meisten übrigen Glazialrelikten – insbesondere bei den insektenbestäubten – liegen die Verhältnisse jedoch viel ungünstiger. Der Fund eines entsprechenden Restes ist hier ein solcher Zufall, dass das bisherige Fehlen eines Fossilnachweises keinerlei negative Beweiskraft besitzt.

155 Alpen-Maßliebchen (*Aster bellidiastrum*). (HKR)

In den Rieselfluren kommt noch eine weitere Seltenheit der Feldbergflora vor: das Alpen-Maßliebchen (*Aster bellidiastrum*, Abb. 155). Merkwürdigerweise bleibt das Vorkommen dieser Pflanze am Feldberg im Wesentlichen auf den Absturz zum Feldsee beschränkt. Ganz Ähnliches gilt für den in feuchten Felsbandgesellschaften wachsenden Alpen-Frauenmantel oder Silbermantel (*Alchemilla hoppeana*, Abb. 156). Warum kommen sie nur hier vor? Einen deutlichen Hinweis erhält man, wenn man nicht allein die Pflanzen der Rieselfluren, sondern das gesamte Vegetationsmosaik des Seebuckabsturzes mit seinen Grasbändern, Felswänden, durchrieselten Rinnen und Hochstaudenbeständen

D52 Alpen-Frauenmantel (*Alchemilla hoppeana*), eine seltene Art feuchter Felsbandgesellschaften. (HKR)

durchforscht. Hier stößt man auf eine ganze Reihe von »Kalkpflanzen«, die man im Urgestein des Schwarzwaldes niemals erwartet hätte. Ursache dafür sind Kalkspatadern, die an einigen Stellen das stark zerklüftete Gestein durchziehen (MÜLLER 1901, 1935, 1938, 1948, OBERDORFER 1927, 1934). Diese Kalkspatadern sind oberflächlich längst aus dem Muttergestein herausgelöst und von außen nicht mehr sichtbar; wo jedoch Wasser, das solche Spalten durchsickert hat, wieder zutage tritt, wächst oft eine ausgesprochene Kalkflora. Hier ist das Gestein gelegentlich von richtigen Calcit-Häutchen überzogen. Besonders deutliche Zeigerpflanzen für solche Stellen sind eine Reihe von Kalkmoosen (z. B. *Gymnostomum aeruginosum*, *Tortella tortuosa*), die dem Gestein direkt aufsitzen. Bei den Höheren Pflanzen mit ihren oft weit in die Tiefe des verwitternden Gesteins reichenden Wurzeln sind dagegen die Verhältnisse meist durch den überlagernden Boden maskiert. Nun gehören Alpen-Maßliebchen und Alpen-Frauenmantel zu denjenigen Pflanzen, die zwar nicht streng an Kalkböden gebunden sind, aber kalkhaltige Böden doch bevorzugen (*Aster bellidiastrum* kommt – auf Kalk – in der Wutachschlucht noch in viel tieferer Lage vor.). Man kann aus diesem Grund wohl davon ausgehen, dass das Alpen-Maßliebchen und der Alpen-Frauenmantel deshalb auf den Seebuckabfall beschränkt bleiben, weil hier Kalkspuren im mineralischen Untergrund vorhanden sind.

Vergleicht man die Vegetation der Rieselfluren des Schwarzwaldes mit der montan-subalpinen Ausbildung dieser Gesellschaft in den nördlichen Kalkalpen, so fallen die Übereinstimmungen eher ins Auge als die Unterschiede. Bereits OBERDORFER (1956) hat auf diese Übereinstimmung hingewiesen. Freilich fehlen am Feldberg einige bezeichnende Arten, z. B. der Fetthennen- oder Bach-Steinbrech (*Saxifraga aizoides*) und die Mehlprimel (*Primula farinosa*), dafür treten Alpen-Mutterwurz (*Ligusticum mutellina*, siehe Abb. 124) und Rasenbinse (*Trichophorum cespitosum*, siehe Abb. 159) viel deutlicher in den Vordergrund. Im Ganzen kann man aber doch nicht, wie gelegentlich üblich, von einer »verarmten« Gesellschaft reden, besonders wenn man berücksichtigt, dass Kalkeinfluss am Feldberg nur ganz lokal vorhanden ist.

Der floristische Kern der Eisseggenflur hat am Feldberg die Nacheiszeit fast unberührt überstanden, und auch der Einfluss des Menschen hat bis jetzt dieser Gesellschaft nichts anhaben können. Das Caricetum frigidae besitzt nicht nur eine Reihe von charakteristischen Glazialrelikten, es ist gewissermaßen als Ganzes, als Gesellschaft, ein Überbleibsel der Eiszeitvegetation.

Unter den Pflanzen der Rieselfluren findet sich jedenfalls keine Art, die nicht bereits im Spät- und Postglazial in der damals wohl ganz ähnlich zusammengesetzten Gesellschaft der Eisseggenflur hätte vorhanden sein können.

3.3 Die Flachmoore

Der Übergang von der Rieselflur zum eigentlichen Flachmoor ist nicht scharf ausgeprägt. Viele Arten kommen in beiden Gesellschaften vor (etwa die bereits besprochenen Eiszeitrelikte *Soldanella alpina* und *Selaginella selaginoides*) und verwischen so den Eindruck einer scharfen Grenze. Das verwundert nicht, denn die Standortunterschiede an der Grenze zwischen Rieselflur und Flachmoor sind eher quantitativ als qualitativ. Manchmal, vor allem an Stellen mit der Alpen-Troddelblume, gibt es in der Rieselflur bereits eine dünne Torfauflage; mit zunehmender Mächtigkeit der Deckschicht (und abnehmender Durchsickerungsgeschwindigkeit) geht diese Ausbildung schließlich in den Herzblatt-Braunseggensumpf (Parnassio-Caricetum fuscae) über. Pflanzensoziologisch wird die Grenze markiert durch das Verschwinden der Eis-Segge einerseits und das Auftauchen einiger neuer Arten andererseits. Hierzu gehört in erster Linie der wundervolle, im Spätjahr blühende Blaue Sumpfstern oder Tarant (*Swertia perennis*, Abb. 157), ein weiteres Glazialrelikt, aber auch das seltene Traunsteiners Knabenkraut (*Dactylorhiza traunsteineri*, Abb. 158).

Das Parnassio-Caricetum fuscae ist eine Gesellschaft basenreicher (aber nicht unbedingt kalkreicher) Flachmoore. Wo geeignete Standorte vorhanden sind, zieht es sich weit hinunter bis in die Tallagen. Bei ca. 1100 m verschwinden jedoch die Glazialrelikte bis auf ganz wenige Vorposten. Auch einige andere typische Arten der höheren Lagen enden hier. Damit ist innerhalb der Gesellschaft des Parnassio-Caricetum

157 Sumpfenzian oder Tarant (*Swertia perennis*). In nährstoffreichen Flachmooren der Nord- und Ostseite nicht selten. (HKR)

158 Traunsteiners Knabenkraut (*Dactylorhiza traunsteineri*). (HKR)

159 Gewöhnliche Rasenbinse (*Trichophorum cespitosum* ssp. *cespitosum*). (HKR)

fuscae die subalpine Ausbildung des Feldbergs so deutlich von den anderen Beständen abgesetzt, dass man diese subalpine Höhenform der Gesellschaft vielfach als eigene Assoziation gefasst hat (Alpenhelm-Braunseggensumpf, Bartsio-Caricetum fuscae).

Der subalpine Einschlag des Bartsio-Caricetum fuscae wird zusätzlich durch eine Erscheinung bestärkt, wie sie sich sonst nur in der subalpinen Stufe der Alpen findet: das sogenannte Bodenfließen (Solifluktion). Die Torfauflage der Flachmoore ist längst nicht so fest gefügt wie der steinige Mineralboden. Aufgrund der schlechten Durchlüftung wird außerdem mit zunehmender Tiefe die Durchwurzelung der Torfschichten rasch geringer. Dies führt in geneigten Hangflachmooren leicht dazu, dass im Frühjahr der vom Schmelzwasser durchtränkte Oberboden talwärts gedrückt wird, ein Prozess, der oft meterlange hangparallele Wülste erfasst und so zu einem eigenartig getreppten Aussehen der Flachmoore führt (siehe Abb. 145). Am Feldberg ist der Talschub nirgends so hoch und andererseits die zusammenhaltende Kraft des Wurzelfilzes nirgends so gering, dass die Wülste an der Stufenkante richtig aufreißen. Es handelt sich also um »geschlossene Solifluktion«; der Übergang zur »offenen Solifluktion« ist nur an ganz wenigen Stellen eben angedeutet.

Am besten ist die Rasenbinse (*Trichophorum cespitosum*, Abb. 159) den Bedingungen gewachsen. Zum einen erträgt sie die sommers gelegentlich weit hinuntergreifende Austrocknung der Torfauflage besonders gut, zum anderen bildet sie mit ihrem kräftigen Wurzelstock einen gewissen Widerstand gegen das Bodenfließen. Die Rasenbinse tritt im Schwarzwald in zwei deutlich verschiedenen Unterarten auf. Die Subspezies *germanicum* mit eher atlantischer Verbreitung kommt von den Britischen Inseln und Südwestskandinavien über das norddeutsche Flachland bis in den Nordschwarzwald vor. Dort bildet sie auf den sogenannten Missen, einer im Kern natürlichen Torfbodengesellschaft, deren Standort durch Brand und Beweidung sekundär ausgeweitet wurde, ausgedehnte Bestände (daher ihre Bezeichnung »Missenbürste«). Am Feldberg fehlt diese Unterart. Hier kommt die ssp. *cespitosum* vor, deren Verbreitung eher arktisch-alpin ist. An einem kleineren Teil der heutigen Standorte ist die Pflanze sicherlich ursprünglich (so z. B. in den Flachmooren der Feldbergkuppe), doch greift die Art heute so weit aus ihren primären Standorten hinaus, dass heute ihr Charakter als Relikt der Glazialflora ganz verwischt erscheint. Die harten, borstlichen Blätter der Rasenbinse bilden im Herbst einen schützenden Strohmantel um die Erneuerungsknospen des Horstes, aus dem sehr schnell nach der Schneeschmelze im Frühjahr die neuen Triebe hervorbrechen. Diese harten Blätter liefern eine schwer zersetzliche Streu, und da die Pflanze in den Flachmooren des Feldbergs oft eine ausgesprochene Massenentfaltung zeigt, dürfte der größte Teil des Torfs dieser Flachmoore von der Rasenbinse stammen.

Ein fast unzertrennlicher Begleiter der Rasenbinse ist in den Hochlagen der Alpen-Helm (*Bartsia alpina*, Abb. 160), ein Halbschmarotzer, der sich mit Saugwurzeln an das Leitsystem in den Wurzeln anderer Pflanzen anschließt. Die enge Bindung des Alpen-Helms an die Rasenbinse hat aber wahrscheinlich nichts mit deren Eignung als Wirtspflanze mit zufällig gleichen Standortansprüchen zu tun, denn der Alpen-Helm ist keineswegs wählerisch mit seinen Wirten (bevorzugt werden Gräser und Sauergräser). Zum anderen dringt der Alpen-Helm auch auf Standorte vor, auf denen die Rasenbinse völlig fehlt. Der Alpen-Helm hat sich aus den Flachmoor-Refugien weit auf Sekundärstandorte ausgebreitet. Wenn auch nicht so weit talwärts wie die Rasenbinse, so ist die Pflanze doch in eine Vielzahl von frischen, nicht aber eigentlich feuchten Sekundärstandorten eingedrungen: wechselfrische Borstgrasbestände, Mähwiesen, Wegränder; immer wieder zeugen einzelne isolierte Trupps von der heutigen Ausbreitung dieser Pflanze. Allerdings lässt sich an manchen Stellen feststellen, dass der Alpen-Helm sowohl Mahd als auch Beweidung nur schlecht erträgt; sicherlich ein ernsthaftes Hindernis für eine noch weitere Ausbreitung. Trotzdem stellt der Alpen-Helm ein gutes Beispiel eines progressiven Glazialrelikts dar. Die deutlich Häufung an den von jeher waldfreien Reliktstandorten und die weit verstreuten vereinzelten Vorposten rings um dieses Ausgangsareal werfen ein bezeichnendes Licht auf die Florengeschichte, insbesondere auf die Umwandlung der Hochfläche in eine extensive Kulturlandschaft.

Ganz anders liegen die Verhältnisse beim Blauen Sumpfstern oder Tarant (*Swertia perennis*, siehe Abb. 157). Diese Pflanze mit den schönen, dunkel geaderten Blüten bleibt praktisch ausschließlich auf die Flachmoore des Ostabfalls beschränkt, bereits im Zastler Loch ist sie sehr selten. Sie findet sich an gleichmäßig durchfeuchteten Stellen, oft an der Unterkante von Solifluktionsbuckeln. Es ist schwer zu sagen, warum diese Pflanze keinerlei Ausbreitungstendenz zeigt und nicht wenigstens die möglich erscheinenden Standorte des Zastler Loches besiedelt sind. Möglicherweise spielt bei der Bindung von *Swertia perennis* an die Ostseite auch der Basenreichtum der dortigen Flachmoore eine Rolle. Zwar finden sich in diesen Flachmooren längst nicht so viele »Kalkzeigerpflanzen« wie in den Rieselfluren oder den Felsspalten, dennoch deutet das gelegentliche Auftreten der kalksteten Davalls Segge (*Carex davalliana*) auf besonderen Basenreichtum. Auch pH-Messungen stützen die Hypothese, dass *Swertia perennis* besonders basenreiche Flachmoore bevorzugt; darüber hinaus liegt der einzige Fundort der Pflanze im Zastler Loch ausgerechnet in der Nähe eines ehemaligen Brunnentroges, an einer mit Sicherheit nährstoff- und basenangereicherten Stelle. Es spricht also vieles dafür, dass die Beschränkung der Wuchsorte des Blauen Sumpfsterns auf die Ostseite des Berges edaphische (bodenbedingte) Gründe hat.

Zwei weitere Eiszeitrelikte des Bartsio-Caricetum fuscae, nämlich den Dornigen Moosfarn

160 Alpen-Helm (*Bartsia alpina*). (HKR)

161 Herzblatt (*Parnassia palustris*). (HKR)

162 Gewöhnliches Fettkraut (*Pinguicula vulgaris*). (HKR)

(*Selaginella selaginoides*) und die Alpen-Troddelblume (*Soldanella alpina*), kennen wir bereits aus der Rieselflur. Sie greifen beide sehr deutlich noch in die eigentlichen Flachmoore hinein. Über *Selaginella selaginoides* bleibt noch einiges zu ergänzen. Noch größer als in der Eisseggenflur ist für den Dornigen Moosfarn hier im Braunseggensumpf die Gefahr, durch die hochwüchsige Konkurrenz erdrückt zu werden. Die kleine Farnpflanze findet sich deshalb vorwiegend in konkurrenzärmeren »Nischen« des Standorts, auf flach überdeckten Steinen oder entlang der Unterkante von Solifluktionswülsten. Lässt man einmal das Vorkommen auf solchen Sonderstandorten im Bartsio-Caricetum fuscae unberücksichtigt, dann wird deutlich, dass der Dornige Moosfarn – übrigens ähnlich wie das Alpenglöckchen (*Soldanella alpina*) – seinen Schwerpunkt in der Rieselflur (Caricetum frigidae) besitzt, und dass er in den Flachmooren bereits ausklingt.

Aber die Vegetation der Flachmoore besteht nicht nur aus Glazialrelikten. Die normalen Flachmoorarten sind fast ebenso interessant. Alle diese Pflanzen greifen mehr oder weniger weit über unsere Assoziation hinaus in andere Gesellschaft – räumlich und pflanzensoziologisch. Für Traunsteiners Knabenkraut (*Dactylorhiza traunsteineri*, siehe Abb. 158) gilt dies allerdings nur überregional. Lässt man nämlich einmal weit außerhalb liegende Gebiete außer Betracht und beschränkt sich auf den Schwarzwald, dann ist diese Orchidee neben *Swertia perennis* eine gute Kennart der subalpinen Form des Braunseggensumpfes, des Bartsio-Caricetum fuscae. Man spricht in einem solchen Falle von einer lokalen Charakterart. *Dactylorhiza traunsteineri* kann recht leicht mit *Dactylorhiza majalis*, dem Breitblättrigen Knabenkraut, verwechselt werden. Beide kommen in den Flachmooren des Feldbergs oft dicht nebeneinander vor, und es gibt vielfältige Zwischenformen (Hybriden); das gleiche gilt auch für das Gefleckte Knabenkraut (*Dactylorhiza maculata*).

Namengebende Arten des Parnassio-Caricetum fuscae (bzw. Bartsio-Caricetum fuscae) sind die Braune Segge (*Carex fusca*) und das Herzblatt (*Parnassia palustris*, Abb. 161). Beide sind in dieser Gesellschaft außerordentlich häufig, jedoch keineswegs auf sie beschränkt. Sie sind vielmehr charakteristischer Bestandteil aller Flach- und Zwischenmoor-Gesellschaften. *Parnassia palustris* ist mit seinem typischen einblättrigen Blütentrieb, der am Ende eine einzige weiße Blüte trägt, kaum mit einer anderen Pflanze zu verwechseln. Allerdings blüht die Pflanze erst recht spät, und die herzförmigen Grundblätter haben eine gewisse Ähnlichkeit mit denen der benachbarten Sumpf-Veilchen (*Viola palustris*).

Ein regelmäßiger Vertreter auf nassen, torfigen Standorten ist auch das Gewöhnliche Fettkraut (*Pinguicula vulgaris*, Abb. 162). Seine grüngelben, klebrigen, dem Boden angedrückten Rosetten sind überall in den Flachmooren leicht zu finden. Das Mikroskop enthüllt, dass auf der Blattoberfläche köpfchenförmige Drüsen sitzen, die einen zähen Fangschleim absondern. Hat sich an diesem Klebesekret ein kleines Insekt verfangen, so beginnt durch eine Unzahl von kleinen, kuppelartigen, von zahlreichen Poren durchsetzten Erhebungen der Blattoberfläche Verdauungssekret auszuströmen, das nach einiger Zeit samt den gelösten Nahrungsbestandteilen wieder aufgesaugt wird. Der unverdauliche Chitinpanzer der Insekten bleibt zurück. Bei größerer Beute rollt sich das Blatt dabei von den Rändern her etwas ein und bildet so einen »temporären Magen« (DARWIN). Man hat lange Zeit angenommen, dass der Hauptnutzen dieser Einrichtung für die Pflanze der Zugewinn an Stickstoff sei, offenbar spielt jedoch der zusätzliche Phosphor eine mindestens ebenso große Rolle (HESLOP-HARRISON 1978).

Neben dem Herzblatt und dem Gewöhnlichen Fettkraut gehören auch die Gelbe Segge (*Carex flava*, Abb. 163, im Gebiet mit drei Unterarten) und das Schmalblättrige Wollgras (*Eriophorum angustifolium*, Abb. 164) zu den häufigen und typischen Pflanzen der Flach- und Zwischenmoore. Während der Blüte des Wollgrases im Frühjahr ist die Pflanze ganz unscheinbar, später sind die reifenden Nüsschen dann von langen

163 Gelbe Segge (*Carex flava* coll.). (HKR)

164 Schmalblättriges Wollgras (*Eriophorum angustifolium*) im fruchtenden Zustand. (HKR)

165 Das Grüblemoor, die Quellmulde des Seebachs. Die Vegetation und die Oberflächenform der feuchten Solifluktionsböden unterscheiden sich deutlich vom umgebenden Weidfeld. (HKR, 2006)

Haaren umgeben, deren leuchtende Wollschöpfe weithin zu sehen sind (Abb. 164). Bei der Reife lösen sich diese Haare zusammen mit der Frucht von der Mutterpflanze ab und bilden so einen wirksamen Flugapparat. Das Wollgras trägt an vielen Stellen ebenfalls zur Torfbildung bei, denn seine Biomasseproduktion ist bedeutend, und die Blätter zersetzen sich nicht leicht.

Vergleicht man den Sumpfherzblatt-Braunseggensumpf mit der entsprechenden Gesellschaft in den Alpen, so fallen auch hier die Übereinstimmungen viel eher ins Auge als die Unterschiede. Auch hier gilt, wie übrigens auch bei der Rieselflur, dass es sich in erster Linie um Mengenverschiebungen der einzelnen Arten handelt, weniger um zusätzliche Arten. Das Arteninventar des Braunseggensumpfes ist also am Feldberg fast vollständig vertreten, die Unterschiede zu den Alpen sind recht gering. Daraus wird man wohl ableiten können, dass die Gesellschaft als ganzes wohl ziemlich unberührt die Nacheiszeit überstanden hat. Dies ist ein weiterer Hinweis darauf, dass es sich bei den großen Flachmooren der Feldbergkuppe, zum Beispiel im Grüble (Abb. 165), um bereits ursprünglich waldfreies Gelände handeln muss. Einen Beleg für diese Annahme zu finden, fällt allerdings nicht ganz leicht. Unglücklicherweise deckt sich nämlich die Grenze des gerodeten Weidfelds ziemlich genau mit der Untergrenze der Verbreitung größerer Flachmoorkomplexe auf dem Feldbergrücken. Das ist natürlich kein Zufall, denn wo das Gelände zu steil und zu gefährlich ist für eine Weidenutzung, da sind auch keine Flachmoore mehr zu erwarten. Dennoch gibt es einige wenige Flachmoorkomplexe außerhalb des gerodeten Weidfelds. Oberhalb des Seebuckabsturzes existiert sogar ein Flachmoor mitten im Fichtenwald, das alle Eiszeitrelikte des Bartsio-Caricetum fuscae in geradezu unglaublichen Mengen enthält. Die Beschattung ist hier so gering (und war es wohl auch immer), dass man gar keinen Zweifel am Überdauern der Flachmoorpflanzen hegen kann. Selbst in den trockeneren und von der Fichte bestandenen Randbezirken dieser natürlichen Waldlichtung ist es noch so licht, dass sich hier der Alpen-Bärlapp (*Diphasiastrum alpinum*) und – ein ganz isoliertes Vorkommen – die Niedrige Schwarzwurzel (*Scorzonera humilis*) zu halten vermögen. Man muss zwar vermuten, dass zur Zeit der stärksten Waldverwüstung selbst an dieser schwer zugänglichen Stelle auch Holz geschlagen wurde (und deshalb heute die Fichte dominiert), dichter als heute war aber der Wald wohl auch vorher nicht, vor allem ist er mit Sicherheit nicht weiter auf die Nass-Standorte vorgedrungen, denn der ursprünglich hier vorherrschende Berg-Ahorn ist dafür ganz ungeeignet. Nach dieser Erfahrung muss man davon ausgehen, dass alle größeren Flachmoorkomplexe des Ostabfalls auch zur Zeit der größten Waldausdehnung waldfrei gewesen sind und so das Überdauern der besprochenen Flachmoor- und Quellflurgesellschaften ermöglicht haben.

Der umgekehrte Schluss, dass alle Flachmoore ohne Eiszeitrelikte sekundärer Natur seien, darf aber daraus nicht gezogen werden. Es gibt zwar bis in höchste Lagen hinauf einen Typ von Braunseggensumpf (Caricetum fuscae), dem alle geschilderten Alpenpflanzen fehlen (PHILIPPI 1963). Bei näherem Hinsehen zeigt sich jedoch, dass dies mit der Mineralversorgung zusammenhängt und nicht etwa mit ehemaliger Beschattung. Es fehlen nämlich dem Caricetum fuscae immer einige Arten, die zwar höhere Ansprüche an den Basenreichtum des Standorts stellen, in Bezug auf die Beschattung aber nicht besonders empfindlich sind (zu diesem Typ gehört unter den Glazialrelikten *Soldanella alpina*).

166 Blick von der Seewand auf das Feldseemoor. Die Schneereste im Hintergrund des Moores belegen die Kaltluft sammelnde Lage. Im vorderen Teil ist das Moor vom Schmelzwasser überschwemmt. (HKR, 1982)

167 Hinterzartener Moor im Winter. (HKR)

Der artenarme Braunseggensumpf ist also eine nährstoffarme Ausbildung der Flachmoorvegetation und kein Zeiger für ursprüngliche Bewaldung. Umgekehrt hätten die Glazialrelikte inzwischen mit einiger Sicherheit die meisten jener kleinflächigen Standorte erreicht, die vor der Rodung zu stark beschattet waren, vom Nährstoffhaushalt her aber ihren Ansprüchen genügen. Man kann also feststellen, dass die größeren der floristisch so überaus reichen Flachmoore des Feldbergrückens zu den von Natur aus waldfreien Standorten gehören. Die Existenz solcher waldfreien »Flachmoorinseln« war ebenso wie der basenreiche mineralische Untergrund eine überaus günstige Voraussetzung für das Überdauern vieler Glazialrelikte.

Bei Hangflachmooren ist auch bei dicker Torfauflage wegen des durchsickernden Hangwas-

168 Das Rotmeer bei Bärental. Die offene Moorfläche ist umgeben von einem Gürtel aus Moorkiefern (*Pinus rotundata*). (HKR)

169 Blick vom Spießhorn auf das Scheibenlechtenmoos. Die Moorfläche zeigt das charakteristische Muster von Bulten und wasserführenden Schlenken. (HKR)

sers ein meist deutlicher Einfluss des basenreichen Muttergesteins vorhanden. Anders werden aber die Verhältnisse, wenn die Neigung der vernässten Flächen nur noch gering ist und damit die Nährstoffanlieferung des Sickerwassers zurücktritt. Hier findet sich gelegentlich ein Moortyp, in dem bereits die Torfmoose (Gattung *Sphagnum*) dominieren. Zwar sind Torfmoose auch schon in den eigentlichen Hangflachmooren regelmäßig vorhanden, dort bilden sie aber niemals solche mächtigen Polster wie auf diesen mineralarmen Übergangsmooren. Das Auftauchen der zierlichen Moosbeere (*Vaccinium oxycoccos*, siehe Abb. 174 und 175) zeigt an, dass wir uns bereits hochmoorähnlichen Verhältnissen nähern. Auf der Rodungsfläche der Feldbergkuppe ist dieser Typ von Übergangsmoor ganz selten, doch tiefer, vor allem im Seebachtal, treten solche Moore immer wieder auf. Sie sind meist klein und stark beschattet. Deutlicher werden die Verhältnisse erst, wenn man die großen Hochmoore der weiteren Umgebung des Feldbergs mitberücksichtigt: das Feldseemoor (Abb. 166), das Hinterzartener Moor (Abb. 167), das Zweiseenblickmoor (Hirschbäder), das Rotmeer (Abb. 168) und das Scheibenlechtenmoos (Abb. 169).

4. Hochmoore

Hochmoore im strengen Sinn haben keinerlei Nährstoffanlieferung vom Mineralboden, weder von aufsteigendem Grundwasser noch von seitlich eindringendem Hangwasser. Die Torfauflage wird hier so mächtig, dass die Nährstoffzufuhr vom mineralischen Untergrund vollständig unterbrochen ist. Die Pflanzendecke der Hochmoore muss deshalb ihren Nährstoffbedarf allein mit den wenigen Nährstoffen des Regenwassers und aus dem angewehten Flugstaub decken. Natürlich ist unter solchen Bedingungen die Mineralversorgung äußerst schlecht. Dazu sind auf dem Hochmoor einige weitere Lebensbedingungen (Wassertemperatur, pH-Wert, Durchlüftung des Bodens) alles andere als günstig. Es verwundert deshalb nicht, dass nur noch wenige Höhere Pflanzen diesem schwierigen Standort gewachsen sind.

Voraussetzung für das Entstehen eines Hochmoors ist das Heranwachsen einer mächtigen Torfauflage. Torf bildet sich in nennenswertem Umfang aber nur dann, wenn die Streuzersetzung durch niedrige Temperatur und Sauerstoffmangel im wassergetränkten Substrat merklich gehemmt wird. Deshalb finden sich Hochmoore vor allem in kühlen und niederschlagsreichen Gebieten, im Schwarzwald vorwiegend in höhe-

170 Fieberklee (*Menyanthes trifoliata*). (HKR)

ren Gebirgslagen. (Als Faustregel gilt hier: Jahresniederschlag über 1000 mm, Durchschnittstemperatur unter +5 °C.) Die meisten Hochmoore im Feldberggebiet sind durch Verlandung kleiner Seen entstanden. Durch den unvollständigen Streuabbau wuchs die Vegetationsdecke allmählich über den ursprünglichen Seespiegel hinaus, dadurch wurde der Mineralbodeneinfluss immer geringer und ging schließlich ganz verloren. Der Name »Hochmoor« bezieht sich auf diese Hochwölbung der Mooroberfläche, er hat also nichts mit der Höhenlage des Moores im Gebirge zu tun. Heute findet man unter der oft schwach uhrglasförmig aufgewölbten Oberfläche von Hochmooren meist eine mehrere Meter mächtige Torfschicht, sie ist das Ergebnis von rund 10 000 Jahren nacheiszeitlichen Moorwachstums.

Seit dieser Zeit geht auf die Mooroberfläche ein ständiger Regen von Pflanzenpollen nieder. Pollenkörner haben eine chemisch fast unangreifbare Hülle und halten sich deshalb unter dem Luftabschluss des Torfkörpers ganz ausgezeichnet. Sie sind überdies so typisch gebaut, dass man die Zugehörigkeit zu einer bestimmten Gattung, in vielen Fällen sogar zu einer bestimmten Art, ohne größere Schwierigkeiten ermitteln kann. Das ist von großer Wichtigkeit für die Rekonstruktion der nacheiszeitlichen Florengeschichte. So kann man z. B. aus dem Pollendiagramm des Moores am Baldenweger Buck entnehmen, dass die Fichte auf dem Feldberg erst um ca. 1000 v. Chr. in größerer Zahl aufgetaucht ist, dann aber zahlenmäßig schnell zugenommen hat (LANG 1973). Moore sind also wichtige Archive der Vegetationsgeschichte.

Eigenartigerweise gibt es keine Pflanze, die ausschließlich auf Hochmoore beschränkt bleibt. Alle Hochmoorbewohner reichen mehr oder minder deutlich in Übergangsbestände oder in die eigentlichen Flachmoore hinein. Schon die Übergangsmoore tragen aber immer bestimmte Pflanzen, die bereits einen Mineralbodeneinfluss anzeigen. »Mineralbodenzeiger« und »Hochmoorpflanzen« schließen sich also gegenseitig nicht völlig aus. Im wirklich extrem nährstoffarmen (ombrotrophen) Zentralteil eines Hochmoorkomplexes (der ja immer – zumindest am Rand – auch mineralbodenbeeinflusste Partien besitzt) fehlen jedoch die Mineralbodenzeiger; andererseits haben hier die Hochmoorpflanzen ihren Schwerpunkt. Für die Hochmoorpflanzen ist das eine Frage der Konkurrenz, nicht etwa der Standortansprüche. Auch sie würden bei günstigeren Nährstoffverhältnissen besser gedeihen; da sie aber konkurrenzschwach sind und andererseits auch extreme Nährstoffarmut ertragen, bleiben sie auf diesen ungünstigen Standort beschränkt. Zu »Hochmoorpflanzen« werden sie also erst durch die Konkurrenz der Mineralbodenpflanzen.

Bei Anlegung eines strengen Maßstabs gehören die Moore des Feldberggebiets alle zu den Übergangsmooren (Pseudohochmooren). Bei genauer Betrachtung zeigt sich nämlich, dass selbst die großen Hochmoore durchweg von Mineralbodenzeigern wie Pfeifengras (*Molinia caerulea*), Fieberklee (*Menyanthes trifoliata*, Abb. 170, 171) »angekränkelt« sind. Bei stärkerer Durchsetzung der Vegetation mit diesen Zeigerpflanzen ist die Ursache meist leicht zu erkennen: Torfstich und Entwässerung haben in der Vergangenheit den Wasserhaushalt vieler Hochmoore so gestört, dass es zu einem Abbau der oberen Torfschichten gekommen ist. Die Mobilisierung der im Torf festgelegten Mineralstoffe hatte eine Verbesserung der Nährstoffsituation auf der betroffenen Fläche zur Folge, dadurch konnten Mineralbodenzeiger eindringen und die ursprünglich intakte Hochmoorvegetation verändern. Verschärfend mag sich dabei ausgewirkt haben, dass wir uns im Schwarzwald in der Nähe der Südgrenze des Hochmoorareals überhaupt befinden; die Hochmoore des Schwarzwaldes sind gewissermaßen nur noch Exklaven eines Gürtels, der sich vom nördlichen Russland über Südskandinavien und Norddeutschland bis England und Irland zieht. Dies ist an einer gewissen Verarmung der Hochmoorvegetation abzulesen, weiterhin an der Tatsache, dass die so typische Aufwölbung bei den Schwarzwald-Mooren meist nur noch angedeutet ist.

Hochmoore und Übergangsmoore sind die Domäne von Torfmoosen (*Sphagnum*-Arten), deren Konkurrenz sich die Höheren Pflanzen (Kormophyten) zu erwehren haben. Die Sphagnen sind die eigentlichen Torfbildner des Hochmoors, sie haben sich gewissermaßen den Standort geschaffen, den sie nun beherrschen.

Standorte, auf denen Moose über die Höheren Pflanzen dominieren, sind nicht häufig. Es sind immer Extremstandorte, wie wir bereits am Beispiel der Schneeböden und der kalten Quellaustritte gesehen haben. Das gilt auch für die Hochmoore, allerdings mit dem Unterschied, dass hier die extremen Standortfaktoren (Nährstoffarmut, niedriger pH-Wert) von den Nutznießern der Verhältnisse selbst verursacht werden. Der großen Nährstoffarmut sind die Torfmoose gut gewachsen. Das verdanken sie dem besonderen Chemismus ihrer Zellwände. Gewisse Bestandteile der Zellwand wirken nämlich als Kationenfänger; sie tauschen Nährstoffe des Umgebungswassers gegen Protonen ein. Der pH-Wert in der *Sphagnum*-Decke eines Hochmoors pflegt aus diesem Grunde sehr niedrig zu sein (unter pH 4).

Normalerweise haben Moose gegen die Konkurrenz von Kormophyten keine Chance. Ihre kurzen »Pseudowurzeln« (Rhizoiden) erschließen keine großen Wasservorräte im Boden, und die Pflanzen sind auch nicht zur wirksamen Drosselung der Wasserabgabe in der Lage. Sie müssen deshalb schon bald nach dem Beginn einer Trockenperiode ihre Lebenstätigkeit einstellen, entsprechend gering bleiben Wüchsigkeit und Konkurrenzkraft. Bei den Torfmoosen (Bleichmoosen) ist das etwas anders. Sie bestehen zu einem großen Teil aus großen leeren Zellen, die allein der Wasserspeicherung dienen.

171 Moorschlenke mit Fieberklee (*Menyanthes trifoliata*). Das Auftreten dieser Pflanze deutet auf beginnenden Mineralbodeneinfluss. Untere Waldhofwiese. (HKR, 2009)

172 Sumpf-Bärlapp (*Lycopodiella inundata*). (HKR)

Wie wirksam das ist, erkennt man am besten, wenn man einmal ein kleines Torfmoospolster zwischen den Händen ausdrückt. Die Wasserspeicherkraft liegt zwischen dem 15- und 25-fachen des Trockengewichts! Sphagnen können also durch die Füllung ihrer Wasserspeicherzellen das Niederschlagswasser wie ein Schwamm festhalten und eine Weile speichern. Sie schaffen sich damit selbst ein günstiges (= dauerfeuchtes) »Thallophytenmilieu«. Zu regulieren vermögen freilich auch die Sphagnen die Wasserabgabe nicht; allzu lange dürfen die Austrocknungsperioden nicht dauern. Damit wird verständlich, warum Hochmoore nur in niederschlagsreichen und kühlen (d. h. verdunstungsarmen) Gebieten vorkommen.

Das Wasserhaltevermögen der Torfmoose hat Auswirkungen auf die Streuzersetzung und das Wurzelwachstum der Höheren Pflanzen. Wegen fehlender Durchmischung wird das Wasser in der Tiefe rasch sauerstoffarm und kalt. Unter diesen Bedingungen zersetzt sich die ungünstige (stickstoffarme) Streu der Torfmoose nur noch unvollständig, es kommt zur Torfbildung. Andererseits kann dieses Milieu von den Höheren Pflanzen kaum durchwurzelt werden, die Wurzeln streichen vielmehr flach in den oberen Schichten, eine Tatsache, die sich in bestimmten Trockenheitsanpassungen (Xeromorphien) vieler Hochmoorpflanzen niederschlägt (s. u.).

Die Oberfläche vieler Hochmoore ist in kleinere Erhebungen (Bulten) und dazwischenliegende, meist wassergefüllte Senken (Schlenken) gegliedert (siehe Abb. 169, 171). Allerdings ist dieser charakteristische Bult-Schlenken-Wechsel nur in den tiefer gelegenen Mooren unseres Gebiets deutlich ausgebildet. Mit zunehmender Meereshöhe verschwindet dieses Oberflächenmuster allmählich, doch sind Andeutungen noch in den höchstgelegenen Mooren des weiteren Feldberggebiets zu erkennen.

Um eine Vorstellung vom Wachstum der Sphagnen und des Torfes zu vermitteln, seien folgende Zahlen genannt: Im Durchschnitt wachsen die Hochmoor-Sphagnen jährlich um 2–10 cm. Zusammengepresst ergibt diese Pflanzenmasse später kaum 1–2 mm Torfzuwachs. Immerhin zeigt eine Überschlagsrechnung, dass bei einem solchen Zuwachs die ca. 8000 Jahre Postglazial zum Aufbau der Torfschichten sicher ausgereicht haben. (Torfmächtigkeit im Rotmeer 4,7 m, im »Zweiseenblickmoor« (Hirschbäder) ca. 5 m, im Michelsmoor am Matthisleweiher ca. 2 m (BROCHE 1929).

Wenden wir uns nun den Höheren Pflanzen der Hochmoore zu. Wie wir gesehen haben, sind sie nicht allein den schwierigen physikalischen Standortbedingungen ausgesetzt (Nährstoffarmut bei sauerstoffarmem, kaltem Substrat, starker Temperaturwechsel) sondern auch und vor allem der starken Konkurrenz der zuwachskräftigen Torfmoose. Dies spiegelt sich in ihrer Lebensweise und ihren Anpassungen wider. Neben Sauergräsern handelt es sich bei den Hochmoorbewohnern fast ausschließlich um Heidekrautgewächse (*Ericaceae*). Sie haben die Fähigkeit, das überaus knappe Nährstoffangebot mithilfe ihres Wurzelpilzes (*Mykorrhiza*) wirksam auszunutzen.

173 Durch Eingriff in den Wasserhaushalt entstandene Erosionschlenken mit offenen Torfschlammböden. (HKR)

Bezeichnenderweise gehört die einzige gelegentlich im Hochmoor vorkommende Farnpflanze, der Sumpf-Bärlapp (Lycopodiella inundata, Abb. 172) zu den ganz wenigen Farnpflanzen, die ebenfalls in Symbiose mit einem Wurzelpilz leben. Er besiedelt vor allem offene Torfschlammflächen, wie sie bei Eingriffen in den Wasserhaushalt des Moores entstehen können (Abb. 173). Die Sonnentau(Drosera)-Arten haben dagegen eine andere Methode zur Aufbesserung ihres »Speisezettels«: Sie sind insectivor (»fleischfressend«) wie das bereits besprochene Fettkraut. Alle Kormophyten haben darüber hinaus Möglichkeiten entwickelt, der ständig drohenden Überwachsung durch die Bleichmoose zu entgehen. Viele bilden dem Moosrasen aufliegende Kriechtriebe oder Ausläufer, die förmlich auf der Moosdecke schwimmen (Oxycoccus palustris, Abb. 174, 175). Andere verlegen ihre Endknospen durch Sprossstreckung oder unterirdische Ausläufer ständig wieder in die Nähe der Oberfläche. So überwintert die Endknospe der Sonnentau-Arten geschützt in einer Hülle aus Nebenblättern, schon völlig überwachsen von den umgebenden Torfmoostrieben; im Frühjahr streckt sich die Achse dann durch die Moosdecke

174 Gewöhnliche Moosbeere (Vaccinium oxycoccos) im Randbereich eines Hochmoores. (HKR)

175 Gewöhnliche Moosbeere (*Vaccinium oxycoccos*) (fruchtend) auf einer Torfmoosdecke. (HKR)

hindurch bis an die Oberfläche und beginnt dann mit der Bildung der neuen Blattrosette. Viele Hochmoorpflanzen sind deutlich xeromorph gebaut, d. h. sie besitzen Anpassungen, die sonst nur Bewohnern trockener Standorte eigen sind, z. B. nach unten umgeschlagene Rollblätter, starke Behaarung der spaltöffnungstragenden Blattunterseite und verdunstungshemmenden Wachsüberzug. Was hat es mit diesen Anpassungen auf sich? Wie wir bereits gesehen haben, können die Wurzeln der Höheren Pflanzen das kalte, sauerstoffarme Substrat nicht tief hinab erschließen, sie haben ein flach in den oberen Torfschichten streichendes Wurzelwerk. Solange das Moor feucht ist, reicht dies zur Versorgung der Pflanzen mit dem notwendigen Wasser gut aus. Anders wird dies, wenn das Moor abzutrocknen beginnt. Trockener Torf erhitzt sich bei ungehinderter Einstrahlung stark, in der Nähe der Oberfläche können dann leicht 40–50 °C gemessen werden. Unter diesen Bedingungen werden die Transpirationsverluste so hoch, dass sie durch das ohnehin schwache Wurzelsystem in den austrocknenden Torfschichten nicht mehr ersetzt werden können. Jetzt ist ein wirksamer Verdunstungsschutz von großer Wichtigkeit, womit sich die Trockenheitsanpassungen vieler Hochmoorpflanzen erklären.

4.1 Die Vegetation der Schlenken

Die Vegetation der Schlenken unterscheidet sich überaus deutlich von der Bultvegetation. Auf den Bulten findet man neben den allgegenwärtigen Torfmoosen vor allem die Zwergsträucher der Ericaceen, sie fehlen den Schlenken fast völlig. Hier breiten sich oft reine Bleichmoosteppiche aus (*Sphagnum cuspidatum, S. majus*), fast immer

176 Schlamm-Segge (*Carex limosa*). Eine charakteristische Art nasser Hochmoorschlenken. (HKR)

177 Blumenbinse (*Scheuchzeria palustris*). (HKR)

178 Rundblättriger Sonnentau (*Drosera rotundifolia*). (HKR)

durchsetzt von der Schlamm-Segge (*Carex limosa*, Abb. 176), und der Blumenbinse oder Blasenbinse (*Scheuchzeria palustris*, Abb. 177). Nach der Schlamm-Segge heißt die Gesellschaft der Schlenken Schlamm-Seggen-Gesellschaft (Caricetum limosae).

Ihrer auffällig gefärbten Blätter wegen fallen die Sonnentau-Arten in den Hochmooren besonders auf. Der Rundblättrige Sonnentau (*Drosera rotundifolia*, Abb. 178) wächst auf den Bulten, dagegen kommt der Langblättrige Sonnentau (*Drosera anglica*, Abb. 179) und die Hybride beider Arten, der Bastard-Sonnentau (*D. x obovata*, Abb. 180) in der Schlenkengesellschaft (Caricetum limosae) vor. Die Sonnentau-Arten gehören zum Typ der »passiven Fallensteller«. Kleine Insekten, die sich auf der auffällig gefärbten Blattoberfläche niederlassen, bleiben an den klebrigen Köpfchen der gestielten Drüsen hängen und können sich nicht mehr befreien. Eine Einkrümmungsbewegung der Fangtentakel drückt das Insekt gegen die Blattoberfläche, nun scheiden die Drüsen Verdauungsenzyme aus und saugen später die Speiselösung auf. Solche Individuen, die Erfolg beim Tierfang haben, entwickeln sich besser und produzieren mehr Samen als leer ausgehende Nachbarpflanzen (HESLOP-HARRISON 1978).

Seltener ist der bereits erwähnte Sumpf-Bärlapp (*Lycopodiella inundata*, siehe Abb. 172). Diese Farnpflanze wächst bevorzugt auf zeitweise überschwemmten Torfböden, z. B. in den Hochmoorkolken, jedoch findet man sie auch in Schlenken. Sie klingt in den hochgelegenen Mooren des Gebiets bereits aus, denn ihre Hauptverbreitung hat sie in den Schnabelried-Schlenken der mittleren Gebirgslagen. Dieses Rhynchosporetum albae mit der Weißen Schnabelbinse (*Rhynchospora alba*, Abb. 181) als namengebender und kennzeichnender Pflanze ist lediglich im verhältnismäßig tief gelegenen Hinterzartener Moor und am Windgfällweiher noch anzutreffen, auch im Eschengrundmoos

179 Langblättriger Sonnentau (*Drosera longifolia*). (HKR)

180 Bastard-Sonnentau (*Drosera x obovata*) Hybride von *D. rotundifolia* und *D. longifolia*. (HKR)

181 Weiße Schnabelbinse (*Rhynchospora alba*). (HKR)

182 Rosmarinheide (*Andromeda polifolia*). Deutlich zu erkennen die am Rand nach unten umgeschlagenen »Rollblätter«. (HKR)

183 Moorbeere (Vaccinium uliginosum). (HKR)

und im Rotmeer. Zwar kommt die Weiße Schnabelbinse auch im Caricetum limosae vor, optimal entwickelt sich die Pflanze jedoch nur in den nicht ganz so nassen Schnabelried-Schlenken. Bei ca. 1000 m endet im Schwarzwald mit dem Verschwinden der subatlantischen *Rhynchospora alba* auch die seltene Gesellschaft des Rhynchosporetum albae.

Die Grenze zwischen dem Caricetum limosae und den Bultgesellschaften ist zwar überaus scharf, doch finden sich auch in den Schlenken vereinzelt typische Pflanzen der Bulten, z. B. die Moosbeere (*Vaccinium oxycoccos*, siehe Abb. 174, 175) oder die Rosmarinheide (*Andromeda polifolia*, Abb. 182). Auch Mineralbodenzeiger sind in die Schlenken der Feldberg-Hochmoore immer wieder eingestreut. Welche Arten zu diesen Mineralbodenzeigern gehören, ist leicht zu erkennen, wenn man sich klar macht, dass diese Arten nach dem Moorrand hin zahlreicher werden sollten. Am Rand des Moores ist nämlich immer die Mineralversorgung besser, sei es durch den oft wannenförmig ansteigenden mineralischen Untergrund, sei es durch dauernde oder gelegentliche seitliche Einwaschung. Deshalb durchschreitet man vom Rand her immer zuerst eine mehr oder weniger ausgedehnte Flachmoorzone, bis man in das eigentliche Hochmoor gelangt. Zu den Mineralbodenzeigern des Hochmoorrandes gehört zum einen der Fieberklee (*Menyanthes trifoliata*, siehe Abb. 170, 171), zum anderen das Sumpf-Blutauge (*Comarum palustre*). Beide sind mit ihren kriechenden Trieben in der Lage, vom Rand her schnell offene Wasserflächen (Hochmoorkolke, Gräben) zu besiedeln. Zu der Gruppe der Mineralbodenzeiger gehören außerdem der Teich-Schachtelhalm (*Equisetum fluviatile*) und das Pfeifengras (*Molinia caerulea*).

4.2 Die Vegetation der Bulte

Am Übergang von den nassen Schlenken zu den trockeneren Bulten erfolgt ein ziemlich tiefgreifender Wechsel des Arteninventars. Nun treten vor allem die Heidekrautgewächse in den Vordergrund. Neben bereits bekannten Arten wie Heidekraut, Heidelbeere und Preiselbeere kommt hier auch die Moorbeere (*Vaccinium uliginosum*, Abb. 183) vor. Besonders kennzeichnend sind jedoch die Moosbeere (*Oxycoccus palustris*) und die Rosmarinheide (*Andromeda polifolia*, siehe Abb. 182). Während die zuerst genannten Arten weit über die Hochmoore hinausgreifen, haben die beiden letztgenannten ihren deutlichen Schwerpunkt auf nicht zu nassen, nährstoffarmen (Pseudo-)Hochmoorflächen. Zwar dringen sie auch in die Schlenken und in die nährstoffreicheren Randbezirke der Moore vor, doch werden sie hier offensichtlich von der Konkurrenz hart bedrängt.

Die Moosbeere ist ein kleiner Halbstrauch, dessen dünne Triebe bis zu 1 m über die Sphagnum-Polster kriechen. Die Triebe bewurzeln sich von Zeit zu Zeit, verlieren später den Kontakt zur Mutterpflanze und dienen so der vegetativen Ausbreitung. Aus den zierlichen Blüten entwickeln sich im Spätherbst tiefrote, saftige, aber nicht eben wohlschmeckende Beeren (ein Glück für die Pflanze und den empfindlichen Standort). Bemerkenswert ist der xeromorphe Bau der Laubblätter. Sie sind an den Rändern nach unten umgebogen und schaffen auf diese Weise einen windstillen Raum über den Spaltöffnungen; zusätzlich verhindert ein Wachsüberzug übermäßigen Wasserverlust. Ähnliches gilt für die Rosmarinheide. Auch diese Pflanze hat eine kriechende und sich ständig neu bewurzelnde Grundachse. Der xeromorphe Blattbau ist hier noch auffälliger, auch ein Wachsüberzug ist vorhanden. Die beiden Zwergsträucher gleichen sich also in Bau und Lebensweise sehr weitgehend; sie haben ähnliche Anpassungen entwickelt, um diesen schwierigen Standort zu meistern.

Aber es gibt auch Pflanzen, die ohne äußerlich sichtbare Baueigentümlichkeiten im Hochmoor bestehen können. Das beweisen die beiden häufigen Begleiter von Rosmarinheide und Moosbeere, die Wenigblütige Segge (*Carex pauciflora*, Abb. 184) und das Scheidige Wollgras (*Eriophorum vaginatum*, Abb. 185). Das Scheidige Wollgras kommt gelegentlich auch in Flachmooren vor, *Carex pauciflora* ist dagegen ziemlich hochmoortreu. Doch wahrscheinlich ist auch diese Pflanze ein schwacher Mineralbodenzeiger, denn in größeren Mooren wird sie gegen die Mitte viel seltener.

Auch eine bereits gut bekannte Pflanze treffen wir hier wieder: die Rasenbinse (*Trichophorum cespitosum*, siehe Abb. 159). Sie kommt in den Hochmooren des engeren Feldberggebiets sehr

184 Wenigblütige Segge (*Carex pauciflora*). (HKR)

185 Moor-Wollgras (*Eriophorum vaginatum*). Im Vordergrund die Blätter des Fieberklees (*Menyanthes trifoliata*). (HKR)

regelmäßig vor und differenziert hier eine eigene Bultgesellschaft, das Eriophoro-Trichophoretum cespitosi. Das Vorkommen der Rasenbinse in dieser Gesellschaft ist durchaus typisch und keineswegs als Zeichen beginnender Moorerosion zu werten, wie das früher gelegentlich geschehen ist (Entsprechendes gilt übrigens für die Trichophorum-reiche Ausbildung der Flachmoore.). In etwas tieferer Lage, bereits im Hinterzartener Moor, wird das Eriophoro-Trichophoretum cespitosi der Hochlagen durch eine etwas abweichende Gesellschaft ersetzt (Sphagnetum magellanici). Ihr fehlt unter anderem die Rasenbinse, und die Wenigblütige Segge tritt deutlich zurück.

Auffallend ist in beiden Assoziationen eine flechtenreiche Ausbildung (mit *Cladonia arbuscula*) auf den höchsten bzw. trockensten Erhebungen der Mooroberfläche. Die Torfmoose treten an diesen Stellen ganz zurück, und die Zwergsträucher sind häufig geschädigt oder abgestorben. Möglicherweise hängt dies mit zwar seltenen, aber sehr schädlichen spätwinterlichen Ausaperungen der Bultkronen zusammen. Die überwinternden Zwergsträucher sind nämlich in besonderem Maß der Gefahr von Frosttrocknis ausgesetzt: Ohne Schneedecke geht durch die ungeschützten Triebe ständig eine gewisse Menge Wasser verloren. Diese Verlustrate ist zwar gering, sie wird aber lebensbedrohend, wenn das Wasser nicht aus dem gefrorenen Boden ersetzt werden kann. Unter solchen Bedingungen können die Pflanzen leicht tödliche Trockenschäden erleiden. Vielleicht muss der xeromorphe Bau vieler Hochmoorpflanzen auch noch in diesem Zusammenhang gesehen werden.

Die Hochmoore des Feldberggebiets gehen am Rand meist ziemlich unvermittelt in den (Fichten-)Hochwald über. Vielfach ist dem Wald noch ein schmaler Zwergstrauchgürtel vorgelagert, der von der Moorbeere (*Vaccinium uliginosum*, siehe Abb. 183) beherrscht wird. Diese Pflanze ähnelt entfernt der Heidelbeere, ist jedoch deutlich höher, hat blaugrüne Blätter und vor allem größere, aber wässrig und fade schmeckende »Heidelbeeren«. Sie dringt als Mineralbodenzeiger – allerdings schnell schwächer werdend – auch ins Innere der Hochmoore vor, ihren deutlichen Schwerpunkt hat sie jedoch in dem Übergangsbereich zwischen Wald und Moor. Im Übergang zum Fichtenwald kommt in einem einzigen Moor auch eine lange verschollene Seltenheit des Feldbergs vor, der Siebenstern (*Trientalis europaea*).

Überblickt man den Gesamtbestand der Moore im südlichen Schwarzwald, so muss man Folgendes feststellen: Die Hochmoore dieses Gebiets zeigen durchweg einen gewissen Mineralbodeneinfluss, bestimmte Zeigerpflanzen dringen überall bis in die Kernbereiche vor. Während ein schwacher Mineralbodeneinfluss auch früher vorhanden gewesen sein mag, deutet eine starke Durchsetzung mit Mineralbodenzeigern fast immer auf eine versuchte Entwässerung oder einen anderen Eingriff hin. Trotz dieser Beeinträchtigungen sind die Moore des Gebiets auch heute noch wertvolle Feuchtbiotope, die unbedingt erhalten werden sollten. Dazu gehört vor allem, dass in Zukunft jeder weitere Eingriff in den Wasserhaushalt der empfindlichen Hochmoore unterbleibt. Auch eine Nährstoffanreicherung, etwa durch Einschwemmung von Düngemitteln aus den angrenzenden landwirtschaftlichen Nutzflächen, muss unter allen Umständen vermieden werden. Vom wirtschaftlichen Standpunkt aus mögen Hochmoore wertlos sein, unter dem Gesichtspunkt der Erhaltung seltener oder selten gewordener Biotope kommt dem Schutz der heute noch vorhandenen Moore höchste Bedeutung zu.

5. Der Feldsee

Das Wasser des Feldsees (siehe Abb. 17, 188) ist kühl, sauerstoffreich und nährstoffarm. Der See wird von mehreren Bächen gespeist, die alle vom quellenreichen Ostabfall der Feldbergkuppe herabziehen und in deren Einzugsgebiet nur eine Hütte, aber keine dauernd bewohnten Häuser zu finden sind. Die meisten dieser Zuflüsse erreichen den Feldsee unterirdisch durch den Block-

186 Stachelsporiges Brachsenkraut (*Isoëtes echinospora*). Unterwasseraufnahme aus dem Feldsee. (FP)

schutt, der sich am Fuß der Felsgalerien gesammelt hat. Wegen seiner Nährstoffarmut und seiner geringen Temperatur hat der See wenig Algenwachstum; auch die Produktion der Höheren Pflanzen ist gering: Seit dem Erlöschen eines großen Bestandes des äußerst seltenen Schmalblättrigen Igelkolbens (*Sparganium angustifolium*) am Nordufer des Sees und seit dem Verschwinden der Kleinen Teichrose (*Nuphar pumilum*) bereits zur Mitte des 19. Jahrhunderts (vermutlich »wegbotanisiert« durch Herbarsammler) konzentriert sich die pflanzliche Produktion fast ausschließlich auf die Unterwasservegetation, die sich vor allem im durchlichteten Bereich am Rand des Sees und dort vorwiegend auf kiesig-sandigem Seeboden ohne starke Schlammüberdeckung findet (HORN/PÄTZOLD 1999). Verborgen unter dem Seespiegel wachsen in der flachen, noch ausreichend hellen Uferzone zwei ganz außergewöhnliche Wasserpflanzen, das See-Brachsenkraut (*Isoëtes lacustris*) und das Stachelsporige Brachsenkraut (*Isoëtes echinospora* = *I. setacea*, Abb. 186, 187). Beide Brachsenkräuter sind nordische Arten, die sich hier unter den für sie günstigen Bedingungen bis heute haben halten können. Beide Arten findet man fossil in vielen Mooren und Seen des Schwarzwaldes, heute kommen sie allerdings nur noch im Titisee und im Feldsee vor; das Vorkommen im Schluchsee ist durch den Aufstau des Sees erloschen.

Kann man auch im Falle der Brachsenkräuter von Glazialrelikten sprechen? Bei *Isoëtes echinospora* kann man diese Frage ohne Einschränkung bejahen. OBERDORFER (1931) hat nachgewiesen, dass diese Art am Schluchsee bereits zur Späteiszeit gelebt hat. Offenbar war sie in Seen der Späteiszeit nicht selten (LANG 1955). Mit der Erwärmung des Klimas und dem Einwandern von konkurrenzkräftigen Wasserpflanzen ist die Pflanze schließlich auf wenige Reliktstandorte eingeengt worden. Bei *Isoëtes lacustris* ist der Fall weniger eindeutig. Die frühesten Belege dieser

187 Sporen des Stachelsporigen Brachsenkrauts. Sporendurchmesser ca. 0,5 mm. (HKR)

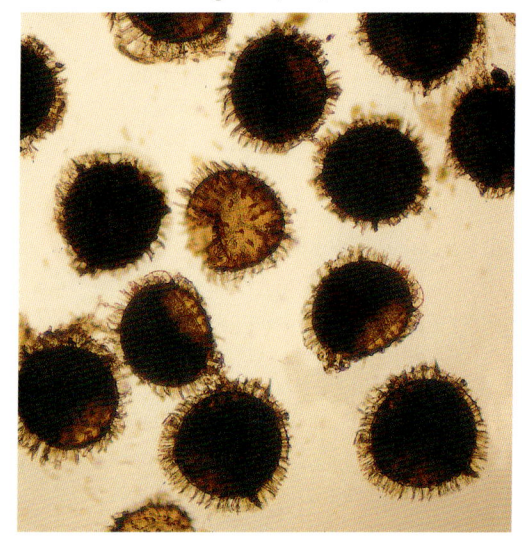

Art stammen aus der nacheiszeitlichen Wärmezeit und deuten eher auf eine spätere Einwanderung, doch liegen für eine endgültige Aussage hierüber wohl doch zu wenige Fossilfunde vor.

Die Brachsenkräuter gehören zu einer recht isoliert stehenden Ordnung innerhalb der Farnpflanzen. Die sporenerzeugenden Sporangien sitzen bei ihnen an der Basis der Rosettenblätter; gelegentlich findet man solche Blätter am Seeauslauf angeschwemmt. Die beiden Arten sind – außer an den Sporen (Abb. 187) – nicht leicht zu unterscheiden. Wenn in trockenen Sommern jedoch der Seespiegel so weit sinkt, dass die ersten *Isoëtes*-Pflanzen zum Vorschein kommen, dann handelt es sich in aller Regel um *Isoëtes echinospora*, denn diese Art dominiert in der oberen Zone (0,6–2,3 m unter Mittelwasser), dringt dafür aber nicht so weit in die Tiefe wie *I. lacustris* (0,5–5 m) (HORN/PÄTZOLD 1999). Nach unten wird die Grenze durch das schwächer werdende Licht, nach oben durch das gelegentliche Trockenfallen bestimmt. Beide Arten bilden stellenweise dichte Unterwasserwiesen, nur hie und da unterbrochen vom Strandling (*Littorella uniflora*) und vom Wechselblütigen Tausendblatt (*Myriophyllum alterniflorum*). Heute ist der Bestand des Stachelsporigen Brachsenkrauts auf wenige punktuelle Vorkommen zusammengeschmolzen, während beim See-Brachsenkraut noch kein Bestandrückgang nachzuweisen ist (HORN/PÄTZOLD 1999).

Warum konnten sich die Brachsenkräuter im Feldsee bis heute halten? Zum einen fehlt hier die Konkurrenz der höherwüchsigen Unterwasserpflanzen. (Die Schwimmblattpflanzen haben wegen des kalten, nährstoffarmen Wassers und der regelmäßigen winterlichen Eisdecke vermutlich nie eine große Rolle gespielt.) Zum anderen wachsen die Brachsenkräuter nur sehr langsam, und die älteren Blätter werden nur zögerlich durch nachwachsende Blätter ersetzt. Das macht die Pflanzen empfindlich gegen Sedimentfall und Algenüberzug – beides bleibt im Feldsee wegen des nährstoffarmen Wassers und der Armut an Schwebstoffen aber ganz gering. Doch schon ein geringer Badebetrieb kann den Pflanzen durch den aufgewirbelten Schlamm schwer zu schaffen machen, daher das seit einigen Jahren geltende Badeverbot. Es bleibt zu hoffen, dass dadurch die Brachsenkräuter wenigstens im Feldsee (die wenigen Vorkommen des Stachelsporigen Brachsenkrauts im Titisee sind trotz verbesserter Wassersituation stark gefährdet) erhalten werden können. Sie sind ein letztes Zeugnis der kalten und nährstoffarmen Eiszeitseen.

6. Felswände

Der Reichtum der Feldbergflora beruht auf der Vielfalt seiner auch ursprünglich waldfreien Standorte. Mit den Flach- und Hochmooren, den Schneeböden, den sturmgefegten Gipfellagen sind bereits die meisten dieser Standorte behandelt worden. Es bleiben die Felswände. Die größeren Felspartien gehören ja ganz sicher ebenfalls zu den immer waldfreien Standorten; es fragt sich, ob nicht auch hier einige Alpenpflanzen haben überdauern können. Besonders erfolgversprechend für eine Suche nach solchen Pflanzen wären Felspartien, die einerseits steil genug sind, dass sich nicht auf Absätzen und Grasbändern Baumwuchs entwickeln konnte. Andererseits sollten die Felsen so hoch sein, dass sie aus dem Schatten des Waldes hinausragen. Tatsächlich besitzt der Feldberg im Talschluss über dem Feldsee eine großartige Felslandschaft, und besonders die über 100 m aufsteigende Seewand (Abb. 188) müsste eigentlich ein lohnendes Ziel für diese Suche sein.

Leicht zu entdecken ist das Felsen-Leimkraut (*Silene rupestris*, Abb. 189), etwa entlang des Karl-Egon-Wegs oberhalb der Seewand. Wer die Pflanzenwelt des höheren Schwarzwaldes gut kennt, wird sich wahrscheinlich erinnern, diese Pflanze bereits anderswo auf besonnten Felsköpfen, Mauerkronen, Lesesteinhaufen und jungen Straßenböschungen gesehen zu haben. Die meisten dieser heutigen Fundorte sind freilich sekundär. Bei Mauern und Lesesteinhaufen ist das leicht einzusehen, doch dürften auch die meisten der so natürlich wirkenden Vorkommen

188 Feldsee mit Seewand. (HKR)

auf gewachsenem Fels erst sekundär, nach der Rodung oder Auflichtung des umgebenden Waldes, entstanden sein. Als primäre Standorte kommen nur solche Felspartien infrage, die auch vor dem Eingriff des rodenden Menschen nicht vom Wald beschattet waren.

Größere Felswände gibt es aber nicht nur am Feldberg. Am Belchen, im Höllental, im Oberrieder Tal, am Kandel und anderswo kommen ebenfalls ausgedehnte Felspartien vor. Sie liegen zwar z. T. beträchtlich tiefer als die Felsen über dem Feldsee, aber waldfrei waren auch sie mit Sicherheit immer. Falls nicht klimatische Gründe dem entgegenstehen, hätte das Felsen-Leimkraut wohl auch hier überdauern können. Das ist tatsächlich der Fall. *Silene rupestris* findet sich an allen größeren Felspartien im höheren Schwarzwald; offensichtlich hat die Pflanze von diesen weit zerstreut liegenden Überdauerungsorten aus die zahlreichen Sekundärstandorte erreicht (tiefster Fundort bei 400 m). Das Felsen-Leimkraut ist also ein äußerst »progressives Glazialrelikt« – wenn man die Bezeichnung in diesem Fall überhaupt beibehalten will. Zwar ist das Schwarzwälder Areal vom Hauptareal der Alpen abgetrennt, doch hat die starke Sekundärausbreitung den Charakter der »Reliktpflanze« weitgehend verwischt. Silene rupestris stellt damit einen Grenzfall dar, ähnlich wie die Rasenbinse (Trichophorum cespitosum) oder das Borstgras (Nardus stricta). Wenn wir also in den Felsen des Seebucks etwas für den Feldberg Bezeichnendes finden wollen, dann muss es eine Art sein, deren Klimaansprüche »alpiner« sind als die von Silene rupestris.

Doch was heißt das eigentlich? Ist es wirklich vorstellbar, dass die gemäßigteren Bedingungen der tieferen Lagen das Wachstum einer alpinen Pflanze direkt beeinträchtigen? Die zunehmende Konkurrenz der Begleitpflanzen scheint ja bei den Felsspaltenbewohnern auf den ersten Blick gar keine Rolle zu spielen. Oft sind die Felsspalten nur in größeren Abständen besiedelt, man gewinnt den Eindruck, als gäbe es noch genügend Raum für zusätzliche Pflanzen. Doch dieser Eindruck täuscht. Im engen Wurzelraum der Felsspalten und Felsbänder herrscht eine heftige Wurzelkonkurrenz. Untersucht man dies genauer, so findet man, dass in erster Linie die zunehmende Konkurrenz von Tieflagenpflanzen das Tiefersteigen von alpinen oder hochmontanen Felsspaltenbewohnern verhindert und erst in zweiter Linie das Klima. Bei Silene rupestris wird wahrscheinlich die Untergrenze ihres Vorkommens im Schwarzwald durch das Erstarken einiger konkurrenzkräftiger Rasen- oder Wiesenarten (z. B. Festuca ovina) festgelegt (WILMANNS/RUPP 1966), den klimatischen Bedingungen wäre die Pflanze hier sicherlich noch gut gewachsen. Es ist ja auch nur schwer vorstellbar, dass die Felsspaltenpflanzen der Hochlagen direkt unter der größeren Sommerwärme der tieferen Lagen leiden könnten. Gerade Felsstandorte im höheren Gebirge erwärmen sich bei starker Einstrahlung außerordentlich stark.

Durchmustert man die gesamte Felspartie der Seewand auf der Suche nach »alpinen« Arten, so ist der erste Eindruck der eines pflanzensoziologischen »Durcheinanders«. Entlang der vielen Wasserrinnen entdeckt man Fragmente der bereits bekannten Rieselflur, auf Felsbändern stehen Andeutungen von Borstgrasrasen (sogar mit dem Weideunkraut Gentiana lutea!) und Hochgrasfluren. Das Durcheinander klärt sich erst, wenn man Flächen gleicher Standortqualität heraussucht. Nur auf den nackten Felsflächen wachsen überhaupt keine Höheren Pflanzen, doch schon in winzigen Fugen des Gesteins haben sich die ersten Felsspaltenbewohner festgekrallt. Hier finden wir das bereits bekannte Felsen-Leimkraut, hinzu kommt der Schwarzstielige Streifenfarn (Asplenium trichomanes), der Nordische Streifenfarn (Asplenium septentrionale), an schattigeren Stellen der Dreiblättrige Baldrian

189 Felsen-Leimkraut (Silene rupestris). Eine Pflanze der Silikat-Felsspalten, sekundär auch auf Erdanrissen und Mauerkronen. (HKR)

190 Gaudins Berufkraut (*Erigeron gaudinii*). Einzig bekanntes Vorkommen in Deutschland am Feldberg. (HKR)

(*Valeriana tripteris*) und einige weitere Arten, die jedoch alle in den tieferen Lagen ebenfalls vorkommen. Aber an einer einzigen unzugänglichen Stelle in der Seewand wächst Gaudins Berufkraut (*Erigeron gaudinii*, Abb. 190). Diese zentralalpine Art ist am Feldberg erst vor wenigen Jahrzehnten entdeckt worden, sie hat hier überhaupt ihr einziges Vorkommen in Deutschland und setzt damit der Flora des Feldbergs ein ganz besonderes Glanzlicht auf. Ein Glück, dass sie zur Zeit der großen Sammler-Herbarien noch nicht bekannt war, die Pflanze hätte unfehlbar das Schicksal der Kleinen Teichrose geteilt. Natürlich legt das Vorkommen einer ganz unerwarteten Pflanzenart an einer einzigen Stelle immer den Verdacht einer Anpflanzung nahe, doch ist dies bei *Erigeron gaudinii* nach allen äußeren Umständen sehr unwahrscheinlich.

Die Silikatfelsspalten der Seewand beherbergen also neben einigen normalen Felspflanzen zwei Reliktpflanzen mit äußerst unterschiedlicher Ausbreitungstendenz: *Silene rupestris* als Art mit sehr starker Sekundärausbreitung und *Erigeron gaudinii* mit nur einem einzigen rezenten Fundort stellen gewissermaßen die beiden Extreme aller Möglichkeiten dar. Damit haben wir die Bewohner der Silikatfelsspalten eigentlich schon fast vollständig aufgezählt. Trotz der fragmentarischen Ausbildung der Gesellschaft lässt sich erkennen, dass pflanzensoziologisch diese Silikatfelsspaltenflur noch zum Woodsio-Asplenietum septentrionalis gehört, obwohl der namengebende Wimperfarn (*Woodsia ilvensis*) am Feldberg nicht vorkommt. Dieser sehr seltene nordische Farn wächst heute noch an viel tiefer gelegenen Felsen im Wiesetal, früher ist er auch im Höllental in der Nähe des Hirschsprungs reichlich vorgekommen. Warum er am Feldberg fehlt, darüber kann man nur mutmaßen.

Trotz des Vorkommens von *Erigeron gaudinii* ist das Ergebnis der Bestandsaufnahme der Silikatfelsspaltenflur doch einigermaßen dürftig. Gemessen an unseren Erfahrungen aus den Borstgrasrasen und Flachmooren hätten wir in der großen Felskulisse des Seebuckabsturzes mehr erwartet. Doch in diesem Zusammenhang muss man sich fragen, wo und wie die Silikatfelsspaltenpflanzen während des Glazials eigentlich das Alpenvorland hätten überwinden sollen. Denn Urgesteinfelsen gibt es ja zwischen dem Schwarzwald und den zentralen Alpenketten nicht. Vielleicht hätten sie sich auf dem Schutt der Gletschervorfelder ausbreiten können – wenn es sich im nördlichen Voralpenraum nicht eben ganz überwiegend um Kalkschutt gehandelt hätte, die nördlichen Alpenketten bestehen ja vorwiegend aus Kalk. Die Chance der Silikatfelsspaltenarten der Alpen, den Schwarzwald zu erreichen, war also von vornherein nur gering. Für diese Überlegung spricht die Tatsache, dass auch in den Blockhalden und Schuttfluren des Schwarzwaldes die Alpenpflanzen fast völlig fehlen. Nur der arktisch-alpine Rollfarn (*Cryptogramma crispa*, Abb. 191) hat den Schwarzwald erreicht und sich hier bis heute an wenigen Stellen halten können (am Herzogenhorn, bei Todtnau und bei Hofsgrund; hier in bemerkenswert tiefer Lage).

Ganz anders war die Situation für die Pflanzen der Kalkfelsspalten und der Kalkschutthalden. Sie konnten sich im Alpenvorland auf größeren Kalkfelsbrocken, offenen Steinfluren usw. leicht ausbreiten. Vermutlich waren diese Arten auch auf den Rohböden der Gletschervorfelder nicht selten, denn diese Böden waren kalkreich und trugen noch keine konsolidierte Vegetation. Auf den ganz ähnlichen Rohböden entlang der Alpenflüsse fassen ja auch heute Kalkschuttpflanzen immer wieder Fuß (z. B. die Stein-Kresse oder das Alpen-Leinkraut). Man kann deshalb ziemlich sicher davon ausgehen, dass solche »Kalksteinarten« während der Eiszeit auch im Schwarzwald vorhanden waren, obwohl es hier keine Kalkfelsen gibt.

Was ist nun mit diesen Kalksteinpflanzen in der Nacheiszeit geschehen? Man sollte annehmen, dass sie von der nachrückenden Konkurrenz erdrückt worden sind. Im Schwarzwald konnten diese Arten ja nicht auf ihre »richtigen« Standorte ausweichen wie etwa auf der Schwäbischen Alb, wo sich eine ganze Reihe dieser Kalksteinarten auf Reliktstandorten gehalten hat. Sie finden sich dort vor allem in den großen, waldfreien Kalkfelspartien des Donaudurchbruchs, auf Standorten also, die es im Urgestein-Schwarzwald nicht gibt.

Aber kommen wir noch einmal auf die große Felsgalerie der Seewand zurück. Wir haben bereits in anderem Zusammenhang gesehen, das der zerklüftete Gneis auf der Ostseite des Feldbergstocks stellenweise von Kalkadern durchzogen wird und dass deren Einfluss gelegentlich bis an die Oberfläche reicht. Wäre es nicht denkbar, dass dieser Kalkeinfluss auch in den Felspartien der Seewand nachweisbar ist, und dass hier die eine oder andere Kalkpflanze Zuflucht gefunden hat? Die Suche erweist sich als überaus erfolgreich. An bestimmten Stellen des Seebuckabsturzes finden wir tatsächlich gleich eine ganze Reihe solcher Kalkpflanzen: den Trauben-Steinbrech (*Saxifraga paniculata*, Abb. 192), die Zwerg-Glockenblume (*Campanula cochleariifolia*, Abb. 193) und viele Kalk-Moose. Oberflächlich ist dem Gestein meist nichts mehr von diesen Calcitadern anzusehen; sie dürften bis weit in den Felsen bereits vom Wasser herausgelöst sein. Dass wir uns jedoch tatsächlich in einer solchen Kalkeinflusszone befinden, zeigt auch die Vegetation der durchrieselten Rinnen in der Nachbarschaft. Hier finden wir den Alpen-Frauenmantel

191 Krauser Rollfarn (*Cryptogramma crispa*). (HKR)

192 Trauben-Steinbrech (*Saxifraga paniculata*). (HKR)

193 Zwerg-Glockenblume (Campanula pusilla). (HKR)

194 Alpen-Aurikel (Primula auricula). (HKR)

(Alchemilla hoppeana, siehe Abb. 156), ebenso das Alpen-Maßliebchen (Aster bellidiastrum, siehe Abb. 155); auch die Davalls Segge (Carex davalliana) deutet auf kalkreiches Substrat. Selbst die Übergänge zur Hochgrasflur auf den Felsbändern und am Fuß der Wand sind von Kalkpflanzen durchsetzt. Das Breitblättrige Laserkraut (Laserpitium latifolium) hat hier sein einziges Vorkommen im Schwarzwald, das gleiche gilt für die Alpen-Distel (Carduus defloratus). Alle Standorte sind nur kleinflächig ausgebildet und in der Florenzusammensetzung im Vergleich zu den Alpen nur bruchstückhaft, aber sie sind mitten im Gneisgebiet des Schwarzwaldes etwas ganz Unerwartetes. Selbstverständlich hat die Kalkflora der Seewand schon früh das Interesse der Botaniker auf sich gelenkt. Neben E. OBERDORFER (1927, 1934) hat vor allem K. MÜLLER (1901, 1935, 1938) die Standorte gründlich untersucht. Damals war aber bereits eine besonders bezeichnende Art dieser Felsflora verschwunden, vermutlich »wegbotanisiert«: die Aurikel (Primula auricula, Abb. 194). Es entschädigt kaum dafür, dass diese Art noch an anderer Stelle auf dem Feldberg vorkommt, mit ihr ist an der Seewand

195 Lanzen-Schildfarn
(*Polystichum lonchitis*).
(HKR)

ein äußerst kennzeichnender Bestandteil der Kalkfelsspaltengesellschaft verloren gegangen.

Damit ist angedeutet, dass es kalkbeeinflusste Felspartien auch noch an anderen Stellen im weitergefassten Feldberggebiet gibt, z. B. im St. Wilhelmer Tal, im Zastlertal und im Höllental. Diese Felsen sind jedoch floristisch weniger reich und nirgends ist der Kalkeinfluss so deutlich wie an der Seewand. Aber er bleibt auch hier sehr lokal und wird oft nur durch austretendes Wasser vermittelt. So verwundert es nicht, dass in den Geröllhalden am Fuß der Seewand fast nichts von diesem Kalkeinfluss zu bemerken ist. Immerhin hat sich aber am Seebuckabfall ein Farn des ruhenden Kalkblockschutts und der bebuschten Kalksteinhalden halten können: der Lanzen-Schildfarn (*Polystichum lonchitis*, Abb. 195). Er zeigt, dass Kalkeinfluss noch bis in die Felstrümmer reichen kann.

Bei intensiver Suche findet man in der Seewand noch eine weitere Reliktpflanze der Felsspalten- und Felsbänder, den Felsen-Ehrenpreis (*Veronica fruticans*, Abb. 196), ein kleiner, an der Basis verholzter Halbstrauch mit azurblauen Blüten und dunkelrotem Schlundring. Der Felsen-Ehrenpreis ist nicht so eng an Kalk gebunden wie die bisher vorgestellten »Kalkpflanzen«. Häufig ist er trotzdem nicht. Immerhin gibt es doch einige Fundorte mehr als bei den »kalksteten«

Arten. Außer an der Seewand, dem Hirschsprung und auf dem Belchen kommt die Pflanze am Hinterwaldkopf, an den Spießhörnern, am Kaiserwacht- und Posthalde-Felsen vor, früher auch im Zastlertal. Hier ist vermutlich auch eine Pflanze anzugliedern, deren Existenz in

196 Felsen-Ehrenpreis (*Veronica fruticans*). (HKR)

Deutschland erst seit einigen Jahren zweifelsfrei nachgewiesen ist (HÜGIN/SCHMIDT 2002). Es handelt sich um den Berg-Thymian (*Thymus alpestris*), eine Art der Sudeten und Karpaten, die in den Alpen nur ausnahmsweise vorkommt. Umso überraschender ist ihr Vorkommen im Schwarzwald (Feldberg, Belchen) und in den Vogesen (Grand-Ballon, Hohneck). Möglicherweise sind mit diesen beiden aktuellen Fundorten noch nicht alle Vorkommen im Schwarzwald erfasst, denn die Pflanze ist nur schwer vom Arznei-Thymian (*Thymus pulegioides*) zu trennen. Abgerundet wird das Bild der bisher vorgestellten Kalk-Felsspaltengesellschaft durch eine Reihe von kalkliebenden Pflanzen, die nicht zu den Eiszeitrelikten gehören, z. B. den Zerbrechlichen Blasenfarn (*Cystopteris fragilis*), den Grünen Streifenfarn (*Asplenium viride*) und die Mauerraute (*Asplenium ruta-muraria*). Diese Farne sind im Schwarzwald sonst nur in den kalkhaltigen Mörtelfugen von Mauern zu finden. In einigen schattigen Felsnischen der Seewand und im Zastler Loch kommen sie in den Spalten des gewachsenen Felsens vor und belegen damit ebenfalls die Existenz von Kalkfelsspalten mitten im Urgesteinsgebiet des Schwarzwaldes.

Der Wurzelraum in engen Felsspalten ist nur sehr gering. Sträucher oder gar Bäume können sich in diesen äußerst bodenarmen Rissen und Fugen nicht entwickeln. In größeren Gesteinsklüften, auf Simsen oder Felsbändern ändert sich dies, hier verschwinden die eigentlichen Felsspaltenpflanzen und es finden sich bereits einige Sträucher, zum Beispiel Vogelbeere und Mehlbeere (*Sorbus aucuparia* und *Sorbus aria*), vor allem aber die Felsenbirne (*Amelanchier ovalis*). In den Hochlagen ist freilich das Felsenbirnengebüsch (Cotoneastro-Amelanchieretum) nur noch ganz fragmentarisch ausgebildet; reicher ist die Artenpalette auf den Felsen des Oberrieder Tals und am Hirschsprung.

Auf den breiteren Felsbändern und Absätzen wird die Felsflora mit zunehmendem Wurzelraum schnell von einem Mosaik aus Rasen und Hochgrasflur abgelöst. Interessanterweise findet man auf den grasigen Felsbändern einige Pflanzen der Borstgrasrasen wieder, so zum Beispiel das Borstgras selber, den Schweizer Löwenzahn, aber auch den Gelben Enzian. Es ist durchaus denkbar, dass die eine oder andere Art auch hier, auf den vom Wald nicht beschatteten Felsbändern und Felsköpfen, die Nacheiszeit überdauert hat.

Zusammenfassend kann man feststellen, dass die Vegetation der Felswände ihre besonderen Glanzlichter durch eine Reihe von Kalkpflanzen erhält, deren Überdauern durch Calcitadern im Urgestein ermöglicht worden ist. Außergewöhnlich zahlreich sind die Kalkpflanzen am Seebuckabsturz. Hier reicht der Kalkeinfluss über die eigentlichen Felsspalten hinaus bis in die anschließenden Pflanzenstandorte, und er ist deutlicher und großflächiger ausgeprägt als an allen anderen calcitführenden Felsen des Südschwarzwaldes. Damit erweist sich der floristische Reichtum des Feldbergs insgesamt als das Ergebnis eines überaus glücklichen Zusammentreffens sowohl klimatischer als auch edaphischer Faktoren.

7. Die Gefährdung der Feldbergvegetation

Der Feldberg ist ein beliebtes Ausflugsziel und Wandergebiet. Unaufhaltsam steigt jedes Jahr die Menge der Besucher, denn der Berg ist aussichtsreich und leicht erreichbar. Die meisten Besucher fahren mit dem Sessellift lediglich bis zum Bismarckdenkmal, für einen kleineren Teil ist dies der Ausgangspunkt für mehr oder weniger ausgedehnte Wanderungen über den weiten Feldbergrücken. Das hat in der Vergangenheit zu großen Trittschäden an der Vegetation geführt, weil überall Trampelpfade entstanden, kreuz und quer über das Weidfeld, vor allem aber links und rechts der viel begangenen Hauptwege. Übersteigt die Trittbelastung ein gewisses Maß, beginnt sich die Vegetation aufzulösen und der blanke Boden ist nunmehr schutzlos der Erosion ausgesetzt. Wohl hat man vielerorts versucht, die Erosionsschäden durch Erdauffüllungen und Einsaat wieder zu heilen, doch ist unter dem Gesichtspunkt der Erhaltung der einzigartigen Vegetation eine Wiederbegrünung nicht viel mehr als eine Retusche, denn die ursprüngliche Pflanzendecke kann durch eine Einsaat nicht ersetzt werden. Zwar werden mit der Zeit die eingesäten Tieflandarten von den Arten der Borstgrasrasen verdrängt, der Prozess dauert aber lange und er funktioniert auch nur, wenn weitere Trittbelastung zuverlässig ausgeschlossen werden kann.

Die Serie halbherziger Maßnahmen wurde vor einigen Jahren durch ein konsequentes Besucherlenkungskonzept, durch die Sperrung einiger Wege, durch die Instandsetzung der verbliebenen Wege und nicht zuletzt durch die Aufstellung von Weidezäunen beendet (siehe Kapitel G). Seither ist das Problem auf einige Brennpunkte (Bismarckdenkmal, Bereich um den Feldberggipfel) zurückgedrängt und vielerorts sind ehemalige Erosionslinien wieder vollständig bewachsen und im Gelände fast nicht mehr zu erkennen. Es soll aber nicht verschwiegen werden, dass durch das Wiederaufleben des Weidebetriebs eine Vegetationsveränderung auf den Weideflächen eingeleitet wurde und dass es auf den weichen Flachmoorflächen sofort zu starken Schäden durch Viehtritt kam. Aufgrund der offensichtlichen Schäden gelang es dann, einige unersetzliche Kernbereiche aus der Beweidung herauszunehmen – eine Absprache, die sich sehr bewährt hat und die bis heute fortbesteht. Dennoch muss man sich fragen, ob die Beweidung, der Skibetrieb, der Sommertourismus, die militärische Nutzung und das früher übliche Pflanzensammeln bis in biologische Kernflächen vorgedrungen ist. Eine der Möglichkeiten zur Beantwortung dieser Frage ist der Vergleich des heutigen Florenbestandes mit den Angaben in alten Florenwerken und Exkursionsberichten.

Die intensive Durchforschung der Feldbergflora setzte um die Wende zum 19. Jahrhundert ein. Etwa 50 Jahre später waren fast alle Höheren Pflanzen unseres Gebiets bekannt, später wurden nur noch wenige neue Pflanzen gefunden (Anthoxanthum alpinum, Alchemilla frigens, Diphasium issleri, Erigeron gaudinii, Thymus alpestris). Vergleicht man die damalige Artenliste mit den heute am Feldberg vorkommenden Arten, so scheint auf den ersten Blick nicht vieles zu fehlen: die bereits erwähnte Kleine Teichrose (Nuphar pumilum), die Krähenbeere (Empetrum hermaphroditum) und vielleicht auch der Berg-Hahnenfuß (Ranunculus montanus), denn diese Pflanzen wurden an den früheren Fundorten seit vielen Jahren nicht mehr gesehen. Doch andere, früher oft über Jahrzehnte nicht bestätigte Seltenheiten kommen mit Sicherheit noch vor: Allermannsharnisch oder Siegwurz (Allium victorialis), der Siebenstern (Trientalis europaea), die Breitblättrige Glockenblume (Campanula latifolia) und der Schabenkraut-Pippau (Crepis pyrenaica). Einige der ehemals seltenen Pflanzen konnten sich sogar ausbreiten. Ein Beispiel dafür liefert der Gelbe Enzian, der durch ständiges Ausgraben so stark zurückgegangen war, dass er auszusterben drohte. Nachdem die Pflanze daraufhin unter Schutz gestellt wurde, hat sie sich schnell wieder ausgebreitet und an manchen Stellen (z. B. um die St. Wilhelmer Viehhütte und am Baldenweger Buck) sogar überhandgenommen.

Betrachtet man aber die Fundortangaben in alten Florenwerken (DÖLL 1857, NEUBERGER 1912, SCHILDKNECHT 1863) und den damals zahlreichen Exkursionsberichten etwas genauer und vergleicht diese Angaben mit den heutigen Fundstellen, so muss man viele erloschene Vorkommen zur Kenntnis nehmen. Vor allem im Zastler Loch sind zahlreiche frühere Vorkommen nicht mehr zu bestätigen. Einen Schlüssel für das Verständnis dieser Tatsache liefern unter anderem die erwähnten Exkursionsberichte. Als Beispiel sei der Bericht von ALBERT RÄUBER (1891) angeführt: »Ausflug des Bad. Vereins auf den Feldberg«. Die zweitägige Exkursion hatte 10 Teilnehmer; alle waren wohl versehen mit Sammelbüchsen. Bereits am ersten Tag wurde ein Exemplar des Orangeroten Habichtskrauts (Hieracium aurantiacum, heute im Schwarzwald aus Kulturen verwildert weit verbreitet) gefunden, am zweiten Tage ein weiteres. Der Berichterstatter betont, dass diese Pflanze seit 1827 (damals also seit über 60 Jahren) nicht mehr bestätigt wurde. Kurz vor Schluss des Berichtes heißt es: »*Auf Antrag ... wurde beschlossen, die beiden Exemplare dem Vereinsherbar zu überweisen ...*«. Anscheinend gab es gar keine Diskussionen darüber, ob die beiden Pflanzen denn überhaupt herbarisiert werden sollten, die Frage war allein, ob sie ins Vereins- oder in ein Privatherbarium gehörten.

Bestimmt war dies kein Einzelfall. Damals hatte jeder Liebhaber-Botaniker ein Herbar, und die Liebhaber-Botaniker waren wesentlich zahlreicher als heute! Natürlich wollte jeder ein möglichst vollständiges Herbar besitzen und sammelte deshalb ganz unbekümmert. Der Gedanke des Artenschutzes war damals praktisch noch unbekannt. Auf »Heubörsen« und über Inserate entwickelte sich ein lebhafter Tauschhandel, bei dem naturgemäß die Besonderheiten des Feldbergs sehr gut abzusetzen waren. Damals müssen gewisse seltene Pflanzen wahrlich körbeweise eingesammelt worden sein, denn auf vielen Etiketten ist nicht nur der Name der Pflanze und des Sammlers ausgedruckt, sondern auch gleich der Fundort.

Aber hatte man denn schließlich nicht schon immer Pflanzen gesammelt, ohne dass die Arten dadurch ausgerottet wurden? Das ist sicherlich richtig. Vor dem Aufkommen der synthetischen Arzneimittel hat das Pflanzensammeln der »Kräuterweiblein« eine große Rolle gespielt. Wahrscheinlich reicht sogar das Kräutersammeln auf dem Feldberg bis weit in frühere Jahrhunderte zurück. So enthält das gegen Ende des 15. Jahrhunderts erschienene Arzneibüchlein des KLAUS VON MATREI folgende Passage über den Allermannsharnisch: »*Diese wurtzel haisset Sigwurtz, ... und wechst auf ettlichen hohen pergen ... Ain berg ligt auf dem Schwartzenwalld, bey Tottenauv, da man silber grebt, haist der Veltperg, da sind ir vil auf, und ettliche lanndfarer, die haben sy fail*« (zit. aus ZIMMERMANN 1944). Heute sind allerdings »ihrer nit mehr vil auf«; 100 Pflanzen dürften es vielleicht noch sein, die sich an schwer zugänglichen Stellen bis heute gehalten haben.

Wir müssen also zur Kenntnis nehmen, dass das einzige »Kapital« vieler Seltenheiten des Feldbergs allein in der Tatsache besteht, dass sie eben schon da sind. Ausreißen, Ausgraben oder Zertreten der Pflanzen bedeutet in vielen Fällen eine bleibende Dezimierung. Je geringer aber die Restpopulation, umso größer wird die Wahrscheinlichkeit, dass die Pflanze schließlich völlig verschwindet, und damit ein Dokument der Florengeschichte unwiederbringlich verloren ist. Aber ist denn das überhaupt so wichtig? Ist denn das ursprüngliche Vorkommen dieser beiden Arten nicht eindeutig in der wissenschaftlichen Literatur dokumentiert, braucht es dazu noch die Belegstücke?

Wenn man die Eiszeitrelikte ausschließlich als Belege der Florengeschichte betrachtet, dann braucht es sie freilich nicht. Aber der Feldberg ist ja mehr als nur ein florengeschichtliches Museum. Diese Pflanzen sind ja nicht auf Herbarbögen geklebt, sondern sie leben und wachsen in Pflanzengesellschaften, die in ihrer Eigenart nicht allein die Vergangenheit, sondern das subalpine Heute des Feldbergs, mit seinen Wechten, Lawinenbahnen, kalten Quellfluren und Mooren widerspiegeln. Diese Zusammenhänge zu erkennen und zu verstehen, darin liegt der besondere Reiz der Feldbergflora, genau darum sind Generationen von Naturfreunden, Liebhaber-Botanikern, angehenden oder etablierten Wissenschaftlern hierher gepilgert. Der Berg hat seither nichts von seiner Bedeutung eingebüßt. Das gilt für den beobachtenden Naturfreund wie für die wissenschaftliche Forschung.

8. Alpenpflanzen – Feldbergpflanzen: ein Vergleich

Mit dem Vorstoß des Waldes in der Nacheiszeit wurde das Areal der Pflanzen zwischen den Eisschilden in zwei große Teile zerlegt, in das arktische und das alpische Teilareal. Zwischen diesen großen, heutzutage durch unüberwindliche Ausbreitungsschranken vollständig getrennten Großarealen blieben in Südskandinavien, Norddeutschland, den Mittelgebirgen, im Voralpenraum usw. einige kleine »Arealsplitter« übrig, in denen bestimmte Arten unter günstigen lokal-

197 Zum Greifen nahe, für Pflanzen aber weit entfernt: Das Berner Oberland vom Feldberg aus gesehen (im Vordergrund das Herzogenhorn). (HKR)

klimatischen oder edaphischen Faktoren bis heute überdauert haben. Besonders reich an solchen Glazialrelikten ist, wie wir gesehen haben, der »Feldberg«. Vom Gipfel des Feldbergs aus scheinen an Tagen mit guter Fernsicht die Alpen fast zum Greifen nah (Abb. 197), dennoch besteht für die Pflanzen keine Verbindung. Seit mehreren Jahrtausenden gibt es weder über Pollen noch über Samen einen nennenswerten Austausch von Erbgut zwischen dem Areal in den Alpen und dem Splitterareal am Feldberg, dazu ist die Entfernung viel zu groß. Allenfalls gut flugfähige Früchte könnten aus den Alpen kommend gelegentlich den Feldberg erreichen, die Wahrscheinlichkeit, dass sie hier über das Keimlingsstadium hinauskommen, ist jedoch verschwindend gering. Es gibt also keinen »Genfluss« zwischen Alpen und Feldberg.

Eingeschränkter oder gar unterbrochener Genaustausch ist in vielen Fällen die Voraussetzung für die unterschiedliche Entwicklung der getrennten Teilpopulationen. Bei abweichendem Klima, anderen Konkurrenten und Pflanzenfressern wird diese differentielle Entwicklung noch zusätzlich gefördert. Räumliche Trennung (Separation) führt also zu einer zunehmenden »Entfremdung«, die bis zur Bildung neuer Arten führen kann. Über die Geschwindigkeit einer solchen Artbildung weiß man doch recht wenig. Nur selten ist die Dauer der Trennung hinreichend genau abzuschätzen, und so sie wirklich bekannt ist, war die Zeit meist zu kurz zur Ausbildung abweichender Merkmale. Unter diesem Gesichtspunkt sind die Glazialrelikte des Feldbergs höchst interessant. Hier ist eine ganze Reihe von Arten seit etwa 10000 Jahren von den Artgenossen, die sich in die Alpen zurückgezogen haben, getrennt. Die Reliktpopulationen sind vergleichsweise klein, Unterschiede in Klima und der Zusammensetzung der Hauptkonkurrenten sind vorhanden. Das sind günstige Voraussetzungen für eine differentielle Entwicklung.

Deshalb drängt sich die Frage geradezu auf, ob sich bei den Glazialrelikten des Feldbergs bereits Unterschiede zu den Alpenpflanzen nachweisen lassen. Wenn ja, können die Unterschiede als Anpassung an die abweichenden Standortbedingungen des Feldbergs gewertet werden? Handelt es sich dabei »nur« um ökologisch-physiologische Unterschiede (Frostresistenz, Photosyntheseleistung usw.) oder ist die differentielle Entwicklung bereits bis zu äußerlich sichtbaren Unterschieden gediehen? Um es vorwegzunehmen: Bei allen fünf untersuchten Arten (*Bartsia alpina*, *Carex frigida*, *Gnaphalium supinum*, *Homogyne alpina* und *Soldanella alpina*) gibt es mehr oder minder stark ausgeprägte Abweichungen, manche mit einer auffällig übereinstimmenden Tendenz. Besonders deutlich sind die Abweichungen beim Zwerg-Ruhrkraut (*Gnaphalium supinum*), hier zeigen sich sogar äußerlich erkennbare Unterschiede (BOGENRIEDER 1974). Bei vier weiteren untersuchten Arten ergaben sich Unterschiede bei der Frostresistenz, der Photosyntheseleistung und der Wüchsigkeit. In allen Fällen war bei den Feldbergpflanzen die Photosyntheseleistung und Wüchsigkeit bei mittleren Temperaturen höher, die Frostresistenz dagegen geringer als bei den Alpenpflanzen. Dieses Ergebnis ist besonders interessant, denn es bestätigt eine alte Erfahrung der forstlichen Provenienz (Herkunfts)-Forschung: Je härter das Klima des Gebiets, aus dem die Samen stammen, desto größer ist normalerweise die Frosthärte der betreffenden Pflanzen, umso geringer aber ihre Wüchsigkeit und Konkurrenzkraft. Offenbar gibt es zwischen diesen beiden Eigenschaften einen inneren, physiologischen Zusammenhang. Hier ist es nun wichtig, sich an das »atlantische« Feldbergklima zu erinnern. Die Temperaturextreme sind recht gering, die Niederschläge aber hoch. Starker Frost tritt für die untersuchten Pflanzen praktisch nur in Zeiten hoher Schneesicherheit auf. Unter diesen Bedingungen ist es für die Pflanzen günstiger, mehr Nachdruck auf die Konkurrenzkraft als auf die Frostresistenz zu legen. Genau dies beobachtet man bei den Feldbergpflanzen.

Wie bereits erwähnt, ergaben sich die meisten Unterschiede beim Zwerg-Ruhrkraut (*Gnaphalium supinum*). Sogar äußerlich sichtbare Unterschiede sind vorhanden, bei gemeinsamer Anzucht sind die Pflanzen gut zu unterscheiden. Man muss tatsächlich überlegen, ob in diesem Falle nicht bereits zwei verschiedene Arten oder doch zumindest Unterarten vorliegen. Diese Frage lässt sich allein mit der Prüfung der Kreuzbarkeit nicht befriedigend beantworten, denn in der Botanik ist das Kriterium der gegenwärtigen Kreuzbarkeit zur Artabtrennung nicht besonders tauglich. Es ist zwar nicht geprüft, aber doch sehr wahrscheinlich, dass sich die beiden Populationen des Zwerg-Ruhrkrauts noch gut kreuzen lassen. Doch das gilt auch für eine Vielzahl von mit Sicherheit »guten« Arten innerhalb der Höheren Pflanzen. Bei genauer Überlegung würden wir finden, dass es letztlich eine Ermessensfrage ist, wo im Einzelfall die Grenze einer neuen Art oder Unterart anzusetzen ist. Wir können deshalb diese Frage für das Zwerg-Ruhrkraut getrost unentschieden lassen. Viel wichtiger ist die Tatsache, dass sich offenbar einige der Glazialrelikte bereits zu eigenen »Feldberg-Ökotypen« entwickelt haben und sich hier die Artbildung gewissermaßen vor unseren Augen vollzieht. Der Feldberg ist also viel mehr als ein florengeschichtliches Museum, er ist Fluchtburg einer subalpinen Pflanzenwelt und gleichzeitig Schauplatz ihrer allmählichen Weiterentwicklung zu neuen Arten.

E Die Waldlebensräume und ihre Vegetation – Standorte, Charakterisierung und Verbreitung

Thomas Ludemann

1. Der Feldberg – Ein Waldberg

»Von der gesamten Pflanzenwelt am Feldberg ist der Wald der wichtigste Bestandteil, nicht nur nach seiner Ausdehnung, sondern auch wirtschaftlich betrachtet. Vor der Besiedlung der Feldberglandschaft bedeckte er, mit kleinen Ausnahmen, nach unserem heutigen Wissen das gesamte Gebiet. Es ist deshalb angebracht, bei den Vegetationsbetrachtungen den Wald besonders eingehend zu behandeln.« (Müller 1948: 259)

Das Feldberggebiet wäre von Natur aus, unter vom Menschen unbeeinflussten Bedingungen weitestgehend bewaldet, ein großflächiges, natürliches Waldgebiet – ebenso wie weite Teil Mitteleuropas. Auf etwa 97 % der Fläche des Naturschutzgebiets sind die Standorte aus waldökologischer Sicht von Natur aus waldfähig, d. h. es können dort von Natur aus Bäume wachsen und mehr oder weniger geschlossene Waldbestände aufbauen. Auch der Feldberg selbst wäre ein Waldberg: Es kann inzwischen als wissenschaftlich unumstritten gelten, dass die höchsten Gipfellagen des Feldbergs waldfähig sind und dass es sich folglich auch bei den weiten, heute offenen, von Rasen- und Zwergstrauchvegetation bedeckten Weideflächen der Gipfelkuppen weitestgehend um potenzielles Waldland handelt. Die klimatisch bedingte, natürliche al-

198 Der Feldberg, ein Waldberg. Blick von Norden über die ausgedehnten Mischwälder des oberen Zastlertals zum Feldberggipfel. In diesem kontrastreichen Frühjahrsaspekt haben die Laubgehölze ihre Blätter gerade erst frischgrün entfaltet. Die meisten früher oder heute noch waldfreien Flächen, wie auf diesem Bild die zum Teil schneebedeckte Gipfelkuppe, sind durch die Weidewirtschaft des Menschen entstanden und aus ökologischer Sicht waldfähig. Lediglich kleine Flächen an Sonderstandorten, wie Mooren, Felsen, Bockhalden, Wechtenkanten und Lawinenbahnen, bleiben von Natur aus langfristig waldfrei, wie hier am Nordabsturz des Höchsten ins Zastler Loch unterhalb der Wechtenkanten. (TL)

199 Der umgekehrte Blick im Herbst, vom Feldberggipfel nach Norden über die ausgedehnten, nun besonders bunten Mischwälder des oberen Zastlertals sowie den Hinterwaldkopf mit seinen Weideflächen zum Kandel und zu den weiten Landwirtschaftsflächen um St. Peter und St. Märgen im Mittleren Schwarzwald. (TL)

200 Auch die Gipfellagen des Feldberggebiets sind zum größten Teil waldfähig. Im Weideland der Feldbergkuppen dringt die Fichte (*Picea abies*) mit vitalen Individuen bis in die höchsten Lagen vor, wie hier vom Südhang her auf den subalpinen Borstgrasrasen unweit der höchsten Erhebung des Feldbergs. (TL)

201 Überlebenskampf(form) der Fichte. Selbst am Gipfel des Baldenweger Bucks (1460 m) überleben einzelne Baumindividuen der Fichte seit langer Zeit unter den dort besonders extremen standörtlichen Bedingungen (Sturm, Kälte, Eis, Flachgründigkeit des Bodens), noch verschärft durch die jahrhundertelange weidewirtschaftliche Nutzung des Wuchsorte. (TL)

pine Waldgrenze wird dort nicht erreicht. Seit der natürlichen nacheiszeitlichen Wiederbewaldung und vor dem Einsetzen der Siedlungstätigkeit und der landwirtschaftlichen Nutzung durch den Menschen waren auch die meisten heute waldfreien Flächen im Feldberggebiet lange Zeit bewaldet. Die Urbarmachung, die Anlage und Erhaltung von landwirtschaftlich gut nutzbaren Flächen, insbesondere von Ackerland und Mähwiesen, ohne den Einsatz fossiler Energie, ohne motorgetriebene Werkzeuge und Maschinen war eine enorme kulturelle Leistung, die heute nur noch schwer angemessen eingeschätzt und nachvollzogen werden kann. Beim Ausbleiben der landwirtschaftlichen Tätigkeit des Menschen entwickeln sich die urbargemachten Flächen auf natürlichem Wege früher oder später wieder zum Wald zurück, auch ohne gezielte Aufforstungsmaßnahmen. Dieser natürlichen Entwicklung, der spontanen natürlichen Wiederbewaldungsdynamik, entgegenzuwirken und die Landschaft offen zu halten, erfordert fortlaufend erhebliche Anstrengungen und umfangreiche Maßnahmen und damit stets auch Eingriffe in natürlich ablaufende Prozesse, sei es zur Sicherstellung der landwirtschaftlichen Nutzbarkeit oder zur Erhaltung bestimmter Kulturlandschaftselemente unter naturschutzfachlichen oder touristischen Gesichtspunkten und Zielsetzungen.

Wälder sind also die einzige großflächige natürliche Vegetationsformation des Feldbergebiets. Sie bauen dort auch heute noch maßgeblich die naturnächsten Landschaftselemente mit auf und nehmen aktuell über vier Fünftel der Fläche des Naturschutzgebiets ein. Diese Wälder sind keineswegs einheitlich aufgebaut, sondern durch die örtlich verschiedenen Wuchsbedin-

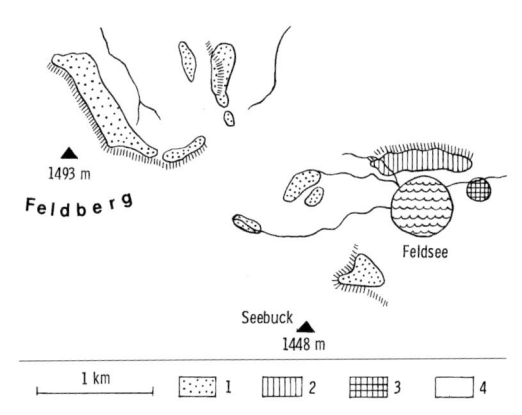

202 Potenzielle natürliche Vegetation der Feldberg-Hochlagen. Lediglich kleine Flächen an Sonderstandorten (1–3) sind am Feldberggipfel von Natur aus waldfrei. 1 Subalpine Vegetationskomplexe größerer Ausdehnung (Schlucht-Weiden- und Ebereschen-Gebüsch, Urwiesen, Flachmoore). 2 Felsspalten- und Felsband-Gesellschaften auf offener Felswand größerer Ausdehnung (Seewand). 3 Feldseemoor (Flach- und Hochmoor-Gesellschaften). 4 Potenzielle Buchen-, Tannen- und Fichtenwald-Gesellschaften in Hoch- oder Buschwaldform. (nach OBERDORFER 1982b: 37)

gungen, vor allem durch lokale Unterschiede in Klima und Boden, mannigfaltig gegliedert. Zusätzliche Unterschiede im Waldbild und Bestandaufbau ergeben sich aus der verschiedenartigen Bestand- und Nutzungsgeschichte, sei es durch natürliche Faktoren und Prozesse der Walddynamik oder durch die Tätigkeit des Menschen in Vergangenheit und Gegenwart.

Im Verlaufe der Siedlungsgeschichte, vor allem seit dem Hochmittelalter, drängte der Mensch die Waldbestände immer weiter zurück oder lichtete sie zumindest stark auf, dies vor allem für die Nutzung zur Grünlandwirtschaft und insbesondere als Weideland sowie im Rahmen von umfangreichen Holznutzungen. Zum Höchststand der Entwaldung im 18. Jahrhundert wurden mindestens zwei Drittel der Fläche intensiver landwirtschaftlich genutzt und von Offenlandvegetation, zum allergrößten Teil von Weideland, geprägt. Inzwischen sind viele Flächen wieder zu Wald geworden, entweder gezielt aufgeforstet oder nicht selten auch auf dem Wege der spontanen natürlichen Vegetationssukzession. Im Naturschutzgebiet sind heute wieder über 80 % der Fläche von Wald bedeckt – bei weiter fortschreitendem Wiederbewaldungstrend.

Zum natürlichen Vegetationsmosaik der Wälder im Ganzen gehören aus waldökologischer und naturschutzfachlicher Sicht nicht nur hochwaldartige Bestände – Letztere nehmen nur eine einzelne, mehr oder weniger lange Phase im vollständigen natürlichen Waldentwicklungszyklus ein –, sondern weit mehr Habitatstrukturen und Lebensraumtypen. Dies trifft gerade auch im Feldberggebiet in ganz besonderem Maße zu. Die Wälder bilden dort ein vielfältiges und wechselvolles raumzeitliches Mosaik. Dies ist einerseits aufgebaut – neben den hochwaldartigen – aus weiteren Waldentwicklungsstadien verschiedenen Alters und verschiedenster Vegetationsstrukturen, von jungen Stadien nach Sturmwurf, Schneebruch oder Schädlingskalamitäten bis hin zu späten Phasen der Waldentwicklung, in denen die Bestände flächig zusammenzubrechen, zu zerfallen und sich wieder zu verjüngen beginnen (siehe Abb. 226–228). Andererseits finden sich zahlreiche kleinflächige Sonderstandorte, wie Quellen, Bäche, Moore, Felsen, Blockhalden und Lawinenbahnen, die in die eigentlichen Waldbestände eingebettet sind und das Vegetationsmosaik in verschiedener Weise bereichern.

Aufgrund der standörtlichen Vielfalt und der natürlichen Walddynamik sind diese Wälder also keineswegs überall dicht geschlossen und schattig, sondern bauen bis heute ein buntes Mosaik verschiedenster Waldtypen, Waldentwicklungsstadien und Sukzessionsflächen auf, in das zusätzlich zahlreiche waldfreie Sonderstandorte eingesprengt sind. Die charakteristischen Vegetationstypen dieser Sonderstandorte werden in Kapitel D detailliert beschrieben. Das von ihnen im Zusammenspiel mit den verschiedenen Waldtypen aufgebaute Vegetationsmosaik und die spezifischen Verbreitungsmuster der Lebensräume werden am Ende dieses Kapitels in Abschnitt 6 genauer erläutert und mit eingehenden Beispielen belegt.

Im Ganzen nehmen die waldfreien Sonderstandorte, die aufgrund der besonderen ökologischen Wuchsbedingungen langfristig nicht oder nur sehr locker von Wald bedeckt sind, nur kleine Flächen ein. Bezogen auf das Naturschutzgebiet Feldberg sind es etwa 3 % der Fläche. Unter den von Natur aus lichteren Vegetationsstrukturen sind darüber hinaus aber auch die waldfreien Sukzessionsflächen langfristig von großer Bedeutung. Sie entstehen zwar lediglich vorübergehend, aber durchaus für Jahrzehnte und immer wieder an verschiedenen Stellen und sind insofern auch dauerhaft im raumzeitlichen Waldmosaik vorhanden – aktuell immerhin mit einem Flächenanteil von 4 %. Auch sie sind essenzieller Bestandteil der natürlichen Waldentwicklung und damit der Wälder im Naturschutzgebiet Feldberg. Schließlich sind die ganz besonderen lokalklimatischen Bedingungen der allerhöchsten, besonders sturm- und schneereichen Kamm- und Kuppenlagen zu nennen, in denen die Waldentwicklung besonders häufig zurückgeworfen wird und folglich lichtbedürftige Vegetationselemente bereits von Natur aus regelmäßiger vorhanden sind.

All dies gehört zum Wald im weiteren Sinne, zum Vegetationsmosaik der Wälder im Feldberggebiet im Ganzen dazu, nicht nur hochwaldartige, mehr oder weniger geschlossene und dichte Baumbestände mittleren Alters, auf die der Wald als Lebensraum bisweilen eingeengt und reduziert wird. In diesem weiteren Sinne sei auch die folgende Beschreibung der Wälder des Feldberggebiets gegeben, wobei für die dauerhaft nicht von Bäumen beherrschten Vegetations- und

203 Aktuelle Vegetation der Feldberg-Hochlagen. Die in Abb. 202 hervorgehobenen Flächen (1–3) zeichnen sich auch in der aktuellen Vegetation durch die größten Bestände von Lebensräumen aus, die von Natur aus waldfrei sind. 1 entspricht den subalpinen Staudenfluren und Gebüschen (blaugrün hellpunktiert) unter den Wechtenkanten nordöstlich des Gipfels (Osterrain), am Baldenweger Buck und am Seebuck sowie den Moor- und Sumpfbereichen (hellviolett rotpunktiert u. hellblau) westlich des Feldsees, 2 dem Felsmassiv (rosa) der Seewand, 3 der Moorvegetation (hellviolett rotpunktiert) des Feldseemoores und 4 allen übrigen Einheiten, also hauptsächlich dem Hochlagen-Fichtenwald (orange), inkl. ausgedehnter Sukzessionsflächen (hellgrün mit dunklen Kreisen), dem Hochlagen-Borstgrasrasen (hellgraubraun) sowie dem Peitschenmoos-Fichtenwald (rot) und den verschiedenen Buchenwäldern (grün). (nach LUDEMANN et al. 2007) Legende siehe S. 267.

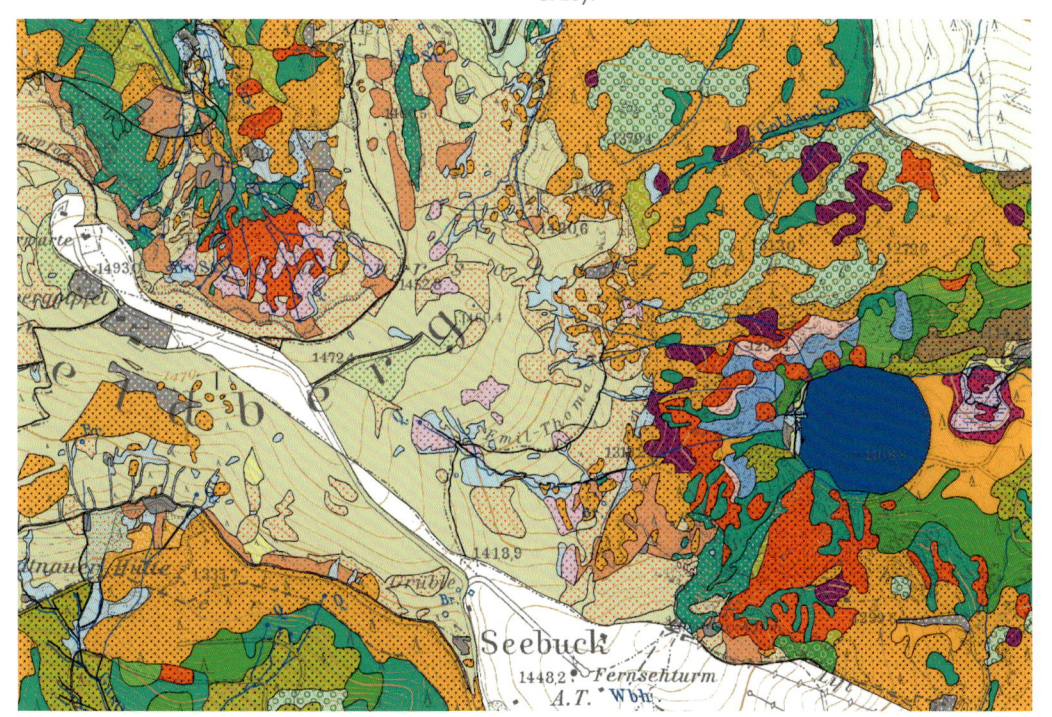

204 St. Wilhelmer Tal mit dem Feldberggipfel. Vorlage für die Schwarzwald-Briefmarke von 2006 und Musterbeispiel für die Standort- und Vegetationsgliederung im Feldberggebiet. (TL)

Landschaftselemente nochmals auf die ausführlichen Darstellungen in Kapitel D verwiesen sei.

2. Standörtliche Charakterisierung, Wuchsbedingungen und Untergliederung der Wälder im Feldberggebiet

Die in den einführenden Kapiteln A, B und C beschriebenen abiotischen Gegebenheiten stellen neben den biotischen und anthropogenen Rahmenbedingungen die essenziellen Grundlagen für das Verständnis des aktuellen Vegetationsmosaiks im Feldberggebiet dar. Für detailliertere Informationen zu den abiotischen Faktoren sei auf diese Kapitel und insbesondere die Abb. 2, 8 und 9 verwiesen. Einige aus vegetationsökologischer Sicht wesentliche Grundzüge der naturräumlichen Ausstattung, von Klima, Geologie und Boden, seien jedoch im Folgenden nochmals aufgegriffen und zusammengestellt.

Im Hinblick auf die räumlich-standörtliche Vegetationsgliederung bedingen die ausgeprägten Relief-, Höhen- und Expositionsunterschiede große lokalklimatische und edaphische Unterschiede der Wuchsbedingungen auf kleinem Raum, auch innerhalb des engeren Feldberggebiets: Das Gebiet wird zunächst einmal durch eine markante Zweigliederung geprägt und unterteilt, durch den charakteristischen naturräumlichen Gegensatz zwischen dem westlichen und dem östlichen Schwarzwald. Teils liegt es in der naturräumlichen Einheit »Südlicher Hochflächenschwarzwald«, teils im »Südlichen Kammschwarzwald« (Reichelt 1964; siehe Abb. 2 und 8 sowie S. 16). Der Südliche Hochflächenschwarzwald wird durch sanfte, vom danubischen Flusssystem ausgestaltete Reliefformen charakterisiert (ehemalige Donau-Quellflüsse; danubische Altlandschaft des Ostschwarzwaldes). Demgegenüber ist der Südliche Kammschwarzwald von den stärkeren Erosionskräften des geologisch jüngeren Rheinsystems weitgehend in steile

205 Standort- und Vegetationsgliederung im Feldberggebiet auf den verschiedenen räumlichen Ebenen (1–3; regional bis lokal), exemplarisch verdeutlicht anhand der illustrativen Schwarzwald-Briefmarke von 2006, auf der das St. Wilhelmer Tal mit dem Feldberggipfel in einer schematischen Landschaftsskizze dargestellt ist.

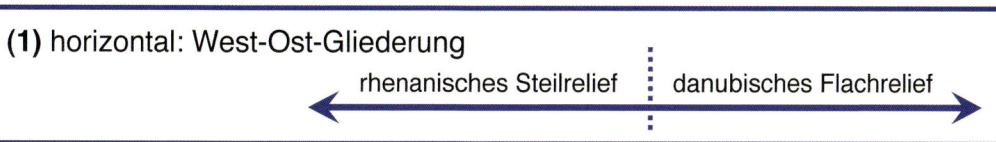

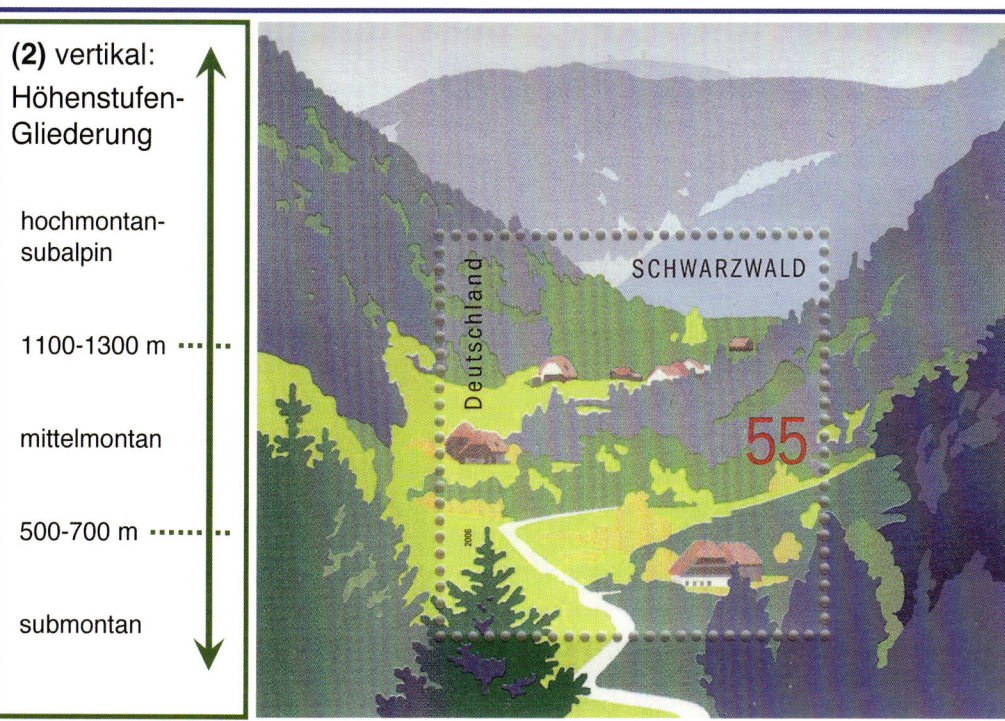

Standörtliche Charakterisierung, Wuchsbedingungen und Untergliederung der Wälder im Feldberggebiet

(1) horizontal: West-Ost-Gliederung

⟵ rhenanisches Steilrelief : danubisches Flachrelief ⟶

(2) vertikal: Höhenstufen-Gliederung

- hochmontan-subalpin
- 1100–1300 m
- mittelmontan
- 500–700 m
- submontan

SCHWARZWALD — Deutschland — 55

(3) lokalstandörtlich-edaphische Gliederung
nährstoffarm – nährstoffreich – Sonderstandorte

Hauptstandorte und Waldtypen

(3) Standort (-ebene) (1) (2)	rhenanisch montan	danubisch hochmontan-subalpin
Normalstandorte - nährstoffarm	Hainsimsen-Buchenwald (Luzulo-Fagetum)	Hochlagen-Fichtenwald ("Luzulo-Piceetum")
	Hainsimsen-Tannenwald (Luzulo-Abietetum)	
- nährstoffreich	Waldmeister-Buchenwald (Galio-Fagetum)	Bergahorn-Buchenwald (Aceri-Fagetum)
Sonderstandorte - Auen	Schwarzerlen-Auenwälder (Stellario-Alnetum, Carici-Fraxinetum)	Grauerlen-Auenwald (Alnetum incanae)
- Schluchten	Ahorn-Eschen-Ulmenwälder (Fraxino-/Ulmo-Aceretum)	
- Moore, Sümpfe, Blockhalden, Felsen	Fichten-Moor(rand)-, Sumpf-, Blockhalden- und Felswald (Bazzanio-Piceetum)	

stände von großem Umfang vorhanden gewesen sein. In diesem Zusammenhang ist auch bemerkenswert, dass Bär und Luchs im Feldberggebiet erst im 17. Jahrhundert ausgerottet wurden, der Wolf sogar erst im 18. Jahrhundert (STOLL 1948: 446).

War der Holzvorrat eines Waldbestandes einmal genutzt, so bedeutete dies allerdings keinen endgültigen Verlust des Waldes und keinen einmaligen, unumkehrbaren Prozess der Waldzerstörung. Vielmehr verfügten und verfügen unsere mitteleuropäischen Mischwälder, im Gegensatz zu den Verhältnissen im Mittelmeerraum, über ein enormes natürliches Verjüngungspotenzial, sodass die genutzten Bestände sich in mehr oder weniger kurzer Zeit von sich aus, d. h. spontan auf natürlichem Wege und ohne Zutun des Menschen, wieder regenerieren und neu aufwachsen konnten und können. Dies ist in der jüngeren Vergangenheit auch auf Landwirtschaftsflächen vielfach geschehen, seitdem die Nutzung sich dort auf dem Rückzug befindet, und es vollzieht sich auch zurzeit weiter, wenn der Mensch nicht durch Pflegemaßnahmen (künstlich) gegensteuernd eingreift. Im Übrigen wird dieses wertvolle natürliche Verjüngungspotenzial in großem Umfang in der modernen Forstwirtschaft beim naturnahen Waldbau genutzt, um Waldbestände kostengünstig und auf natürlichem Wege wiederzubegründen oder kontinuierlich zu verjüngen (Dauerwaldwirtschaft).

Durch die weiter oben genannten historischen Nutzungen wurden auch die abgelegenen Waldgebiete und Holzvorräte erreicht und zunehmend erschlossen. Dabei muss man sich die Erschließung jedoch nicht wie heute mit einem dichten Netz breiter, hangparalleler Waldfahrwege vorstellen. Letztere sind zum größten Teil erst eine Errungenschaft der modernen Forstwirtschaft im 19. und vor allem 20. Jahrhundert.

209 Stammholzriese. Da früher ein dichtes Netz von hangparallelen Waldfahrwegen fehlte, erfolgte der Holztransport an Berghängen mittels Erd- oder Holzriesen oder aber, indem die Holzstämme, vorn abgerundet, einfach die Hänge herabschießen gelassen wurden. (aus GOLDENBERG/FRÖHLICH 2006)

210 Scheitholz-Stangen-Riese zum Brennholztransport im Höllental, 1908. (aus MÜLLER 1948)

In früheren Zeiten erfolgte die Erschließung zunächst auf Wegen entlang der Täler, soweit sie wegbar waren, an den Hängen dagegen durch steile, einfache Erd- oder Holzriesen, oft senkrecht zum Hangverlauf in dessen Hauptgefälle angelegt. Hinzu kam ein mehr oder weniger dichtes Netz kleiner Saumpfade, die vom Menschen und seinen Tragtieren zum Abtransport von Holzkohle und seltener Scheitholz verwendet wurden. Mangels vorhandener Erschließung mit Fahrwegen kam ein Abtransport des Holzes auf der Achse vielfach nicht infrage, was auch die große Bedeutung der Waldköhlerei verständlich macht. Mit der Holzkohle wurde nämlich nicht nur ein erheblich energiereicheres Produkt hergestellt, sondern auch ein deutlich leichteres und leichter zu transportierendes. Riesen wurden im Feldberggebiet für den Holztransport noch bis weit ins 20. Jahrhundert hinein genutzt (Abb. 209, 210). Häufiger als aufwendig konstruierte Stammholzriesen waren einfache Brennholz- und Erdriesen, die vielfach heute noch im Gelände erkennbar sind. Bei deren Anlage wurden bereits im natürlichen Gelände vorgeformte Rinnen verbessert. So schreibt STOLL (1948: 479): »Bei dem Mangel an Wegen an den Steilhängen des Zastler- und St. Wilhelmer Tales, müssen größere, in den Hochlagen anfallende Holzmassen in einfachen Erdriesen oder auf besonders angelegten Rieswegen zu Tal gebracht werden.« Angesichts der heutigen Transportlogistik und der flächendeckenden Erschließung mit einem dichten Netz von Waldfahrwegen kann man sich nur noch schwer vorstellen, dass früher die begrenzten Transportmöglichkeiten wichtigste limitierende Faktoren für die Waldnutzung waren und dass der Holztransport aus abgelegenen Waldgebieten einen enormen logistischen Aufwand erforderte und große, z. T. unüberwindbare Schwierigkeiten bereitete.

Die aufblühenden Städte Freiburg und Basel benötigten immer größere Holzmengen für die wachsende Bevölkerung und die expandierenden, »energiehungrigen« Betriebe. So wurden Floßwege entlang der Täler bis ins Feldberggebiet hinein ausgebaut. Der Nutzungsdruck auf die Wälder stieg noch bis ins 19. Jahrhundert weiter an. Überdies war die Waldweide lange Zeit üblich, wobei die Intensität der Beweidung je nach Lage und Eignung der Wälder sehr verschieden war. Das weiteste Vordringen der Landwirtschaft wird in unserem Gebiet, wie in vielen anderen Gebieten des Schwarzwaldes und der mitteleuropäischen Mittelgebirge, in der zweiten Hälfte des 18. Jahrhunderts erreicht worden sein (SCHMIDT 1989). Die Trennung von Wald und Weideland wurde erst seit 1833 mit dem Erlass des Badischen Forstgesetzes vorgeschrieben, allerdings zu diesem Zeitpunkt sicherlich noch nicht überall sofort vollzogen. Die lokale Umsetzung war in starkem Maße von den begrenzten Kontrollmöglichkeiten sowie vom Durchsetzungs- bzw. Befolgungswillen der örtlichen Akteure abhängig und auch weit ins 20. Jahrhundert hinein noch nicht überall realisiert.

Mit den strukturellen Veränderungen der Landwirtschaft seit dem Ende des 18. Jahrhunderts wurden immer mehr unrentable Weideflächen aufgegeben. Der spontanen natürlichen Sukzession überlassen, bewaldeten sie sich auf natürlichem Wege wieder, oder sie wurden gezielt aufgeforstet. Dementsprechend hat sich die Waldfläche im Verlauf der letzten beiden Jahrhunderte erheblich vergrößert. Alleine im Zeitraum von 1957 bis 2004 hat der Waldanteil im NSG Feldberg um 17 % zugenommen, von 61 auf 78 %. Bei einer Gesamtfläche von 4574 ha entspricht dies einer Waldzunahme um 763 ha und zugleich fast einer Halbierung des Offenlandanteils, von 39 auf 22 % (LUDEMANN et al. 2007).

Seit dem Erlass des badischen Forstgesetzes (1833) wurde damit begonnen, die stark genutzten Wälder systematisch wiederaufzubauen und auch die noch bestehenden Wälder nach geänderten Gesichtspunkten zu bewirtschaften und umzubauen. Ebenso wurden im Zuge der Trennung von Wald und Weideland die alten Nutzungsrechte abgelöst. Erste Aufforstungen aufgelassener Weiden erfolgten zu Beginn des 19. Jahrhunderts. Aufgeforstet wurde meistens mit Fichte, später auch mit Lärche und Douglasie. Fichte wurde auch bei Pflanzungen innerhalb der noch vorhandenen »historisch alten

211 Rostunterbau aus Rundhölzern und Luftschacht (Quandel) in der Mitte. Im Hintergrund das Kohlholz. (TL)

211–214 Traditionelle Holzkohleherstellung in stehenden Rundmeilern (Meilerköhlerei) im Schwarzwald. Aufbau und Betrieb eines Holzkohle-Meilers (Schau- und Experimentalmeiler) durch das städtische Forstamt Freiburg in den Jahren 2003 und 2008 (TL).

212 Auf den Unterbau wird eine dünne Holzschicht, hier Schwartenbretter, gelegt, die den eigentlichen Rost bilden. Darauf wird anschließend das Kohlholz aufrecht stehend in zwei 1-m-Lagen möglichst dicht zusammengestellt. Die Abbildung zeigt den fertig gesetzten Meiler vor dem Abdecken. In der Mitte ragen die vier Stangen des Quandelschachts noch heraus. (TL)

213 Nun folgt das sogenannte Grünmachen des Meilers, indem eine untere Abdeckschicht aus Nadelbaumzweigen (Gründach) aufgebracht wird. Sie soll verhindern, dass das anschließend aufzubringende Dichtungsmaterial des Erddachs zwischen das Kohlholz fällt. (TL)

214 Schließlich wird der Meiler noch braun bzw. schwarz gemacht, bevor er angezündet und in Betrieb genommen werden kann. Damit ist das Aufbringen einer zweiten Schicht (Erddach) gemeint, die aus dem Stübbematerial besteht. Sie dient der Abdichtung des Meilers sowie der Steuerung des Verkohlungsprozesses, der hier schon in Gang gesetzt wurde. (TL)

Wälder« (s. u.) bevorzugt, was ebenfalls zum allgemeinen Anstieg des Fichtenanteils beitrug. Vielerorts wurden nicht mehr genutzte Weiden aber auch der spontanen natürlichen Gehölzsukzession überlassen. Je nach Höhenlage, Standort und Ausgangssituation dominieren dabei Buche, Erle, Esche, Berg-Ahorn, Vogelbeere oder Fichte.

Die heute im Feldberggebiet bewaldeten Flächen sind – etwa zu gleichen Teilen – entweder nach zwischenzeitlicher landwirtschaftlicher Nutzung, meist als Weideland, wieder zu Wald geworden oder aber sie weisen tatsächlich eine lange Waldkontinuität auf, d. h. nach unserem heutigen Kenntnisstand sind sie schon sehr lange Waldland oder nach der nacheiszeitlichen Wiederbewaldung immer Waldland gewesen (historisch altes Waldland, historisch alte Wälder). Aussagen zur Bewaldungskontinuität basieren auf Schlussfolgerungen, die aus der Landnutzungsgeschichte abgeleitet werden und im Südschwarzwald von einem (dokumentierten) Höhepunkt der Ausdehnung landwirtschaftlicher Nutzung und Nutzflächen im 17./18. Jahrhundert ausgehen. Man spricht dann von sogenannten »historisch alten Wäldern«, wenn sich auch in den ältesten verfügbaren historischen Karten oder in anderen Dokumenten/Quellen keine Hinweise auf eine zwischenzeitliche landwirtschaftliche Nutzung finden lassen – abgesehen von der historischen, räumlich quasi nicht abgrenzbaren Waldweide.

Aktuell werden die Wälder im Feldberggebiet durch besonders hohe Anteile von Fichte und/oder Buche geprägt (Tab. 4). Die Tanne besitzt nur noch einen Anteil von 4 %, obwohl sie von Natur aus nach der Buche die zweithäufigste Baumart in den dort vorherrschenden montanen Gebietsteilen war und ursprünglich die meisten Waldbestände und Waldtypen mitaufbaute.

3.1 Köhlerei im Feldberggebiet – Historische Bedeutung und wissenschaftlicher Wert

Eine große Bedeutung bei der Waldnutzung hatte früher die Waldköhlerei auch im Feldberggebiet, wie in weiten Teilen des Schwarzwaldes und in vielen anderen europäischen Mittelgebirgen (Abb. 207, 208, 211–214). Vor der Nutzung fossiler Energieträger seit etwa 150 Jahren war Holzkohle neben dem unverkohlten Holz der wichtigste Energieträger. Holzkohle wurde vor allem auch in entlegenen, schlecht erschlossenen Waldgebieten hergestellt, in denen das Holz nicht abtransportiert und in anderer Weise genutzt werden konnte und von denen es im Feldberggebiet bis in die Neuzeit hinein ausgedehnte Flächen gab. Es sind dort innerhalb des Naturschutzgebiets und in seiner nächsten Umgebung inzwischen über 400 historische Kohlplätze bekannt, von denen bereits eine größere Anzahl wissenschaftlich analysiert wurde (siehe 4.1). Erkennbar sind die alten Kohlstätten als eine oder mehrere kreisrunde bis ovale Hangterrassen oder als ringwall- bis kraterartige Geländestrukturen mit einem Durchmesser von 6 bis 12 m. Dies sind die eigentlichen Kohlplätze, Kohlplatten oder Meilerplätze, die zur Errichtung der Holzkohlemeiler angelegt wurden. In Hanglage weisen sie charakteristischerweise eine berg- und talseitige Böschung auf, durch bergseitiges Abgraben und talseitiges Auffüllen von Bodenmaterial entstanden (Abb. 215, 217, 218). In ebenem Gelände sind sie eher ringförmig abgegrenzt (Abb. 216), durch

Tab. 4 Baumartenanteile im öffentlichen Wald des Feldberggebiets (nach FoGIS-Daten und analogen Einrichtungsdaten der Landesforstverwaltung). (aus LUDEMANN et al. 2007)

	%
Fichte	63
Tanne	4
Douglasie	<1
Kiefer, Lärche	<1
sonstige Nadelbäume	1
Σ Nadelbäume	68
Buche	26
Bergahorn	3
Esche	<1
Erle	<1
sonstige Laubbäume	3
Σ Laubbäume	32

215 Kohlplatz, Doppelplatte. Schematische Darstellung der typischen Geländeform in Hanglage mit kreisrunder bis ovaler Verebnung von 6 bis 12 m Durchmesser, talseitiger Auffüllung (1), holzkohlereicher Bodenschicht (2), ehemaligem Hangverlauf (3, gestrichelt) und bergseitiger Abgrabung (4).

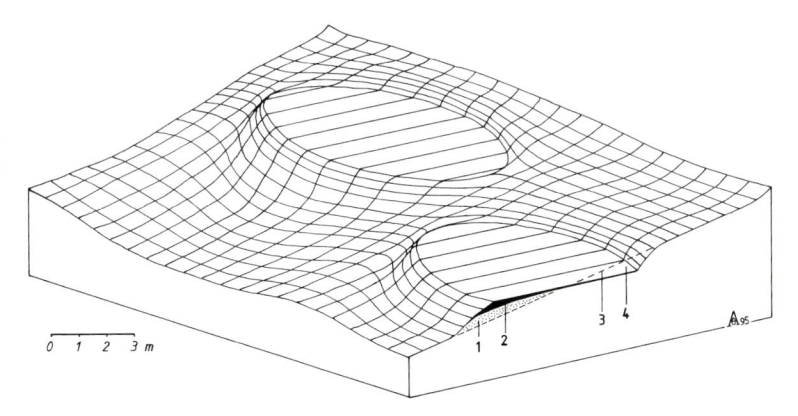

eine mehr oder weniger deutlich ausgeprägte wallartige Aufwölbung. Dieser sogenannte Stübbewall besteht aus dem vom fertigen Meiler abgezogenen Abdeckmaterial, dem Stübbematerial, aus Asche, Holzkohlebruchstücken und Erde. Im Feldberggebiet sind noch heute Hunderte derartiger Kohlplatten im Gelände gut zu erkennen. Als zweites entscheidendes Merkmal ist es an den Kohlplätzen durch den Verkohlungsprozess stets zur Anreichung von Holzkohle im Boden gekommen. Diese Holzkohleschichten bleiben jahrhundertelang erhalten (Abb. 219–222), ebenso wie die darin befindlichen Holzkohlestücke mit ihrer zellulären, holzanatomischen Struktur. Diese Rückstände lassen sich hervorragend analysieren und geben uns u. a. Auskunft über das verwendete Kohlholz und damit auch über die Baumartenzusammensetzung der historischen Wälder. So haben uns die Köhler wertvolle Geländearchive mit vegetationsgeschichtlichen Dokumenten hinterlassen.

Bereits KARL MÜLLER (1939/40), der Herausgeber des ersten Feldbergbuches (MÜLLER 1948), hatte im Feldberggebiet mit holzkohleanalytischen Untersuchungen begonnen. Er hat dabei vor allem zwischen Holzkohle von Laub- und Nadelbäumen unterschieden und war auf dieser Grundlage der Frage nach der ursprünglichen Verbreitung von Laub- und Nadelwäldern nachgegangen. Erst ein halbes Jahrhundert später wurde an der Universität Freiburg wieder mit derartigen Untersuchungen begonnen (LUDEMANN 1994b) – zunächst in Unwissenheit der Arbeiten von MÜLLER (1939/40) –, die dann in größerem Umfang und feiner differenzierend fortgeführt wurden. Die nun vorliegenden Ergeb-

216 Ringförmige, leicht kraterartige Struktur eines historischen Kohlplatzes auf dem weiten Sattel zwischen Erlenbacher Hütte und Stollenbacher Hof. Im Hintergrund links der Gipfel des Toten Mannes. (TL)

198 DIE WALDLEBENSRÄUME UND IHRE VEGETATION

217 Drei historische Kohlplätze im Krunkelbachtal bei Menzenschwand. Im Wilden Feld beim Schattenwurf des Waldes, mit Pfeilen markiert, links eine Doppelplatte und rechts ein einzelner Meilerplatz. (TL)

218 Markant ausgeprägte Kohlplatte, rechts der Bildmitte, oberhalb des Fahrwegs, am unteren Nordhang des Immisberges (St. Wilhelmer Feldberg) nahe Hüttenwasen. Zahlreiche weitere Kohlplätze finden sich dort ringsum in den angrenzenden Waldbeständen, darunter die höchstgelegenen des gesamten Schwarzwaldes. (TL)

nisse werden in Abschnitt 4.1 aus vegetationskundlicher Sicht erläutert.

Historische Kohlplätze finden sich innerhalb des Naturschutzgebiets weitgestreut in verschiedensten Geländelagen, in allen Höhenlagen und auch in den höchsten und abgelegensten gipfelnahen Lagen, zum Beispiel unweit über der Feldseewand sowie jeweils fast 1400 m hoch gelegen unter der Kuppe des Tännlefriedhofs/Mittelbuck und zwischen St. Wilhelmer Feldberg und Höchstem (Abb. 218), ferner auf dem Gipfel des Stübenwasens. Neben den erläuternden Abb. 216–221 sind zufälligerweise auch auf den Abb. 232 und 18 historische Kohlplätze zu erkennen. Bei Abb. 18 geht der Blick über die Verebnung der im Vordergrund liegenden Kohlplatte hinweg zum Feldseemoor. Ebenso befindet sich eine besonders große Kohlstätte im Wannekar (siehe Abb. 19 und 317). Auf der kleinen Grünlandfläche am Rand zum Kartierungsgebiet sind dort allein vier Kohlplatten vorhanden, die unmittelbar nebeneinander liegen und eine große Fläche einnehmen; drei weitere befinden sich im angrenzenden Wald.

3.2 Aktuelle Besitzverhältnisse und Waldbewirtschaftung

Im Feldberggebiet beträgt der administrative Waldanteil 81 %. Die Gesamtwaldfläche besteht zu 79 % aus öffentlichem Wald und zu 21 % aus Privatwald (Tab. 5). Über die Hälfte des öffentlichen Waldes ist Gemeindewald. Ein Drittel der Waldfläche ist Staatswald. Auf drei Vierteln der öffentlichen Waldfläche – in den Altersklassen- und Dauerwäldern – findet eine regelmäßige Waldbewirtschaftung statt (Tab. 6). Die übrigen Bestände, 27 % der öffentlichen Waldfläche, sind entweder als Waldschutzgebiete oder als Flächen außer regelmäßigem Betrieb (arB) ausgewiesen, werden also sehr extensiv genutzt oder

Tab. 5 Waldbesitzverhältnisse und administrativer Waldanteil im Feldberggebiet (nach FoGIS-Daten der Landesforstverwaltung). (aus LUDEMANN et al. 2007)

	ha	%
Staatswald	1300	35
Kommunalwald	1620	44
Privatwald	790	21
Waldanteil	3710	81

219 Häufig fördern Mäuse oder Maulwürfe das kostbare Fundgut an den historischen Meilerplätzen zutage, wie hier im Menzenschwander Albtal nahe der Kluse, wo das Gangsystem der Mäuse im Verlauf des Winters teilweise in der Holzkohleschicht angelegt wurde ... (TL)

220 ... und hier beim Bannwald Napf am alten Weg Richtung St. Wilhelmer und Todtnauer Hütte, wo die großen, gut erhaltenen Holzkohlestücke besonders deutlich zu erkennen sind, neben den Blättern von zwei unserer häufigsten Waldarten, Heidelbeere (*Vaccinium myrtillus*) und Breitblättriger Dornfarn (*Dryopteris dilatata*). (TL)

221 An der auffallenden Verfärbung des Wanderweges ist der Holzkohlehorizont an diesem Kohlplatz nördlich des Herzogenhorns bei der Glockenführe eindeutig zu erkennen. Gut sichtbar ist auch die bergseitige, durch Abgraben von Erdmaterial entstandene Böschung rechts. (TL)

sind vollständig aus der Nutzung herausgenommen. Das Feldberggebiet besitzt einen besonders hohen Anteil an Waldschutzgebieten, einen der höchsten im ganzen Land. Im Gebiet befinden sich 7 Waldschutzgebiete nach Landeswaldgesetz (Tab. 7). Zu den Waldschutzgebieten gehören Bann- und Schonwälder. Bannwälder sind Totalreservate, in denen die Natur sich selbst überlassen bleibt und anthropogene Einflüsse auf ein Minimum reduziert werden sollen (Abb. 223). Bewirtschaftungsmaßnahmen sind dort nicht erlaubt, Holz darf nicht entnommen werden. Jedoch ist die Ausübung der Jagd naheliegenderweise gestattet, da die Wildtierpopulationen sich bei uns nicht in einem natürlichen Gleichgewicht befinden und jagdfreie Räume einem besonders starken Äsungs-/Verbissdruck ausgesetzt sind. In den Bannwäldern sollen die natürlichen Prozesse der Vegetationsentwicklung und Walddynamik ungestört ablaufen, beobachtet und wissenschaftlich erforscht werden können. In den Schonwäldern werden demgegenüber bestimmte Lebensräume, Pflanzengemeinschaften und Waldstrukturen unter gezielten, meist naturschutzorientierten Vorgaben und Pflegemaßnahmen erhalten und gestaltet. Forstliche Maßnahmen sind dort also zugelassen und vielfach erforderlich, darunter durchaus auch Holznutzungen, sofern sie mit den Schutzzielen im Einklang stehen.

222 Gräbt man neben dem roten Rucksack der vorigen Abbildung, so bietet sich dieses Bild, und es lässt sich ohne großen Aufwand eine Probe der historischen Holzkohle für die wissenschaftliche Analyse gewinnen. (TL)

Im Feldberggebiet erzielen die Waldschutzgebiete einen Flächenanteil von 16 % der Wald- und

223 Bannwald im Feldberggebiet. Hier findet keine forstliche Bewirtschaftung mehr statt (Prozessschutz). Die Lebensräume sollen sich unbeeinflusst von Eingriffen des Menschen ganz auf natürlichem Wege weiterentwickeln können. (TL)

13 % der Gesamtfläche. Bezogen auf den öffentlichen Wald sind es sogar 20 %. Bisher wurden dort drei Bann- und vier Schonwälder ausgewiesen (Tab. 7). Die größten Flächen mit je fast 200 ha nehmen der Schonwald Feldbergwald und der Bannwald Napf ein. Der Bannwald Napf ist durch den großflächigen Zusammenbruch fichtenreicher Waldbestände, enorme Mengen an liegendem und vor allem stehendem Totholz sowie durch eine eindrucksvolle, extrem üppige Naturverjüngung und Begrünung in der Bodenvegetation gekennzeichnet. Die flächendeckende Regenerations- und Verjüngungsdynamik der letzten Jahre in großen Teilen dieses Bannwaldes könnte kaum eindrucksvoller sein (siehe Abb. 226–228). Der Schonwald Feldbergwald beim Feldsee umgibt als Pufferzone den Bannwald Feldseewald. Durch einzelstamm- bis fe-

Tab. 6 Klassifizierung des öffentlichen Waldes im Feldberggebiet nach Betriebsformen (Bezugsfläche: 3063 ha öffentlicher Wald; nach FoGIS-Daten der Landesforstverwaltung). Die von Tabelle E2 abweichende Bezugsfläche ist GIS-/auswertungstechnisch bedingt. (aus LUDEMANN et al. 2007)

	ha	%
Altersklassenwald	2104	69
Dauerwald	140	5
arB-Wald	229	7
Bannwald	298	10
Schonwald	292	10

Altersklassenwald: Wald mit naturnah bewirtschafteten, mehr oder weniger gleichaltrigen Beständen
Dauerwald: Zusammenfassung aller besonders strukturreichen Waldbestände, wie Plenterwald, Plenterüberführungswald und Dauerbestockung
arB-Wald: Wald außer regelmäßigem Betrieb, extensiv bewirtschaftet (Nutzung maximal 1 Erntefestmeter pro Hektar und Jahr)
Bannwald, Schonwald: Waldschutzgebiete

melartige Bewirtschaftung und durch Förderung von Mischbaumarten sollen dort strukturreiche Bestände ausgeformt werden. Schutzzweck des Schonwaldes Zastler Loch nördlich des Feldbergs ist die Erhaltung und Wiederherstellung arten- und strukturreicher Bergmischwälder der montanen bis subalpinen Lagen. Gleichzeitig soll eine gezielte Habitatpflege für das Auerwild betrieben werden. Angrenzend an das offene Weideland ist im Westen dieser Schonwaldfläche der Charakter als Weidewald zu erhalten. Im benachbarten Schonwald Wittmoos (Zastlertal) sollen dagegen gezielt weiden- (Salix) und haselreiche Sukzessionsstadien als Haselhuhnbiotope erhalten werden. Schließlich soll im St. Wilhelmer Tal im Schonwald St. Wilhelmer Eislöcher das einzigartige Bergsturzgelände mit seinen besonderen Standortverhältnissen und Lebensräumen geschützt werden (siehe Abb. 288). Für weiterführende Informationen und Literaturhinweise zu den Waldschutzgebieten sei hier nur auf den detaillierten Bericht über den Bannwald Feldseewald (FVA 2000) sowie die zusammenfassende Darstellung von BÜCKING et al. (1994) verwiesen.

Tab. 7 Waldschutzgebiete im Feldberggebiet. *Für den Schonwald Feldbergwald ist nur die innerhalb des NSG Feldberg liegende Fläche angegeben. Seine Gesamtfläche beträgt 325 ha. (nach LUDEMANN et al. 2007)

Bannwälder	Fläche (ha)
Napf	174,6
Hirschfelsen	21,1
Feldseewald	102,6
Bannwälder gesamt	298,3
Schonwälder	
St. Wilhelmer Eislöcher	2,7
Feldbergwald*	194,8
Wittmoos	9,5
Zastler Loch	85,1
Schonwälder gesamt	292,1
Waldschutzgebiete gesamt	590,4

3.3 Waldnaturschutz im Feldberggebiet – Tannenanteil, Prozessschutz, Entfichtung und »Verheidelbeerung«

Zur Waldnutzung und Waldbewirtschaftung im weiteren Sinne gehören im Naturschutzgebiet Feldberg auch die Pflege- und Entwicklungsmaßnahmen mit Zielsetzungen des Naturschutzes und der Landschaftspflege. Bei diesen Maßnahmen handelt es sich aus naturschutzfachlicher und waldökologischer Sicht ebenfalls um anthropogene Eingriffe in die Waldökosysteme, wenn auch nicht mit primär forstwirtschaftlicher Zielsetzung. Da sie ebenso wie die forstliche Bewirtschaftung z. T. erhebliche Auswirkungen auf die vorhandenen Waldbestände haben, sind im Folgenden einige wesentliche und kritische Punkte zusammengestellt. Dabei geht es insbesondere um Pflegemaßnahmen zum Schutz der Natur, die in jüngerer Zeit durchgeführt wurden und die entsprechenden Waldbestände deutlich prägen, aber auch um die Unterlassung von Maßnahmen, um den Verzicht auf Aktivitäten und Aktionismus.

3.3.1 Die Tanne als Rote-Liste-Art

Die markanteste Abweichung von den ursprünglich natürlichen und auch den angestrebten Baumartenanteilen (Tab. 8) stellen im Feldberggebiet die geringen Tannenanteile dar. Von Natur aus wäre die Weißtanne (Abies alba) dort nach der Buche die zweithäufigste Baumart in den montanen Gebietsteilen. Aktuell besitzt sie nur noch einen Anteil von 4 %. Im Hinblick auf ihre große ursprüngliche Bedeutung in den Waldökosystemen des Feldberggebiets sowie ihre schwierige waldbauliche Behandlung und Verjüngungssicherung erscheint es durchaus gerechtfertigt, sie als Rote-Liste-Art zu betrachten (BfN 1996), dies umso mehr, da von forstlicher Seite schon längere Zeit erhebliche Anstrengungen unternommen werden, die Tannenanteile wieder zu erhöhen. Größere naturnahe, tannen- und strukturreiche Altbestände sind längst zu besonders bemerkenswerten Elementen unserer Wälder geworden, speziell auch im Feldberggebiet. Bereits vor über 60 Jahren schreibt STOLL (1948: 489):

224 Die ehrwürdige Weißtanne (*Abies alba*), ursprünglich wichtigster Nadelbaum des Schwarzwaldes, größter Verlierer der Waldentwicklung in den vergangenen Jahrhunderten, zukünftig großer Hoffnungsträger im Waldbau des Klimawandels? (TL)

»Im unteren Bergwald muß die Sorge auf Erhaltung der Tanne gerichtet sein, durch eine ihren ökologischen Anforderungen entsprechende Hiebsführung, und nicht zuletzt durch Verminderung des Rehwildbestandes.« Trotz umfangreicher Bemühungen gelingt es nur z. T., effektive Vorsorge für die Zukunft zu treffen und die Verjüngungvorräte und die Anteile der Tanne wieder zu erhöhen. Neben allen negativen Prognosen könnte der »globale Klimawandel« hier neue Chancen bieten, da entsprechende Öko-

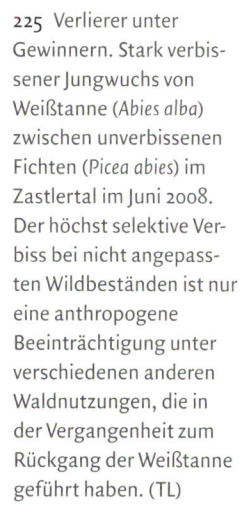

225 Verlierer unter Gewinnern. Stark verbissener Jungwuchs von Weißtanne (*Abies alba*) zwischen unverbissenen Fichten (*Picea abies*) im Zastlertal im Juni 2008. Der höchst selektive Verbiss bei nicht angepassten Wildbeständen ist nur eine anthropogene Beeinträchtigung unter verschiedenen anderen Waldnutzungen, die in der Vergangenheit zum Rückgang der Weißtanne geführt haben. (TL)

Tab. 8 Angestrebte Baumartenanteile in den verschiedenen Höhenstufen des Südschwarzwaldes. Rechte Spalte: Aktuelle Baumartenanteile im öffentlichen Wald des Feldberggebiets (siehe Tab. 4). (aus LUDEMANN et al. 2007)

	Ziel submontan %	Ziel montan %	Ziel hochmontan %	Aktueller Anteil %
Buche	37	25	25	26
Sonstige Laubbäume	11	6	6	6
Σ Laubbäume	48	31	31	32
Fichte	18	26	53	63
Tanne	21	35	16	4
Sonstige Nadelbäume	13	8	-	1
Σ Nadelbäume	52	69	69	68

typen der Weißtanne an trockenere Standortbedingungen besser angepasst sind, insbesondere viel besser als die Fichte (Rottanne, *Picea abies*). Dies zeigt sich deutlich einerseits in den umfangreichen historischen Vorkommen der Tanne in der wärmegetönten, submontanen Höhenstufe im West-Schwarzwald und an seinem Rand zur Vorhügelzone des Oberrheingrabens (LUDEMANN 1996, LUDEMANN/NELLE 2002) sowie andererseits auch aktuell in der eindrucksvollen Tannennaturverjüngung dort, in den submontanen, siedlungsnahen Bergwäldern am Schwarzwald-Westrand, in hervorragender Weise zum Beispiel östlich rings um die Stadt Freiburg herum.

3.3.2 Kulturlandschafts- und Prozessschutz

Der allergrößte Teil der heute unbewaldeten Flächen des Feldberggebiets, seien es Wiesen, Weiden oder Zwergstrauchheiden, geht direkt oder indirekt auf die Tätigkeit des Menschen zurück. Die entsprechenden Lebensräume sind erst durch die landwirtschaftliche Nutzung entstanden, und um sie zu erhalten, sind fortlaufend anthropogene Eingriffe erforderlich, in Form von extensiver Beweidung, Mahd oder gezielten, mehr oder weniger aufwändigen Pflegemaßnahmen. Die dort vorkommenden Pflanzengesellschaften gehören somit nicht zur ursprünglichen natürlichen Vegetation, sondern sind anthropogene Ersatzgesellschaften bestimmter Waldtypen. Sie prägen großflächig die historische Kulturlandschaft und stellen eine wertvolle Bereicherung des Lebensraumspektrums dar. Beim Ausbleiben des anthropogenen Einflusses entwickeln sie sich früher oder später auf natürlichem Wege wieder zum Wald zurück (spontane natürliche Wiederbewaldung). So ist der (Natur-)Schutz dieser wertvollen Vegetationstypen und Landschaftselemente zugleich und vor allem auch Kulturlandschaftsschutz, wie allgemein ein großer Teil unserer Naturschutzbestrebungen und -aktivitäten.

Folglich lässt sich aber auch eines der großen und weitestgehenden Naturschutzziele – neben der Erhaltung der biologischen Vielfalt –, nämlich zu ermöglichen, dass Natur ohne Einfluss des Menschen sich selbst überlassen bleibt und ursprüngliche natürliche Sukzessionsprozesse langfristig ohne steuernde Eingriffe ablaufen können (Prozessschutz), auf größerer Fläche ausschließlich in Wäldern erreichen. Im Feldberggebiet besteht dafür eine außergewöhnlich günstige Situation, innerhalb von Baden-Württemberg und auch im nationalen und zumindest westeuropäischen Vergleich. Das Feldberggebiet weist nämlich eine besonders hohe Dichte und einen besonders großen Flächenanteil von Bannwäldern/Totalreservaten auf, wie bereits im vorangegangenen Kapitel näher ausgeführt wurde.

Mit der Ausweisung der Bannwälder bieten sich einzigartige Möglichkeiten für den unbeeinflussten Ablauf und für die Beobachtung ursprünglicher natürlicher Prozesse der Vegetationsentwicklung mit den verschiedensten Waldentwicklungsphasen und eindrucksvollen

226 Walddynamik im Bannwald Napf im hinteren St. Wilhelmer Tal. Die Fichtenbestände sind im oberen und mittleren Teil des Talschlusses großflächig abgestorben und zum Teil bereits zusammengebrochen. Zurück bleiben große Mengen an stehendem und liegendem Totholz. (TL)

naturnahen Waldbildern, wie sie in unseren Wirtschaftswäldern, auch in den naturnah bewirtschafteten, aktuell nicht zu sehen sind und auch nicht entstehen können. Diese Facette des Waldnaturschutzes ist allgemein in der dicht erschlossenen und stark genutzten mitteleuropäischen Kulturlandschaft und gerade auch im Feldberggebiet gar nicht hoch genug wertzuschätzen (Abb. 226–228).

Die sich unter diesem Schutzkonzept entwickelnden Waldbestände tragen darüber hinaus mit dem Erreichen und Durchlaufen entsprechender Waldentwicklungsphasen in hervorragender Weise dazu bei, Defizite des naturnahen Waldbaus und insbesondere der kahlschlagfreien Dauerwaldwirtschaft zu beheben. Dies geschieht, indem in den Bannwäldern jüngeren und älteren Waldentwicklungsphasen die notwendige Zeit eingeräumt wird, vollständig abzulaufen und sich optimal zu entfalten, sich natürlich »auszuleben«. Aus waldökologischer und naturschutzfachlicher Sicht stehen nämlich im Rahmen der planmäßigen Forstwirtschaft, der immerhin drei Viertel der Waldfläche des Naturschutzgebiets Feldberg unterliegen, und insbesondere auch bei der naturnahen, kahlschlagfreien Dauerwaldwirtschaft, zu kurze Entwicklungszeiträume zur Verfügung, sowohl für junge als auch für alte Waldentwicklungsstadien, für deren vollständige Entwicklung und Ausgestaltung. Die »Kielwassertheorie«, nach der im Zuge des naturnahen Waldbaus in einem auch all den wesentlichen Naturschutzbelangen

227 Was vor kurzer Zeit noch nach Katastrophe und Untergang aussah, beginnt sich inzwischen von unten her wieder in eindrucksvoller Weise zu verjüngen und zu erneuern. Zunächst sind es überwiegend hochwüchsige Kräuter, wie Fuchs' Greiskraut (*Senecio ovatus*) und Schmalblättriges Weidenröschen (*Epilobium angustifolium*) ... (TL)

im Wald Rechnung getragen wird, trifft insofern trotz vieler positiver Wirkungen für den Waldnaturschutz nicht in allen Punkten zu. Ebensowenig wird ein Großteil der Naturschutzbelange im Wald quasi automatisch und nebenbei abgedeckt, wenn eine gezielte Habitatoptimierung fürs Auerwild durchgeführt wird (s. u.). Zur einfachen, konflikt- und kompromissfreien Erreichung der zahlreichen Schutzziele im Wald sind unsere Waldökosysteme viel zu komplex und die Habitatsansprüche der schutzbedürftigen Pflanzen und Tiere der Waldlebensräume zu vielfältig und zu verschieden, als dass dies mit einem einzigen einfachen Konzept möglich wäre. Hier ist vielfach eine Abwägung verschiedener Naturschutzbelange gegeneinander sowie ein räumlich differenziertes Vorgehen erforderlich, sowohl unter ökologischen als auch unter ökonomischen Gesichtspunkten.

3.3.3 Fichtenwälder als Verpflichtung statt Entfichtung

Zweifelsohne ist die Fichte (*Picea abies*) auch im Naturschutzgebiet Feldberg in der Vergangenheit durch den Menschen stark gefördert worden und es sind auch dort auf großen Flächen arten- und strukturarme Waldbestände – »Fichten-Monokulturen« – entstanden. Und zweifelsohne sind auch die schon lange nicht nur von Seiten des Naturschutzes, sondern auch von forstlicher Seite und insbesondere von Waldbau und Waldökologie vorgetragenen Forderungen nach dem Aufbau von stabilen, naturnahen, strukturreichen Mischbeständen wohlbegründet, nicht nur ökologisch, sondern auch ökonomisch. Dies gilt in ganz besonderem Maße auch für tannenreiche Mischbestände im Feldberggebiet und ganz grundsätzlich für die Forderung nach höheren Tannenanteilen.

Bei der Verfolgung der entsprechenden Zielsetzungen des ökologischen Waldumbaus sollte aber dennoch und gerade auch im Feldberggebiet, einem natürlichen Fichtengebiet, differenziert vorgegangen werden. Die unreflektierte Entfichtung hat in den zurückliegenden Jahren auch vor natürlichen Fichtenvorkommen und natürlichen Fichtenwäldern nicht haltgemacht. Fichten wurden gerade auch dort bekämpft, wo sie von Natur aus vorkommen, insbesondere in Sumpf- und Moorrandbereichen, wo die Wälder von Natur aus fichtenreich und besonders lückig und licht sind. Praktischerweise bietet sich gerade bei derartigen naturnahen Bestandesstrukturen ein besonders einfacher und erfolgversprechender Ansatz einzugreifen und weiter aufzulichten. Denn hier ist die Bodenvegetation häufig bereits reich entwickelt, während sie in dichten Fichtenforsten meist spärlicher und artenärmer ausgeprägt ist. In letzteren wären entsprechende Maßnahmen viel eher angezeigt, aber zwangsläufig schwieriger und mit geringeren Erfolgsaussichten durchzuführen. Dabei unterliegen die natürlichen Fichtenwälder sowohl auf Landes- als auch auf europäischer Ebene gesetzlichem Schutz!

Konkret wurde mit der skizzierten Intention vor wenigen Jahren der natürliche Fichten-Moorrandwald (Bazzanio-Piceetum) des Scheibenlechtenmooses bei Menzenschwand zum Opfer einer Entfichtungsaktion und dabei weitgehend abgeholzt. Solche naturnahen, von Natur aus besonders strukturreichen und lückigen, aber zugleich besonders empfindlichen Waldbestände im Moorrandbereich waren und sind nicht nur ein bevorzugter Ansatzpunkt für »Pflegemaßnahmen«, sondern auch für jagdwirtschaftliche Optimierungen, so zum Beispiel im einzigarti-

228 ... schon bald in stärkerem Maße Gehölze, wie Himbeere (*Rubus idaeus*) und Trauben-Holunder (*Sambucus racemosa*), aber auch bereits wieder langlebige Baumarten, die gemeinsam eine flächendeckende Begrünung der aufgelichteten Waldbestände aus üppigster Bodenvegetation aufbauen. Vom Altbestand haben einzelne Bäume überlebt, insbesondere Tanne und Berg-Ahorn. (TL)

229 Lichter natürlicher Fichten-Moorwald im einzigartigen Vermoorungskomplex des Heitermooses, oberster Talschluss der Menzenschwander Alb, der durch Pflegeeingriffe (Entfichtungmaßnahmen) zusätzlich aufgelichtet wurde. (TL)

gen Vermoorungskomplex des Heitermooses im obersten Talschluss der Menzenschwander Alb (Abb. 229).

Im mittleren Krunkelbachtal sind die besonderen Erlenbestände betroffen. Der Grauerlen-Auwald, der als boreal-kontinentales Waldelement auch von Natur aus von der Fichte mit aufgebaut wird, wurde dort ebenfalls sehr weitgehend entfichtet, unter Schaffung homogener Bestandesstrukturen, erheblicher Bodenverwundungen und neuer Ruderalstandorte sowie unter Beeinträchtigung wertvoller Flügelginster-Weidfelder. Die neuen, konkurrenzarmen Pionier- und Ruderalstandorte begünstigen überdies die Ansiedlung von (unerwünschten) Neophyten, die dann wiederum Anlass für weitere Bekämpfungseingriffe sein können. Bei derartigen Maßnahmen besteht also stets auch die akute Gefahr, andere wertvolle Naturgüter und Lebensräume, so z. B. die Sümpfe, Moore und Torfprofile sowie die Fließgewässerstandorte, zu beeinträchtigen (siehe dazu auch den folgenden Abschnitt).

3.3.4 Entbuschung, »Verheidelbeerung« und Biodiversität

Über die genannten Maßnahmen hinausgehend wurden in Wäldern des Feldberggebiets in den zurückliegenden Jahren sehr gezielte und aufwendige Maßnahmen zur Schaffung und Erhaltung ganz bestimmter Habitatstrukturen durchgeführt. Ein Musterbeispiel hierfür ist die Gestaltung der höchst spezifischen Auerwild-Lebensräume, u. a. im Gebiet Hochkopf-Bärhalde-Zweiseenblick, aber keineswegs nur dort. Hier wurden nach genauen Planungen mit schweren Durchforstungsmaschinen lichte Sukzessionsstrukturen geschaffen, die besonders günstige Lebensbedingungen für das Auerwild bieten sollen. Inbesondere sollen dadurch einerseits Ebereschen-reiche, andererseits Heidelbeer-reiche Sukzessionstadien geschaffen und erhalten werden, die in der natürlichen Waldentwicklung nur über kürzere Zeiträume vorhanden wären oder auf kleineren Flächen entstehen würden. Aus vegetationskundlicher Sicht sind diese Sukzessionsstadien häufig ziemlich artenarm, von der Dominanz einer einzelnen oder weniger Arten sehr weitgehend geprägt (siehe Abb. 287). Zudem wurden bei der Durchführung dieser Pflege- und Gestaltungsmaßnahmen andere Naturgüter erheblich beeinträchtigt. So wurde auch hier in natürliche, gesetzlich geschützte Fichten-Moorwälder sowie naturnahe gewässerbegleitende Waldstrukturen eingegriffen. Darüber hinaus wurden wertvolle, jahrhundertealte vegetationsgeschichtliche Dokumente, in Form von Kleinstvermoorungen und Torfprofilen, im einzigartigen Standortmosaik östlich der Hochkopfhütte teils schwer beschädigt, teils unwiederbringlich zerstört.

U. a. mit ähnlicher Intention und Zielsetzung wurde im Rahmen einer Besucherlenkungsmaßnahme ein bisher kaum begangener, sehr naturnaher, märchenwaldartiger Bestand, reich an Eberesche und Heidelbeere, mit einer neuen Wegeanlage ausgestattet. Letztere ist Teil des neuen Premiumwanderweges Feldbergsteig im Bereich des oberen Sägenbaches zwischen Baldenweger Hütte und Rinken. Der zusätzlich erschlossene Waldbestand war zu jener Zeit Auerwild-Lebensraum mit idealen Habitateigenschaften in einem vielfältigen Mosaik von Beerstrauch- und Weichlaubholz-reichen, lichten und dichteren Vegetationsstrukturen und hohem, strukturreichem Nadelholzanteil (Abb. 230). Die aufwendige Wegeanlage mit ihren speziellen Bauelementen wurde inzwischen bereits mehrfach von Unwettern stark beschädigt und in Teilen zerstört, musste dementsprechend wiederholt erneuert und teilweise schon wieder rückgebaut werden. Die Maßnahme wurde vollzogen, um den schon lange bestehenden, traditionellen Wanderweg von der Baldenweger Hütte zum Feldsee (»Briefträgerweg«, »Postlerweg«) dauerhaft schließen zu können. Dieser Weg tangierte nämlich im unteren Teil eine ausgedehnte, unübersichtliche Sukzessionsfläche, die ebenfalls einen wertvollen Auerwildlebensraum bildet (Abb. 231).

Mit der Intention der Erhaltung und Förderung seltener, lichtbedürftiger Arten – neben der Offenhaltung einer gehölzfreien Skiabfahrt für Tourenfahrer – wird in einem Korridor zwischen Zastler Hütte und Feldberg-Hauptgipfel regelmäßig die natürliche Waldsukzession unterbrochen und zurückgeworfen, indem die dort aufkommenden Gehölze »zurückgepflegt« werden. Auch hier entstehen vielfach von der Heidelbeere dominierte Flächen und es treiben die abgeschlage-

230 Blick vom neu angelegten, viel begangenen Premiumwanderweg »Feldbergsteig« im Bereich des oberen Sägenbaches auf den angrenzenden beerstrauch- und ebereschenreichen Waldbestand, ehemals hervorragender, ungestörter Lebensraum des Auerwildes. (TL)

231 Oberer Teil der ausgedehnten, reich strukturierten Sukzessionsfläche in kupiertem, unübersichtlichem Gelände südlich des Rinken. (TL)

nen Laubgehölze viel zahlreicher wieder aus. Die gewünschten offenen, baum- und straucharmen Vegetationsstrukturen mit besonderen lichtbedürftigen und konkurrenzschwachen Arten sind dagegen durch andersartigen, langandauernden anthropozoogenen Einfluss entstanden, durch die historische Beweidung und Weidepflege, und unter völlig anderen sozioökonomischen Rahmenbedingungen.

Bei derartigen Maßnahmen und Eingriffen sind also vorab jeweils differenzierende Betrachtungen und eine kritische Nutzen-Schaden-Kosten-Abwägung erforderlich, um (in Zukunft) zu gut begründeten, wohlüberlegten und abgewogenen Aktivitäten des Waldnaturschutzes zu gelangen, ferner begleitend fachliches Monitoring und hernach Erfolgskontrollen. Ökologisch-ökonomische Optimierungspotenziale und kostenfreie Win-win-Situationen sind gegeben und zu nutzen, als Alternative zu unreflektiertem, kostenträchtigem Aktionismus mit umstrittenen (Neben-)Wirkungen und zweifelhaften Erfolgen. Dies ist bei den begrenzten personellen, seien es haupt- oder ehrenamtliche, und finanziellen Ressourcen nicht nur im Naturschutz geboten, nicht zuletzt auch im Hinblick auf die breitere gesellschaftliche Akzeptanz der Aktivitäten.

4. Die natürliche Baumartenzusammensetzung und die Fichtenfrage

Zum Verständnis der heutigen Waldvegetation und zur naturschutzfachlichen Bewertung ihrer Natürlichkeit wollen wir vorab einige Überlegungen zur natürlichen Baumartenzusammensetzung der Wälder im Feldberggebiet anstellen. Eine zentrale Rolle spielt dabei die Fichtenfrage, die Frage nach der natürlichen Verbreitung der Fichte, nach ihren natürlichen Vorkommen und Mengenanteilen – als »Gegenspieler« von Buche und Tanne im Aufbau der regionalen Wälder. Bei der Bewertung der Waldbestände und in der naturschutzfachlichen Diskussion kommt nämlich dem Fichtenanteil eine Schlüsselstellung zu. Zudem sind fichtenreiche Waldbestände heute die häufigsten Lebensräume im Feldberggebiet. Vor diesem Hintergrund wird im Folgenden ein Bild der ursprünglichen natürlichen Verhältnisse entworfen. Dazu wird die fachliche Einschätzung zu den natürlichen Vorkommen und Mengenanteilen der Baumarten und speziell der Fichte erläutert, so wie sie sich aus wissenschaftlicher Sicht und insbesondere auch unter Einbeziehung neuer vegetationsgeschichtlich-großrestanalytischer Untersuchungen heute ergibt.

Großräumig betrachtet befinden wir uns im südlichen Schwarzwald im mitteleuropäischen Buchen(misch)waldgebiet, konkret in seinem montanen Teil (BOHN et al. 2000), der ursprünglich durch Laubnadelmischwälder geprägt ist, in unserem Fall vor allem von Tannen-Buchenwäldern. Zugleich liegt das Feldberggebiet wie weite Teile des Südschwarzwaldes innerhalb des natürlichen Verbreitungsgebiets der Fichte. Die Fichte kommt dort also bereits von Natur aus vor, nicht erst seit ihrem forstlichen Anbau, und gehört damit zu den einheimischen (gebietsheimischen) Baumarten. An vielen Standorten im Feldberggebiet, insbesondere auch an den großflächigen regionalen Standorten, ist die Fichte darüber hinaus auch standortheimisch, d. h. an einem bestimmten Standort von Natur aus vorkommend. Unter standortheimisch verstehen wir also den weitergehenden und konkreteren Begriff, gegenüber einheimisch/gebietsheimisch.

Je nach Standort (Exposition, Hangneigung, Bodenreaktion) beteiligte sich die Fichte von Natur aus mit verschiedenem Anteil am Aufbau der einzelnen Waldtypen, von einer geringen Beimischung unter 10 % bis hin zu fast 100 %iger Dominanz. Ohne die Förderung durch den Menschen würde die Fichte also nur an einem Teil der Waldstandorte im Feldberggebiet vorherrschen. Besonders niedrige Werte wird die Fichte ursprünglich in Südexposition, in Steillagen, an Anreicherungsstandorten und in den tieferen Lagen (insbesondere submontane Klimatönung/Höhenstufe) erzielt haben, wo die Laubbäume und die Tanne deutlich im Vorteil sind. Dies gilt insbesondere auch für den Nord-, West- und Südteil des Feldberggebiets und hier für die großflächigen montanen Tannen-Buchen-Waldgebiete. Umgekehrt wird der Fichtenanteil von Natur aus zugenommen haben, je mehr wir uns standörtlich in kühl-schattige, schneereiche, feuchte Lagen begeben, d. h. je mehr wir uns räumlich dem zentralen Feldberggebiet und dort den flachen, danubischen Hochlagen nähern. Konkurrenzvorteile hat die Fichte insbesondere auf Rippen, Rücken und Kuppen, in ebenen Lagen und an flachen Hängen, auf bodensauren Aushagerungsstandorten und in absonnigen (nordexponierten) Lagen (PHILIPPI 1989; LUDEMANN 2002a, 2003, 2005; LUDEMANN et al. 2004, 2007), ferner an einigen Sonderstandorten, an denen Nadelbäume begünstigt sind.

In den höchsten Lagen des Feldberggebiets wird die Fichte zur konkurrenzkräftigsten und vorherrschenden Baumart, mit einem natürlichen Anteil am Aufbau der Waldbestände von meist erheblich über 50 % und zugleich mit der Beteiligung von Eberesche als wichtigster Laubbaum- und Nebenbaumart. Es ist dort ein standörtlicher Übergangsbereich ausgebildet, der je nach Exposition um etwa 1200 bis 1300 m liegt und im Extrem, an kühl-schattigen, schneereichen Nordhängen, bis in eine Höhenlage von 1100 m hinabreicht (St. Wilhelmer Tal/Napf). An südexponierten, nährstoffreichen Steilhängen liegt die Untergrenze dieser Fichtenstufe dagegen am höchsten, z. B. am Herzogenhorn-Südhang und Feldberg-Südwesthang. Aus vegetationskundlicher und waldökologischer Sicht handelt es sich dabei nicht um eine scharf abgegrenzte Stufe mit reinen Fichtenwäldern. Vielmehr ist unter natürlichen Bedingungen, wenn keine scharfen Standortgrenzen ausgebildet sind, was in diesem Fall zutrifft, von einem fließenden Übergang von Buchen-Tannen-Fichten- zu Fichten-Mischwaldbeständen auszugehen. In Letzteren aufsteigend, herrscht die Fichte dann im Verlauf des natürlichen Standortgradienten in zunehmendem Maße vor, während Buche, Berg-Ahorn, Eberesche und Tanne aber keineswegs ganz fehlen, sondern am Aufbau der Baumschicht mit beteiligt bleiben. Auch MÜLLER (1939/40, 1948) ging bereits davon aus, dass am Feldberg die natürliche Fichtenhöhenstufe erreicht wird. »*Bevor eine Weidennutzung am Feldberg*

232 Höchste Einzelvorkommen der Buche in strauchförmigen, vielstämmigen Individuen am Südhang des Seebucks, der in die Fichtenstufe des Feldbergs aufragt. Im Bildmittelgrund links der Klusenwald, rechts im Wald die Emmendinger Hütte und links daneben im halbbesonnten Grünland rechts neben zwei Einzelfichten ein deutlich erkennbarer Kohlplatz (Pfeil). Im Hintergrund rechts das Große Spießhorn, ganz hinten der Alpenhauptkamm. (HKR)

einsetzte, reichte also offenbar von allen Seiten der Wald auf die Feldberghöhen hinauf, und zwar ein Mischwald in welchem die Fichte in den oberen Lagen die Vorherrschaft hatte.« (MÜLLER 1948: 298)

Neue großrestanalytische Untersuchungen zur historischen Holzkohle-Herstellung/Waldköhlerei belegen, dass früher eine räumlich eng begrenzte natürliche Fichtenwaldstufe in den höchsten Lagen des Feldberggebiets bereits vorhanden war, bevor die Fichte dort gezielt forstwirtschaftlich gefördert und planmäßig angepflanzt wurde (LUDEMANN 1994b, 2001, 2002b, 2003; LUDEMANN/BRITSCH 1997). Bei diesen Untersuchungen wurde nämlich festgestellt, dass in den genannten Hochlagen als Kohlholz überwiegend Fichtenholz verwendet wurde. Da diese Waldnutzungen bereits vor dem Einsetzen der planmäßigen Forstwirtschaft und vor der gezielten Saat und Pflanzung stattfanden, muss die Fichte dort bereits von Natur aus eine bedeutende Rolle gespielt haben. Das verwendete Fichten-Kohlholz muss auf natürlichem Wege aufgewachsen sein, d. h. ohne direkten oder indirekten forstwirtschaftlichen Einfluss.

Unabhängig davon, in welche Richtung man aus den höchsten Lagen vom Feldberg heruntersteigt, wurden an den tieferliegenden Kohlplätzen zunehmend Buche und Tanne als Kohlholz genutzt, wie es auch sonst ganz allgemein für weite Teile des Schwarzwaldes und der Vogesen nachgewiesen wurde (LUDEMANN 2003, NÖLKEN 2005) und obschon sich die entsprechenden Gebiete besitzrechtlich und nutzungsgeschichtlich nicht von den jeweils höherliegenden unterscheiden. Diese Befunde untermauern, dass die hohen Fichtenanteile der obersten Lagen des Feldberggebiets primär standörtlich bedingt sind (klimatisch-edaphisch; waldgrenznahe Lage) und die ursprünglichen natürlichen Bestockungsverhältnisse (letzte Urwälder, pnV, Klimaxwald) widerspiegeln (zur Frage der natürlichen Waldfreiheit und alpinen Waldgrenze am Feldberg siehe auch S. 108–111, 127–134, 181–186).

In dieser Höhenlage wird nämlich gerade auch jene orografisch-klimatische Grenze überschritten – mit einer Jahresmitteltemperatur von 4 °C –, die allgemein als Temperaturgrenze zwischen den montanen Tannen-Buchenwäldern und den subalpinen Fichtenwäldern angegeben wird (ELLENBERG/LEUSCHNER 2010). Darin ist auch eine wesentliche Ursache für die viel größere natürliche Bedeutung der Fichte im Schwarzwald gegenüber den Vogesen zu sehen, neben weiteren klimatischen Unterschieden, wie die stärkere atlantische Prägung der Vogesen, sowie bedeutsamen Unterschieden in der nacheiszeitlichen Einwanderungsgeschichte der Baumarten (späte Fichteneinwanderung; LANG 1994). Die Jahresmitteltemperatur am Feldberggipfel liegt nämlich bisher bei 3,3 °C (siehe Abb. 88), während sie in den höchsten Lagen der Vogesen den Wert von 4 °C in der Regel nicht unterschreitet.

Die Existenz einer natürlichen »Fichteninsel« inmitten eines großen Buchen-Tannenwald-Gebiets schließt bereits LANG (1973) aufgrund seiner pollenanalytischen Untersuchungen des höchsten Schwarzwaldmoores (Baldenweger Moor am Feldberggipfel) für den Südschwarzwald nicht aus und kommt auch in seiner neuen zusammenfassenden Darstellung zu den »Seen und Moore(n) des Südschwarzwaldes« (LANG 2005: 133) zum Schluss, dass aufgrund der *»jetzt neu vorgelegten und im Hinblick auf die Fichtenfrage ausgewerteten Pollendiagramme aus den Hochlagen des Südschwarzwaldes ... tatsächlich östlich bzw. südöstlich des Feldbergs und Herzogenhorns in Lagen über 1200 m oder 1250 m mit einem relativ hohen na-*

233 Vielstämmige Buchen am Seebuck, die sich an diesem südexponierten Hang bereits in einer Höhe um 1350 m zu kleinen Laubwaldinseln zusammenschließen. (TL)

türlichen Fichtenanteil zu rechnen ist ... lange vor forstwirtschaftlichen Einflüssen.« Für die Fichten-Einwanderung ist aus seinen Pollenprofilen die Zeit vor über 4000 oder gar 5000 Jahren abzulesen; und bereits in vorrömischer Zeit, teilweise bereits im 2. Jahrtausend v. Chr., sind bedeutende Fichtenpollenanteile nachgewiesen.

Aus völlig anderer Perspektive zieht LIEHL (1982: 94) in derselben Höhenlage (1200–1250 m) die »charakteristische Höhengrenze des subalpinen Klimas.« Interessanterweise befinden sich auch die Verbreitungsgrenzen und der Übergangsbereich der montanen Flügelginsterweiden und der hochmontan-subalpinen Borstgrasrasen in derselben Höhenlage, um 1250 m, in der sich offenkundig von Natur aus ein markanter Standort- und Vegetationswechsel vollzieht (siehe S. 114). Die Borstgrasrasen sind anthropogene, weidewirtschaftlich bedingte Ersatzgesellschaften der hochmontan-subalpinen Wälder, in unserem Fall des Hochlagen-Fichtenwaldes, die Flügelginsterweiden Ersatzgesellschaften der montanen Tannen-Buchenwälder. Die entsprechenden Verbreitungsmuster wurden auf der Vegetationskarte (siehe Abb. 304, 305) detailliert erfasst und können als weiterer unabhängiger floristisch-soziologischer Beleg für die ursprüngliche natürliche Existenz von zwei verschiedenen Vegetationsstufen im Feldberggebiet angeführt werden. Diese Höhenstufenabfolge mit ihrer vertikalen Vegetationsgliederung ist gekennzeichnet einerseits durch montane Tannen-Buchenwälder, andererseits durch den natürlichen hochmontan-subalpinen Fichtenwald (siehe Abb. 205).

Zu erwähnen sind schließlich die schon lange bekannten natürlichen Fichtenvorkommen an Sonderstandorten, die in der Regel kleine Flächen einnehmen. Es sind dies zum einen die Fichtenwälder an moorig-sumpfigen Standorten, insbesondere in Karböden und in ähnlichen glazialen Hohlformen sowie an diversen anderen Stau- oder Sickerwasserstandorten, zum anderen an kühl-schattigen Blockhalden und Felsen, insbesondere von Bergsturzgebieten und sogenannten Eislöchern. Diese beiden historisch-genetisch verschiedenen, jedoch standortökologisch in mancherlei Hinsicht recht ähnlichen Fichtenwaldtypen sind in der Vegetationskarte differenziert dargestellt (siehe Abb. 304, 305).

Weitere Baumarten, neben den drei genannten Hauptbaumarten Buche, Tanne und Fichte, spielen mit Ausnahme des Berg-Ahorns in den Wäldern des Feldberggebiets von Natur aus nur eine untergeordnete Rolle. Zu nennen sind Erle, Esche, Ulme, Linde, Spitz-Ahorn, Hainbuche, Vogel-Kirsche, Stechpalme, Eibe und Traubenkirsche, die hauptsächlich an Auen- und Schluchtwaldstandorten oder an anderen kleinflächigen Sonderstandorten vorkommen, zudem Arten mit Schwerpunkt in Pionier- und Vorwaldstadien der Waldentwicklung, wie Eberesche/Vogelbeere, Birke, Weide, Pappel und als Strauchart Hasel. Gegenüber den Hauptbaumarten waren diese Arten in der ursprünglichen natürlichen Vegetation nur mit geringen Mengenanteilen vertreten.

4.1 Holzkohleanalytische Ergebnisse von Rückständen der historischen Waldköhlerei

Einen guten Einblick in die naturnahen Raummuster der Baumartenzusammensetzung geben die Darstellungen der historischen Kohlholznutzungen im Feldberggebiet (Abb. 234–238). Dabei zeigt Abb. 234 eine flächenhafte regionale Synthese für den Südschwarzwald, fokussiert auf die zentralen Gebirgsteile mit den höchstgelegenen Fundplätzen um den Feldberggipfel (LUDEMANN 2003). Für die sieben häufigsten Taxa, auf die zusammen ein Anteil von über 98 % entfällt, ist jeweils der durchschnittliche Prozentanteil angegeben. In den markanten Raummustern der verwendeten Haupt- und Nebenbaumarten spiegelt sich das natürliche standortspezifische Vorkommen der Baumarten deutlich wider. Den in weiten Teilen vorherrschenden, die höchsten Lagen um den Feldberg und östliche Gebietsteile jedoch meidenden Buchen und Tannen steht als »Gegenspieler« die Fichte gegenüber, die gerade um den Feldberggipfel sowie in vermoorten Gebieten im Osten (östlich des eigentlichen Feldberggebiets) höchste Anteile erzielt. Eingebettet in ein großes Tannen-Buchenwald-Areal im übri-

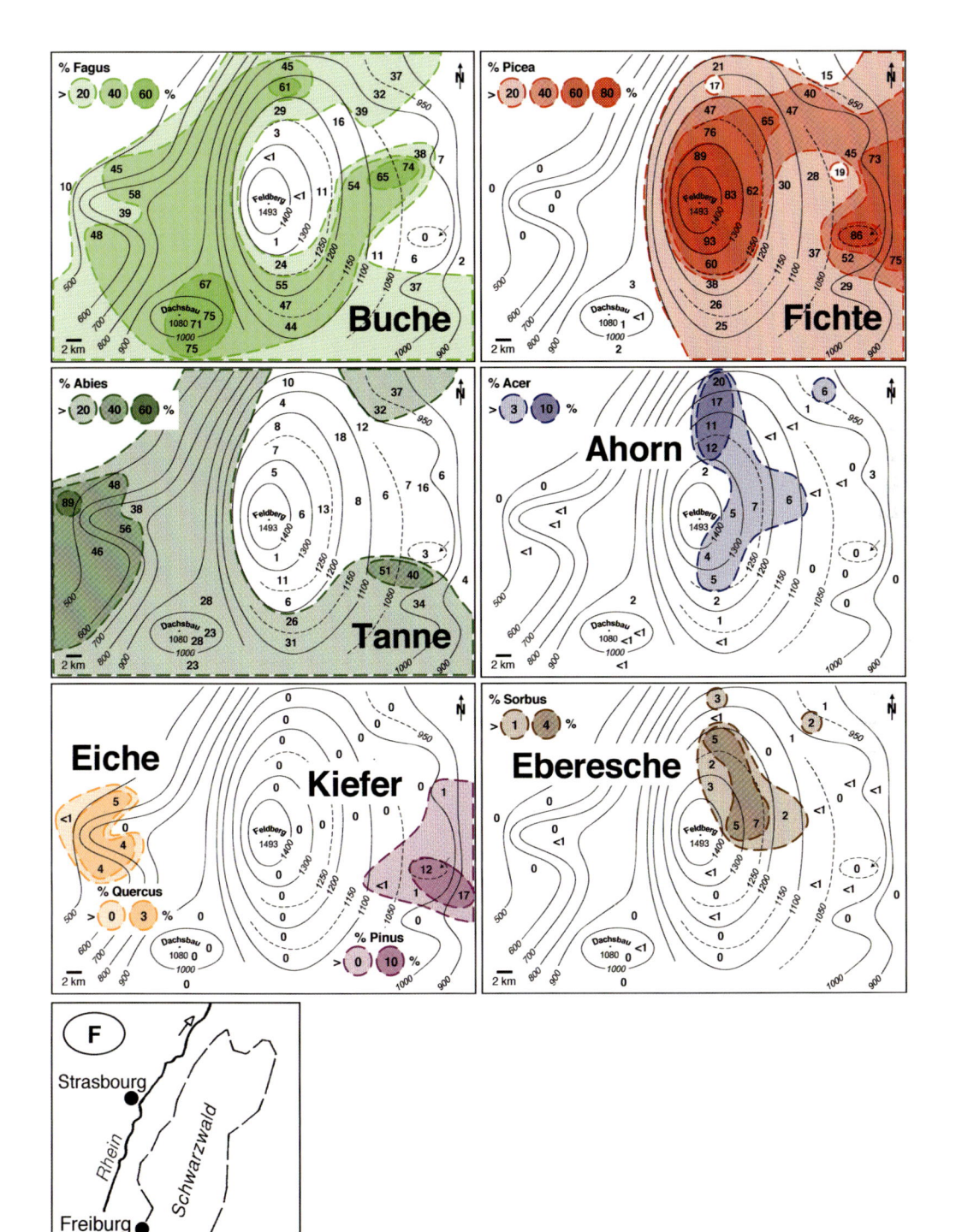

234 Regionale Raummuster der Kohlholznutzung im Südschwarzwald. Gebiete und Mengenanteile (%) der sieben häufigsten Gehölzgattungen, die bei der historischen Köhlerei verwendet wurden. Ergebnis der Holzkohleanalyse von 200 historischen Kohlplätzen. Erläuterung im Text. (aus LUDEMANN 2003, verändert)

235 Blick vom Herzogenhorn zum Feldberggipfel, Höchster (links) und Seebuck (rechts). In der Bildmitte Grafenmatt mit dem Leistungszentrum und dem Sportplatz (hellgrün). Gut zu erkennen ist der Übergang von den steileren, buchenreichen Hängen des Herzogenhornkares (Karwände; rechts) zu den fichtendominierten und von Weideland durchsetzten Wäldern der Hochfläche um das Leistungszentrum. Dies ist zugleich auch der Übergangsbereich von der Buchen- zur Fichtendominanz bei der historischen Kohlholznutzung (siehe Abb. 236). (HKR)

gen zentralen und im westlichen Südschwarzwald gelangt die Fichte in den höchsten Gipfellagen ab etwa 1200 bis 1300 m zur Dominanz.

Einen Vorkommensschwerpunkt in den höchsten Lagen zeigen auch Ahorn und *Pomoideae* (Eberesche). Aus vegetationskundlicher Sicht kommen darin sowohl das Verbreitungszentrum des Bergahorn-Buchenwaldes (Aceri-Fagetum) in den höchsten, nährstoffreichen und nordexponierten Lagen des Südschwarzwaldes zum Ausdruck als auch die lokalklimatisch extremen Wuchsbedingungen der höchsten, waldgrenznahen Gipfellagen, in denen hohe Windgeschwindigkeiten, niedrige Temperaturen und Schneereichtum die Waldbestände immer wieder auflichten. Dadurch ist es dort einer konkurrenzschwachen, lichtbedürftigen und relativ kurzlebigen Baumart wie der Eberesche (Vogelbeere, *Sorbus aucuparia*) möglich, sich als Pionierbaumart und Vorwaldgehölz regelmäßig und dauerhaft am Aufbau der Bestände zu beteiligen. Vegetationskundlich handelt es sich dabei um den Fichten-Ebereschen-Vorwald (Piceo-Sorbetum).

In der geringen Nutzung der Eiche spiegeln sich die ausklingenden, submontanen, wärmegetönten Standorte der tieferen West-Schwarzwaldlagen mit der Trauben-Eiche (*Quercus petraea*) wider, in derjenigen von Kiefer die regionalen Nadelwälder des Ostschwarzwaldes, in denen sich die Waldkiefer (*Pinus sylvestris*) von Natur aus am Aufbau der Bestände beteiligt. Beides ist also für das engere Feldberggebiet nicht von Bedeutung: Während die Eiche in den tiefsten, wärmebegünstigten Lagen des Feldberggebiets ausklingt, so zum Beispiel im St. Wilhelmer Tal, spielt die Kiefer erst östlich und z. T. auch weiter nördlich und südlich außerhalb des eigentlichen Feldberggebiets eine nennenswerte Rolle in den Wäldern, einerseits an Moorstandorten (z. B. Raum Hinterzarten, Rotmeer, Bernau, Hotzenwald u. a.), andererseits im regionalen Wald des Ostschwarzwaldes.

Ein Beispiel für die feine lokalstandörtliche Differenzierung gibt Abb. 236 wieder: Dieser kleine Geländeausschnitt von etwa 1 km² erstreckt sich zwischen 1100 und 1400 m exakt aus dem Tannen-Buchenwaldgebiet der oberen Hanglagen im Krunkelbachtal bei Menzenschwand hinauf auf die danubische Hochflächen um Herzogenhorn und Leistungszentrum, wo Fichtenwälder vorherrschen. Darüber hinaus ist in diesem Fallbeispiel der historischen Kohlholznutzung eine zusätzliche räumliche Differenzierung zwischen Buche und Tanne deutlich erkennbar, indem letztere den flacheren, geschützteren Karboden und Moorrandbereich bevorzugt, erstere, die Buche, dagegen die steilen Karwände. Auch die höheren Ahornanteile mit z. T. über 10 % bestätigen kleinflächige, lokalstandörtlich bedingte Vorkommen des Bergahorn-Buchenwaldes im Kontakt mit dem Hochlagen-Fichtenwald an Anreicherungsstandorten im Bereich des obersten Kriegsbaches und seiner Quellbäche.

Darüber hinaus vermitteln lokale Höhenprofile der Kohlholznutzung ein gutes Bild vom natürlichen Wechsel der Baumartenanteile im Höhengradienten des Feldberggipfels. Drei Profile sind in der Fachliteratur verfügbar, eines nördlich des Feldbergs, im Zastlertal zwischen Zastler Moräne und Höchstem, zwischen 1000 und 1400 m (LUDEMANN/BRITSCH 1997; Abb. 237), sowie zwei östlich des Feldbergs im Seebachtal, zwischen Feldberggipfel und Zipfelmühle, zwischen 1400 und 900 m (LUDEMANN 2001, 2002b; Abb. 238). Die analysierten Geländeprofile sind auf Abb. 198 (Zastlertal) und 105 (Seebachtal) gut zu sehen und ziehen sich dort jeweils vom Talgrund hinauf bis zum Beginn der Gipfelschneefelder. Die beiden Profile östlich des Feldbergs schlüsseln sich auf Aushagerungsstandorte (Rückenlagen, oben) und Anreicherungsstandorte (Muldenlagen, unten) auf. Deutlich ist in den

236 Lokalstandörtliches Raummuster der vier Hauptbaumarten (Buche, Tanne, Fichte, Berg-Ahorn), die bei der historischen Holzkohleherstellung im Herzogenhornkar und auf der angrenzenden Hochfläche als Kohlholz verwendet wurden. A Lage der Kohlplätze und topografische Gliederung. B Ergebnis der Holzkohleanalyse. Mit Isoprozentlinien zwischen 30 und 90 % für Buche, Tanne oder Fichte sind jeweils jene Kohlplätze umfahren, an denen der entsprechende Prozentwert für die jeweilige Art im holzkohleanalytischen Ergebnis überschritten wird. Der für Ahorn ermittelte Prozentsatz ist jeweils im grauen Kreis der Kohlplatzmarkierung angegeben. Weitere Erläuterungen im Text. (aus LUDEMANN 1994b, verändert)

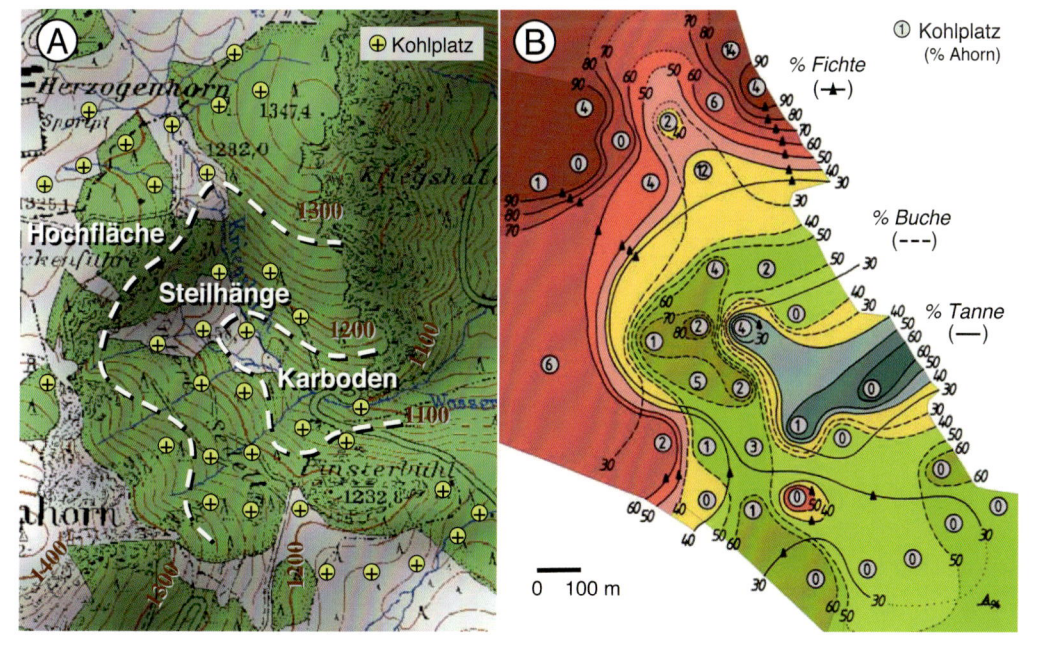

218 DIE WALDLEBENSRÄUME UND IHRE VEGETATION

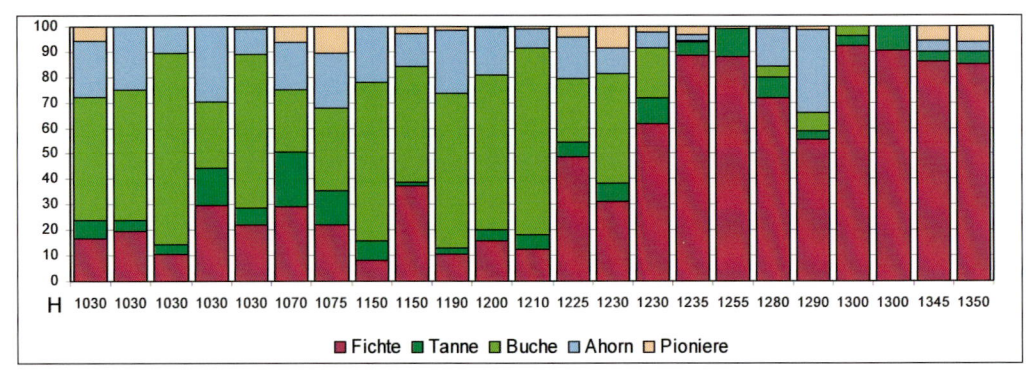

237 Die als Kohlholz genutzten Baumarten (%-Anteil) im oberen Zastlertal zwischen Zastlermoräne und Feldberggipfel. Ergebnis der Holzkohleanalyse von 23 historischen Kohlplätzen auf einem lokalen Höhenprofil zwischen 1030 und 1350 m. H Höhenlage der Kohlplätze. (nach LUDEMANN/BRITSCH 1997)

238 Die als Kohlholz genutzten Baumarten (%-Anteil) auf Höhenprofilen zwischen 920 und 1380 m im Bereich des Seebachtals östlich des Feldberggipfels. Ergebnis der Holzkohleanalyse von 39 historischen Kohlplätzen. (aus LUDEMANN 2002b, verändert)

drei Profilen wieder der Übergang von Buchen- zu Fichtendominanz zu erkennen. Dieser markante Wechsel vollzieht sich in den drei Profilen zwischen 1200 und 1300 m. Als »Trennlinie« kristallisiert sich also auch hier wieder die 1250-m-Höhenlinie heraus. Die Tanne spielt im Ganzen nur eine untergeordnete Rolle. Als dritthäufigste Art tritt stattdessen z. T. der Berg-

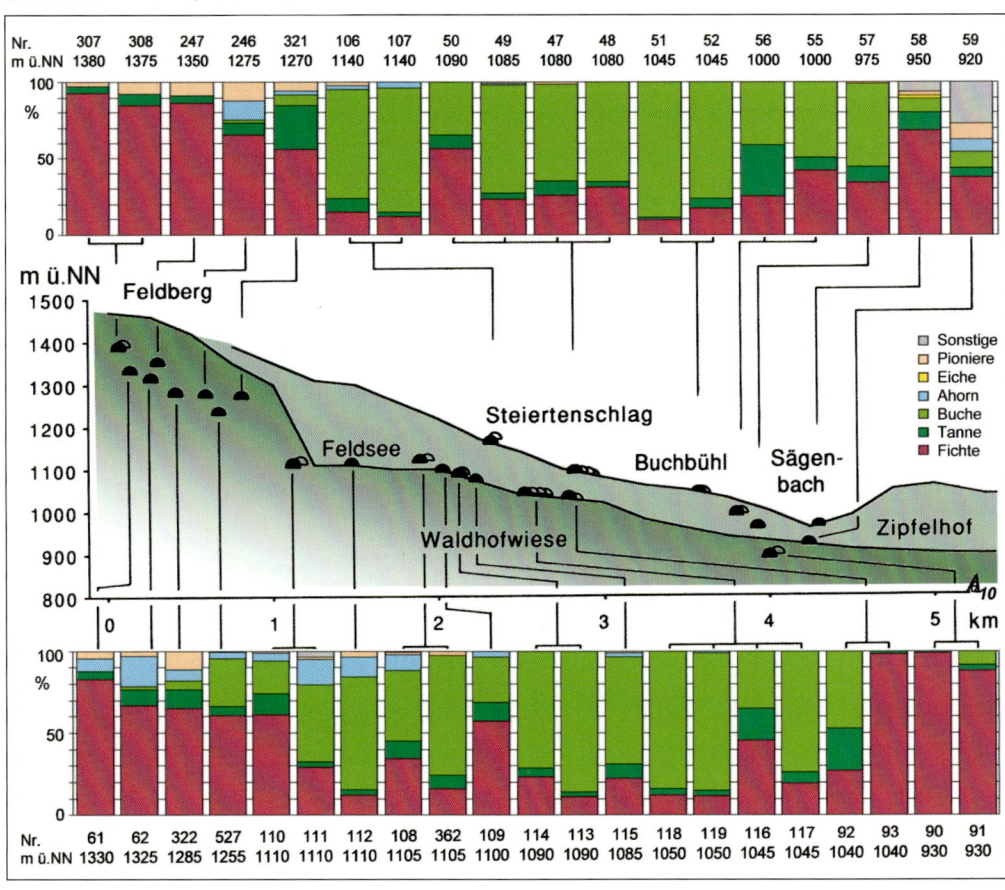

Ahorn hervor, der insbesondere im Zastlertal und an Anreicherungsstandorten zwischen Feldsee und Feldberg-Mittelbuck vorkommt. Die Bedeutung der Eberesche kommt vor allem auf den gipfelnahen Aushagerungsstandorten im Bereich des Seebachtals zum Ausdruck.

5. Die Lebensraumtypen der Wälder und ihre Standorte

Das Feldberggebiet liegt waldvegetationskundlich betrachtet zwischen dem montanen Mischwaldgebiet des rhenanischen Westschwarzwaldes, mit Hainsimsen- und Waldmeister-Tannen-Buchenwäldern (Luzulo- und Galio-Fagetum) als vorherrschenden regionalen Waldgesellschaften, und dem Nadelwaldgebiet des Ostschwarzwaldes mit seinen Tannen-Fichtenwaldgesellschaften (Vaccinio- und Galio-Abietetum). Der Zentralbereich um den Feldberggipfel mit den höchsten, subalpin getönten Lagen wird durch eigene regionale Waldgesellschaften geprägt: auf den nährstoffarmen, versauerten Standorten durch den Hochlagen-Fichtenwald (»Luzulo-Piceetum«), auf den nährstoffreichen, subalpin getönten Standorten durch den Bergahorn-Buchenwald (Aceri-Fagetum). Wir werden zunächst die regionalen laubholzreichen Mischwälder, die verschiedenen Typen der Tannen-Buchenwälder, besprechen sowie die Laubwälder der Sonderstandorte, danach dann die verschiedenen Nadelwaldtypen, die im Feldberggebiet vor allem durch die Fichte aufgebaut werden, dies ebenfalls zunächst für die regionalen, weitverbreiteten terrestrischen Standorte und abschließend für die kleinflächigen Sonderstandorte.

»Die Urlandschaft am Feldberg trug wohl kaum Waldbestände mit nahezu ausschließlichem Vorherrschen einer Baumart. Meistens war dagegen Mischwald vorhanden und der Laubwald (Buchen-Tannen-Mischwald) spielt eine viel größere Rolle als heute.« (MÜLLER 1948: 261) Unter naturnahen Bedingungen handelt es sich bei allen im Folgenden beschriebenen regionalen Waldtypen (Luzulo-Fagetum, Galio-Fagetum, Aceri-Fagetum, »Luzulo-Piceetum« und Luzulo-Abietetum) um Mischwälder. Hinsichtlich der natürlichen Baumartenzusammensetzung sind es also in der Regel keine größeren Reinbestände, die allein von einer einzigen Baumart aufgebaut und geprägt werden, sondern es handelt sich ursprünglich bei ihnen allen um Laub-Nadel-Mischwälder, aufgebaut aus den vier Hauptbaumarten Buche, Fichte, Tanne und Berg-Ahorn. Dies ergibt sich allein schon aus der allgemeinen standörtlichen und vegetationskundlichen Übergangsstellung des Gebiets auf regionaler Ebene (s. o.), aber auch aus dem vielfach kleinräumigen und wechselvollen lokalen Standortmosaik in den Waldgebieten.

Die natürlichen Schwerpunkte und Mengenanteile der Baumarten sind dabei allerdings in den einzelnen Waldgesellschaften sehr verschieden. Mit Ausnahme des Hochlagen-Fichtenwaldes herrschen Buche, Tanne und/oder Ahorn vor. LUDEMANN et al. (2007) gehen von einem ursprünglichen natürlichen Fichtenanteil der entsprechenden Waldbestände von maximal 30 % in Hainsimsen- und Waldmeister-Tannen-Buchenwald (Luzulo- und Galio-Fagetum) aus; für Bergahorn-Buchenwald (Aceri-Fagetum) und Hainsimsen-Tannenwald (Luzulo-Abietetum) nennen sie einen Wert von maximal 50 %, während der Fichtenanteil im Hochlagen-Fichtenwald nach ihrer Einschätzung bereits von Natur aus bei deutlich über 50 % liegt.

Große Unterschiede der Baumartenzusammensetzung lassen sich überdies innerhalb der Bestände eines Waldtyps auf Teilflächen feststellen (z. B. Abb. 239, 240), je nach historisch-genetischer Ausgangsbedingung und Bestandesbegründung, Waldentwicklungsstufe und Bestandesgeschichte. Diese Diversität und Variabilität der Baumschicht ist auch bei den Namen der Waldgesellschaften, bei denen vielfach nur die wichtigste Baumart genannt ist, stets zu bedenken.

Die im Folgenden beschriebenen Waldtypen sind keineswegs nur durch die unterschiedlichen Schwerpunkte und Mengenanteile der Baumarten gekennzeichnet, sondern als Ganzes durch

239 Naturnahe Tannen-Buchen-Altbestände im St. Wilhelmer Tal mit teils gemischten (im Hintergrund), teils buchen-, teils tannendominierten Bestandesteilen. (TL)

240 Das Mischungsverhältnis von Tanne und Buche ist innerhalb der Bestände sehr verschieden. In Abhängigkeit von der Bestandesgeschichte wechseln die jeweiligen Anteile am Aufbau des Kronendaches sehr stark. Zum Teil ragen nur einzelne Alttannen aus dem Kronenmeer der Buchen heraus. (TL)

ihre charakteristische Gesamtartenkombination und Vergesellschaftung von Bäumen, Sträuchern und Pflanzen der Bodenvegetation im Zusammenspiel mit jeweils spezifischen Wuchsbedingungen. Ganz allgemein wird eine Pflanzengemeinschaft nicht nur durch einige wenige oder gar eine einzelne namengebende Art charakterisiert, sondern durch die Gesamtheit der floristischen Ausstattung und die Mengenverhältnisse der Arten sowie bestimmte ökologische Standortgegebenheiten. Im Wald sprechen wir dann von bestimmten Waldlebensraumtypen und Waldgesellschaften, strukturell und funktionell hochentwickelten und komplexen Lebensgemeinschaften mit bestimmten biotischen und abiotischer Lebensbedingungen und Wechselwirkungen – eben von Waldökosystemtypen. Die verwendete wissenschaftliche Nomenklatur der Pflanzenarten und -gesellschaften richtet sich nach OBERDORFER 2001 sowie für die Moose nach NEBEL/PHILIPPI (2000, 2001) und HÖLZER (2010).

5.1 Hainsimsen-Buchenwald

Der Hainsimsen-Buchenwald (Luzulo-Fagetum) ist die häufigste natürliche Waldgesellschaft des Schwarzwaldes und nähme auch innerhalb des Naturschutzgebiets Feldberg von Natur aus die größte Fläche ein, wäre der Mensch nicht land- und forstwirtschaftlich tätig geworden. Hinsichtlich des ursprünglichen Pflanzenkleides erzielen im Feldberggebiet aber auch Waldmeister-Buchenwald (Galio-Fagetum) und Hochlagen-Fichtenwald (»Luzulo-Piceetum«) eine ähnlich große Flächenbedeutung, mit jeweils einem Anteil von gut einem Viertel der Gesamtfläche (siehe Tab. 12).

Im Hainsimsen-Buchenwald tritt die Buche (*Fagus sylvatica*) sowohl in der Baumschicht als auch bei der Verjüngung stärker hervor als die Tanne (*Abies alba*), jedoch gibt es von Bestand zu Bestand sehr große Unterschiede der Anteile der beiden Hauptbaumarten, sowohl forstwirtschaftlich bedingt als auch von Natur aus (Abb. 239, 240). Am Aufbau der Bestände wird sich im Feldberggebiet darüber hinaus auch die Fichte bereits von Natur beteiligen, d. h. auch ohne die gezielte Anpflanzung durch den Menschen im Zuge der planmäßigen Forstwirtschaft, vereinzelt auch der Berg-Ahorn.

Den Grundstock der Bodenvegetation dieser Waldgesellschaft bilden weitverbreitete Arten bodensaurer Wälder, wie Weiße Hainsimse (*Luzula luzuloides*), Heidelbeere (*Vaccinium myrtillus*), Draht-Schmiele (*Deschampsia flexuosa*) und die häufigen Moosarten Schönes Frauenhaar- oder Haarmützenmoos (*Polytrichum formosum*) und Besen-Gabelzahnmoos (*Dicranum scoparium*), ferner die Wald-Hainsimse (*Luzula sylvatica*) und der Breitblättrige Dornfarn (*Dryopteris dilatata*). Die Weiße Hainsimse hat im Luzulo-Fagetum ihren Verbreitungsschwerpunkt und tritt dort z. T. mit hoher Deckung aspektbestimmend hervor. In stärkerem Maße werden Dominanzaspekte der Bodenvegetation in den Beständen allerdings durch Heidelbeere, Draht-Schmiele und Wald-Hainsimse geprägt.

241 Rotbuche (*Fagus sylvatica*) im Herbst. (TL)

Waldgesellschaft	UA	AC	GF	LF	LA	LP	BP	
Mittlere Hangneigung (Grad)	28	19	22	23	15	12	5	
Mittlere Artenzahl	31	28	24	17	20	20	23	
Aufnahmen (Anzahl)	13	30	43	38	87	133	20	
Baumschicht								Wissenschaftlicher Name
Gewöhnliche Esche	62	3	2	0	0	0	0	Fraxinus excelsior
Berg-Ulme	38	0	0	0	0	0	0	Ulmus glabra
Berg-Ahorn	100	77	19	11	9	9	0	Acer pseudoplatanus
Rotbuche	62	97	100	84	97	22	15	Fagus sylvatica
Weißtanne	31	30	40	58	55	12	30	Abies alba
Fichte	69	80	67	82	92	100	100	Picea abies
Hänge-/Moor-Birke	0	0	0	0	0	0	35	Betula pendula/pubescens
Waldkiefer	0	0	0	0	2	1	25	Pinus sylvestris
Weitverbreitete Waldarten								
Breitblättriger Dornfarn	46	97	81	74	95	92	55	Dryopteris dilatata
Wald-Frauenfarn	85	93	88	66	81	65	20	Athyrium filix-femina
Wald-Sauerklee	54	90	93	74	66	33	45	Oxalis acetosella
Hasenlattich	69	93	79	68	70	46	10	Prenanthes purpurea
Himbeere	85	60	70	68	67	44	0	Rubus idaeus
Hain-Greiskraut	46	83	65	42	24	19	0	Senecio hercynicus
Wald-Hainsimse	15	37	35	58	40	62	10	Luzula sylvatica
Fuchs' Greiskraut	85	43	56	29	23	13	5	Senecio ovatus
Weiße Hainsimse	38	7	33	92	31	42	0	Luzula luzuloides
Wald-Reitgras	62	20	28	68	18	29	0	Calamagrostis arundinacea
Wald-Habichtskraut	31	27	23	58	31	19	15	Hieracium murorum
Gewöhnliche Goldrute	23	47	19	50	19	26	15	Solidago virgaurea
Quirlblättrige Weißwurz	23	43	42	26	34	18	0	Polygonatum verticillatum
Berg-Lappenfarn	8	37	30	5	37	28	10	Thelypteris limbosperma
Eichenfarn	8	50	47	3	21	14	5	Gymnocarpium dryopteris
Buchenfarn	8	20	40	0	29	8	0	Thelypteris phegopteris
Arten nährstoffreicher, frischer Laub- und Mischwälder								
Männlicher Wurmfarn	100	70	84	11	8	2	0	Dryopteris filix-mas
Goldnessel	92	63	67	0	0	0	0	Lamium galeobdolon
Waldmeister	77	27	58	0	0	0	0	Galium odoratum
Kriechender Günsel	23	53	49	5	4	3	0	Ajuga reptans
Wald-Veilchen	31	20	47	0	0	1	0	Viola reichenbachiana
Wald-Segge	38	23	33	0	0	0	0	Carex sylvatica
Hain-Gelbweiderich	23	43	21	0	1	0	0	Lysimachia nemorum
Mauerlattich	38	10	19	0	1	0	0	Mycelis muralis
Einbeere	31	13	21	0	0	0	0	Paris quadrifolia
Berg-Ehrenpreis	15	20	28	0	0	0	0	Veronica montana
Weiße Pestwurz	15	27	14	0	1	0	0	Petasites albus
Wald-Schwingel	8	0	35	3	0	0	0	Festuca altissima
Bär-Lauch	8	7	16	0	0	0	0	Allium ursinum
Wald-Erdbeere	15	0	14	0	1	0	0	Fragaria vesca
Wald-Sanikel	8	10	7	0	0	0	0	Sanicula europaea
Spreuschuppiger Wurmfarn	0	3	19	5	0	0	0	Dryopteris affinis
Arten nährstoffarmer, bodensaurer Laub- und Nadelwälder								
Heidelbeere	8	53	40	84	99	98	100	Vaccinium myrtillus
Schönes Frauenhaarmoos	0	40	28	71	94	86	80	Polytrichum formosum
Besen-Gabelzahnmoos	0	10	9	42	78	84	95	Dicranum scoparium
Draht-Schmiele	8	13	12	74	74	89	60	Deschampsia flexuosa
Arten der Nadelwälder								
Schönes Kranzmoos	8	17	12	0	64	73	95	Rhytidiadelphus loreus
Rippenfarn	0	30	28	0	85	91	50	Blechnum spicant
Gewelltes Plattmoos	0	0	0	0	15	30	45	Plagiothecium undulatum
Wald-Bärlapp	0	0	5	0	21	14	25	Lycopodium annotinum
Tannen-Bärlapp	0	0	0	3	7	12	0	Huperzia selago

Waldgesellschaft	UA	AC	GF	LF	LA	LP	BP	
Schluchtwaldarten und Feuchtezeiger								
Wald-Bingelkraut	92	7	28	0	0	0	0	Mercurialis perennis
Berg-Weidenröschen	92	23	9	3	0	0	0	Epilobium montanum
Rühr mich nicht an	85	33	33	8	0	0	0	Impatiens noli-tangere
Ruprechtskraut	77	17	14	0	0	0	0	Geranium robertianum
Große Brennnessel	62	3	7	0	0	1	0	Urtica dioica
Tag-Lichtnelke	54	13	5	0	1	2	0	Melandrium sylvestre
Alpen-/Mittleres Hexenkraut	46	10	23	0	0	0	0	Circaea alpina/intermedia
Hain-Rispengras	31	7	0	0	0	0	0	Poa nemoralis
Wald-Schaumkraut	31	10	2	0	0	0	0	Cardamine flexuosa
Wald-Ziest	31	10	7	0	0	0	0	Stachys sylvatica
Christophskraut	31	13	2	0	0	0	0	Actaea spicata
Gegenblättriges Milzkraut	31	17	0	0	0	0	0	Chrysosplenium oppositifolium
Nesselblättrige Glockenblume	23	0	0	0	0	0	0	Campanula trachelium
Großblütiger Fingerhut	23	0	0	0	0	0	0	Digitalis grandiflora
Wald-Witwenblume	23	3	0	0	0	0	0	Knautia sylvatica
Berg-Kälberkropf	23	13	5	0	0	0	0	Chaerophyllum hirsutum
Margerite	15	0	0	0	1	0	0	Chrysanthemum leucanthemum
Große Schlüsselblume	23	30	12	0	0	0	0	Primula elatior
Sumpf-Pippau	15	30	9	0	0	0	10	Crepis paludosa
Wiesen-Bärenklau	23	20	2	0	0	0	0	Heracleum sphondylium
Eisenhutblättriger Hahnenfuß	15	20	2	5	4	3	0	Ranunculus aconitifolius-Grp.
Arten des hochmontan-subalpinen Bergahorn-Buchenwaldes								
Grauer Alpendost	8	100	44	13	22	18	0	Adenostyles alliariae
Alpen-Milchlattich	8	93	2	0	10	8	0	Cicerbita alpina
Wald-Sternmiere	23	50	23	3	2	3	0	Stellaria nemorum
Schwarze Heckenkirsche	15	47	12	0	13	4	0	Lonicera nigra
Alpen-Frauenfarn	0	40	0	0	7	25	0	Athyrium distentifolium
Berg-Sauerampfer	8	30	2	0	3	4	0	Rumex arifolius
Gelber Eisenhut	8	17	5	0	0	0	0	Aconitum lycoctonum
Alpen-Heckenrose	0	10	0	0	0	0	0	Rosa pendulina
Wurzelnder Wald-Hahnenfuß	0	10	2	0	0	0	0	Ranunculus serpens
Wald-Storchschnabel	0	10	0	0	0	0	0	Geranium sylvaticum
Blauer Eisenhut	0	10	5	0	0	0	0	Aconitum napellus
Knotenfuß	0	7	0	0	1	6	0	Streptopus amplexifolius
Arten der Fichtenwälder an Sonderstandorten								
Torfmoose (Sek. Acutifolia)	0	0	0	0	5	11	100	Sphagnum quinquefarium u.a.
Peitschenmoos	0	0	0	0	8	9	85	Bazzania trilobata
Etagenmoos	0	0	5	0	27	37	80	Hylocomium splendens
Rotstengelmoos	0	0	0	0	14	25	75	Pleurozium schreberi
Preiselbeere	0	0	0	0	16	17	70	Vaccinium vitis-idaea
Herz-Zweiblatt	0	0	0	0	0	2	70	Listera cordata
Torfmoose (Sek. Sphagnum)	0	0	0	0	1	0	50	Sphagnum palustre u.a.
Goldenes Frauenhaarmoos	0	0	0	0	2	5	50	Polytrichum commune
Wiesen-Wachtelweizen	0	0	0	3	11	22	35	Melampyrum pratense
Bruchblattmoos	0	0	0	0	3	3	35	Dicranodontium denudatum
Wald-Schachtelhalm	0	3	2	0	1	3	30	Equisetum sylvaticum

Tab. 9 Vereinfachte Stetigkeitstabelle der Waldgesellschaften. Angegeben ist die Vorkommenshäufigkeit der Arten in den verschiedenen Waldtypen (in %). In Gruppen zusammengestellt sind die diagnostisch wichtigen Arten (farbig unterlegt), unter ihnen auch seltenere, die nur mit mittlerer oder niedriger Stetigkeit und zum Teil nur in bestimmten Ausbildungen der Gesellschaften vorkommen. Umgekehrt kommen die diagnostischen Arten zum Teil auch in einzelnen Ausbildungen anderer Waldgesellschaften vor, in der Tabelle erkennbar an mittleren Stetigkeiten in nicht farbig unterlegten Feldern. Hierbei ist dann meist die Häufigkeit der Art (Individuenzahl und Deckung) in den Beständen sehr verschieden und zusätzlich zu berücksichtigen. Im Tabellenkopf ist die Anzahl der erfassten Bestände (Aufnahmen) angegeben. Waldgesellschaften: UA Ulmo-Aceretum, AC Aceri-Fagetum, GF Galio-Fagetum, LF Luzulo-Fagetum, LA Luzulo-Abietetum, LP »Luzulo-Piceetum«, BP Bazzanio-Piceetum.

242 Die Weiße Hainsimse (*Luzula luzuloides* = *L. albida*) mit ihrem feineren Habitus und den helleren Blütenständen. (HKR)

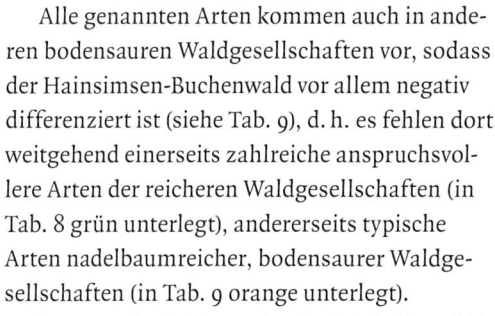

243 Die viel kräftigere Wald-Hainsimse (*Luzula sylvatica*) mit ihrem dunkleren, ästigen Blütenstand und den viel breiteren Blättern. (HKR)

Alle genannten Arten kommen auch in anderen bodensauren Waldgesellschaften vor, sodass der Hainsimsen-Buchenwald vor allem negativ differenziert ist (siehe Tab. 9), d. h. es fehlen dort weitgehend einerseits zahlreiche anspruchsvollere Arten der reicheren Waldgesellschaften (in Tab. 8 grün unterlegt), andererseits typische Arten nadelbaumreicher, bodensaurer Waldgesellschaften (in Tab. 9 orange unterlegt).

Letzteres ist insbesondere im Hinblick auf die Abgrenzung vom Hainsimsen-Tannenwald (Luzulo-Abietetum) von entscheidender Bedeutung, da die Baumschicht für diesen Zweck nur eingeschränkt herangezogen werden kann. Es bestehen nämlich lediglich quantitative Unterschiede im Anteil und Schwerpunkt von Buche, Tanne und Fichte, die für eine eindeutige Zuordnung des Einzelbestandes in der Regel nicht ausreichen.

Der standörtlich reichere Flügel der Gesellschaft ist gekennzeichnet durch das Vorkommen von Arten wie Sauerklee (*Oxalis acetosella*), Hasenlattich (*Prenanthes purpurea*), Himbeere (*Rubus idaeus*), Wald-Frauenfarn (*Athyrium filix-femina*), Wald-Habichtskraut (*Hieracium murorum*), Gewöhnliche Goldrute (*Solidago virgaurea*, Abb. 115), Hain- und Fuchs' Greiskraut (*Senecio hercynicus* und *S. ovatus*) sowie Quirlblättrige Weißwurz (*Polygonatum verticillatum*). Diese Arten charakterisieren eine Ausbildung der Gesellschaft, die eine gewisse standörtlich-floristische Annäherung an den Waldmeister-Buchenwald (Galio-Fagetum) erkennen lässt. Der Pflanzensoziologe spricht hier von der Sauerklee-Subassoziation des Hainsimsen-Buchenwaldes (Luzulo-Fagetum oxalidetosum).

Eine im Aspekt des Waldunterwuchses besonders auffallende Erscheinung sind einerseits die Reitgras-reichen Bestände (*Calamagrostis arundinacea*-Ausbildung des Luzulo-Fagetum), andererseits die *Luzula sylvatica*-reichen; dabei gibt es durchaus Übergänge zwischen den beiden Ausbildungen. In vielen Beständen, insbesondere der Sauerklee-Ausbildung des Hainsimsen-Buchenwaldes, kommt das Wald-Reitgras vor und prägt dort z. T. auf großen Flächen den Aspekt der Krautschicht fast allein, vor allem an besonders steilen, südexponierten Hängen, aber keineswegs nur dort (Abb. 247).

Außer dem Wald-Reitgras (*Calamagrostis arundinacea*, siehe Abb. 135) und der Wald-Hainsimse (*Luzula sylvatica*) treten innerhalb des Hainsimsen-Buchenwaldes sowohl die Draht-Schmiele (*Deschampsia flexuosa*) als auch die Heidelbeere (*Vaccinium myrtillus*) mit besonders hoher Bodenbedeckung als Faziesbildner hervor. Dabei sind die Lichtverhältnisse und die Streuauflage von entscheidender Bedeutung: Am Waldrand und auf lichteren Flächen gedeihen, blühen und

244 Wald-Sauerklee (*Oxalis acetosella*). (TL)

245 Hasenlattich (*Prenanthes purpurea*). (TL)

246 Quirlblättrige Weißwurz (*Polygonatum verticillatum*). (HKR)

247 Lichtung in einem Reitgras-reichen Hainsimsen-Buchenwald. Das Wald-Reitgras (*Calamagrostis arundinacea*) gelangt hier zu optimaler Vitalität und bestimmt den Aspekt der Bodenvegetation fast allein. (HKR)

fruchten die genannten Arten viel üppiger und prägen dort verschiedene Verlichtungsgesellschaften und Sukzessionsstadien des Waldes. So sind hohe Krautschichtdeckungen in Abhängigkeit vom Lichtgenuss naheliegenderweise gerade auch in lückigen, gestuften und strukturreichen Beständen zu beobachten. Demgegenüber ist vor allem in geschlossenen, gleichartigen und gleichaltrigen Beständen und insbesondere auch an dicht mit Buchenlaubstreu bedeckten Hängen und Senken häufig eine deckungs- und artenmäßige Verarmung der Krautschicht festzustellen.

Hainsimsen-Buchenwälder besiedeln vor allem die nährstoffarmen, regional weit verbreiteten Normalstandorte der steileren Hanglagen und kommen daher im Feldberggebiet überwiegend in den rhenanisch ausgestalteten Gebietsteilen vor, ferner an den ausgedehnten, glazial überformten Hängen bei Bernau und Menzenschwand. Sie bevorzugen dort Mittelhanglagen in Exposition um Süd. In klimatisch und orografisch ungünstigeren, kühleren und schneereicheren Lagen werden sie von Fichtenwäldern abgelöst, vor allem also in Nord- und Ostexposition, an flacheren Oberhängen und in den Hochlagen, sowie an bestimmten Sonderstandorten. Zu den Unterhängen hin grenzen sie vielfach an Waldmeister-Buchenwälder an.

5.2 Waldmeister-Buchenwald

Der Waldmeister-Buchenwald (Galio-Fagetum) ist die zweithäufigste Waldgesellschaft des Schwarzwaldes, die im Feldberggebiet ursprünglich ebenso wie Hainsimsen-Buchenwald und Hochlagen-Fichtenwald ein Viertel des Gebiets bedeckte. Aktuell ist er mit etwa 10 % der dritthäufigste naturnahe Waldtyp des Gebiets (siehe Abb. 303).

Im Waldmeister-Buchenwald wird die Baumschicht in stärkerem Maße von der Buche, in geringerem Maße durch Tanne und Fichte aufgebaut, von der Tanne allerdings wiederum in stärkerem Maße als im Hainsimsen-Buchenwald. Selten beteiligen sich die drei genannten Baumarten mit etwa gleichem Anteil am Aufbau von Mischbeständen. Auch Berg-Ahorn und Esche kommen eingesprengt vor, vor allem in der feuchten Ausbildung dieser Waldgesellschaft.

Geradezu klassisch für den Schwarzwald sind die montanen tannen- und waldschwingelreichen Buchen-Tannen-Mischbestände, die den Kern der »altehrwürdigen« Schwarzwälder Buchen-Tannenwälder bilden und früher wissenschaftlich als Festuco-Fagetum oder Abieti-Fagetum benannt und beschrieben wurden (OBERDORFER 1992, 2001). Aus dem Blickwinkel des Feldbergs (siehe Abb. 198, 199) liegt der Verbreitungsschwerpunkt von Beständen, in denen Tanne (*Abies alba*) und Wald-Schwingel (*Festuca*

248 Frühjahrsaspekt eines naturnahen Tannen-Buchenwaldes (Galio-Fagetum) im westlichen Südschwarzwald. (TL)

altissima) das Bild prägen, in den tieferen, rhenanisch ausgestalteten, montanen Gebieten, die insbesondere im West-Schwarzwald großflächig vorhanden sind. Derartige Buchen-Tannenwälder besiedelten dort den mittleren und besseren Standortbereich. Nach heutiger Nomenklatur und Auffassung handelt sich bei diesem Waldtyp um die montane Höhenform des Galio-Fagetum, in der Tanne und Wald-Schwingel einen gemeinsamen Verbreitungsschwerpunkt haben.

In der Krautschicht treten im Galio-Fagetum vor allem Arten hervor, die allgemein in den Laubwäldern nährstoffreicher Standorte verbreitet sind: Männlicher Wurmfarn (*Dryopteris filix-mas*), Hasenlattich (*Prenanthes purpurea*), Goldnessel (*Lamium galeobdolon*), Waldmeister (*Galium odoratum*), Wald-Schwingel (*Festuca altissima*) und das Wald-Veilchen (*Viola reichenbachiana*).

Darüber hinaus wird die Krautschicht wieder von den typischen Begleitern der montanen Tannen-Buchenwälder des mittleren Standortbereichs aufgebaut (Sauerklee-Gruppe: *Oxalis acetosella*, *Athyrium filix-femina*, *Rubus idaeus*, *Senecio hercynicus*, *Senecio ovatus* und *Polygonatum verticillatum*; siehe Abschnitt 5.1 und Tab. 9). Weitere typische Begleiter dieses Waldtyps sind im Feldberggebiet Breitblättriger Dornfarn (*Dryopteris dilatata*), Kriechender Günsel (*Ajuga reptans*), Alpen-Dost (*Adenostyles alliariae*) und Gewöhnlicher Hohlzahn (*Galeopsis tetrahit*).

Innerhalb der Waldmeister-Buchenwälder lässt sich eine besonders frische bis feuchte Ausbildung unterscheiden, die den Schluchtwäldern nahe steht. Die Baumschicht wird hier regelmäßig durch den Berg-Ahorn (*Acer pseudoplatanus*),

249 Herbstaspekt eines naturnahen Tannen-Buchenwaldes an den Steilhängen des Westschwarzwaldes. (HKR)

250 Aspekt der Bodenvegetation eines Waldmeister-Buchenwaldes (Galio-Fagetum) mit dem namengebenden Waldmeister (*Galium odoratum*), Wald-Bingelkraut (*Mercurialis perennis*) und Buschwindröschen (*Anemone nemorosa*), ferner die beiden großen, Rosetten bildenden Waldbodenfarne Wald-Frauenfarn (*Athyrium filix-femina*, oben und links) und Breitblättriger Dornfarn (*Dryopteris dilatata*, rechts am Bildrand) sowie der kleine, Herden bildende Buchenfarn (*Thelypteris phegopteris*). (TL)

251 Der Männliche Wurmfarn (*Dryopteris filix-mas*) ist anspruchsvoller als Frauenfarn (*Athyrium filix-femina*) und Dornfarn (*Dryopteris dilatata*) und kommt vor allem im Waldmeister-Buchenwald und verwandten Waldtypen vor. (TL)

252 Hallenwaldbestand der frischen Ausbildung des Waldmeister-Buchenwaldes (Galio-Fagetum impatientetosum) am Fuß der Kriegshalde im hinteren Krunkelbachtal bei Menzenschwand mit großen Herden von Bingelkraut (*Mercurialis perennis*) und Rühr-mich-nicht-an (*Impatiens noli-tangere*) sowie optimal gedeihendem Wurmfarn (*Dryopteris filix-mas*). (TL)

seltener auch durch die Esche (*Fraxinus excelsior*) bereichert. Ebenso wie in Schluchtwäldern wird hier das Bild der Krautschicht von Rühr-mich-nicht-an (*Impatiens noli-tangere*), Stinkendem Storchschnabel (*Geranium robertianum*), Berg-Weidenröschen (*Epilobium montanum*) und Brennnessel (*Urtica dioica*) sowie insbesondere von weiteren Frische- und Feuchtezeigern, wie Große Schlüsselblume (*Primula elatior*), Einbeere (*Paris quadrifolia*) und Weiße Pestwurz (*Petasites albus*), mitbestimmt. Zu bodensauren (Moder-)Buchenwäldern vermittelt dagegen eine kleinfarnreiche Ausbildung des Galio-Fagetum mit Eichen- und Buchenfarn (*Gymnocarpium dryopteris* und *Thelypteris phegopteris*).

Der Waldmeister-Buchenwald besiedelt im Feldberggebiet die reichen regionalen Normalstandorte, sofern dort nicht das Aceri-Fagetum ausgebildet ist. Er kommt vor allem an Anreicherungsstandorten der steilen, rhenanisch-fluviatil oder glazial ausgeformten Mittel- und Unterhänge vor.

5.3 Bergahorn-Buchenwald

Die Baumschicht des Bergahorn-Buchenwaldes oder supalpinen Hochstaudenwalds (Aceri-Fagetum) ist sehr variabel ausgebildet und wird von vier Hauptbaumarten geprägt: Neben den vorherrschenden, Buche und Berg-Ahorn (*Acer pseudoplatanus*), sind es Fichte und Tanne, die die einzelnen Bestände der Gesellschaft aktuell mit sehr verschiedenen Anteilen und Mischungsverhältnissen aufbauen. Auch OBERDORFER (1982: 322) verwendet für das Aceri-Fagetum die deutsche Bezeichnung und Schreibweise »Bergahorn-(Tannen-Fichten)Buchenwald«. Die Baumartenzusammensetzung reicht von fast reinen Berg-Ahorn- bis zu fast reinen Buchenbeständen, aber auch hohe Nadelbaumanteile von Fichte sind anzutreffen. Je mehr wir uns im Feldberggebiet den Gipfellagen nähern und in die großflächigen Bestände des umliegenden

253 Aspekt der Bodenvegetation in einem frischen bis feuchten Buchenwald. Neben Waldmeister (*Galium odoratum*) und Goldnessel (*Lamium galeobdolon*) sowie Sauerklee (*Oxalis acetosella*) und Quirlblättriger Weißwurz (*Polygonatum verticillatum*) kommen hier Arten der frischen bis feuchten Waldstandorte vor, wie Einbeere (*Paris quadrifolia*), Große Schlüsselblume (*Primula elatior*) und Berg-Ehrenpreis (*Veronica montana*). (TL)

254 Eichenfarn (*Gymnocarpium dryopteris*). (HKR)

255 Buchenfarn (*Thelypteris phegopteris*). (HKR)

Hochlagen-Fichtenwaldes eindringen, umso größere Bedeutung erlangt im Aceri-Fagetum der Berg-Ahorn gegenüber der Buche und wird hier zur vorherrschenden Laubbaumart, z. T. allein dominierend, z. T. weiterhin in Mischung mit Buche, Fichte und selten Tanne. Unter natürlichen Verhältnissen baut die Fichte die Baumschicht des Aceri-Fagetum mit auf und dies in stärkerem Maße als die Tanne. Eine natürliche Beteiligung der Fichte in den Bergahorn-Buchenwäldern ergibt sich auch aus der Tatsache, dass als typische natürliche Kontaktgesellschaften an benachbarten nährstoffärmeren, bodensauren Standorten vielfach Fichtenwälder ausgebildet sind, zum Beispiel in den Hauptverbreitungsgebieten in der hochmontanen und subalpinen Höhenstufe der Nordalpen. Bestände, in denen der Berg-Ahorn die Baumschicht beherrscht, sind den hochmontanen Schluchtwäldern (Ulmo-Aceretum) ähnlich, denn auch diese werden im Feldberggebiet vor allem durch den Berg-Ahorn geprägt oder allein von ihm aufgebaut (siehe Abschnitt 5.4).

Das bunte, typische Ensemble hochwüchsiger Arten der Krautschicht des Bergahorn-Buchenwaldes beschreiben BARTSCH/BARTSCH (1940) sehr treffend mit den folgenden »blumigen« Worten: *»Die Üppigkeit der großblättrigen, schön blühenden Stauden und stattlichen Farne, die zu malerischen Gruppen angeordnet sind, wie sie ein Gartenkünstler nicht schöner aufbauen könnte, erfreuen in gleicher Weise das Auge des Wanderers wie des botanisch*

256 Hochstaudenreicher Bestand des Bergahorn-Buchenwaldes (Aceri-Fagetum) am Felsenweg über dem Feldsee. (HKR)

DIE LEBENSRAUMTYPEN DER WÄLDER UND IHRE STANDORTE   233

257 Berg-Ahorn (*Acer pseudoplatanus*), wichtige Baumart der hochmontanen und subalpinen Gebirgslagen, Baum des Jahres 2009. (TL)

258 Bergahorn-Buchenwald (Aceri-Fagetum) mit Grauem Alpendost (*Adenostyles alliariae*) und Alpen-Milchlattich (*Cicerbita alpina*), außerdem blühend Eisenhutblättriger Hahnenfuß (*Ranunculus aconitifolius*), Berg-Sauerampfer (*Rumex arifolius*), Schlangen-Knöterich (*Polygonum bistorta*), Ährige Teufelskralle (*Phyteuma spicatum*) und Rasen-Schmiele (*Deschampsia cespitosa*), fruchtend Berg-Kälberkropf (*Chaerophyllum hirsutum*) sowie die Blätter von Blauem Eisenhut (*Aconitum napellus*), Frauenfarn (*Athyrium*) und Bergahorn-Verjüngung (*Acer pseudoplatanus*). (TL)

259 Grauer Alpendost (*Adenostyles alliariae*), beliebte Nahrungspflanze der Alpen-Blattkäfer der Gattung *Chrysochloa*. (TL)

Interessierten, der hier eine Reihe von seltenen und bemerkenswerten Arten findet ...«.

Die Krautschicht dieses Waldtyps wird vor allem durch die subalpinen Hochstauden Alpendost (*Adenostyles alliariae*) und Alpen-Milchlattich (*Cicerbita alpina*) charakterisiert, ferner durch die beiden sehr ähnlichen hochwüchsigen und weißblühenden Hahnenfußarten, Platanenblättriger und Eisenhutblättriger Hahnenfuß (*Ranunculus platanifolius* und *R. aconitifolius*) sowie Berg-Sauerampfer (*Rumex arifolius*) und Alpen-Frauenfarn (*Athyrium distentifolium*). Ferner haben Schwarze Heckenkirsche (*Lonicera nigra*), Wald-Sternmiere (*Stellaria nemorum*) und Alpen-Heckenrose (*Rosa pendulina*) im Feldberggebiet ihren Schwerpunkt im Bergahorn-Buchenwald. Auch der früher sehr seltene Knotenfuß (*Streptopus amplexifolius*) gedeiht im Aceri-Fagetum prächtig und hat seinen

260 »Speisekammer«. Alpen-Blattkäfer haben den Alpendost zum Fressen gern. (TL)

261 Die Schwarze Heckenkirsche (*Lonicera nigra*) mit ihren paarig angeordneten rosa Blüten und … (HKR)

262 … schwarzen Früchten hat ihr Hauptvorkommen im Bergahorn-Buchenwald. (HKR)

Vorkommensschwerpunkt im Kontaktbereich zum Hochlagen-Fichtenwald wie auch innerhalb von letzterem, dort in der reichsten Ausbildung (siehe Tab. 9, Spalten AC und LP). Als Besonderheit mit nur wenigen Vorkommen im Bergahorn-Buchenwald des Feldberggebiets ist schließlich die Felsen-Johannisbeere (*Ribes petraeum*) zu nennen.

Neben den subalpinen Hochstauden sowie Wurmfarn (*Dryopteris filix-mas*) und Goldnessel (*Lamium galeobdolon*) treten vor allem Hasenlat-

263 Lichter, feuchter Bestand des hochstaudenreichen Bergahorn-Buchenwaldes am Alpinen Steig im Bannwald Napf. (TL)

tich (*Prenanthes purpurea*) – z. T. allein den Aspekt des Waldunterwuchses bestimmend – sowie weitere Arten des mittleren Standortbereichs in der Krautschicht hervor, die zur Sauerklee-Gruppe gehören, wie Sauerklee (*Oxalis acetosella*), Wald-Frauenfarn (*Athyrium filix-femina*), Greiskraut (*Senecio hercynicus* u. *ovatus*), Himbeere (*Rubus idaeus*), Weißwurz (*Polygonatum verticillatum*) und Goldrute (*Solidago virgaurea*, Abb. 115). Darüber hinaus sind oft auch wieder Breitblättriger Dornfarn (*Dryopteris dilatata*), Kriechender Günsel (*Ajuga reptans*) oder Eichenfarn (*Gymnocarpium dryopteris*) anzutreffen. Demgegenüber treten die sonst häufigeren Arten der nährstoffreichen montanen Tannen-Buchenwälder, wie Wald-Schwingel (*Festuca altissima*), Waldmeister (*Galium odoratum*) und Bingelkraut (*Mercurialis perennis*) im Aceri-Fagetum deutlich zurück.

Neben den Beständen der typischen, hochstaudenreichen Ausbildung (Aceri-Fagetum typicum) fallen innerhalb des Bergahorn-Buchenwaldes einerseits farnreiche Bestände mit dem Alpen-Frauenfarn (*Athyrium distentifolium*) sowie hochgrasreiche mit aspektbestimmendem Wald-Reitgras (*Calamagrostis arundinacea*) auf, ferner

264 Der Knotenfuß (*Streptopus amplexifolius*) mit seinen eigenartig abgeknickten Blütenstielen ... (HRK)

265 ... und seinen roten Beeren. (HRK)

266 Besonders individuenreiche und vitale Populationen des Knotenfußes (*Streptopus amplexifolius*) finden sich am Alpinen Steig im Bannwald Napf in lichten Waldsukzessionsstadien im Übergangsbereich von Bergahorn-Buchenwald und Hochlagen-Fichtenwald. Ebenfalls auf dem Bild Wald-Reitgras (*Calamagrostis arundinacea*), Hasenlattich (*Prenanthes purpurea*) und Himbeere (*Rubus idaeus*). (TL)

ebenso wie in den Waldmeister-Buchenwäldern besonders frische bis bodenfeuchte Bestände mit zahlreichen Feuchtezeigern, wie dem Rührmich-nicht-an (*Impatiens noli-tangere*). Immer wieder zeigt sich in den Beständen ein kleinräumiger Wechsel zwischen den verschiedenen Ausbildungen (Abb. 269).

Im farnreichen Bergahorn-Buchenwald, Ausbildung des Alpen-Frauenfarns (Aceri-Fagetum athyrietosum; Abb. 272), beteiligt sich regelmäßig auch der weitverbreitete gewöhnliche Wald-Frauenfarn (*Athyrium filix-femina*) am Aufbau der üppigen Krautschicht, ebenfalls häufig mit hohen Deckungsanteilen, neben dem namengebenden, bei uns viel selteneren und außerhalb des Alpenraums an die höchsten Mittelgebirgslagen gebundenen Alpen-Frauenfarn (*Athyrium distentifolium*). Der Alpen-Frauenfarn gelangt unter Auflichtungen im Kronendach zu optimaler Vitalität und bildet dort eine eigene Verlichtungsgesellschaft (Alpen-Frauenfarnflur, Athyrietum distentifolii, Abb. 273).

Standörtlich, floristisch und räumlich bestehen auf der einen Seite – zu den lichteren, für den Baumwuchs ungünstigeren Standorten hin – zahlreiche Verbindungen vom Bergahorn-Buchenwald zu subalpinen Stauden- und Gebüschgesellschaften der Klasse Betulo-Adenostyletea (Acero-Salicetum appendiculatae, Adenostylo-Cicerbitetum/Adenostylion, Athyrietum distentifolii, Sorbo-Calamagrostietum/Calamagrostion; siehe Abschnitt 5.10 und Kapitel D). Es handelt sich also um den Kontaktbereich zwischen den mitteleuropäischen Falllaubwäldern und dem subalpinen Vegetationskomplex, der seinen Schwerpunkt in der Knieholzstufe der Alpen hat.

238 DIE WALDLEBENSRÄUME UND IHRE VEGETATION

267 Die Felsen-Johannisbeere (*Ribes petraeum*), blühend ... (HRK)

268 ... und fruchtend, kommt nur vereinzelt im Bergahorn-Buchenwald des Feldberggebiets vor. (HRK)

269 In den Beständen des Bergahorn-Buchenwaldes wird häufig das feine, kleinräumige Standortmosaik durch ein Wechselspiel verschiedener Ausbildungen der Gesellschaft angezeigt, hier durch ein Mosaik der hochstauden- und der farnreichen Ausbildung. (HRK)

270 Alpen-Frauenfarn (*Athyrium distentifolium* = *A. alpestre*). (HKR)

Im Aceri-Fagetum typicum klingt das Adenostylion im Fagion aus, im Aceri-Fagetum calamagrostidetosum das Calamagrostion. Auf der anderen Seite – zu ärmeren bewaldeten Standorten hin – ergibt sich der Kontakt zu verschiedenen Ausbildungen des Hochlagen-Fichtenwaldes mit zahlreichen fließenden Übergängen im standörtlichen Gradienten sowie engen Verzahnungen im kleinräumigen Standortmosaik von Mulden und Kuppen.

Das Aceri-Fagetum ist ein typisches Waldelement der hochmontan-subalpinen Gebirgslagen und dort vor allem an nährstoffreichen, tiefgründigen, gut wasserversorgten Standorten ausgebildet. Außerhalb des Alpenraums können sich nur an den höchsten Mittelgebirgsgipfeln hochmontan-subalpine Einflüsse auswirken und zur Ausbildung dieser Waldgesellschaft führen. Am Feldberg im Südschwarzwald ist die entsprechende Standortsituation besonders gut ausgeprägt. Die Gesellschaft kommt dort vor allem an Anreicherungsstandorten nordexponierter Hänge, in Rinnen, Mulden und Tälchen der höchsten Lagen vor. Sie besiedelt auch Schluchtwaldstandorte und ersetzt folglich in diesen Lagen die Schluchtwälder, insbesondere mit ihrer feuchten Ausbildung.

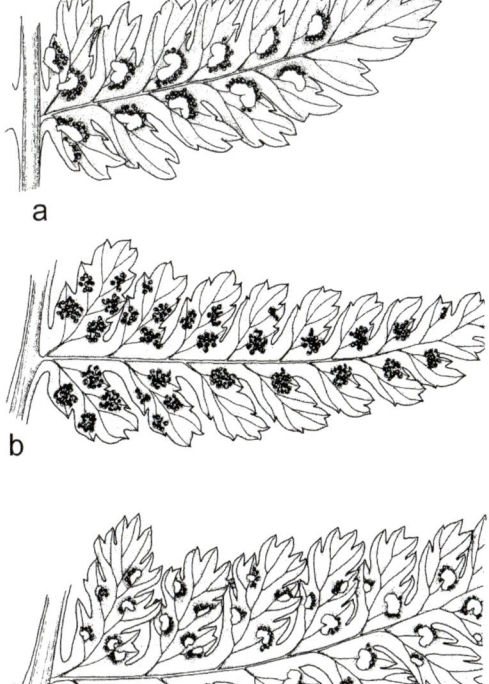

271 Wedelunterseite mit Sori von a Wald-Frauenfarn (*Athyrium filix-femina*), b Alpen-Frauenfarn (*Athyrium distentifolium*) und c dem Hybrid zwischen diesen beiden Arten (*Athyrium x reichsteinii*). (SCHNELLER/RASBACH 1984)

Der Bergahorn-Buchenwald bildet nicht nur eine sehr wichtige Ergänzung und Bereicherung des Waldtypenspektrums im Feldberggebiet, sondern hat darüber hinaus regionale und überregionale Bedeutung. Aufgrund der speziellen Standortansprüche sowie anderweitiger Nutzungen der Standorte durch Land- und Forstwirtschaft sowie Tourismus sind gut ausgeprägte, naturnahe Bestände der Gesellschaft selten und bedecken auch im Feldberggebiet im Ganzen nur verhältnismäßig kleine Flächen.

272 Farnreicher Bestand des Bergahorn-Buchenwaldes, in dem der Alpen-Frauenfarn vorherrscht (Aceri-Fagetum athyrietosum), am Emil-Thoma-Weg östlich des Feldbergs. (HKR)

273 Der Alpen-Frauenfarn gelangt unter Auflichtungen im Kronendach zu optimaler Vitalität und bildet dann zusammen mit dem Wald-Frauenfarn eine eigene Verlichtungsgesellschaft (Alpen-Frauenfarnflur; Athyrietum distentifolii), wie hier am Hochkopf. (HKR)

5.4 Blockhalden-, Schlucht- und Schatthangwälder

Diese besonderen Edellaubholzwälder (Ulmo-Aceretum, Fraxino-Aceretum) werden im Feldberggebiet vor allem durch den Berg-Ahorn (*Acer*

pseudoplatanus) aufgebaut; Berg-Ulme (Ulmus glabra) und Esche (Fraxinus excelsior) sind z. T. beigemischt. Sommer-Linde (Tilia platyphyllos) und Spitz-Ahorn (Acer platanoides) kommen im Feldberggebiet aus klimatischen Gründen nur sehr selten vor und dann am ehesten in wärmebegünstigten, tiefen, südexponierten Hanglagen, so z. B. am Rabenfelsen im Krunkelbachtal bei Menzenschwand; sie haben größere Wärmeansprüche und treten ansonsten in diesen Höhenlagen stark zurück. Auch die Esche beteiligt sich vor allem bei günstiger Exposition (um Süd) am Aufbau der Bestände. Infolge der Kleinflächigkeit der Bestände kommen auch Buche, Fichte und Tanne häufig vor, sodass die Baumschicht im Ganzen ziemlich artenreich ist und der strukturelle Gesamtaufbau ziemlich variabel.

Gleiches gilt für die Strauchschicht. Dort, wo steinreiche Böden und dementsprechende Feinerdearmut zu lückigerer Bestockung führen, können Vorwald- und Mantelarten stärker hervortreten; zu nennen sind vor allem Eberesche (Vogelbeere, Sorbus aucuparia), Hasel (Corylus avellana) und Schwarze Heckenkirsche (Lonicera nigra).

Neben typischen Arten reicher Waldgesellschaften, wie Goldnessel (Lamium galeobdolon), Waldmeister (Galium odoratum), Wurmfarn (Dryopteris filix-mas) und Bingelkraut (Mercurialis perennis), die hier besonders häufig und üppig gedeihen, bestimmen den Aspekt der Krautschicht vor allem Rühr-mich-nicht-an (Impatiens noli-tangere), Stinkender Storchschnabel (Geranium robertianum), Berg-Weidenröschen (Epilobium montanum) und Brennnessel (Urtica dioica). Diese vier Arten sind ganz bezeichnende Begleiter der Schluchtwälder. Ihr gemeinsamer Schwerpunkt und ihre optimale Vitalität liegt allerdings an lichteren, halbschattigen und feuchten, nährstoffreichen Wald- und Wegrändern (Berg-Weidenröschen-Storchschnabelsaum, Epilobio-Geranietum). Oft kommen sie an solchen durch den Menschen geschaffenen Sekundärstandorten vor, aber auch im Randbereich von natürlicherweise waldfreien Sonderstandorten, wie Felsen und Blockhalden. Aus den Säumen dringen sie dort regelmäßig in den durch Skelettreichtum aufgelichteten Schluchtwald ein und können auch hier den Waldboden dicht bedecken. Für Arten, die wir heute überwiegend von nährstoffreichen, anthropogenen Standorten im Siedlungsbereich kennen, wie die Brennnessel, sind solche ursprünglichen nährstoffreichen Standorte als die primären Wuchsorte anzusehen, von denen sie sich aus den Urwäldern auf

274 Berg-Ahorn (Acer pseudoplatanus) und Esche (Fraxinus excelsior) sind vielfach in die Buchenwälder eingebettet und bauen dort an nährstoffreichen, feuchten Sonderstandorten in Schluchten, an Schatthängen und an Blockhalden besondere Edellaubholzwälder auf. (TL)

275 Das Ruprechtskraut (Geranium robertianum), auch Stinkender Storchschnabel genannt, ist eine häufige und typische Art der Schluchtwälder. (TL)

vom Menschen geprägte Flächen ausbreiten konnten.

Enger an die Schluchtwälder gebundene Arten, wie Christophskraut (*Actaea spicata*) und Gelappter Schildfarn (*Polystichum aculeatum*), kommen im Feldberggebiet relativ selten vor. Dies ist keine Besonderheit des Feldberggebiets, sondern steht im Einklang mit den Gegebenheiten anderenorts im Schwarzwald: Gegenüber Kalkgebirgen, von denen sie auch häufiger beschrieben wurden, weisen edellaubholzreiche Mischwälder in Silikatgebieten eine floristisch ärmere Ausstattung auf (SCHUHWERK 1973, 1988; KERSTING 1986; LUDEMANN 1992).

Wie in anderen Waldgesellschaften wird der »Grundstock« anspruchsvoller Arten in den Ahorn-Eschen-Ulmenwäldern ergänzt durch Arten der Oxalis-Gruppe (siehe Abschnitt 5.1 und Tab. 9). Besonders typisch und charakteristisch sind schließlich auch die Vorkommen verschiedener Feuchte- und Sickerwasserzeiger, wie Wald-Sternmiere (*Stellaria nemorum*), Wald-Schaumkraut (*Cardamine flexuosa*), Berg-Ehrenpreis (*Veronica montana*), Gegenblättriges Milzkraut (*Chrysosplenium oppositifolium*), Große Schlüsselblume (*Primula elatior*) und Einbeere (*Paris quadrifolia*). Diese Arten charakterisieren auch Auwälder (Alno-Ulmion) und beschattete Quellfluren (Cardamino-Montion) und betonen die reichliche Wasserversorgung der Standorte. Wird der Aspekt der Krautschicht von ihnen bestimmt, so werden die entsprechenden Bestände einer eigenen Ausbildung zugeordnet (Milzkraut-Ausbildung des Schluchtwaldes, Auen-Schluchtwald; Subassoziation chrysoplenietosum). Diese Ausbildung der Schluchtwälder leitet zu den Auwäldern der Gewässeroberläufe, der Bäche und Waldquellen über, konkret zu Bach-Eschenwald sowie Schwarzerlen- und Grauerlen-Galeriewäldern (Carici remotae-Fraxinetum, Stellario-Alnetum, Alnetum incanae). Standörtlich und räumlich ist sie auch dementsprechend eng an Waldquellen, durchsickerte Waldrinnen sowie Oberläufe der Fließgewässer gebunden. Bei deutlicher Beteiligung von Erle oder Esche am Aufbau der Baumschicht werden die entsprechenden Waldbestände auch bereits den Auwäldern zugeordnet.

In den hochmontanen Lagen des Feldberggebiets treten die Schluchtwälder andererseits in Kontakt zum ebenfalls durch den Berg-Ahorn geprägten Bergahorn-Buchenwald (Aceri-Fagetum), sodass es erwartungsgemäß auch hier Übergangsbereiche zwischen den beiden Waldgesellschaften gibt. Dass Letztere dort auch Schluchtwaldstandorte einnehmen, darauf wurde bereits im vorhergehenden Kapitel hingewiesen.

Als weitere kleinflächige Besonderheit kommt innerhalb der Schluchtwälder des Feldberggebiets eine Ausbildung wärmebegünstigter Steilhänge (Ulmo-Aceretum calamagrostidetosum) vor, die im Kontakt zu hochgrasreichen Ausbildungen des Bergahorn-Buchenwaldes steht. Wie in anderen Waldgesellschaften kann das Wald-Reitgras (*Calamagrostis arundinacea*) auch im Ahorn-Eschen-Ulmenwald aspektbestimmend auftreten. Zusätzlich kommt hier aber unter dem edellaubbaumreichen Kronendach eine ganze Reihe meist hochwüchsiger Arten aus Hochgrasfluren, Hochstaudenfluren und wärmebegünstigten Säumen vor, wie Nesselblättrige Glockenblume (*Campanula trachelium*), gelb blühender Großblütiger Fingerhut (*Digitalis grandiflora*), rote Tag-Lichtnelke (*Melandrium sylvestre*), Wiesen-Bärenklau (*Heracleum sphondylium*), Wald-Witwenblume (*Knautia sylvatica*), Mittleres Hexenkraut (*Circaea intermedia*), Margerite (*Chrysanthemum leucanthemum*), Türkenbundlilie (*Lilium martagon*) und Salbei-Gamander (*Teucrium scorodonia*), ferner zwei Hohlzahn-Arten, der häufigere Gewöhnliche Hohlzahn (*Galeopsis tetrahit*) sowie weit seltener der gelblich-weiß blühende Gelbe Hohlzahn (*Galeopsis segetum*). Dieser Waldtyp gehört somit zu den blumenbuntesten Waldgesellschaften und beherbergt insbesondere auch Arten, die wir heute vor allem im Grünland oder an dessen Rändern finden, wie Tag-Lichtnelke (*Melandrium sylvestre*), Wiesen-Bärenklau (*Heracleum sphondylium*), Wiesen-Margarite (*Chrysanthemum leucanthemum*), Türkenbundlilie (*Lilium martagon*) und Großblütiger Fingerhut (*Digitalis*

276 Einbeere (*Paris quadrifolia*), typische Art frischer bis feuchter Wälder. (TL)

277 Auch die Große oder Wald-Schlüsselblume (*Primula elatior*) ist eine typische Art frischer bis feuchter Wälder. (TL)

278 Ebenso sind Weiße Pestwurz (*Petasites albus*), Gegenblättriges Milzkraut (*Chrysosplenium oppositifolium*) und Wald-Sternmiere (*Stellaria nemorum*) auf eine reichliche Wasserversorgung der Standorte angewiesen. (TL)

grandiflora). Bei den entsprechenden Vorkommen in lichten Schluchtwaldbeständen wird es sich um die ursprünglichen Standorte solcher Arten handeln, die heute überwiegend in Vegetationstypen vorkommen, die durch die Tätigkeit des Menschen entstanden sind und erhalten werden, und sich folglich von derartigen Primärstandorten aus auf vom Menschen geprägte Standorte ausgebreitet haben.

Edellaubholzreiche Wälder stocken in tief eingeschnittenen Tälern und Schluchten, in feucht-schattigen Senken, Rinnen und Steilhängen, an Waldquellen, am Rand von Blockhalden und am Fuß von Felswänden. Gekennzeichnet sind diese typischen Schluchtwaldstandorte durch den locker humosen und nährstoffreichen Oberboden und einen besonders günstigen Temperatur- und Feuchtigkeitshaushalt von Luft und Boden. Ein weiteres Merkmal vieler Schluchtwaldstandorte ist der hohe Anteil an Steinen und Blöcken.

Schluchtwälder, in denen die Edellaubbäume in der Baumschicht deutlich dominieren, sind im Feldberggebiet meist nur kleinflächig ausgebildet und oft eng mit buchen-, tannen- oder fichtenreichen Wäldern verzahnt. Die entsprechenden Standorte sind insbesondere im danubischen Gebiet selten und werden in der hochmontanen Höhenstufe z. T. von Aceri-Fageten besiedelt. Die Edellaubbaum-Mischwälder stellen eine erhebliche Bereicherung der Diversität und des Waldtypenspektrums dar. Gegenüber den häufig einförmigeren, struktur- und artenärmeren, großflächig verbreiteten Waldgesellschaften der regionalen Normalstandorte sind sie besonders wichtige, wertvolle und auch besonders naturnahe Bausteine der Pflanzendecke. Sie haben vielfältige Qualitäten und Funktionen, die nicht durch andere Pflanzengesellschaften ersetzt werden können.

5.5 Auwälder

Vielfach im Kontakt mit Schluchtwäldern sowie beginnend an Waldquellen ausreichender Ausdehnung und Schüttung sind an den Oberläufen der im Feldberggebiet entspringenden Fließgewässer mehrere besondere Laubwaldgesellschaften ausgebildet. Ebenso wie die Schluchtwälder sind sie häufig durch die besondere Standortsituation weniger dicht geschlossen und durch hochwüchsige artenreiche Krautvegetation charakterisiert. Neben den eher einzeln beigemischten Baumarten der Schluchtwälder kommen hier in oft linienhaften Beständen oder auch kleinflächig, punktuell unsere beiden einheimischen baumförmigen Erlenarten vor, die Schwarz-Erle (*Alnus glutinosa*) und die Grau-Erle (*Alnus incana*).

Im Westen des Gebiets ist es vor allem die Schwarz-Erle, die zusammen mit Esche, Berg-Ahorn und Weidenarten galeriewaldartig die Bachläufe säumt (Stellario-Alnetum), linienhaft bachbegleitend innerhalb von Landwirtschaftsflächen oder in Tannen-Buchenwälder und deren Ersatzgesellschaften eingebettet. Zur Brennholzgewinnung wurden derartige Gehölzbestände – und werden dies z. T. heute noch – im Rahmen der traditionellen Bewirtschaftung immer wieder auf den Stock gesetzt und werden daher oft von mehrstämmigen Gehölzindividuen (Stockausschlägen) aufgebaut. Ein standörtlich-floristisch nah verwandter Waldtyp, der Winkelseggen-Eschenwald (Carici remotae-Fraxinetum) ist vor allem an Waldquellen im Bereich des Quellwasseraustritts selbst anzutreffen. In diesen oft kleinflächig-punktuell ausgebildeten Beständen wird die Baumschicht häufig sehr stark von der Esche (*Fraxinus excelsior*) mit aufgebaut.

Im Osten und Süden des Feldberggebiets ist es dagegen die Grau-Erle (*Alnus incana*), die an Auwaldstandorten die Baumschicht naturnaher Bestände aufbaut. In ihrem Verbreitungsgebiet in der nordischborealen Zone und in den Gebirgen stehen die Grauerlenwälder (Alnetum incanae) oft in Kontakt zu Fichtenwäldern. Daher gehen wir auch für die Bestände des Feldberggebiets, das ja zweifellos im natürlichen Verbreitungsgebiet der Fichte liegt, davon aus, dass die Fichte dort bereits von Natur aus in den Grauerlenwäldern vorkam und deren Baumschicht zumindest als eingesprengtes Element mit aufge-

DIE LEBENSRAUMTYPEN DER WÄLDER UND IHRE STANDORTE 245

279 Die Schwarz- oder Rot-Erle (*Alnus glutinosa*) hat ihr Hauptvorkommen in den bachbegleitenden Gehölzbeständen des westlichen Feldberggebiets, hier im Zastlertal. (TL)

baut hat, lange bevor der forstwirtschaftliche Fichtenanbau begann.

Die Bodenvegetation der bachbegleitenden Erlenwald-Bestände ist ziemlich artenreich. Neben dem reichen Grundstock von Arten frischer Laubwälder gesellen sich hochwüchsige Arten feuchter Hochstaudenfluren hinzu, wie Behaarter oder Berg-Kälberkropf (*Chaerophyllum hirsutum*), Eisenhutblättriger Hahnenfuß (*Ranunculus aconitifolius*) und Mädesüß (*Filipendula ulmaria*), ferner der Gelbe und der Blaue Eisenhut (*Aconitum vulparia* und *A. napellus*), die subalpinen Hochstauden des Bergahorn-Buchenwaldes sowie vielfach auch niederwüchsige Arten der Waldquellen und Feuchtwiesen, wie Gegenblättriges Milzkraut (*Chrysosplenium oppositifo-*

280 Sternmieren-Schwarzerlen-Auwald (Stellario-Alnetum) im Zastlertal, mit mehrstämmigen Eschen und Berg-Ahornen den Talbach säumend. (TL)

lium), Wiesen-Schaumkraut (*Cardamine pratensis*) und Sumpfdotterblume (*Caltha palustris*).
Eine eingehende Darstellung dieser besonderen Vegetation findet sich bei SCHWABE (1987).

Enger Kontakt, kleinräumige Verzahnungen und fließende Übergänge bestehen zwischen den Erlenwäldern und den Vegetationskomplexen der Sumpfwälder, in denen die Fichte zur konkurrenzkräftigsten Baumart wird (siehe Fichten-Sumpf- und Moorrandwälder, Abschnitt 5.8). Dies ist regelmäßig vor allem dort der Fall, wo sich in flacherem, ständig feuchtem bis nassem Gelände bei entsprechend verzögertem Wasserabfluss auch der Abbau organischer Substanz langsamer vollzieht und es folglich zu deren Anreicherung und zur Anmoor- oder gar Torfbildung kommt. Viele kleine Quellgewässer des Feldberggebiets beginnen in derartiger Geländesituation im danubischen Relief oder im Übergangsbereich zwischen danubischem und rhenanischem Relief.

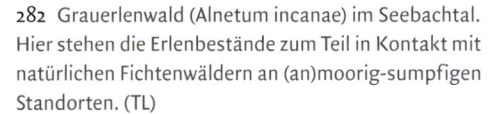

282 Grauerlenwald (Alnetum incanae) im Seebachtal. Hier stehen die Erlenbestände zum Teil in Kontakt mit natürlichen Fichtenwäldern an (an)moorig-sumpfigen Standorten. (TL)

281 Der Berg-Kälberkropf (*Chaerophyllum hirsutum*) kommt nicht nur in Schluchtwäldern vor, sondern vor allem auch in Auwäldern und feuchten Hochstaudenfluren. (TL)

5.6 Hochlagen-Fichtenwald

Natürliche Fichtenwälder kommen in weiten Teilen des Schwarzwaldes nur kleinflächig an Sonderstandorten vor. Eine Ausnahme bilden die Fichtenbestände der höchsten, danubisch flachen und glazial überformten Kämme und Kuppen der Gipfellagen im Feldberggebiet. Der dort vorkommende Hochlagen-Fichtenwald (hochmontan-subalpiner Fichtenwald; »Luzulo-Piceetum«) ist heute im Feldberggebiet der häufigste Vegetationstyp und wäre auch unter natürlichen, vom Menschen unbeeinflussten Bedingungen einer der drei Hauptwaldtypen – neben Hainsimsen- und Waldmeister-Buchenwald –, die jeweils etwa ein Viertel der Fläche des Feldberggebiets bedecken würden (siehe Tab. 12). Ohne weiteren Einfluss des Menschen, bei ausbleibender weidewirtschaftlicher Nutzung und ohne naturschutzfachliche Pflegearbeiten würden derartige Wälder auch all jene Flächen besiedeln, die heute vom Hochlagen-Borstgrasrasen (Leontodonto-Nardetum) eingenommen werden. Der Borstgrasrasen ist die anthropogene, durch die regelmäßige Beweidung und Weidepflege entstandene und erhaltene Ersatzgesellschaft des Fichtenwaldes.

In Lagen über 1200–1300 m bedeckt der Hochlagen-Fichtenwald die weiten danubischen Rücken und umgibt das von Borstgrasrasen geprägte Weideland der Gipfelkuppen. Von den Hochlagen-Borstgrasrasen wird er vielenorts wechselvoll durchdrungen oder ist mosaikartig mit ihnen verzahnt. In seiner lichten Bestandesform mit weitständigen Fichten bildet er besonders wichtige und gut geeignete Auerwild-Lebensräume, nicht zuletzt mit seinem Heidelbeerreichtum und weiteren typischen Habitateigenschaften.

Diese Waldbestände wurden in früheren Arbeiten dem Hainsimsen-Tannenwald zugeordnet (Luzulo-Abietetum mit fichtendominierter Baumschicht) und dementsprechend beschrieben und kartiert (OBERDORFER 1982a, 1982b, 1992; LUDEMANN 1994a; LUDEMANN/BRITSCH 1997; LUDEMANN/SCHOTTMÜLLER 2000). Bei weiter Auslegung der Beschreibung des Luzulo-Abietetum hätte eine entsprechende Zuordnung weiterhin erfolgen können, da als Unterscheidungskriterium der Baumschicht im Hainsimsen-Tannenwald (lediglich) der »*Nadelholzanteil (insbesondere von Fichte) ... wesentlich höher*« sein sollte als im Hainsimsen-Buchenwald (LfU 2001: 260); dabei werden allerdings keine konkreten Baumartenanteile festgelegt. Hinsichtlich der tatsächlichen Gegebenheiten war die Zuordnung der Fichtenbestände der Feldberg-Hochlagen zum Hainsimsen-Tannenwald schon länger nicht zufriedenstellend, denn die Fichte ist auf den entsprechenden Standorten nach unserer Einschätzung eindeutig die von Natur aus konkurrenzkräftigste Baumart, mit weitem Abstand gefolgt von Berg-Ahorn und Buche und dann erst von Tanne, d. h. dass die Konkurrenzkraft aller anderen Baumarten dort deutlich herabgesetzt ist. Letzteres gilt insbesondere für die Tanne, in noch stärkerem Maße als für Buche und Berg-Ahorn. Und als konkurrenzkräftige Laubbaumart in diesem fichtendominierten Waldtyp ist die Eberesche zu nennen. MÜLLER (1948: 263) schreibt: »*In höheren Lagen, über 1000 m, wird die größere Wärmeansprüche stellende Tanne gleich viel seltener. Die obere Grenze erreicht sie am Feldberg etwa bei 1300 m in der Grüblemulde und am Westabsturz des Baldenwegerbucks etwa bei 1340 m. ... Die Buche steigt dagegen am Feldberg in Krüppelform oder als Gebüsch höher als die Tanne.*«

Die von diesen Gegebenheiten abweichende Charakterisierung und nicht zuletzt der gewählte wissenschaftliche Name des Hainsimsen-Tannenwaldes (Luzulo-Abietetum) haben LUDEMANN (2006) und LUDEMANN et al. (2007) schließlich dazu bewogen, einen anderen Nadelwaldtyp im Feldberggebiet gesondert auszuweisen, den Hochlagen-Fichtenwald. Von Natur aus begleitet die Tanne, wie Berg-Ahorn und Buche, zwar die Fichte bis in die höchsten Lagen des Feldbergs, aber sie spielt dort nur noch eine weit untergeordnete Rolle am Aufbau der Bestände; dies lässt sich u. a. auch aus den vegetationsgeschichtlichen Untersuchungen ableiten (siehe Abschnitt 4.1). Insofern ist der bisher übliche

Name irreführend und die bisher gewählte Zuordnung unzutreffend. Die Tanne hat eindeutig ihre größere Konkurrenzkraft in tieferen, geschützteren Lagen, sowohl westlich als auch östlich der höchsten Gipfellagen um den Feldberg. Natürlicherweise klingt sie in den höchsten Lagen des Südschwarzwaldes aus, sodass dort nur noch die Fichte zum Aufbau der natürlichen Waldbestände übrigbleibt; denn sowohl Buche als auch Berg-Ahorn sind – wie bereits ausgeführt – an diesen Standorten gegenüber der Fichte ebenfalls eindeutig unterlegen. Folglich sind die Fichtenbestände der höchsten Lagen am Feldberg zu einer natürlichen Fichtenwaldgesellschaft zu stellen und wurden inzwischen auch gesondert als eigener hochmontan-subalpiner Waldtyp für das Feldberggebiet erfasst (siehe Abb. 304, 305). Im Übrigen wurde die für das Feldberggebiet so zentrale Frage nach der Natürlichkeit der Fichte bereits in Abschnitt 4 eingehend behandelt.

Der pflanzensoziologische Anschluss dieses (neuen) Fichtenwaldtyps ist bei ähnlichen Waldgesellschaften bodensaurer Standorte östlicherer Mittelgebirge (Bayerischer Wald, Böhmerwald) und der hochmontan-subalpinen Stufe in den Alpen zu suchen. Wie im Südschwarzwald werden in den genannten Gebirgen die Fichten-Tannen-Buchenwälder in der oberen montanen Stufe mit zunehmender Höhe und unter ähnlichen Standortbedingungen nadelholzgünstiger und -reicher und schließlich von hochmontan-subalpinen Fichtenwäldern abgelöst.

In den Hochlagen des Feldberggebiets gehen viele Fichtenbestände nicht auf forstliche Anpflanzungen zurück, sondern entweder auf die natürliche Gehölzsukzession und Wiederbewaldungsdynamik auf ehemaligen Weideflächen oder aber, bei längerer Bewaldungskontinuität, auf die natürliche Verjüngung alter, ursprünglicher Waldbestände (historisch alte Wälder; siehe Abschnitt 3). Unzutreffend für die höchsten Lagen am Feldberg ist daher mit Sicherheit die Einschätzung, dass die geringen Tannenanteile dort »*eine unmittelbare und mittelbare Folge der Forstwirtschaft*« sind (OBERDORFER 1982a: 335). Besitz- und nutzungsrechtlich handelt es sich bei den fraglichen Beständen vielfach bis heute um Weideland, das nie der gezielten forstlichen Bewirtschaftung unterlag. Zudem liegen die umfangreichen Fichtennachweise, die die Holzkohleanalysen zur historischen Waldköhlerei liefern, ganz allgemein vor der Zeit planmäßiger Forstwirtschaft in diesen Gebieten (siehe Abschnitt 4.1).

Auf die nahe Verwandtschaft der fraglichen Bestände zu den echten Fichtenwäldern weist auch bereits OBERDORFER (1982a: 333) unmissverständlich hin, ohne jedoch daraus die entsprechenden Konsequenzen zu ziehen. Er schreibt: »*Man könnte die Gesellschaft, wollte man konsequent sein, als Ausbildung (Subassoziation) mit einer verarmten Kennartengarnitur und den Fagion-Arten, bzw. der Tanne als Differentialart zum Bazzanio-Piceetum stellen. Da die Gesellschaft aber eine gewisse zonale Bedeutung hat und auch von Braun-Blanquet [3] unter Einbeziehung des Vaccinio-Abietetum (...) als eigene Assoziation unter dem Namen Luzulo luzuloides-Piceetum gefaßt wurde, möge der Hainsimsen-Tannen-Fichtenwald auch hier als selbständige Assoziation behandelt werden. Er entspricht dem, was in den Alpen als montaner Fichtenwald (Piceetum montanum) in der unteren Zone (von etwa 900–1400 m) der Fichtenwaldstufe bezeichnet wird.*« Die konkrete pflanzensoziologische Zuordnung zu bereits beschriebenen Fichtenwaldgesellschaften bleibt noch genauer zu prüfen und soll hier offen gelassen werden. Die gewählte wissenschaftliche Benennung (»Luzulo-Piceetum«) ist somit noch als vorläufig zu betrachten und in Anführungszeichen zu setzen.

Der Hochlagen-Fichtenwald steht dem Luzulo-Abietetum floristisch sehr nahe, jedoch wird die Baumschicht dieser Waldgesellschaft im Wesentlichen von Fichte aufgebaut, deutlich untergeordnet beigemischt sind Buche, Berg-Ahorn, Eberesche und Tanne. Floristisch entspricht der Hochlagen-Fichtenwald – abgesehen von der fichtendominierten Baumschicht – in der Tat sehr weitgehend dem Hainsimsen-Tannenwald. Dabei ist allerdings festzuhalten, dass die pflanzensoziologischen Beschreibungen von Letzterem für den Südschwarzwald mehrheitlich

283 Der Rippenfarn (*Blechnum spicant*) hat im Feldberggebiet sein Hauptvorkommen im Hochlagen-Fichtenwald und Hainsimsen-Tannenwald. (TL)

auf Vegetationsaufnahmen von fichtendominierten Waldbeständen basieren (vgl. OBERDORFER 1982a; LUDEMANN 1994a).

Zum floristischen Grundstock an Kräutern und Moosen, die allgemein die bodensauren Waldgesellschaften des Feldberggebiets charakterisieren, also auch Hainsimsen-Buchenwald und -Tannenwald (Luzulo-Fagetum und Luzulo-Abietetum), wie Heidelbeere (*Vaccinium myrtillus*), Draht-Schmiele (*Deschampsia flexuosa*) und Weiße Hainsimse (*Luzula luzuloides*) sowie Schönes Frauenhaarmoos (*Polytrichum formosum*) und Besen-Gabelzahnmoos (*Dicranum scoparium*), gesellen sich in den Hochlagen-Fichtenwäldern Arten, die enger an die Nadelwälder gebunden sind (siehe Tab. 9): vor allem der Rippenfarn (*Blechnum spicant*) und das Schöne Kranzmoos (*Rhytidiadelphus loreus*) sowie mit geringerer Stetigkeit das Ge-

284 Typischer Bestand des Hochlagen-Fichtenwaldes nördlich des Feldsees mit Rippenfarn (*Blechnum spicant*), Heidelbeere (*Vaccinium myrtillus*) und Wald-Hainsimse (*Luzula sylvatica*). (HKR)

285 Wald-Bärlapp (*Lycopodium annotinum*). (HKR)

Wie im Hainsimsen-Buchenwald werden auch im Hochlagen-Fichtenwald günstigere Standortbedingungen, die sich denjenigen reicher Waldtypen, wie Galio-Fagetum und Aceri-Fagetum, annähern, durch das Vorkommen von Arten der *Oxalis*-Gruppe angezeigt: *Athyrium filix-femina*, *Prenanthes purpurea*, *Rubus idaeus*, *Oxalis acetosella*, *Polygonatum verticillatum*, *Hieracium sylvaticum*, *Solidago virgaurea*, *Senecio hercynicus* und *Senecio ovatus*. Entsprechende Bestände sind im Hochlagen-Fichtenwald allerdings weit seltener als in Luzulo-Fagetum und Luzulo-Abietetum. Darüber hinaus lassen sich zwei besonders reiche Ausbildungen unterscheiden, die zum Aceri-Fagetum und zum kleinfarnreichen Galio-Fagetum überleiten, indem nämlich einerseits die subalpinen Hochstauden *Adenostyles alliariae*, *Cicerbita alpina* und *Athyrium distentifolium* sowie seltener *Rumex arifolius* und *Streptopus amplexifolius* hinzutreten, womit sich der unmittelbare Übergang zum Aceri-Fagetum andeutet; andererseits kommt eine (klein)farnreiche Ausbildung vor, mit Eichen-, Buchen- und Berg-Lappenfarn (*Gymnocarpium dryopteris*, *Thelypteris phegopteris* und

286 Die Heidelbeere (*Vaccinium myrtillus*) im Herbstaspekt, hier vergesellschaftet mit dem Heidekraut (*Calluna vulgaris*). (TL)

wellte Plattmoos (*Plagiothecium undulatum*), Wald-Bärlapp (*Lycopodium annotinum*) und Tannen-Bärlapp (*Huperzia selago*). Die Weiße Hainsimse (*Luzula luzuloides*) tritt gegenüber dem Luzulo-Fagetum zurück, während die Wald-Hainsimse (*Luzula sylvatica*) etwa die gleiche Stetigkeit erreicht, in vielen Beständen des Hochlagen-Fichtenwaldes aber besonders große Vitalität und besonders hohe Deckungswerte erzielt. In stärkerem Maße als im Luzulo-Fagetum treten, neben der Wald-Hainsimse und z. T. in abwechselungsreichem, flächendeckendem Wechselspiel mit dieser, ferner Draht-Schmiele (*Deschampsia flexuosa*) und Heidelbeere (*Vaccinium myrtillus*; heidelbeerreiche Ausbildung; Abb. 287) aspektbestimmend hervor, ferner verschiedene Moosarten (moosreiche Ausbildungen, z. B. *Rhytidiadelphus loreus*), viel seltener als dort das Wald-Reitgras (*Calamagrostis arundinacea*).

287 Lichter Bestand des Hochlagen-Fichtenwaldes nahe der Glockenführe zwischen Herzogenhorn und Grafenmatt in der häufigen, heidelbeerdominierten Ausbildung, in der nur wenige andere Farn- und Blütenpflanzen vorkommen, wie hier der Frauenfarn, – daher zwar ziemlich artenarm, bei strukturreichem Bestandesaufbau jedoch idealer Auerwild-Lebensraum. (HKR)

Thelypteris limbosperma; Gymnocarpium dryopteris-Ausbildung).

Der früher sehr selten beobachtete Knotenfuß, *Streptopus amplexifolius*, hat in der reichsten Ausbildung des Hochlagen-Fichtenwaldes einen weiteren Verbreitungsschwerpunkt, neben demjenigen im Aceri-Fagetum. Er ist heute im Feldberggebiet häufiger anzutreffen, insbesondere sehr wüchsig und individuenstark im Bannwald Napf um den Alpinen Steig (siehe Abb. 266).

Eine Ausbildung mit der Preiselbeere leitet zu den Nadelwaldgesellschaften der Sonderstandorte bzw. des Ostschwarzwaldes (Bazzanio-Piceetum, Vaccinio-Abietetum) über. Kennzeichnend für diesen Waldtyp sind Etagenmoos (*Hylocomium splendens*), Rotstengelmoos (*Pleurozium schreberi*), Preiselbeere (*Vaccinium vitis-idaea*), Wiesen-Wachtelweizen (*Melampyrum pratense*), Peitschen- oder Geiselmoos (*Bazzania trilobata*), Torfmoose (*Sphagnum*), insbesondere aus der Acutifolia-Gruppe, sowie weitere Moose bodensaurer Nadelwälder.

Der Hochlagen-Fichtenwald besiedelt großflächig arme, ausgehagerte Normalstandorte der flachen bis mäßig geneigten Hänge verschiedenster Exposition und Hanglage im zentralen Feldberggebiet. In Abhängigkeit vom Standort (Exposition, Relief/Hangneigung, Bodenverhältnisse) liegt seine natürliche untere Höhengrenze zwischen 1200 und 1300 m, in Ausnahmen reicht sie bis etwa 1100 m hinab (nordexponierte Talschlüsse, z. B. St. Wilhelmer Tal/Napf).

5.7 Hainsimsen-Tannenwald

Der Hainsimsen-Tannenwald (Luzulo-Abietetum) vermittelt zwischen den beiden großen mitteleuropäischen Waldklassen der Laub- und der Nadelwälder, Querco-Fagetea und Vaccinio-Piceetea, konkret im Schwarzwald zwischen dem Luzulo-Fagetum mit Schwerpunkt im Westen einerseits und den höher bzw. weiter im Osten vorkommenden Nadelwäldern (»Luzulo-Piceetum« und Vaccinio-Abietetum) andererseits. Für die Bestände des Luzulo-Abietetum im Feldberggebiet bedeutet dies, dass sie floristisch und standörtlich einerseits dem hochmontanen Hainsimsen-Buchenwald, andererseits dem Hochlagen-Fichtenwald nahestehen. Ihre Baumartenzusammensetzung weicht vor allem quantitativ von derjenigen eines hochmontanen Luzulo-Fagetum ab, das neben vorherrschenden Buchen und Tannen die Fichte in der Baumschicht aufweist. Natürlicherweise wären demnach beide Gesellschaften, hochmontanes Luzulo-Fagetum und Luzulo-Abietetum, Fichten-Tannen-Buchenwälder. Lediglich die Gewichtung unter den herrschenden Baumarten – buchenreicher die Luzulo-Fageten, tannen- und fichtenreicher die Luzulo-Abieteten – ist unterschiedlich. Dabei sind allerdings die Anteilen für die drei Baumarten kaum exakt festlegbar und von Bestand zu Bestand sicherlich großen natürlichen Schwankungen unterworfen.

So kann man derartige Bestände auch als besondere zu Nadelwäldern überleitende hochmontane Ausbildung des Hainsimsen-Buchenwaldes auffassen, als Rippenfarn-Hainsimsen-Buchenwald (Luzulo-Fagetum blechnetosum). Abgegrenzt ist dieser Waldtyp gegenüber dem »normalen« Hainsimsen-Buchenwald durch das diagnostische Vorkommen einiger Nadelwaldarten, insbesondere *Blechnum spicant* und *Rhytidiadelphus loreus* (siehe Tab. 9), ferner durch das in etwa konkurrenzgleiche Auftreten von Buche, Tanne und Fichte.

Viel häufiger als solche Mischbestände sind jedoch mit derselben Bodenvegetation Waldbestände, in denen die Fichte vorherrscht und dies nicht nur, wenn der Forstmann die Fichte angepflanzt hat. Diese Gegebenheiten gaben Anlass, die entsprechenden Bestände als gesonderten Waldtyp zu erfassen, als Hochlagen-Fichtenwald (siehe Abschnitt 5.6). Die im Feldberggebiet als Luzulo-Abietetum kartierten Bestände werden mindestens zur Hälfte von Tanne, Buche und/oder seltener auch Berg-Ahorn aufgebaut; die Fichte erreicht dort also jeweils einen Anteil am Bestandesaufbau von höchstens 50 %. Bestände mit der charakteristischen Bodenvegetation des Luzulo-Abietetum, in denen die Fichte jedoch in der Baumschicht vorherrscht (> 50 %) wurden als Hochlagen-Fichtenwald kartiert (siehe Abb. 304 und 305 sowie Abschnitt 5.6).

Zu den auch fürs Luzulo-Fagetum charakteristischen, azidophytischen Kräutern und Moosen (*Vaccinium myrtillus, Deschampsia flexuosa, Luzula luzuloides, Polytrichum formosum, Dicranum scoparium*) gesellen sich im Luzulo-Abietetum, wie auch im Hochlagen-Fichtenwald, Arten der Nadelwälder, vor allem Rippenfarn (*Blechnum spicant*) und Schönes Kranzmoos (*Rhytidiadelphus loreus*) sowie seltener Gewelltes Plattmoos (*Plagiothecium undulatum*) und Bärlappe (*Lycopodium annotinum, Huperzia selago*). Die beiden Hainsimsen (*Luzula luzuloides* und *L. sylvatica*) sind seltener als im Luzulo-Fagetum, Haarmützen- und Gabelzahnmoos (*Polytrichum formosum* und *Dicranum scoparium*) dagegen häufiger. In stärkerem Maße als im Luzulo-Fagetum treten auch Heidelbeere und Draht-Schmiele aspektbestimmend auf.

Häufiger als im Hochlagen-Fichtenwald wird die Krautschicht des Luzulo-Abietetum zusätzlich vom floristischen »Grundstock« der montanen Mischwälder geprägt (Oxalis-Gruppe: *Athyrium filix-femina, Prenanthes purpurea, Rubus idaeus, Oxalis acetosella, Polygonatum verticillatum, Hieracium sylvaticum, Solidago virgaurea, Senecio hercynicus, Senecio ovatus*). Ebenso wie im Hochlagen-Fichtenwald lassen sich innerhalb des Luzulo-Abietetum zwei Ausbildungen unterscheiden, die zu Waldtypen reicherer Standorte überleiten, zum hochmontanen Galio-Fagetum gymnocarpietosum bzw. Aceri-Fagetum: eine Ausbildung mit den Farnen *Gymnocarpium dryopteris, Thelypteris phegopteris* und *Thelypteris limbosperma* und eine Ausbildung mit den subalpinen Hochstauden *Adenostyles alliariae, Cicerbita alpina, Athyrium distentifolium* und *Rumex arifolius*.

Seltener lässt sich auch im Hainsimsen-Tannenwald eine Ausbildung ausgliedern, die floristisch-standörtlich den echten Nadelwäldern, wie Vaccinio-Abietetum und Bazzanio-Piceetum, besonders nahe steht. Kennzeichnend sind auch hier *Hylocomium splendens, Pleurozium schreberi, Vaccinium vitis-idaea, Melampyrum pratense, Bazzania trilobata* und Torfmoose aus der *Sphagnum acutifolia*-Gruppe.

5.8 Natürliche Fichtenwälder der Sonderstandorte

Im Gegensatz zum Hochlagen-Fichtenwald, der in seiner Verbreitung auf die höchsten hochmontan-subalpinen Lagen um den Feldberggipfel beschränkt ist, sind die verschiedenen Typen natürlicher Fichtenwälder der Sonderstandorte an Mooren, Sümpfen, Blockhalden und Felsen (Peitschenmoos-Fichtenwald, Bazzanio-Piceetum) im Schwarzwald weiter, in die mittelmontane Höhenstufe hinein, verbreitet. Sie kommen dort kleinflächig an den Sonderstandorten vor, vor allem an Moorrändern, in vermoorten Senken, aber auch an kühlschattigen Blockhalden und an flachgründigen, nordexponierten Felsen. Dementsprechend lassen sich vier verschiedene Standorttypen unterscheiden: der Fichten-Moor(rand)wald an Hoch- und Übergangsmooren, der Fichten-Sumpfwald sowie Fichten-Felsund -Blockhaldenwälder.

288 Urwüchsiger Bestand des Fichten-Blockwaldes im einzigartigen Bergsturzgelände der St. Wilhelmer Eislöcher. Die Felsblöcke sind hier flächendeckend überzogen von dicken Moospolstern, die u. a. von Torfmoosen aufgebaut werden und den Hauptwurzelhorizont für die Bäume bilden. (TL).

Es mag überraschen, dass so verschiedene Standorte wie Sümpfe und Moore einerseits und Blockhalden und Felsen andererseits eine ähnliche Vegetation und ähnliche Standortbedingungen aufweisen können. So sind es vor allem nordexponierte, absonnige, kühl-schattige Felsen und Blockhaldenstandorte, z. T. mit ausgeprägter Kaltluftansammlung, an denen derartige Waldbestände ausgebildet sind. Dadurch kommen auch dort – unabhängig von Zuschusswasser der Moore und Sümpfe – kontinuierlich kühlfeuchte Wuchsbedingungen zustande. Ganz besonders extrem ausgeprägt ist dies in den St. Wilhelmer und Zastler Eislöchern (siehe Abb. 34, 288), aber auch an den nordexponierten Karwänden im Napf und im Zastler Loch sowie am Feldsee und in der Wanne. Im ersten Feldbergbuch widmet MÜLLER (1948: 284ff) diesen speziellen Standorten ein eigenes Kapitel und schreibt: »Im Jahre 1897 fand ich ... im oberen Zastlertal bei nur 785 m typische Eislöcher ... Fünfzig Jahre später ist es mir geglückt, noch umfangreichere Eislöcher in dem Blockgewirr im Napf am Feldberg bei 860 m festzustellen. Wegen der Einzigartigkeit dieser Eislöcher im Schwarzwald wurden sie auch in das Naturschutzgebiet mit einbezogen.«

Weiter verbindend, verfügen die verschiedenen Standorttypen des natürlichen Fichtenwaldes über ein geringes durchwurzelbares

289 Eine unserer kleinsten Orchideenarten ist das Herz-Zweiblatt (Listera cordata), das vor allem in Fichtenmoorwäldern vorkommt. Im Vordergrund sind auch die typischen Nadelwaldmoose Etagenmoos (Hylocomium splendens), Plattmoos (Plagiothecium undulatum) und Kranzmoos (Rhytidiadelphus loreus) zu erkennen. (HKR)

290 Nur sehr selten findet man Hunderte von »Herzen« des Kleinen Zweiblatts (Listera cordata), wie hier von einer besonders individuenreichen Population in einer vermoorten Geländemulde östlich des Feldbergs, in der sich einige Heidelbeerblätter »verstecken«. Viel öfter sind sie gut »getarnt« unter Vaccinien und dann leicht zu übersehen. (TL)

Bodenvolumen, sei es bedingt durch die Flachgründigkeit an Felsen oder die Feinerdearmut an Blockhalden, sei es bedingt durch den hohen Wasserstand an Mooren und Sümpfen, der einer tieferen Durchwurzelung Grenzen setzt. Hier sind nach Sturm besonders eindrucksvolle Wurzeltellerwürfe zu beobachten, viele Quadratmeter roher Fels freigelegt oder offener Torf aufgedeckt.

An solchen Standorten lassen sich auch ganz besondere Waldbilder finden, märchenwaldartig anmutend mit schwellenden, flächendeckenden Moospolstern, in denen die Kräuter und Bäume wurzeln. Gemeinsam ist diesen zunächst baumfeindlichen Standorten, dass sie erst von Moosen, speziell auch von Torfmoosen, besiedelt werden und dann nach langen Entwicklungszeiten durch den standortprägenden Einfluss der Moose auch für Höhere Pflanzen besiedelbar werden, darunter schließlich auch bestimmte Baumarten wie Fichte und Eberesche. Mit der Zeit setzt sich dann in der Baumschicht die langlebige Fichte immer stärker durch. In ihrer Wuchsleistung, Vitalität und Konkurrenzkraft ist sie an diesen Spezialstandorten allen anderen Baumarten überlegen. Zugleich ist allerdings auch sie durch die standörtliche Ungunst in ihrer Produktivität stark eingeschränkt, was auch in den vielfach sehr schmalen Jahrringen zum Ausdruck kommt (siehe Abschnitt 6.3, Abb. 318).

Es können einerseits – zu den Normalstandorten hin – noch einzelne Tannen oder Buchen, andererseits – zu den lichteren Sonderstandorten, zum Kernbereich des Moores, der Block-

291 Fichten-Moorwald (Bazzanio-Piceetum) im östlichen Feldberggebiet. Bestandesregeneration in einer Lücke nach dem natürlichen Zusammenbruch des Altbestandes. In diesem wenig beeinflussten Bestand kommen große Herden des Herz-Zweiblatts (*Listera cordata*) vor. Moorwälder gehören zu den urtümlichsten und naturnächsten Elementen unserer Pflanzendecke, da es besonders schwierig und aufwändig war, die entsprechenden Standorte intensiver zu nutzen. Sie weisen vielfach auch alte und junge Stadien der natürlichen Waldentwicklung auf. (TL)

292 Am Rande von Moorwäldern kommt auch der Rippenfarn (*Blechnum spicant*) häufig und in besonders vitalen Populationen vor. (HKR)

halde oder des Felsmassivs hin – bereits Kiefer, Birke oder Eberesche auftreten. Die Bazzanio-Piceeten nehmen nämlich häufig eine vermittelnde Stellung ein zwischen den regionalen Waldgesellschaften der terrestrischen Normalstandorte und den mehr oder weniger offenen, baumfreien, lichten Sonderstandorten. Typischerweise zeigen die Bestände keine einfache, klare Schichtung, sondern sind – edaphisch bedingt – durch eine lockere, abwechslungsreiche Anordnung von Bäumen verschiedener Wuchshöhe und Beastung horizontal und vertikal vielschichtig gegliedert (Abb. 288).

Den charakteristischen Aspekt am Boden bestimmen vor allem Moose bodensaurer Waldgesellschaften und Zwergsträucher: zum einen – wie auch im Luzulo-Fagetum, Luzulo-Abietetum und »Luzulo-Piceetum« – weitverbreitete azidophytische Arten, wie Vaccinium myrtillus und Deschampsia flexuosa, und die Waldbodenmoose Polytrichum formosum und Dicranum scoparium; hinzu treten weitverbreitete Arten der Nadelwälder, wie Rhytidiadelphus loreus, Blechnum spicant, Lycopodium annotinum und Plagiothecium undulatum sowie Preiselbeere (Vaccinium vitis-idaea), Rotstengelmoos (Pleurozium schreberi) und Etagenmoos (Hylocomium splendens), ferner als eigentliche Kenn- und Differentialarten weitere typische Moose der Nadelwälder (Bazzania trilobata, Torfmoos-Arten, Polytrichum commune, Dicranodontium denudatum) und die kleine Orchidee Listera cordata, das Herz-Zweiblatt (siehe Tab. 9).

Zur typischen Bodenvegetation der Fichten-Niedermoor- und -Sumpfwälder gehören – neben den azidophytischen Moosen der Nadelwälder und den oft ausgedehnten Torfmoospolstern und Zwergsträuchern – auch Arten der Niedermoore und Feuchtwiesen sowie feuchter Hochstauden- und Quellfluren. Charakteristisch sind ferner kleine von Strauchweiden (Salix aurita, Salix cinerea, Salix x multinervis) aufgebaute Gebüsche. Die genannten floristischen Elemente treten in einem wechselvollen, kleinflächigen Mosaik in lichten, struktur- und artenreichen Beständen

293 In lichten Moorwäldern des Feldberggebiets sind auf kleinem Raum gleichzeitig sechs Vertreter der Heidekrautgewächse anzutreffen, allesamt Zwergsträucher, hier Heidelbeere (Vaccinium myrtillus), Preiselbeere (Vaccinium vitis-idaea), Moor- oder Rauschbeere (Vaccinium uliginosum), Moosbeere (Vaccinium oxycoccos) und Rosmarinheide (Andromeda polifolia). Es fehlt nur das Heidekraut (Calluna vulgaris) selbst. (TL)

294 Der Wald-Schachtelhalm (*Equisetum sylvaticum*) prägt den Waldunterwuchs an moorig-sumpfigen, nicht zu nährstoffarmen Standorten, hier zusammen mit dem Sumpf-Pippau (*Crepis paludosa*). (TL)

zusammen, die durch eine mehr oder weniger lückige, fichtendominierte Baumschicht geprägt werden. Bei genauerer Betrachtung handelt es sich um fein gegliederte Vegetationskomplexe, um Sumpfwaldkomplexe. Ihnen liegt wiederum eine feine Standortdifferenzierung im Meter- oder gar Dezimeterbereich zugrunde, die vor allem durch kleinräumige Unterschiede im Wasserhaushalt gekennzeichnet ist.

Auch innerhalb der Fichtenmoorwälder lässt sich eine Ausbildung mit Sauerklee (*Oxalis acetosella*) unterscheiden, in der neben weiter verbreiteten Arten wie *Athyrium filix-femina*, *Solidago virgaurea*, *Hieracium murorum* und *Prenanthes purpurea* vor allem die Differentialarten des Luzulo-Abietetum einen weiteren Verbreitungsschwerpunkt haben (*Blechnum spicant*, *Plagiothecium undulatum*, *Lycopodium annotinum*) sowie einige weitere Kräuter und Moose, von denen insbesondere der Wald-Schachtelhalm (*Equisetum sylvaticum*) und das Schattenblümchen (*Maianthemum bifolium*) zu nennen sind. Die aufgeführten Arten deuten darauf hin, dass die Standorte dieser Ausbildung noch stark vom Mineralboden geprägt werden.

295 Sporenährentragende Triebe des Wald-Schachtelhalms (*Equisetum sylvaticum*). (HKR)

296 Ein »bunter Blumenstrauß« prägt die Sukzessionsflächen des Waldes nicht nur im Sommer mit Schmalblättrigem Weidenröschen (*Epilobium angustifolium*), ... (TL)

297 ... Rotem Fingerhut (*Digitalis purpurea*) und ... (TL)

Eine andere Ausbildung (Bazzanio-Piceetum typicum) wird demgegenüber durch das Mittlere Torfmoos (*Sphagnum magellanicum*) und Wiesen-Wachtelweizen (*Melampyrum pratense*) gekennzeichnet und deutet damit bereits zu den offenen Moorflächen und auf eine mächtigere Torfauflage hin. Im Bazzanio-Piceetum oxalidetosum klingen Tanne und Buche aus, von den terrestrischen regionalen Standorten und den dort gedeihenden Waldtypen her kommend, im Bazzanio-Piceetum typicum Kiefer und Birke, von den lichteren Moorflächen her (LUDEMANN 1994a).

Der reiche Flügel der natürlichen Fichtenmoorwälder ist bevorzugt im Flachmoorbereich an leicht geneigten moor- oder bachnahen Unter-

298 ... Fuchs' Greiskraut (*Senecio ovatus*), sondern auch bis weit in den Herbst hinein ... (TL)

299 ... mit den Beeren der Eberesche (Sorbus aucuparia) ... (TL)

hängen sowie an sumpfigen, durchsickerten Hangpartien ausgebildet, das Bazzanio-Piceetum typicum hingegen im Kontaktbereich zu Übergangsmooren, also im Bereich von entsprechenden Verebnungen und in Muldenlagen. In den Fichten-Niedermoor- und -Sumpfwäldern ist das Wasser sauerstoff- und nährstoffreicher als im Bazzanio-Piceetum typicum. So liegen die Standorte des Fichten-Niedermoor- und -Sumpfwaldes im »Gradienten« zwischen den bodensauren Mooren mit ihren charakteristischen Randwäldern und den schnellfließenden Waldquellen und Waldbächen mit der besonderen gewässerbegleitenden Vegetation. Dieser Fichtenwaldtyp steht also standörtlich, floristisch und vegetationskundlich zwischen dem typischen Fichten-Moorrandwald und den Erlen-Auwaldgesellschaften, tritt im Kontakt mit diesen Gesellschaften auf und durchdringt sie oder verzahnt sich mit ihnen. Dies gilt insbesondere für den Grauerlen-Auwald, in dem die Fichte auch von Natur aus am Aufbau der Baumschicht beteiligt ist. Durch Kleinflächigkeit, Entwässerungsmaßnahmen und Holzentnahme sowie neuerdings zusätzlich durch Eingriffe im Rahmen von Entfichtungsmaßnahmen des Naturschutzes sind sie gefährdet (siehe Abschnitt 3.3). Ihre möglichst ungestörte und unbeeinflusste Erhaltung sollte Verpflichtung für den Naturschutz sein – statt »naturschutzfachlicher« Entfichtung.

5.9 Sukzessionsflächen des Waldes – Schlagflur- und Vorwaldvegetation

Bei den als Schlagfluren erfassten Beständen handelt es sich im Feldberggebiet weitestgehend um Sturm-, Käfer- und Schneebruchflächen, nicht um (Kahl-)Schlagflächen im klassischen Sinn. Sie sind floristisch und strukturell sehr verschieden ausgebildet und oft auch in sich heterogen mit verschiedenen Kleinstandorten und

300 ... und den flockigweiß schwebenden Früchten des Greiskrauts (Senecio ovatus). (TL)

-strukturen. Auf entsprechenden Flächen gelangen häufig zunächst Waldarten, die bereits im geschlossenen Waldbestand vorhanden waren, zu üppigerem Wuchs, zur Blüte und Fruchtbildung oder faziesbildend zur Dominanz. Je nach ursprünglicher Waldgesellschaft und Standortgüte können Bestände dieser Einheit zwergstrauch-, gras-, farn- oder hochstaudenreich sein oder auch von typischer Schlagvegetation im eigentlichen Sinne geprägt werden, z. B. von Rotem Fingerhut (*Digitalis purpurea*), Schmalblättrigem Weidenröschen (*Epilobium angustifolium*), Fuchs' Greiskraut (*Senecio ovatus*), Himbeere (*Rubus idaeus*) oder Trauben-Holunder (*Sambucus racemosa*).

Unter den Vorwaldgehölzen spielt die Eberesche (Vogelbeere, *Sorbus aucuparia*) die wichtigste Rolle. In den höchsten gipfelnahen Lagen, wo die Waldbestände durch Sturm und Schnee in ihrer Entwicklung immer wieder zurückgeworfen werden, ist sie die häufigste Laubbaumart.

301 Wechtenbildung und Lawinenabgänge sind im Hochgebirge weit verbreitet, im Mittelgebirgsraum aber nur selten und nur kleinflächig ausgebildet und eine weitere Besonderheit des Feldberggebiets, wie hier am Osterrain, Zastler Loch. (TL)

Sie bildet dort zusammen mit der Fichte eine Vorwaldgesellschaft, die man als Dauerpionierwald betrachten kann, den Fichten-Ebereschen-Vorwald (Piceo-Sorbetum), der sich anderenorts nur vorübergehend entwickelt. Aber auch Sal-Weide (*Salix caprea*), Birken (*Betula pendula* und *B. pubescens*) und Pappel (*Populus tremula*) sind zu nennen.

5.10 Subalpine Gebüsche, Hochstauden- und Hochgrasfluren

Die oft im Waldverband liegenden, subalpin getönten, reich strukturierten Vegetationskomplexe bilden ein einzigartiges und besonders wertvolles Element der (Wald-)Landschaft des Feldbergs. Es handelt sich dabei meist um ein Mosaik lichtbedürftiger, aus Sträuchern, Hochstauden oder hochwüchsigen Gräsern aufgebauter Pflanzengesellschaften, die vor allem an den Wechtenhängen, z. B. am Seebuckabsturz, am Osterrain, am Baldenweger Buck und am Herzogenhorn-Osthang vorkommen. Von den Wechten abbrechende Schneemassen lösen nämlich regelmäßig Lawinen aus, die das Aufkommen des Waldes verhindern und so diese besonderen Lebensräume gestalten und erhalten. Kennzeich-

302 In den Lawinenbahnen gelangen die subalpinen Hochstauden Grauer Alpendost (*Adenostyles alpina*) und Alpen-Milchlattich (*Cicerbita alpina*) sowie Hain-Greiskraut (*Senecio hercynicus*) zu optimaler Vitalität. (HKR)

nende Pflanzenarten sind u. a. Alpen-Dost (*Adenostyles alliariae*), Alpen-Milchlattich (*Cicerbita alpina*), Wald-Reitgras (*Calamagrostis arundinacea*), Großblütiger Fingerhut (*Digitalis grandiflora*) und Türkenbundlilie (*Lilium martagon*) unter vielen weiteren. Stellenweise sind Gehölze, beispielsweise von Schlucht-Weide (*Salix appendiculata*) und Mehlbeere (*Sorbus aria*), vorhanden. Typischerweise steht dieser subalpine Vegetationskomplex in Kontakt mit dem Bergahorn-Buchenwald und ist mehr oder weniger eng mit ihm verzahnt oder durchdringt ihn.

Pflanzensoziologisch sind es verschiedene Gesellschaften der Klasse Betulo-Adenostyletea mit den Verbänden Adenostylion (Hochstaudenfluren) und Calamagrostion (Hochgrasfluren) sowie entsprechende Gebüschgesellschaften. Die nicht von Gehölzen aufgebauten Gesellschaften spielen im Feldberggebiet mindestens eine ebenso bedeutende Rolle wie die entsprechenden Gebüschgesellschaften derselben Klasse (siehe S. 127–134).

6. Die Verbreitung der Lebensräume im Feldberggebiet

6.1 Zur Methodik und Durchführung der kartografischen Erfassung

Der Karte der Lebensräume (siehe Abb. 304, 305) liegt eine einheitliche Biotoptypen-Kartierung zugrunde, die in den Jahren 2003 und 2004 im Rahmen der Erstellung des Pflege- und Entwicklungsplans für das Naturschutzgroßprojekt Feldberg-Belchen-Oberes Wiesental durchgeführt wurde (DETZEL et al. 2007, LUDEMANN et al. 2007). Das fast 46 km² große Kartierungsgebiet um den Feldberg deckt sich weitgehend mit dem Naturschutzgebiet Feldberg. Lediglich im Süden, im Raum Bernau, geht es aufgrund einer abweichenden Grenzziehung des Naturschutzgroßprojektes darüber hinaus. Bei der Erhebung der Lebensräume wurden sowohl die gesamten Waldgebiete als auch die Landwirtschaftsflächen

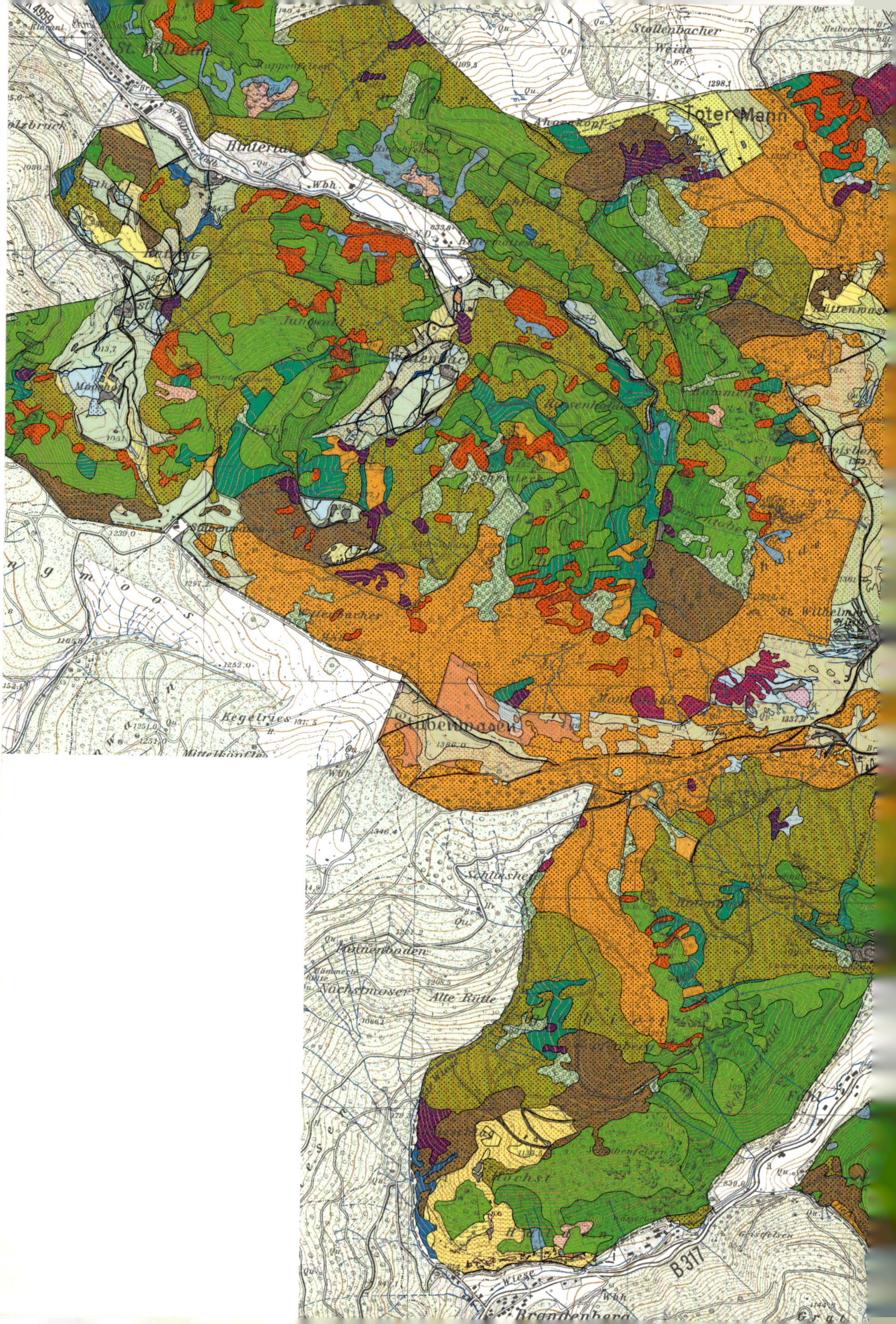

Stollenbacher
Weide
Toter Mann
St. Wilhelm
Stübenwasen
Kegelries
Nachsimoser
Alte Rütte
B 317
Wiese
Brandenberg

1 : 25.000

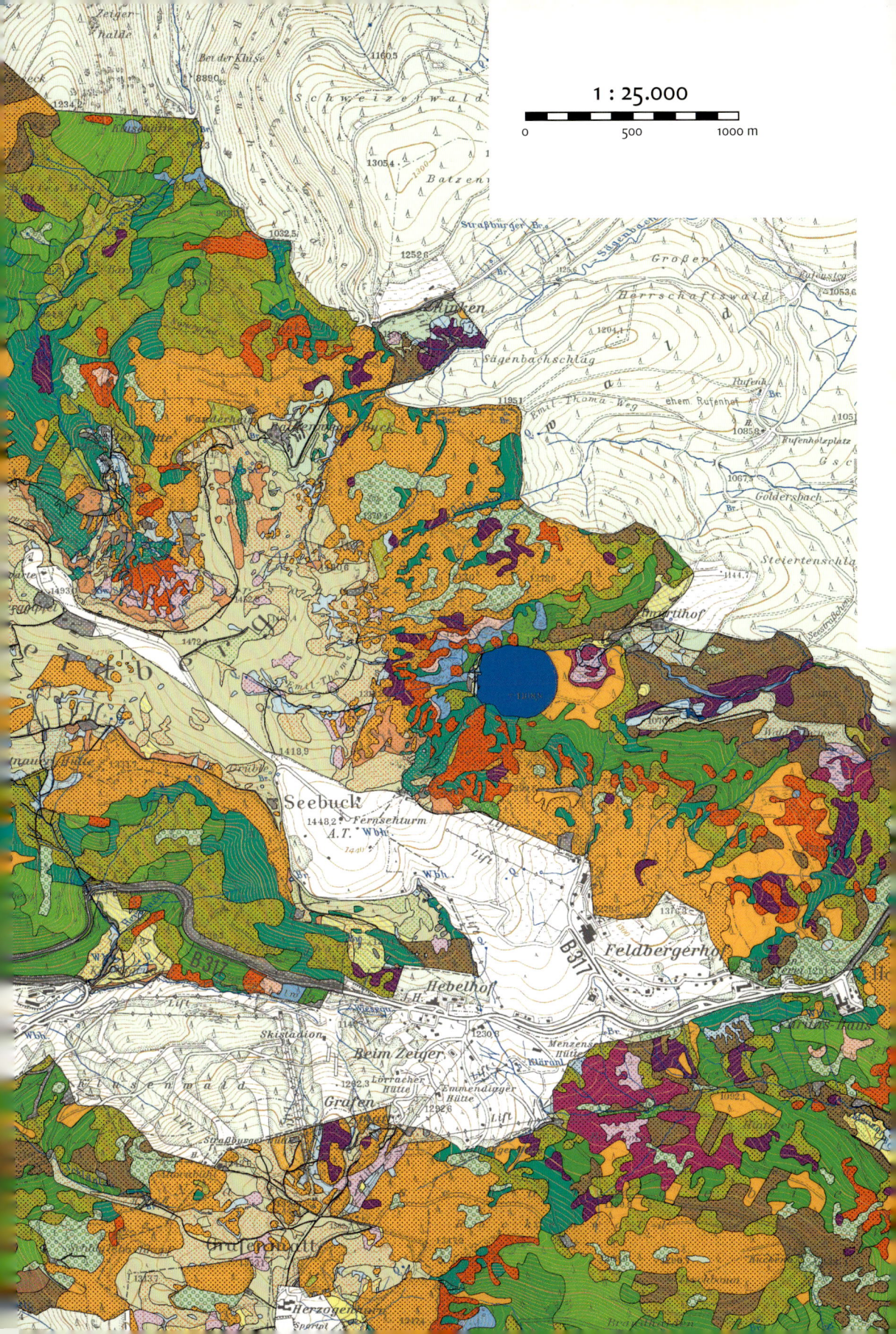

0   500   1000 m

Seebuck
1448,2
A.T.
1413,9
B 317
Lift
Skistadion
Straßburger
Brandenberg
Wiese
839,9
Grat
1130,4
1148,5
Wolfsgrube
Silberberg
1358,2
Herzogenhorn
Kohlhalden
Baumhalden
Lager
1286,5
Herrichenwald
Tholusau
Alte Rütte
Hofmättle
1019,4
969,1
Hof
954,9
922,6
Hofmatten
817,8
1136,5
Eck
Mauswald

1 : 25.000
0
500
1000 m
Kunzenmoos
B 317
Feldbergerhof
Hebelhof
Emmendinger Hütte
Krunkelbach
Brühl
Moos
Spießhorn
Hinterdorf
Kretzenboden
Scheibenfelsen
Menzenschwand
Friedrichsruhe
Lehnfelsenwald
Vorderdorf

272 DIE WALDLEBENSRÄUME UND IHRE VEGETATION

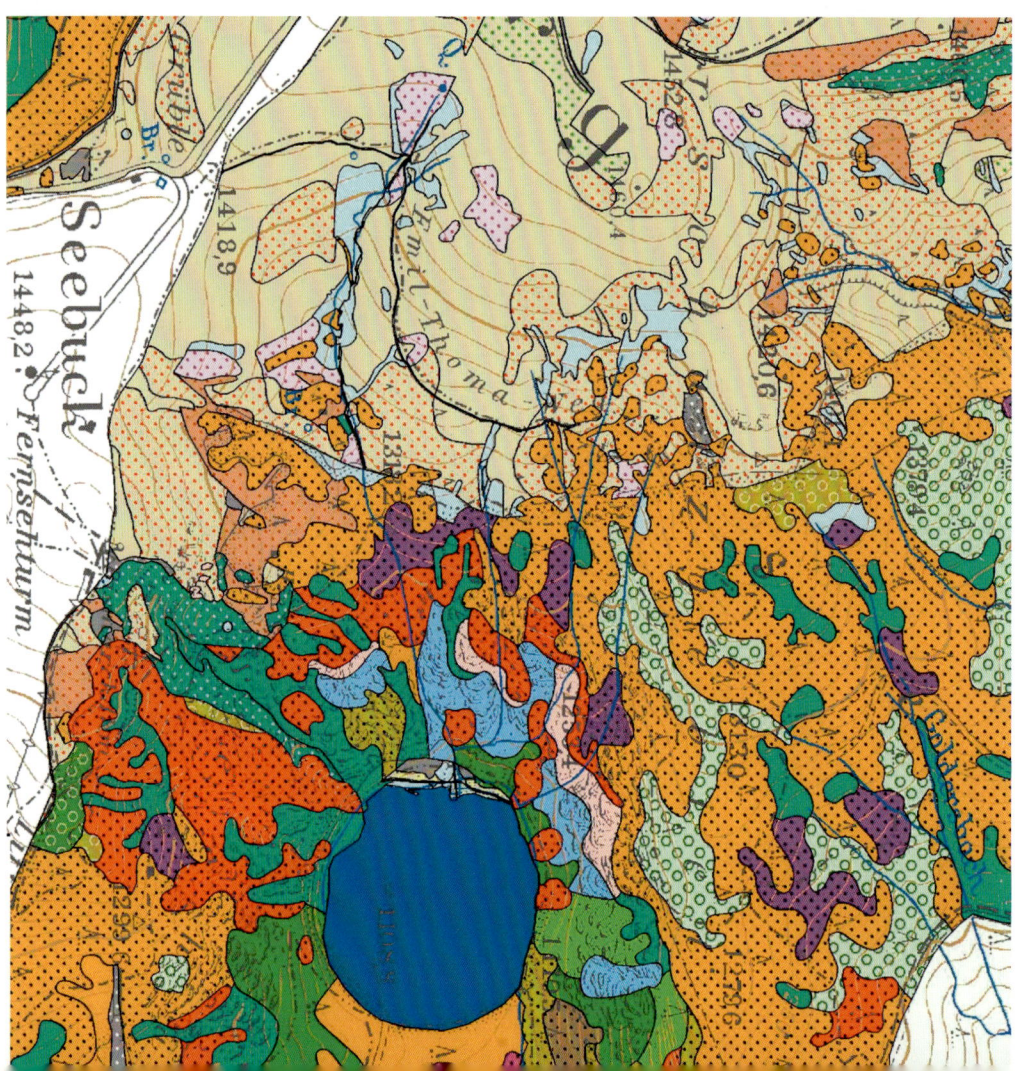

306/307 Blick von Osten über den einzigartigen Talschluss des Seebachtals mit dem Feldseekessel (Feldseekar) auf die weiten Gipfelkuppen des Feldbergs. Von den flächigen Nadelwäldern im rechten Bildteil hebt sich der Feldseekessel durch sein kleinräumiges Mosaik aus Laub- und Nadelwäldern ab. Es sind einerseits Bergahorn-Buchenwälder vor allem in Rinnen und an Anreicherungsstandorten (blaugrün), die fließend in die waldfreien Bestände der subalpinen Vegetationskomplexe aus Gebüschen, Hochstauden- und Hochgrasfluren (blaugrün, hellpunktiert) übergehen, sowie edellaubholzreiche Bestände (mittelblau) vor allem an steinig-blockreichen Standorten unterhalb der Seewand (rosa), andererseits natürliche Fichtenwälder der Sonderstandorte (rot), vor allem an absonnigen, flachgründigen Felsstandorten und auf kleinflächigen Blockfeldern. Die subalpinen Vegetationskomplexe befinden sich insbesondere an den Wechtenkanten des Seebucks beim Bismarckdenkmal (links vor dem Fernsehturm) und in der angrenzenden, deutlich sichtbar zum Feldsee herabziehenden Tauernrinne sowie an denjenigen des Baldenweger Bucks (rechts oben auf Karte und Bild). Im Gegensatz dazu stehen die flacheren Hanglagen im Nordosten des Feldbergs (rechter Bildteil) mit ausgedehnten, zum Teil stark aufgelichteten Nadelbaumbeständen des Hochlagen-Fichtenwaldes (orange). In die Hochlagen-Fichtenwälder sind inselartig Bestände des Bergahorn-Buchenwaldes (blaugrün) sowie des Fichten-Niedermoor- und Sumpfwaldes (violett) eingesprengt. Die Gipfelkuppen werden großflächig von Borstgrasrasen (hellbeige) bedeckt. Darin eingebettet in Geländemulden und Rinnen sowie insbesondere im Bereich der winterlichen Wechten, von denen noch die Kerne und letzten Reste gut zu erkennen sind, finden sich zahlreiche Vermoorungen und Versumpfungen mit ihren besonderen Lebensbedingungen, Arten und Pflanzengesellschaften (hellblau, hellviolett rotpunktiert). Im Bildvordergrund (Mitte) ist soeben noch der westliche Rand des Feldseemoors zu erkennen (EM). Kartenlegende siehe S. 267.

308/309 Das kontrastreiche Vegetationsmosaik im hinteren Krunkelbachtal zwischen Menzenschwand und Herzogenhorn. Blick nach Westen talaufwärts entlang des Krunkelbaches mit seinem Grauerlenwald (blau) zur Kriegshalde, die hier den Talschluss bildet. Der Talschluss ist markant gegliedert in (1) den flachen, nadelbaumreichen Talboden mit einem Mosaik aus Hainsimsen-Tannenwäldern (orange) und Fichten-Sumpfwäldern (violett), (2) die laubbaumreichen Mittel- und Unterhänge der Kriegshalde mit Waldmeister-Buchenwäldern (grün), in die insbesondere im Felsfußbereich Ahorn-Eschen-Ulmen-Blockhaldenwälder (mittelblau) eingebettet sind, sowie (3) den nadelbaumreichen Oberhang mit dem felsigen Steilabsturz der Kriegshalde, wo natürliche Fichten-Felswälder (rot) und in den dazwischen liegenden Rinnen besondere Bergahorn-Buchenwälder (blaugrün) gedeihen. Die obere Kante der Kriegshalde wird bereits vom Hochlagen-Fichtenwald (orange, schwarzpunktiert) gebildet. (TL)

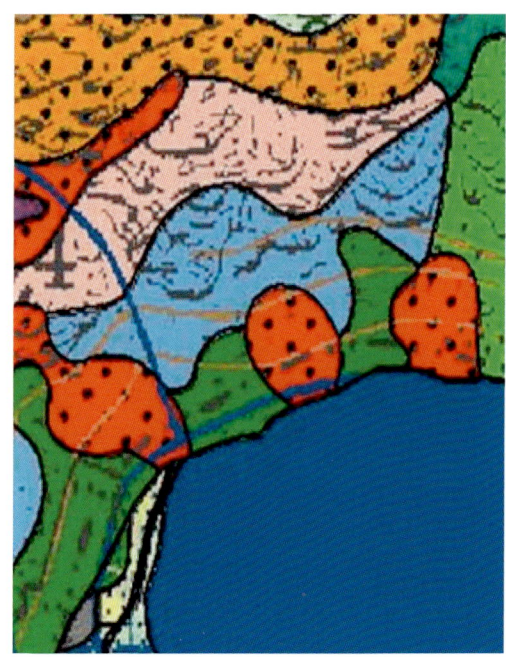

310/311 Blick von Südosten auf die Seewand. Deutlich ist das Vegetationsmosaik der verschiedenen Laub- und Nadelwaldgesellschaften um die Felswand zu erkennen: Unter der offenen Felswand (rosa) sind Blockhaldenwälder (hellblau) ausgebildet sowie zum Seeufer hin auf konsolidierteren, feinerdereicheren Böden Buchenwälder (grün). Die drei auffallenden, in die Laubbäume eingebetteten Nadelbaumgruppen markieren die drei kleinen Bestände natürlicher Fichtenwälder auf kühlen Blockstandorten (rot) (siehe auch Abb. 37). Auch im oberen Teil der Feldwand sind kleinflächig Felsfichtenwälder ausgebildet. Ansonsten wird der obere Abschluss der Karwand durch die im flacheren Gelände angrenzenden Hochlagen-Fichtenwälder (orange) gebildet. (HK)

Bergahorn-Buchenwald an nährstoffreichen Standorten. Dessen Vorkommen konzentriert sich auf die höchsten Lagen. Der Hochlagen-Fichtenwald ist aktuell der häufigste und die größte Fläche einnehmende Vegetationstyp im NSG Feldberg, während auf das Aceri-Fagetum und auch auf das Luzulo-Abietetum erheblich kleinere Flächen entfallen.

So weist das Vegetationsmosaik im Feldberggebiet in Abhängigkeit von Höhenlage und Relief eine markante Zweigliederung auf, zwischen Buchen-Tannen-Fichten-Mischwaldgebieten und Fichtenwaldgebieten. Die »magische« Trennlinie ist die 1250-m-Höhenlinie, die vielerorts mit einem Reliefumbruch (rhenanisch/danubisch) zusammenfällt. Wie vielfach in der Vegetation und insbesondere unter naturnahen Bedingungen handelt es sich dabei allerdings nicht um eine scharfe Grenze, wie der Kartierer sie ziehen muss, sondern um einen mehr oder weniger breiten Übergangsbereich, je nachdem wie scharf der Reliefwechsel ausgeprägt ist und sich Höhenlage und Hangneigung ändern und wie rasch sich damit wiederum die Standorte und die Wuchsbedingungen verändern.

Betrachten wir die räumliche Verteilung der verschiedenen Waldtypen, so ist eine mehrfach wiederkehrende charakteristische Gliederung festzustellen. Es sind jeweils die in die alte danubische Hochfläche eingeschnittenen Karbildungen und Talschlüsse, die durch ein besonders reiches, vielfältiges und wechselvolles Vegetationsmosaik gekennzeichnet sind. Zugleich werden diese Gebiete vielfach nur mit geringer Intensität oder gar nicht mehr forstlich bewirtschaftet. Darunter sind zuallererst die Talschlüsse von Seebach-, St. Wilhelmer und Zastlertal zu nennen mit den großflächigen Waldschutzgebietskomplexen Feldseewald-Feldbergwald (Bann- und Schonwald), Zastler Loch-

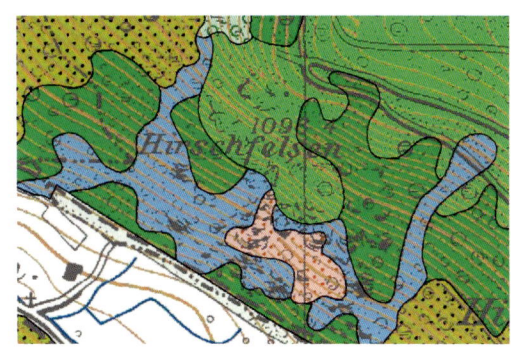

312 Beispiele für das typische Vegetationsmosaik von nacheiszeitlichen Felssturzgebieten, hier um den Hirschfelsen im St. Wilhelmer Tal ... (LUDEMANN et al. 2007)

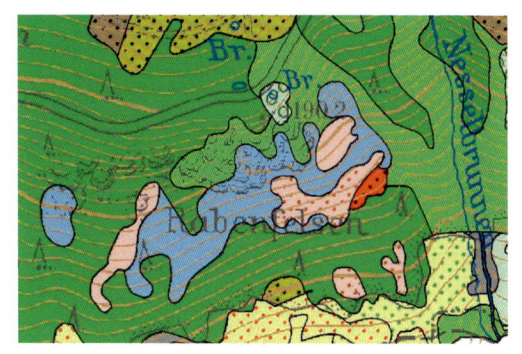

313 ... sowie um den Rabenfelsen im Krunkelbachtal bei Menzenschwand. Jeweils eingebettet in die regionalen Tannen-Buchenwälder (grün) finden sich am Fuß der Felsen edellaubbaumreiche Blockwälder (blau), in denen wiederum offene Blockhalden liegen (rosa mit roten Punkten). Am unteren Rand der Blockhalde am Rabenfelsen ist zudem ein kleiner fragmentarischer Bestand eines natürlichen Fichten-Blockhaldenwaldes ausgebildet (rot). (LUDEMANN et al. 2007)

Wittmoos (Schonwälder) und Napf-Hirschfelsen (Bannwälder), wobei es sich in dieser Ausdehnung, Vielfalt und Qualität um eine im ganzen Land einzigartige Situation handelt.

Eine ähnlich reiche Ausstattung und zugleich große arB-Flächen (Wald außer regelmäßigem Betrieb) weist der »Doppel-Talschluss« von Krunkelbach- und Kriegsbachtal mit dem Herzogenhornkar auf. In demselben Areal befinden sich auch die beiden großen Felsmassive Kriegshalde und Rabenfelsen jeweils mit einem hervorragenden Vegetationsmosaik von Block- und Felswäldern. Bemerkenswert sind ferner die ausgedehnten Grauerlen-Bestände des Krunkelbachtals.

In den genannten Gebietsteilen sind darüber hinaus – als große Besonderheiten in den weitgehend bewaldeten mitteleuropäischen Mittelgebirgen – alpin geprägte, von Natur aus waldfreie Wechtenkanten und Lawinenbahnen vorhanden. Im Zastler-, Feldsee- und Herzogenhornkar sowie am Baldenweger Buck sind sie mit ihrer charakteristischen Flora und Vegetation am besten ausgebildet.

Hervorragende Moore und Moorwälder haben sich in langen Zeiträumen im Seebachtal entwickelt (insbesondere Feldsee- und Waldhofmoor), weiterhin im obersten Albtal (Heitermoos), hier besonders großflächig, im Hochkopf-Bärhalde-Gebiet (u. a. Hirschbäder, Zweiseenblickmoor), im Heibeermooskar (auch Angelsbachkar genannt) sowie im Scheibenlechtengebiet mit dem gleichnamigen Moor. An den vermoorten Karböden des Heibeermooskares grenzt zudem ein reich strukturiertes und fein gegliedertes Vegetationsmosaik der Karwände an.

Kennzeichnend für die Landwirtschaftsflächen des Feldbergmassivs sind die Hochlagen-Borstgrasrasen (Leontodonto-Nardetum), die großflächig die Kuppen und Hänge überziehen. In Abhängigkeit von Exposition und Nutzung ändert sich ihre Artenzusammensetzung und ihr Erscheinungsbild: Auf den windgefegten Kuppen, auf flachgründigen Standorten und bei nachlassender oder ganz ausbleibender Nutzung ist ein hoher Anteil an Zwergsträuchern in den Borstgrasrasen vorhanden. Stellenweise haben sich reine Zwergstrauchheiden entwickelt. Nimmt die Bewirtschaftungsintensität dagegen zu, treten typische Arten des Wirtschaftsgrünlands, wie verschiedene Kleearten auf (nährstoffreiche Ausbildung). Solche Borstgrasrasen finden sich insbesondere auf der St. Wilhelmer und Krunkelbachweide. Die Hochlagen-Borstgrasrasen sind stets vergesellschaftet mit Beständen des Hochlagen-Fichtenwaldes, dessen anthropogene Ersatzgesellschaft sie sind.

Unterhalb von 1250 m gehen die Borstgrasrasen, ohne dass eindeutige Grenzen zu erkennen

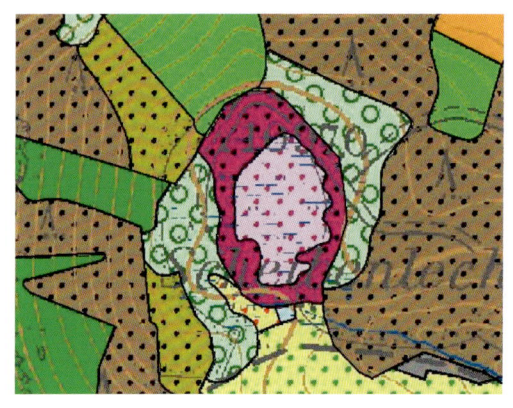

314 Beispiele für das typische Vegetationsmosaik an Übergangsmooren (rotpunktiert), die von einem natürlichen Fichtenmoorrandwald (violett) umgeben sind, hier um das Scheibenlechtenmoos am Fuße des Spießhorns bei Menzenschwand, wiederum eingebettet in Sukzessionsflächen (hellgrün) und Fichtenforste (braun) sowie einzelne Buchenwaldbestände (grün), im Süden an ausgedehnte Flügelginsterweiden angrenzend (gelb, grünpunktiert) ...

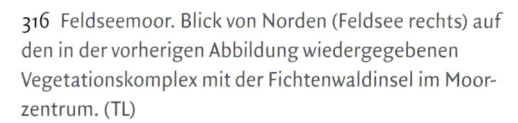

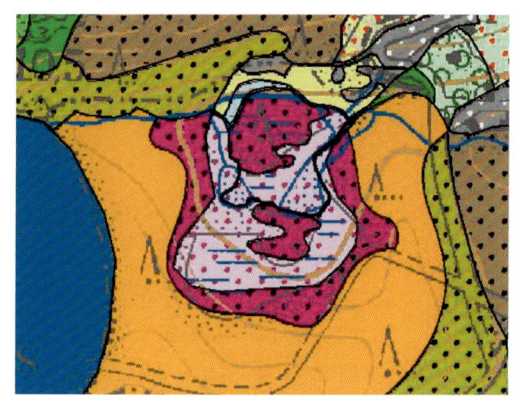

315 ... und hier am Feldseemoor, eingebettet in den Hainsimsen-Tannenwald (orange), der auf den Endmoränenwällen im Seebachtal östlich des Feldsees (links, blau) stockt. (beide LUDEMANN et al. 2007)

sind, in Flügelginsterweiden über, mit Flügelginster (*Genista sagittalis*) und Silberdistel (*Carlina acaulis*) als kennzeichnenden Pflanzenarten. Flügelginsterweiden sind großflächig und in Durchdringung mit Borstgrasrasen auf der Krunkelbachweide vorhanden, ferner fast flächendeckend auf der Schweinebachweide westlich von Menzenschwand sowie im Weideland des Alb- und Krunkelbachtals.

316 Feldseemoor. Blick von Norden (Feldsee rechts) auf den in der vorherigen Abbildung wiedergegebenen Vegetationskomplex mit der Fichtenwaldinsel im Moorzentrum. (TL)

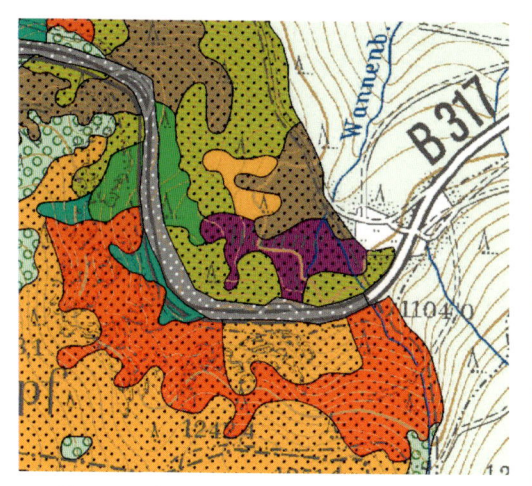

317 Die Wanne ist bei Musikinstrumentenbauern als Klangfichtenstandort bekannt. Hier sind sowohl natürliche Fichten-Moorwälder (violett), im Bereich des Karbodens, als auch relativ ausgedehnten Fichten-Felswälder (rot), an den steilen Karwänden oberhalb der Bundesstraße, vorhanden. An diesen produktionsschwachen Standorten bilden die Fichten besonders schmale, regelmäßige Jahrringe und entsprechend dichtes, homogenes Holz, das für den Bau von Musikinstrumenten besonders geschätzt ist. Zudem führt der Schneereichtum hier zur Ausbildung besonders schmaler Kronenformen (Walzenfichten; siehe die folgende Abb.). (LUDEMANN et. al 2007)

318 Walzenfichten in der Wanne (Wannenkar) östlich des Hochkopfs. In schneereichen Lagen bildet die Fichte einen besonderen Habitus aus. Die Bäume sind walzenförmig und kurzastig, so dass Kronenschäden durch Nassschnee und Schneebruch reduziert werden. Derartige Vorkommen gelten als autochthone Fichtenpopulationen inmitten von Fichtenbeständen, die vielfach mit Pflanzgut unbekannter oder fremder Herkünfte begründet wurden. (HKR)

Wirtschaftsgrünland nimmt im Feldberggebiet nur kleine Flächen ein. In den nordwestlich des Feldbergs gelegenen Talzügen des Wittenbachs und des St. Wilhelmer Talbaches sind die Einflüsse der intensiveren Bewirtschaftung deutlich zu erkennen. Dort herrscht beweidetes Wirtschaftsgrünland vor. Im Talgrund der Menzenschwander Alb sind neben den Flügelginsterweiden artenreiche Mähwiesen vorhanden, die z. T. ebenfalls beweidet werden.

Weitere typische Elemente des Grünlandes stellen Feuchtstandorte mit Sümpfen und Übergängen zu Flach- und Hochmooren dar, die in das Weideland eingebettet sind. Neben den weiter verbreiteten Braunseggensümpfen, die zum Beispiel auch auf der Hinterwaldweide in den Mulden des Prägbachtals vorkommen, treten im Grüble als Besonderheiten Alpenhelm-Braunseggensümpfe (Bartsio-Caricetum fuscae) und Eisseggenfluren (Caricetum frigidae) auf. Im Bereich der Grafenmattweide und südwestlich der St. Wilhelmer Hütte (Stübenwasen) sind ebenfalls wertvolle Übergangsmoore vorhanden. Deren Flächengröße und Bedeutung wird allerdings von den bekannteren im Wald gelegenen Mooren, dem Hirschbäder-, Feldsee- und Scheibenlechtenmoor, übertroffen.

Aufgrund seiner hohen, nordexponierten Lage sind die Standorte im obersten Zastlertal (Zastler Loch) in besonders starkem Maße subalpin geprägt (siehe Abb. 1, 32, 198, 301). Das Pflanzenkleid wird dort sehr weitgehend von dem speziellen Gesellschaftsinventar und -mosaik der höchsten Lagen des Südschwarzwaldes aufgebaut, insbesondere auch von den größten Beständen des Bergahorn-Buchenwaldes sowie der subalpinen Hochstauden-, Hochgras- und Gebüschformationen. Das Aceri-Fagetum kommt dort vor allem an den feuchten, nährstoffreichen Anreicherungsstandorten der steilen Unter- und Mittelhänge sowie im Talgrund des Zastlerbaches vor. An flacheren Mittel- und Oberhängen sowie in Kamm- und Kuppenlagen ist es der Hochlagen-Fichtenwald. Dem großen standörtlichen Unterschied zwischen den steilen Hängen des Zastlertals und den flachen Höhenrücken am Immisberg und am Baldenweger Buck entspricht der Gegensatz von kraut- und hochstaudenreichen Aceri-Fageten zu zwergstrauch- und moosreichen Hochlagen-Fichtenwäldern (siehe Abb. 198).

Beispiele typischer Vegetationskomplexe und Lebensraummuster: Anhand der Abb. 307 bis 317 werden einige mustergültige Vegetationskomplexe mit ihren typischen Vegetationsmustern exemplarisch herausgegriffen und genauer beschrieben. Zur besseren Illustration werden dabei den ausgewählten Kartenausschnitten entsprechende fotografische Geländeausschnitte gegenübergestellt. Wir beginnen mit einem Überblick über die gröbere Vegetationsgliederung (Abb. 307–309) und wenden uns anschließend einigen Details typischer kleinräumiger Standort- und Vegetationsmuster zu (Abb. 311–317). Die vollständige Legende zu den Kartenausschnitten (Abb. 307–317) befindet sich auf S. 267.

F Die Tierwelt des Feldberggebiets[1]

1. Einführung

Günther Osche †

Der Versuch, die Tierwelt des Feldberggebiets in diesem Rahmen darzustellen, ist schwierig, weil es unmöglich ist, für die Tierwelt ein ebenso geschlossenes und übersichtliches Bild zu entwerfen wie für die Pflanzenwelt. Es gibt viele Gründe dafür, dass Lokalfaunen immer sehr viel unvollständiger erfasst sind und weniger deutlich die ökologischen und biogeografischen Bedingungen für den jeweiligen Artenbestand anzugeben vermögen als entsprechende Darstellungen der Flora eines Gebiets. Eine der wesentlichen Ursachen dafür liegt in der sehr viel größeren Artenmannigfaltigkeit der Tierwelt. Manche Gruppen, wie z. B. die Gliederfüßer (Krebse, Spinnen, Tausendfüßler, Insekten), sind mit Tausenden von Arten vertreten. Horion schätzt allein die Anzahl der im montanen und subalpinen Bereich des Feldbergs lebenden Käferarten auf etwa 1600, von denen viele noch nicht erfasst sind. Zudem sind die Unterschiede zwischen den einzelnen Tierarten oft sehr subtil, sodass es vielfach nur dem Spezialisten möglich ist, eine sichere Bestimmung durchzuführen. Aber auch dieser stößt in manchen Gruppen auf Probleme, weil ein Teil der Arten noch ungenügend bekannt oder noch gar nicht beschrieben ist. Das gilt für einige Familien von Hautflüglern, Zweiflüglern und in noch höherem Maße für schwierige Gruppen der terricolen (= im Erdboden lebenden) Fauna, wie z. B. die Milben und die Fadenwürmer (Nematoden). Der Nichtspezialist muss sich daher oft damit zufrieden geben, wenn er die Gattung oder gar nur die Familie angeben kann, zu der ein gefundenes Tier gehört. Überdies begegnet dem Naturfreund die Mehrzahl der Tierarten eines Gebiets überhaupt nicht, denn die meisten sind klein und unauffällig, leben versteckt im Erdreich, im Laubwerk oder unter Steinen im Bach, und man muss schon besonders nach ihnen suchen, wenn man sie zu Gesicht bekommen will. So sind es, abgesehen von einigen auffallenderen Insekten (vor allem Käfern und Schmetterlingen), allen voran die Vertreter der Vogelwelt, die man bei einer Begehung des Gebiets zu sehen bekommt; doch selbst für diese lässt sich wegen ihrer großen Beweglichkeit und Fluchtbereitschaft kein »Standort« angeben, an dem man sie mit Sicherheit antreffen kann. Unter den Säugetieren begegnet man außer Reh, Gämse und Eichhörnchen selten einem Vertreter, leben doch die Kleinsäuger (z. B. Mäuse und Spitzmäuse) sehr versteckt und z. T. nachtaktiv, sodass sie nur durch Fallenfänge oder durch Untersuchung von Gewöllen der Greifvögel und Eulen zu erfassen sind.

Während etwa 50 Jahre intensiver Forschung ausreichten, um die Feldbergflora bis zur Mitte des 19. Jahrhunderts in ihrer Artenzusammensetzung weitgehend zu erfassen, ist der Artbestand für die meisten Tiergruppen (eigentlich nur mit Ausnahme der Vögel) bis heute noch nicht annähernd erfasst. Dass gerade die Tierwelt der Gewässer (die limnische Fauna) gut bekannt ist, verdanken wir dem glücklichen Um-

---

1 Aufgrund der Erkrankung des Hauptautors dieses Kapitels wurde es auf der Grundlage des Beitrags im Feldbergbuch von 1982 (Hoffrichter/Osche/Paulus) von zahlreichen Autoren aktualisiert, die in den jeweiligen Unterkapiteln genannt sind.

stand, dass das Limnologische Institut der Universität Freiburg (Leiter Prof. Dr. Elster) als Walter-Schlienz-Institut von 1948 bis 1970 seinen Sitz in Falkau, also im Feldberggebiet, hatte und viele limnische Tiergruppen von Mitarbeitern dieses Instituts taxonomisch und ökologisch in grundlegenden Arbeiten untersucht wurden.

Auch die Erfassung der ökologischen Bedingungen, die bestimmte Tierarten oder ganze Lebensgemeinschaften (Biozönosen) an bestimmte Standorte binden, stößt bei den Tieren meist auf Schwierigkeiten. Das gilt gerade für die auffallenderen größeren Vertreter, die aufgrund ihrer Beweglichkeit (z. B. Säugetiere, flugfähige Insekten und Vögel) in ihrem Lebensraum nicht so fest »verwurzelt« sind wie die Pflanzen, die an ihrem »Standort« im wahrsten Sinne des Wortes »stehen«. Die größere Beweglichkeit vieler Tierarten erlaubt ihnen nicht nur ein Ausweichen bei (reversibel) ungünstig werdenden Umweltbedingungen (man denke nur an die Zug- und Strichvögel im Winter oder an nahrungsbedingte Wanderungen), sondern auch eine leichtere Ausbreitung über weitere Gebiete, wobei auch ökologisch ungünstige »Zwischenräume« rasch überbrückt werden können. Daher hat es der Tiergeograf bei der Deutung der Verbreitungsbilder bestimmter Arten oft schwerer als der Pflanzengeograf.

Den »erdverbundenen« Pflanzen, die vielfach empfindliche Zeiger der jeweiligen Standortfaktoren (Temperatur, Chemismus, Struktur des Bodens) darstellen, kommen in der Strenge der ökologischen Bindung an ihren Lebensraum nur die im Boden lebenden und die auf bestimmte Gewässertypen (z. B. Bergbäche, Moorgewässer, Quellen) beschränkten Tiere nahe. Hier kann man auf charakteristische Lebensgemeinschaften (Biozönosen) stoßen, die in der »Stabilität« ihrer Artenzusammensetzung dem entsprechen, was man in der Botanik Pflanzengesellschaften nennt.

Aus all diesen Gründen ist es nicht möglich, bei einer »Wanderung« von Biotop zu Biotop die verschiedenen Tierarten des Feldberggebiets und ihre Vergesellschaftung vorzustellen. Wir werden daher für die Darstellung der Fauna einen anderen Weg einschlagen und folgendermaßen vorgehen:

In einem ersten Abschnitt soll allgemein die Bedeutung von ökologischen und historischen Faktoren für die Verbreitung der Tierwelt unter ausführlicher Berücksichtigung des Einflusses der Eiszeiten dargestellt werden, weil dadurch der besondere Charakter der Tierwelt des Feldberggebiets verständlicher wird und sich viele Parallelen zu den Verhältnissen in der Pflanzenwelt ergeben. Als charakteristische Lebensräume mit einer typischen Tierwelt werden dann die Hochmoore und vor allem die Gewässer behandelt, die uns im Gebiet als kalte Quellen, Bergbäche und Seen begegnen. Dann sind die wichtigsten Vertreter der Tierwelt zusammengestellt, die im Wesentlichen arktisch oder (und) alpin verbreitet sind und dadurch dem Feldberggebiet den Charakter einer »subalpinen Insel« verleihen. Die Mehrzahl dieser Tierarten ist unauffällig, kann nur vom Spezialisten aufgefunden und bestimmt werden und hat daher nicht einmal einen deutschen, sondern nur einen wissenschaftlichen Namen. Wir haben daher den bekannteren und auch dem Wanderer begegnenden Arten aus dieser Gruppe – vor allem den Schmetterlingen, Käfern, Heuschrecken, Amphibien, Reptilien und Vögeln – jeweils ein eigenes Kapitel gewidmet und werden auch etwas über ihre Lebensweise berichten. Ein abschließendes Kapitel informiert schließlich über die Säugetiere (Klein- und Großsäuger); dazu gehören natürlich vorkommende, eingebürgerte, eingewanderte und verschwundene Arten, deren Rückkehr vielleicht unmittelbar bevorsteht.

2. Zur Tiergeografie der Feldbergfauna

Günther Osche †

Eine Darstellung der Fauna des Feldberggebiets muss sich bei der Fülle der Tierarten auf diejenigen beschränken, die für diesen Raum besonders charakteristisch sind und nicht »überall« in

Wäldern und auf Bergen vorkommen. Gerade für diese Besonderheiten stellt sich jedoch die Frage, warum sie ausgerechnet hier zu finden sind und wie sie hierher gelangten. Mit der Verbreitung der Tierarten in bestimmten Arealen und deren Ursachen befasst sich die Tiergeografie. Wenn man die Fauna des Feldberggebiets verstehen will, muss man sich daher mit einigen grundlegenden Fragestellungen und Erkenntnissen dieser Wissenschaft vertraut machen, wenigstens soweit sie unmittelbar für diesen Raum und seine Fauna von Bedeutung sind.

2.1 Ökologische Tiergeografie

Die Verteilung von Tierarten auf verschiedene Areale hat zwei Ursachen. Zum einen stellen die einzelnen Arten jeweils bestimmte Ansprüche an ihre Umwelt, d. h. sie sind auf bestimmte ökologische Faktoren angewiesen oder müssen sie zumindest tolerieren können. Der Spielraum, innerhalb dessen Grenzen Schwankungen eines ökologischen Faktors (z. B. der Temperatur) geduldet werden, die »Reaktionsbreite« einer Art, bestimmt deren »ökologische Valenz«. Diese kann weit oder eng sein, und entsprechend werden euryöke (mit weiter ökologischer Valenz) und stenöke (mit enger Valenz) Tierarten unterschieden. Euryöke Tierarten können dementsprechend in ökologisch recht verschiedenartigen Lebensräumen (Biotopen) vorkommen, sie sind eurytop. Für stenöke Arten gilt das Gegenteil, sie sind auf ökologisch enger begrenzte Biotope beschränkt, also stenotop. Da einzelne Arten gegenüber der Schwankung verschiedener Umweltfaktoren (z. B. Temperatur und Kalkgehalt des Wassers) unterschiedlich große Reaktionsbreiten haben, wird ihre Verbreitung von dem Faktor bestimmt, demgegenüber die geringste Valenz besteht – das schwächste Glied bestimmt die Tragkraft einer Kette. Als ökologische Faktoren kommen solche der unbelebten Umwelt (abiotische Faktoren wie Temperatur, Chemismus, Strömungsgeschwindigkeit des Wassers, Luftfeuchtigkeit) als auch die in derselben Lebensgemeinschaft (Biozönose) lebenden Pflanzen und Tiere (biotische Faktoren, z. B. als Nahrung, Konkurrenten, Krankheitserreger) in Betracht. Unter den abiotischen Faktoren spielt die Temperatur eine besondere Rolle. Da die lebenswichtigen Stoffwechselvorgänge, als von Enzymen gesteuerte chemische Umsetzungen, temperaturabhängig sind, ist das auch verständlich. Das Feldberggebiet hat hochmontanen und subalpinen Charakter, daher finden sich dort vor allem unter den im Boden, in den Gewässern und besonders in den Quellen lebenden Arten viele, die niedrige Temperaturen nicht nur ertragen können, sondern an solche gebunden sind (kaltstenotherme Arten). Für Wassertiere spielt neben der Temperatur auch der Sauerstoffgehalt, die Strömungsgeschwindigkeit und der Chemismus (z. B. Elektrolytgehalt, Kalkgehalt) eine entscheidende Rolle (siehe ausführlich Abschnitt 3).

Für Bodenbewohner kann, wie bei den Pflanzen, der Chemismus (vor allem Kalkgehalt), aber auch die Bodenstruktur bedeutsam werden. Das Feldberggebiet besteht fast nur aus Grundgebirge (siehe Kapitel B), es findet sich daher kein Kalk und nur wenig Calcium in den sauren Böden. Gehäuseschnecken, die zum Aufbau ihrer Schale Calcium brauchen, sind daher vergleichsweise artenarm vertreten, die schalenlosen Nacktschnecken dagegen, vor allem die großen (12–15 cm) roten und schwarzen Wegschnecken (Arionidae) begegnen einem im feuchten Bergwald überall.

Auf die Rolle des Bodens für die Tierwelt (besonders die Insekten) hat vor allem HOLDHAUS (1954) hingewiesen. Bestimmte sogenannte petrophile Arten leben nämlich nur auf festem Gestein (das gilt auch für die steinebewohnenden, torrentikolen Tiere am Grund des rasch fließenden Bergbaches) oder in Böden, die an Ort und Stelle aus festem Muttergestein hervorgegangen sind, und meiden lehmige, sandige oder stark humose Böden.

Unter den biotischen Faktoren spielt neben der Konkurrenz die Nahrung eine entscheidende Rolle. Vor allem Nahrungsspezialisten, die in ihrer Nahrungswahl auf wenige Quellen beschränkt sind (oligophage Arten), sind in ihrer geografischen Verbreitung natürlich auf das Vorkommen ihrer bevorzugten Nahrungspflanzen oder -tiere angewiesen. So sind z. B. unter den Vögeln die Fichtenkreuzschnäbel weitgehend an Fichtensamen als Nahrung gebunden und daher zu Wanderungen gezwungen, wenn in bestimmten Jahren die Fichten nicht tragen. In Zapfenjahren treten sie dann auch im Feldberggebiet oft in größerer Zahl auf. Ähnlich ist das Auerhuhn an montane Nadelwälder gebunden, da es im Winter von den Nadeln lebt. Besonders unter den Insekten (z. B. Schmetterlingen, Blattwespen, Wanzen u. a.) gibt es eine Reihe von Arten, die mehr oder weniger streng an bestimmte Nahrungspflanzen und dadurch an die entsprechenden Areale dieser Pflanzen gebunden sind, so z. B. manche Schmetterlinge der Hochmoore (siehe S. 332ff). Für wanderfreudige Tiere (z. B. Vögel, aber auch Insekten, z. B. Libellen, Schmetterlinge u. a.), die für sie ungeeignetere Gebiete leicht überwinden können, ist es wichtig, dass sie die ihnen zusagenden Lebensräume aus größerer Distanz erkennen und so aufsuchen können.

Für manche Arten ist erwiesen, dass sie ein angeborenes oder im Heimatgebiet geprägtes »Bild« von der »physiognomischen Raumstruktur« ihrer Biotope besitzen, ein sogenanntes »Ökoschema«. Unter den charakteristischen subalpinen Vertretern der Vogelwelt des Feldberggebiets dürfte dies für den Bergpieper gelten, der hier einen der wenigen deutschen Brutplätze außerhalb der Alpen hat. In den Alpen brütet er in der Knieholzregion und im Bereich der alpinen Matten mit spärlichem Bodenwuchs, auf sumpfigen Wiesen oft in unmittelbarer Nähe von Gletscherbächen. Diesem »Bild« entspricht auch die Feldbergkuppe mit ihren Borstgrasrasen, Quellfluren und Zwergstrauchgesellschaften oberhalb von 1350 m, wo er seine Brutplätze hat (siehe S. 362ff). Dass, wenn auch selten, sich auch Steinadler ins Feldberggebiet »verfliegen« und in Einzelfällen dort wochenlang verweilen, dürfte einen ähnlichen Grund haben. Das Ökoschema mancher Gebirgsvögel ist relativ weit und spricht bei manchen daher auch auf Felsküsten an. So brütet die rotschnäblige Alpenkrähe außer im Hochgebirge auch an den Felsküsten Englands und Irlands. Ähnlich liegen die Dinge bei dem oben genannten Bergpieper (*Anthus spinoletta spinoletta*) als alpinem Vertreter der Vogelwelt am Feldberg (s. o.); von ihm gibt es eine Schwesterart, den sogenannten Strandpieper (*Anthus spinoletta petrosus*), der an den felsigen Küsten der Normandie und Bretagne, in England und an der Südküste Norwegens und Schwedens brütet. Auch unsere an Häusern in Ortschaften brütenden Vögel stammen z. T. von Felsbrütern ab und haben unsere Steinbauten als »Kunstfelsen« akzeptiert (z. B. Hausrotschwanz, Mehlschwalbe und im nahen Freiburg der Alpensegler). Zuletzt sei im Zusammenhang mit dem Ökoschema daran erinnert, dass bei Zugvögeln bei der Rückkehr zu bestimmten Wohngebieten auch eine traditionsbedingte Wohnortstreue eine entscheidende Rolle spielt. Ist ein kleines, lokales Vorkommen einer Art erst einmal erloschen, kann es viele Jahre dauern, bis eine Neuansiedlung – wenn überhaupt – zustande kommt. So ist ein einstmals im mittleren Schwarzwald auf dem Kandelgipfel aus wenigen Paaren bestehender Brutbestand des Bergpiepers seit längerem erloschen, und auch vom Belchen ist der Bergpieper inzwischen verschwunden.

Die Verbreitungsbilder von Arten lassen sich jedoch nicht allein durch die Erfassung der ökologischen Bedingungen erklären. Eine große Rolle spielt auch die Geschichte, ein Aspekt, den die historische Biogeografie berücksichtigt.

2.2 Historische Tiergeografie

Das erdgeschichtliche Ereignis, das für die Arealgestaltung der mitteleuropäischen Pflanzen- und Tierwelt entscheidend war und die Verbreitung der hochmontanen und subalpinen Charakterarten des Feldberggebiets erklärt, war die letzte Eiszeit, die erst vor ca. 10000 Jahren ihr Ende fand. Eine schon präglazial erfolgende Abkühlung gegen Ende des Tertiärs brachte dem hohen Norden (arktische Region) und den hohen Gebirgen im Süden Eurasiens bereits kühles Klima und damit eine ökologische Situation, die die phylogenetische (stammesgeschichtliche)

Entwicklung kalt adaptierter Arten ermöglichte. Entsprechend der in den arktischen Breiten herrschenden baumlosen Vegetation nennt man den dort ausgebildeten Lebensraum das Tundral, den weitgehend entsprechenden in den Hochgebirgen das Oreal. Oreal und Tundral, also hocharktische und Hochgebirgsregion (oberhalb der Baumgrenze), haben viele ökologische Gemeinsamkeiten und bieten daher sehr ähnliche Lebensverhältnisse. Beide sind gekennzeichnet durch harte, schneereiche Winter, kurze Sommer (und damit Vegetationszeiten von nur bis zu ca. 180 Tagen), hohe Luftfeuchtigkeiten während der Vegetationsperiode, oft starke Windexposition, wenig tiefgründige Böden (in der Arktis wegen des Dauerfrostbodens, im Hochgebirge wegen des Felsuntergrundes). Diese Übereinstimmungen in wichtigen ökologischen Faktoren bedingten, dass sich in diesen durch Gebiete mit andersartigen ökologischen Faktoren geografisch weit getrennten Gebieten unabhängig voneinander verschiedene Tierarten ähnliche Anpassungen und Ansprüche entwickelten.

Diese Arten waren zunächst auf ihr jeweiliges Verbreitungsgebiet beschränkt und bildeten so

319 Bei einem starken winterlichen Kälteeinbruch ohne Schneebedeckung kann der Frost in die Böden des Hochschwarzwaldes rasch einige Dezimeter tief eindringen. Bildet sich später eine dicke isolierende Schneedecke, taut der Boden von unten her auf, sogar die Schneekristalle an der Unterseite der Schneedecke schmelzen leicht an und es bildet sich eine dünne Eisschicht, wodurch zwischen Schneedecke und Boden ein cm-großer Spalt entsteht. In diesem Spalt sind Streubewohner aktiv, ab und zu auch frischgeschlüpfte *Lumbricus badensis* (siehe S. 312ff.). Zur epigäischen Fauna treten im Dämmerlicht der Schneedecke auch echte Bodenbewohner hinzu, leicht an ihrer Pigmentarmut zu erkennen. Die Fotos zeigen einen Dipluren (a), einen Pauropoden (b) und einen Symphylen (c). (FL)

einen tundralen und einen orealen Faunenkreis (unter einem Faunenkreis verstehen wir alle Arten, die einem Ausbreitungszentrum angehören). Zwischen den arktischen und den Hochgebirgsarealen erstreckte sich ein zunächst noch breites »Zwischengebiet«, in dem wärmeliebende Arten lebten. In diese Situation brach die beginnende Eiszeit ein. Sie führte bekanntlich zu einer Ausdehnung sowohl des arktischen Inlandeises als auch der Gletscher der in Eurasien in Ost-West-Richtung verlaufenden Gebirge. Beim Maximum der letzten Vereisung erreichten die aus den Alpen kommenden Gletscher die Donau bei Ulm, die arktischen Gletscher den Nordrand der Mittelgebirge, sodass nur ein relativ schmaler Korridor (in Mitteleuropa von etwa 500 km Breite) die Eisränder voneinander trennte. Im dazwischen liegenden, jetzt kalten Gebiet entwickelte sich eine Tundra. Die ehemalige wärmeliebende Wald- und Wasserfauna starb aus, soweit es sich um wenig bewegliche Arten handelte. Beweglichere Arten wurden nach Ost und West bzw. Südost und Südwest abgedrängt und konnten in klimatisch günstigeren Arealen, sogenannten »Rückzugsgebieten« (Glazialrefugien) die Eiszeiten überdauern. Wichtigste Rückzugsgebiete für die terrestrische mitteleuropäische Tierwelt waren im Süden der mediterrane Raum, der durch »Umgehung« der Gebirgsriegel erreicht werden konnte, im Osten vor allem das mongolische und das mandschurische Zentrum. Diese Zentren umfassen Mittelsibirien und das Gebiet Koreas, die Süd- und Ostmandschurei, das Ussurigebiet und die Halbinsel Schantung. Während im mediterranen Raum vor allem wärmeliebende Formen überdauerten, die postglazial wieder nach Norden vorstießen und dort heute an besonders warmen Standorten vorkommen (wie im nahe gelegenen Kaiserstuhl), überlebten vor allem im nördlichen Teil des mandschurischen Refugiums (sibirischer Bereich) in den Nadelwäldern (die dort die charakteristische Taiga bilden) an kühleres Klima angepasste Arten. Diese wanderten postglazial aus dem Osten nach Mitteleuropa ein und stellen heute hier als »sibirische Faunenelemente« einen großen Anteil der Tierwelt der montanen Nadelwälder. Während ein Teil der wärmeliebenden terrestrischen Fauna unter Umgehung der Gebirge das mediterrane Refugium erreichen konnte, war dies für die wärmeliebenden Bewohner der Gewässer (limnische Fauna) nördlich der Gebirge nicht möglich. Der Weg nach Süden führte in die Quellbereiche und damit in die Berge mit niedrigen Temperaturen. Ein »Fluchtweg« zu südeuropäischen Gewässern fehlte. Die präglaziale wärmeliebende Wassertierwelt ist während der Eiszeit daher den nach Südosten fließenden Gewässern gefolgt und so in das Schwarzmeergebiet ausgewichen, das als »pontisches Glazialrefugium« bezeichnet wird. Die verschiedenen Glazialrefugien wurden nach dem Rückgang der Gletscher zu Ausbreitungszentren, von denen aus auch Mitteleuropa wieder besiedelt werden konnte. In Mitteleuropa waren die dezimierenden Folgen der Eiszeit besonders drastisch, da hier die Gebirge in Ost-West-Richtung verlaufen und daher der »Flucht« nach Süden »einen Riegel vorschoben«, der umgangen werden musste. Zwischen nordischem Inlandeis und vom Süden aus den Gebirgen vordringendem Gletschereis wurde hier die Tierwelt geradezu in die »Zange« genommen. In Nordamerika, mit seinen im Wesentlichen Nord-Süd verlaufenden Gebirgen, war ein Abwandern nach Süden weit weniger behindert. Daher ist dort von der wärmeliebenden präglazialen Lebewelt mehr erhalten geblieben als in Europa. Das gilt sowohl für die Landfauna als auch für die Wasserfauna östlich der Rocky Mountains.

Das vordringende Eis hat in Mitteleuropa aber nicht nur die wärmeliebende Präglazialfauna in die genannten Refugien abgedrängt oder zum Aussterben gebracht, es brachte auch die bereits präglazial an das kalte Klima der arktischen Region bzw. der südlichen Hochgebirge angepassten Faunen, die des Tundrals und die des Oreals also, miteinander in Berührung. In der Tundrenvegetation des schmalen, zwischen dem nördlichen und dem südlichen Eisrand erhalten gebliebenen, eisfreien Korridors lebte daher eine »Mischfauna« aus orealen und tundralen Faunenelementen, die dort günstige Lebensbedingungen fand und die Eiszeit überdauerte. Das gilt auch für die Wassertierwelt, die in den Gewässern vor dem nördlichen oder südlichen Gletscherrand lebte, weshalb man von Gletscherrandarten spricht.

Als sich beim Abklingen der Eiszeit die Gletscher nach Norden und Süden zurückzogen und den Gürtel der Tundrenvegetation »mitzogen«, folgte die Tierwelt nach. Der vorherige Kontakt im Mischgebiet hatte zur Folge, dass nun ein umfänglicher »Austausch« von arktischen und alpinen Faunenelementen erfolgte, deren Areale nun durch die sich mit den Gletschern nach Norden und in die Gebirge nach Süden zurückziehende Tundrenvegetation auf immer größere Entfernungen »zerrissen« (disjungiert) wurde. Daher lebt heute eine Anzahl von Tier- und Pflanzenarten in geografisch weit voneinander getrennten (disjungierten) Teilarealen und gehört dem sogenannten arkto-alpinen Verbreitungstyp an. Für die Mehrzahl der beteiligten Arten bedeutet diese arkto-alpine Disjunktion eine absolute Trennung der Areale, da das breite Zwischengebiet der andersartigen ökologischen Bedingungen wegen (z. B. Temperatur, aber auch Bodentextur, Vegetation u. a.) nicht besiedelt werden kann und daher als Ausbreitungsschranke wirkt. Die Tatsache, dass zahlreiche Arten arkto-alpin verbreitet sind, ist daher nur bei Betrachtung der historischen Situation zu verstehen, was schon Darwin erkannt hat. Unter den heute arkto-alpin verbreiteten Arten kann man theoretisch nach ihrer Herkunft ursprünglich arktische und ursprünglich alpine unterscheiden. In der Praxis gelingt eine solche Unterscheidung nicht immer, doch gilt die Regel, dass ursprünglich alpine Arten in den Hochgebirgen weit verbreitet sind (über mehrere, auf die einzelnen Gebirge verteilte, heute ebenfalls disjunkte Areale), dagegen ein enger begrenztes, meist in Fennoskandien liegendes Nordareal haben, das häufig auch auf die nördlichen Teile der Britischen Inseln übergreift (letztere waren während der Eiszeiten ebenfalls großteils vereist und postglazial zunächst noch landfest mit Kontinentaleuropa verbunden). Dieses Nordareal war also auch vom Kontinent aus erreichbar, da bei der Absenkung des Meeresspiegels während der Eiszeit (viel Wasser war in den mächtigen Eisschilden gebunden) der Ärmelkanal trockengefallen war. Für heute arkto-alpin verbreitete, ursprünglich arktische Tierarten gilt das Gegen-

320 Der Rüsselkäfer *Otiorhynchus nodosus* ist ein gutes Beispiel für eine wohl ursprünglich im Norden verbreitete Art, die während der Eiszeit nach Süden abgedrängt wurde und hier heute nur in hohen Lagen vorkommt. (JR)

teil; ihr nordisches Areal umfasst häufig weite Teile der eurasiatischen Tundra, während ihre Südareale relativ klein und auf einzelne Gebirge (z. B. die Alpen) beschränkt sind. Unter den Tieren des Feldberggebiets bietet der Rüsselkäfer *Otiorhynchus nodosus* (Abb. 320) ein gutes Beispiel für eine wohl ursprünglich im Norden verbreitete Art, die Ringdrossel (siehe S. 364f.)ein Beispiel für eine ursprünglich alpine Verbreitung. Beide Arten kommen auch auf den Britischen Inseln vor.

Der »Austausch« alpiner und arktischer Arten während der Eiszeit war nicht vollkommen. Einigen Arten des ursprünglich alpinen Verbreitungstyps gelang es aus ökologischen Gründen nicht, beim Rückzug des nordischen Inlandeises das Norddeutsche Flachland zu überbrücken, d. h. in einer Zwischenphase dort zu leben. Das gilt vor allem für alpine Fließwassertiere, besonders solche, die ökologisch an den Oberlauf von Bergbächen gebunden sind, an das sogenannte Epirhithral. Die dort lebende, vor allem aus den Larvenstadien verschiedener Insektenarten und aus Wassermilben bestehende charakteristische Fauna (man nennt sie torrentikol) benötigt nicht nur die dort herrschenden niedrigen Wassertemperaturen (siehe S. 291), sondern auch starke Wasserströmung und einen auch bei dieser starken Wasserbewegung»rutschfesten«, stabilen Untergrund, der in diesem Biotop aus großen Steinblöcken besteht. Die schwach strömenden sandigen oder schlammigen Gewässer des Flachlandes oder gar die Gletscherrandseen bieten solche Bedingungen nicht, weshalb torrentikole Fließwassertiere aus dem alpinen Bereich hier ein schwer zu überwindendes Ausbreitungshindernis vorfinden. Da die nordische Torrentikolenfauna im eisbedeckten Gebiet Fennoskandiens die Eiszeit nicht überleben konnte, eine Neubesiedlung mit südlichen Arten aus den genannten Gründen jedoch kaum gelang, sind typische Torrentikole in Fennoskandien nicht vertreten. Das wird besonders deutlich bei den Lidmücken (Blephariceridae), die mit ihren Larven und Puppen auf starke Strömung angewiesen sind (siehe S. 300f.). Sie gehören daher im Oberlauf der Bäche des Hoch- und Mittelgebirges und auch am Feldberg zu den Charaktertieren. Im norddeutschen Flachland, aber auch in den Bergen der Britischen Inseln und Skandinaviens fehlen sie dagegen völlig. Ähnliches gilt auch für viele im Boden lebende (terrikole) Tiere, sofern sie petrophil, also auf »Felsboden« angewiesen sind und lockere (Sediment-) Böden nicht vertragen. Auch für sie ist das durch Lockerböden charakterisierte Tiefland eine unüberwindliche Ausbreitungsschranke; sie konnten daher ebenfalls in Fennoskandien nach dem Abschmelzen des Eises nicht durch Zuzug alpiner Arten aus dem Süden »ersetzt« werden (HOLDHAUS 1954).

2.3 Überbleibsel der Eiszeit: Glazialrelikte

Als sich zum Ende der Eiszeit (vor etwa 10 000 Jahren) die Gletscher wieder in den arktischen Raum und in die Hochgebirge zurückzogen und die an ihrem Rand (periglazial) lebende, kälteliebende Fauna hinter sich herzogen, blieben viele Arten »unterwegs« an solchen Lokalitäten hängen, an denen bei der nun eintretenden Erwärmung für sie günstige ökologische Bedingungen erhalten blieben. Da während der Eiszeit auch viele Mittelgebirge im Gipfelbereich vergletschert waren (neben dem Schwarzwald auch die Vogesen, der französische Jura, der Böhmerwald, die Sudeten u. a.) und in den höheren Lagen die Temperaturen niedriger liegen, stellten gerade montane und subalpine Lagen gewissermaßen »Sackgassen« für die kaltadaptierten Arten dar, welche sich dort festsetzten und erhalten blieben. Das gilt in besonderem Maße auch für die Tierwelt der Gewässer, die ihre Quellen natürlich im Bergland haben, sodass sich Kaltwasserformen in die Oberläufe der Bäche zurückziehen konnten, wo sie bis heute überlebten. Auf diese Weise blieben oft weit voneinander getrennte und kleine »Splitterareale« für die ehemalige »Eisrandfauna« (Periglazialfauna) fernab von ihren heutigen Hauptverbreitungsgebieten im hohen Norden und im Hochgebirge erhalten. Die dort lebenden Überbleibsel aus der Eiszeit nennt man Glazialrelikte. Im Feldberggebiet sind viele solcher Glazialrelikte (besser Relikte der Glazialfauna) aus der Tierwelt erhalten geblieben, teils solche mit arkto-alpiner Verbreitung, teils solche, die ansonsten nur arktisch (z. B. in Fennoskandien) oder nur alpin verbreitet sind. Manche davon haben das Gebiet erst postglazial auf dem Rückzug besiedelt, nachdem die Feldberggletscher weitgehend abgetaut waren (Wanderrelikte), andere dürften auch während der Eiszeit am Gletscherrand hier gelebt haben. Erwiesen ist dies für den Alpen-Blattkäfer *Oreina* (siehe S. 345f.), von dem OBERDORFER fossil erhaltene Flügeldecken, die in der Spätglazialzeit abgelagert wurden, in Tonmudde nahe des Schluchsees gefunden hat.

2.4 Der boreo-alpine Verbreitungstyp

Auch nach der Eiszeit herrschten wechselnde Klimaverhältnisse, die unseren heutigen nicht entsprechen. Als in einer zunächst noch kühlen Periode sich (boreale) Nadelwälder aus den mandschurischen und sibirischen Glazialrefugien nach Westen bis an die Alpen und an manchen Stellen bis an den Atlantik ausbreiteten, wanderte die darin lebende, an ein relativ kühles, kontinentales Klima adaptierte Waldfauna mit ein. Als das Klima in West- und Mitteleuropa dann wärmer wurde und sich Laubbäume ausbreiteten, wurde der boreale Nadelwald wieder weit nach Osten abgedrängt. Aber auch hier blieben oft ausgedehnte »Relikte« als Nadelwaldregion in den höheren (und daher kühleren) Lagen der Mittelgebirge und in den Hochgebirgen zurück und mit ihnen Relikte der borealen Fauna. Sie werden vielfach ebenfalls als »Glazialrelikte« bezeichnet, was jedoch falsch ist, sind sie doch gerade Relikte einer früh postglazialen Invasionsfauna, die aus den Glazialrefugien im Osten erst nach dem Rückzug des Eises in Mitteleuropa eindrang (DE LATTIN 1967). Man muss daher die arkto-alpine Disjunktion mit Arten ursprünglich tundraler und orealer Herkunft streng von dieser postglazialen boreo-alpinen bzw. boreo-montanen Disjunktion unterscheiden. Dieser Disjunktionstyp umfasst Arten mit einem Nordareal in der Nadelwaldzone (der dortigen Taiga) und mit Südarealen im Nadelwaldgürtel der Mittel- und

321 Schon der Name *Leptoiulus simplex glazialis* deutet darauf hin, dass dieser Tausendfüßer in den Mittelgebirgen als Glazialrelikt auftritt. Man findet ihn dort in feuchten, kühlen, sonnengeschützten Schluchten oder im Feldberggebiet in hochgelegenen Wäldern. (FL)

Hochgebirge. Der Großteil der Arten dieses Verbreitungstyps wird vielfach auch als eurosibirisch bezeichnet. Zahlreiche Arten des Feldberggebiets gehören zu diesem boreo-alpinen bzw. boreo-montanen Verbreitungstyp, und zwar nicht nur Arten des Nadelwaldes, wie z. B. der Tannenhäher und der Raufußkauz, sondern auch solche, die sich in den kühlen Hochmooren halten konnten, wie z. B. einige unserer typischen Hochmoorlibellen (siehe S. 330ff.).

Auch die Netzflügler (Neuroptera), eine vor allem durch die Fangtrichter der »Ameisenlöwen« – der Larven der Ameisenjungfern (Myrmeleontidae) – oder die libellenartigen, schwarz-gelb gezeichneten Schmetterlingshafte (Ascalaphidae) bekannte Insektenordnung, weisen im Feldberggebiet einige Arten mit boreo-alpinem Verbreitungstyp auf. Der interessanteste Fund in jüngerer Zeit ist zweifellos der des Alpinen Taghafts (*Wesmaelius fassnidgei*), der 2003 von DOCZKAL in einer Höhe von 1450 m am Feldberg gefangen werden konnte (TRÖGER 2005). Abb. 322 zeigt eine eng verwandte und ebenfalls boreo-alpin verbreitete Art, den in den Bergwäl-

322 Der Vierbindige Taghaft (*Wesmaelius quadrifasciatus*), ein in den Bergwäldern des Schwarzwalds verbreiteter Netzflügler. (EW)

dern des Schwarzwalds verbreiteten Vierbindigen Taghaft (*Wesmaelius quadrifasciatus*). Diese beiden Arten aus der Familie der Taghafte (Hemerobiidae) stehen stellvertretend für einige Dutzend im Schwarzwald vorkommende Netzflügler mit ihren räuberischen Larven, den »Blattlauslöwen«.

2.5 Bindung an kühle Standorte und Höhenstufenvikarianz

Für die Arten mit ehemals arktischer oder Hochgebirgsverbreitung (Oreotundral), welche die Eiszeit im mitteleuropäischen Tundrengürtel überdauerten, aber auch für manche Arten, die aus den Glazialrefugien des mittleren und nördlichen Ostasiens (mandschurisches und mongolisches Refugium) postglazial mit den Nadelwäldern nach Mitteleuropa vordrangen, gilt, dass sie an ein kaltes bzw. kühles Klima angepasst und daher heute an entsprechende Standorte gebunden sind. In ihren heutigen »Reliktarealen« außerhalb ihres Hauptverbreitungsgebiets sind derartige Klimabedingungen vor allem im Sommer nur an wenigen lokalen Standorten gegeben. Solche Standorte sind in unseren Breiten vor allem die Quellbereiche von Mittelgebirgsbächen, die Hochmoore und die »Kaltluft erzeugenden« Blockhalden (MÖSELER/MOLENDA 1999).

Arten, die sich in ihren Hauptverbreitungsgebieten in verschiedenen Lebensräumen finden, also eurytop sind, sind in ihren Reliktarealen daher auf solche »Spezialbiotope« beschränkt, also stenotop. Man spricht daher von einer »regionalen Stenotopie«. Auch einige Arten der Feldbergfauna zeigen dieses Phänomen. So finden sich z. B. die Larven einiger Zuckmückenarten (Chironomidae), die in ihren arktischen Verbreitungsgebieten in Gewässern auch außerhalb des Quellbereichs vorkommen, im Feldberggebiet nur in den kältesten Quellbereichen (z. B. *Psectrocladius octomaculatus*) oder nur in Moorgebieten (z. B. *Lasiodiamesa gracilis*). Ähnliches gilt für manche Hochmoorlibellen (*Aeshna caerulea* und *Somatochlora alpestris*), die in ihren »Reliktarealen« im Feldberggebiet ebenfalls auf die Hochmoore beschränkt sind (siehe S. 330ff.). Da in solchen besonders kühlen Biotopen auch die Vegetationsperiode kürzer ist, können viele der dort lebenden Arten nur eine Generation im Jahr hervorbringen, während ihre Verwandten in klimatisch günstigeren Biotopen häufig zwei oder mehrere Generationen produzieren können. So ist es bei einer Reihe von Quellwasserformen, z. B. bei einigen Kriebelmücken (siehe S. 301). Da bei niedrigen Temperaturen die Stoffwechselvorgänge verlangsamt ablaufen, kann die Larvalentwicklung mancher Kaltwasserinsekten sich sehr lange hinziehen. So hat die an kalte Bergbäche gebundene Gestreifte Quelljungfer (*Cordulegaster bidentata*) (siehe Abb. 332), mit einer Flügelspannweite von 10 cm unsere größte Libelle, eine Larvenentwicklung von über drei Jahren, und auch die Entwicklung mancher Steinfliegenlarven kann mehrere Jahre dauern (siehe S. 296ff.). Auch am Fuß von Blockhalden gibt es durch das Absinken von Kaltluft dauerhaft kalte Standorte, die in den Alpen häufig zur Anlage von Bierkellern genutzt wurden (NATURPARK SÜDSCHWARZWALD 2010). Daher leben auch in Blockhalden des Schwarzwalds verschiedene Kleintiere, die sonst nur in den Alpen oder im hohen Norden vorkommen. Ein Beispiel aus der ansonsten hier nicht behandelten Gruppe der Spinnentiere ist die Blockhalden-Wolfspinne (*Acantholycosa norvegica sudetica*, Abb. 323), eine Unterart der weit verbreiteten Norwegischen Wolfspinne (BLICK/FRITZE 2010, LOCH 2002, MOLENDA 1996). Eine Bindung an kühle Standorte zeigt sich bei manchen Arten darin, dass sie auf die montane oder subalpine Stufe beschränkt sind, in tieferen Lagen dagegen durch nahe verwandte Arten »abgelöst« werden. Eine solche »Höhenvikarianz« zeigt z. B. das Artenpaar Amsel – Ringdrossel: Im Feldberggebiet brütet die Ringdrossel nur in Höhen über 900 m, während die tieferen Lagen der allgegenwärtigen Amsel gehören.

2.6 Rassen- und Artbildung als Folge der Disjunktion

Die während bzw. nach der Eiszeit erfolgenden Arealverschiebungen und Arealzerreißungen (Disjunktionen) haben die vorher mehr oder weniger eng zusammenhängenden Populationen der betreffenden Arten in so weit voneinander getrennte Teilpopulationen zerlegt, dass zwischen diesen kein Austausch von Individuen mehr möglich war. Damit war auch der Genfluss zwischen den separierten Teilpopulationen unterbunden. Dies war eine wichtige Voraussetzung dafür, dass sich Unterschiede im Erbgut zwischen den getrennten Gruppen bilden konn-

323 Die Blockhalden-Wolfspinne (*Acantholycosa norvegica sudetica*) kommt nur in den Alpen und den mitteleuropäischen Gebirgen vor; sie hat sich vermutlich nach der Eiszeit von der in der gesamten nördlichen Paläarktis verbreiteten Norwegischen Wolfspinne (*Acantholycosa norvegica*) abgespalten; hier ist sie auf dem flechtenbewachsenen Stein gut getarnt. (TB)

ten, zumal die Umweltbedingungen in den Teilarealen unterschiedlich waren und deshalb verschiedene Auslesebedingungen (Selektionsbedingungen) herrschten. Es nimmt daher nicht wunder, dass sich die arkto-alpin bzw. boreo-alpin verbreiteten Taxa zum Großteil, wenn auch oft nur geringfügig, unterscheiden und dementsprechend als verschiedene Rassen oder Unterarten (Subspezies) der gleichen Art oder gar »schon« als getrennte »Schwesterarten« eines »Artenpaares« auftreten. Unter den Vögeln des Feldberggebiets gilt dies z. B. für die Ringdrossel, die hier in ihrer alpinen Rasse (*Turdus torquatus alpestris*) vertreten ist (siehe S. 364f.), während im arktischen Verbreitungsgebiet und auf den Britischen Inseln die nordische Ringdrossel (*Turdus torquatus torquatus*) lebt. Letztere wandert im Winter nach Süden, wobei sie im Frühjahr und Herbst auch im Südschwarzwald durchzieht. Da sie aber erst nach dem Frühjahrsrückzug in ihren nordischen Brutbiotopen zur Fortpflanzung schreitet, kommt es zu keiner Vermischung zwischen diesen beiden Rassen. Auch die Wasseramsel, ein typischer Bewohner rasch fließender Bergbäche und überall im Südschwarzwald verbreitet (siehe S. 300f.), lebt in ihrem Südareal mit einer eigenen Rasse (Cinclus cinclus aquaticus), die sich von der nordeuropäischen Rasse (Cinclus cinclus cinclus) dadurch unterscheidet, dass zwischen dem weißen Brustlatz und dem dunklen Bauchgefieder ein rostbraunes Band »eingeschoben« ist. Da die Wasseramseln Standvögel sind, die auch den Winter über in ihrem Areal bleiben, bekommen wir die nordische Rasse in unserem Gebiet nicht zu sehen. Das ist anders bei einem dritten hier zu nennenden Vertreter aus der Vogelwelt, beim (boreo-montan verbreiteten) Tannenhäher. Hier unterscheidet sich die als »sibirischer Tannenhäher« bekannte nordische Rasse (Nucifraga caryocatactes macrorhynchos) durch ihren dünneren, aber um ca. ein Drittel längeren Schnabel von der in den südlicheren Arealen und auch in den Nadelwäldern des Feldbergs verbreiteten, dickschnäbeligen Rasse (N. caryocatactes caryocatactes). Da der dünnschnäbelige Tannenhäher in Jahren, in denen die Fichten und Zirbelkiefern nicht genug Samen tragen, um ihn im Winter zu ernähren, in Scharen nach Süden auswandert, tritt er als »Invasionsvogel« gelegentlich auch im Feldberggebiet auf.

Auch bei den Vertretern der Insektenwelt lassen sich häufig Rassenunterschiede in den verschiedenen Teilarealen aufzeigen. Manche dieser Rassen unterscheiden sich dabei auch im Fortpflanzungsverhalten, was vor allem bei den Rüsselkäfern der Gattung Otiorhynchus gut untersucht ist. Hier sind die Vertreter der nördlichen Populationen häufig parthenogenetisch, d. h. es treten nur Weibchen auf, deren Eier sich, ohne befruchtet zu werden, entwickeln, während bei den südlichen Rassen regelmäßig Männchen auftreten und eine Fortpflanzung nur durch befruchtete Eier möglich ist. So treten auch bei dem im Feldberggebiet vorkommenden, typisch arkto-alpin verbreiteten Rüsselkäfer Otiorhynchus nodosus (siehe S. 347 und Abb. 320) stets Männchen auf. Bei den Schmetterlingen sind es vor allem die im montanen und alpinen Bereich verbreiteten Mohrenfalter (Gattung Erebia), die in ihren zerrissenen Südarealen in zahlreiche Rassen »aufgesplittert« sind. Auch unser Südschwarzwald hat seine eigene Rasse: Erebia meolans posidonia (siehe S. 350 und Abb. 381). Eine kleine Sensation war es, als 2003 in einer Blockhalde bei Todtnau-Präg (im Naturschutzgebiet »Gletscherkessel Präg«) eine bisher unbekannte Laufkäferart gefunden wurde, die von ihren Entdeckern Roland Molenda (†) und Charles Huber (HUBER/MOLENDA 2003) mit dem wissenschaftlichen Namen Nebria praegensis (Präger Dammläufer) benannt wurde (Abb. 324, siehe auch S. 338).

324 Eine kleine Sensation war es, als 2003 in einer Blockhalde im Naturschutzgebiet Gletscherkessel Präg südlich des Feldbergs eine bisher unbekannte Laufkäferart gefunden wurde, die den Namen Präger Dammläufer (Nebria praegensis) erhielt. (RM)

3. Die Fauna der Gewässer im Feldberggebiet

Günther Osche †, Odwin Hoffrichter, Regina Biss

3.1 Allgemeine Charakterisierung

Wenn im Folgenden der Wassertierwelt des Feldberggebiets ein besonderes Kapitel gewidmet wird, so hat dies mehrere Gründe: Zum einen finden sich gerade in diesem Bereich viele Arten, die sonst arktisch oder alpin verbreitet sind oder eine arkto-alpine Disjunktion ihrer Areale zeigen. Zum anderen ist gerade die Limnofauna durch die Arbeiten aus dem Limnologischen Institut der Universität Freiburg (vor allem durch Untersuchungen von J. Schwoerbel und W. Wülker) und von K. Eidel besonders gut untersucht. Weiterhin lassen sich für die Fließgewässer die für die Zusammensetzung ihrer charakteristischen Fauna wesentlichen ökologischen Faktoren besser angeben. Schließlich zeigen einige Vertreter der Fließgewässerfauna auffällige Anpassungen an ihren Lebensraum; diese können auch vom interessierten Naturfreund beobachtet werden.

Gewässer begegnen uns im Feldberggebiet vor allem als Quellen und Quellrinnsale, als steile und daher rasch fließende Bergbäche, als Seen und als Moorgewässer. Alle diese Gewässertypen des Gebiets sind durch eine auch im Hochsommer relativ niedrige bis sehr niedrige Wassertemperatur ausgezeichnet und bergen daher Lebensgemeinschaften (Biozönosen) mit Arten, die größtenteils an kaltes Wasser gebunden, also kaltstenotherm sind. Die Gewässer im Feldberggebiet sind kalt, weil viele Quellen im baumfreien Gebiet der Feldbergkuppe, z. T. wenige Meter unter der Gipfelregion in über 1300 m Höhe, entspringen. Die höchste Quelle des Seebachs liegt knapp unter dem Feldberggipfel in 1450 m Höhe. Dort gibt es in der Regel vom Oktober bis in den Juni hinein Schnee und die Jahresdurchschnittstemperatur der Luft liegt nur wenig über 3 °C. Diese Jahresdurchschnittstemperatur der Luft wird vom Grundwasser gewissermaßen über das ganze Jahr hinweg »konserviert«, sodass das Quellwasser dort im Sommer wie im Winter mit einer Temperatur um 3–5 °C aus dem Boden kommt. Das ist eine sehr niedrige Temperatur, wenn man bedenkt, dass in tieferen Lagen die Temperatur des Quellwassers 7–10 °C misst. Je nach Fließgeschwindigkeit und Wassermenge im quellnahen Bereich erwärmt sich das Oberflächenwasser im Sommer bzw. kühlt es im Winter ab, doch dauert beides seine Zeit, da Wasser dem Temperaturwechsel der Luft nur langsam folgt, also ein großes thermisches Pufferungsvermögen besitzt. Im Quellbereich und im Oberlauf der Bäche treten während des ganzen Jahres daher nur geringe Temperaturschwankungen auf, sodass hier kaltstenotherme Arten leben können. Der Quellbereich ist also im Sommer die kälteste, im Winter die wärmste Stelle im Gewässer. Die dort lebenden Tiere kennen bezüglich des Temperaturverlaufs daher keine Jahreszeiten. Man kann folglich auch während des Winters im Moos von Quellen und Bächen oder auf und unter den Steinen eine reiche, vor allem aus Insektenlarven bestehende Tierwelt antreffen. Auch der starken Strömung wegen frieren die Bergbäche im Winter nicht zu. Dies ist ein Grund dafür, dass die Wasseramsel auch im strengsten Winter einen gedeckten Tisch vorfindet und im Gegensatz zu anderen Insektenfressern unter den Vögeln nicht wegzuziehen braucht (siehe S. 302f.).

Die Seen des Feldberggebiets liegen ebenfalls hoch (über 1000 m) und werden von den sie speisenden Bächen noch in deren Oberlauf (mit im Sommer wenig erwärmtem Wasser) erreicht. Daher sind auch die Seen relativ kalt. Das gilt besonders für den Feldsee, der wegen seiner Lage in einem Kar auch im Sommer nur wenig Sonnenschein erhält und relativ tief (34,50 m) ist, sich also nur langsam und wenig erwärmt. Er ist daher an 150–160 Tagen des Jahres zugefroren (siehe S. 307f.). Schließlich ist auch in den Flach- und Hochmooren des Gebiets die Wassertemperatur relativ niedrig. Dass sich unter derartigen Temperaturbedingungen ansonsten arktisch oder (und) alpin verbreitete Wasserbewohner gerade in den Gewässern des Feldberggebiets in so relativ großer Artenzahl vorfinden, verwundert daher nicht.

Auch die Pflanzenwelt gerade der Quellfluren und der anschließenden Rieselfluren enthält viele »Kaltwasserspezialisten« (wie etwa die Eis-Segge, *Carex frigida*, siehe S. 145). Wenn BOGENRIEDER auf S. 148 schreibt: »*Der floristische Kern der Eisseggenflur hat am Feldberg die Nacheiszeit fast unberührt überstanden [... und] ist gewissermaßen als Ganzes, als Gesellschaft, ein Überbleibsel der Eiszeitvegetation*«, so gilt dies entsprechend auch für Teile der Tierwelt der Quellen und Rinnsale in diesem Bereich. Eine Temperaturexklave besonderer Art stellen im Feldberggebiet die im Zastlertal in 785 m Höhe gelegenen Zastler Eislöcher dar, Bergsturzblöcke am Fuß einer Trogwand, die mit kalter Fallluft angefüllt sind und dadurch auch im Hochsommer ein »Eiskeller« sind, in dem sich u. U. selbst im Juli und August noch Schneereste halten. Diese Temperaturen strahlen auch auf die unmittelbare Umgebung aus. Dort bildete sich daher eine Insel von echtem Fichtenwald im Bereich des Buchen-Tannen-Fichtenwaldes, sodass neben terrestrischen Kältespezialisten aus der Insektenwelt auch im Zastlerbach Kaltwasserformen einen »Vorposten« unterhalten. Hier und in weiteren Quellbächen und Oberläufen der Fließgewässer des Feldberggebiets konnten sich als Inselstandorte über lange Zeiträume konstante Bedingungen halten, sodass Reliktarten seit der letzten Eiszeit hier überdauert haben und ihre Lebensräume ausbauen konnten. Diese Glazialrelikte werden bei der Quell- und Fließgewässerfauna noch näher betrachtet.

Die niedrige Temperatur ist nicht der einzige Faktor, der die Gewässer des Feldberggebiets auszeichnet. Die Löslichkeit des Sauerstoffs im Wasser nimmt mit steigender Temperatur ab, weshalb die kalten Bäche dort meist sauerstoffgesättigt sind. Da das Gipfelgebiet oberhalb der Siedlungen liegt, sind die Gewässer dort nicht durch Abwässer belastet, sodass auch keine zusätzliche Sauerstoffzehrung stattfindet. Es kann sich daher eine Tierwelt halten, die höchste Ansprüche an den Sauerstoffgehalt ihrer Wohngewässer stellt.

Da der gesamte Südschwarzwald im Wesentlichen aus Grundgebirge besteht (siehe Kapitel B), ist der Kalkgehalt der Gewässer sehr niedrig. Für das Quellwasser des Seebachs am Feldberg wird eine Gesamthärte von 0,5 °DH (Deutsche Härtegrade, 1 DH = 18 mg $CaCO_3$ pro Liter) angegeben, es ist also ein extrem weiches Wasser (schon unter 10 °DH spricht man von weichem Wasser). Tiere, die auf einen höheren Kalkgehalt ihres Wohngewässers angewiesen sind (calciphile Arten), fehlen daher im Feldberggebiet. Umgekehrt sind manche Arten auf kalkarmes Wasser angewiesen (calciphobe Arten), z. B. viele Steinfliegen (Plecoptera), und sind daher in diesem Gebiet besonders artenreich vertreten. Bei den Köcherfliegen (Trichoptera) finden sich z. T. nahe verwandte Arten, von denen die einen calciphil sind (die Köcherfliegen *Rhyacophila hirticornis* und *Rh. pubescens*), während andere Kalk meiden und daher im Grundgebirge des Schwarzwaldes vorkommen, in den kalkhaltigen Gewässern der nahe gelegenen Wutachschlucht (die über Seebach und Gutach mit dem Feldberggebiet zusammenhängt) dagegen fehlen. Das gilt z. B. für die calciphoben Köcherfliegen *Rhyacophila praemorsa*, *Philopotamus ludificatus* (Abb. 325) und *Apatania fimbriata*.

Ein ökologischer Faktor von großer Bedeutung für die Lebewelt der Fließgewässer ist schließlich die Strömungsgeschwindigkeit. Sie ist im relativ quellnahen Bereich, also im Oberlauf der Bäche, wegen des dort in der Regel stärkeren Gefälles meist besonders groß. Man kann die Strömungsgeschwindigkeit eines Fließgewässers annäherungsweise an der Beschaffenheit des Untergrundes abschätzen. Liegen am Grund nur grobes Geröll und Felsbrocken, so strömt das Wasser mit großer Geschwindigkeit von über 1 m/s dahin und hat alle leichteren Teile ausgeräumt. Bei Strömungsgeschwindigkeiten bis 35 cm/s bleiben Kiesel am Bachgrund liegen, bei noch geringeren dann Sand oder Schlamm und Detritus. Die Bäche im Feldberggebiet haben zum Großteil Gerölluntergrund und gehören

325 *Philopotamus ludificatus*, eine köcherlose Köcherfliege, die im Feldberggebiet mit hoher Stetigkeit vorkommt und Kalk meidet. (UB)

damit dem oberen Bereich des Bergbaches an, einem Lebensbereich, den man als Epirhithral oder nach der dort lebenden, charakteristischen Fischart als obere Forellenregion (obere Salmonidenregion) bezeichnet. Die für diesen Bereich typische Tierwelt lebt auf und unter den schweren und daher rutschfesten Steinen und wird als torrentikol bezeichnet.

Torrentikole Arten zeigen die verschiedensten Anpassungen, die es ihnen ermöglichen, der starken Strömung zu widerstehen. Manche der dort lebenden Insektenlarven (vor allem aus der Gruppe der Steinfliegen und Eintagsfliegen) sind stark abgeplattet und schmiegen sich eng an die Steine an. An der Oberfläche der Steine wird das Wasser nämlich durch Reibung stark abgebremst, sodass sich dort eine dünne Wasserschicht mit geringer Strömungsgeschwindigkeit ausbildet, in die sich diese abgeflachten Tiere »hineinducken« können. Andere Arten halten sich mit starken Krallen am und im Moosbewuchs fest (z. B. die Hakenkäfer), wieder andere haben Saugnäpfe entwickelt (z. B. die Larven der Lidmücken) oder heften sich mit Gespinstfäden (z. B. manche Köcherfliegenlarven) oder mit Haftsekreten (z. B. die Puppen der Lidmücken) fest. Wir werden diese und weitere Beispiele für derartige Anpassungen an die starke Strömung bei der Besprechung der wichtigsten Gruppen der Bergbachtierwelt noch genauer kennenlernen. Trotz dieser Anpassungen werden immer wieder Individuen losgerissen und bilden eine organismische Drift. Die Forellen schnappen sich solche abdriftenden Tiere, und die Larven der Köcherfliegen aus der Gattung *Hydropsyche* spinnen gar zwischen Steinen am Bachgrund kleine Netze, in denen sich auch abgedriftete Tiere fangen und so zu ihrer Beute werden (siehe S. 299f.). Auch die Larven fast aller Kriebelmücken (Simuliidae) nutzen die Wasserströmung zum Nahrungserwerb. Sie besitzen auf ihren Kiefern feine Borstenfächer, mit denen sie Kleinstpartikel bis zu Bakteriengröße aus dem Wasser herausfiltern können. Die Primärnahrung für die Tierwelt liefern natürlich auch im Bergbach, wie in allen Lebensräumen, die grünen Pflanzen. Die ersten tierischen Glieder in der Nahrungskette sind daher auch hier, wie überall, Pflanzenfresser (Herbivore). Die meiste Nahrung wird im Bergbach von mikroskopisch kleinen Algen produziert, die in schleimigen »Rasen« die Oberfläche der Steine überziehen, die daher »glitschig« sind. Da der Bergbach relativ flach und (da er der Strömung wegen kein Plankton enthält) klar ist, dringt viel Licht bis auf den Bachgrund und schafft günstige Voraussetzungen für die Photosynthese (Assimilation) und damit »Nahrungsproduktion«. Eine dominierende Rolle spielen dabei die Kieselalgen (Diatomeen), mikroskopisch kleine, einzellige Algen, die von vielen herbivoren Bergbachbewohnern abgeweidet werden. Diese haben dazu an ihren Mundwerkzeugen winzige Kämme, Haken, Rechen und Besen aus kompliziert gestalteten Borsten entwickelt, die es ihnen gestatten, diesen Algenfilm »abzuschaben«, zusammenzukehren und als Nahrung zu nutzen. Es ist interessant zu beobachten, wie Arten aus ganz verschiedenen Insektengruppen (Larven von Eintagsfliegen, Steinfliegen und Köcherfliegen, von Lidmücken und manchen Gruppen der Kriebelmücken, von Klauenkäfern und anderen) unabhängig voneinander überraschend ähnliche Schabestrukturen an ihren Mundwerkzeugen entwickelt haben, ein gutes Beispiel für konvergente Entwicklung. Da die Algenrasen zur Photosynthese Licht benötigen, wachsen sie nur auf der Oberseite der Steine. Viele Bergbachbewohner (vor allem die Larven von Steinfliegen und Eintagsfliegen) sucht man jedoch am Tag dort vergeblich. Sie verbergen sich dann nämlich auf der Unterseite der Steine, zum einen um tagaktiven Räubern wie den Forellen zu entgehen, aber auch, weil sie lichtscheu sind. Nachts wandern sie dann zu ihren »Weideplätzen« auf die Oberfläche der Steine, die sie erst wieder verlassen, wenn der Tag anbricht. Bei diesen »Märschen« zum Weidegrund werden sie noch am ehesten losgerissen, daher ist zu diesen Zeiten die organismische Drift am größten. Manche nutzen dann auch aktiv die Verdriftung durch die Strömung, um z. B. in bessere Weidegründe zu gelangen oder dem Druck von Fressfeinden auszuweichen.

Die Pflanzenfresser unter den Bergbachtieren stellen ihrerseits wieder die Nahrung für die räuberisch lebenden Vertreter (Karnivore) dieser Lebensgemeinschaft. In manchen Verwandtschaftsgruppen kommen sowohl karnivore als auch herbivore Arten nebeneinander im Bergbach vor, so bei den Köcherfliegen und den Steinfliegen. Andere, wie die Eintagsfliegen, ernähren sich von Pflanzen. Dass die Nahrungsgrundlage in Fließgewässern offensichtlich sehr

326 Dichte Ansammlung von Steinköchern der Köcherfliegenfamilie der Glossosomatiden auf großen Steinen im St. Wilhelmer Talbach. Köcherfliegen sind die Hauptnahrung der räuberisch lebenden Bachforellen. (RB)

gut ist, zeigt sich darin, dass viele Arten dort in großer Individuenzahl leben; manche Steine sind dicht mit den Steinköchern von Köcherfliegenlarven besetzt (Abb. 326). Bei den typischen Bergbachinsekten aus der Gruppe der Eintagsfliegen, Steinfliegen und Köcherfliegen sind es die im Wasser lebenden Larven allein, die Nahrung zu sich nehmen und u. U. über Monate als Larven leben, während sie als Imagines kurzlebig sind und ohne Nahrung auskommen.

3.2 Die Bergbachfauna

Im Folgenden werden einige Tiergruppen vorgestellt, die für den Bergbach typisch sind: Wenn man einen Stein vorsichtig vom Bachgrund herausholt und sich seine Unterseite betrachtet, kann man viele davon beobachten. Die überwiegende Mehrzahl dieser Arten entstammt überraschenderweise nicht Tiergruppen, die primär im Wasser zu Hause, also aquatisch sind, sondern solchen, bei denen die Mehrzahl ihrer Vertreter an Land lebt und nur einzelne Teilgruppen sekundär das Wasser erobert haben. Das gilt für das Heer der Insekten, das im Bergbach anzutreffen ist, ebenso wie für die dort verbreitete Flussnapfschnecke (*Ancylus fluviatilis*, Abb. 327), die zu den Lungenschnecken (Pulmonata) gehört, also zur selben Gruppe wie die allbekannten landbewohnenden Gehäuseschnecken und Nacktschnecken. Primäre Wassertiere, auf die wir im Bergbach häufig stoßen, sind dagegen z. B. die Strudelwürmer (Planarien), die Muscheln und Wasserschnecken sowie die Krebse (z. B. der Bachflohkrebs *Gammarus*). Da die Fauna des kalten Quellbereiches besondere Verhältnisse zeigt, wird sie später gesondert dargestellt.

3.2.1 Strudelwürmer (Planarien) und Weichtiere

Auf der Unterseite von Steinen findet man oft in größerer Zahl kleine, bis 1,5 cm lange, dunkelgrau bis schwärzlich gefärbte Tiere, die wie winzige flachgedrückte Nacktschnecken langsam über die Steine kriechen. Es handelt sich um Alpenplanarien (*Crenobia alpina*), die für den Oberlauf der Bäche charakteristisch sind, da sie Wassertemperaturen über 10 °C schlecht vertragen. In tieferen Lagen, in denen die Wassertemperatur im Sommer höher wird und im Jahresverlauf größere Schwankungen aufweist, wird die Alpenplanarie von anderen Strudelwurmarten »abgelöst«, so zunächst von *Polycelis felina* und schließlich von *Dugesia gonocephala*. Planarien sind Aasfresser und Räuber. Sie heften ihre Eier in Kokons an Steine, an denen man sie als kleine schwarze Kugeln finden kann. Die Alpenplanarie kann sich auch in den feinkiesigen Untergrund des Bachbettes zurückziehen und ist dort dem kühlen Grundwasser nahe. Dieses feine Lücken- und Porensystem am Grund eines Baches stellt einen besonderen Lebensraum dar, den man als Hyporheal bezeichnet. Hier lebt eine an kleinste Lückenräume angepasste Fauna von Kleintieren, die sich vor allem aus Süßwassermilben, Kleinkrebsen und Würmern zusammensetzt.

Weichtiere (Mollusken) sind im Bergbach durch einige Arten der winzigen Erbsenmuscheln (Gattung *Pisidium*) und durch verschiedene Schnecken vertreten. Am auffälligsten und häufigsten ist die Flussnapfschnecke (*Ancylus fluviatilis*), ein Tier von 5 bis 7 mm Länge, das sich oft in größerer Anzahl auf den Steinen findet, vor allem dort, wo starke Strömung herrscht (Abb. 327). Sie ist durch ihre kapuzenförmige Schale an die Strömung gut angepasst und weidet mit ihrer Raspelzunge den Kieselalgenbewuchs ab. Die Flußnapfschnecke lebt nicht nur im Oberlauf der Bäche, sondern auch in tieferen Lagen, wenn genügend Strömung vorhanden ist. Nach BOETERS (1980) kommt im Schwarzwald und auch in den Bächen des Feldberggebiets mit *Bythinella badensis* eine eigene Schneckenart vor.

3.2.2 Eintagsfliegen

Bei den Eintagsfliegen (Ephemeroptera) leben die Larvenstadien aquatisch. Sie entwickeln sich über mehrere Häutungen bis zum letzten Nymphenstadium, steigen dann an den Steinen oder an Pflanzenwuchs aus dem Wasser und häuten sich (ohne Einschaltung eines Puppenstadiums) zu einer sogenannten Subimago, die zwar schon geflügelt ist, aber nur träge flattern kann. Diese Subimago häutet sich dann samt Flügel noch einmal zum voll flugfähigen Tier (eine Einmaligkeit im ganzen Insektenreich), das dann nur wenige Tage lebt (daher der Name Eintagsfliegen) und in dieser Zeit keine Nahrung zu sich nimmt. Man kann die unauffällig gefärbten Tiere, wenn sie in Bachnähe auf Pflanzen sitzen, leicht daran

327 Flussnapfschnecke *Ancylus fluviatilis* mit kapuzenförmiger Schale in größerer Anzahl auf Steinen. (UB)

erkennen, dass sie ihre dicht geaderten Flügel senkrecht nach oben aneinander gelegt haben und am Hinterende in der Regel drei lange Schwanzfäden tragen. Die kurze Zeit des Imaginallebens dient ausschließlich der Fortpflanzung. Die Männchen »tanzen« dann fliegend über dem Bach auf und ab, bis sich ein Weibchen zeigt, das sie in der Luft ergreifen und mit ihm kopulieren. Die Eier werden meist in flächigen Gelegen mit Kittsekret im Bach auf Steinen abgelegt, die oft dicht damit besetzt sind. Die Larven der Eintagsfliegen sind leicht daran kenntlich, dass ihr Hinterleib an den Seiten segmental angeordnete »Kiemenblättchen« trägt. Weiterhin haben die meisten Arten auch schon als Larven drei dünne Schwanzfäden. Die Larven fast aller Eintagsfliegen ernähren sich von dem dünnen Algenüberzug der Steine, den sie mit ihren mit Schabeborsten und Pinseln ausgestatteten Mundwerkzeugen abweiden. In feinsedimentreichen Fließgewässern finden sich auch Arten, die in selber gegrabenen Wohnröhren das durchfließende Wasser auf nutzbare Nahrungspartikel filtrieren. Die Arten der Bergbäche im Feldberggebiet zeichnen sich durch die starke Abplattung ihres Körpers aus und sind damit hervorragend an die starke Strömung angepasst. Sie kommen nur in stark strömendem, sauerstoffreichem Wasser vor und fehlen daher im Unterlauf der Gewässer. Selbst der Kopf der Tiere ist ganz flach, mit scharfer Seitenkante, sodass die Augen nach oben gerichtet sind. Dies gilt besonders für die Vertreter der Gattung *Ecdyonurus* (im Oberlauf der Feldbergbäche vor allem *Ecdyonurus venosus*) und *Epeorus* (vor allem *E. assimilis*); letztere Gattung ist leicht daran erkenntlich, dass »ausnahmsweise« nur zwei Schwanzfäden ausgebildet sind. In der obersten Region der Bergbäche lebt oft massenhaft *Rhithrogena aurantiaca*, die bis in die Quellregion aufsteigt. Dort findet man sie zusammen mit der verwandten *Rhithrogena semicolorata* (Abb. 328), die aber auch bis in den Mittellauf der Gewässer herabsteigt. Beide Arten sind ebenfalls stark abgeplattet.

328 Abgeplattete Eintagsfliegenlarve *Rhithrogena semicolorata* mit drei Anhängen, die in Bergbächen oft massenhaft vorkommt. (UB)

3.2.3 Steinfliegen

Auch die Steinfliegen (Plecoptera) leben im Larvenstadium, das mehrere Monate bis Jahre dauern kann, aquatisch, bis sie im letzten Stadium auf Steine steigen, die aus dem Wasser herausragen, und sich zur Imago häuten. Man kann die leeren Larvenhäute (Exuvien), am Rücken aufgeplatzt, zu bestimmten Zeiten dort noch »angekrallt« finden (Abb. 329).

Die Imagines sind meist dunkel, bei den Chloroperliden und Perlodiden auch gelblich bis grünlich gefärbt und daran kenntlich, dass sie die zusammengelegten Flügel flach über den Hinterleib gelegt haben und am Hinterende stets nur zwei Schwanzfäden tragen. Manche Arten sind gute Flieger, so *Brachyptera seticornis* (Abb. 330), die man an windstillen Tagen über der Feldbergkuppe fliegen sehen kann. Andere fliegen kaum, ja haben gar stark verkürzte Flügel, so z. B. *Leuctra handlirschi*, die im höchsten Quellbereich nahe dem Feldberggipfel auf Wasserpflanzen herumkriecht, oder *Arcynopteryx*

329 Am Rücken aufgeplatzte Larvalhaut von *Perla* sp. nach dem Schlüpfen auf Steinen im St. Wilhelmer Talbach. (RB)

330 *Brachyptera seticornis*, eine Steinfliegenlarve mit zwei Schwanzfäden, die als Imago eine gute Fliegerin ist. (UB)

compacta, bei der nur die Männchen stark verkürzte Flügel haben, während die Weibchen »normal« geflügelt sind. Manche Steinfliegenarten schlüpfen mitten im Winter, sodass man ihnen bei einer Skiwanderung begegnen kann, wenn sie auf dem Schnee herumlaufen, wie z. B. der im Oberlauf der Bäche auch im Feldberggebiet sehr häufigen *Taeniopteryx hubaulti*. Bei der überall in mittleren und höchsten Lagen verbreiteten *Leuctra prima* kann man im Februar sogar auf dem Schnee Tiere bei der Paarung beobachten, wobei das größere Weibchen das Männchen auf dem Rücken trägt.

Die Larven der Steinfliegen gleichen auf den ersten Blick denen der Eintagsfliegen, zumal die im stark strömenden Oberlauf vorkommenden Arten, soweit sie unter und auf Steinen leben (z. B. die Gattungen *Perla*, *Isoperla*, *Chloroperla*), ebenfalls stark abgeplattet sind. Man kann sie von den Eintagsfliegenlarven jedoch dadurch unterscheiden, dass der Hinterleib bei den Steinfliegenlarven keine Kiemenblättchen trägt und stets nur zwei Schwanzfäden aufweist. Die unter Steinen lebenden, meist großen Formen ernähren sich räuberisch von anderen Bachtieren und brauchen z. T. mehrere Jahre für die Entwicklung zur Imago. Hierher gehören in den Bächen des Feldberggebiets z. B. die großen Larven von *Perla marginata* (Abb. 331), *Perla grandis* und *Dinocras cephalotes*. *Perla grandis*, die nur im Oberlauf des Zastlerbachs vorkommt, stellt als alpines Faunen-

331 Larve von *Perla marginata* mit zwei Anhängen und Kiemenbüscheln über den Beinansätzen. (RB)

element eine Besonderheit dar (BISS 1995). In Moosen und Wasserpflanzen dagegen leben kleinere Formen, die nicht abgeplattet sind und sich ausschließlich von Pflanzen ernähren. Moos- und Wasserpflanzenpolster stellen strömungsarme Lebensräume dar, sodass die hier lebenden Gruppen keinen abgeplatteten Körperbau benötigen. In diese Gruppe gehören die sehr häufigen Vertreter der Familie Nemouridae mit der Hauptgattung *Nemoura*, die mit *Nemoura cinerea* die häufigste Steinfliegenart des Gebiets stellt. Im Lückensystem in der Bachsohle und damit ebenfalls vor der Strömung geschützt leben unter anderen die auf den Oberlauf der Bäche beschränkten Angehörigen der Familie Leuctridae mit der typischen Gattung *Leuctra*. *Leuctra autumnalis* ist, wie der Artname sagt, im Herbst die häufigste Art dieser Gruppe im Feldberggebiet. *Leuctra alpina* kommt u. a. im oberen Zastlertal vor; sie ist eine Gebirgsform und geht in den Alpen kaum unter 1000 m.

332 Die Gestreifte Quelljungfer (*Cordulegaster bidentata*) besiedelt Quellbereiche und den Oberlauf von Bächen im Wald oder in Waldnähe; im Feldberggebiet kommt sie bis in eine Höhe von über 1100 m vor. (HB)

3.2.4 Libellen

Auch die Libellen (Odonata) haben Larvenstadien, die im Wasser leben, sich dort räuberisch ernähren, um nach mehreren Häutungen an einer Wasserpflanze, an einem im Wasser liegenden Holzstückchen oder einem aus dem Wasser herausragenden Stein aus dem Wasser herauszuklettern und sich zur geflügelten Imago zu häuten. Typisch für rasch fließende Bergbäche ist die Gestreifte Quelljungfer (*Cordulegaster bidentata*, Abb. 332). Sie gehört mit einer Körperlänge um die 8 cm und einer Flügelspannweite von über 10 cm zu den größeren Libellenarten der deutschen Fauna. Man kann an den Bächen des Feldberggebiets im Juli und August diese durch ihre Größe und die schwarz-gelbe Bänderung ihres Körpers auffallende Art gewandt fliegen sehen, sie kommt bis in eine Höhe von über 1100 m vor (STERNBERG/BUCHWALD 2000).

Die Gestreifte Quelljungfer ist allerdings leicht mit der nahe verwandten Zweigestreiften Quelljungfer (*Cordulegaster boltonii*) zu verwechseln, die eher an den weitgehend gehölzfreien Bachabschnitten der tieferen Lagen vorkommt.

Die Larven der Quelljungfern leben eingegraben im Kies und Sand am Bachgrund. Nur die Augen schauen heraus und lauern auf vorbeidriftende Beute, die dann mit der blitzschnell vorgeschleuderten, zur Greifzange (Fangmaske) umgestalteten Unterlippe ergriffen wird. Die Larvenzeit hängt von der Wassertemperatur ab und dürfte in den höheren Lagen mehr als fünf Jahre dauern.

3.2.5 Köcherfliegen

Mit wenigen Ausnahmen leben auch bei den Köcherfliegen (Trichoptera) die Larvenstadien nahezu aller Arten im Wasser. Neben solchen, die sich bevorzugt oder ausschließlich in stehenden oder langsam fließenden Gewässern finden, gibt es eine Reihe von Arten, die für den Bergbach typisch und daher auch im Feldberggebiet verbreitet sind. Die Imagines sind unscheinbar braun oder grau gefärbt, tragen die Flügel dachziegelartig über den Hinterleib geschlagen und erinnern an kleine Nachtfalter oder Motten. In der Tat sind die Köcherfliegen die nächsten Verwandten der Schmetterlinge, nur dass sie statt Schuppen feine Haare auf den Flügeln tragen, worauf der Name Trichoptera (»Haarflügler«) anspielt. Die aquatischen Larven sind vielfach raupenförmig und spinnen mit einem an der Unterlippe austretenden Spinnfaden aus feinem Sand, kleinen Steinchen oder Pflanzenmaterial einen beidseits offenen, röhrenförmigen Köcher zusammen, in dem sie ihren weichhäutigen Hinterleib verbergen. Nur die stärker gepanzerten Abschnitte von Kopf und Brust mit den Beinen schauen daraus hervor, können sich aber bei Störungen in den Köcher zurückziehen. Die im Bergbach lebenden Formen verwenden meist kleine Steinchen oder Sand zum Köcherbau (so *Agapetus*, *Silo*, *Consorophylax* u. a.). Zur Verpuppung wird ein allseits geschlossener Puppenköcher aus Steinchen aufgebaut und an den Steinen am Bachgrund festgeklebt. Wenn man einen größeren Stein im Bach genau betrachtet, findet man fast an jedem kleine Steinhäufchen: die Köcher und Puppenwiegen von Köcherfliegen. Köcherfliegenlarven halten sich (im Gegensatz zu

333 *Hydropsyche* sp., eine netzspinnende Köcherfliege ohne Köcher. (UB)

den Eintagsfliegen- und Steinfliegenlarven) auch tagsüber oft in großer Zahl auf der Oberfläche der Steine auf. Dort werden sie dann gelegentlich zur Beute der Forelle, die sie samt Steinköcher verschluckt. Manche Köcherfliegenlarven weiden den Algenbelag ab, sind also Vegetarier, andere dagegen leben räuberisch. Zu den Räubern gehören im Bergbach vor allem zwei Gattungen, die ihrem Namen als Köcherfliegen keine Ehre machen, weil sie im Larvenstadium keinen Köcher bauen. Es sind Vertreter der Gattung *Rhyacophila*, die im Feldberggebiet vor allem mit den Arten *Rhyacophila praemorsa* und *R. tristis* vertreten ist. Die 1–2 cm großen *Rhyacophila*-Larven benutzen ihr Spinnvermögen, um beim Herumklettern zwischen den Steinen und Moosen des Bachgrunds einen Sicherheitsfaden auszuziehen; so können sie, vor Abdrift gesichert, auf Pirsch gehen. Besonders kaltstenotherm und daher nur in Gewässern mit Temperaturen unter 8 °C anzutreffen sind *Rhyacophila philopotamoides* und *Rh. aquitanica*. Ebenfalls köcherlose und räuberisch lebende Larven finden sich noch in der Gattung *Hydropsyche* (Abb. 333) (im Feldberggebiet vor allem *H. angustipennis* und *H. pellucidula*). Sie spinnen sich aus kleinen Steinchen einen auf den Felsblöcken des Bachgrunds verankerten »Bungalow«, den sie zur Jagd verlassen (Abb. 334). Zu ihrer Beute gehören auch abdriftende Organismen, die sie mit einem Netz aus dem Wasser fischen. Ihre Fangnetze (etwa 1–2 cm groß) spinnen sie in einen Rahmen aus Steinchen, sodass das Netz mit seinen rechteckigen Maschen (Ma-

freunden (Hydrophilidae), auch »unechte Wasserkäfer« genannt, verwandt sind. Die Käfer nehmen beim Tauchen auf der Körperunterseite einen Vorrat von Atemluft mit unter Wasser. Meist halten sie sich in kleinen Buchten an der Wasseroberfläche oder auf nur von einem dünnen Wasserfilm überrieselten Steinen im Bergbach auf. Mit ihren langen Beinen klammern sie sich an den Steinen oder im Moos fest und widerstehen so der Strömung. Im Feldberggebiet ist *Hydraena lapidicola* (Abb. 337) im Oberlauf der Bäche (etwa im Zastlerbach) die dominierende Art. Sie kommt außer im Südschwarzwald in den Alpen vor, darf also als südliche Gletscherrandart gelten.

Die nahe Verwandte *Hydraena truncata* kommt in den Fließgewässern des Feldberggebiets, so im Sägenbach und im St. Wilhelmer Talbach, häufig mit ihr vergesellschaftet vor (BISS 1995). Ihr Hauptareal sind die höheren Gebirge Süd- und Mitteleuropas, doch kommt sie auch in Tschechien, in der Südschweiz und in den Vogesen vor, gehört also wohl zu den progressiven südlichen Gletscherrandarten. Ebenfalls zur Familie der Hydraenidae, den Bachmooskäfern, gehören die Vertreter der Gattung *Ochthebius*. Hier verdient vor allem *Ochthebius granulatus* besondere Erwähnung. Diese Art wurde von KARDASCH (in HORION 1954) erstmals für Baden am Feldberg im Moos des Zastlerbachs nachgewiesen, wo sie zusammen mit der oben erwähnten *Hydraena lapidicola* lebt. KLESS hat *Ochthebius granulatus* im Reichenbächle bei Holzschlag im nahen Wutachgebiet, ebenfalls auf Urgestein, gefunden. Diese beiden Fundorte sind die einzigen außerhalb der Alpen, woraus man schließen kann, dass *Ochthebius granulatus* als alpine Art mit dem vordringenden Alpengletscher während der Eiszeit in unser Gebiet kam und postglazial als Eiszeitrelikt hier zurückgeblieben ist.

Eine eigene Käferfamilie bilden die Elmidae (früher ein Teil der Dryopidae) oder Klauenkäfer (auch Hakenkäfer), wiederum winzige, schwärzlich gefärbte Tiere, deren ausgeprägt verlängertes letztes Fußglied stark entwickelte Krallen trägt, mit denen sich diese Käfer an Steinen und in Moospolstern im Bergbach festklammern. Die dichte Behaarung ihrer Körperunterseite hält, wie bei den Bachmooskäfern, eine dünne Luftschicht fest, die den Käfern als »physikalische Kieme« dient und den Gasaustausch für die Atmung im Wasser ermöglicht. Durch diese das Licht reflektierende Lufthülle erscheinen die schwarz bis dunkelbraun gefärbten Käfer unterseits silberhell glänzend. Unter den Hakenkäfern sind vor allem *Elmis aenea* und *Elmis maugetii* in der gesamten mittleren und oberen Forellenregion der Bergbäche des Feldberggebiets sehr häufig. Beide kommen in entsprechenden Lebensräumen überall in Mitteleuropa vor und sind auch in Skandinavien vertreten. Vor allem in den Quellen und Quellbächen, z. B. des Zastler Lochs in 1400 m Höhe, kommt *Elmis latreillei* vor, eine kaltstenotherme Art, die in derartigen Biotopen in Mitteleuropa verbreitet ist.

337 Etwa 2 mm großer, kupferfarbener Zwergwasserkäfer (*Hydraena lapidicola*), der im Feldberggebiet im Oberlauf der Bäche (z. B. im Zastlerbach) vergesellschaftet mit *Ochthebius granulatus* vorkommt und als südliche Gletscherrandart gilt. (WP)

3.2.8 Gebirgsstelze und Wasseramsel

Zwei Vogelarten begegnen dem Wanderer an den Bächen im Feldberggebiet mit großer Wahrscheinlichkeit und verdienen es, dass man eine kurze Rast einlegt und ihrem munteren Treiben zuschaut: Die Gebirgsstelze (*Motacilla cinerea*) ist eine vertraute Vogelgestalt, gleicht sie in der Körperform und im Verhalten doch der in tieferen Lagen überall verbreiteten Bachstelze (*Motacilla alba*). Wie diese hat sie einen langen Schwanz, den sie ständig wippend bewegt. Während die

Bachstelze grau, weiß und schwarz gefärbt ist, fällt die Gebirgsstelze durch das leuchtende Gelb ihrer Bauchseite auf. Die Weibchen haben eine weißliche Kehle, während die der Männchen im Sommerkleid tiefschwarz ist. Man kann die Gebirgsstelze am Ufer und auf Steinen im Bach sitzen oder herumtrippeln sehen, wo sie, immer in Wassernähe, Jagd auf Insekten macht, die sie auch durch einen raschen Satz oder ein kurzes Stück aufwärts fliegend aus der Luft schnappt. Selbst Kleinkrebschen (z. B. Bachflohkrebse) fischt sie an seichten Stellen unter den Steinen hervor, freilich ohne dabei mit dem Körper ins Wasser zu tauchen. Sie nistet in Erdlöchern des Ufers, aber auch in Höhlungen unter Brücken. Wenn man sich ihr zu sehr nähert, fliegt sie in ihrem typisch hüpfenden Flug davon und lässt dabei oft ihr charakteristisches metallisches »zitt-zitt« hören. Die Gebirgsstelze ist keineswegs ein reiner Gebirgsvogel; sie findet sich auch an Flüssen in der Ebene und gern auch in Ortschaften, in denen sie in Südbaden sogar ihre größte Dichte erreicht. Im Herbst verlässt zwar der Großteil der Gebirgsstelzen die Brutreviere und wandert nach Südeuropa, teilweise auch bis nach Afrika, doch einige wenige überwintern in tieferen Lagen auch in unserem Raum.

Die Wasseramsel (*Cinclus cinclus*) ist ein ökologisch höchst interessanter Vogel, der sich gut beobachten lässt, da er gar nicht scheu ist. Er ist etwa starengroß, gedrungen und fällt durch seinen weißen Latz, der sich vom dunklen Gefieder abhebt, schon von Weitem auf (Abb. 338). Ihren kurzen Schwanz hält die Wasseramsel aufrecht in die Höhe und erinnert in dieser Haltung an einen Zaunkönig. Die Wasseramsel gehört zur großen Gruppe der Singvögel und stellt mit weiteren vier Arten die einzigen echten Wasserbewohner unter ihnen. Sie ist ganz an fließendes Wasser gebunden. Da sitzt sie auf einem Stein mitten im gurgelnden Bergbach und putzt sich das Gefieder, hin und wieder »knickst« sie, indem sie blitzschnell etwas in den Beinen einknickt, und plötzlich stürzt sie sich mit einem

338 Die Wasseramsel (*Cinclus cinclus*) mit ihrem weißen Latz ist der einzige echte Wasserbewohner unter den Singvögeln. (TU)

kleinen Satz kopfüber ins rauschende Wasser und taucht darin unter; 10 bis maximal etwa 30 Sekunden kann sie unter Wasser bleiben. Wenn man Glück hat und sie von einer Brücke aus beobachten kann, dann sieht man sie im klaren Wasser, wie sie am Bachgrund entlanggleitet, mit den Flügeln rudert oder sich mit aufgestellten Flügeln von der Strömung auf den Grund drücken lässt. Häufig wird sie dabei von der Strömung auch ein Stück mitgenommen und taucht dann einige Meter weiter bachabwärts kurz wieder auf, lässt sich ein Stückchen an der Oberfläche treiben oder springt mit einem Satz auf einen aus dem Bach ragenden Stein. Wenn sie erfolgreich war, hat sie den Schnabel voll Beute. Diese besteht vor allem aus den im Bergbach so zahlreichen Insektenlarven, selten ist auch ein winziger Jungfisch, z. B. eine Groppe (*Cottus gobio*) oder eine Forelle dabei, die hinunterzuwürgen dann freilich einige Mühe macht. Gelegentlich fliegt sie auf und, immer knapp über der Wasserfläche, in schwirrendem Flug zu einem anderen Stein. Sie ruft dabei gern »zit-zit-zit«, und das klingt dann etwas härter und durchdringender als bei ihrer Nachbarin, der Gebirgsstelze. Bestimmte Steine im Bach sind offensichtlich ihre Lieblingsplätze, auf denen sie ihre Visitenkarte in Form weißer Kleckse hinterlässt, woran man ihre Anwesenheit gut erkennt. Die Wasseramsel bleibt ihrem Revier auch im strengsten Winter treu, da das Insektenleben im Bergbach ja auch dann nicht ruht. Selbst im eiskalten Wasser fühlt sie sich wohl, denn das dicke Gefieder hält dicht, fettet es die Wasseramsel doch mit dem Sekret ihrer Bürzeldrüse immer wieder ein, die bei ihr etwa zehnmal so groß ist wie bei anderen Singvögeln. Die Wasseramsel ist ein ungeselliges Tier, sodass man sie meistens einzeln antrifft, und an den Reviergrenzen gibt es oft Streit. Nur zur Fortpflanzungszeit tun sich Männchen und Weibchen, die beide gleich aussehen, zusammen. Sie bauen ihr Nest in Höhlungen des Ufers, aber auch gern unter Brücken.

3.3 Die Fauna der Quellen

3.3.1 Allgemeine Charakterisierung und neuere Untersuchungen

Der Feldberg hat mit einer Höhe von 1495 m auf dem Gipfel eine Lufttemperatur von 3,1 °C im Jahresdurchschnitt. Selbst in den Sommermonaten tritt auf der Feldbergkuppe gelegentlich Bodenfrost auf. Die Winter sind in der Regel schneereich, und der Schnee hält sich bis in den Mai, ja, an manchen Stellen fleckenförmig bis in den Juli hinein. Das alles hat seine Auswirkungen auf die Temperatur des Quellwassers, zumal die meisten Quellen nahe der Gipfelregion entspringen und bis in den Mai hinein von Schnee überdeckt sind.

Die Quellen des Feldbergs gehören verschiedenen Quelltypen an. Es gibt Sturz- oder Strudelquellen (Rheokrenen), die dadurch ausgezeichnet sind, dass das Wasser im Quellmund heftig austritt und rasch, mit relativ starker Strömung abfließt. Es spült daher alle Feinstoffe und allen Detritus weg, sodass der Untergrund der Quellrinnsale meist auch frei von Pflanzenbewuchs ist und aus feinem oder gröberem Kies besteht. Die verschiedenen Quellen des Seebachs gehören z. B. diesem Typ an. Die Rheokrenen der Feldbergkuppe haben, bedingt durch den hohen Jahresniederschlag, eine reiche Wasserschüttung. Ein zweiter am Feldberg vertretener Quelltyp ist die Sicker- oder Sumpfquelle (Helokrene), bei der das Wasser aus dem Boden quillt und einen Quellsumpf bildet. Verbreitet ist schließlich ein Mischtyp, wie er auch im subalpinen Bereich häufig auftritt, die sogenannte Rheohelokrene, bei der immer noch genug Strömung vorhanden ist, dass die Rinnsale kiesigen Untergrund haben. Das Wasser rieselt in zahlreichen Adern aus dem Boden und bildet große feuchte Flächen. Es sind dies die Stellen, an denen die Pflanzengesellschaften der Rieselflur und der Eisseggenflur ihre Standorte haben. Die Rheokrenen der Feldbergkuppe sind die kältesten des ganzen Schwarzwaldes, mit Quellwassertemperaturen um die 4 °C. Während Quellwasser im Allgemeinen relativ wenig Sauerstoff enthält, haben die Quellen z. B. des Seebachs eine Sauerstoffsättigung von über 72 %, die sich dann bei Luftkontakt schon auf den ersten Metern rasch erhöht. Wie schon erwähnt, haben im Gegensatz dazu die Bergbäche im Oberlauf meist eine 100 %ige Sauerstoffsättigung. Die Gesamthärte dieser Quellen ist mit 0,5 Deutschen Härtegraden extrem niedrig. Das Wasser hat einen pH von 5,5 bis 6, ist also leicht sauer. Die Leitfähigkeiten sind – wie für silikatische Oberlaufgewässer typisch – mit 16 bis 48 µS sehr niedrig (RIEDMÜLLER 2005).

Der für die charakteristische Tierwelt der Feldbergquellen wichtigste ökologische Faktor ist die sehr geringe Wassertemperatur, die im Bereich des Quellmundes auch das ganze Jahr über sehr konstant bleibt und maximal um 0,4–0,8 °C schwankt. An heißen Hochsommertagen mit hoher Sonneneinstrahlung kann sich freilich das oberflächlich dahinrieselnde Wasser rasch aufwärmen. So hatte die oberste Seebachquelle, die 1470 m hoch im Grüble entspringt, im August im Quellmund eine Wassertemperatur von 4,2 °C, nach 10 m hatte sich das Wasser bereits auf 5,9 °C und nach 50 m auf 7,8 °C erwärmt. Dünne, sonnenexponierte Wasseradern können sich im Hochsommer unter Umständen in 50 m Entfernung von der Quelle kurzzeitig gar bis auf 14 °C erwärmen, kühlen aber am Abend auch dort wieder rasch ab, da ja ständig kaltes Wasser nachfließt. Im Winter sind die Quellen zwar vom Schnee begraben, frieren jedoch nie zu, da das Wasser ja auch dann mit seiner konstanten Quelltemperatur von ca. 4 °C austritt. Im gleichbleibend kalten Wasser des unmittelbaren Quellbereichs lebt am Feldberg eine Fauna von kaltstenothermen Tieren, Kaltwasserspezialisten also, unter denen sich besonders zahlreich Glazialrelikte (siehe Abschnitt 2.3) finden.

Neuere Untersuchungen konnten viele der in den früheren Jahren nachgewiesenen Vorkommen der Quellfauna (sogenannte Krenobionten) bestätigen. In abnehmender Häufigkeit wurden Taxa der Familien der Zweiflügler, der Köcherfliegen, der Steinfliegen sowie der Strudelwürmer stetig vom Eukrenal bis zum Epirhithral der

339 Eine häufig auftretende Eintagsfliegenlarve in den Quellbächen und Bachoberläufen im Feldberggebiet ist *Baetis alpinus*. (UB)

Feldberggewässer angetroffen. Acht im Feldberggebiet reliktische Arten, zu denen *Crenobia alpina*, *Drusus chrysotus*, *Acrophylax zerberus*, *Halesus rubricollis*, *Rhyacophila aquitanica*, *Arcynopteryx compacta*, *Diura bicaudata* (Abb. F21) und *Twinnia hydroides* zählen, wurden erneut nachgewiesen. Die häufigsten Arten waren der Strudelwurm *Polycelis felina* und die Eintagsfliege *Baetis alpinus* (Abb. 339). Insgesamt wurden 14 nach den Roten Listen Deutschlands und Baden-Württembergs gefährdete Arten gefunden (RIEDMÜLLER 2005).

Die Gewässerversauerung, ein Phänomen der modernen Industriegesellschaft, macht auch vor dem Feldberggebiet nicht Halt und soll hier erwähnt werden: Quellen und Übergänge zu den Bachoberläufen in Gebieten mit kalkarmer Gesteinsgrundlage, zu denen auch der Urgesteinskörper des Südschwarzwalds zählt, sind häufig gering gepuffert und neigen bei zusätzlichen sauren Einträgen aus der Luft zur Versauerung. In diesen Gewässern werden Arten begünstigt, die eine Säureunempfindlichkeit aufweisen. Gleichwohl sind es Arten, zu denen die Steinfliegenlarven zählen, die empfindlich auf Abwasserbelastung reagieren. BRAUKMANN/BISS (2004) ordnen den Kleinlebewesen der Bachsohle vier unterschiedliche Klassen der Säureempfindlichkeit von säureempfindlich bis säureresistent zu. Die biologische Säureindikation, welche ausschließlich auf Basis der Artzusammensetzung einer Biozönose ermittelt wird, weist analog zu

340 *Diura bicaudata*, eine Steinfliegenlarve, die auch noch in stark sauren Gewässern überleben kann und am Feldberg z. B. im Hirschbächle vorkommt. (UB)

den pH-Messwerten auf periodisch kritisch saure Verhältnisse im Seebächle, im oberen St. Wilhelmer Talbach unterhalb eines Hangquellmoores und im Hirschbächle, einem Quellzufluss zur Menzenschwander Alb, hin. Ansonsten sind die Quellen im Feldberggebiet permanent neutral (Oberlauf des Zastlerbachs) oder überwiegend neutral bis episodisch schwach sauer (z. B. Zuflüsse der Wiese, Baldenweger Bach und Goldersbach) (BISS 1995, RIEDMÜLLER 2005).

3.3.2 Eintags- und Steinfliegen

Manche Arten dieser Gruppen steigen vom Oberlauf der Bäche bis in die Quellregion empor und finden sich daher auch in den kalten Quellen der Feldbergkuppe. Das gilt für die Eintagsfliegen *Rhithrogena aurantiaca* und *R. semicolorata* (siehe Abb. 328) ebenso wie für die Steinfliege *Arcynopteryx compacta*. Letztere steigt bis hoch in die Quellregion auf, kommt aber auch im Zastler Loch bis auf eine Höhe von ca. 800 m vor. Diese Art hat ihren Verbreitungsschwerpunkt in Skandinavien und ist wohl als weit nach Süden ausstrahlende (progressive) nördliche Gletscherrandart aufzufassen. Sie kommt am Feldberg zumeist vergesellschaftet mit der weiteren großen Steinfliegenart *Diura bicaudata* (Abb. 340) vor. Beide Arten sind relativ säuretolerant, was in einigen Quellbächen wie dem Hirschbächle Versauerungstendenzen anzeigt. In diesem Zusammenhang soll auch noch die Eintagsfliegenart *Ameletus inopinatus* (Abb. 341), eine nordeuropäische Gebirgsart, erwähnt werden, die bei uns sehr selten, aber in den Quellbächen am Feldberg stetig anzutreffen ist. Diese Art toleriert ebenfalls periodisch saure Gewässer (BISS 1995).

3.3.3 Köcherfliegen

Aus der Insektenordnung der Köcherfliegen (Trichoptera) kommen im quellnahen Bereich um den Feldberggipfel eine Reihe ansonsten hochalpin verbreiteter Arten vor. An erster Stelle sei hier *Melampophylax melampus* genannt, eine Art, die außerhalb der Alpen nur am Feldberg und in der

341 *Ameletus inopinatus*, eine bei uns sehr seltene Eintagsfliegenart, die in periodisch sauren Quellbächen am Feldberg stetig anzutreffen ist. (UB)

nahen Gauchachschlucht vorkommt. In den Alpen findet sie sich meist in Höhen über 2000 m. Weitere hochalpine Köcherfliegen sind z. B. *Acrophylax zerberus*, die auch in den kalten Bächen des Napfs im St. Wilhelmer Tal unterhalb des Feldberggipfels vorkommt, *Drusus monticola*, *Consorophylax consors* und *Halesus rubricollis*. Auch die Imagines dieser hochalpinen Arten sind z. T. sehr kälteresistent, traf EIDEL (1933) die Imagines von *Consorophylax consors* doch noch Mitte Oktober in 1200 m in der schon vereisten Seewand über dem Feldsee fliegend an. Als weitere typische Vertreter der Quellbachfauna, die ihren Schwerpunkt in den Alpen haben und nur selten in den hohen Mittelgebirgslagen auftreten, sind *Drusus chrysotus* und *D. discolor* (Abb. 342) zu nennen.

3.3.4 Kriebel- und Zuckmücken

Von den Kriebelmücken (Simuliidae) kommen *Simulium costatum* und *Prosimulium hirtipes* in unserem Gebiet nur in den kalten Quellen am Feldberg vor. Die Zuckmücken (Chironomidae) sind in den extrem kalten Quellen des Feldberggebiets gleich durch eine ganze Anzahl typischer Kaltwasserformen mit interessanter Verbreitung vertreten. Dabei verdienen die Arten der Gattung *Diamesa* besondere Beachtung. Diese Arten kommen fast ausschließlich in stark strömenden, kalten Gebirgsbächen vor. Von den zwölf *Diamesa*-Arten, die WÜLKER (1959) im Hohen Schwarzwald nachgewiesen hat, fand er acht in der Quellfauna des Feldberggebiets und fünf davon nur in den extrem kalten Quellen der Feldbergkuppe. Nach der Verteilung ihrer Areale kann man die Zuckmücken des Feldberggebiets zwei schon mehrfach erwähnten Verbreitungstypen zurechnen (siehe Kapitel 2.3 und 2.4): Die nördlichen Gletscherrandarten, die bis hierher ausstrahlen und ihren Verbreitungsschwerpunkt in Nordeuropa haben, kommen auch in England vor und sind außer in den höchsten Quellen des Feldbergs z. T. auch in den Hochvogesen und in der Rhön nachgewiesen worden. Die arkto-alpin verbreiteten Arten dagegen sind – außer vom Feldberggebiet – aus Lappland, Norwegen, den

342 *Drusus discolor*, eine typische Köcherfliegenlarve der Quellbäche am Feldberg. (UB)

Alpen und den Vogesen bekannt. Diese enge Beschränkung auf einen Lebensraum wie die Quellen und Quellseen am Feldberg zeigt also die schon bei anderen Arten erwähnte regionale Stenotopie (S. 288).

3.4 Die Fauna im Feldsee

3.4.1 Allgemeine Charakterisierung

Stehende Gewässer sind im engeren Feldberggebiet kaum zu finden, wenn wir von Kleinstgewässern, wie Viehtränken, absehen. Lediglich der Feldsee ist hervorzuheben, den man sich allerdings in seiner Szenerie kaum großartiger und »alpiner« denken könnte. Seine Gestalt als eiszeitlicher Karsee ist fast völlig erhalten geblieben. Diese Tatsache unterscheidet ihn von den übrigen Seen und größeren Weihern im Südschwarzwald. Zudem sind diese in ihrem Wasserhaushalt und ihrer Wasserqualität meist stark vom Menschen beeinflusst, was besonders für die drei größten unter ihnen, Titisee, Schluchsee und Windgfällweiher, gilt. Dagegen ist der Feldsee bislang noch wenig beeinträchtigt.

Der Feldsee liegt in einer Höhe von 1109 m, hat eine größte Länge von 380 m und eine größte Breite von 360 m. Seine Oberfläche ist fast kreisrund und misst 9,15 ha. Die Morphologie des Seebeckens gleicht einem Kegelstumpf mit einer maximalen Tiefe von 34,5 m. Am Nordwestende ist die Seeböschung am steilsten ausgebildet; eine größere flache Uferbank hingegen ist nur in der Nähe des Ausflusses im Nordosten vorhanden. Das Seevolumen beträgt ca. 1,6 Mio. m³; theoretisch kann etwa alle 7,5 Monate das ganze Wasser im See ausgetauscht werden. Beim Titisee würde ein totaler Austausch bei den dort herrschenden Verhältnissen die doppelte Zeit beanspruchen (ELSTER/SCHMOLINSKY 1954).

Wie bei anderen größeren Seen in unseren Breiten üblich, zeigt der Feldsee in den Sommermonaten einen Dreistockwerkaufbau der Temperaturschichtung. Dann sind die oberen ca. 4 m des Sees (das Epilimnion) stark erwärmt, wobei eine Wassertemperatur von 18 bis 20 °C erreicht wird. Darunter folgt bis ca. 10 m Tiefe das Metalimnion, die sogenannte Sprungschicht, in der die Wassertemperatur mit zunehmender Tiefe rasch bis auf ca. 4–5 °C absinkt. Diese Temperatur bleibt im unterhalb von 10 m liegenden Hypolimnion fast ganzjährig erhalten, wobei in diesem Temperaturbereich das Wasser sein Dichtemaximum hat. Wenn sich im Herbst die obersten Schichten abkühlen, wird der Temperatursprung immer geringer, bis im November das Wasser in allen Tiefen dieselbe Temperatur aufweist. Nun kann der Wind den See »umpflügen« (Vollzirkulation), d. h. die Wassermassen gründlich durchmischen, während sie im Sommer ihrer unterschiedlichen Dichte wegen voneinander getrennt bleiben (Stagnation). Durch die Vollzirkulation im Winter kommt es zu einem Austausch des Tiefenwassers mit dem Oberflächenwasser und damit auch der in ihnen enthaltenen Stoffe. Wenn sich die Oberfläche weiter abkühlt, tritt schließlich beim Gefrierpunkt Eisbildung ein. Mit ihr muss man am Feldsee in der Regel vom Dezember an oft bis in den April hinein rechnen. Nach Eisaufgang erwärmt sich das Oberflächenwasser wieder, was bei windstillem Wetter zuweilen so schnell erfolgen kann, dass eine Frühjahrsvollzirkulation, die im See an sich erfolgt, ausfällt. Für diese Dynamik der Wassermassen ist neben den Veränderungen in der Temperatur und Dichte der Wind als Antriebsmotor von außen nötig. Der Feldsee liegt im Süden und Westen durch Steilwände verhältnismäßig geschützt. Daher fallen die Winde vom Seebuck her über die Lawinenbahnen herab unmittelbar auf den See, wobei sich die Luftmassen bei starkem Wind erst über dem Ostufer senken und dann rückläufig wieder die Seewand hinaufstreichen; es kann deshalb gelegentlich ein vielfältiges Wellenspiel auf dem See auftreten. Der Hauptzufluss zum Feldsee, das aus großer Höhe vom Grüble herabstürzende Seebächle (oberster Seebach), ist so kalt, dass sein Wasser über einen längeren Zeitraum bis in das Hypolimnion absinken kann, wodurch eine intensivere Durchmischung des Wasserkörpers erreicht wird als etwa beim Titisee, dessen Zufluss, der Seebach, inzwischen stärker erwärmt ist.

Das Seebächle ist natürlicherweise ein sauberes Fließgewässer, das als nährstoffarm (oligotroph) eingestuft wird. Temporäre Einträge von Fäkalkeimen ergeben sich durch die oberhalb liegenden Hochweiden, wo der Kot von dort weidenden Rindern in das Gewässer eingespült werden kann. Die grundsätzliche Nährstoffarmut des Seebächles kommt aufgrund der hohen Austauschrate der Wasserqualität des Feldsees zugute. Da das Seebächle als wesentlicher Zufluss kaum gefärbte organische Substanzen enthält, ist das Wasser des Feldsees leicht grünlich, während viele andere Seen im Schwarzwald durch Huminstoffe eine bräunliche Farbe aufweisen. Im Durchschnitt lässt sich eine 20–25 cm große weiße Scheibe (Secchi-Scheibe) beim Absenken bis in ca. 5,50 m Tiefe erkennen, was zeigt, dass das Feldseewasser wenig durch Schwebstoffe oder Plankton getrübt wird. Insgesamt ist die Wasserqualität des Feldsees als gut anzusehen.

Von den im Wasser gelösten Stoffen sind vier für die Lebensgemeinschaft im See besonders wichtig und sollen daher stellvertretend für die übrigen chemischen Kennwerte des Feldsees kurz behandelt werden (ELSTER 1961).

Sauerstoff: Der Sauerstoffgehalt (O_2-Gehalt) erreicht im Sommer in der Tiefe von 5–10 m einen Maximalwert, wobei es sogar zu einer leichten Übersättigung des Wassers kommen kann. Die Ursache dafür sind die assimilierenden, Sauerstoff freisetzenden Wasserpflanzen, die bei der geringen Wassertrübung tiefer in das Metalimnion hinabreichen können und dadurch die trophogene Zone – den Bereich mit einer positiven Bilanz von Aufbau zu Abbau der organischen Materie – nach unten ausdehnen. Außer den hauptsächlich für die Primär- oder Urproduktion verantwortlichen Algen werden wohl auch die submersen Makrophyten zu diesem O_2-Überschuss beitragen. In der tropholytischen Zone (unterhalb von ca. 12–15 m), in der die Bilanz zugunsten des Abbaus verschoben ist, werden diese O_2-Vorräte geringer und in der Zeit der Sommerstagnation – bei ausgebildetem Schichtenaufbau ohne Austauschvorgänge zwischen den Wasserschichten – weitgehend aufgebraucht. Verantwortlich für den O_2-Verbrauch sind zum einen die tierischen Bewohner, zum anderen die abbauenden Bakterien. Im Hochsommer kann der O_2-Gehalt am Seeboden auf nahezu Null absinken. Für tierische Bodenbewohner hat dies Folgen, auf die noch eingegangen wird. Im Feldsee beträgt das Volumenverhältnis von trophogener zu tropholytischer Zone etwa 1:1.

Kohlenstoff: Die Produktion von Biomasse (organischer Materie) ist im See insgesamt gering. Eine noch größere Rolle als das Kohlendioxid der Luft spielt als Kohlenstoffquelle allochthones, von außen eingetragenes Material, also in der Hauptsache Laub und Holz. Dieses wird im See zersetzt, wobei der als Kohlendioxid (CO_2) frei werdende Kohlenstoff von den Pflanzen aufgenommen werden kann. Man muss wegen der tiefreichenden trophogenen Zone und den bereits in ihr ablaufenden Zersetzungsvorgängen abgestorbener Algen auch mit einem kurzgeschlossenen Kohlenstoffkreislauf innerhalb dieses Bereichs rechnen. Erst was unter die belichtete Zone gesunken ist, bleibt bis zur nächsten Vollzirkulation im Hypolimnion »gefangen« und kann daher zunächst nicht wieder in die Biomasse der Pflanzen eingehen.

Stickstoff: Dieses Element ist für die Pflanze vor allem in seiner Verbindung als Nitrat (NO_3^-) als Nährstoff notwendig. Das Seebächle führt im Sommer Nitrat nur spurenweise zu, sodass im See ein ausgeprägter Mangel an Stickstoff herrscht. Die Zuordnung des Feldsees zur Gruppe der Gewässer mit »primärer Oligotrophie«, also Nährstoffarmut, ist vor allem durch seine geomorphologische Situation begründet. Es ist zu erwarten, dass bereits im Frühsommer das gelöste Nitrat durch die Pflanzen aufgezehrt ist und diesem Stoff daher die Rolle des Minimumfaktors zufällt, der die Produktion an Biomasse durch die assimilierenden Pflanzen begrenzt. Durch Abbau abgestorbenen organischen Materials sammelt sich in der Tiefe während der Stagnationsperiode im Sommer ein Nitratmaximum an, doch kann dieses erst im November durch die Vollzirkulation in die trophogene Zone zurückgeschafft und den Pflanzen zur Verfügung gestellt werden.

Phosphor: Auch der als Phosphat gebundene Phosphor stellt für die Pflanzen einen wichtigen Nährstoff und in der Regel in den Seen den produktionsbegrenzenden Minimumfaktor dar. Phosphor wird von den Pflanzen in viel geringeren Mengen als Stickstoff benötigt, das Verhältnis beträgt ca. 1:16. Im Feldsee jedoch ist der Nitratgehalt so gering, dass während der Produktionsperiode der Stickstoff in der trophogenen Zone bereits völlig verbraucht ist, während der Phosphor noch in Spuren nachweisbar bleibt. Der Feldsee ist ärmer an Phosphor und Stickstoff als die übrigen Seen und größeren Weiher des hochgelegenen Schwarzwaldes und damit der nährstoffärmste See des Südschwarzwalds.

3.4.2 Organismen

Der Feldsee ist wegen seiner Nährstoffarmut ein Gewässer mit nur geringer Primärproduktion. Nach dem Spektrum der Algen, die in erster Linie den Diatomeen (Kieselalgen) zuzuordnen sind, lässt sich der Feldsee als ein Klarwassersee mit typisch oligotrophem Charakter einordnen. Unter den Algenformen überwiegen geringfügig solche, die acidophil sind, also eine Vorliebe für ein schwach saures Milieu haben. In der Tat hat das Wasser des Feldsees im Epilimnion einen pH-Wert von 6,7, ist also sehr schwach sauer.

Von der geringen Primärproduktion des Sees müssen auf der nächsten Stufe der »Nahrungspyramide« die tierischen Primärkonsumenten leben, die ihrerseits wieder Nahrung für die folgenden Glieder der Kette abgeben. Es überrascht daher nicht, dass die Artenzahl an tierischen Bewohnern im See relativ gering ist. Die einzelnen Tierarten können jedoch in großer Individuenzahl auftreten. Dieser Befund steht im Einklang mit der »biozönotischen Grundregel« THIENEMANNS, nach der in einem einförmigen Lebensraum die Artenzahl niedrig ist, die angepassten »Spezialisten« aber individuenreich auftreten können.

Der Lebensraum der Lebensgemeinschaft Plankton ist das Freiwasser (Pelagial); am Boden der Uferzone (Litoral) und der Tiefenzone (Profundal) lebt das Benthos. Im Freiwasserraum des Sees lebt das Zooplankton, das sich von den Algen (dem Phytoplankton) ernährt. Hierzu gehört die artenreiche Gruppe der Rädertiere (Rotatoria) und der Kleinkrebse (Crustacea), von denen die Wasserflöhe (Cladocera) zu nennen sind. Der häufigste Wasserfloh im Feldsee ist *Daphnia longispina*, eine Art, die sich im Sommer über mehrere Generationen parthenogenetisch, d. h. ohne Befruchtung durch Männchen, fortpflanzt. Nahe Verwandte der eigentlichen Wasserflöhe sind die Rüsselkrebschen (*Bosmina*), die im Feldsee durch *Bosmina coregoni*, eine Art mit großer Formenvielfalt, vertreten sind – je nach Jahreszeit variieren bestimmte Körperteile. Auch diese Art vermehrt sich ohne Männchen. Nach den bisher vorliegenden Befunden sind die Kleinkrebse im Feldsee mit einem etwa ebenso großen Anteil vertreten wie die Insekten, welche als Larven benthisch überwiegend im Litoral des Sees leben.

Auch an dieser Gruppe der im Wasser lebenden Insektenlarven zeigt sich die Artenarmut des Feldsees sehr deutlich: Die in sauberen Quellbereichen und Bachoberläufen weit verbreiteten Steinfliegen (Plecoptera) sind nur durch die Arten *Nemoura cinerea* und *N. avicularis* nachgewiesen. Aus der Ordnung der Käfer (Coleoptera) scheint nur die in Europa weit verbreitete Schwimmkäferart *Platambus maculatus* im Feldsee vorzukommen. Köcherfliegen (Trichoptera) konnten mit fünf Arten festgestellt werden, die allesamt keine Besonderheiten bezüglich ihrer geografischen Verbreitung aufweisen. Von den Schlammfliegen (Megaloptera) leben die 2 cm langen Larven der Gattung *Sialis* ebenso wie die Köcherfliegenlarven in den oberen 7 m des Sees. Die Schlammfliegenlarven sind gelblichbraun gefärbt und tragen an sieben Hinterleibsegmenten seitliche gegliederte Anhänge, die als Kiemen dienen. Der Körper setzt sich nach hinten in einen dünnen, gefiederten Anhang fort. Die Larven ernähren sich räuberisch von anderen Bodentieren. Zur Verpuppung kriechen sie im Frühjahr an Land; die Puppenruhe in den obersten Zentimetern des Erdbodens dauert nur etwa eine Woche. Die erwachsenen Insekten sind dunkelbraun und hocken mit ihren dachartig zusammengelegten, vieladrigen Flügeln meist nahe dem Gewässer in der Vegetation. Die Zweiflügler (Diptera) sind durch Angehörige dreier Mückenfamilien im See vertreten. Die Larve der Art *Chaoborus flavicans* (Chaoboridae), die sogenannte Corethra- oder Phantomlarve, ist etwa 1 cm lang und lebt als einzige Insektenlarve frei schwebend im Plankton; je zwei gasgefüllte Tracheenblasen im Vorder- und Hinterende ermöglichen dies. Das räuberische Tier ist fast vollkommen durchsichtig und kann sich auf diese Weise unbemerkt an seine Beutetiere – Wasserflöhe u. a. – heranmachen. *Chaoborus*-Larven sind in vielen stehenden Gewässern nahezu ganzjährig anzutreffen. Die erwachsene Mücke sieht einer Stechmücke ähnlich, ohne jedoch deren stechende Mundwerkzeuge auszubilden. In den oberen 3 m des Sees kommen in sehr geringer Anzahl Larven der Gnitzen (Ceratopogonidae) vor. Als erwachsene Mücken winzig klein, gehören diese zu den blutsaugenden Formen, die wegen ihrer Kleinheit oft gar nicht wahrgenommen werden, selbst wenn ihre Stiche nach einiger Zeit unangenehm schmerzen. Die meisten Vertreter unter den Zweiflüglern entsendet die Familie der Zuckmücken (Chironomidae) in den Feldsee. Etliche sind noch nicht auf ihre Artzugehörigkeit bestimmt. Diese Familie ist nicht nur bei uns, sondern auch weltweit gesehen die artenreichste unter den Insekten mit wasserlebenden Stadien. Die häufigste Zuckmücke, deren Larven durch Hämoglobin rot gefärbt sind, ist *Sergentia coracina*. Sie kommt im Feldsee als einzige Art im Profundal vor, wo sie zeitweiligem Sauerstoffmangel ausweicht, indem sie aktiv ins Pelagial schwimmt und sich dort so lange aufhält, bis sich das Tiefenwasser des Sees durch Zirkulation wieder mit Sauerstoff angereichert hat.

Die Weichtiere (Mollusca), zu denen Schnecken und Muscheln gehören, sind im Feldsee nur wenig vertreten, was u. a. an seiner Kalkarmut liegt. Die im Deltabereich der Mündung des Seebächles lebende Wasserlungenschnecke *Galba truncatula* und die in der Uferzone anzutreffende *Bathyomphalus contortus*, eine kleine Posthornschnecke, sind die einzigen Vertreter unter den Schnecken (Gastropoda). Etwas häufiger kommen die Muscheln (Bivalvia) vor, wobei die artenreichste einheimische Gattung *Pisidium* (Erbsenmuschel) mit acht Arten und damit der Hälfte ihres gesamten Artenbestandes im Feldsee zu finden ist. Diese Muscheln sind meist nur wenige Millimeter groß.

Von den Ringelwürmern (Annelida) sind vor allem die Schlammröhrenwürmer (Tubificidae) häufig, mit einem Individuenmaximum in ca. 8 m Tiefe, wo überhaupt das Maximum des gesamten Benthos mit fast 2000 Individuen pro Quadratmeter liegt (LUNDBECK 1954). Unterhalb von 18 m Tiefe fanden sich keine Würmer mehr, wohl weil dann die Sauerstoffversorgung zu ungünstig wird.

Wegen der Nährstoffarmut des Feldsees verwundert es nicht, dass auch die Fischfauna natürlicherweise sehr artenarm ist. Als dort heimisch kann man nur die Elritze (*Phoxinus phoxinus*) ansehen (Abb. 343), einen kleinen Schwarmfisch der Uferzone aus der Familie der Weißfische (Cyprinidae). Außerdem konnten durch Befischungen im Feldsee der Barsch (*Perca fluviatilis*), die Bachforelle (*Salmo trutta f. fario*), die Groppe (*Cottus gobio*), der Seesaibling (*Salvelinus alpinus*) und die Schleie (*Tinca tinca*) nachgewiesen werden, welche – außer der Groppe – durch Besatz in den Feldsee gelangt sind (FFS 1991). Bemerkenswert ist, dass sich der Seesaibling im Feldsee selbst reproduzieren kann, was außerhalb des Bodensees nur sehr selten der Fall ist. Um die natürliche, nährstoffarme Situation des Feldsees zu erhalten, darf eine fischereiliche Bewirtschaftung nur im Sinne des Naturschutzes erfolgen. Um den ursprünglich besonderen Fischbestand aus Elritze, Seesaibling, Bachforelle und Groppe zu fördern, sollten nur der Barsch und die Schleie durch gezielten Fang dezimiert werden. Von Besatzmaßnahmen im Feldsee ist zur Erhaltung der oligotrophen Verhältnisse abzusehen (RP FREIBURG/LFV BADEN 2004).

Wasservögel sind am Feldsee selten anzutreffen. Während des Herbstzuges wurden gelegentlich der Haubentaucher (*Podiceps cristatus*) und der Zwergtaucher (*Tachybaptus ruficollis*) beobachtet – Arten, die zwar andere hochliegende Schwarzwaldseen besiedeln (HÖLZINGER/BAUER 2011), aber noch nicht als Brutvögel zum Feldsee vorgedrungen sind. Gegenüber den anderen Seen und größeren Weihern des Raumes spielt der Feldsee somit für Wasservögel kaum eine Rolle als Rast-, Ernährungs- oder gar Brutplatz.

343 Die Elritze (*Phoxinus phoxinus*) ist die einzige autochthone (ursprünglich heimische) Fischart im Feldsee. (RBE)

4. Der Badische Riesenregenwurm
Lumbricus badensis

Angelika Kobel-Lamparski und
Franz Lamparski

Ja, die Badener haben einen eigenen Regenwurm – dazu noch von respektabler Größe –, während die Schwaben sich mit einem kleinen Tausendfüßler bescheiden müssen, dessen Name mittlerweile auch noch geändert wurde. Genau besehen ist dieser Regenwurm aber ursprünglich ein nicht allzu großer, agiler Nordspanier bzw. Südwestfranzose, der in Baden einfach zur Körperfülle tendiert, d. h. an Länge und Gewicht zunahm.

Die großen Regenwürmer in den Wäldern des Südschwarzwaldes fanden sicher aufgrund ihrer beeindruckenden Größe schon früh die Aufmerksamkeit von Förstern und Waldbesitzern. Von der Zoologie »entdeckt« wurden die Tiere von dem Hamburger Oligochätenforscher Michaelsen »in Todtmoos unter einem Stein«.

344 Ein ausgewachsenes Exemplar von Lumbricus badensis auf Nahrungssuche an der Bodenoberfläche bei Nacht. Dabei bleibt mindestens ein Drittel des Körpers in der Röhre verankert. Dies ermöglicht den Tieren bei einer Störung ein blitzartiges Zurückschnellen in den Schutz der Röhre. Als weitere, aber bedeutend langsamere Fluchtreaktion kriechen sie in einem gequetschten U an sich selbst vorbei und mit dem Vorderende voraus ins tiefere Bodeninnere. (FL)

Die Erstbeschreibung erfolgte unter dem Namen Lumbricus papillosus var. nov. badensis (Michaelsen 1907). Michaelsen schied wegen der enormen Größe der Tiere die Rasse »badensis« aus; denn Lumbricus badensis wird ganz ausgestreckt bis zu 60 cm lang bzw. mit einem Gewicht von 30 bis 40 g rund fünfmal schwerer als der unter dem Namen Tauwurm allgemein bekannte Lumbricus terrestris. Mit der Rassenbezeichnung legte Michaelsen auch den später vergebenen Artnamen (Lamparski 1985) fest. Einige Zeit nach Michaelsen fanden die Tiere das Interesse von Forstbodenkundlern (Wittich 1963) und Forstzoologen (Zachariae 1967). Im Kern mündeten dann bodenkundliche Beobachtungen in folgender Frage: »Was sind das für Regenwürmer? Weshalb kommen diese großen Tiere in Gebieten vor, wo man sie absolut nicht erwartet, in hochgelegenen Standorten, in basenarmen Böden und sogar unter Fichte« (freundl. mündl. Mitt. Zöttl 1978, Lamparski/Zöttl 1981), wobei Fichtenstreu keineswegs die von Regenwürmern bevorzugte Nahrung darstellt. Normalerweise leben unter solchen Bedingungen nur kleine Regenwurmarten nahe der Bodenoberfläche in der Streu, unter Rinde oder im Moos.

Mit seiner Lebensweise gehört L. badensis zum Lebensformtyp der tiefgrabenden Regenwürmer. Diese Regenwürmer ernähren sich von der Streu der Bodenoberfläche, haben mit ihrer tiefreichenden Wohnröhre aber auch den Unterboden

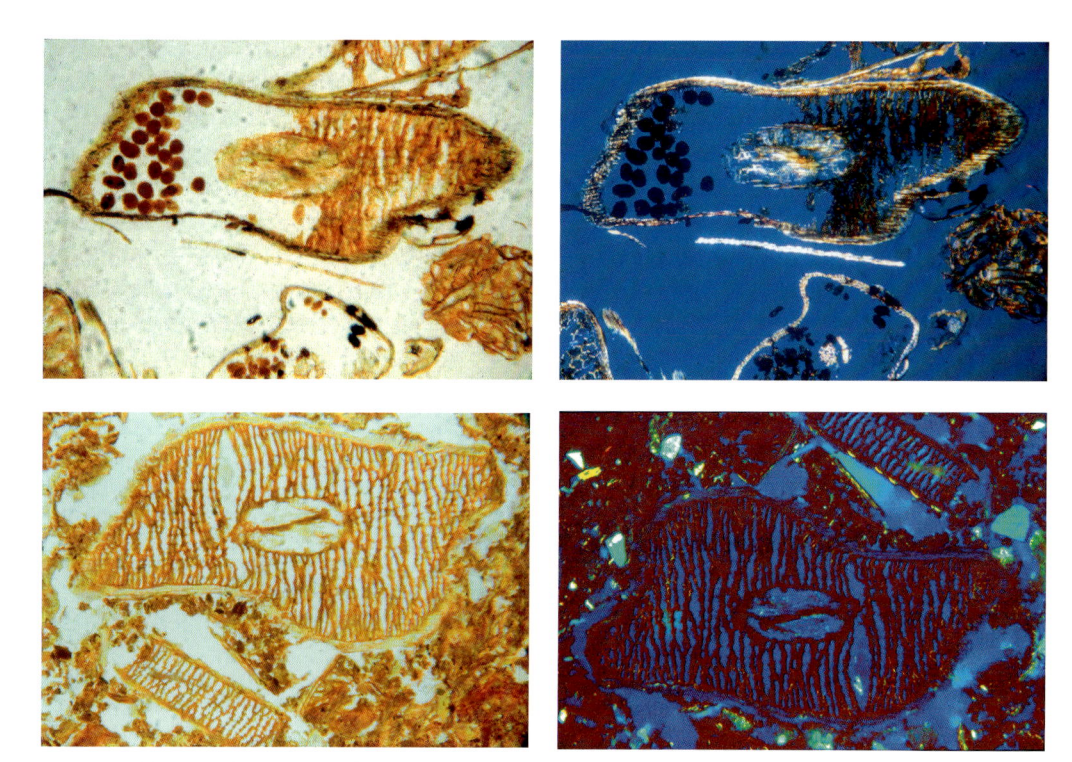

345 Streuabbau – große Regenwürmer und ihre Wirkung im Kleinen.
Diese vier Fichtennadelquerschnitte verdeutlichen den wesentlichen Einfluss der großen Regenwürmer auf den Abbau von Streu. Die Regenwürmer steuern die Bedingungen des Streuabbaus derart, dass er vorwiegend durch Bakterien erfolgt. Mürbe vorzersetzte Streu und Bakterien stellen ihre Nahrung dar. Dargestellt sind Nadelquerschnitte in polarisiertem und nicht polarisiertem Licht. Noch festes pflanzliches Gewebe mit regelmäßiger Struktur, z. B. parallelen Fasern, leuchtet im polarisierten Licht auf, zersetztes Gewebe bleibt dagegen dunkel. (Der Baumwollfaden unter dem Nadelquerschnitt in den Abb. oben ist mit Absicht hinzugefügt. Die im Faden geordnet liegenden Cellulosestränge leuchten im polarisierten Licht.) Die Abb. oben zeigen einen Nadelquerschnitt, der von Pilzen und Milben, also ohne Regenwürmer abgebaut wird. Eiförmige Exkremente im Innern der Nadel zeigen, dass der Abbau der Zellwände durch Milben erfolgte. Im polarisierten Licht (oben rechts) leuchten die Zellwände nicht mehr auf, sie haben durch mikrobiellen Zersatz ihre geregelte Struktur verloren, während Epidermis und Zentralkanal bis jetzt von Mikroorganismen noch nicht angegriffen wurden. Dadurch bleibt ein hoher Anteil des Nadelquerschnittes ungenutzt (leuchtender Anteil von Abb. oben rechts), die Nadeln reichern sich – vergleichbar leeren Schläuchen – im Bodenprofil an. Die Abb. unten zeigen einen Nadelquerschnitt, der im »Komposthaufen« von L. badensis abgebaut wurde. Die Nadel erscheint intakt, hat aber im gesamten Querschnitt ihre Doppelbrechung verloren (unten rechts), d. h. der gesamte Nadelquerschnitt ist durch bakterielle Tätigkeit vorverrottet. (FL)

als Lebensraum erschlossen. Damit verbinden sie die Vorteile der epigäischen Lebensweise mit den Vorteilen der endogäischen Lebensweise:
- Epigäische Regenwürmer leben in der Streu unter Rinde oder Steinen, dicht an der Bodenoberfläche, in einem Bereich, in dem zwar die Nahrung, die Streu, in Mengen anfällt, in dem die Tiere aber Trockenheit, Kälte und einem hohen Feinddruck ausgesetzt sind. Die meisten epigäischen Regenwürmer sind braunrot pigmentiert, ein Schutz vor UV-Licht und eine Tarnfarbe in der Streu. Dazu sind sie meist klein, kompakt und schnell beweglich. So können sie schneller flüchten und finden leichter günstige Mikrohabitate.
- Endogäische Regenwürmer sind mittelgroß und verglichen mit den epigäischen Arten eher träge. Ihr wichtigstes Kennzeichen ist die fehlende Pigmentierung, in der Dunkelheit des Bodens ist eine Schutz- und Tarn-

348 Die sich in 40 bis 150 cm Tiefe befindenden Kokonkammern werden vorwiegend im Herbst angelegt. Zu dieser Jahreszeit findet man vermehrt helle, humusarme Exkremente in der Bauoberfläche der Adulttiere. Kokonkammern entstehen dadurch, dass der Regenwurm eine 6–8 mm dicke Röhre frisst und diese durch ein kräftiges Zusammenziehen des Vorderkörpers aufweitet (der Abdruck des Vorderkörpers ist noch im Bild sichtbar). (FL)

durch Biotransport von Festsubstanz. Immer dort, wo es zahlreiche Regenwürmer gibt, findet man auch viele Maulwürfe. Im Südschwarzwald gilt dies auch für Wälder, in denen Maulwürfe normalerweise sehr selten sind. Regenwürmer sind ihre Hauptbeute, sodass der Bodentransport, den Maulwürfe leisten, eigentlich auf die Regenwürmer zurückgeht.

Den Regenwürmern selbst dient die Wohnröhre – wie schon erwähnt – als Schutz vor Trockenheit und Kälte und zur Fortpflanzung. Der für sie wichtigste Bereich aber ist die Bauoberfläche. Regenwürmer leisten sich für die Endprodukte ihres Stickstoffwechsels ein sehr einfaches Exkretionssystem, sie scheiden Harnstoff und Ammoniak über Hautporen aus. Ein solches Exkretionssystem mag für das Leben im Wasser zulässig sein, da hier eine rasche Verdünnung eintritt. Bei einem Landbewohner und besonders bei einem durch den Besitz einer Wohnröhre

347 Wohnröhre eines adulten *Lumbricus badensis*. Für die Darstellung wurden an einem präparierten Bodenprofil natürlich vorkommende Röhrenabschnitte zu einem zweidimensionalen Gang verbunden. In der Natur sind diese Röhren natürlich dreidimensional. (FL)

ortsfesten Regenwurm verwundert das aber zunächst. Noch viel mehr, weil Ammoniak ein starkes Regenwurmgift ist (Ammoniumchlorid bzw. Ammoniumsulfat kann man, als Dünger kaschiert, als Regenwurmgift auf Golfplätzen verwenden). Leicht beobachten lässt sich dieser Effekt auch auf Feldern, die frisch mit Gülle gedüngt wurden. L. badensis zeigt, wie die Regenwürmer dieses Problem gelöst haben. Sie scheiden die für sie giftigen Stoffe im Bereich ihrer Bauoberfläche aus, jener lockeren, gut belüfteten, meist feuchten Mischung aus Streu, Mineralboden und Regenwurmkrümeln. Damit düngen sie die Streu, die meist ein abbauhemmendes, zu weites Kohlenstoff/Stickstoff-Verhältnis (= C/N-Verhältnis) hat, mit Stickstoffverbindungen, verengen damit das C/N-Verhältnis und stimulieren so das Wachstum von Mikroorganismen, welche die Streu zersetzen; die mürbe gewordene Streu und die Mikroorganismen selbst dienen dann als Regenwurmnahrung. Die Bauoberfläche funktioniert für diese Regenwürmer als »externer Pansen« (LAMPARSKI 1985), in dem das für sie giftige Ammoniak in Mikroorganismenprotein verstoffwechselt wird und den Regenwürmern dann wieder als Nahrung dienen kann. Der Antrieb für diesen effizienten Kreislauf ist die in der Streu auf chemische Weise gespeicherte Sonnenenergie.

L. badensis ist ein Neoendemit des Südschwarzwaldes (KOBEL-LAMPARSKI/LAMPARSKI 1992) und gleichzeitig ein Beispiel für eine rasche Artbildung bzw. Evolution sozusagen vor unserer Haustür, wobei das folgende Szenario die drei Arten L. terrestris, L. badensis und seine Stammart Lumbricus friendi betrifft (L. friendi (COGNETTI 1904) wurde zum ersten Mal 1893 von dem anglikanischen Geistlichen FRIEND als L. papillosus, den Papillen tragenden Lumbricus, beschrieben und 1904 aus formalen Gründen in L. friendi umbenannt). Nach BOUCHÉ (1972) gingen L. terrestris und L. friendi aus einer gemeinsamen Art hervor und zwar dadurch, dass die Ausgangspopulation während der Eiszeit in eine östliche und westliche Teilpopulation aufgespalten wurde. Als Folge der lang dauernden Sepa-

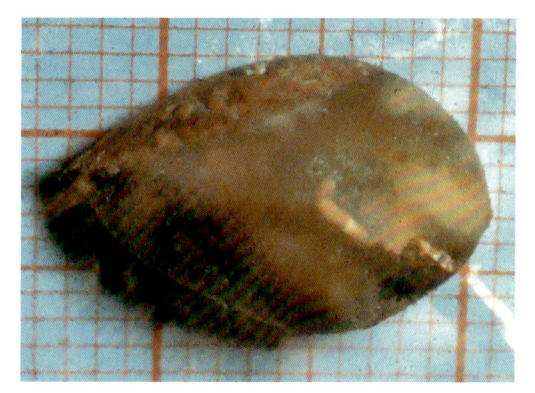

349 Der Kokon ist ein mit Nährflüssigkeit gefülltes, zitronenförmiges Gebilde, in dem sich bei L. badensis nur ein einziger Jungwurm entwickelt. (FL)

ration entwickelte sich in einem östlich mediterranen Glazialrefugium L. terrestris und in einem atlantisch mediterranen Glazialrefugium L. friendi. In Frankreich verhalten sich L. terrestris und L. friendi heute wie vikariierende Arten (siehe S. 324). Beide haben ein Gebiet, in dem sie allein vorkommen, und zwar sowohl im Wald als auch auf Freiflächen. In einem ausgedehnten Überschneidungsgebiet, in dem sie gemeinsam vorkommen, besiedelt L. friendi vorwiegend Wälder und L. terrestris vorwiegend die Freiflächen. L. friendi entwickelte sich in seinem Glazialrefugium zu einer wärme- und feuchteliebenden Art, während L. terrestris kälte- und trockenheitstoleranter – oder allgemeiner – störungstoleranter wurde. L. terrestris und L. friendi sind demnach ein Artenpaar und ein Beispiel dafür, wie durch lang

350 Ein frisch geschlüpfter L. badensis, erstaunlich groß im Vergleich zu seinem Kokon. (FL)

dauernde Separation aus zwei großen Teilpopulationen zwei neue Arten entstehen.

Die Entstehung von L. badensis ist dagegen ein Beispiel dafür, wie eine kleine Gründerpopulation sich schnell zu einer eigenen Art entwickeln kann. Mit einer Artbildung, die in erster Linie auf einer reinen Größenzunahme beruht, lässt sich auch ihr rascher Ablauf erklären: Frühestens ab dem Beginn des Böllinginterstadials, also vor rund 13 000 Jahren, konnte L. friendi sein Glazialrefugium verlassen und sich ausbreiten. Vor rund 9000 Jahren mit dem Beginn des Boreals war die Möglichkeit für die Ansiedlung einer Gründerpopulation im Schwarzwald gegeben. Man fragt sich, wie die Regenwürmer wohl über den Rhein gekommen sind, nicht umsonst benutzt man sie ja beim Angeln. Vorstellbar ist, dass durch Flussbettverlagerung im Laufe der Zeit eine

351 Bedingt durch seine Größe hinterlässt *Lumbricus badensis* deutliche Spuren im Boden. Neben den Wurmröhren fallen besonders die Humusflecken in großer Bodentiefe auf. Derartige Humusflecken sind eine Besonderheit von Schwarzwaldböden mit *Lumbricus badensis*. Sie entstehen durch ein Zusammenwirken von Wurmröhrenbau und Wurzelwachstum über lange Zeiträume. Gleichzeitig erhalten die Böden dadurch ein Gedächtnis. Auch dort, wo Regenwürmer z. B. durch mehrere Generationen Fichtenreinanbau verschwunden sind, findet man noch ihre Spuren im Boden. (FL)

352 Fast übertrieben gefleckte Böden entstehen da, wo die Regenwurmaktivität sich auf einzelne Zonen konzentriert. Der ungewöhnliche Hell-Dunkel-Kontrast im unteren Drittel des Bildes geht darauf zurück, dass sich lang andauernde Regenwurmaktivität auf die feinkörnigen Zwickel zwischen grußig verwitterten, gerundeten Moränenblöcken konzentriert hat (Profiltiefe 1,20 m). (FL)

ganze Insel vom Westufer zum Ostufer wanderte, auch ein Transport in Wurzeltellern von abgeschwemmten Bäumen ist denkbar. Vor 7500 bis 6000 Jahren im Älteren Atlantikum führte ein trocken-heißes Klima zu rot gefärbten Böden (rubifizierte Parabraunerden) in der Rheinebene, wodurch die gesamte Rheinebene zur geografi-

353 Die Bahnen der Kryoturbation (sichtbar als gebogene Frostverwürgungen) wurden durch Humuseinlagerungen von *L. badenis* hervorgehoben (Profiltiefe 1,80 m). (FL)

schen Separation der Stammpopulation und der Gründerpopulation im Südschwarzwald beitragen konnte. Mit dem Beginn des Ackerbaus im Oberrheingebiet muss mit einer Verschleppung von Regenwürmern durch den Menschen gerechnet werden, sodass die Separation zu Ende ging. Spätestens mit der erneuten Zuwanderung der Stammart L. *friendi* muss die Spezialisierung der neuen Art L. *badensis* an die besonderen Bedingungen des Südschwarzwaldes so weit fortgeschritten gewesen sein, dass die beiden Arten miteinander koexistieren konnten. Heute findet man L. *badensis* und L. *friendi* in der Weitenauer Vorbergzone gemeinsam vorkommend, klar zu unterscheiden und ohne zu bastardieren. Somit ist es bewiesen, dass es sich bei L. *badensis*, trotz

354 Der langdauernde Wechsel von Wurzelwachstum, Wurzelzerfall und Regenwurmröhren mit ihrer Humustapete führt zu einer partiellen Humusakkumulation im Unterboden. Der graue Bereich, der in der Mitte des Fotos von oben nach unten zieht, wurde einmal von einer 8–10 cm dicken Wurzel eingenommen, von ihr ist lediglich links noch eine dünne Spur der ehemaligen Rinde vorhanden. Der Rest der Wurzel ist völlig zersetzt und ihre Bahn mit humosem Mineralboden verfüllt. Im rechten Teil der alten Wurzelbahn verläuft eine Wurmröhre, erkenntlich an der dunklen Humustapete. Sie ist nicht mehr bewohnt und, durch sie geleitet, zieht eine neue Wurzel nach unten. (FL)

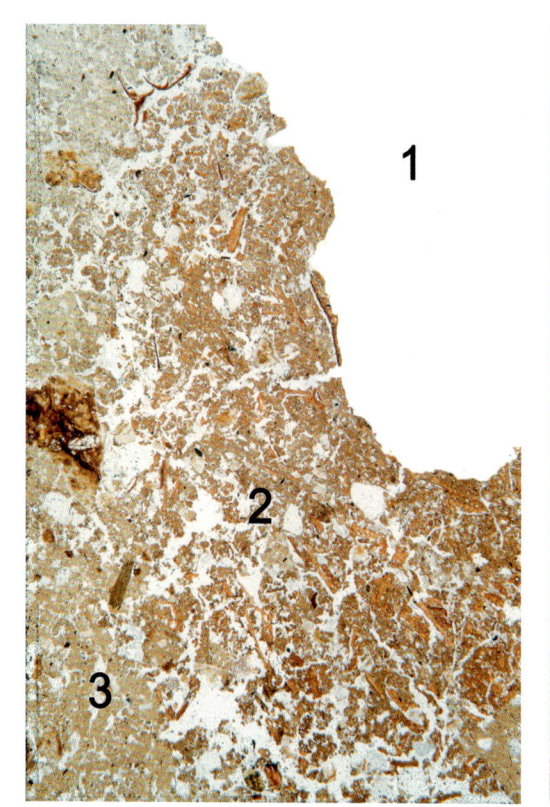

355 Humustapete einer L.-badensis-Röhre im Dünnschliff im nichtpolarisierten (links) und polarisierten (rechts) Licht. 1 Röhreninneres, 2 Humustapete mit hellen Mineralkörnern und dunklen länglichen Blattresten, 3 Mineralboden. Die Humustapete ist 2–3 mm dick. Sie ist zum Röhreninneren relativ dicht, da sie von dieser Seite vom Regenwurm immer wieder erneuert wird; von der Mineralbodenseite her wird sie dagegen durch den Fraß von Enchytraeen aufgelöst. Die Humustapete stabilisiert die Röhre, noch wichtiger ist, dass sie den Regenwürmern eine Umgebung mit einem gleichmäßigen Elektrolytgehalt garantiert. (FL)

der kurzen Zeit, die zur Artbildung zur Verfügung stand, um eine eigenständige Art handelt. Verständlich wird dies dadurch, dass der Artbildungsprozess vorwiegend auf einer Größenzunahme beruht, alle weiteren Änderungen – besonders die der Einnischung – lassen sich davon ableiten. Interessant ist in diesem Zusammenhang noch, dass die adulten Exemplare von L. friendi in der Weitenauer Vorbergzone etwas kleiner sind (2,5–4 g) als z. B. ihre Artgenossen im Sundgau (bis zu 6 g).

Sicher ist die Größe von L. badensis der wichtigste Parameter bei der Einnischung der Art, sie beeinflusst die mechanische Leistungsfähigkeit der Regenwürmer, aber auch die Reichweite bei der Nahrungssuche an der Bodenoberfläche, bei der die Tiere ihre Wohnröhre bestenfalls nur zu zwei Dritteln ihrer Körperlänge verlassen. Grob gerechnet können die Tiere so einen Kreis von 1 m Durchmesser um ihren Wohnbereich absuchen. Mit der Investition in den Bau ihrer tiefen Wohnröhre werden die Tiere mehr oder weniger ortsfest, und die Gefahr falsch zu sitzen, verringert sich mit der größeren Reichweite. Gleichzeitig ist die Größe auch die Ursache der reproduktiven Isolation, da die komplizierte Samenübergabe der zwittrigen Tiere aufgrund des Größenunterschiedes zwischen L. badensis und L. friendi nicht mehr klappt.

Stellt L. badensis mit seiner Größe eine Ausnahme unter den Regenwürmern dar? Sicher ist es so, wenn man die Mehrzahl unserer anderen

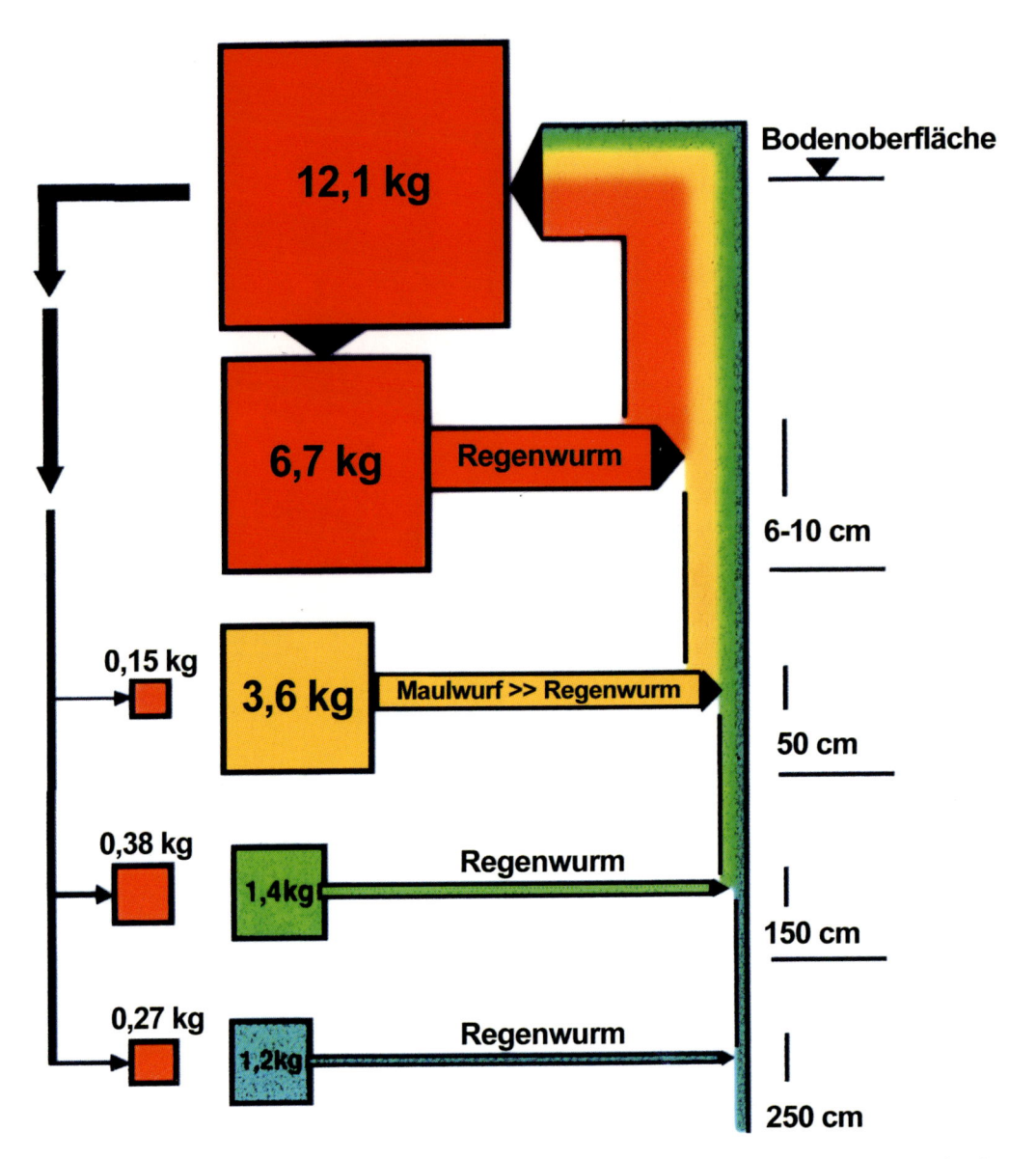

356 Bodentransport durch L. badenis und durch Maulwürfe pro Quadratmeter (der Anschaulichkeit halber auf 5 Jahre hochgerechnet). Die Hälfte des Transports erfolgt in einem oberflächennahen Kreislauf, in dem die Regenwürmer den obersten Dezimeter des Bodens durcharbeiten. Aus größerer Tiefe dominiert die Transportleistung der Maulwürfe. Soweit es möglich ist, drücken die Regenwürmer ihre Röhre in den Boden; erst wenn das Aufpressen nicht mehr gelingt, wird Boden gefressen und als Regenwurmexkrement an der Bodenoberfläche abgelegt. Vom Unterboden nach oben transportiertes Material ist immer an seiner hellen Farbe zu erkennen. Geringe Mengen dunkelhumosen Materials werden zur Auskleidung der Wohnröhre mit einer Humustapete von oben nach unten transportiert.

Regenwurmarten als »Normalfall« ansieht. Betrachtet man aber die großen Regenwurmarten des Mittelmeergebiets oder Südwestfrankreichs, die dort vorkommen, wo sich die ehemaligen Glazialrefugien befinden, dann drängt sich ein anderer Gedanke auf: Unsere Regenwurmfauna setzt sich nur aus jenen Arten zusammen, welche nach der Eiszeit rasch in die zur

357 Dieses juvenile Exemplar von L. badensis zeigt besonders gut mit seinem Farbgradienten die typische Pigmentierung tiefgrabender Regenwürmer. Das Jungtier befindet sich auf der Bauoberfläche eines adulten Tieres. Die Bauoberfläche ist eine lockere, gut belüftete und gleichmäßig feuchte Mischung aus Regenwurmexkrementen und Streu. (FL)

Besiedlung offenstehenden Gebiete einwandern konnten. Den großen Regenwurmarten mit ihrer langsamen Ausbreitungsgeschwindigkeit gelang eine solche Besiedlung nicht. So gesehen, wäre unsere Regenwurmfauna eine durch die Eiszeit reduzierte Fauna und der Neoendemit L. badensis wäre durch den Sonderfall einer raschen Evolution der erste waldbewohnende Regenwurm, der jene Größe erreicht hat, die für waldbewohnende Regenwürmer notwendig ist, um die Standorteigenschaften prägend zu beeinflussen und auch zu ihren Gunsten zu verbessern. Dass große Regenwürmer auch bei scheinbar ungünstigen Bedingungen dazu in der Lage sind, kann man in Südwestfrankreich beobachten, wo auf basenarmen Granitstandorten völlig unerwartet die Humusform Mull unter Birkenwald und einer Strauchschicht aus Ericaceen zu finden ist. Die Ursache der guten Humusform sind zahlreiche große Regenwürmer, deren Spuren in Form von großen Wohnröhren und grob strukturierten Exkrementhaufen sehr auffällig sind.

Rund um den Feldberg gibt es zahlreiche Vorkommen von L. badensis. So lebt er in den Steilbereichen südlich und südwestlich der Zastlerhütte. Hier sind die Böden stellenweise erstaunlich tiefgründig. Aber auch in felsreichen Partien kann er auftreten, wenn offene Klüfte ihm die Anlage seiner rund 15 mm dicken Wohnröhre erlauben. Die Kluftfüllung besteht dann vollständig aus dunklen humosen Regenwurmexkrementen. Westlich vom Seebuck und im Bereich des Grübles gibt es mittlere Dichten von L. badensis, besonders in Böden mit tiefreichender Humusakkumulation. In nassen Böden wie Hanggleyen, Quellengleyen und Mooren fehlt er. Auf den Freiflächen mit Süd-/Südostexposition unterhalb des Seebucks ist L. badensis selten. Dasselbe gilt für den Bereich der Seebucklifte mit seinen zahlreichen Nassböden. Mit hohen Dichten tritt L. badensis dagegen in den hochgelegenen Matten westlich

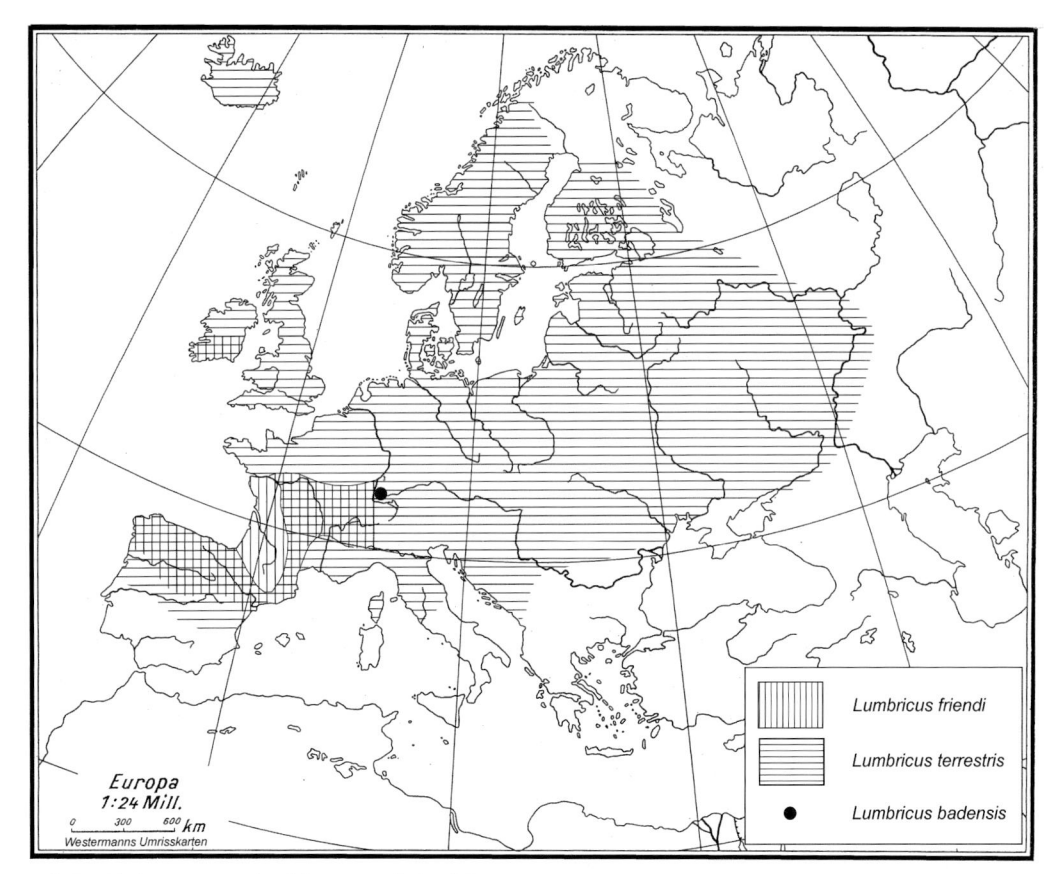

358 Das Vorkommen von *Lumbricus terrestris*, *Lumbricus friendi* und *Lumbricus badensis* im europäischen Maßstab.

des Feldsees auf. Die harte, gerbstoffreie Heidelbeerstreu gilt nicht als ideale Regenwurmnahrung, und doch findet man unter hochwachsenden Heidelbeersträuchern die höchsten Wohndichten. Dies wird meist auch durch zahlreiche Maulwurfhaufen angezeigt.

Für das Wassereinzugsgebiet des Feldsees charakterisieren BURGHAUS und v. NELL (1988) die Vorkommen von *L. badensis* mit der Tabelle auf S. 326 (siehe dort).

Nach BURGHAUS und v. NELL tritt *L. badensis* fast im gesamten von ihnen untersuchten Gebiet mit mittleren bis hohen Dichten auf, d. h. mit 3–10 Regenwurmbauen pro m². Wenig vertreten ist *L. badensis* in reinen, dichten Fichtenwäldern und auch in dichten Laub- oder Mischbeständen, ebenfalls in Tälern wie dem Seebachtal, die zur Bildung von Kaltluftseen neigen. Hohe Vorkommen findet man auf Weiden mit schwach feuchten Böden und lichten bis lockeren, schwach feuchten bis feuchten Mischbeständen aus Fichte, Buche und Berg-Ahorn.

Der hohe Regenwurmeinfluss in der Umgebung des Feldsees zeigt sich auch in der Verteilung der Humusformen. Zwei Drittel des Gebiets besitzen die Humusform Mull, ein angesichts der Hochlage und des Reliefs erstaunliches Ergebnis. Aber auch in Flächen mit schlechter Humusform fehlt *L. badensis* nicht vollständig, vielmehr scheint hier die Regenwurmbesiedlung zu fluktuieren. Bei genauerer Betrachtung des Oberbodens ergibt sich Folgendes: Dort, wo einige Zeit keine Regenwürmer leben, verklebt der sehr stark humose Oberboden kohärent brechbar und der Bodenkundler diagnostiziert Rohhumus. Dort, wo sich Regenwürmer ansiedeln, wird die anfallende Streu rasch abgebaut und die

359 Bodenstruktur und Regenwürmer: »Letztendlich ist wichtig, was hinten herauskommt!«
Die Regenwurmexkremente werden plastisch ausgestoßen (oben links) und verkleben zu größeren Aggregaten (oben rechts, Schnitt durch verklebte Regenwurmkrümel), die gleichsam als Mulchschicht auf der Bodenoberfläche liegen (unten links, Dünnschliff durch die obersten 10 cm des Bodens). Von oben nach unten werden die Krümel kleiner und es entstehen zahlreiche kleinere Poren. Dadurch ist der Boden wie ein Trichter nach oben offen: Wasser kann versickern und ein Luftaustausch ist möglich. Im Dünnschliff eines Regenwurmexkrements im polarisierten Licht (unten rechts) erkennt man Nadelquerschnitte, Rindenreste, Mineralkörner und Gesteinsbruchstücke. Die zahlreichen Streureste eines solchen Exkrements sind Nahrung für kleine Bodenorganismen, die es im Laufe der Zeit wie einen Schwamm durchlöchern. Solche »Schwämme« können sehr viel Wasser speichern und sind reich an Nährstoffen, die dem Pflanzenwachstum und folglich wiederum auch der Produktion von Regenwurmnahrung zugutekommen. (FL)

360 Röhre von L. badensis in einer Felsspalte in ehemals 80 cm Tiefe. Das Foto entstand an einem neu angelegten Weg. Der Regenwurm versucht seine zerstörte Bauoberfläche wieder zu rekonstruieren. (FL)

obersten Bodenhorizonte stabil-krümelig aggregiert und damit gut belüftet. Der Bodenkundler diagnostiziert Mull mit Grauhuminsäuren, allerdings ein Mull mit einem Schönheitsfehler, denn dem krümelig aggregierten Horizont direkt unter der Streulage fehlen einige Prozent Mineralanteile zu seiner Einstufung als normaler Mineralboden. Aufschlussreich sind hier auch die

Tab. 13 Kenngrößen der L.-badensis-Dichte im Feldseegebiet.

Humusformen	Vegetation	Neigung	Gründigkeit	Regenwurmdichte (*Lumbricus badensis*)	pH (H$_2$O) - Wert	Fläche in %	Fläche in ha
MULL	lichter bis lockerer Fichtenwald lückiger bis dichter Mischbestand	20° - 38°	tiefgründig	hoch- (bis sehr hoch)	4,0 - 4,3	66,3	151,6
	baumfreie Weiden	12° - 24°					
MODER	lichter bis lockerer Fichtenbestand	4° - 12°	tief- bis flachgründig (je tiefgründiger, desto geringer die Neigung)	mittel (je flachgründiger, desto geringer die Dichte)	3,7 - 4,0	13,7	31,4
	dichter Buchenbestand lockerer Mischbest.	25° - 36°					
ROH-HUMUS	lückiger bis dichter, reiner Fichtenbestand	4° - 12°	tief- bis flachgründig (je tiefgründiger, desto geringer die Neigung)	gering bis mittel (je flachgründiger, desto geringer die Dichte)	3,5 - 3,7	12,3	28,0
		25° - 36°					
AN-MOOR	keine Bäume, hydrophile Kraut- und Moosvegetation	9° - 36°	tief- bis flachgründig	gering bis hoch	4,5 - 4,7	1,3	2,9
MOOR	Fichten- und Moorvegetation	5° - 15°	tiefgründig	nicht vorhanden, (bis gering) (gering, nur wenn es sich um flach- bis sehr flach entwickelte Moore über tiefgründigen Böden handelt)	4,3 - 4,5	6,4	14,6

immer wieder unter Regenwurmeinfluss geraten und so intensiv durchmischt werden.

Der östliche Teil des L.-badensis-Areals und die Nord- bis Nordosthänge des Feldberggebiets sind beides Grenzbereiche der L.-badensis-Besiedlung. Im Bereich der Ostgrenze lösen sich die Vorkommen in räumlich getrennte, besiedlungsgeeignete Flecken mit meist mittlerer Dichte auf. Im Feldberggebiet führen länger anhaltende Witterungsschwankungen bei besiedlungsungünstigen Stellen dagegen zu einem Fluktuieren der Regenwurmdichte.

361 Die sehr stark humosen obersten 10 cm eines Bodens unter Buche. Das derzeitige Fehlen von L. badensis führt zu einer kompakten, schichtigen Blattauflage und zu einem dicht kohärent verklebten Oberboden. Die hellen diffus verteilten Mineralkörner gehen auf eine frühere Durchmischung durch Regenwürmer zurück (Anschliff). (FL)

362 Die obersten 10 cm eines Bodens unter Fichte mit starker Humusakkumulation (aufgrund einer gebremsten Mineralisierungsrate) wurden durch die Anlage eines L.-badensis-Baues gelockert, aggregiert und belüftet. Mitte links der Regenwurmgang, oben dicke Aggregate (Anschliff). (FL)

C/N-Verhältnisse. Das Verhältnis charakterisiert die ökologischen Bedingungen von Oberböden, man kann es übersetzen als das Verhältnis von potentieller Energie (C-Verbindungen) zu potentieller Biomasse (N-Verbindungen). Die Humuslage (Oh-Lage) eines Rohhumusprofils besitzt im allgemeinen ein C/N-Verhältnis von 30–40, in Wäldern des Feldbergs findet man dagegen in solchen Lagen ein relativ enges C/N-Verhältnis von 19–24 (REICHERT 1990). Umgekehrt ist es bei den obersten Mineralbodenhorizonten (Ah-Horizonten); hier sind C/N-Verhältnisse von rund 15 in Wäldern üblich, entsprechende Horizonte am Feldberg haben mit 18–20 deutlich weitere C/N-Verhältnisse. Auch das Auftreten von Bleichkörnern gibt Hinweise: In normalen Rohhumusprofilen sind sie oft windwurfbedingt und treten in dünnen Schichten auf. In den Rohhumusprofilen der Feldbergwälder sind sie in der Regel durch die Bioturbation der Regenwürmer gleichmäßig in der Oh-Lage verteilt. Dies alles deutet darauf hin, dass in langen Zeiträumen gesehen die Oberböden scheinbar ungünstiger Flächen

und sauren Hochmoorgewässer beschränkt. Es ist von Libellenlarven bekannt, dass sich unter ihnen stenotherme Arten befinden, deren Eier nur bestimmte Temperaturen tolerieren. Bei zu hoher oder zu niedriger Temperatur kommt es zu Fehlentwicklungen, die zum Absterben des Embryos führen können.

Die Alpen-Mosaikjungfer (*Aeshna caerulea*) ist durch einen auffallend leuchtend blauschwarz gemusterten Hinterleib gekennzeichnet (Abb. 364). Man kann sie im Juli und August über den Mooren fliegen sehen, wobei sie an sonnigen Tagen die frühen Morgenstunden bevorzugt und die Wärme des Mittags meidet. Die Eier werden vom Weibchen mit dem Legeapparat in Seggen und Torfmoose eingestochen und durchlaufen dort, geschützt im Pflanzengewebe, ihre Entwicklung. Die Larven finden sich bevorzugt in den Gewässern am Randbereich des Moores. Außerhalb ihres nördlichen Hauptverbreitungs-

364 Die Alpen-Mosaikjungfer (*Aeshna caerulea*), hier ein Paarungsrad, ist in Baden-Württemberg auf einige Moore im Hochschwarzwald beschränkt; in den letzten Jahren wurde sie allerdings nicht mehr gesichtet. (KS)

gebiets kommt diese Art in ihren südlichen Arealen nur in Hochmooren der montanen und subalpinen Stufe vor. Alle baden-württembergischen Funde dieser Art stammen aus dem Hochschwarzwald. Nachweise liegen von insgesamt fünf Mooren vor. Allerdings wurde die Alpen-Mosaikjungfer nach 1980 nur noch aus einem Moor in einer Höhenlage von etwa 1300 m als bodenständig gemeldet. Diese äußerst seltene Libellenart verdient größten Schutz. Deshalb werden in dem Moor für die letzte verbliebene Population gezielte Artenschutzmaßnahmen durchgeführt.

Die Hochmoor-Mosaikjungfer (*Aeshna subarctica elisabethae*) ist eine Charakterart der lebenden Hochmoore. Ihr Vorkommen weist auf ein ungestörtes, in seinem Wasserhaushalt weitgehend intaktes Hochmoor mit flutenden Torfmoosen und nur kleinen offenen Wasserflächen hin. In den ersten Tagen nach dem Schlüpfen sind die Imagines dieser Art wanderfreudig und entfernen sich zunächst vom Gewässer; sie halten sich zum Jagen und Sonnen an Waldwegen, Waldrändern und Lichtungen auf, um schließlich zur Eiablage wieder in die weitgehend unbeschattete Moorweite zurückzukehren.

Die Alpen-Smaragdlibelle (*Somatochlora alpestris*) gehört zu den dunkel gefärbten Vertretern der Falkenlibellen (Corduliidae), mit einem kräftigen, einfarbigen, weitgehend ungemusterten Hinterleib und blaugrünen Augen. Während die Art in ihrem nordischen Verbreitungsgebiet, das bis auf die japanische Nordinsel Hokkaido reicht, die während der Eiszeit mit Sibirien landfest verbunden war, auch außerhalb von Hochmooren vorkommt, ist sie in ihren südlichen Arealen (Alpen, Schwarzwald, Harz) meist auf über 800 m gelegene Hochmoore beschränkt, wiederum ein Beispiel für regionale Stenotopie. Die Populationen im Schwarzwald sind zumeist sehr klein und die meisten Fundorte im Südschwarzwald konnten nach 1995 nicht mehr bestätigt werden. Die Art wird daher in der Roten Liste als »vom Aussterben bedroht« geführt. S. alpestris fliegt von Mitte Juni bis in den September hinein und legt ihre Eier in Schlenken der Moorrandbereiche und selbst in kleinste Wasserlöcher ab, die regelmäßig austrocknen.

Die Arktische Smaragdlibelle (*Somatochlora arctica*) ist zierlicher als ihre Schwesterart, ihre Augen sind eher goldgrün (Abb. 365) und die Weibchen haben einen auffallend gelben Seitenfleck am dritten Hinterleibsegment. Sie fliegt von Anfang Juni bis Anfang September und kommt im Gegensatz zur Alpen-Smaragdlibelle auch im baden-württembergischen Alpenvorland vor. Die Weibchen fliegen offensichtlich weit umher und spüren selbst kleine, unter Bäumen versteckte Schlenken und nur wenige Quadratdezimeter große Kleingewässer mit Torfmoosen zur Eiablage auf. Wie alle im Gebiet vorkommenden Libellen, besonders jedoch die »nordischen Relikte«, verdient auch diese Art absoluten Schutz.

Auch einige Käferarten kommen nur in Hochmooren, jedoch stets außerhalb des Wassers vor. Ihnen sagen die kühlen Klimate der Hochmoore zu, da sie aus den sibirischen Verbreitungszentren stammen und im Wesentlichen nordisch bis hochnordisch verbreitet sind. Unter den Laufkäfern (Carabidae) gehören hierher z. B. *Agonum ericeti* und *Bembidion humerale*, die beide im Hinterzartener Moor vorkommen. Dasselbe gilt auch für den Kurzflügler (Staphylinidae) *Philonthus nigrita*. Besonders auf den Moorkiefern (*Pinus mugo* ssp. *rotundata*) leben die Larven und Imagines zweier Marienkäfer (Coccinellidae), *Adalia conglomerata* und *Myrrha octodecemguttata*, die sich von den dort vorkommenden Blattläusen ernähren. Während die *Myrrha*-Art weiter verbreitet ist, gehört *Adalia conglomerata* dem boreo-montanen bis boreo-alpinen Verbreitungstyp an.

Die Moore des Schwarzwalds haben viele landschaftsgeschichtliche und ökologische Gemeinsamkeiten mit denen des Alpenvorlandes. Demgemäß kommen auch die meisten auf Moore angewiesenen Schmetterlinge in beiden Naturräumen vor. Recht stattlich und auffallend ist der Hochmoor-Gelbling (*Colias palaeno*, Abb. 366), der von Mittel- und Nordeuropa über Sibirien bis Japan und Nordamerika verbreitet ist. Die Art gehört zur Familie der Weißlinge. Die

365 Die Arktische Smaragdlibelle (*Somatochlora arctica*) kommt in Baden-Württemberg in den Mooren des Hochschwarzwalds und des Alpenvorlands vor. (KS)

Raupe lebt aussschließlich an Moorbeere (*Vaccinium uliginosum*), wodurch die Art bei uns mit ihrer Fraßpflanze an (Hoch-)Moore gebunden ist. In höheren Alpenlagen und im Norden, wo die Moor- (=Rausch-)beere nicht mehr streng an Moore gebunden ist, sind auch die Lebensraumansprüche des Hochmoor-Gelblings außerhalb von Mooren gegeben. Der Falter benötigt jedoch zur Nahrungsaufnahme Blütennektar, der im Hochmoor kaum zur Verfügung steht. Blütenreiche Moorrandbereiche sind durch Aufforstung oder intensive Landwirtschaft in den letzen Jahrzehnten fast verschwunden, was sicherlich eine Rückgangsursache neben der direkten Moorvernichtung ist. Außerdem bewalden sich in ihrem Wasserhaushalt gestörte Moore nach einem Verheidungsstadium, das der Hochmoor-Gelbling zunächst noch gut verträgt, und werden für die Art letztendlich unbewohnbar. Man stellt seit Jahrzehnten fest, dass die Vorkommen in Mitteleuropa zurückgehen und erlöschen und zwar tendenziell eindeutig von West nach Ost und von niederen in zunehmend höhere Lagen, auch in strukturell unveränderten Schutzgebieten. Es liegt nahe, hier einen Zusammenhang mit zunehmend frostfreiem Winterklima bei fehlendem Schnee und gleichzeitiger Nässe zu suchen.

Der Hochmoor-Perlmutterfalter (*Boloria aquilonaris*) (Abb. 367) aus der Familie der Edelfalter (Nymphalidae) kommt in West- und Zentraleuropa nur lokal, von Nordeuropa ostwärts jedoch bis nach Ostasien vor. Die Raupen leben ausschließlich auf Gewöhnlicher Moosbeere (*Vaccinium oxycoccus*). Wie beim Hochmoor-Gelbling ist der Falter jedoch auf Blüten als Nektarquelle angewiesen, die er im Randbereich der Moore findet. In West- und Mitteleuropa ebenfalls inselartig verbreitet – erstaunlicherweise nicht in den Alpen – ist der Randring-Perlmutterfalter (*Proclossiana eunomia*), der von Juni bis Anfang Juli auf Hoch- und Flachmooren sowie Nasswiesen zu finden ist, wo die Raupennahrungspflanze Schlangen-Knöterich (*Polygonum bistorta*) wächst. Besonders gefährdet ist diese Art durch Aufforstungen im Randbereich von Moorkomplexen und Nutzungsintensivierung von Feuchtwiesen oder

366 Die Weibchen des Hochmoor-Gelblings (*Colias palaeno*) haben zusätzlich zu schwarzer und gelber auch weiße Zeichnung, die den Männchen fehlt. (JM)

367 Der Hochmoor-Perlmutterfalter (*Boloria aquilonaris*) hat viele ähnliche Verwandte und ist daher nicht ganz leicht zu erkennen. (AS)

deren Trockenlegung. Die Art liebt offensichtlich kontinentales bzw. montanes Klima. Das Große Wiesenvögelchen (*Coenonympha tullia*) (Abb. 368) ist von Nordwesteuropa bis nach Asien verbreitet. Es ist streng an nährstoffarme Moore gebunden, in denen die Raupen an Wollgräsern (*Eriophorum* sp.) leben. Ähnlich dem Hochmoor-Gelbling gehen die Bestände in ganz Deutschland momentan auch in scheinbar unveränderten Lebensräumen stark zurück.

Der Hochmoor-Bläuling (*Vacciniina optilete*) (Abb. 369) ist von den Alpen bis zum Nordkap und östlich bis nach Japan verbreitet, in Baden-Württemberg wiederum in den Moorgebieten Oberschwabens und um den Feldberg. Die Raupe lebt an *Vaccinium*-Arten. Die Falter verlassen das Bruthabitat kaum und besuchen anstelle von Blüten offene Bodenstellen und Tierkot zur Stoffaufnahme.

Aus der Familie der Eulenfalter gehört die tagaktive Moor-Bunteule (*Anarta cordigera*) zu den wichtigen Zielarten des Naturschutzes in Baden-Württemberg. Sie hat leuchtend gelbe Hinterflügel und fliegt reißend schnell im Frühling über die Moorweiten z. B. des Hinterzartener Moores. Larvennahrung ist wiederum die Moorbeere. Schließlich sei noch der gefleckte Rauschbeerenspanner (*Arichanna melanaria*) erwähnt, ein hübscher Falter, den man in den Spirken-Mooren des Schwarzwaldes regelmäßig antreffen kann. Die an sich nachtaktiven Falter werden bei Störung leicht aufgescheucht. Im Gegensatz zum Hochmoor-Gelbling leben die Raupen nicht an vollsonnig stehenden Rauschbeersträuchern, sondern an solchen in Moorwäldern.

368 Das Große Wiesenvögelchen (*Coenonympha tullia*) wird völlig zu Recht auch Moor-Wiesenvögelchen genannt. Es ist sowohl im Schwarzwald als auch im Alpenvorland akut vom Aussterben bedroht. (JM)

F72 Ein Hochmoor-Bläuling (*Vacciniina optilete*) auf Rauschbeere (*Vaccinium uliginosum*). Eiablage wurde an dieser Pflanze sowie an Preiselbeere (*V. vitis-idea*) und (zumeist) an Moosbeere (*Vaccinium oxycoccos*) beobachtet. (JM)

6. Käfer im Feldberggebiet

Hannes F. Paulus (ergänzt durch W. Pankow, F. Baum, J. Trautner)

Von allen derzeit bekannten Tierarten (ca. 1 Million) sind wohl beinahe die Hälfte (ca. 400 000 Arten) Käfer! Wenn auch die überwiegende Mehrzahl dieser Arten in den Tropen verbreitet ist, finden sich in Mitteleuropa noch an die 8000 Arten. Das sind doppelt so viele Arten, wie es Säugetiere, oder nur etwas weniger, als es Vogelarten auf der ganzen Welt gibt. Entsprechend vielfältig ist die Lebensweise der Käfer; es gibt nahezu keinen durch Insekten besiedelbaren Lebensraum, der nicht auch von irgendwelchen Käferarten genutzt wird.

Über die Käferfauna des Feldberggebiets liegen zwar nur wenige, jedoch sehr aufschlussreiche Untersuchungen vor, die den alpinen bzw. subalpinen Charakter dieses Gebiets deutlich belegen. Allen voran sind die Aufsammlungen von Horion und Kardasch (Horion 1951, 1954) zu nennen, die erheblich zur Kenntnis über die Zahl der hier lebenden boreo-alpinen Käfer (Holdhaus/Lindroth 1939) beigetragen haben. Relativ aktuell ist die Arbeit von Schunger (2001), die etwa 260 vor allem Totholz bewohnende Arten aus dem Gebiet meldet. Bis heute liegt jedoch keine systematische Erfassung der Gesamtkäferfauna vor, sodass die Zahl der im Gebiet lebenden Arten nur geschätzt werden kann. Wenn man die entsprechenden Untersuchungen von Kless im Wutachgebiet als

---

In Mitteleuropa an Moore gebundene Insekten – so auch die Moorfalter – werden oft als Eiszeitrelikte bezeichnet. Daran ist richtig, dass ihre heutigen Vorkommen auf frühe nacheiszeitliche Klimaphasen zurückgehen. Die Moorfalter sind aber keine Relikte der waldfreien Tundrenlandschaft zum Höhepunkt der letzten (in Süddeutschland Würm-) Vereisung, sondern wanderten ein, als sich eine taigaähnliche Waldlandschaft entwickelt hatte. »Echte« Eiszeitrelikte kommen in den Alpen über der Baumgrenze und außerdem oft in der nordischen Tundra vor (arktisch-alpine Verbreitung). Die beiden weiter unten erwähnten, im Schwarzwald fehlenden *Erebia*-Arten der Vogesen gehören vermutlich hierzu.

Unsere Moorfalter sind dagegen Relikte der erwähnten nacheiszeitlichen Waldtundrazeit und konnten sich auf den mittlerweile entstandenen Sonderstandorten der Moore noch halten, als dichte Mischwälder die Nadelwaldsteppe allmählich ablösten. Die Areale dieser Arten sind dementsprechend viel ausgedehnter und umfassen aktuell noch große Teile der Nadelwaldregionen des nördlichen Eurasiens, oft auch Nordamerikas, mit Ausstrahlungen in südliche Waldgebirge, wo sie sich bis heute auf Sonderstandorten wie den inzwischen entstehenden Mooren halten konnten. Neuere Forschungsergebnisse u. a. mit molekulargenetischen Methoden lassen erkennen, dass es bei etlichen Arten der heutigen mitteleuropäischen Mischwaldzone auch weitere Refugien während der letzten Vereisung in Europa südlich der Alpen gegeben haben muss, die nacheiszeitliche (Wieder-)Einwanderung also aus mehreren Richtungen erfolgen konnte. Unsere auf Moore zurückgedrängten bzw. hieran gebundenen Arten sind also lebende Dokumente einer davor liegenden Klimaphase. Ob sie ebenfalls auch im zentralen Europa Refugien hatten, werden weitere Analysen ergeben (siehe Schmitt 2011). Es bleibt sehr zu hoffen, dass die Objekte dieser Forschungen auch zukünftig noch in ihren Lebensräumen studiert werden können und nicht nur als tote Sammlungsexemplare.

Richtmaß nimmt (dort sind mehr als 1400 Käferarten nachgewiesen), so darf man etwa 1500–2000 Käferarten im Feldberggebiet erwarten. Die überwiegende Mehrzahl dieser Arten sind jedoch kleine, unscheinbare Formen, die lediglich der Spezialist finden und erst recht in korrekter Weise ansprechen kann. Wir werden daher im Folgenden vorwiegend solche Arten erwähnen, die

a) den alpinen Charakter des Gebiets belegen, nämlich die sogenannten boreo-montanen (= Arten Skandinaviens, der Alpen und der Mittelgebirge), boreo-alpinen (= Arten Skandinaviens, der höchsten süddeutschen Mittelgebirge und der Alpen) und oreo-alpinen Arten (= subalpin bis alpine Arten – in den Alpen meist nur oberhalb der Baumgrenze –, die ausschließlich in den höchsten südlichen Mittelgebirgen, Südschwarzwald, Vogesen, eventuell Bayerischer Wald, Alpen und oft auch anderer Hochgebirge verbreitet sind, in einigen Fällen außerhalb der Alpen sogar nur im Südschwarzwald);
b) als charakteristische, montane Arten des Feldberggebiets auffällig genug sind, dass sie auch dem Nicht-Spezialisten begegnen können.

6.1 Käferarten des Gipfelplateaus und der subalpinen Borstgrasrasen

In diesen Lebensräumen finden sich vor allem solche Arten, welche die dunkle Feuchte des Waldes meiden. Es handelt sich hierbei keineswegs nur um für diese Höhenlage typische, kälteliebende Formen, sondern es gibt hier auch durchaus wärmeliebende Vertreter (besonders in Südwestexposition), wie dies unter den Pflanzen auch das Vorkommen der Silberdistel demonstriert. Andererseits entsprechen diese Weidfelder (siehe S. 111ff.) ökologisch den alpinen und hochalpinen Matten der Alpen.

6.1.1 Laufkäfer

Die Arten der Laufkäfer (Carabidae) sind in der Regel räuberisch lebende Bodenformen. Sie ernähren sich von allerlei Kleinarthropoden, von

370 Der etwa 1 cm große Laufkäfer *Oreonebria castanea* findet sich im Juni/Juli an vielen offenen Stellen des Feldberg-Gipfelplateaus, vor allem in feuchten Schneetälchen und Lawinenbahnen. (JT)

deren Larven, von Schnecken und kleinen Regenwürmern. Eine besonders bemerkenswerte und auch seit langem schon als oreo-alpin bekannte Art ist *Oreonebria castanea* (Abb. 370). Der mittelbraune, schlanke, relativ langbeinige Käfer von etwa 1 cm Körpergröße findet sich am häufigsten im Juni/Juli an vielen Stellen des Gipfelplateaus, in den feuchten Schneetälchen und Lawinenbahnen (Zastler Loch), stets jedoch an offenen Stellen. Nur ausnahmsweise hält er sich im Wald auf. In den Alpen ist die Art weit verbreitet und kommt dort nur oberhalb der Baumgrenze bis in die höchsten Lagen vor. Der Käfer ist dort ein typischer Bewohner der Schneetälchen-Gesellschaften. *Oreonebria castanea* war in der postglazialen Tundrenzeit weiter verbreitet, wie andere Reliktvorkommen in den Hochvogesen, im Nordschwarzwald (z. B. Hornisgrinde, Ruhestein), auf der Schwäbischen Alb, im süd-

371 An ähnlichen Standorten wie *Oreonebria castanea* kommt der wesentlich größere, schwarz glänzende *Pterostichus panzeri* vor. (JT)

lichen Odenwald (Felsenmeer bei Heidelberg) oder im Bayerischen Wald (Arber) belegen.

Noch beschränkter in seiner Verbreitung ist der wesentlich größere, schwarz glänzende *Pterostichus panzeri* (Abb. 371). Diese markante Art ist vor allem in den nördlichen Alpen, im Schweizer und Französischen Jura, in den Hochlagen des Südschwarzwaldes und auf der Schwäbischen Alb verbreitet. Dieser Käfer findet sich meist in Gesellschaft von *Oreonebria castanea*, da er ähnliche Standorte bevorzugt.

Ein weiterer bemerkenswerter kleiner Laufkäfer dieser Region ist *Amara erratica*, der in den höheren Lagen der Mittelgebirge, in Skandinavien und den Alpen weit verbreitet ist. Im Feldberggebiet ist er vor allem am Rand der Schneeflecken auf den hochgelegenen Borstgrasrasen zu finden. In den Alpen gehört *Amara erratica* zu den Charakterarten der Matten und Weiden der subalpinen Zwergstrauchzone oberhalb der Waldgrenze.

6.1.2 Weichkäfer

Die Weichkäfer (Cantharidae) zeichnen sich durch weiche Körper sowie biegsame Flügeldecken und Beine aus. Ihre größeren Vertreter aus den Gattungen *Cantharis* oder *Rhagonycha* sind wegen ihrer Häufigkeit, Größe und ihrer an frühere Uniformen erinnernden, auffällig roten, blauen und schwarzen Farben auch als »Soldatenkäfer« bekannt. Man findet sie im Sommer auf Doldenblüten, Gebüsch oder Nadelhölzern, wo sie anderen Insekten nachstellen, aber auch von Pollen leben. Besonders auffällig ist hier im Hochsommer der ungemein häufige und allgegenwärtige *Rhagonycha fulva*, der als länglicher, rotgelber, etwa 1 cm großer Käfer auf den Doldenblüten nicht zu übersehen ist.

Zu den Weichkäfern gehört auch eine ganze Reihe montaner bis alpiner Vertreter, von denen einige charakteristisch für das Feldberggebiet sind, da sie nur in höheren Lagen zusagende Lebensbedingungen finden. Das gilt für *Cantharis abdominalis* mit rotem Halsschild und stahlblau glänzenden Flügeldecken, der zu den boreomontanen Arten gerechnet wird, da er außer im nördlichen England in den Mittelgebirgen und besonders häufig in den Alpen in subalpinen Lagen auf Waldwiesen gefunden wird. Eine ähnliche Verbreitung hat die einfarbig rotbraune *Podistra pilosa*, die in Nordeuropa allerdings bis zum Nordkap vorkommt, in Mitteleuropa außerhalb der Alpen nur in den höheren östlichen Mittelgebirgen und im Hohen Schwarzwald gefunden wurde.

Die Larven der Weichkäfer sind durch einen samtartigen, schwarzen oder braunen Pelz ausgezeichnet. Sie überwintern und kommen nicht selten an warmen Wintertagen (besonders bei Inversionswetterlagen) aus ihren Verstecken und laufen gelegentlich zahlreich als sogenannte »Schneewürmer« über den Schnee.

6.1.3 Schnellkäfer

Die länglichen, schlanken Schnellkäfer (Elateridae) sind durch ihre ungewöhnliche Fähigkeit bekannt, sich mithilfe eines komplizierten Springmechanismus, verbunden mit einem laut vernehmbaren Knipsgeräusch, in die Luft zu schnellen, um sich einem Feind blitzschnell zu entziehen oder auch einfach nur wieder aus der Rückenlage auf die Beine zu gelangen. Biologisch kann man die Elateridae in zwei Gruppen einteilen: solche, deren Larven, die als »Drahtwürmer« bekannt sind, sich im Mulm oder faulendem Holz und solche, die sich im Erdboden entwickeln. Erstere sind Bewohner unserer Wälder, während letztere ursprünglich Steppenbewohner sind. Nur diese Steppenbewohner sind prädestinierte Bewohner alpiner Matten. Zu diesen gehört die für den Hohen Schwarzwald sehr typische *Ctenicera cuprea*, die im Juni/Juli teilweise in großen Mengen auf den Wiesen und Weiden des Feldbergs ab etwa 700 m schwärmt. Die Männchen dieses etwa 1,5 cm großen Käfers haben stark gekämmte, lange Fühler, während ihre Weibchen nur stark gesägte Antennen besitzen. Die Art tritt in zwei unterschiedlichen Färbungen auf: kupfrig violett-erzfarben, die Flügeldecken bis mindestens hinter die Mitte gelblich, häufig sind nur die Elytrenspitzen angedunkelt (Nominatform), oder die Tiere sind einfarbig kupfrig-violett oder seltener grünlich-erzfarben (forma *aeruginosa*). Beide Farbvarianten kommen mit unterschiedlicher Häufigkeit zusammen vor. In vielen Jahren überwiegt in unserem Gebiet jedoch die einfarbig violette Varietät. Die Larve lebt an den Wurzeln der Gräser und anderer Pflanzen der Borstgrasrasen. *Ctenicera cuprea* ist verbreitet in Sibirien, über das südliche Nordeuropa, das nördliche Großbritannien und in den höheren Mittelgebirgen. In den Alpen lebt diese Art auf den subalpinen Almwiesen oberhalb der Baumgrenze, und selbst in den südeuropäischen Hochgebirgen kommt sie vor.

6.2 Arten der »Eislöcher«

Eislöcher werden im Feldberggebiet besondere Kältebiotope genannt, die aufgrund ihrer mikroklimatischen Verhältnisse auch in den Sommermonaten eine Durchschnittstemperatur von wenig über 0 °C aufweisen. An den großen Schneewechten am Nordabhang des Feldbergs zum Zastlerloch hin sind solche Kältestellen von altersher bekannt, aber auch die Eislöcher im oberen Zastlertal in nur 785 m Höhe und im oberen St. Wilhelmer Tal gehören hierher. Die Gebiete sind durch ursprünglich vorhandene Fichten, durch Vorkommen von Sprossendem Bärlapp, von Herz-Zweiblatt und durch eine artenreiche, charakteristische Moosvegetation ausgezeichnet (siehe S. 253, WILMANNS 1971). Leider sind diese Gebiete bisher nur wenig systematisch auf ihre Tierwelt untersucht. Lediglich die Aufsammlungen von KARDASCH und HORION sowie in neuerer Zeit von MOLENDA (1989, 1996) liegen vor, die sogleich einige hochinteressante alpine Käfer zutage förderten.

6.2.1 Laufkäfer

Die bereits erwähnte *Oreonebria castanea* (Abb. 370) kommt auch hier vor. Wie bereits ausgeführt, gehört sie zu den oreo-alpinen Arten und stellt in den Alpen einen typischen Bewohner der alpinen Schneetälchen dar. Die Art kommt auch an den oberen Nordhängen am Belchen vor. Als geradezu sensationell kann man die Entdeckung einer weiteren Art aus dieser Verwandtschaft bezeichnen. In der sogenannten »Seehalde« bei Präg nahe Todtnau wurde 2004 gar ein Periglazialrelikt, nämlich eine neue, der alpinen *Nebria (Nebriola) cordicollis* nahestehende Art beschrieben, die *Nebria (Nebriola) praegensis* benannt wurde (HUBER/MOLENDA 2004) (siehe Abb. 324). Diese Form überlebte offenbar die Eiszeit bis heute in den sogenannten »Kaltluft erzeugenden« Blockhalden bei Präg.

373 Der Laufkäfer *Carabus variolosus* lebt an Gebirgsbächen, die in tiefen Schluchtrinnen fließen; er jagt Insektenlarven am und im Wasser – im Hochschwarzwald wurde er in den letzten Jahren nicht mehr gefunden. (JT)

der Unterfamilie Omaliinae sind Blütenbesucher und fressen dort Pollen.

Die Staphylinidenfauna des Feldberggebiets ist sehr artenreich und bisher keineswegs erschöpfend untersucht worden, sodass in Zukunft noch einige Überraschungen zu erwarten sind. Da die Vertreter in aller Regel nur vom Spezialisten richtig erkannt werden können, sollen nur einige besonders bemerkenswerte Arten behandelt werden. Auffällig sind die Blüten besuchenden Arten der Gattungen *Eusphalerum* und *Anthophagus*, die oft in großer Zahl in den Blütenständen von Mehlbeere, Bärwurz, Alpendost und anderen Korbblütlern, von Geißbart und sogar von Primeln und Steinbrech sitzen. *Anthophagus alpestris* ist in den Alpen besonders von den subalpinen Lagen bis in die alpine Zwergstrauchstufe verbreitet und vielfach sehr häufig auf Blüten und Gebüsch. Außerhalb der Alpen findet sich diese Art nur noch im Bayerischen Wald, in den sächsischen und schlesischen Gebirgen sowie im Hohen Schwarzwald ab ca. 1000 m.

Omalium nigriceps, eine westeuropäisch-montane Art, die von Nordspanien über die Pyrenäen, die französischen Mittelgebirge, die Westalpen und den Jura bis zu den Vogesen verbreitet ist, kommt auch im Hohen Schwarzwald (Rinken, Todtnauer Hütte) vor, wo sie ihre einzigen deutschen Vorkommen hat. *Phloeonomus bosnicus* gehört zu den oreo-alpinen Vertretern und ist in den Ostalpen weit verbreitet. In Deutschland ist die Art nur aus Südbayern und dem Feldberggebiet bekannt, wo sie gesellig vor allem unter der Rinde von Laubbäumen (Berg-Ahorn und seltener Buche) lebt.

Die artenreiche und leicht an den weit vorquellenden Facettenaugen kenntliche Gattung *Stenus* ist im Gebiet mit vielen Arten vertreten. Besonders erwähnenswert ist S. *guynemeri*, da er außerhalb der Alpen nur im Südschwarzwald verbreitet ist und daher zu den oreo-alpinen Arten gehört. Er lebt vor allem an Gebirgsbächen mit nassen, überrieselten Moosen und fängt dort mit seiner weit vorschnellbaren Unterlippe, wie die meisten Arten dieser Gattung, Collembolen (Springschwänze).

Erwähnt werden sollen schließlich noch einige Vertreter der sehr artenreichen Gattung *Atheta*, die in Mitteleuropa mit über 200 Arten vertreten ist. Es handelt sich um winzige, häufig tief im Boden oder der Streuschicht lebende Kurzflügler, die vor allem im Bereich der Alpen artenreich vorkommen, wobei bestimmte Arten in ihrer Verbreitung jeweils auf wenige Berggipfel beschränkt sind. HORION und KARDASCH konnten für das Feldberggebiet über 65 Arten dieser Gattung nachweisen.

Zum Schluss ist noch eine Art zu nennen, die endemisch im Schwarzwald und angrenzenden südlichen Odenwald ist, d. h. sie kommt nur hier vor. Es handelt sich um *Leptusa simoni*, die im vorigen Jahrhundert auf dem Kniebis im Nordschwarzwald entdeckt wurde. Sie findet sich auch im Feldberggebiet. Das etwa 2 mm große Tier ist dunkelbraun und hat rötliche Flügeldecken. Es kommt außerdem auch im »Felsenmeer« bei Heidelberg vor, genau an der Stelle, an der auch der schon erwähnte oreo-alpine Laufkäfer *Oreonebria castanea* (siehe Abb. 370) gefunden wurde.

6.3.3 Schnellkäfer

Hier sollen noch ein paar typisch montane Waldarten dieser Gruppe vorgestellt werden. *Ctenicera virens*, eine über 2 cm große Art mit gelbbraunen Flügeldecken, metallisch grünem Halsschild und im männlichen Geschlecht stark gekämmten Fühlern ist vor allem im Alpengebiet und den höheren Mittelgebirgen verbreitet. Die Art ist jedoch nur in den südlichen Gebieten häufiger und kann z. B. im Zastlertal oder im St. Wilhelmer Tal beobachtet werden. Die Larve entwickelt sich in morschem Nadelholz. Der etwa 8 mm große *Haplotarsus angustulus* ist eine westeuropäisch-montane Art, die in den südlicheren Mittelgebirgen nur oberhalb 700 m vor allem an Tannen- und Fichtenzweigen vorkommt. Sie ist im Feldberggebiet nicht selten. *Limonius aeneoniger* ist ein schwarz-erzglänzender, vor allem in Nordeuropa beheimateter Schnellkäfer, der in Deutschland nur in den höheren Mittelgebirgen und in den Alpen zu finden ist. Im Hohen Schwarzwald kann man ihn vor allem oberhalb 1000 m auf Gebüsch sitzen beobachten.

6.3.4 Dickschenkelkäfer

Der deutsche Name der Oedemeridae bezieht sich vor allem auf die Vertreter der Gattung *Oedemera*, die eine bockkäferähnliche Gestalt haben und, allerdings nur im männlichen Geschlecht, keulig verdickte Hinterschenkel besitzen, die wohl beim Paarungsverhalten eine Rolle spielen dürften. Die Dickschenkelkäferarten sind meist Blütenbesucher und haben ihren Kopf mit den Mundteilen schnauzenförmig verlängert, um auch an Blüten mit tiefer liegenden Nektarien und vor allem Pollen als Nahrung herankommen zu können. Eine mitteleuropäisch montan und subalpin verbreitete Art ist *O. tristis*, die schwarzblau gefärbt ist oder ein Schwarz mit erzgrünem Schimmer aufweist. Sie findet sich in neuerer Zeit außer in Thüringen und den Sudeten nur noch im Alpenvorland. Im Feldberggebiet ist diese Art ab 700 m vereinzelt, ab 1000 m jedoch oft ziemlich häufig auf Doldenblüten anzutreffen.

Eine auch im Feldberggebiet seltene Art ist *Anogcodes* (früher *Nacerda*) *fulvicollis* (Abb. 374), die in den Alpen in den subalpinen Wäldern verbreitet ist. Sie findet sich sonst als Seltenheit nur im Bayerischen Wald und könnte daher zu den oreoalpinen Vertretern gerechnet werden. Das Tier wurde im Höllental und am Feldberg gefunden. Die Larve entwickelt sich vermutlich in totem, ziemlich durchnässtem alten Nadelholz.

6.3.5 Blatthornkäfer

In der umfangreichen Familiengruppe der Lamellicornia werden die Lucanidae (Hirschkäfer) und Scarabaeidae (Mist- und Laubkäfer) zusam-

374 *Anogcodes fulvicollis* findet sich außerhalb der Alpen nur selten im Bayerischen Wald oder im Feldberggebiet und kann daher zu den oreo-alpinen Arten gerechnet werden. (WP)

mengefasst. Die Gruppe trägt ihren deutschen Namen wegen der letzten Fühlerglieder, die einseitig »blattförmig« oder lamellenartig verbreitert und verlängert sind und weit auseinandergespreizt werden können. Bekannte Vertreter stellen die Maikäfer, Junikäfer, Rosenkäfer und Nashornkäfer. Die Larven der Blatthornkäfer sind als Engerlinge bekannt. Von ihrer Lebensweise her kann man in Mitteleuropa drei Gruppen unterscheiden:

Die Dung- und Mistkäfer der Gattungen *Onthophagus*, *Aphodius* und *Geotrupes* betreiben intensive Brutfürsorge, indem sie unter Kothaufen (z. B. Kuhfladen) senkrechte, häufig verzweigte Gänge graben und diese mit Dung vollstopfen, um den sich darin entwickelnden Larven ihre Nahrung vorzubereiten. Aus dieser Gruppe findet sich auf den Weiden der Hochlagen des Schwarzwaldes nicht selten *Geotrupes stercorarius*, eine Art, die in Nordeuropa weit verbreitet ist, im südlichen Mitteleuropa jedoch mehr und mehr die hohen Lagen bevorzugt. So lebt der Käfer in den Alpen nur noch in montanen und subalpinen Waldgebieten. Die kleineren Dungkäfer der Gattung *Aphodius* leben auf den Weiden des Feldberggebiets mit mehreren Arten in großer Zahl. Davon lebt *A. contaminatus* als typischer Herbstart im Feldberggebiet nur in subalpinen Lagen oberhalb von 1000 m. Subalpinen Charakter hat auch *A. obscurus*, der in den Alpen sub- und hochalpin von ca. 1500 m bis über 2000 m verbreitet ist und außerhalb der Alpen nur in den süddeutschen Gebirgen, vom Hohen Schwarzwald (Feldberg ab 1300 m) über die Alb bis zum Thüringer Wald und Erzgebirge vorkommt.

Als Vertreter der Blütenbesucher sei *Hoplia argentea* (= *farinosa*) erwähnt (Abb. 375). Der etwa 1 cm große, grünlich beschuppte Käfer ist in den höheren Lagen des Schwarzwaldes auf Schirmblüten überall häufig. Die Gattung zeichnet sich durch einen Sexualdimorphismus aus, indem die Männchen stark verdickte, kräftige Hinterbeine mit langen Klauen haben. Diese werden beim Kampf um Weibchen eingesetzt, indem die Männchen sich damit wie Ringkämpfer umgreifen und den Gegner von der Pflanze herunterzuwerfen versuchen. *Hoplia argentea* ist eine in den montanen und subalpinen Lagen der Alpen sehr häufige Art, die außerhalb der Alpen in Deutschland nur noch im Alpenvorland, auf der Schwäbischen Alb sowie im mittleren und südlichen Hohen Schwarzwald anzutreffen ist.

375 *Hoplia argentea* ist in den höheren Lagen des Schwarzwalds häufig auf Doldenblütlern anzutreffen. (WP)

376 Der etwa 2 cm lange Vierfleckbock (*Pachyta quadrimaculata*) ist im Sommer im Feldberggebiet auf großen Doldenblütlern nicht selten. (WP)

Aus der Familie der Hirschkäfer (Lucanidae) sind zwei Arten zu nennen: Der metallischgrüne Rehschröter *Platycerus caprea* ist im Gegensatz zu dem sehr ähnlichen *P. caraboides* zumindest im südlichen Mitteleuropa eine rein montane und subalpine Art der Laubholzwälder. Die Art findet sich in den Mittelgebirgen, Alpen und erst wieder in Nordeuropa. Eine große Seltenheit ist der schwarz glänzende *Ceruchus chrysomelinus*, der von den russischen Taiga- und Laubwaldzonen über die östlichen mitteleuropäischen Gebirge, die östlichen Alpen bis zu den süddeutschen Gebirgen verbreitet ist. Neuere Funde aus Baden sind nur aus dem südlichen Schwarzwald (u. a. St. Wilhelmer Tal) bekannt (BRECHTEL/KOSTENBADER 2002). Die Larven entwickeln sich ausschließlich in rotfaulem Holz von Laub- und Nadelbäumen.

6.3.6 Bockkäfer

Die Bockkäfer (Cerambycidae) sind eine bekannte Käferfamilie, die durch ihre schlanke Gestalt und die häufig überkörperlangen Fühler leicht kenntlich sind. Viele Arten sind zudem Blütenbesucher und daher auch leicht zu finden. Mit wenigen Ausnahmen machen alle Bockkäfer ihre Entwicklung als Larve im Holz durch, wodurch zumindest in der deutschen Fauna keine ausgesprochen alpinen oder gar hochalpinen Arten zu erwarten sind. Mit etwa 250 Arten stellen sie auch eine durchaus artenreiche Gruppe dar. Von den im Feldberggebiet vorkommenden Arten sind vor allem diejenigen interessant, die die letzte Eiszeit in den sibirischen Taiga-Nadelwäldern bzw. in den montanen Laubwäldern Südeuropas verbracht haben. Dazu gehört der Vierfleckbock *Pachyta quadrimaculata*, ein stattlicher, etwa 2 cm großer Käfer, der gelbe Flügeldecken mit vier schwarzen rundlichen Flecken hat (Abb. 376). Er ist im Feldberggebiet im Sommer auf den großen Schirmblüten nicht selten. Der Käfer ist in der nördlichen Palaearktis weit verbreitet. Entsprechend seiner sibirischen Herkunft findet er sich vor allem in den höheren östlichen Mittelgebirgen (z. B. Harz), den Alpen und in den südlichen hohen Mittelgebirgen, während er in den rheinischen Gebirgen fehlt.

Eine ähnliche Herkunft, jedoch eine stärker beschränkte Verbreitung hat *Pachyta lamed*, die aber stets nur als große Rarität gefunden wird und im Gebirge fast nur oberhalb von 1000 m vorkommt. Auch sie gehört zu den boreo-montanen Arten, die jedoch in Westdeutschland außerhalb der Alpen nur noch im Südschwarzwald verbreitet ist. Sie wurde ganz unerwartet gleich zweimal unabhängig voneinander entdeckt: einmal bei Menzenschwand, zum anderen bei Ibach im oberen Hotzenwald (BAUM/ROPPEL 1976); weitere Funde stammen aus der Nähe des Feldsees (PAULUS unveröff.). Es ist verwunderlich, dass eine markante Art so lange unentdeckt blieb, obwohl eine rezente Einwanderung wohl ausgeschlossen werden kann.

Im Bereich frischer Schläge von Fichten und Tannen kann man im höheren Schwarzwald eine recht auffällige, boreo-montane Art auf den gefällten Baumstämmen finden: den etwa 2,5 cm großen Langhornbock *Monochamus sutor*, (Abb. 377) der im männlichen Geschlecht Fühler von mindestens doppelter Körperlänge hat (also 5 cm!). Die Art ist ähnlich wie *Pachyta lamed* verbreitet und findet sich in Deutschland außerhalb des Alpengebiets und dessen Vorland nur im Südschwarzwald. Die Larve entwickelt sich unter der Rinde und später auch tiefer im Holz frisch gefällter Fichten und Tannen.

Aus der Gruppe der Blütenböcke sollen noch ein paar Arten erwähnt werden, die ausschließlich montan und subalpin verbreitet sind. Der metallisch grüne oder blaue *Gaurotes virginea* (Abb. 378) mit rotem oder schwarzem Halsschild stellt eine boreo-montane Art des höheren Schwarzwaldes dar, die außer in den Alpen vor allem in den östlicheren Gebirgen verbreitet ist, dagegen den westlicheren (Taunus, Hunsrück) weitgehend fehlt. *Anastrangalia* (= *Leptura*) *dubia*, mit im männlichen Geschlecht gelbbraunen und im weiblichen Geschlecht blutroten Flügeldecken, deren Ränder schwarz gesäumt sind, lebt nur in den höheren südlichen Mittelgebirgen und in den Alpen. Im Feldberggebiet ist der Käfer meist zusammen mit anderen Blütenbock-Arten auf Schirmblüten anzutreffen. Eine weitere boreo-montane Art ist die wespenähnlich gezeichnete *Judolia sexmaculata* (Abb. 379), deren Zeichnung eine Warnfarbe darstellt. Die Tiere ahmen damit wehrhafte Wespen nach, betreiben also Mimikry und genießen damit einen relativen Schutz vor einigen Feinden. *Judolia sexmaculata* hat ihr Südareal ausschließlich in den höheren Gebirgen Mitteleuropas, findet sich außerhalb der Alpen außer in Sachsen nur noch im bayerischen und württembergischen Alpenvorland und im Hohen Schwarzwald.

6.3.7 Blattkäfer

Die zu den Blattkäfern (Chrysomelidae) gehörenden Arten sind Pflanzenfresser, die jeweils in ihrer Nahrungswahl meist auf wenige (oligo-

377 Das Männchen des etwa 2,5 cm große Langhornbocks *Monochamus sutor* hat Fühler von doppelter Körperlänge; in Deutschland findet er sich außerhalb der Alpen und deren Vorland nur im Südschwarzwald. (WP)

378 Der metallisch grüne oder blaue Blütenbock *Gaurotes virginea* ist außer in den Alpen vor allem in den östlichen Gebirgen verbreitet. (WP)

phag) oder gar nur eine einzige (monophag) Futterpflanze spezialisiert sind. Die Tiere sind häufig hochgewölbt, kugelig und metallisch gefärbt und zugleich mit ihren Larven auf ihren Futterpflanzen anzutreffen. Ein bekannter, allerdings aus Nordamerika eingeführter Vertreter ist der schädliche Kartoffelkäfer. Im Feldberggebiet finden sich mehrere Blattkäferarten, die nur in den höheren mitteleuropäischen Gebirgen oder gar sonst nur in den Alpen verbreitet sind.

Besonders auffällig und im Hohen Schwarzwald auf den Blättern von *Petasites*, *Adenostyles* oder *Senecio* allgegenwärtig sind die Arten der Alpen-Blattkäfergattung *Oreina* (= *Chrysochloa*). Die metallisch grünen Tiere mit blauen und rötlichen Längsstreifen sitzen meist zu mehreren auf den Blättern der genannten Pflanzen (Abb. 380), häufig zusammen mit den hochgewölbten, schwarz glänzenden Larven mit gelbem Halsschild. Im Südschwarzwald leben gleich vier Arten dieser sonst nur in den Alpen und anderen europäischen Hochgebirgen vertretenen Gattung. Doch sind diese Arten so ähnlich, dass sie nur vom Spezialisten unterschieden werden können. Man findet die Käfer ab Ende Mai auf ihren Pflanzen, an denen die Weibchen bald zur Eiab-

379 Die wespenähnliche Zeichnung von *Judolia sexmaculata* stellt eine Warnfärbung dar, die den Käfer vor Feinden schützen soll; die Art findet sich außerhalb der Alpen nur in den höheren Gebirgen Mitteleuropas. (WP)

lage schreiten. Hierbei kann eine interessante Anpassung an die kurze Vegetationsperiode der Gebirge festgestellt werden. Während bei der Mehrzahl der Insekten die Eientwicklung bis zum Schlüpfen der jungen Larven viele Tage bis Wochen dauert, kriechen hier die Lärvchen bereits nach wenigen Stunden aus den dünnschaligen Eiern. Die Embryonalentwicklung ist also bereits im Mutterleib weitgehend abgeschlossen worden, sodass schlüpfreife Eier gelegt werden können, ein Entwicklungsmodus, der als Ovoviviparie bezeichnet wird.

Aus der artenreichen Gattung *Chrysolina* (früher *Chrysomela*) sollen nur die montan und subalpin verbreiteten *C. rufa* und *C. purpurascens* genannt werden. Besonders die knapp 1 cm große, bronzefarbene, in den Alpen verbreitete *C. rufa* ist eine Art der alpinen Matten und findet sich im westlichen Mitteleuropa außerhalb der Alpen nur in Bayern und im Feldberggebiet.

Aus der Unterfamilie Alticinae (Blattflöhe), die sich durch sehr gutes Springvermögen auszeichnet, seien noch zwei Arten hervorgehoben, da sie dem oreo-alpinen Verbreitungstyp angehören. Die Gattung *Crepidodera* enthält eine Reihe ausgesprochen hochalpin lebender Arten. Die hübsch gefärbte kleine *C. peirolerii* hat kornblumenblaue bis grünblaue Flügeldecken und ist außer vom gesamten Alpengebiet nur noch vom Feldberg bekannt. Sie hält sich gern auf Salweide oder Berg-Ahorn auf, lebt in den Hochalpen jedoch auch an *Saxifraga aizoides*. Die zweite oreo-alpine Art ist die dunkelgrünliche oder

380 *Oreina cacaliae* ist eine der vier im Südschwarzwald vorkommenden metallisch-grünen Blattkäferarten, die auf den Blättern von subalpinen Hochstauden wie dem Alpen-Dost (*Adenostyles alliariae*) leben. (WP)

bronzefarbene *Chaetocnema angustula*, die von den französischen hohen Gebirgen (Pyrenäen, Zentralmassiv, Vogesen) bis zum Schwarzwald und dann erst wieder in den österreichischen Ostalpen verbreitet ist. Im Schwarzwald wurde sie bisher nur aus dem Kniebisgebiet und vom Feldberg (Todtnauer Hütte) bekannt.

6.3.8 Rüsselkäfer

Die Vertreter der Familie der Curculionidae sind an ihrem rüsselartig verlängerten Kopf leicht zu erkennen, der an der »Rüsselspitze« die Mundwerkzeuge trägt. Ihre Larven leben meist im Innern von Pflanzen, in Pflanzenstängeln, in Blütenböden, im Holz, seltener auch frei an Blättern. Die Eier werden von den Weibchen mithilfe des Rüssels in das Pflanzengewebe versenkt, je nach Rüssellänge der Arten mehr oder weniger tief. Die Rüsselkäfer bilden nach aktuellem Kenntnisstand die artenreichste Tiergruppe überhaupt, sind weltweit derzeit doch über 60 000 Arten beschrieben, wovon über 1400 Arten allein in Mitteleuropa leben – hier sind allerdings die Staphylinidae (S. 340f.) noch artenreicher. Zu den ausgesprochenen Charaktertieren des Feldberggebiets gehören die großen (10–15 mm) schwarzen Rüsselkäfer der Gattung *Otiorhynchus*, die auf den Wegen oft sehr zahlreich herumkriechen. Auch überall in der Vegetation der Hochstaudenfluren und auf Büschen sitzen Vertreter dieser Gattung. Sehr häufig ist der mitteleuropäisch-montane *O. coecus* (= *niger*), der an seinen meist roten Beinen und kräftigen regelmäßigen Punktreihen auf den Flügeldecken leicht zu erkennen ist. *O. morio* hat dunkle Beine und feinere Punktreihen. Er gehört zu den boreomontan verbreiteten Arten, wenn auch sein Nordareal rezent auf den Nordwesten Schottlands beschränkt ist. Auch der nur 8 mm große, bräunliche *O. nodosus* (= *dubius*) (siehe Abb. 320, S. 285) gehört zu den boreo-montanen Vertretern der Feldbergfauna. Er lebt offensichtlich nur in den höchsten Lagen (Rinken, Todtnauer Hütte) und findet sich tiefer nur im Bereich der »Eislöcher«. Das Nordareal erstreckt sich im Gegensatz zur vorigen Art über fast ganz Nordeuropa einschließlich Island und sogar Grönland. Innerhalb der Gattung *Otiorhynchus* und bei verwandten Gattungen tritt eine fortpflanzungsbiologische Besonderheit auf. So finden sich im Nordareal von *O. nodosus* nur Weibchen, die sich durch Jungfernzeugung (Parthenogenese) fortpflanzen, während in den Südarealen beide Geschlechter vertreten sind und die Eier der Befruchtung bedürfen, um sich zu entwickeln. Dies gilt auch für *O. coecus*, wobei hier jedoch auch in den Schweizer Alpen Populationen existieren, die nur Weibchen enthalten.

381 Der 3,5 mm große Blaue Berg-Kleinrüssler (*Ceutorhynchus pandellei*) findet sich stellenweise an den Bächen des Feldberggebiets auf der Brunnenkresse (*Nasturtium officinale*). (JR)

Eine Besonderheit des Feldberggebiets ist der von Hartmann 1897 entdeckte, 3,5 mm große, blaugrüne *Ceutorhynchus pandellei* (Abb. 381), der später den deutschen Namen »Blauer Berg-Kleinrüssler« erhielt. Die Art findet sich auf *Nasturtium* (Brunnenkresse) am oberen Zastlerbach, bei der Todtnauer Hütte und an anderen Stellen des Feldberggebiets, später wurde sie auch im Belchengebiet gefunden (Baum 1989). Die Art hat eine westlich-montane Verbreitung von den Pyrenäen über das Zentralmassiv, den Französischen Jura bis zu den Vogesen. Sie lebt dann erst wieder in einem weit entfernten Ostareal. Baden-Württemberg besitzt eine besondere Verantwortung für die in Deutschland nur hier vorkommende Art (Rheinheimer/Hassler 2010).

Zwei sehr auffällige Rüsselkäfer, die allerdings in den Alpen und in den Mittelgebirgen

382 Mit rund 2 cm sind die beiden Pestwurzrüssler der Gattung *Liparus* die größten Rüsselkäfer Deutschlands; hier der etwas kleinere *Liparus germanus*. (JR)

weit verbreitet sind, sind die mit 2 cm Körperlänge größten Rüssler der deutschen Fauna, nämlich *Liparus glabrirostris* und der etwas kleinere, aber sonst ähnliche *L. germanus* (Abb. 382). Man findet beide Arten an feuchten Stellen mit großen *Petasites*-Beständen überall im Feldberggebiet. Die großen Tiere sitzen meist sehr träge auf oder unter den großen Blättern. Die Larven entwickeln sich in den Wurzeln dieser Pflanzen. Genauere Angaben zu den Rüsselkäfern des Südschwarzwaldes sind im neuen Werk von RHEINHEIMER/HASSLER (2010) zusammengestellt.

7. Schmetterlinge der Feldbergregion

IRIS UND JOACHIM ASAL, JÖRG-UWE MEINEKE

Die Artenzahlen der Nachtfalter übertreffen die der Tagfalter um ein Vielfaches mit vielen unterschiedlichen Lebensformtypen und Strategien. So gibt es Arten, die im Falterstadium keine Nahrung aufnehmen (können). Die Überwinterung kann als Ei, Raupe, Puppe oder Falter erfolgen und nicht nur Raupen, die sich von Blättern unterschiedlichster Pflanzen ernähren, sondern auch solche, die in Früchten, Holz, Wurzeln, Blattstreu oder sogar parasitisch in Ameisennestern leben, kommen vor. Auch im Feldberggebiet leben etliche Hundert verschiedene Schmetterlingsarten, was zunächst enorm viel klingt, wobei aber bedacht werden muss, dass die mitteleuropäische Insektenfauna aufgrund der relativ geringen Lebensraumkapazität der Landschaft und der noch jungen nacheiszeitlichen Natur vergleichsweise artenarm ist. Im Folgenden werden einige Falterarten des Feldberggebiets vorgestellt, die aufgrund der Höhenlage und der klimatischen Verhältnisse sowie vor dem Hintergrund der nacheiszeitlichen Landschaftsgeschichte hier als Besonderheiten vorkommen. Die Falter der Moore sind bereits beim entsprechenden Lebensraum behandelt worden (siehe S. 332–334).

> Schmetterlinge sind wegen ihrer Schönheit und Anmut seit alters her beliebt. Tagfalter sind in der Regel Blütenbesucher und haben zum Aufsaugen des flüssigen Nektars einen einrollbaren langen Rüssel entwickelt. Sie lieben jedoch auch allerlei andere Säfte und saugen daher auch gerne an fauligem Obst, an feuchten Stellen und gelegentlich auch an Exkrementen oder dem Schweiß der Tiere. In blütenarmen Mooren sind sogar Arten, die solche Quellen besser nutzen können, im Vorteil. Die Larven der Schmetterlinge sind als Raupen ebenfalls allgemein bekannt.

7.1 Tagfalter

Der stattliche Apollofalter (*Parnassius apollo*) (Abb. 383) ist von Südwesteuropa über alle europäischen Gebirge bis nach Asien beheimatet. Er bewohnt Felslandschaften und kann von den natürlichen Habitaten ausgehend mit seiner Hauptnahrungspflanze, der Weißen Fetthenne (*Sedum album*), auch Mauern, Steinbrüche, Bahndämme usw. besiedeln. Früher war er in Baden-Württemberg in einem breiten Band vom Südschwarzwald über die gesamte Schwäbische Alb verbreitet. Die Weide- und Schneitelnutzung dieser Standorte wurde schon ab dem 19. Jahrhundert nach und nach aufgegeben, und sie verbuschten oder wurden aufgeforstet und der Apollo verlor seinen Lebensraum. Der starke Rückgang dieser Art begann bereits um 1900, wobei er in den 1930er Jahren wohl im Feldberggebiet, am Belchen und der Utzenfluh bei Schönau schon recht selten war, da nur noch wenige Fundmeldungen und Exemplare in Sammlungen bekannt sind. Eine dramatische Beschleunigung erfolgte dann ab Anfang der 1950er Jahre. Bis Anfang der 1970er Jahre war der größte Teil der baden-württembergischen Populationen erloschen, so auch im Feldberggebiet und ab etwa 1964 in der Utzenfluh. Parallel verschwand die Art auch in den Vogesen. Im französischen Jura (Doubs) trotzen heute noch letzte Populationen der Verbuschung. In den 1970er Jahren gab es in Baden-Württemberg nur noch zwei bekannte Populationen, eine davon im Höllental. 1983 ist diese letzte, bereits auf einen Bahndamm zurückgedrängte Schwarzwald-Population infolge von Vermoosung und Verschattung der Bruthabitate letztlich erloschen. (Auf der Schwäbischen Alb sieht es besser aus, hier konnten durch intensive Pflegemaßnahmen Rettung und Wiederausbreitung eingeleitet werden.)

Der Natternwurz-Perlmutterfalter (*Clossiana titania*) (Abb. 384) aus der Familie der Edelfalter (Nymphalidae) kommt von Südfinnland über Sibirien bis nach Nordamerika vor. Die Lebensräume in Europa sind montane und subalpine blütenreiche Waldlichtungen, oft Uferfluren entlang von Bächen und Gebirgsflüssen. Der Falter findet sich in Deutschland in den Alpen, im Alpenvorland und auch im südlichen Schwarzwald. Hier fliegt er auf waldnahen sumpfigen Wiesen mit Beständen von Schlangen-Knöterich (*Polygonum bistorta*), der Raupennahrungspflanze.

Charakteristisch für die mittleren bis Hochlagen des Schwarzwaldes ist ein Vertreter aus der Mohrenfaltergattung *Erebia*, nämlich *Erebia meolans* (Abb. 385). Seine Gesamtverbreitung beschränkt sich auf die Gebirge Süd- und Mitteleuropas, vom Thüringer Wald im Norden bis zu den Apenninen in Italien und über Frankreich zu den Gebirgen Spaniens. Die Falter des Schwarzwaldes haben eine stark ausgebildete, breite,

383 Der Apollofalter (*Parnassius apollo*), hier ein aktuelles Foto von der Oberen Donau, ist im Schwarzwald leider seit den 1980er-Jahren verschollen. (JM)

384 Ein Natternwurz-Perlmutterfalter (*Clossiana titania*) beim Blütenbesuch. (JM)

385 In Südwestdeutschland nur im Schwarzwald: der Gelbbindige Mohrenfalter (*Erebia meolans*), hier ein Exemplar an einem Blütenstand der Weißzüngel-Orchidee (*Leucorchis albida*). (JM)

rostbraune Binde und sind als ssp. *posidonia* beschrieben. Man findet sie ab einer Höhe von etwa 350 m bis zum Gipfelbereich des Feldbergs, wo sie von Ende Mai bis Ende August auf den Weidfeldern z. T. recht zahlreich anzutreffen sind, gern auch auf Waldwegen sitzend. Die Raupen leben an Borstgras (*Nardus stricta*) und Geschlängelter Schmiele (*Deschampsia flexuosa*), bevorzugt an steilen, sonnigen Böschungen und Blockhalden. Alle Vertreter dieser artenreichen Gattung leben an Gräsern.

Eine weitere erwähnenswerte Mohrenfalterart ist der Weissbindige Mohrenfalter (*Erebia ligea*). Sie kommt von Skandinavien durch die gemäßigte Zone Asiens bis nach Japan vor. In Frankreich und Italien hat die Art die Westgrenze ihres Areals in isolierten Populationen und fehlt im übrigen West- und Südeuropa ebenso wie in Norddeutschland. Sie zieht sich momentan in ganz Europa in höhere Lagen zurück, ohne dass hierfür strukturelle Lebensraumveränderungen offensichtlich sind. Im Juli und August findet man die Art an Waldrändern und -lichtungen, und wie diejenigen der vorherigen Art setzen sich die Falter gern auf unbefestigte Stellen der Waldwege.

Auch das Fehlen von Arten kann aufschlussreiche Hinweise zur Landschaftsgeschichte geben. So gibt es in den benachbarten, durch den Oberrheingraben vom Schwarzwald getrennten Vogesen-Hochlagen auf subalpinen Matten und Mooren weitere Gebirgs-Mohrenfalterarten (*Erebia epiphron*, *E. manto*), die dem Hochschwarzwald fehlen, obwohl die heutige Kulturlandschaft durchaus die Lizenzen für ihr Vorkommen hätte. Dies legt den Schluss nahe, dass die zunächst dichte Wiederbewaldung des Schwarzwaldes nach der Eiszeit solche Arten komplett verdrängte, wogegen in den Vogesen die ersten Hirten bereits größere primär offene Bereiche vorfanden, die dann ausgeweitet wurden.

Auch aus der Familie der Bläulinge (Lycaenidae) sollen einige Vertreter hier Erwähnung finden. Der Graublaue oder auch Quendel-Bläuling (*Pseudophilotes baton*) (Abb. 386) ist vom Norden der Iberischen Halbinsel über das gesamte Mitteleuropa und Italien verbreitet. Nach Osten wird die Art von einer eng verwandten Schwesterart abgelöst. *P. baton* fliegt in der montanen bis subalpinen Stufe auf trockenen, sonnenbeschienenen und blumenreichen Hängen mit reichlich Feld-Thymian (*Thymus pulegioides*), der Raupennahrungspflanze. Neben dem lokalen Verbreitungsgebiet in der Feldbergregion findet sich die früher auf Magerrasen verbreitete Art aktuell in Baden-Württemberg sonst noch in kleinen Populationen auf der östlichen Schwäbischen Alb. Eine sehr attraktive Art ist auch der Violette Feuerfalter (*Lycaena alciphron*). Er ist von Europa bis Vorderasien verbreitet und findet sich eher lokal in Höhenlagen von 500 bis 2000 m auf heißen und steinigen Halden. Im Feldberggebiet kann man ihn noch regelmäßig, jedoch nie häufig finden. Einzeln und zerstreut tritt die Art auch noch im Nordschwarzwald auf. Die Raupe lebt an Sauerampfer (*Rumex* sp.). Die Männchen des Lilagold-Feuerfalters (*Lycaena hippothoe*) sind durch ihre kupferrot glänzenden Flügel mit violettem Schimmer besonders auffällig. Die Art ist im gesamten Schwarzwald verbreitet mit deutlichem Schwerpunkt im Südschwarzwald, wo sie von der collinen bis in die subalpine Stufe auf Feuchtwiesen und an Hochmoorrändern angetroffen werden kann. Die Raupe lebt an Großem Sauerampfer (*Rumex acetosa*). Als typische und wertvolle Bestandteile der Fauna der Weidfelder sollen noch der Thymian-Ameisenbläuling (*Maculinea arion*), dessen Larven zunächst an Thymian und dann parasitisch von Ameisenbrut leben, sowie der Mittlere Perlmutterfalter (*Fabriciana niobe*) (Abb. 387), dessen Raupen an Veilchen fressen, erwähnt werden. Thymianpolster sind besonders gut auf stark abgeweideten Ameisennestern in Schaf- und Rinderweiden ausgebildet.

386 Der Graublaue Bläuling (*Pseudophilotes baton*) ist in Süddeutschland auf thymianreichen Magerrasen sowohl im Kalkbergland als auch im Südschwarzwald anzutreffen. (JM)

7.2 Nachtfalter

Die Eulenfalter (Noctuidae) bilden die artenreichste Familie der europäischen Schmetterlinge. Die Falter sind meist unscheinbar braun oder grau mit unterschiedlicher Abwandlung eines Grundmusters. Aber auch stattliche bunte Formen wie die Ordensbänder sind vertreten. Die Eulenfalter sind überwiegend dämmerungs- und nachtaktiv, einige Arten fliegen auch – manche sogar obligatorisch – im Sonnenschein. Ein Großteil der Arten kann nur vom Fachmann sicher bestimmt werden, so auch die folgenden Arten: Eisenhut-Höckereule (*Euchalcia variabilis*) Eisenhut-Goldeule (*Polychchrysia moneta*), Silberblatt-Goldeule (*Autographa bractea*) und Heidelbeeren-Silbereule (*Syngrapha interrogationis*) gehören zur Familie der Plusien (»Goldeulen«), welche auf

387 Für die Weidfelder des Hochschwarzwaldes ist der Mittlere Perlmutterfalter (*Fabriciana niobe*) typisch. (JM)

388 Mit Glück kann man die Kupfereule (*Chersotis cuprea*) in den höchsten Lagen der Feldbergregion auch tagsüber auf Blüten antreffen. (JM)

den Vorderflügeln oft charakteristische, silbern oder golden gefärbte Flecken oder flächige messing- oder goldfarbene Bänder besitzen. Die Falter sind typische Blütenbesucher, die vorwiegend in der Dämmerung zur Nahrungsaufnahme umherfliegen. *Euchalcia variabilis* ist im Südschwarzwald und der Schwäbischen Alb weit verbreitet. Die Raupen leben im Mai an Gelbem und an Blauem Eisenhut (*Aconitum vulparia* sowie *A. napellus*), an denen sie ein typisches Fraßbild erzeugen: Sie beißen die größeren Blattadern an, damit sich das Blatt senkt und eine nach unten offene Blatttüte bildet, in der die Raupe ruht. Ihren Namen verdankt *Polychrysia moneta* ihrer goldenen Färbung und den an Münzen erinnernden Makelzeichnungen. Die Raupe lebt an Eisenhut- und Rittersspornarten, im Feldberggebiet ist dies vor allem der Blaue Eisenhut (*Aconitum napellus*). *Autographa bractea* galt früher in Mitteleuropa als Art der Hoch- und Mittelgebirge, hat jedoch im Laufe des 20. Jahrhunderts viele Gebiete des Hügellands und sogar der Ebene besiedelt. *Syngrapha interrogationis* ist vor allem in Nordeuropa und Nordasien verbreitet, nach Süden hin jedoch nur noch in den Gebirgen anzutreffen und stellt für Südwestdeutschland eine typische Schwarzwaldart dar. Hier lebt die Art in Hochheiden mit größeren Heidelbeer- und Moorbeerbeständen, den Nahrungspflanzen der Raupe. Die Falter können leicht mit dem überall anzutreffenden Wanderfalter Gammaeule (*Plusia gamma*) verwechselt werden. Beide Arten fliegen bei Tag und Nacht. Zu den schwer bestimmbaren Faltern gehört der Kräuter-Mönch (*Cucullia lucifuga*), der in Mitteleuropa vor allem in der collinen und montanen Stufe beheimatet ist. Im Schwarzwald ist die Art auf den südlichen Teil beschränkt. Die Raupen sind tagaktiv und fressen bevorzugt die Blüten und Früchte von Korbblütlern (Asteraceae). Die Schwarzweiße Grasbüscheleule (*Apamea rubrirena*) ist eine boreo-montan verbreitete Art und besiedelt demgemäß die Nadelwaldzone Eurasiens mit einem nach Süden stark zersplitterten Areal. Sie ist nur im Wald anzutreffen, wo die Raupen in Grashorsten leben. Die Graue Bergraseneule (*Lasionycta proxima*) ist lückenhaft durch ganz Europa verbreitet, wobei sie sich in Deutschland auf die Mittelgebirge und die Alpen beschränkt. Das erste Exemplar dieser Art wurde erst 1981 auf dem Schauinslandgipfel gefangen, danach konnten weitere Beobachtungen z. B. auf dem Herzogenhorn und bei der Todtnauer Hütte gemacht werden. Die Annahme, dass *Lasionycta proxima* wirklich erst in jüngster Zeit in den Schwarzwald einwanderte, könnte anhand systematischer Überprüfungen alter Sammlungen vielleicht noch erhärtet werden. Die Kupfereule (*Chersotis cuprea*) (Abb. 388) hat ein Nordareal von Fennoskandien bis Nordrussland und ein stark zersplittertes Südareal, mit Pyrenäen, Alpen und vielen europäischen Mittelgebirgen. Auf der Schwäbischen Alb ist die Art weiter verbreitet, jedoch stets nur mit lokalen Vorkommen. Ende des 19. Jahrhunderts wurde sie allgemein für den Südschwarzwald erwähnt, blieb jedoch in der Folge verschollen, bis die Art 1994 in der Nähe der Todtnauer Hütte nach fast einem Jahrhundert wieder gefunden wurde. Die Bergwiesen-Bodeneule (*Epipsilia grisescens*) konnte bislang nur in Hochlagen von Schauinsland, Belchen und Feldberg in Einzelexemplaren nachgewiesen werden, außerdem in einem eng begrenzten Gebiet auf der Schwäbischen Alb. Die Art bewohnt exponierte lückige Magerrasen und Felsfluren. Wiederum ist auch die Bergwald-Bodeneule (*Xestia speciosa*) in einem Nordareal von Fennoskandien bis Nordasien und einem auf die Alpen und Mittelgebirge Süd- und Mitteleuropas beschränkten Südareal verbreitet. In Baden-Württemberg ist die Art auf den Schwarzwald beschränkt, wo sie in heidelbeerreichen Berg- und Moorwäldern zu finden ist. Die Raupe benötigen einen zweijährigen Entwicklungszyklus, wobei der in ungeraden Jahren auftretende Flugstamm im Südschwarzwald weitaus häufiger ist. Die Mittelgebirgs-Bodeneule (*Xestia collina*) (Abb. 389) kommt in Südwestdeutschland nur im Schwarzwald vor und kann durch ihre variable Färbung leicht mit der häufigen Primel-Erdeule (*Diarsia mendica*) verwechselt werden. Lebensraum der Art sind frische bis feuchte, heidelbeerreiche Zwergstrauchheiden, verheidete Hochmoore sowie lichte Misch- und Nadelwälder. Die Hellgraue Erdeule (*Euxoa decora*) schließlich ist von den Gebirgen Nordwestafrikas bis nach Mitteleuropa verbreitet, wobei der Schwarzwald die Nordgrenze ihres Areals darstellt. Während die Art auf der Schwäbischen Alb etwas weiter verbreitet ist, beschränkt sich das Vorkommen im Schwarzwald auf felsige Bereiche in Hochlagen des Nordschwarzwaldes sowie den Gipfelbereich des Feldbergs, wo in jüngster Zeit immer nur einzelne Exemplare gefunden werden konnten. *Euxoa decora* besiedelt felsige und steinige Lebensräume wie Fels- und Geröllhalden, in denen die Raupen an den Wurzeln verschiedener krautiger Pflanzen leben und sich zur Verpuppung eine Erdhöhle bauen.

Unter den Großschmetterlingen sind die Spanner (Geometridae) in Mitteleuropa die zweitartenreichste Familie. Namengebend ist die typische Fortbewegungsart ihrer Raupen, die keine oder reduzierte Bauchbeine haben. Deshalb ziehen sie ihr Schwanzende bis nahe an den Kopf heran, indem sie ihren Leib wie einen Katzenbuckel nach oben wölben, klammern sich mit den Nachschiebern auf der Unterlage fest und »spannen« anschließend ihr Kopfende nach vorn. Die Falter dieser Familie sind klein bis mittelgroß (Spannweite 18 bis maximal ca. 50 mm) und in der Mehrheit der Arten nachtaktiv. Typischerweise haben sie meist schmale Körper und breite Flügel und erinnern deshalb

389 Die Mittelgebirgs-Bodeneule (*Xestia collina*) ist in Deutschland an Heidelbeerbestände in (sub)montaner Lage gebunden und damit auch ein Charaktertier des höheren Schwarzwalds. (JM)

an Tagfalter, sind von diesen aber leicht durch die stets nicht keulenförmigen, sondern gekämmten, gefiederten oder fadenförmigen Fühler unterscheidbar. Der Veränderliche Gebirgs-Blattspanner (*Entephria caesiata*) ist eine Charakterart des höheren Schwarzwaldes. Die Raupen können im Spätsommer auf ihrer bevorzugten Nahrungspflanze Heidelbeere (*Vaccinium myrtillus*) gefunden werden, und zur Flugzeit von Juni bis August tritt der Falter in heidelbeerreichen Nadel- und Mischwäldern stellenweise sogar recht häufig auf. Der Winkelzahn-Gebirgs-Blattspanner (*Entephria infidaria*) kommt nur lokal in den Gebirgen Mitteleuropas vor und war früher im Schwarzwald und auf der Schwäbischen Alb weit verbreitet. Während die Populationen im Nordschwarzwald wohl erloschen und auf der Schwäbischen Alb stark zurückgegangen sind, ist der Falter im Südschwarzwald noch regelmäßig zur Flugzeit im Juni und Juli anzutreffen. Er fliegt an eher kühlen und feuchten Stellen in felsigen montanen Misch- oder Nadelwäldern. Lokal und lückenhaft kommt der Große Felsen-Bindenspanner (*Nebula tophaceata*) in den süd- und mitteleuropäischen Gebirgen vor. In Baden-Württemberg ist die Art im mittleren und südlichen Schwarzwald und auf der Schwäbischen Alb verbreitet. Man findet sie in lichten Schluchtwäldern, Blockfluren und Geröllhalden, wo die Raupe an Labkraut (*Galium* sp.) lebt. Der

390 Nur wenige Fundorte des Baldrian-Bindenspanners (Colostygia laetaria) sind aus dem höheren Bergland Baden-Württembergs bekannt. Die auf Felsen oder Rinde gut getarnten Falter sitzen in der Nähe der Bruthabitate, das sind Wuchsorte des Dreiblättrigen Baldrians (Valeriana tripteris) in absonniger, quelliger Felsspalten-Vegetation. (JA)

seltene Baldrian-Bindenspanner (Colostygia laetaria) (Abb. 390) ist an das Vorkommen seiner einzigen Raupennahrungspflanze, des Dreiblättrigen Baldrians (Valeriana tripteris), gebunden. Dieser wächst auf Felsen in halbschattigen und kühlfeuchten Lagen in montanen Misch- und Nadelwäldern. In den letzten Jahrzehnten konnte die Art nur noch an einigen Stellen im Hochschwarzwald nachgewiesen werden. Ob dies jedoch am starken Rückgang der Art liegt oder daran, dass die Felsstandorte mit Dreiblättrigem Baldrian noch nicht systematisch untersucht wurden, wird sich noch zeigen. Der Weiden-Palpenspanner (Hydriomena ruberata) ist in fast ganz Fennoskandien und Nordrussland verbreitet. In Mitteleuropa kommt diese Art jedoch nur lückenhaft in den Gebirgen vor. Im Schwarzwald liegen die meisten Funde mehr als 50 Jahre zurück und in jüngerer Zeit konnte die Art nur an wenigen Fundstellen in Feuchtgebieten kühler Lagen noch nachgewiesen werden. Die Raupe lebt an Weiden-Arten (Salix sp.). Der Ebereschen-Bergspanner (Venusia cambrica) ist von Nordeuropa über Sibirien bis Japan verbreitet. In Süd- und Mitteleuropa kommt er nur lokal in Gebirgen vor. Die einzigen Fundorte in Baden-Württemberg sind das Zastlertal und der Feldbergpass. Die Raupe lebt dort an Eberesche (Sorbus aucuparia), an feuchten, mit Felsen duchsetzten Hängen. Die Raupen des Enzian-Kapselspanners (Perizoma obsoletata) bohren sich nach dem Schlüpfen in die Fruchtkapseln und ernähren sich dort von den Samen. Am Feldberg leben die Raupen in den Fruchtkapseln des Gelben Enzians (Gentiana lutea). Außer in den Alpen, wo die Art weit verbreitet ist, findet man sie von den Gebirgen Frankreichs bis zu den Gebirgen des Balkans. Auf montanen Quellstaudenfluren, frischen Borstgrasrasen und Niedermoor-Gesellschaften lebt der Bergmatten-Kräuterspanner (Perizoma verberata). Man findet ihn nur auf den höchsten Schwarzwaldgipfeln, so dem Feldberg, dem Schauinsland und dem Herzogenhorn. An den wenigen Fundorten unterhalb von 1000 m wie z. B. im Hotzenwald oder im Nordschwarzwald ist die Art bereits um 1900 ausgestorben. Man vermutet, dass die Art eine mächtige und lange anhaltende Scheedecke im Winter benötigt. Zwei disjunkte Teilareale hat wiederum der Braungraue Bergwald-Steinspanner (Elophos vittaria). Sein nördliches Hauptareal erstreckt sich von Fennoskandien bis weit nach Sibirien. Das mitteleuropäische Teilareal umfasst die Alpen sowie angrenzende Mittelgebirge. Im Schwarzwald ist Elophos vittaria selten. Die Falter ruhen tagsüber an Baumstämmen und Felsen.

391 Die Alpine Gebirgsschrecke (*Miramella alpina*) ist im höheren Südschwarzwald häufig anzutreffen, vor allem in Hochstaudenfluren; bei der hier zu sehenden Paarung ist der Größenunterschied zwischen Männchen (oben) und Weibchen deutlich zu erkennen. (WP)

Der sehr ähnliche Lichtgraue Bergwald-Steinspanner (*Elophos dilucidaria*), der in heidelbeerreichen Wäldern, auf Hochheiden und Mooren fliegt, ist dagegen noch weitaus häufiger anzutreffen. Während die Raupen vom Herbst überwinternd bis zum Frühsommer an der Heidelbeere leben, fliegen die Falter im Hochsommer von Anfang Juli bis Ende August.

8. Bemerkenswerte Heuschrecken

Hannes F. Paulus, Peter Detzel

Aus der Gruppe der Heuschrecken (Saltatoria) sollen hier nur vier typische Arten von Feldheuschrecken (sie sind durch kurze Fühler charakterisiert) erwähnt werden. Wer im höheren Südschwarzwald durch die Wälder wandert, dem werden mit Sicherheit diese häufig in beachtlicher Zahl sich auf Blättern sonnenden, grünschwarz gezeichneten Alpinen Gebirgsschrecken (*Miramella alpina*) auffallen (Abb. 391). Man kann diese Tiere zusammen mit den Alpen-Blattkäfern der Gattung *Oreina* (siehe S. 345f.) geradezu als Charaktertier der Hochstaudenfluren im Hohen Schwarzwald bezeichnen. Am Feldberg wurde wie am Belchen vereinzelt die melanistische Färbungsvariante (schwarze Färbung) nachgewiesen (Abb. 392). In kalten Tälern sind

392 Vereinzelt kommt am Feldberg die schwarze Farbvariante der Alpinen Gebirgsschrecke vor. (WP)

393 Der Gebirgsgrashüpfer (*Stauroderus scalaris*) findet sich in Deutschland außerhalb der Alpen regelmäßig nur im Schwarzwald und auf der Schwäbischen Alb. (JT)

Vorkommen auch bei ca. 500 m anzutreffen, meist finden sich die individuenreichen Bestände jedoch in Höhen von 900 bis 1000 m. Bei dieser Art sind die Flügel stark zurückgebildet. Im Gegensatz zu einer großen Zahl von Feldheuschreckenarten, die ihre Zirptöne dadurch hervorbringen, dass sie mit einer Dornenreihe am Schenkel der Hinterbeine über eine Ader am Deckflügel streichen, muss *Miramella* die Töne auf andere Weise produzieren. Sie tut dies durch Bewegungen der Kiefer (Mandibeln), knirscht also sozusagen mit den Zähnen, wobei Knarr- und Klicklaute entstehen. Bei dieser Lautproduktion werden eigenartigerweise auch rhythmische Hinterschenkelbewegungen durchgeführt, die sehr an die entsprechenden Bewegungen der mit den Beinen »singenden« Arten erinnert. Doch werden durch die Bewegungen bei *Miramella* keine Laute produziert, sodass diese nur noch als optisches Signal auf die Weibchen wirken können. Im Hochsommer kann man die Männchen der stets sehr gesellig lebenden Gebirgsschrecken leicht bei ihrem Werbeverhalten um Weibchen beobachten. Die ersten Tiere treten etwa ab Ende Mai auf. Es handelt sich dann aber noch um winzig kleine Larven, die aus den überwinternden Eiern geschlüpft sind. Diese fressen wenig wählerisch nahezu alles Grüne, bevorzugt jedoch Blätter des Huflattichs, der Pestwurz oder anderer großblättriger Pflanzen. Man findet sie aber auch auf jungen Laubbäumen (Eberesche, Erle), die sie gelegentlich übel zurichten. Bis zum Sommer sind die Tiere nach etlichen Häutungen erwachsen. *Miramella alpina* ist, wie ihr Artname andeutet, eine Art der Alpen, wo sie in der subalpinen und alpinen Region weit verbreitet ist. Die Vorkommen reichen von den Pyrenäen über die Alpen und Mittelgebirge Mittel- und Zentraleuropas bis in die Karpaten. Sie gehört zum oreo-alpinen Verbreitungstyp und ist eventuell ein Glazialrelikt (siehe S. 286f.).

Die Weibchen des Gebirgsgrashüpfers (*Stauroderus scalaris*) sind bis zu 27 mm lang, die Männchen ca. 20 mm. Die Deckflügel sind gelbbraun, die Flügelspitzen dunkelbraun, die Hinterschienen leuchten hochrot bis rötlichgelb (Abb. 393). Der Gebirgsgrashüpfer, ein sibirisches Faunenelement, ist aktuell euroasiatisch verbreitet. Besiedelt werden die Pyrenäen, das Massiv Centrale in Frankreich, der Alpenboden, die Gebirge des Balkans und Rumäniens sowie weitere Gebirge bis nach Ostsibirien. Nachgewiesen ist die Art im Schwarzwald zwischen 530 m (Simonswald) und den Gipfellagen des Feldbergs. Der Gebirgsgrashüpfer ist im Schwarzwald ein Charaktertier beweideter, besonnter Süd- und Westhänge der Hochlagen.

Die Tiere fallen nicht nur durch ihren langen und sehr lauten Gesang auf, sondern auch dadurch, dass sie nicht selten unter laut schnarrendem Geräusch einige Meter weit fliegen. Besonders die Männchen können innerhalb einer Vegetationsperiode mehrere Kilometer große Entfernungen überwinden. Außerhalb der Alpen findet sich die Art regelmäßig nur im Schwarzwald und auf der Schwäbischen Alb. Im Norden Deutschlands ist sie seit langem ausgestorben.

Der Kleine Heidegrashüpfer (*Stenobothrus stigmaticus*) zählt ebenfalls zu den sibirischen Faunenelementen und hat seine Hauptvorkommen innerhalb Baden-Württembergs im Bereich der Weidfelder des Hochschwarzwalds und des Mittleren Schwarzwalds. Dieser 1,5–2 cm große, wärmeliebende Grashüpfer lebt an windgeschützten, trockenen Stellen mit wenig Vegetation in sonnenexponierter Lage. Die Weibchen sind nicht flugfähig, somit ist die Art für einen Genaustausch auf Weidetiere (Schafe, Ziegen, eventuell Rinder) angewiesen. Das Verbreitungsgebiet reicht von Spanien über Frankreich, Deutschland bis in den Osten Russlands.

Der Rotleibige Grashüpfer (*Omocestus haemorrhoidalis*) zählt wie der Kleine Heidegrashüpfer und der Gebirgsgrashüpfer zu den sibirischen Faunenelementen der Feldbergfauna. Auch er hat eine euroasiatische Verbreitung, sein Verbreitungsgebiet erstreckt sich von der Iberischen Halbinsel bis nach Korea. In Baden-Württemberg hat er auf den Weidfeldern des Hochschwarzwalds einen seiner Verbreitungsschwerpunkte. Allerdings besiedelt *Omocestus haemorrhoidalis* auch Sanddünen der Oberrheinebene (unter 100 m) und kurzgefressene Magerrasen der Ostalb und des Nördlinger Rieses. Beide Geschlechter der Art sind flugfähig, werden vermutlich aber nur passiv verbreitet (Tiere, Bodenmaterial etc.). Die Weibchen erreichen eine Länge von ca. 19 mm, die Männchen sind mit ca. 14 mm deutlich kleiner. Besonders gern werden windgeschützte Kuhlen, Erdanrisse und andere offene Bodenstellen besiedelt.

9. Amphibien und Reptilien des Feldberggebiets

Klemens Fritz

Das eigentliche Feldberggebiet wird aufgrund der Höhenlage und des weitgehend kühlen Klimas von nur fünf Amphibien- und drei Reptilienarten besiedelt. Entlang der Täler dringen wenige weitere Arten mit höheren Wärmeansprüchen vom Rand her in das Naturschutzgebiet vor.

Eine Bestandsaufnahme der Herpetofauna des Feldbergs fehlt bislang. Weder im Buch »Der Feldberg« von 1948 noch im Feldbergbuch des Jahres 1982 gibt es einen Beitrag zu dieser Tiergruppe; auch Fachliteratur fehlt. Im »Grundlagenwerk« der Amphibien und Reptilien Baden-Württembergs (Laufer/Fritz/Sowig 2007) werden bei einzelnen Arten Aussagen zur Höhenverbreitung bzw. zu Verbreitungslücken am Feldberg gemacht. Nur wenige naturkundliche Beiträge enthalten Angaben zu Amphibien oder Reptilien am Feldberg. In den naturkundlichen Museen des Landes befinden sich nur sehr wenige Belegexemplare mit Fundortangaben aus dem Untersuchungsbiet. Durch das Zusammentragen vieler Fundmeldungen über einen Zeitraum von mehr als 20 Jahren und der Auswertung von Daten der ABS (Amphibien/Reptilien-Biotop-Schutz Baden-Württemberg) kann jedoch ein recht gutes Bild der Verbreitung dieser Tiergruppe am Feldberg wiedergegeben werden.

Die mit Abstand häufigste Amphibienart am Feldberg ist der Grasfrosch (*Rana temporaria*). Vor allem auf Feuchtgrünland, in feuchten Hochstaudenfluren, Seggenrieden, Randbereichen von Mooren, Bachauen und feuchten Wäldern kann man ihn während der schneefreien Zeit antreffen. Die Laichballen legt er schon im zeitigen Frühjahr kurz nach der Schneeschmelze in wassergefüllte Wagenspuren, Weggräben, Entwässerungsgräben, Nassstellen auf Wiesen und in Tümpeln ab. Er nutzt aber auch große Gewässer wie den Feldsee und Teiche als Laichplatz. Im Frühjahr zu Beginn der Paarungszeit hüpfen die

Grasfrösche in manchen Jahren über ausgedehnte Schneeflächen, um an ihren Laichplatz zu gelangen. So überqueren am 10. April 2010 viele Hundert Grasfrösche den Schnee am Feldseemoor (Abb. 394), um von den bereits ausgeaperten Überwinterungsflächen am Hang in die Schmelzwassertümpel zum Ablaichen zu gelangen. Viele der Grasfrösche am Feldberg sind ziemlich dunkel gefärbt und auffallend groß.

Die landesweit verbreitete Erdkröte (*Bufo bufo*) nutzt große und stabile Gewässer wie Weiher und Teiche als Laichplatz und ist am Feldberg entsprechend seltener als der Grasfrosch. Gelegentlich wird im zeitigen Frühjahr die Laichschnur auch in Kleingewässer wie Tümpel und Gräben abgesetzt. Laichplätze gibt es beispielsweise beim Kunzenmoos und bei Menzenschwand. Bodensaure Nadelwälder meidet die Erdkröte, in moorigen Gewässern kann sich Erdkrötenlaich aufgrund der geringen Säuretoleranz nicht entwickeln. Da sich Erdkröten mehrere Kilometer weit vom Laichgewässer entfernen können, kann man im ganzen Feldberggebiet mit einzelnen Tieren rechnen. Massive Krötenwanderungen über eine Straße, wie etwa beim Windgfällweiher, wo kürzlich Amphibienleitsysteme gebaut wurden, gibt es im Naturschutzgebiet »Feldberg« nicht.

Der Bergmolch (*Triturus alpestris*) ist landesweit zwar gut verbreitet, im Feldberggebiet aber nicht häufig. Man begegnet diesem schwärzlichblauen Molch mit leuchtend orangefarbenem Bauch am ehesten im Frühjahr während der Laichzeit. Erwartungsgemäß sind die Laichplätze in den tieferen Lagen des Schutzgebiets häufiger, in den Hochlagen gibt es nur noch wenige Laichmöglichkeiten in Tümpeln, Gräben und Pfützen. Der höchste gemeldete Fundort ist der Seebuck am Feldberg in 1400 m, von wo ihn schon DOUGLASS (1892) und MOLLE (1921) erwähnten. Deutlich seltener ist der Fadenmolch (*Triturus helveticus*), eine atlantisch verbreitete Art, die im Schwarzwald ihre östliche Verbreitungsgrenze hat. Im Feldberggebiet fehlt er in den höheren Lagen. Funde gelangen in sonnigen bis halbschattigen Kleingewässern (vergesellschaftet mit dem Bergmolch) im oberen Wiesental, bei Bernau-Hof, im Krunkelbachtal, im Seebachtal mit dem Feldsee (wo ihn schon SCHLAILE 1974 fand) und im St. Wilhelmer Tal.

Der Feuersalamander (*Salamandra salamandra*) fehlt im hochgelegenen Feldbergmassiv völlig. Im Zastler- und St. Wilhelmer Tal sowie in den Nebentälern und Quellgebieten des Flusses Wiese ist er insbesondere in laubholzreichen Bergmischwäldern mit starkem Relief weit ver-

394 Hunderte von Grasfröschen (*Rana temporaria*) überqueren im April 2010 den Schnee am Feldseemoor (einige sind auf dem Bild zu »erahnen«), um von den Überwinterungsflächen am Hang in die Schmelzwassertümpel zum Ablaichen zu gelangen. (KF)

breitet. Stellenweise stiegt er hier bis knapp über 1000 m hinauf (z. B. Napf, Stollenbach). Im Einzugsbereich der Bernauer und Menzenschwander Alb ist er viel seltener; hier liegen nur Einzelfunde vor (z. B. unterhalb der Krunkelbacher Hütte, 1150 m). Interessant ist sein nahezu komplettes Fehlen im Regime des Seebachs nördlich des Feldbergmassivs, also auch am Feldsee und seiner Umgebung. Dies passt zur Verbreitungslücke der Art im Raum Titisee-Neustadt und Schluchsee. Bei Hinterzarten trifft man den Feuersalamander von Löffeltal westwärts zum Höllental hinab wiederum recht zahlreich an. Der Feuersalamander ist hauptsächlich nachts und bei bzw. nach stärkeren Regenfällen aktiv, weshalb man ihm bei typischem Wanderwetter nur selten begegnet. In zahlreichen Quellbächen findet man seine Larven. Ideal sind solche oberen Bachabschnitte, die auch im Sommer dauerhaft Wasser führen, jedoch frei von Forellen sind. Die alpine Schwesterart, der Alpensalamander (*Salamandra atra*), wurde Berichten zufolge schon mehrfach im Gebiet des Feldbergs ausgesetzt (was nicht zulässig ist), konnte sich aber nicht halten.

Eine von ihrer Brutfürsorge her höchst interessante kleine Amphibienart, die Geburtshelferkröte (*Alytes obstetricans*), wurde an wenigen Stellen im weiteren Umfeld des Feldbergs (Präg, Schönau, Fröhnd, Dreisamtal) gefunden, aber nicht im Naturschutzgebiet Feldberg selbst. Auch mit Funden vom Kammmolch (*Triturus cristatus*), der aktuell bei Präg und Utzenfeld vorkommt, ist am Feldberg nicht zu rechnen.

Unter den Reptilien hat die Waldeidechse (*Zootoca vivipara*) die weiteste Verbreitung im Naturschutzgebiet. Man kann sie sogar auf den Feldberggipfeln (was schon LAUTERBORN 1922 bemerkte) sowie am Herzogenhorn und am Stübenwasen antreffen. Typische Habitate sind strukturreiche Weidberge, Waldränder, Moore, halboffene Gehölzflächen, Lichtungen und Felsen im Wald sowie Wegränder. Bevorzugt werden luftfeuchte Standorte. In wärmebegünstigten, südexponierten Lagen ist es oft schon zu trocken für sie. Ideal ist ein Wechsel von feuchten und trockenen Standorten auf kleinem Raum, wie etwa die Randbereiche von Mooren und Feuchtwiesen. Oft sieht man die Waldeidechse nur vereinzelt, nur bei besonders günstiger Wetterlage (bewölkt und warm) begegnet man ihr in größerer Stückzahl.

Obwohl sie im Feldberggebiet mit Sicherheit weit verbreitet ist, wird die Blindschleiche (*Anguis fragilis*) nur selten entdeckt. Es handelt sich meist um Einzelfunde, in tiefer gelegenen Randbereichen zahlreicher, im Gipfelbereich des Feldbergs sehr selten. Die Blindschleiche bewohnt zwar ein sehr breites Spektrum verschiedener Lebensräume mit bevorzugt feuchtem Mikroklima, doch setzt das raue Klima des Feldbergmassivs auch ihr Schranken.

Von der Zauneidechse (*Lacerta agilis*) gibt es sehr wenige Funde in wärmebegünstigten Randlagen des Untersuchungsgebiets. Bemerkenswert sind Einzeltiere inmitten einer großen Population der Waldeidechse an Trockenmauern im Krunkelbachtal bei Menzenschwand in einer Höhe von 900 m. Auch bei Hinterzarten, Falkau, im St. Wilhelmer Tal und in den nach Süden und Südosten ausgerichteten Halden bei Brandenberg und Fahl (950 m) kommt die Art vereinzelt vor. In höheren Lagen ist sie meist eine Kulturfolgerin, bewohnt Bauerngärten mit viel Mauerwerk und Wegböschungen in Siedlungsnähe, immer an klimatisch besonders günstigen Standorten. Im höheren Feldberggebiet fehlt die Zauneidechse völlig.

Ähnliches gilt für die wärmeliebende Schlingnatter (*Coronella austriaca*), die an wenigen Stellen über die Täler bzw. deren besonnte Taleinhänge in die Randlagen des Naturschutzgebiets Feldberg vordringt. Sie ist eine ungiftige, unauffällige Schlangenart, die immer wieder mit der Kreuzotter verwechselt und häufig auch übersehen wird. Sie bewohnt trocken-warme Lebensräume in Hanglage, gern mit Steinhaufen und Trockenmauern. Starke Populationen sind aus dem Raum Oberried und Todtnau-Schlechtnau bekannt, wodurch sich wohl die Funde einzelner Tiere im St. Wilhelmer Tal, im oberen Zastlertal unweit des Wieswaldkopfs und bei

395 Der überwiegende Teil der Kreuzottern (*Vipera berus*) im Schwarzwald besteht aus Schwärzlingen – hier ein Paar dieser »Höllenottern« bei Menzenschwand. (WE)

Brandenberg erklären lassen. Auch im Höllental und vereinzelt auch bei Titisee-Neustadt und Altglashütten gibt es Schlingnattern. Im oberen Menzenschwander Albtal scheint die Art zu fehlen. Im Staatlichen Museum für Naturkunde Stuttgart befindet sich eine überfahrene Schlingnatter aus dem Jahr 1999 mit der Fundangabe Bernau.

Die Ringelnatter (*Natrix natrix*) fehlt in höheren Lagen des Schwarzwalds, Funde über 800 m sind ziemlich selten. Im Naturschutzgebiet Feldberg fehlt diese Schlange wohl völlig; Nachweise gibt es nur von Randlagen: St. Wilhelmer Tal sowie oberes Wiesental bei Todtnau und Brandenberg, wo häufig auch fast schwarze Exemplare vorkommen. Sie bevorzugt Lebensräume in der Nähe von Gewässern und hat eine Vorliebe für Fluss- und Bachtäler.

Erstaunlich ist das Fehlen der Kreuzotter (*Vipera berus*) in den allermeisten Flächen im Naturschutzgebiet, denn Gebiete mit rauem Klima und großen Temperaturschwankungen zwischen Tag und Nacht sagen ihr eigentlich zu. Regelmäßig zu finden ist sie lediglich im oberen Menzenschwander Albtal. Typische Fundstellen sind störungsarme, strukturreiche Weidfelder mit einem Mosaik aus Feuchtflächen und trockenen Bereichen (gern Lesesteinhaufen, alte Trockenmauern) und lichte Wälder mit Geröllhalden. Nach Westen exponierte Hänge werden hier offenbar gemieden. Der überwiegende Teil der gesichteten Kreuzottern (ca. 85 %) besteht aus Schwärzlingen (Abb. 395); Kreuzottern mit Zickzackband auf dem Rücken sind deutlich in der Minderzahl. Dies entspricht auch den Beobachtungen in benachbarten Populationen bei Bernau, St. Blasien, Häusern und Höchenschwand. Bemerkenswert ist der Fund einer schwarzen Otter am 24. September 2005 in einer Heidelbeerfläche westlich des Herzogenhorns durch Detlef HAAG. In den Talmatten bei Bernau-Hof muss die Kreuzotter vor wenigen Jahrzehnten wohl recht häufig gewesen sein. Aktuell liegen nur vereinzelt Meldungen aus den Hanglagen oberhalb des Orts sowie eigene Nachweise einzelner Kreuzottern bei Bernau vor. Überraschend war der Fund einer auf der B 317 überfahrenen schwarzen, subadulten Kreuzotter am 10. Juni 2004 beim Hochkopf auf knapp 1200 m, ca. 500 m nordöstlich des Caritas-Hauses (Fund: Gerrit MÜLLER) sowie die von H. KNOBLAUCH sicher bestimmte, subadulte Kreuzotter mit Zickzackband auf dem Rücken aus einem Garten in Hinter-Bärental im Jahr 2005. Eine Angabe über Begegnungen mit zwei schwarzen Schlangen um 1980 beim Feldseemoor (B. REICHENBACH) bleibt unklar, würde aber den aus den beiden vorgenannten Zufallsfunden gezogenen Schluss bestätigen, dass zwischen den Kreuzotterpopulationen bei Menzenschwand, Titisee-Neustadt und Lenzkirch doch noch Kontakte bestehen, die allerdings außerordentlich selten sind und bislang nicht zum Entstehen neuer Populationen auf den Vernetzungslinien geführt haben. In diesem Zusammenhang steigt die Bedeutung der forstlichen Auslichtungsmaßnahmen in den Nadelwäldern zur Verbesserung des Lebensraums für das Auerwild, die allen Reptilien und vielleicht auch der Kreuzotter zugute kommen. Meldungen schwarzer Kreuzottern aus dem oberen Wiesental sind wohl Verwechslungen mit Schwärzlingen der Ringelnatter.

10. Vögel der montanen und subalpinen Stufe

Odwin Hoffrichter, Thomas Ullrich, Hubertus Knoblauch

10.1 Vögel des Offenlands und der Übergangsbereiche zum Wald

10.1.1 Der Zitronenzeisig – Ist der Name nun endgültig?

Der Zitronenzeisig (*Carduelis citrinella*), gelegentlich auch »Zitronenfink« genannt, wurde zwischenzeitlich als Zitronengirlitz bezeichnet und in die Gattung der Girlitze (*Serinus*) eingereiht. Aufgrund neuerer Untersuchungen wird er aber wieder zur Gattung der Zeisige (*Carduelis*) gestellt (Arnaiz-Villena et al. 2001). Der Größe nach etwa einem Zeisig gleich, erscheint er in seiner Gefiederfärbung eher einem kleinen Grünling ähnlich (Abb. 396). Der Zitronenzeisig ist überwiegend grünlichgelb gefärbt mit grauem Nacken und grauen Halsseiten. Brust und Bauch sind gelb. Den erwachsenen Tieren fehlt die Streifung des Gefieders, wie sie sowohl Zeisig als auch Girlitz auszeichnet. Die Geschlechter sind sich sehr ähnlich und im Feld wohl nur bei sehr guter Beobachtungsmöglichkeit daran unterscheidbar, dass die Männchen auf der Stirn und um die Augen etwas deutlicher gelb gefärbt sind und im Bereich der Kehle kein Grau aufweisen. Die metallisch klingenden »did«-Flugrufe verraten dem kundigen Ohr ihre Anwesenheit, noch bevor man die Vögel gesehen hat. Der Gesang erinnert etwas an den des Girlitzes, ist aber kürzer. Er wird ziemlich schnell vorgetragen, wobei wohltönende Laute rasch mit etwas klirrenden abwechseln. Der Zitronenzeisig trägt seinen Gesang nicht selten in einem kreisförmigen Balzflug vor, auch darin dem Girlitz ähnlich.

Unter den westpaläarktischen Finkenvögeln hat der Zitronenzeisig das kleinste Verbreitungsgebiet. Voous (1960) bezeichnet diesen einzigen rein europäischen, subalpinen Nadelwaldvogel als paläo-montanes Faunenelement. Das Hauptvorkommen liegt im Alpenraum. Darüber hinaus brütet der Zitronenzeisig im französischen Zentralmassiv, in den Pyrenäen und in Zentralspanien, eine Unterart auf Korsika und Sardinien. In Mitteleuropa kommen als Brutgebiete der Schweizer Jura, die Vogesen, der Schwarzwald und – unregelmäßig – der Harz hinzu. Besonders genau sind die Grenzen seines alpinen Vorkommens untersucht worden (Märki 1967). In den meisten Bereichen decken sie sich mit den Verbreitungsgrenzen der Fichte bzw. der Lärche. Von den außeralpinen Vorkommen liegt eine derartige Analyse der Verbreitung in Abhängigkeit von der Vegetation noch nicht vor. Außer im Feldberggebiet findet man den Zitronenzeisig am Belchen und im Nordschwarzwald an der Hornisgrinde. Er scheint im 19. Jahrhundert noch weiter verbreitet gewesen zu sein und kam auf allen Bergen regelmäßig vor (Schütt 1861). In jüngerer Zeit sind starke Bestandsrückgänge belegt, was zumindest teilweise auf den Rückgang der Weidfeldbewirtschaftung zurückgeführt wird.

Nicht nur im engeren, auch im weiteren Bereich des Feldbergs kann man den Zitronenzeisig

396 Der Zitronenzeisig (*Carduelis citrinella*) ist in der Gefiederfärbung einem kleinen Grünling ähnlich; seine Vorkommen im Schwarzwald gingen in jüngerer Zeit stark zurück. (TD)

398 Die Ringdrossel (Turdus torquatus) ist etwas kleiner als die Amsel und leicht an der halbmondförmigen weißen Zeichnung auf der Brust zu erkennen; zur Nahrungssuche wechselt sie vom Nadelwald auf freie Flächen. (TD)

Der gegenwärtige Bestand des Bergpiepers beschränkt sich nach kontiniuerlichem Rückgang nur noch auf Feldberg und Seebuck (durch EBENHÖH 2003, ULLRICH 2004 und KRATZER 2011 eindrücklich dokumentiert). Einstige Bruthabitate am Belchen, Herzogenhorn und Toten Mann sind geräumt. Offensichtlich muss man nun um diese letzte Restpopulation für Baden-Württemberg fürchten, da nach der Statistik ein Aussterben erwartet werden kann. Einziger Trost bliebe, dass man an solchen extremen Standorten wie den Hochlagen des Schwarzwaldes schon leichte Habitat- oder Klimaveränderungen über ein Artmonitoring gut dokumentieren kann. Es wird spannend sein weiter zu beobachten, ob der Bergpieper seine Brutplätze hier halten kann.

Im September/Oktober zieht der Bergpieper aus seinem Brutgebiet ab. Das Überwinterungsgebiet erstreckt sich nach Südwesten bis Nordwestafrika hin. Wohin die Vögel aus dem Schwarzwald ziehen, ist nicht bekannt, da bislang keine Ringfunde vorliegen. Wahrscheinlich ziehen sie nur einen kurzen Weg ins Oberrheintal nördlich von Basel, wo größere Winterbestände dokumentiert sind. Der Schneeschmelze folgend sind sie bereits im März/April zurück am Feldberg, wo sie bei gutem Wetter leicht auf den Schneefeldern entdeckt werden können.

10.1.3 Die Ringdrossel – Von der Amsel nach oben gedrängt

Ein typisch alpiner Vertreter der Vogelwelt des Feldberggebiets ist die Ringdrossel (*Turdus torquatus*). Sie kommt in Mitteleuropa auch in den Vogesen, im Harz, im Böhmerwald und in den Sudeten vor. Obwohl sie, wie alle Drosseln, ein stattlicher Vogel ist, fällt sie weniger auf, da sie sich nicht so laut verhält wie etwa die Amsel (*Turdus merula*) oder die ebenfalls am Feldberg brütende Wacholderdrossel (*Turdus pilaris*). Zudem singt sie nur in den frühen Morgenstunden und während der Abenddämmerung. Ihr Lied ist nicht laut und erinnert durch Wiederholung bestimmter Motive ein wenig an das der Singdrossel, ist jedoch nicht so vielfältig und wird langsamer und mit längeren Pausen zwischen den Motiven vorgetragen.

Bekommt man das Männchen der Ringdrossel zu Gesicht, so ist es leicht zu erkennen. Etwas kleiner als die Amsel, trägt es auf der Brust eine weiße halbmondförmige Zeichnung (Abb. 398). Das Schwarz des Gefieders ist matter als bei der Amsel, und wenn der Flügel angelegt ist, kann man auf den Handschwingen ein graues Feld erkennen. Das Weibchen ist, wie bei der Amsel, dunkelbraun gefärbt, trägt jedoch einen schmaleren, grauweißen Schild. Bei der südlichen Rasse (*Turdus torquatus alpest-*

ris), zu der die hier brütenden Vögel gehören, wirkt die Bauchseite dank der breiteren weißen Federsäume schuppig, wenn man das Tier bei gutem Licht beobachten kann. Die nordische Rasse (*Turdus torquatus torquatus*) von Skandinavien und den Britischen Inseln zieht ab September bis Anfang November und auf dem Rückzug im Frühjahr auch im Südschwarzwald durch. Das Winterquartier liegt für beide Rassen in Südwesteuropa und Nordwestafrika. Ähnlich wie beim Bergpieper lebt die südliche Rasse der Ringdrossel nur im Gebirge, während die nordische Rasse im moorigen Hügel- und Bergland selbst bis zur Meeresküste herab vorkommt. Über die Verbreitung der Ringdrossel im Schwarzwald sind wir durch die gründlichen Untersuchungen (HÖLZINGER 1999) gut informiert. Danach dürften im gesamten Schwarzwald mindestens 1000 Brutpaare leben, von denen die Mehrzahl im Südschwarzwald ein fast geschlossenes Areal besiedelt. Hier findet sich die Ringdrossel während der Brutzeit auf nahezu allen Höhenzügen zwischen Höllental und Todtmoos in den Gebieten über 1100 m. Diese auffallende Grenzlinie liegt im Süden und an Südhängen teilweise noch um 100 m höher, während sie an Nordhängen auf unter 1000 m. absinken kann. Welche Faktoren diese scharfe Grenze bedingen, ist schwer zu sagen, zumal sie sich in der Physiognomie des Geländes kaum abzeichnet. Es spricht jedoch vieles dafür, dass Klimafaktoren hierfür entscheidend sind und die »wärmeliebendere« Amsel aus dieser Höhenstufe fernhalten. Die Amsel ist in den Lagen unter 1000 m verbreitet und der Ringdrossel u. a. schon wegen ihrer Körpergröße als Konkurrent überlegen. Es liegt hier also sehr wahrscheinlich ein Fall von Höhenstufenvikarianz im Zusammenhang mit Konkurrenzphänomenen vor (siehe S. 289). Dementsprechend ist der Überlappungsbereich dieser beiden Drosseln an der »Grenzlinie« nur ca. 50–100 m breit. Auch auf den Britischen Inseln wird der vor allem in Irland drastische Rückgang der Ringdrossel mit einer entsprechenden Ausbreitung der Amsel in Verbindung gebracht.

Die Ringdrossel ist in ihrer Verbreitung an den Nadelwald gebunden, im Schwarzwald überwiegend an den Hochwald, wo sie ihre größte Dichte erreicht. Sie bevorzugt große, lockere Nadelwaldbestände, meidet dagegen einzelne Fichtenhorste auf den Weidfeldern, wohl weil sie ihr zu wenig Deckung bieten. Nach KNOCH sind die Hochstauden Alpen-Dost (*Adenostyles alliariae*) und Alpen-Milchlattich (*Cicerbita alpina*) geradezu »Leitpflanzen« für die Ringdrossel-Verbreitung.

Im Feldberggebiet treffen die Ringdrosseln aus ihren Winterquartieren zuweilen so zeitig im März ein, dass in diesen Hochlagen noch eine geschlossene Schneedecke liegt. Sie halten sich dann tagsüber zur Nahrungssuche an tiefer gelegenen, schneefreien Plätzen auf und fliegen erst mit Einbruch der Dämmerung in die hoch gelegenen Brutreviere, zu deren Markierung sie auf den Wipfeln der Bäume ihr Lied singen. Auch zur Brutzeit wechselt die Ringdrossel zur Nahrungssuche vom Wald auf freie Flächen, seien es (in der Regel) nahe gelegene Weidflächen, Wiesen oder Kahlschläge. Dort sucht sie am Boden ihre Nahrung, die im Sommer im Wesentlichen aus Insekten und Würmern besteht. Im Herbst frisst sie hauptsächlich Beeren. Ihr Nest baut die Ringdrossel im Schwarzwald stets in Fichten, und zwar in Höhen zwischen 4 und 12 m über dem Boden, auch wenn die Äste weiter herunterreichen. Die nordische Rasse auf den Britischen Inseln ist dagegen in der Regel Bodenbrüter und baut nur sehr selten Baumnester. Unsere Ringdrossel legt 4–5 Eier, aus denen nach zwei Wochen die Jungen schlüpfen. Wiederum zwei Wochen später verlassen sie das Nest, und ab Ende Mai kann man Familien mit flüggen Jungvögeln beobachten.

10.1.4 Die Zippammer – Ein Mittelmeervogel am Feldberg

Einer der seltensten Vögel des Schwarzwaldes ist die Zippammer (*Emberiza cia*). Eigentlich ist sie eine mediterrane Art, die vor allem rund um das Mittelmeer verbreitet ist. Sie findet auch bei uns, an der Nordgrenze ihres Verbreitungsareals, ein Habitat in felsigen und südexponierten Bereichen, die sich im Sommer entsprechend erwärmen können. Passend zum überwiegenden Grau der Felsen im Südschwarzwald hat die Zippammer einen aschgrauen Kopf mit schwarzen Streifen (Abb. 399). Im Gegensatz zur Goldammer fehlen grüne und gelbliche Töne im Gefieder. Das Männchen hat dafür ausgeprägte Rottöne am Bauch und Bürzel aufzuweisen, die aber gemeinsam mit den Grau- und Schwarztönen im Gefieder eine gute Tarnung im felsig-kurzrasigen Habitat darstellen. Aber nicht nur deswegen ist die Zippammer so schwer zu entdecken. Ihre verstecktes, bodennahes Verhalten und der wenig auffällige, selten vorgetragene Gesang machen sie zu einer sehr heimlichen Art. Auf den namengebenden Stimmfühlungsruf »Zipp« muss auch der erfahrene Ornithologe sehr genau achten, um sie anschließend entdecken zu können.

Die Art hat den Schwarzwald wohl infolge der Kulturtätigkeit des Menschen besiedeln können. Zunächst war es die historische Reutfeld-Bewirtschaftung mit der Anwendung von Feuer, wodurch die Ammern gefördert wurden. Durch Beweidung und Brennholznutzung freigehaltene, wärmebegünstigte Fels- und Blockhangbereiche oder größere, südexponierte Sturmflächen mit liegendem, vergrautem Totholz im Wald waren zuletzt die Bruthabitate der Art. Ansonsten findet man die Zippammer in Deutschland nur in wenigen Gebieten (Untermosel, Ahr, Mittelrhein, Main) in steinigen Weinbergen (SCHUPHAN 2011), was den Wärmeanspruch der Art verdeutlicht.

Die Zippammer sucht ihre Nahrung ausschließlich am Boden in niedrigem Gras und auf vegetationsfreien Stellen. Dazwischen liebt sie einzelne, dichte Gebüsche als Deckung und freistehende Einzelbäume als Singwarten. Das Nest wird ebenfalls am Boden gebaut. Im Winter verlässt sie das Brutgebiet und wandert als Kurzstreckenzieher in den Mittelmeerraum zum Überwintern.

Durch eine Felssicherungsmaßnahme an der Feldbergpassstraße wurden am Feldbergsüdhang 2006/07 großzügig Felsen von Gehölzen befreit. Das hat einige der wenigen Zippammern

399 Die Zippammer (*Emberiza cia*), die vor allem rund um das Mittelmeer verbreitet ist, findet sich im Südschwarzwald in felsigen, südexponierten Weidfeldern; es leben hier allerdings nur noch wenige Brutpaare, eines davon wurde kürzlich am Feldberg entdeckt. (TU)

aus dem Wiesental heraufgelockt. Sie haben hier direkt an der viel befahrenen, dreispurigen Straße ein neues Revier besiedelt, das Daniel KRATZER 2009 entdeckte. Damit kann man am Feldberg sowohl mediterrane als auch boreoalpine Vogelarten wie den Bergpieper oder den Dreizehenspecht bei nur einer Wanderung um den frühsommerlichen Gipfel entdecken.

10.1.5 Die Felsbrüter Wanderfalke und Kolkrabe

Eine der erfolgreichsten Artenschutzmaßnahmen hierzulande war die Bestandsrettung und die Wiederbesiedlung Baden-Württembergs durch den Wanderfalken (*Falco peregrinus*). Mithilfe intensiver Schutzmaßnahmen konnte die Art vor dem Aussterben bewahrt werden und sogar ihr ursprüngliches Verbreitungsgebiet vollständig zurückgewinnen (HEPP/SCHILLING/WEGNER 1995 sowie RAUH/LÜHL 2011). Eine der ersten stabilen Populationen konnte sich dabei in den 1980er-Jahren im Südschwarzwald etablieren. Ein bekannter und seither fast immer besetzter Kunsthorst findet sich in der Karwand des Feldsees (siehe S. 422). Da der Wanderfalke gern nachts und in den frühesten Morgenstunden auf der Jagd ist, kann man ihn dann tagsüber im Sommer gut in der Felswand oder oberhalb ruhend auf einer der toten Fichten im Bannwald beobachten.

Von den Schutzmaßnahmen – insbesondere der Horstbewachungen an Felsen zum Schutz vor menschlichen Störungen – konnte auch der Kolkrabe (*Corvus corax*) profitieren. Auch er hat seine ehemaligen, länger verwaisten Areale zurückgewonnen und ist heute, wie der Wanderfalke, nach Jahrzehnten der Abwesenheit auch wieder am Feldberg regelmäßig anzutreffen. Im Sommer sind vor allem kleinere Trupps auffällig, die aus Nichtbrütern oder Familienverbänden bestehen. Gern halten sich diese in der Nähe von Vieh- und Schafherden auf, um dort von den guten Nahrungsbedingungen zu profitieren.

10.2 Vögel des Waldes
10.2.1 Eulen und Käuze – Die einen kommen, die anderen gehen

Der Feldberg beherbergt drei Eulen- bzw. Kauzarten (Abb. 400): den Sperlingskauz (*Glaucidium passerinum*), den Raufußkauz (*Aegolius funereus*) und den Waldkauz (*Strix aluco*). Der Uhu (*Bubo bubo*) konnte bisher am Feldberg noch nicht nachgewiesen werden (ULLRICH 2004), auch die Waldohreule (*Asio otus*) und die Schleiereule (*Tyto alba*) fehlen in den höheren Lagen.

Das Feldbergbuch von 1982 widmet sich noch sehr ausführlich dem Raufußkauz, dem Waldkauz schreibt man die tieferen Lagen zu, der Sperlingskauz scheint kurz vor dem Aussterben zu stehen. Dieses Bild hat sich nach neueren Untersuchungen grundlegend geändert. Heute ist erfreulicherweise der Sperlingskauz nahezu flächendeckend vorhanden. Die kleinste unserer Eulen profitiert von einem verbesserten Angebot an Nisthöhlen. Die Bannwälder, die Rückkehr des Dreizehenspechts, die Forstverwaltung, die ab und an einen Höhlenbaum stehen ließ und dies mit dem Alt- und Totholzprogramm auch zukünftig fest in die Forsteinrichtungspläne einbaut – dies alles hat dazu geführt, dass der noch vor 30 Jahren äußerst seltene »Spauz«, wie er von den Ornithologen manchmal kurz genannt wird, heute wieder zu den etablierten Vogelarten im Hochschwarzwald gehört.

Ein völlig anderes Bild bietet sich beim Raufußkauz. Noch vor 30 Jahren war dieser Vogel eine der Vorzeigearten des Naturschutzes. Dagegen konnte ULLRICH im Jahr 2004 überhaupt gar keinen Raufußkauz nachweisen. Als Erklärungen vermutet er ein eventuell »nicht gutes Raufußkauzjahr«, stellt aber dagegen, dass der Sperlingskauz, der in etwa ähnliche Ansprüche an

400 Die Bestände der drei Kauzarten des Feldbergs, Raufußkauz (*Aegolius funereus*), Waldkauz (*Strix aluco*) und Sperlingskauz (*Glaucidium passerinum*), haben sich in den letzten Jahren sehr unterschiedlich entwickelt. (EM/EM/HK)

401 Der Dreizehenspecht (*Picoides tridactylus*) ist ein gutes Beispiel für eine ausgestorbene Tierart, die ohne die Hilfe des Menschen wieder in ihren angestammten Lebensraum zurückgekehrt ist. (ET)

den Lebensraum stellt, deutlich zugenommen hat. Gerrit MÜLLER (mündl. Mitteilung) hat im Frühjahr 2011 vereinzelte Raufußkäuze verhört. Der Raufußkauz ist auf die Höhlen des Schwarzspechts angewiesen. Dieser Vogel ist aber im Hochschwarzwald nicht selten, an einem Mangel an Schwarzspechthöhlen kann der Rückgang nicht liegen. Die Entwicklung des Raufußkauzes ist mit größter Aufmerksamkeit zu beobachten. Ein weiterer Grund für den Rückgang des Raufußkauzes könnte das Vordringen des Waldkauzes in die höheren Lagen sein, wie manche Autoren vermuten (HÖLZINGER 2001). In seinen Untersuchungen zum Naturschutzgroßprojekt »Feldberg–Belchen–Oberes Wiesental« (siehe S. 432) konnte ULLRICH (2004) den Raufußkauz gar nicht nachweisen, dafür aber den Waldkauz, der in den höheren Lagen vormals fehlte, umso häufiger.

10.2.2 Der »Katastrophenfolger« Dreizehenspecht

G. OSCHE schrieb im Vorläufer dieses Buchs (LfU 1982, S. 36): *»Auch der Dreizehenspecht, ein Bewohner von Wäldern mit subalpinen Habitus, kam im vorigen Jahrhundert noch im Schwarzwald vor, doch sein Bestand ist seither erloschen«*. Just in diesem Jahr, am 3. November 1982, entdeckte G. KERSTING (ANDRIS/KAISER 1995) im Seewald, dem Wald zwischen Feldsee und Seebuck, einen weiblichen Dreizehenspecht (*Picoides tridactylus*) (Abb. 401). In den nächsten Jahren kamen immer wieder neue Beobachtungen dazu – vom Silberberg, vom Caritashaus und aus dem Napf. Aber erst 1990 wurde dann erstmals ein Männchen beobachtet, im selben Jahr auch ein fütterndes Weibchen. Die Neubesiedelung des Feldbergs durch einen vormals ausgestorbenen Vogel hatte begonnen.

Dabei schufen die ungewollten Ereignisse wie Käferbefall oder Stürme den Wald, der dem Dreizehenspecht zusagt. Die Ornithologen nennen den Dreizehenspecht einen »Katastrophenfolger«, er braucht kränkelnde Bäume und totes Holz, aus dem er die Käferlarven erntet. Stehen diese Bäume zur Verfügung, kann eine erneute Besiedelung beginnen. Am Feldberg speiste sich diese Wiederbesiedelung wohl aus den Populationen der Alpen. Über den Südschwarzwald hat sich der Vogel bis in den Nordschwarzwald ausgebreitet. Die Vorliebe des Dreizehenspechts gerade für kränkelnde Fichten (Abb. 402) schafft natürlich eine Konkurrenzsituation zur Forstwirtschaft. Während der Förster bemüht ist, gerade diese Bäume schnellstmöglich einzuschlagen, um einer größere Ausbreitung der Borkenkäfer zu verhindern, ist der Dreizehenspecht genau auf diese Bäume angewiesen. So wird ein

»Katastrophenfolger« nie eine größere Verbreitung in einem Wirtschaftswald bekommen. Aber in einem Schutzgebiet wie dem Feldberg mit seinem nicht sehr wuchskräftigen Wald sollte es möglich sein, dem Vogel ein paar Bäume zu »opfern«. Die Forstverwaltung hat auch aus diesem Grund ein sogenanntes »Alt- und Totholzkonzept« (ForstBW 2010) initiiert. Ganz bewusst verzichten die Förster hier auf den Einschlag von Höhlenbäumen, indem sie einzelne Habitatbäume, Habitatbaumgruppen und Waldrefugien aus der weiteren forstlichen Nutzung nehmen – diese Bäume sind im Wald dauerhaft markiert. Leider reicht das für den Dreizehenspecht immer noch nicht: Zwar benötigt er für seine Bruthöhlen abgestorbene Bäume, für den täglichen Lebensunterhalt ist er jedoch auf immer wieder neue absterbende Bäume angewiesen.

Der Dreizehenspecht ist etwas kleiner als der Buntspecht (*Dendrocopos major*). Er ist ein typischer Bewohner der natürlichen Fichtenwälder (Hölzinger 2001), der Fichten-Tannen- und der Fichten-Tannen-Buchen-Wälder. Unabdingbar ist ein großer Vorrat an Totholz, an kränkelnden und alten Bäumen. Hier leben die Spechte von Käfern und Käferlarven, Spinnen und großen Schnaken. Ruge (2000) unterscheidet bei der Nahrungssuche vier Kategorien: das »Stochern« unter Rindenschuppen und in Flechten, das »Hacken« im Holz, um an Käferlarven zu kommen, das »Ringeln« – hier wird die Borke aufgepickt, um an Baumflüssigkeit zu gelangen – und das »Schuppen« – dabei werden mit dem Schnabel die Rindenschuppen abgehebelt, um an Nahrung zu gelangen.

Der Dreizehenspecht baut jährlich eine Bruthöhle. Die Bruthöhlen liegen im Schwarzwald grundsätzlich in Fichten (Ruge 2000). Daneben nutzt der Specht noch mehrere Schlafhöhlen, hier wird neben der Fichte auch die Buche genutzt. Nach dem Dreizehenspecht werden diese Höhlen dann von einer ganzen Anzahl an Nachfolgemietern genutzt, zu erwähnen ist insbesondere der Sperlingskauz (siehe S. 367). Das Weibchen legt im Schnitt drei Eier, also weniger als der Buntspecht. Der Brutbeginn liegt mit einem Schwerpunkt zwischen dem 20. und 25. Mai und damit relativ spät im Jahr. Es gibt aber auch noch spätere Daten, die auf eine Ersatzbrut hinweisen. Die Brutdauer beträgt nur 12–13 Tage. Rund zwei Monate lang werden die ausgeflogenen Jungen von den Eltern begleitet. Der Lebensbereich eines Paars zur Brutzeit beträgt etwa 85 ha, wobei das Streifgebiet eines telemetrierten Männchens mit 18 ha erstaunlich klein war. Nach dem Ausfliegen der Jungen, in der Führungszeit, vergrößert sich das Streifgebiet etwas.

402 Im Lebensraum des Dreizehenspechts (*Picoides tridactylus*) sollten immer absterbende und abgestorbene Fichten zur Verfügung stehen. (ET)

Nach dem Beginn der Besiedelung des Südschwarzwalds eroberte der Dreizehenspecht regelmäßig neue Waldbereiche (Ruge 2000). Während die Altvögel relativ standorttreu sind – sie halten zwar nicht an den gleichen Höhlen, aber doch am gleichen Revier fest –, streifen die jungen Spechte herum und erobern neue, passende Lebensräume. Seit 1995 zählen Ornithologen im Südschwarzwald immer zwischen drei und vier Brutpaare je Jahr, 2003 waren es sechs, 2005 acht Paare (Straub 2007, mündl. Mitteilung). Seitdem scheint der Dreizehenspecht nicht mehr ganz so häufig zu sein, es werden wieder ca. drei Paare im Jahr gezählt. Das mag daran liegen, dass die Absterbeprozesse an der Fichte etwas an Dynamik verloren haben (Ullrich 2011, mündliche Mitteilung) und daher weniger optimale Lebensräume vorhanden sind.

Für den am Feldberg wandernden Hobbyornithologen könnte es interessant sein, dass dieser

Vogel dem Waldbesucher gegenüber äußerst tolerant ist. Während die anderen Spechte eher scheue Vögel sind, kann man sich einem einmal entdeckten Dreizehenspecht auf wenige Meter nähern, ohne dass sich der Vogel davon gestört fühlt.

10.2.3 Das Auerhuhn – Nicht nur in Wirtshäusern das »Aushängeschild«

Das Auerhuhn (Tetrao urogallus) (Abb. 403) ist das »Aushängeschild« der Vogelwelt im Naturschutzgebiet Feldberg. Wie kein anderer Vogel charakterisiert es den hochmontanen Bergwald. Der »Aktionsplan Auerhuhn« (2008) bezeichnet das Auerhuhn als *»Indikatorart für lichte, großflächig zusammenhängende und strukturreiche boreale und montane Waldlebensräume«*. Im Schwarzwald gibt es das größte deutsche Vorkommen dieses Vogels außerhalb der Alpen, doch die Art zieht sich immer mehr in die höheren Lagen zurück, ehemals zusammenhängende Vorkommen vereinseln. Das Naturschutzgebiet Feldberg kann als eines der letzten Refugien bezeichnet werden. Gerrit MÜLLER, der für den Waldnaturschutz im Naturschutzgebiet Feldberg zuständige Förster, spricht bei der Auerhuhnpopulation des Feldbergs vom *»einzigen intakten Südschwarzwälder Quellgebiet«* (mündl. Mitteilung 2011).

Das Auerhuhn ist das größte Wildhuhn des Landes, Hähne können bis über 5 kg, Hennen bis etwa 2,5 kg schwer werden. Der Hahn wird aufgerichtet bis zu 1 m groß, seine Spannweite liegt bei knapp 1 m, die Henne ist etwas kleiner. Trotz seiner Größe und seines Gewichts kann dieser Vogel sehr schnell fliegen, allerdings nicht besonders gewandt. Daher benötigt das Auerhuhn relativ lichte Wälder, zu dichte Wälder meidet es. In den lichten Wäldern gedeiht auch die Heidelbeere besonders gut (Abb. 404). Diese Pflanze ist ein wichtiges Requisit im Lebensraum des Auerhuhns, bietet sie doch Deckung und Nahrung zugleich. Auerhühner sind fast reine Vegetarier, abhängig von der Jahreszeit besteht die Nahrung aus Fichten- bzw. Kiefernnadeln im Winter, Buchenknospen im Frühjahr und Heidelbeeren und anderen Pflanzen im Sommer und Winter (HÖL-

403 So nah kommt man selten an einen Auerhahn (Tetrao urogallus) heran, dazu ist er viel zu scheu. (KE)

404 Ein balzender Auerhahn (*Tetrao urogallus*) im typischen Lebensraum, einem lichten Bergwald mit viel Heidelbeere (*Vaccinium myrtillus*) in der Bodenvegetation. (KE)

ZINGER 2001). Bei den erwachsenen Tieren spielt tierische Nahrung nur eine geringe Rolle, während für die Küken eiweißhaltige Nahrung sehr wichtig ist. Allerdings nehmen sie Ameisen nicht in dem Maße zu sich, wie man dies früher annahm (Johanna FRITZ 2011, mündl. Mitteilung).

Noch gibt es im Feldberggebiet einige Balzplätze, die Auerwildhegegemeinschaft im Regierungsbezirk Freiburg (AHG) zählte in ihrem Zuständigkeitsbereich in den Jahren 2010 und 2011 in der Balzzeit rund 150 Hähne. Von diesen Hähnen lebt etwa die Hälfte am Feldberg und den von ihm ausgehenden Höhenzügen Richtung Wieswaldkopf im Norden, Stübenwasen im Westen, Blößling und Habsberg im Süden. Nach Osten lässt sich die traditionelle Verbindung über den Hochfirst zu den kiefernreichen Verebnungen des Buntsandsteingebiets zwischen Villingen und Bonndorf nur noch in Form seltener Zufallsbeobachtungen nachweisen. Die Anzahl der Hennen wird von den Fachleuten ähnlich hoch geschätzt, wobei diese Zahlen immer mit einem Unsicherheitsfaktor behaftet sind, denn exakt kann man wildlebende Tiere nicht zählen. Der Bestand im Feldberggebiet ist in den letzten Jahren leicht gesunken; der Konsolidierung und gar Zunahme der beobachteten Hähne an einigen Hauptbalzplätzen steht das Verschwinden des Auerwilds an mehreren peripher gelegenen kleineren Balzplätzen gegenüber. Gleichzeitig schrumpfte sein früher nach Osten bis in den Raum Bonndorf, nach Süden in den Hotzenwald und nach Westen bis zum Schauinsland reichendes Verbreitungsgebiet deutlich und beschränkt sich heute auf die Hochlagen oberhalb von etwa 1100 bis 1200 m (Gerrit MÜLLER 2011, mündl. Mitteilung).

Um das Tier konkret zu schützen und zu fördern, wurde 2008 unter der Federführung der Forstlichen Versuchs- und Forschungsanstalt Baden-Württemberg (FVA) und in Absprache mit der Arbeitsgruppe Raufußhühner, in der sich Förster, Jäger, Naturschützer und Wissenschaftler zusammengefunden haben, der »Aktionsplan Auerhuhn« veröffentlicht. Sehr konkret werden hier Maßnahmen für Habitatgestaltung und naturnahe Waldwirtschaft, für Tourismus und Freizeitnutzung, für Jagd, für infrastrukturelle Projekte, Windkraft, wissenschaftliche Begleitung und Öffentlichkeitsarbeit beschrieben und eingefordert. Auch werden konkret messbare Ziele genannt; so soll die derzeitige Populationsstärke angehoben, zumindest aber erhalten bleiben, der Rückgang der besiedelten Fläche soll gestoppt und die einzelnen Teilgebiete sollen vernetzt werden.

Warum ist das Auerhuhn so selten geworden? Als Hauptgrund wird die Veränderung des Le-

405 Auerhühner sind an die kalten und schneereichen Winter des Feldbergs ausgezeichnet angepasst – wenn sie nicht von Menschen unnötig gestört werden. (KE)

bensraumes angegeben. Der über die Jahre veränderte Waldbau mit dichteren Wäldern verdrängt sowohl die Bodenvegetation als auch das Huhn aus dem Wald. Empfindlich reagiert das Auerhuhn auf »nicht kalkulierbare« Störungen. Hier ist es besonders der Wintersport, der die Hühner in einer nahrungsarmen und energieaufwendigen Zeit in Bedrängnis bringt (Abb. 405). Dabei können sich Auerhühner durchaus an Langlaufloipen, Pisten oder Wege gewöhnen, an den quer und unvermutet durchs Gelände laufenden Schneeschuhläufer, Langläufer, Winterwanderer oder Skitourengänger aber nicht. THIEL (2007) hat in der Losung des Auerhuhns am Herzogenhorn einen latent höheren Stresshormonlevel gefunden als in touristisch nicht genutzten Gebieten. Hier muss man ansetzen: Wintersport kann und soll am Feldberg möglich sein, er sollte aber in geregelten Bahnen – auf Pisten, Loipen und Trails – stattfinden. Dann ist sogar die Zahl der Wintersporttreibenden nachrangig. Problematisch sind die Einzelgänger unter den Wintersportlern, die den unberührten Winterwald abseits des Skibetriebs suchen – sie sind die eigentlichen Störenfriede. Weiter werden die zunehmenden Bestände von Fuchs, Wildschwein und Dachs als Rückgangsursache genannt. Welche Rolle der Habicht spielt, ist umstritten. Das Wetter, vor allem im Frühjahr in der Zeit der Brut und der Jungenaufzucht, kann zu Bestandsschwankungen innerhalb einzelner Jahre führen. Als übergeordnete Größe ist aber der Klimawandel sicher nicht außer Acht zu lassen. Mit erhöhten Durchschnittstemperaturen ändern sich für eine boreale Tierart, die im Schwarzwald ohnehin an der Grenze ihres Verbreitungsgebiets ist, der Lebensraum und die Lebensumstände vielleicht entscheidend.

Im Naturschutzgebiet wurde eine Reihe von Maßnahmen ergriffen, um das Auerhuhn zu schützen. Die Besucherlenkung wurde, unter der Einbeziehung aller Betroffenen, für den Sommer und vor allem für den Winter optimiert. Trails für Skitourengänger und Schneeschuhläufer wurden so gelegt, dass eine möglichst geringe Störung verursacht wird. Einige Routen wurden komplett gesperrt, an anderen Orten wurden Ausweichrouten geöffnet. Um den Lebensraum für das Auerhuhn zu optimieren, werden Pflegemaßnahmen ergriffen, an denen häufig Freiwillige (zum Beispiel aus dem »Bergwaldprojekt«) beteiligt sind. Auch die umliegenden Gemeinden tun bei der Waldbewirtschaftung etwas für ihr Ökokonto, wenn sie Habitatpflege in ihren Waldungen betreiben. Großveranstaltungen wie der »Ultrabikemarathon« werden nur in Absprache mit den Auerhuhnfachleuten durchgeführt.

406 Ein fehlgeprägter Auerhahn zeigt wenig Scheu vor dem Menschen. Alle Jahre einmal taucht so ein Vogel am Feldberg auf. Anfassen sollte man ihn besser nicht. (HK)

Möglicherweise ergeben sich durch die derzeit forcierte Windkraftnutzung weitere Gefährdungen für das Auerhuhn. Auch der Stickstoffeintrag aus der Luft sollte als Faktor bei der Veränderung der (Boden-)Vegetation nicht außer Acht gelassen werden. Die Bestandsentwicklung des Auerhuhns muss daher in den nächsten Jahren aufmerksam verfolgt werden.

Über das Haselhuhn (Bonasa bonasia) wird schon im Feldbergbuch von 1982 geschrieben, dass die Bestände stark zurückgehen. Seit einigen Jahren gibt es vom Feldberg keinen einzigen Nachweis mehr (VFS 2004), auch die Raufußhuhnzählung der Auerwildhegegemeinschaft im Jahr 2011 ergaben für das Haselhuhn das Ergebnis »Null« – es gilt daher im Feldberggebiet als »verschollen«.

11. Säugetiere des Feldberggebiets

11.1 Bodenlebende Kleinsäuger
HARALD BRÜNNER

Kleinsäuger sind keine systematische Gruppe, sondern werden aufgrund ihrer geringen Körpergröße von den Großsäugern abgegrenzt. Die hier behandelten Arten gehören zwei Ordnungen an: Eichhörnchen, Bilche, Wühlmäuse und Echte Mäuse sind Nagetiere (Rodentia), Maulwurf, Igel und Spitzmäuse zählen zu den Insektenfressern (Eulipothyphla). Die Fledermäuse (Chiroptera) werden in einem gesonderten Kapitel behandelt.

In Baden-Württemberg gibt es 28 bodenlebende und kletternde Kleinsäugerarten (BRAUN/DIETERLEN 2003), deutschlandweit sind es 34 Arten. Davon kommen im Feldberggebiet immerhin 17 Arten vor, eine durchaus beachtliche Vielfalt. Als Biologiestudent an der Universität Freiburg fand der Autor dieses Kapitels im Feldbergbuch von 1982 (OSCHE) die einzige Zusammenfassung zur Kleinsäugerfauna des Feldbergs und war erstaunt über das zur damaligen Zeit eher spärliche Wissen über diese doch allgegenwärtige, interessante und artenreiche Tiergruppe im Hochschwarzwald. Bald steckte er selbst mitten in der Entdeckung von Alpenspitzmaus und Schabrackenspitzmaus im Feldberggebiet und lernte die anderen hier vorkommenden Arten kennen. Arten, deren Vorkommen damals vermutet wurden, konnten gefunden werden, weitere Entdeckungen kamen hinzu. Nur der Nachweis der Schneemaus (Chionomys nivalis) ist ausgeblieben. Ihr Vorkommen im Feldberggebiet erscheint vor allem wegen des Mangels an geeigneten Lebensräumen (großflächige, nur

sind der wichtigste Nahrungsbestandteil. Etwa ein Drittel der Nahrung besteht aus tierischer Kost, vor allem Gliedertiere. Grüne Pflanzenteile spielen eine geringere Rolle. In den subalpinen Gebüschen der Lawinenbahnen im Zastler Loch finden sich in einer Höhe von 1350 m die höchsten bekannten Fundpunkte im Feldberggebiet. Hier kommt sie dann neben der Waldmaus (*Apodemus sylvaticus*) vor, welche die Gelbhalsmaus in den Lebensräumen des extensiv genutzten Grünlands vertritt. Denn ganz im Gegensatz zu ihrem Namen ist die Waldmaus überwiegend im strukturreichen Offenland verbreitet. Im Vergleich zur Gelbhalsmaus ist sie die ökologisch flexiblere Art und bewohnt ein breiteres Spektrum von Lebensräumen. Geschlossener Wald wird im Feldberggebiet aber nur dort dicht besiedelt, wo die Gelbhalsmaus fehlt, etwa in Moor- und sumpfigen Galeriewäldern. Gemieden werden dagegen Hochmoore, nicht verbuschte Borstgrasrasen und Fichtenforste. In gebüschreichen Brachen erreicht die Art ihre höchsten Dichten. Mehr als die Gelbhalsmaus lebt die Waldmaus im Siedlungsbereich und sucht vor allem in der kalten Jahreszeit gern Gebäude auf. Die nah verwandte, im Alpenraum vorkommende Alpenwaldmaus (*Apodemus alpicola*) ist bisher im Feldberggebiet nicht nachgewiesen worden. Eine verdächtige Population mit besonders langschwänzigen Individuen aus den blockreichen Wäldern im unteren Bereich der Feldseewand konnte nach biochemischer Analyse der Blutalbumine der Gelbhalsmaus zugeordnet werden (BRÜNNER 2001).

Interessant ist ein im Sommer 1991 entdecktes Vorkommen der Westlichen Hausmaus (*Mus domesticus*) an der Zastler Hütte. Die Hausmaus ist in Baden-Württemberg ausschließlich in menschlichen Gebäuden anzutreffen, die gleichzeitig genügend Nahrung in Form von Getreide oder anderen Vorräten bieten müssen. Die lokalen Populationen im Feldberggebiet sind damit in den Schwarzwaldhöfen isoliert, und genetischer Austausch findet wahrscheinlich nur über durch Menschen verschleppte Tiere bei Nahrungs- oder Futtermittellieferungen statt.

11.1.5 Spitzmäuse – Mit sechs Arten am Feldberg vertreten

Die Waldspitzmaus (*Sorex araneus*) (Abb. 407) und die äußerlich von ihr nur schwer unterscheidbare Schabrackenspitzmaus (*Sorex coronatus*) sind am Feldberg die beiden häufigsten Spitzmausarten. Sie leben bevorzugt in strukturreichen Wäldern und Offenlandbereichen, wo sie Stellen mit dichter Krautschicht und frischem bis nassem Boden sowie Gewässerränder besiedeln. Hier können sie dann auch tagsüber beobachtet werden, wenn sie stets zwitschernd in unruhiger Spitzmausmanier die von ihnen selbst oder von anderen Kleinsäugern gegrabenen Gänge und oberirdischen Laufbahnen nach Regenwürmern, Gliedertieren und kleineren Schnecken absuchen. Hochmoore, Flachmoore, Borstgrasrasen oder deckungsarme Buchenwälder und Fichtenforste werden dagegen gemieden. Die beiden Schwesterarten können nur anhand von Schädelmaßen, Chromosomen oder genetischen Merkmalen sicher bestimmt werden. Erst 30 Jahre nach ihrer Entdeckung in den 1950er Jahren wurde die Schabrackenspitzmaus auch in Baden-Württemberg nachgewiesen, nahezu zeitgleich im Nordschwarzwald bei Ettlingen, am Belchen und im St. Wilhelmer Tal am Feldberg.

Hinsichtlich ihrer Lebensweise und Habitatansprüche sind sich die beiden Arten sehr ähn-

407 Die Waldspitzmaus (*Sorex araneus*) – hier im Jugendfell – ist die häufigste Spitzmausart der Feldberghochlagen; sie ist kaum von der nah verwandten Schabrackenspitzmaus zu unterscheiden. Im Winterfell zeigt sie jedoch die arttypische Dreifarbigkeit: dunkelbraune Oberseite, mittel- bis rotbraune Flanken und graubraune Unterseite. (HEB)

lich, was zu einer intensiven Konkurrenz um Ressourcen und oft gegenseitigem Ausschluss aus geeigneten Lebensräumen führt. So dominiert in den Höhenlagen des Feldberggebiets die Waldspitzmaus. Die Offenlandbereiche des Feldberggipfels scheinen sogar ausschließlich von ihr bewohnt zu sein. Unterhalb von 1300 m tritt die Schabrackenspitzmaus hinzu, die besonders die atlantisch geprägten Waldgebiete der mittleren und tieferen Schwarzwaldlagen besiedelt. Im Zastler- und St. Wilhelmer Tal scheint sie sogar als einzige der beiden Arten verbreitet zu sein. Im eher kontinental getönten Oberrheintal kommt dann wieder und fast ausschließlich die Waldspitzmaus vor. Diese Dreiteilung des Verbreitungsgebiets der beiden Arten lässt auf eine größere ökologische Potenz der Waldspitzmaus schließen, die auch kalte, trockene und sumpfige Lebensräume besiedelt, aber in den Optimalhabitaten der Schabrackenspitzmaus von der (nur) dort konkurrenzstarken Schwesterart verdrängt wird (BRÜNNER 1988, BRÜNNER/NEET 1991, TURNI 2003).

Die Zwergspitzmaus (Sorex minutus) (Abb. 408) ist mit etwa 4 g Körpergewicht das kleinste einheimische Säugetier. Im Feldberggebiet ist sie in den Waldgebieten und im Offenland weit verbreitet und besiedelt von allen Spitzmausarten das breiteste Spektrum an Lebensräumen. Höhere Individuendichten als Wald- und Schabrackenspitzmaus erreicht sie aber nur an Stellen, an denen diese beiden größeren Arten an ihre ökologischen Grenzen stoßen, z. B. in sehr nassen Habitaten im Offenland (Flachmoore) und strukturarmen, trockeneren Lebensräumen im Wald (Hainsimsen-Buchenwald). Die Zwergspitzmaus klettert und springt gut. Ihre Nahrung, die überwiegend aus Käfern, Spinnen, Weberknechten und Insektenlarven besteht, sucht sie meist auf der Erdoberfläche oder auf der bodennahen Vegetation. Wie alle Spitzmausarten hält sie keinen Winterschlaf und frisst auch in den kalten Monaten täglich ihr eigenes Körpergewicht an Nahrung unter den mächtigen Schneedecken des Feldberggebiets.

408 Von allen am Feldberg vorkommenden Spitzmausarten besiedelt die Zwergspitzmaus (Sorex minutus) das breiteste Spektrum an Lebensräumen, allerdings immer nur in geringen Individuendichten; sie ist ein geschickter Kletterer, was man auch an den langen Hinterfüßen erkennen kann. (HEB)

Die Entdeckungsgeschichte der Alpenspitzmaus (Sorex alpinus) (Abb. 409) im Schwarzwald ist eng mit dem Feldberggebiet verbunden. Erst 50 Jahre nach ihrer Entdeckung im Nordschwarzwald wurde die Art im Mettmatal bei Grafenhausen im Südschwarzwald entdeckt (FELTEN 1984) und bald danach auch im St. Wilhelmer Tal am Feldberg nachgewiesen (BRÜNNER/HOFFRICHTER 1986, BRÜNNER/BRAUN 1991). Inzwischen liegen zahlreiche Nachweise aus dem gesamten Feldberggebiet vor (St. Wilhelmer Tal, Zastlertal, Feldsee und Einzugsgebiet des Seebachs, Krunkelbach- und Menzenschwander Albtal, Prägbachtal). Hier lebt sie in gewässerbegleitenden Staudenfluren und Quellfluren, im Spaltensystem aus Wurzeln und Gesteinsbrocken an Bächen und in Blockhalden. Die einheitlich dunkelgraue bis schwarze Fellfarbe, die vergleichsweise großen Hinterfüße und der lange Schwanz sind Anpassungen an die vorwiegend unterirdische Lebensweise und an das »Stemmklettern« in diesen Spaltenlebensräumen. Ihre Nahrung besteht aus Würmern, Schnecken und weichhäutigen Giedertieren. Während OSCHE (1982) ein Vorkommen dieser »Besonderheit« unter den Spitzmäusen am Feldberg noch vermutete, ist inzwischen bekannt, dass die Art nicht nur im Feldberggebiet und Südschwarzwald, sondern im gesamten Schwarzwald verbreitet und in geeigneten Lebensräumen auch nicht selten ist. Der höchst-

409 Die einfarbig anthrazitgraue Fellfärbung der Alpenspitzmaus (*Sorex alpinus*) verrät ihre versteckte Lebensweise in den Spaltensystemen naturnaher Gewässerufer und felsblockreicher Böden. Hier lebte sie unbemerkt, bis sie 1986 auch im Feldberggebiet entdeckt wurde. (HEB)

gelegene Fundort der Alpenspitzmaus im Ostterrain unterhalb des Feldberggipfels (1450 m) und der tiefstgelegene im Südschwarzwald bei Sulzburg südlich von Freiburg (410 m) sind Ergebnisse der erstaunlichen Entdeckungsgeschichte dieser bis vor kurzem im Schwarzwald übersehenen Spitzmausart. Ganz im Gegensatz zur Entdeckung der Schabrackenspitzmaus bedurfte es hier nicht moderner Analysemethoden zur Artbestimmung, sondern einer Kenntnis der besonderen Lebensweise der Alpenspitzmaus und eine Untersuchung bis dahin vernachlässigter, eher schwer zugänglicher Lebensräume wie Geröllhalden und dem Spaltensystem am Ufer kleiner Bäche und Rinnsale.

Die Wasserspitzmaus (*Neomys fodiens*) (Abb. 410) ist unsere größte Spitzmausart und bewohnt im gesamten Feldberggebiet die deckungs- und strukturreichen Ufer der naturnahen Fließ- und Stillgewässer. Dabei kommt sie nicht nur an den größeren Bächen (St. Wilhelmer Talbach, Zastlerbach, Seebach) und Seen (Seggenbestände am Feldsee), sondern auch an deckungsreichen Quellfluren (Oberes Prägbachtal) und Flachmooren (Trubelsbachtal, Zastler Kar) vor. Ihre Nahrung sucht sie überwiegend im Wasser, laufend und schwimmend in seichten Bereichen, aber auch tauchend bis in Tiefen von meist 30 cm. In Laborversuchen konnte die Art sogar bis in 2,50 m Tiefe gelockt werden. Wer sich an einem gut einsehbaren Bachabschnitt für etwa eine halbe Stunde ruhig verhält und dabei genau die Gewässerrandbereiche betrachtet, kann sie auch bei ihren 5–20 Sekunden dauernden Tauchgängen beobachten. Beutetiere sind meist wasserlebende Insektenlarven, Krebse, Würmer und kleine Fische oder Amphibien. Zwar findet sie auch Futter an Land, doch sind dauerhafte Vorkommen immer an Gewässer gebunden. Als Anpassung an ihre semiaquatische Lebensweise hat die Wasserspitzmaus steife Borstensäume an den Zehen und Flächen der Vorder- und Hinterfüße, die sich beim Rückstoß abspreizen und mit der einhergehenden Flächenvergrößerung einen stärkeren Vorschub bewirken, ganz analog zu den Schwimmhäuten bei Fröschen oder Wasservögeln. Ein weiterer Borstensaum auf der Unterseite des Schwanzes unterstützt dessen Wirkung als Lenkruder. Die Wasserspitzmäuse des Feldberggebiets zeichnen sich durch besonders große Hinterfüße und lange Schwänze mit gut ausgebildeten Borstensäumen aus, sicherlich Anpassungen an die stellenweise sehr turbulenten Strömungsverhältnisse in den Schwarzwaldbächen.

Die nah verwandte und äußerlich nur schwer unterscheidbare Sumpfspitzmaus (*Neomys anomalus*) ist wahrscheinlich die seltenste Kleinsäugerart am Feldberg. Insgesamt sind bisher hier nur sieben Funde aus dem St. Wilhelmer Tal, Oberen Prägbachtal und vom Rinken bekannt

(BRÜNNER 2004). Immer wurden die Tiere in dichten Staudenfluren an flachen bis sumpfigen Ufern kleinster Bäche und Quellfluren im Wald und in Grünlandbrachen in immer sehr geringen Individuendichten angetroffen. Diese Lebensräume werden durch Forstwirtschaft und Grünlandnutzung (Beweidung) beeinträchtigt, was sicherlich zur starken Gefährdung der Art in Baden-Württemberg und Deutschland beigetragen hat. Die künstliche Eintiefung von Rinnsalen zur Entwässerung von Wiesen führt zu deren Besiedelung durch die konkurrenzstarke Wasserspitzmaus und zur Verdrängung der kleineren Sumpfspitzmaus, die mit kurzen Borstensäumen an den Beinen und dem fehlenden Schwanzkiel deutlich weniger an das Leben im Wasser angepasst ist. Ihre Nahrung sucht sie in sumpfigen Uferzonen oder an Land und nicht tauchend auf dem Gewässergrund.

Bisher sind nur Arten aus der Unterfamilie der Rotzahnspitzmäuse (Soricinae) aus dem Feldberggebiet bekannt geworden. Funde von Vertretern der Weißzahnspitzmäuse (Crocidurinae) fehlen. Da aber der höchst gelegene Fundort der Hausspitzmaus (Crocidura russula) im Schwarzwald in Löffingen-Göschweiler bei 820 m liegt, erscheint das Vorkommen dieser in Mittelgebirgslagen streng synanthropen Spitzmausart auf den Bauernhöfen der Feldbergtäler durchaus möglich. Dorthin könnte sie durch Verschleppung mit Streu und Futtermitteln gelangt sein, eine bei dieser Spitzmausart durchaus übliche Ausbreitungsform.

11.1.6 Maulwurf und Igel

Der Maulwurf (Talpa europaea) kommt im Feldberggebiet im Wald und Offenland vor. Auffällig sind die Hügel vor allem im Grünland als Zeugen seiner unterirdischen Grabtätigkeit. Sie wurden bis in Höhen von 1370 m gefunden. Möglicherweise sind auch die höchsten Feldberglagen von Maulwürfen besiedelt. Nur selten wird das umfangreiche Gangsystem verlassen, das bis über 500 m Länge erreichen kann. Meist sind es dann Jungtiere auf der Suche nach eigenen Revieren. Ein solches Tier wurde im Flachmoor im Zastler Kar angetroffen, in einer Höhe von 1240 m (BRÜNNER 1991).

Der Igel (Erinaceus europaeus) ist in den höheren Feldberglagen eher selten und nicht flächendeckend verbreitet. In den Gärten von Altglashütten in einer Höhe von etwa 1000 m wird er regelmäßig beobachtet, vereinzelt wurden überfahrene Tiere auf der Passstraße beim Feldberger Hof gefunden (1250 m; H. KNOBLAUCH, persönl. Mitteilung).

11.1.7 Kleinsäugergesellschaften

Bei all der Vielfalt der Kleinsäugerpopulationen lassen sich durchaus Regelmäßigkeiten erkennen, die selbst den Fachmann immer wieder erstaunen. So lässt sich eine »Grundausstattung« an Kleinsäugerarten für den geschlossenen mesophilen Bergwald im Feldberggebiet definieren. Diese besteht aus der insektenfressenden Schabrackenspitzmaus (und/oder Waldspitzmaus), der pflanzenfressenden Rötelmaus und dem Gemischtköstler Gelbhalsmaus. Im extensiv genutzten, feuchten Grünland oder in jungen Grünlandbrachen findet sich ein ähnliches Trio aus Schabrackenspitzmaus (und/oder Waldspitzmaus), Erdmaus und Waldmaus, auch hier wieder Arten aller drei Kleinsäugerfamilien: Spitzmäuse (Soricidae), Wühlmäuse (Cricetidae) und Echte Mäuse (Muridae). Im klimatisch begünstigten, kurzrasigen Grünland vertritt die

410 Die kontrastreiche Körperfärbung der Wasserspitzmaus (Neomys fodiens) mit schwarzer Oberseite und weißer Unterseite ist eine Anpassung an ihre semiaquatische Lebensweise und macht sie zusammen mit den auffälligen Überaugen- und Ohrenflecken zu einer der hübschesten einheimischen Spitzmausarten. (HEB)

Feldmaus die Erdmaus. Mit dabei ist in den Wäldern und im Offenland oft auch die Zwergspitzmaus, meist aber in geringen Dichten. In Übergangsstadien zwischen geschlossenem Wald und Offenland (verbuschte Brachen, subalpine Gebüsche oder auch Waldlichtungen) können dann all diese sieben Arten (mit Ausnahme der Feldmaus) nebeneinander vorkommen. Besonders reichhaltig sind die Kleinsäugergesellschaften an Stellen, an denen kleine Bäche oder Rinnsale gesäumt von gewässerbegleitenden Staudenfluren die Wälder oder das Grünland durchfließen. Die erhöhte Sonneneinstrahlung und gute Wasserversorgung führt in diesen Lebensräumen zu einer schnellen Mineralisation und erhöhten Produktion von Pflanzenmaterial, der davon lebenden Tiere (Insekten, Nagetiere) und deren Fressfeinden (Spitzmäuse). Grundsätzlich werden hier sehr hohe Individuendichten aller Kleinsäugerarten angetroffen, ebenso eine Verschiebung der Mehrheitsverhältnisse zugunsten der Spitzmäuse. Darüber hinaus kommen weitere Arten hinzu: Alpenspitzmaus, Wasserspitzmaus, Sumpfspitzmaus und Kleinwühlmaus, die allesamt und als einzige der hier vorgestellten Arten aus den drei Familien auf der Roten Liste der gefährdeten Säugetierarten in Baden-Württemberg (BRAUN et al. 2003) stehen. Die gewässerbegleitenden Hochstaudenfluren im Hochschwarzwald beherbergen die individuen- und artenreichsten Kleinsäugergemeinschaften Baden-Württembergs. Es erfüllt den Verfasser immer noch mit Staunen, wenn er dort an einem Rinnsal mit dichter Ufervegetation dominiert von Alpen-Dost (*Adenostyles alliariae*), Berg-Kälberkropf (*Chaerophyllum hirsutum*), Platanenblättrigem Hahnenfuß (*Ranunculus platanifolius*), und Madesüß (*Filipendula ulmaria*) auf einer Strecke von nur 50 Gewässermetern elf (!) Kleinsäugerarten antrifft, die dort das ganze Jahr über Tag und Nacht aktiv sind, für die allermeisten Menschen aber immer unsichtbar bleiben.

11.2 Fledermäuse
Friedrich Kretzschmar

Von den weltweit über 1100 Arten aus der Gruppe der Fledertiere oder Handflügler (Chiroptera) kommen in Deutschland nur 25 vor; die Hauptentfaltung dieser Säugetierordnung erfolgte in den Tropen. Auch innerhalb der gemäßigten Zone ist die Artenvielfalt (und meist auch die Dichte) an Fledermäusen in wärmeren Regionen deutlich größer als in kälteren. Insofern ist es nicht verwunderlich, dass aus dem Feldberggebiet kaum Angaben zu Fledermäusen und leider keine systematischen Untersuchungen zu Sommervorkommen von Fledermäusen vorliegen. Im Feldbergbuch von 1982 werden Fledermäuse überhaupt nicht erwähnt (OSCHE 1982). Entsprechend dem heutigen Kenntnisstand zu Fledermäusen muss man jedoch davon ausgehen, dass eine ganze Reihe von Arten das Feldberggebiet zumindest zeitweilig nutzen. Der Beitrag beschränkt sich trotzdem auf einige ausgewählte Arten und Aspekte der Biologie von Fledermäusen.

Alle mitteleuropäischen Fledermausarten sind Insektenfresser und machen einen Winterschlaf, wobei die Körpertemperatur auf die Umgebungstemperatur abgesenkt wird und Herzschlag- und Atemfrequenz drastisch reduziert werden. Der Verlust an Energiereserven (Fettgewebe) während der nahrungsarmen Winterzeit lässt sich damit in vertretbaren Grenzen halten. Die gewählten Winterquartiere sind meist frei von Störungen und weisen eine gleichmäßige Temperatur von wenigen Grad über Null auf. Die hohe Luftfeuchtigkeit gewährleistet geringe Wasserverluste über den Winter. Im Schwarzwald finden sich solche Fledermaus-Winterquartiere vielfach in alten Bergbaustollen. Die Temperatur eines Bergbaustollens liegt dabei ganzjährig in etwa bei der Jahresdurchschnittstemperatur des betreffenden Ortes, im Schwarzwald je nach Höhenlage zwischen 11 und 5 °C; die relative Luftfeuchtigkeit liegt meist zwischen 90 und 100 %. Die Stollen im Feldberggebiet liegen zwischen 800 und 1000 m und stellen sehr

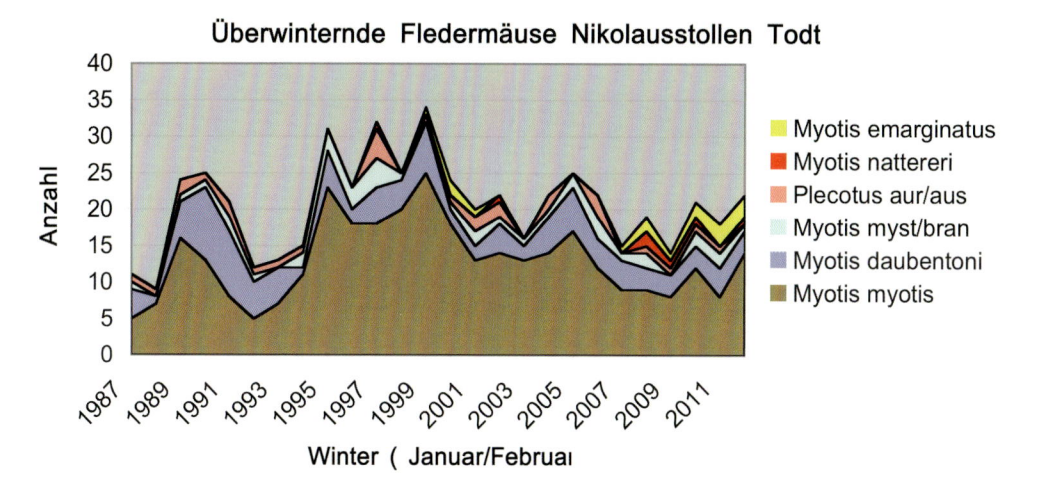

Überwinternde Fledermäuse Nikolausstollen Todt

(Chart showing Anzahl vs. Winter (Januar/Februar) from 1987 to 2011, with species: Myotis emarginatus, Myotis nattereri, Plecotus aur/aus, Myotis myst/bran, Myotis daubentoni, Myotis myotis)

411 Nachweise überwinternder Fledermäuse in einem Bergbaustollen bei Todtnau (770 m) von 1987 bis 2012. (FK)

günstige Winterquartiere für Fledermäuse dar. Die Fledermäuse können teilweise von weither kommen (30–50 km sind sicher keine Seltenheit), um solche Winterquartiere anzufliegen. Beispielhaft sei hier der Nikolausstollen bei Todtnau vorgestellt, der seit vielen Jahren im Rahmen des Fledermaus-Monitorings durch die AG Fledermausschutz Baden-Württemberg kontrolliert wird (Abb. 411). Die verschiedenen Arten besiedeln unterschiedlich temperierte Bereiche des Stollens. Im vorderen Bereich, wo die Temperaturen noch schwanken, jedoch meist unter 6 °C liegen, finden sich am ehesten Braune Langohren (*Plecotus auritus*) oder Bartfledermäuse (*Myotis mystacinus/Myotis brandtii*), selten auch einmal eine Fransenfledermaus (*Myotis nattereri*). Besonders Langohren und Fransenfledermäuse sind recht unempfindlich gegen Kälte und man vermutet, dass viele Tiere auch in Felsspalten, Kleinhöhlen, Schutthalten, Erdlöchern oder auch Baumhöhlen überwintern und nur bei Kälteeinbrüchen in die sicheren Stollen kommen. Wenn wir sie hier finden, so sind sie meist versteckt in Spalten (Abb. 412) oder Bohrlöchern. Große Mausohren (*Myotis myotis*) und Wasserfledermäuse (*Myotis daubentonii*) hängen dagegen meist frei und kommen im mittleren Bereich des Stollens vor, wo die Temperatur ca. 7 °C beträgt.

Ganz am Ende des Stollens liegt die Temparatur bei 9,5 °C. Hier finden sich seit einigen Jahren regelmäßig 2–3 Wimperfledermäuse (*Myotis emarginatus*) (Abb. 413). Diese südliche Art erreicht in Südbaden ihre nördliche Verbreitungsgrenze und hat hier augenscheinlich in den letzten 20 Jahren zugenommen. Neben dem Nikolausstollen gibt es zahlreiche weitere Stollen im Schwarzwald, in denen die Art vor 1990 nie beobachtet wurde, heute jedoch regelmäßig anzutreffen ist. Möglicherweise hängt die Zunahme der Wimperfledermaus mit dem Klimawandel zusammen. Betrachtet man die Grafik (Abb. 411), so fällt auf, dass auch die Bestände der häufigeren Arten schwanken. So hat das Große Mausohr besonders von 1995 bis 2000 sehr gute Jahre gehabt (etwa 20 Überwinterer), während die Zahlen später wieder zurückgingen. Bei der Wasserfledermaus sind die Überwinterer-Zahlen wie in vielen anderen Stollen des Schwarzwaldes seit Ende der 1980er Jahre im Mittel zurückgegangen. Dies ist besonders interessant, weil in der Zeit davor das Umgekehrte zu beobachten war (HELVERSEN et al. 1987). Die Zunahme der Wasserfledermaus in den 1970er- und 1980er-Jahren wird heute mit der Gewässereutrophierung in Verbindung gebracht, die eine Zunahme des Nahrungsangebots für diese hauptsächlich über und an Gewässern jagende Art bedeutete. Wenn die Bestände neuerdings wieder zurückgehen, so könnte dies schon ein Zeichen der Erfolge beim Gewässerschutz

412 Überwinternde Fransenfledermaus (*Myotis nattereri*), versteckt in einer Felsspalte. (FK)

413 Überwinternde Wimperfledermäuse (*Myotis emarginatus*) in einem Stollen im Schwarzwald. Sie hängen gern eng benachbart oder sogar mit Körperkontakt. (FK)

sein, welche das Nahrungsangebot wieder reduzieren.

Ein weiterer regelmäßig kontrollierter Stollen liegt auf 1000 m Höhe bei Todtnauberg und ist mit einer Temperatur von ca. 6 °C der kälteste im Südschwarzwald. Es ist hier zugleich auch der einzige Stollen, in dem regelmäßig Nordfledermäuse (*Eptesicus nilssonii*) überwintern (Abb. 414). Diese auch als »boreo-alpines« Faunenelement bezeichnete Art kommt als einzige Fledermausart bis nördlich des Polarkreises vor. In Mitteleuropa besiedelt sie vor allem die Alpen und die

414 Überwinternde Nordfledermaus (*Eptesicus nilssonii*) in einem Bergbaustollen bei Todtnauberg; gut erkennbar sind die typischen goldenen Haarspitzen. (FK)

Mittelgebirge. Obwohl Nordfledermäuse im Hochschwarzwald häufig jagend zu beobachten sind, findet man sie nur selten in den bekannten Winterquartieren, was vermuten lässt, dass sie meist in Felsspalten, Blockschutt oder in Spalten an Gebäuden überwintern. Die Nordfledermaus ist am Feldberg die am leichtesten zu beobachtende Fledermausart. Fast in jeder Ortschaft kann man sie an Beleuchtungen jagend antreffen (erstmals dokumentiert von SKIBA 1989). Da die Ortungsrufe der Nordfledermaus sehr laut sind, kann sie mit jedem Ultraschalldetektor leicht aufgespürt werden. Hunderte von Besuchern des jährlichen Fledermausabends im Naturschutzzentrum Feldberg haben schon erlebt, wie sie ausdauernd um die Straßenleuchten an der Passhöhe kreist, um die sich dort sammelnden Insekten zu erbeuten. Fasziniert kann man beobachten, wie sich Nachtschmetterlinge nach Erkennen der Ultraschalllaute fallen lassen, die Fledermaus jedoch ebenfalls abtaucht und die Beute doch noch erwischt. Parallel dazu sind im Detektor die hörbar gemachten Rufe zu vernehmen, die bei Annäherung an die Beute immer schneller aufeinander folgen. Wenn dann im Licht der Taschenlampe die verschmähten Flügel des Schmetterlings heruntersegeln, so war der Anflug erfolgreich. Auch wenn bisher keine Wochenstube der Nordfledermaus sicher nachgewiesen wurde, so ist doch sehr wahrscheinlich, dass die Art sich hier fortpflanzt. Quartiere der Art außerhalb der Wochenstubenzeit wurden verschiedentlich an Gebäuden (meist hinter Wandverschalungen) im Bereich der Passhöhe beobachtet (schriftl. Mitteilung C. Dietz und E. Hensle). Außer an Straßenleuchten wurden Nordfledermäuse auch jagend an Waldrändern, über einem Wasserbecken, am Feldsee und sogar am Feldberggipfel festgestellt.

Ähnlich weit verbreitet am Feldberg ist die Zwergfledermaus, die in allen Ortschaften sowie ebenfalls an Waldrändern und am Feldsee nachgewiesen wurde. Auch sie besiedelt Spaltenquartiere an Gebäuden, meist hinter Holzverschalungen. Am Feldsee wurden beim GEO-Tag der Artenvielfalt 2002 auch mehrere jagende Wasserfledermäuse beobachtet. Es ist das höchstgelegene bekannte Jagdgebiet dieser Art, die bevorzugt knapp über der Wasseroberfläche von Stillgewässern nach schlüpfenden Insekten jagt. Interessant sind zwei Nachweise der Zweifarbfledermaus (*Vespertilio murinus*) aus dem Feldberggebiet, einer sonst in Südbaden nur äußerst selten nachgewiesenen Art. Es ist die Beobachtung jagender Tiere am Feldberggipfel im September sowie der Fund eines verletzten Tiers aus Bärental. Bisher ist noch nicht klar, ob es sich bei den im Schwarzwald gefundenen Tieren (außerhalb vom Feldberg wurden Zweifarbfledermäuse z. B. auch mehrfach im Zusammenhang mit dem Monitoring an Windkraftanlagen gefunden) um eine ortsansässige Population handelt oder um wandernde Tiere.

11.3 Großsäuger
Hubertus Knoblauch

11.3.1 Der Feldhase – Seit 200 Jahren der einzige Hase am Feldberg

Der Feldhase (*Lepus europaeus*, Abb. 415) kommt in ganz Baden-Württemberg vor, selbst in den höchsten Lagen des Feldberggebiets ist der Hase nicht selten, eher im Gegenteil. Als ursprünglicher Steppenbewohner schätzt er die offene Landschaft der Hochweiden und Weidefelder des Feldbergs. Zwar sind ihm die hohen Niederschläge und die Temperaturen der Mittelgebirgslage nicht besonders lieb, aber der offene Lebensraum gleicht möglicherweise manchen klimatischen Nachteil aus. Im Schnee finden sich jedenfalls regelmäßig die typischen Hasenspuren, sogar nahe den Skipisten. Wahrscheinlich hat man den Einfluss des Hasen bei der Entstehung der für den Südschwarzwald so typischen Weidbuchen bisher gar nicht genügend gewürdigt. Der Hase lebt im Winter von den Knospen der Buchenbüsche des Feldbergs. Mit steigender Schneehöhe knabbert der Hase auch an höher gelegenen Ästen, die dann durchaus zwei Meter vom Boden entfernt sein können. Die Schneelage wird natürlich bei der Untersuchung der »Kuhbüsche« im Sommer nicht mehr berücksichtigt, und die Verbissspuren wurden bisher komplett den Kühen oder dem Wild zugeordnet (Schwabe 1987).

415 Der Feldhase (*Lepus europaeus*) kommt auch am unwirtlichen Feldberg vor; im Winter findet man die typischen dreieckigen Spuren regelmäßig im Schnee. (EMA)

Das gern mit dem Hasen verwechselte Wildkaninchen (Oryctolagus cinuculus) kommt am Feldberg nicht vor. Der Alpenschneehase (Lepus timidus varronis) ist heute am Feldberg ausgestorben. Laut dem Grundlagenwerk von Baden-Württemberg (BRAUN/DIETERLEN 2005) besiedelte der Schneehase aber während der Eiszeiten die eisfreien Gebiete und kam dann bis ins 19. Jahrhundert am Feldberg vor. Mit dem Ende der Eiszeiten und dem Zurückweichen des Eises teilte sich die Hasenpopulation in den Nördlichen Schneehasen und den Alpenschneehasen, der die hiesigen Gefilde bewohnte. In den Alpen liegt die Trennlinie zwischen Feld- und Schneehase bei 1300 m, eine Besiedelung des Feldberggebiets würde also durchaus ins Bild passen. Wie so oft sind es die letzten Erlegungen, die als Nachweis einer Art überliefert werden. Für den Hochschwarzwald stammt dieser Nachweis aus dem Jahr 1810 aus St. Blasien. Seitdem ist der Alpenschneehase nicht mehr beobachtet worden.

11.3.2 Das Murmeltier – Am Feldberg ausgesetzt und wieder verschwunden

»*Der subalpine Charakter des Feldberggebietes ließ den Gedanken aufkommen, das Murmeltier, jenen typischen Nager der alpinen Matten, auch hier einzubürgern. Im Jahre 1954 waren die nötigen Vorbereitungen durch Herrn Regierungsdirektor Ph. Katzenmeier getroffen, so daß er mit seinen Mitarbeitern (vor allem Herrn W. Sattler) 4 Männchen und zwei Weibchen (eines davon trächtig) in einem vorbereiteten Bau im Feldberggebiet zwischen Hinterwaldkopf-Feldberg-Schauinsland aussetzen konnte*«, so steht es im alten Feldbergbuch (HOFFRICHTER/OSCHE/PAULUS 1982).

Am 21. Juni 1955 berichtet die Badische Zeitung darüber, dass ein Teil der Murmeltiere (Marmota marmota), die im Juni 1954 am Feldberg ausgesetzt wurden, den Winter überlebt haben. Diese Tiere, »fünf Bären und eine trächtige Katze« vom Splügenpass aus Graubünden, waren der obersten südbadischen Jagdbehörde geschenkt worden. Schon damals gab es einen Vermerk beim Regierungspräsidium Südbaden, dem Landeskulturamt als Höherer Naturschutzbehörde, dass das Einbringen von Tieren nach der Schutzgebietsverordnung verboten ist. Weiter schreibt der Autor: »*Ich beantrage daher, auf die Forstverwaltung einzuwirken, dass eine weitere Aussetzung von Murmeltieren unterbleibt. Mit den jetzigen Beständen wird die Natur von selbst aufräumen*«.

1960 findet sich wieder ein Artikel in der Badischen Zeitung. Nun wird von der »Schweizer Kolonie«, die 1954 am Hinterwaldkopf, und der »Kärntner Kolonie«, die 1957 im Zastlertal gegründet wurde, berichtet. Beide Kolonien sollen insgesamt 35 Tiere zählen. Anlass des Artikels war die Beobachtung eines Steinadlers. Man hoffte auf eine Ansiedlung auch des Steinadlers als einem weiteren Alpentier, eben angelockt durch die Murmeltiere. Aber schon im Feldbergbuch von 1982 wurde auf Probleme der Population hingewiesen. Vor allem auf »hemmungslose Naturfotografen« als Störenfriede wurde geschimpft, die Rolle des Fuchses als eventueller Prädator wurde erwähnt. Schon damals wurde die Frage gestellt, ob sich überhaupt einzelne Tiere in die neunziger Jahre gerettet haben, immerhin mit der Hoffnung, sie mögen irgendwo versteckt überlebt haben. Heute sind keinerlei Vorkommen des Murmeltiers am Feldberg mehr bekannt. Und nach wie vor besagt die Schutzgebietsverordnung: »im Naturschutzgebiet ist es insbesondere verboten (…) Tiere einzubringen«. So ist die Geschichte des Murmeltiers am Feldberg wohl nur eine Episode gewesen.

11.3.3 Der Biber – vor den Toren des Feldbergs

Der Biber (Castor fiber, Abb. 416) steht zur Drucklegung dieses Buches quasi vor den Toren des Feldbergs. Am Titisee, am Schluchsee, im Schlüchttal, im Ordnachtal, im Jostal, in Neustadt – kurzfristig war er auch in Feldberg-Falkau – ist der Biber bereits nachgewiesen. Die Zuwanderung erfolgt derzeit vornehmlich von der Wutach bzw. Gutach aus (B. SÄTTELE, mündl. Mitteilung 2011). Der Biber, das größte Nagetier Europas – immerhin kann er bis zu 30 kg schwer werden (Abb. 417) –, galt in Baden-Württemberg zu Beginn des 19. Jahrhunderts als ausgestorben. Interessant ist die Ausrottungsgeschichte, denn es war nicht nur das kostbare Fell, es war auch

416 Ausgehend von den Zuflüssen zu Rhein und Donau wird der Biber (*Castor fiber*) allmählich den Schwarzwald zurückerobern. (EMA)

seine Einordnung als »Fischfleisch«, als Fastenspeise, die ihm zum Verhängnis wurde. Nun aber, ausgehend von Aussetzungen in Bayern, im Elsass und in der Schweiz, kommt der Biber über die beiden großen Flusssysteme von Rhein und Donau wieder in seine ehemaligen Verbreitungsgebiete zurück. Der Biber ist durchaus in der Lage, auch die höheren Lagen zu besiedeln. Es scheint nur eine Frage der Zeit zu sein, bis der Biber wieder im Feldberggebiet heimisch wird.

11.3.4 Der Rotfuchs – Bisher noch das größte Raubtier am Feldberg

Das größte Raubtier am Feldberg ist derzeit der Rotfuchs (*Vulpes vulpes*). Der Fuchs (Abb. 418) kommt in Baden-Württemberg überall vor, von den Kulturlandschaften der städtischen Parks und Gärten bis in die entlegenen Wälder des Feldberggebiets. Seine Dichte ist in der Kulturlandschaft sogar höher als in den Wäldern des Schwarzwaldes (Braun/Dieterlen 2005), eine Tatsache, die uns beim Thema Fuchsbandwurm noch einmal beschäftigen wird. Güthlin (2011, mündliche Mitteilung) untersucht derzeit im Projekt »Rotfuchs und Landschaft« über Fotofallen und Losungszählungen die Häufigkeit des Fuchses im Hochschwarzwald; Arbeitshypothese ist, »dass in subalpinen Wäldern wie z. B. dem borealen Nadelwald der Fuchs wegen eines geringen Nahrungsangebots in sehr geringen Dichten vorkommt. In touristisch gut erschlossenen und hoch frequentierten Gebieten wie dem Feldberg ist aber davon auszugehen, dass die dadurch geschaffenen Nahrungsquellen (z. B. Abfälle und Essensreste an Gasthäusern, Hütten und Parkplätzen) höhere Dichten des Generalisten Fuchs ermöglichen«.

Der Rotfuchs hat, und damit löst er inzwischen den Wolf ab, das größte Verbreitungsgebiet aller wildlebenden Caniden weltweit, so schreibt T. Kaphegyi (2002) in seiner Dissertation, die sich ausführlich mit dem Sozialverhalten des Fuchses am Feldberg, nämlich im

417 Ein Biber kann bis zu 30 kg schwer werden. Das Bild zeigt den überfahrenen »Falkauer Biber« und einen erlegten Jährlingsbock (*Capreolus capreolus*) im Größenvergleich. (HK)

418 Der Rotfuchs (*Vulpes vulpes*) ist vorzüglich an die strengen Winter des Hochschwarzwaldes angepasst, sogar seine Brunftzeit, die »Ranzzeit«, liegt im Hochwinter. (EMA)

St. Wilhelmer Tal, beschäftigt. Was den Fuchs so erfolgreich macht, ist seine Anpassungsfähigkeit, was das Nahrungsangebot betrifft, sein flexibles Sozialverhalten, aber auch die Reduktion natürlicher Mortalität beispielsweise durch die Bekämpfung der Tollwut. KAPHEGYI beschreibt die Streifgebiete der besenderten Füchse im St. Wilhelmer Tal mit 2,7 km² für erwachsene Männchen und 1,2 km² für erwachsene Weibchen. Genutzt werden die Wald- und Wiesen- bzw. Kulturflächen nahezu gleichmäßig, mit gewissen jahreszeitlichen Verschiebungen, abhängig vom Nahrungsangebot. Interessant ist besonders im September eine deutliche Verschiebung zugunsten des Waldes, KAPHEGYI vermutet hier das Angebot an Beeren als Ursache. Auch der Badische Riesenregenwurm (siehe Abschnitt 4) spielt in der Fuchsnahrung eine große Rolle. Bei seinen Untersuchungen findet er Erstaunliches heraus, nämlich dass die Füchse, entgegen landläufiger Meinung, nicht strikt territorial, sondern durchaus in sozialen Gruppen leben.

Der Rotfuchs ist zwar als Raubtier für den Menschen völlig ungefährlich, als Krankheitsüberträger kann er aber durchaus gefährlich sein. Zum einen verbindet man mit dem Fuchs die Tollwutübertragung. Gegen die Tollwut als tödliche, anzeigenpflichtige Viruserkrankung wird seit 1986 landesweit eine Impfung für Füchse über ausgebrachte Köder durchgeführt. 1996 wurde erstmals kein Tollwutfall mehr für Baden-Württemberg festgestellt. Das Ministerium für Ländlichen Raum und Verbraucherschutz bezeichnet aktuell auf seiner Homepage Deutschland seit 2008 als tollwutfrei. Wie oben erwähnt, fällt damit auch ein Mortalitätsfaktor für den Fuchs weg. LINDEROTH (2005) beschreibt eine Steigerung der Fuchsbestände in der Schweiz um 400 %.

Inzwischen hat der Kleine Fuchsbandwurm (*Echinococcus multilocularis*) die Tollwut aus den Schlagzeilen verdrängt. Diese parasitäre Zoonose kann beim Menschen zum Tod führen und sollte daher nicht unterschätzt werden. Der eigentliche Wirtswechsel findet zwischen Mäusen und dem Fuchs statt, der Mensch ist kein Zwischenwirt, kann aber über unglückliche Umstände in den Zyklus geraten. Vermutet wird eine Übertragung auf den Menschen über verunreinigte Beeren oder Feld- und Gartenfrüchte. Süddeutschland gilt als hochendemisch, wobei es weniger der Schwarzwald ist als die östlichen Landesteile (www.waldwissen.net), in denen der Bandwurm sein Unwesen treibt. Auch sind es eher die fuchsreichen Kulturlandschaften als die fuchsarmen geschlossenen Wälder des Hochschwarzwaldes, in denen eine Übertragung droht. Seit 2001 gibt es Versuche, die Füchse über Fressköder zu entwurmen. Für den Wanderer am Feldberg bleibt festzuhalten, dass es hier oben weniger Füchse gibt und daher die Wahrscheinlichkeit einer »Ansteckung« eher gering ist. Dies soll aber nicht zu mangelnder Vorsicht beim Berühren von Fuchskadavern oder dem Verzehr von Waldfrüchten verlocken (UNMÜSSIG, mündl. Mitteilung).

Mit dem Thema de Auswirkungen der Fuchsbestände auf das Auerhuhn (*Tetrao urogallus*) befassen sich eine Reihe von Untersuchungen. Zweifelsohne hat der Fuchs zugenommen und ist, im Gegensatz zum Auerhuhn, weder bedroht noch selten. So wird die Jagd auf den Fuchs zwar dem einzelnen Fuchs, nicht aber dem gesamten Bestand schaden – aber nutzt sie auch dem Auerhuhn? KAPHEGYI schreibt, dass eine signifikante Absenkung des Fuchsbestandes unter eine Grenze, die weder durch erhöhte Reproduktion noch durch Zuwanderung wieder aufgefüllt wird, mit anerkannten jagdlichen Mitteln nur sehr schwer durchzuführen ist. Er fordert auf, die Populationsdynamik des Fuchses verstehen zu lernen und über dieses Wissen moderne Managementpläne zu erstellen.

11.3.5 Luchs und Wolf – Wann kommen sie?

Warum steht in diesem Buch etwas über Tiere, die am Feldberg gar nicht vorkommen? Denn dies gilt für Luchs (*Lynx lynx*) und Wolf (*Canis lupus*) zumindest im Jahr 2011. Eventuell ist die Aussage für eine der beiden oder gar für beide Arten schon nach Erscheinen dieses Buchs überholt. Der Luchs und auch der Wolf werden kommen – vielleicht kommt der Wolf sogar schneller als der Luchs. Rudi SUCHANT, Wildtierökologe der Forstlichen Versuchs- und Forschungsanstalt Baden-Württemberg (FVA), spricht von den nächsten Wochen oder Monaten, in denen er den Wolf im Schwarzwald erwartet (Badische Zeitung vom 16.9.2011). Man darf also gespannt sein.

Der Luchs (Abb. 420) ist in Baden-Württemberg und somit auch im Schwarzwald nicht ausgestorben, sondern er wurde ausgerottet. Er wurde vom Menschen solange gezielt verfolgt,

419 In den dichten Bergwäldern ist der Fuchs deutlich weniger häufig als in der strukturierten Kulturlandschaft mit Feldern, Wiesen, Gärten. (KE)

420 Vom europäischen Luchs (*Lynx lynx*) gibt es vom Feldberg, wie aus dem gesamten Schwarzwald, nur sehr sporadisch einzelne Beobachtungen; eine stabile Population gibt es derzeit sicher nicht. (EMA)

bis er »endlich« verschwunden war. Der letzte Luchs des Schwarzwaldes wurde 1770 am Kaltenbronn geschossen, der letzte Luchs Baden-Württembergs 1846 bei Wiesensteig, also weit weg vom Schwarzwald. Danach fehlte der Luchs im »Ländle« fast 150 Jahre, erst seit 1988 gibt es wieder einzelne Nachweise. Diese Nachweise werden derzeit von der Arbeitsgruppe Luchs (Luchs AG) zentral an der FVA gesammelt und in drei verschiedene Kategorien bezüglich ihrer Aussagekraft gestaffelt. Kategorie 1 sind die absolut sicheren Nachweise wie Totfunde, Fotobelege oder gefangene Tiere, Kategorie 2 sind die von Experten überprüften Nachweise und in Kategorie 3 fallen die Nachweise und Beobachtungen, die nicht von Experten überprüft werden konnten. Daraus ergibt sich für die letzten Jahre folgendes Bild:

Wie man der Tabelle unschwer entnehmen kann, gab es in den letzten Jahren keinen einzigen sicheren Nachweis, nur wenige überprüfbare Nachweise und auch nicht viel mehr unsichere Nachweise. Der letzte gesicherte Nachweis für einen Luchs der Kategorie 1 ist ein Foto aus dem Feldberggebiet, es stammt aus dem Mai 2000. Daraus lässt sich folgern, dass es derzeit im Schwarzwald kein gesichertes Vorkommen auch nur eines einzelnen Luchses gibt. Dabei ist der Schwarzwald als Lebensraum für den Luchs

Tab. 14 Luchsnachweise im Schwarzwald (http://www.ag-luchs.de/monitoring/monitoring.html, letzter Zugriff am 19.3.12)

Jahr	Kat. 1	Kat 2	Kat 3
2010	0	0	3
2009	0	0	16
2008	0	0	18
2007	0	2	19
2006	0	1	14
2005	0	1	9
2004	0	3	13
2003	0	3	6
2002	0	8	8

sicher geeignet, wie verschiedene wissenschaftliche Arbeiten nachweisen (GOSSMANN-KÖLLNER 1990). HERDTFELDER (2011, mündl. Mitteilung) spricht von etwa 80 Luchsen, die im Schwarzwald leben könnten. In der AG Luchs haben sich nun im Jahr 2004, initiiert vom damaligen Ministerium für Ernährung und Ländlichen Raum, alle Betroffenen und Angesprochenen vom Badischen Landwirtschaftlichen Hauptverband, der FVA, der Universität Freiburg, verschiedenen Naturschutzverbänden, den Naturparken im Land bis hin zur Luchs-Initiative zusammengetan, um gemeinsam die Konflikte um den Luchs zu entschärfen. Eine tragende Rolle kommt dabei der Universität Freiburg und der FVA zu. An beiden Institutionen laufen seit 2008 parallel Forschungsprojekte zum Luchs in Baden-Württemberg. In diesen Projekten sollen sowohl natur- als auch sozialwissenschaftliche Grundlagen erhoben werden, um dann als Grundlage für das weitere Vorgehen zu dienen. Der Luchs im Schwarzwald steht und fällt aber wohl mit der »Analyse der sozialen Tragfähigkeit«. Denn wenn der Mensch den Luchs nicht will, wird weder eine (eher unwahrscheinliche) Wiedereinwanderung noch eine Einbürgerung funktionieren.

Was ist das für ein Tier, auf das man sich da eventuell einlässt? Der Luchs ist eine bis zu 20 kg schwere Katze, die Größe reicht knapp an einen Schäferhund heran. Typisch sind die langen Beine, der quadratische Körperbau, der Stummelschwanz und die Pinselohren. An den Lebensraum stellt er geringe Ansprüche, solange ihm Wald als Deckung und Nahrung geboten wird. Die Nahrung des typischen »Überraschungsjägers« würde am Feldberg aus Rehen und Gämsen bestehen, Füchse, Hasen, Vögel und Mäuse könnten dazukommen. Ein Luchs benötigt täglich etwa 1 kg Fleisch, was in etwa 50–60 Rehe im Jahr bedeuten würde. Der Luchs tötet die Beute durch einen gezielten Drosselbiss, niemals aber trennt er Körperteile vom Beutetier ab. Der ihm angedichtete Rehschädel in der Baumgabel gehört also zum Jägerlatein. Die Rehe werden in einem Revier von ca. 100 km^2 erbeutet. Vergleicht man diese Zahl mit den erlegten Rehen, nach den Angaben der Wildforschungsstelle in Baden-Württemberg 11 Stück je 100 ha bzw. je km^2, ist der Anteil des Luchses doch eher gering einzuschätzen. Der Luchs wird auch nicht, dies sei klar gesagt, ein Wildproblem lösen. Dem Auto fielen in Baden-Württemberg im Jahr 2010 knapp 18000 Rehe zum Opfer, um auch diesen Vergleich herzustellen.

Der Wolf (Canis lupus) kommt derzeit in ganz Baden-Württemberg nicht vor. In unmittelbarer Nachbarschaft sind aber Wölfe aufgetaucht, so

421 Ein Foto von historischer Bedeutung aus dem Jahr 2000: der einzige bekannte Fotonachweis eines Luchses (Lynx lynx) aus dem weiteren Feldberggebiet. (VP)

423 Der Rothirsch (*Cervus elaphus*), oben die Weibchen, das »Kahlwild«, unten das Männchen, ist das größte Säugetier im Hochschwarzwald. (EMA)

Verfegen von Waldbäumen den seinen Ansprüchen angemessenen offenen Lebensraum und damit Flächen auch für andere Tiere und Pflanzen. Auch zeigt der Hirsch mit seinen Wanderungen zwischen den Rotwildgebieten, wo hierzulande große Tiere noch wandern können und wo nicht. Er ist damit ein guter Indikator für die großen Wildtierkorridore.

Im Naturschutzgebiet Feldberg würde der Rothirsch zwar überall vorkommen, aber die Rotwildverordnung des Landes verweist die Tiere in die Grenzen des Rotwildgebiets Südschwarzwald. Dessen Verordnung stammt aus dem Jahr 1958, es wurden damals fünf Rotwildgebiete für das Land festgelegt: der Nordschwarzwald als größtes, dazu die Rotwildgebiete Odenwald, Schönbuch, Adelegg und eben der Südschwarzwald. Sinn und Zweck der Verordnung ist es, dem Rothirsch zwar einen Lebensraum (und wohl auch einen Bejagungsraum) zu schaffen, Schäden der Tiere für die Land- und Forstwirtschaft aber zu minimieren. Das Rotwildgebiet Südschwarzwald erstreckt sich über Flächen der Gemeinden Bernau, St. Blasien, Häusern, Schluchsee und Feldberg über eine Fläche von ca. 17500 ha, wobei ein Großteil dieser Fläche vom Rothirsch nicht besiedelt wird. Das Naturschutzgebiet Feldberg wird im Bereich Menzenschwand und Herzogenhorn (Bernau) bis etwa zur B 317 tangiert.

Die Geschichte des Rothirschs ist durchaus wechselvoll und eigentlich immer von der Jagdleidenschaft des jeweils Herrschenden abhängig (LINDEROTH in BRAUN/DIETERLEN 2005, WILLIAM 1975). Entweder wurde der Hirsch für die Jagd gehegt oder er wurde zum Schutz der Land- und Forstwirtschaft verfolgt, bis hin zum verordneten Totalabschuss. Der Rothirsch wurde bisher in der vom Menschen beeinflussten Kulturlandschaft eigentlich nur aus dem Blickwinkel der Jagd oder des Waldbaus bzw. des Landwirts gesehen.

Der heutige Rotwildbestand stammt interessanterweise aus einem Gatter. Der Südschwarzwald war nach dem Ersten Weltkrieg wohl rotwildfrei, lediglich einzelne wandernde Tiere kamen vor. Am Schluchsee wurden 1938 acht Stück Rotwild gehalten, die Tiere stammten aus dem Erzgebirge. Diese acht Tiere vermehrten sich prächtig, und es kam wohl zu Kontakten mit den zugewanderten freilebenden Artgenossen.

Das Gatter wurde vor dem Einmarsch der französischen Truppen im April 1945 geöffnet, und 90 Tiere wurden in die Freiheit entlassen. Aus diesen wenigen Tieren entwickelte sich der heutige Bestand – übrigens ohne genetische Defekte, wie man heute weiß. Trotz Rotwildgebieten und scharfer Bejagung in den rotwildfreien Gebieten findet auch heute ein genetischer Austausch zwischen den Gebieten statt, besonders zwischen Nord- und Südschwarzwald.

Große Auswirkungen auf die Winternutzung des Naturschutzgebiets Feldberg haben die aktuellen Forschungen zum Winterverhalten des Rothirschs (ARNOLD 2009). Diese Untersuchungen zeigen, dass auch Rothirsche in der Lage sind – ähnlich dem Winterschlaf bei anderen Säugern –, den Energiebedarf im Winter deutlich zu reduzieren. Nahrung ist kaum vorhanden bzw. von geringerer Qualität, die Temperaturen sind deutlich niedriger als im Sommer. Das Tier reagiert mit verringerter Aktivität und einer Verkleinerung der inneren Organe, die Verdauungsorgane müssen sich auf völlig andere Nahrung umstellen. Vor allem in den Kälteperioden des ausgehenden Winters drosseln die Tiere Wärmeproduktion, Energiebedarf und Körpertempera-

424 Der Rothirsch (*Cervus elaphus*) ist im Winter in der Lage, ähnlich einem Winterschlaf, seinen Energiebedarf deutlich zu drosseln – wenn man ihn in Ruhe lässt. (KE)

tur. Der einzige Unterschied zu einem »echten Winterschlaf« ist die zeitliche Begrenzung auf bis zu 9 Stunden täglich, während ein echter Winterschläfer rund um die Uhr schläft. Besonders die »Körperschale, also die Gliedmaßen und die äußeren Teile des Rumpfes« (ARNOLD 2009) werden weniger durchblutet, in der Brustkernregion wurden Temperaturen um 15 °C gemessen. Naturgemäß können die Tiere mit derart klammen Beinen nur schlecht laufen. Daher muss sich das Tier völlig sicher fühlen, um sich Winterruhe zu gönnen, denn eine Flucht kann erst nach dem Anwerfen des ganzen Kreislaufs erfolgen. Dies ist wohl auch der Grund dafür, dass dieses Verhalten bis in die heutige Zeit unbekannt blieb. Was bedeutet dies nun für die Praxis in einem Naturschutzgebiet? Ähnlich wie das Auerhuhn bedarf der Rothirsch im Winter der Ruhe (Abb. 424). Nur an völlig von Jagd und Wintertourismus ungestörten Orten kann der Hirsch den Energiebedarf nach seinen Bedürfnissen regulieren, ohne ständig im »Wachzustand« zu sein. Nur hier kann er die über Fettreserven gespeicherte Energie so einsetzen, dass er unbeschadet den Spätwinter übersteht. Es bedarf also ausgewiesener Wildruhezonen. Es ist davon auszugehen, dass auch Reh und Gämse ähnliche Regelmechanismen haben, es gilt also gerade am kalten und so schneereichen Feldberg bezüglich der Ruhe dasselbe wie beim Hirsch.

425 Sehr anschaulich zeigen diese Bilder, wie empfindliche Hirsche bezüglich Störungen sind. Die Tiere stehen völlig entspannt an einer Fütterung (außerhalb des NSG). Sie fressen bzw. ruhen. Zwei Schneeschuhläufer nähern sich der Fütterung auf mehrere Hundert Meter. Zuerst reagiert ein Alttier, dann reagieren alle, innerhalb kürzester Zeit ist die Fütterung verlassen, dabei sind die Schneeschuhläufer gar nicht bis an die Fütterung herangekommen. (FVA, FB)

Der Rothirsch wurde jahrzehntelang nur zweidimensional betrachtet – aus dem Blickwinkel der Schäden in Forst- und Landwirtschaft oder der Jagd nach möglichst starken Trophäen. Es ist der Verdienst der Forstlichen Versuchs- und Forschungsanstalt, diesen sehr eingeschränkten Blick auf den Hirsch weit geöffnet zu haben. Es bildete sich die »Projektgruppe Rotwild«, eine Arbeitsgruppe bestehend aus Förstern, Jägern, aber auch Touristikern, Wildbiologen, Naturschützern und Grundbesitzern. Die Teilnehmer versuchten, durchaus kontrovers, für das überschaubare Rotwildgebiet Südschwarzwald ein Konzept zu entwickeln, das sowohl den Ansprüchen des Hirsches gerecht werden sollte als auch den Ansprüchen des Menschen an den Hirsch. Um welche Ansprüche geht es also genau? Der Hirsch möchte gern in der Freifläche leben, entlang der Flussläufe wandern, im Sommer im Hochschwarzwald, im Winter in den Rheinauen sein und möglichst in Frieden und tagaktiv fressen, ruhen und sich vermehren können. Förster möchten gern einen artenreichen, gesunden Wald ohne verbissene oder geschälte Bäume. Jäger wollen einen gut bejagbaren Wildbestand, Touristiker möchten gern dem Besucher einen lebendigen Hirsch zeigen, Wildbiologen wollen das, was der Hirsch will, und dies auch noch erforschen, Naturschützer schätzen den Hirsch als Habitatbildner und kümmern sich auch um reduzierten Jagddruck, die Grundbesitzer möchten an ihrem Besitz möglichst wenig Schaden. Diese Ansprüche kann man nicht alle erfüllen, vor allem kann man sie nicht auf der gleichen Fläche erfüllen. Man muss die Ansprüche »entflechten« – das ist vielleicht das wichtigste Ergebnis der Forschung und der Konzeption.

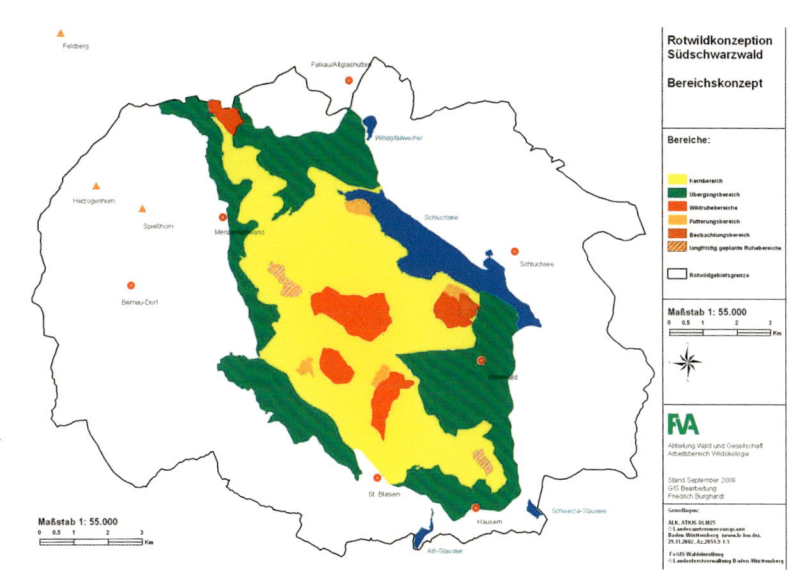

426 Das Rotwildgebiet Südschwarzwald wurde nach den Untersuchungen der FVA im »Rotwildprojekt« und nach Absprachen mit allen Betroffenen in Kern-, Fütterungs-, Wildruhe-, Wildbeobachtungs-, Übergangs- und Randzonen eingeteilt. (FVA)

Um herauszufinden, was die Tiere den ganzen Tag so treiben, wurden einige Hirsche telemetriert. Fragen waren u. a.: Wie reagieren die Tiere auf Störungen? Was sind überhaupt Störungen? Ist ein Pilzsucher eine ähnliche Störung wie ein Waldarbeiter mit Motorsäge, wie ein Jäger, wie ein Wanderer auf dem Weg? Rotwild kann offenbar erstaunlich differenzieren. Als Ergebnis entstand eine räumliche Konzeption (Rotwildkonzeption Südschwarzwald 2010), die versucht, die unterschiedlichen Ansprüche auf die Fläche zu projizieren. Im Rotwildgebiet Südschwarzwald wurden Kern-, Fütterungs-, Wildruhe-, Wildbeobachtungs-, Übergangs- und Randbereiche für den Rothirsch ausgewiesen (Abb. 426). Daraus wurden unterschiedliche Maßgaben abgeleitet, was die Kirrung, die Jagdzeit, die Fütterung, die waldbauliche und betriebswirtschaftliche Zielsetzung, die Habitatpflege und den Tourismus angeht. Die Ausübung der Jagd reicht nun von Flächen mit völliger Jagdruhe bis zu Flächen, in denen die bisherigen Regelungen des Landesjagdgesetzes gelten. Die waldbauliche Zielsetzung reicht von »vom Rotwild nicht beeinflusst«, hier müssen sich Tanne und Buche also natürlich verjüngen, bis zu Flächen, auf denen Schäden durch Rotwild ganz bewusst toleriert werden.

Dem Rothirsch als größte Tierart im Feldberggebiet, als »König des Waldes«, steht also hoffentlich eine »artgerechtere Zukunft« bevor. Alle Ansprüche bis hin zu den Wanderungen in die Rheinauen werden ihm in einer solch dicht besiedelten Region wohl nicht mehr erfüllt werden können. Er muss sich mit dem Menschen arrangieren, genauso wie der Mensch mit ihm.

Der Sikahirsch (*Cervus nippon*) (Abb. 427), eine aus Japan eingeführte Hirschart, kommt als freilebende Population in Baden-Württemberg nur am Hochrhein bei Jestetten vor. Dennoch taucht der Sikahirsch am Feldberg und im Rotwildgebiet Südschwarzwald selten, aber regelmäßig als Durchzügler auf.

427 Der Sikahirsch (*Cervus nippon*) wurde aus Asien am Hochrhein eingeführt. Regelmäßig tauchen wandernde Tiere im Hochschwarzwald auf. (HK)

11.3.9 Das Reh – Der häufigste Großsäuger am Feldberg

Wenn man Wildtiere genau zählen könnte, wäre wohl das Reh (*Capreolus capreolus*, Abb. 428) der häufigste Großsäuger am Feldberg. Auf jeden Fall ist es aber die Großsäugerart mit der weitesten Verbreitung im Naturschutzgebiet.

Das Reh ist ein äußerst anpassungsfähiges Tier und kommt in Deutschland von der unwirtlichen Waldgrenze der Alpen bis zur Schrebergartenkolonie der Stadtränder überall vor, so auch am Feldberg. Besonders wohl fühlt sich das Reh in den Randbereichen zwischen Wald und Wiese, die Weidefelder dürften ihm ideale Bedingungen bieten. Auch fühlt sich das Reh in krautreichen Mischwäldern wohler als im reinen Fichtenforst. Das Reh als »Schlüpfer«, man beachte den vorn tieferen Körperbau, ist ein Tier, das sich vor dem Menschen versteckt, indem es sich »wegdrückt« – anders der Hirsch, der als »Flüchter« bei Störungen oft weite Strecken flieht. Das Reh ist also vom Tourismus nicht in dem Maße beeinflusst wie eben der Hirsch. Das Reh schlüpft in das nächste Gebüsch, ward nicht mehr gesehen und lässt den Wanderer oder den Mountainbiker einfach passieren. Rehe, die in der Dämmerung erschreckt werden, geben einen bellenden Ton von sich, das »Schrecken«. Dieses Geräusch wird oft genug mit dem Bellen eines Hundes verwechselt. Zur Feinderkennung bedient sich das Reh seines hervorragenden Gehörs bzw. seiner feinen Nase. Die Augen sind nicht ganz so empfindlich – Bewegungen können zwar gut erkannt werden, aber das Reh ist farbenblind und kann auch nicht räumlich sehen. Eine besondere Anpassung an den Verlauf der Jahreszeiten findet man beim Reh mit der Keim- bzw. der Eiruhe. Brunftzeit beim Reh ist der Hochsommer (Ende Juli, Anfang August), das befruchtete Ei nistet sich in der Gebärmutter ein, fängt aber erst im Hochwinter an zu wachsen. Eine gute Strategie, um besonders im Hochschwarzwald die nahrungsärmeren Zeiten im Herbst und Winter zu überbrücken.

Rehe sind im waldreichen Hochschwarzwald Einzelgänger, lediglich die Weibchen – die Ricken oder Geißen – leben mit ihren dies- und letztjährigen Kitzen zusammen, bis wieder Kitze gesetzt werden. Rehe werden bis etwa 25 kg schwer, sind also keinesfalls mit dem fast zehnmal so schweren Hirsch zu verwechseln – was aber trotzdem oft genug passiert.

Das Reh ist ein reiner Pflanzenfresser. Wildbiologen bezeichnen es als »Konzentratselektierer«, was nichts anderes bedeutet, als dass das Reh die nährstoff- und energiereichen Pflanzen und Pflanzenteile bevorzugt, während der Hirsch doch eher »unselektiv« den Waldboden abäst. Aber genau das kann das Reh zum »Problemtier« machen. Das Reh hat, ähnlich wie die

428 Rehe (*Capreolus capreolus*) – links ein Rehbock »im Bast«, rechts eine Rehgeiß – gelten als die häufigsten Großsäugetiere im Schwarzwald. (EMA)

Gämse und selektiver als der Rothirsch, einen großen Einfluss auf die angestrebte natürlichen Verjüngung des Waldes (Abb. 429). Nicht immer sind die Schäden der einzelnen Tierart zuzuordnen. Melanie MANEGOLD, sie hat sich 2007 mit den Wäldern der Gemarkung Hinterzarten beschäftigt, zitiert den zuständigen Revierförster E. WINTERHALTER: »Dabei wird die Tanne im Untersuchungsgebiet überwiegend vom Rehwild verbissen, während bei der Buche stärkere Schäden durch Hasen zu verzeichnen sind.« Weiter schreibt sie: »Die Tanne ist im Bereich von Hinterzarten in der Strauchschicht nur vereinzelt anzutreffen, was auf verbissbedingte Verjüngungsprobleme hinweist und die Rolle der Tanne in zukünftigen Wäldern ungewiss gestaltet«.

Dies ist ein Grund dafür, warum auch in einem Naturschutzgebiet wie dem Feldberg die ordnungsgemäße Jagd weiterhin gestattet ist. Nach der Schutzgebietsverordnung strebt man standortgerechte Mischbestände mit heimischen Baumarten, die sich natürlich verjüngen sollen, an. Dies können also nur Baumarten wie Tanne, Buche, Berg-Ahorn und Fichte sein, von denen vor allem die Tanne durch Wildverbiss stark gefährdet ist. Langfristig sollte aber über eine Jagdstrategie, heutzutage spricht man eher von Wildtiermanagment, für das gesamte Schutzgebiet nachgedacht werden.

429 Rehe sind Feinschmecker – manche Baumarten sind auch deswegen seltener als andere, weil sie gern vom Reh »verbissen« werden; dies gilt besonders für die Weißtanne (*Abies alba*). (HK)

11.3.10 Die Gämse – Am Feldberg ausgesetzt und den Schwarzwald erobert

Die Gämse (*Rupicapra rupicapra*) (Abb. 430) gilt gemeinhin als typischer Bewohner der Felsregion der Alpen. Dass sie auch im Feldberggebiet vorkommt, ist nicht jedem bekannt. Bei der Feldberggämse handelt es sich um die Alpen- oder Nordgämse (*Rupicapra rupicapra rupicapra*), die auch den gesamten Alpenbogen bewohnt. Gämsen sind tagaktiv, können an manchen Orten im Naturschutzgebiet also problemlos bei hellstem Tageslicht beobachtet werden. Da die Gämse ein Rudeltier ist, sieht man dann meistens mehrere Tiere gleichzeitig. Diese Rudel bestehen meist aus Geißen, Kitzen und Jährlingen, die jüngeren Böcke bilden separate Gruppen, lediglich ältere Böcke können auch allein stehen. Da bei der Gämse beide Geschlechter Hörner, die Gamskrucken, tragen, sind sie für den Laien auf den ersten Blick schlecht zu unterscheiden.

Es gibt historische Unterlagen, die belegen, dass die Gämse in den alpennahen Mittelgebirgen auch außerhalb der Alpen noch bis ins Mittelalter verbreitet war. Die Wildforschungsstelle des Landes Baden-Württemberg vermutet die Gämse noch bis ins 14. Jahrhundert im Schwarzwald, wo sie zwar Standwild, aber niemals flächig vorhanden war. Dann verschwand die Gämse durch die Bejagung. Von nun an galt sie als »Durch- und Zuzügler«, sie wurde also nur noch sporadisch beobachtet.

Am 3. Juli 1934 wurde das Reichsjagdgesetz verabschiedet; schon in der Präambel steht: »*Die Pflicht eines rechten Jägers ist es, das Wild nicht nur zu jagen, sondern auch zu hegen und zu pflegen, damit ein*

G Naturschutz und Tourismus am Feldberg

Stefan Büchner und Bernd-Jürgen Seitz

1. Die Bedeutung des Feldbergs für den Naturschutz

Der Feldberg ist das größte, älteste und höchstgelegene Naturschutzgebiet Baden-Württembergs. Diese Superlative machen die Frage nach der Bedeutung des Feldbergs für den Naturschutz fast überflüssig. Trotzdem soll ihr auf der Grundlage der vorangegangenen Abschnitte dieses Buchs und der beiden bisherigen Feldbergbücher – des im Auftrag des Badischen Landesvereins für Naturkunde und Naturschutz 1948 von Karl Müller herausgegebenen ersten und des von der Landesanstalt für Umweltschutz Baden-Württemberg 1982 herausgegebenen zweiten Feldbergbuchs – nachgegangen werden.

1.1 Naturschutz am Feldberg im Wandel der Zeiten

Obwohl der Feldberg bereits 1937 als Naturschutzgebiet ausgewiesen wurde, kommt im ersten Feldbergbuch das Wort Naturschutz kaum vor – obwohl es eigentlich zum 60-jährigen Jubiläum des Badischen Landesvereins für Naturkunde und Naturschutz 1941 hätte herauskommen sollen; zum 50-jährigen Jubiläum wurde von Vereinsmitgliedern bereits ein naturwissenschaftliches Werk über den Kaiserstuhl (LAIS et al. 1933) verfasst. Das Feldbergbuch erschien wegen des Zweiten Weltkriegs sieben Jahre später als geplant. »*Nach dem Niedergang, den uns dieser furchtbare Krieg brachte, verblieb uns wenigstens die*

431 Luftbild vom Feldberggipfel auf einer Ansichtskarte aus dem Jahr 1939 – neben dem Friedrich-Luisen-Turm stand das Gasthaus »Feldbergturm«. (KABH)

432 Aktuelles Luftbild vom Feldberggipfel mit Blick über den Kaiserstuhl zu den Vogesen; im Vordergrund der neue SWR-Turm. (MG)

Schönheit des Schwarzwalds. Als Ablenkung von den Gedanken des Alltags wird darum dieses Buch vielen gerade in der jetzigen Zeit willkommen sein« – so Karl Müller im Vorwort. Dass in der Nachkriegszeit andere Sorgen vorherrschten als der Naturschutz, ist verständlich.

Das erste Feldbergbuch enthält Kapitel über die Oberflächenformen des Feldberggebiets (E. LIEHL), seine Geologie (L. ERB), Hydrografie (W. WUNDT), Wetter, Klima und Schneedecke (F. ROSSMANN), Vegetation (K. MÜLLER), Moose (T. HERZOG), Flechten (G. LETTAU), Floren- und Vegetationsgeschichte (H. GAMS), Weiden und Weidewirtschaft (H. RIES), Wald und Waldnutzung (H. STOLL), Geschichte (K. MÜLLER) und Besiedlung (E. LIEHL), jedoch kein Kapitel über den Naturschutz. Insbesondere in den beiden vegetationskundlichen Kapiteln finden sich aber durchaus Hinweise auf die Schutzwürdigkeit des Feldberggebiets. So schreibt K. MÜLLER (S. 213f.): »*Wer so lange wie der Verfasser am Feldberg auf die Flora achtet, weiß, daß manche Seltenheiten im Laufe der Zeit stark zurückgegangen oder gar verschwunden sind. Die nachfolgende Darstellung vermeidet mit Absicht genauere Standortsangaben bei seltenen Pflanzen, um eine weitere Dezimierung der Seltenheiten, die meist auch pflanzengeo-*

graphisch von Bedeutung sind, zu unterbinden. Mit Befriedigung kann auch festgestellt werden, daß sich manche geschützte Arten in letzter Zeit ganz erheblich verbreitet haben.«

Am Ende seines umfassenden Kapitels über die Vegetationsverhältnisse im Feldberggebiet geht Müller noch kurz auf das Naturschutzgebiet und dessen Verordnung vom Februar 1937 ein. Von größter Bedeutung für die subalpine Flora ist für ihn, dass die Beweidung mit »Rindvieh« im bisherigen Umfang gestattet bleibt, wohingegen das Auftreiben von Geißen und Schafen verboten wird, denn »es ist ja bekannt, dass gerade diese Tiere den floristischen und den Waldbestand am meisten schädigen [...] Wichtig ist dann ferner das Verbot des Ausgrabens von Pflanzen« (S. 358).

Helmut GAMS aus Innsbruck streicht die herausragende Bedeutung des Feldberggebiets für die Floren- und Vegetationsgeschichte heraus (S. 387-402). Was die heute im Zentrum der Schutzbemühungen stehenden Weidfelder angeht, weist K. MÜLLER darauf hin, »wie leicht sich das Weidfeld durch geeignete Düngung zu einer gras- und krautreichen Matte umwandeln läßt« – und das sieht er durchaus positiv. Heinrich RIES empfiehlt als wirksamstes Mittel gegen Versauerung und Nährstoffarmut »eine richtige und ausreichende Düngung [...]. Man könnte also bei einer zweckmäßigen Düngungsweise auf dem Feldberg das Vielfache der jetzigen Viehzahl, anstatt 500 Stück Vieh 1000 bis 2000 Stück Vieh und dies vielleicht besser als jetzt, sömmern« (S. 419). Diesen Weg hielt Ries nur deshalb nicht für gangbar, da der anfallende natürliche Dünger hierzu nicht ausreiche und die Verwendung von Handelsdünger in ausreichender Menge sich »aus wirtschaftlichen Gründen« verböte. Ries bemerkt zum Abschluss seines Beitrags aber auch, dass die Weiden »eine Eigenart und Schönheit unserer Landschaft [bilden], die zu erhalten jedem, der die Natur und Heimat liebt, am Herzen liegen muß« (S. 422).

Einen wesentlich größeren Stellenwert nimmt der Naturschutz im zweiten Feldbergbuch (LfU 1982) ein. Das Vorwort von Gerhard Weiser, dem damaligen Minister für Ernährung, Landwirtschaft, Umwelt und Forsten des Landes Baden-Württemberg, beginnt mit dem Satz: »Der Feldberg ist eines der reizvollsten und wertvollsten Naturschutzgebiete von Baden-Württemberg«. Es werden darin auch die Zielkonflikte zwischen Erholung und Naturschutz angesprochen – als Zeugnis hierfür werden insbesondere die Erosionsschäden am Feldberggipfel genannt. Das Buch selbst ist dann aber ähnlich wie das erste Feldbergbuch nach verschiedenen Fachgebieten gegliedert – das erste Kapitel über Landschaftsgeschichte stammt wie das erste Kapitel des Buchs von 1948 von Ekkehard LIEHL aus Hinterzarten, der im Zusammenhang mit der Geschichte des Naturschutzgebiets (siehe Abschnitt 2.4 und 2.5) noch häufiger genannt werden wird. Danach folgen Abschnitte über Klima (D. HAVLIK), Gesteine und Minerale (W. WIMMENAUER), Pflanzenwelt (A. BOGENRIEDER und E. OBERDORFER), Tierwelt (O. HOFFRICHTER, G. OSCHE, H. PAULUS) und zum Schluss ein eigener Abschnitt über den Naturschutz am Feldberg (G. FUCHS). Das Kapitel beginnt mit der Entstehung und Entwicklung des Naturschutzes in Südwestdeutschland und zeigt die ersten Anfänge des Naturschutzes im Feldberggebiet auf. Um die Wende vom 19. zum 20. Jahrhundert standen der Schutz von Naturdenkmälern und der Heimatschutz im Vordergrund, der »Naturschutz hatte sich als eigenständige Kraft noch nicht durchgesetzt« (S. 437). Reglementiert wurden z. B. das Anbringen von Reklametafeln in der freien Landschaft und das Abpflücken von Blumen. So wurde am Feldberg das Abreißen oder Ausgraben der Wurzeln des Gelben Enzians untersagt – Zuwiderhandlungen wurden mit einem Bußgeld von bis zu 20 Mark bestraft. Professionelle Wurzelgräber kamen auch schon einmal für drei Tage ins Gefängnis!

»Für ganz Baden erlangte 1927 eine Verordnung zum Schutz der heimischen Pflanzen- und Tierwelt Rechtskraft, die auch für den Feldberg Bedeutung hatte« (S. 440). Die Ausweisung des Feldbergs als Naturschutzgebiet wurde jedoch erst nach der Verkündung des Reichsnaturschutzgesetzes im Jahr 1935 möglich – dazu mehr im folgenden Kapitel.

Wie stellt sich nun die Bedeutung des Feldberggebiets für den Naturschutz aus heutiger

433 Blick ins obere St. Wilhelmer Tal mit dem waldfreien Feldberggipfel im Hintergrund. (AL)

Sicht dar? Seine Schutzwürdigkeit wird in den vorangegangenen Abschnitten dieses dritten Feldbergbuchs, an dem mit Wolfhard WIMMENAUER, Arno BOGENRIEDER, Odwin HOFFRICHTER, Hannes F. PAULUS sowie den Fotografen Helga und Kurt RASBACH auch noch mehrere Autoren des Feldbergbuchs von 1982 mitwirkten, eindrücklich belegt. Nicht nur die Flora und Fauna, sondern auch die Landschafts- und Vegetationsgeschichte des Feldberggebiets sind zumindest für Baden-Württemberg einzigartig. Auch das zweite Erfordernis für die Ausweisung eines Naturschutzgebiets, die Schutzbedürftigkeit, ist durch das hohe Besucheraufkommen am höchsten Berg unseres Landes in hohem Maße gegeben. Die größte Herausforderung besteht nach wie vor darin, die Bedürfnisse der Erholungssuchenden mit den Erfordernissen des Naturschutzes in Einklang zu bringen. Im Folgenden kann der Leser sich selbst ein Urteil darüber bilden, wie gut oder wie schlecht dies in der heutigen Zeit im Vergleich mit der Vergangenheit gelingt. Zunächst aber zur Bedeutung des Feldbergs für den Naturschutz aus heutiger Sicht.

1.2 Der lange Arm der Eiszeit

Der Feldberg war während der Eiszeiten mehrfach vollständig von Eis und Schnee bedeckt. Die Gipfellagen wurden von mächtigen Plateaugletschern (ähnlich denen im heutigen Island) bedeckt, von denen sich große Talgletscher weit hinunter in die umliegenden Täler schoben (siehe S. 28ff.). Die Spuren der Vereisung prägen auch heute noch das Bild der Feldberglandschaft: So sind eiszeitliche Kare in unterschiedlicher Ausprägung etwa am Herzogenhorn oder im so genannten Zastler Loch zu finden. Das schönste ist sicherlich das von steilen, z. T. felsigen Wänden umgebene Feldseekar mit dem fast kreisrunden und bei einem Umfang von etwa 1 km und einer Tiefe von ca. 30 m sehr stark eingetieften Feldsee, der von einer so genannten Kar-Lippe (oder Kar-Schwelle) mit der aufliegenden, letzten Endmoräne des Seebachgletschers aufgestaut wird. Von den Gletschern ausgeformte Trogtäler finden sich besonders schön im oberen Wiesental, im Menzenschwander Albtal und im St. Wilhelmer Tal (Abb. 433, siehe auch Abb. 31). Schon außerhalb des Naturschutzgebiets liegen die ebenfalls von den Eiszeitgletschern ausgehobelten Becken des Titisees und des Schluchsees, der in seinem natürlichen Zustand ebenfalls ein Gletscherzungenbecken war, bevor er durch eine Staumauer künstlich vergrößert wurde. Weitere eiszeitliche Kleinformen wie Gletscherschliffe, Rundhöcker, Blockhalden

434 Große, halb abgerutschte (und zum Zeitpunkt des Fotos hart gefrorene) Wechte am Seebuck. (AL, 2006)

oder Moränen sind vielfach im ganzen Feldberggebiet zu finden.

Während der Eiszeiten war pflanzliches oder tierisches Leben in den vergletscherten Hochlagen nicht möglich. Die eisfreien Täler boten jedoch tundraähnliche Bedingungen, sodass hier entsprechend angepasste Arten geeignete Lebensräume fanden. Als zum Ende der Kaltphase das Eis langsam abschmolz, konnten sich diese Pflanzen und Tiere nach und nach wieder bis in die höheren Lagen ausbreiten, bis sie schließlich nach dem vollständigen Abschmelzen der Gletscher auch die Gipfelbereiche von Feldberg und Herzogenhorn erreichten (und in den Alpen vergleichbare Höhenlagen).

Als sich im Zuge der allmählichen Erwärmung zunächst Kiefern und Birken, später dann Hasel und vor allem die Buche im Verbund mit Berg-Ahorn, Tanne und Fichte immer stärker ausbreiteten, wurden die eiszeitlichen Tundraarten in den Schwarzwaldtälern wie auch in den niedrigeren Alpenlagen vom immer dichter werdenden Wald verdrängt und starben hier schließlich aus. Zunächst fanden sie noch Zuflucht in den vorerst waldfreien Hochlagen, doch auch diese wurden im Schwarzwald letztlich vom Wald erobert: Hier wird selbst am Feldberg die natürliche Baumgrenze nicht erreicht, geschweige denn überschritten. Der Feldberg war vor stärkeren Eingriffen durch den Menschen ein Waldberg, und für Eiszeitarten wurde es eng (siehe S. 109). In den Alpen fanden sie oberhalb der Waldgrenze ein Refugium – dort sind viele von ihnen heute noch zu finden und deshalb tragen sie oft das Wort »Alpen« im deutschen oder wissenschaftlichen Namen: Die Alpen-Troddelblume (*Soldanella alpina*) oder der Alpen-Helm (*Bartsia alpina*) sind Beispiele solcher heute vor allem alpin verbreiteten Überbleibsel vom Ende der letzten Eiszeit.

Die besonders rauen klimatischen Bedingungen am höchsten Schwarzwaldgipfel, vor allem jedoch das Vorhandensein natürlich waldfreier Standorte trugen dazu bei, dass sich eine recht große Zahl dieser Eiszeitrelikte bis heute auch am Feldberg halten konnte. Der besondere Reichtum an Glazialrelikten, die zum größten Teil in ganz Deutschland außerhalb des Alpenraums nur im Feldberggebiet zu finden sind, war einer der wesentlichen Gründe für die Ausweisung des Naturschutzgebiets Feldberg im Jahr 1937.

1.3 Waldfreie Refugien

Auf die natürliche, weitgehend vollständige Bewaldung des Feldbergs und einige der waldfreien Sonderstandorte wurde schon in den vorherigen Kapiteln D und E in verschiedenen Zusammenhängen eingegangen. Aufgrund ihrer besonderen Bedeutung für den Naturschutz und zum Teil auch für den Tourismus sollen sie daher im Folgenden nur kurz zusammenfassend betrachtet werden.

1.3.1 Lawinenbahnen

Die Form des Feldberggipfels begünstigt in schneereichen Wintern die Bildung großer Wechten vor allem an den nordostseitigen Kar-Kanten im Zastler Tal, am Baldenweger Buck, unterhalb des Bismarckdenkmals am Seebuck oder auch am Herzogenhorn (Abb. 434). Lösen sich diese Schneemassen durch natürliche Einflüsse oder auch aufgrund menschlicher Dummheit – das Betreten und Befahren der Wechten insbesondere durch jugendliche Snowboard- oder Skifahrer führt immer wieder zu Unfällen – können sich Lawinen erheblichen Ausmaßes lösen, die unter Umständen mehrere Hundert Meter weit den Steilhang hinunterdonnern

435 Lawinenbahn im Zastler: Schlucht-Weiden und Ebereschen bilden im Auslaufbereich der Lawinen ein lockeres Gebüsch, während sich höhere Bäume (v. a. Fichten) nur auf den lawinensicheren Geländerippen halten können. (HK)

(Abb. 436) und verschiedentlich auch schon Todesopfer gefordert haben (eine umfangreiche Dokumentation solcher Unglücksfälle findet sich bei VETTER 1982).

Vor allem die den Hochlagenwald dominierenden Fichten können solchen Lawinenabgängen aufgrund ihrer flachen Wurzeln nicht trotzen und werden herausgerissen oder umgebrochen. Lediglich die elastische Schlucht-Weide (*Salix appendiculata*) kann sich im Auslaufbereich der Lawinen halten (Abb. 435). Auf diese Weise entstanden in den Lawinenbahnen am Feldberg und am Herzogenhorn natürlich waldfreie Bereiche und damit Lebensräume vor allem für alpine Stauden wie etwa den Alpen-Milchlattich (*Cicerbita alpina*), den Grauen Alpendost (*Adenostyles al-*

436 Lawinenabgang am Seebuck, 25.04.2008 (SB)

liariae) oder die Alpen-Mutterwurz (*Ligusticum mutellina*). Auch der hübsche Alpen-Blattkäfer (*Oreina alpestris*) und die Alpine Gebirgsschrecke (*Miramella alpina*) sind hier häufig zu finden (Abb. 391, 437).

1.3.2 Standorte mit zu langer oder zu geringer Schneebedeckung

Auch ohne einen Lawinenabgang verhindern die Schneewechten das Aufkommen von Wald: Dort, wo sich im Winter viele Meter Schnee übereinander türmen, bleiben die letzten Schneereste oft bis weit in den Sommer hinein liegen (Abb. 438), in manchen Jahren sogar bis Ende Juli oder auch Anfang August. An diesen reicht Stellen die schneefreie Zeit für das Wachstum von Bäumen nicht aus, sodass auch hier kleinräumig natürlicherweise waldfreie Standorte entstanden.

Gegenteilig stellt sich die Situation auf manchen Kuppen dar: Besonders auf der Kuppe des Baldenweger Bucks bleibt auch in ansonsten schneereichen Wintern nur eine geringmächtige Schneeauflage (Abb. 439). Die oft stürmischen Winde sorgen dafür, dass hier keine schützende Schneedecke entstehen kann, der Schnee wird auf die Leeseiten der Hänge geblasen. Eine ausgeprägte Frosttrocknis ist an diesen Standorten die Folge: Der Boden gefriert, und Pflanzen können dem gefrorenen Boden kein Wasser mehr entziehen. Nur wenige Arten können diesen Be-

437 Ein Pärchen der Alpinen Gebirgsschrecke (*Miramella alpina*), einer flügellosen Art der Hochlagen am Feldberg. (SB)

438 Schneereste bleiben in den Hochlagen am Feldberg vor allem dort bis in den Sommer hinein liegen, wo sich im Winter die großen Schneewechten bildeten. (HM)

dingungen trotzen, Bäume jedoch gedeihen an diesen Standorten nicht. Die Pflanzengesellschaft der Spezialisten, die hier überleben können, trägt den schon frostig anmutenden Namen »Arktisch-alpine Windheide« (siehe S. 125); eine typische und zugleich sehr seltene Art dieser Standorte ist die unscheinbare Erdflechte *Cetraria cucullata*.

1.3.3 Moore

Besonders reich an Glazialrelikten sind im Feldberggebiet die Quell- oder Flachmoore sowie einige anmoorige Hangbereiche, in denen der Boden ganzjährig vom kalten Quellwasser durchrieselt wird. Auch hier konnten sich nie dauerhafte Waldbestände etablieren. Ein gut zugängliches und zugleich botanisch bemerkenswertes Quellmoor ist direkt am so genannten Emil-Thoma-Weg zu finden, der im »Grüble« zwischen Seebuck und Feldberggipfel Richtung Norden abzweigt und die Verbindung zum Rinken bzw. zum Felsenweg und Feldsee bildet.

Hier können vom Wanderweg aus viele der eiszeitlichen Besonderheiten des Feldbergs betrachtet werden: Unmittelbar am Holzsteg sind die hellgrünen Blattsterne des Gemeinen Fettkrauts (*Pinguicula vulgaris*, Abb. 442) zu finden, ebenso der Alpen-Helm (*Bartsia alpina*, Abb. 441) und die alpine Orchidee Traunsteiners Knabenkraut (*Dactylorhiza traunsteineri*, Abb. 441). Im zeitigen Frühjahr – das heißt hier oben etwa Mitte bis Ende Mai – blüht vereinzelt die zierliche Alpen-Troddelblume (*Soldanella alpina*, Abb. 440)

439 Auf dem Baldenweger Buck hält sich auch in schneereichen Wintern nur eine dünne Schneedecke. (SB, 2004)

440 Die zierlichen Glöckchen der Alpen-Troddelblume (*Soldanella alpina*) sind im zeitigen Frühjahr kurz nach der Schneeschmelze zu finden. (HK)

441 Flachmoor mit reichlich Alpen-Helm (*Bartsia alpina*, dunkelviolett) und Traunsteiners Knabenkraut (*Dactylorhiza traunsteineri*, pink) am Grüble. (HM)

und im Spätsommer kommt der seltene Sumpfenzian (*Swertia perennis*) dazu (Abb. 157).

1.3.4 Anthropogene Standorte

Auch vom Menschen mehr oder weniger stark beeinflusste Standorte können Glazialrelikten, aber auch typischen und heutzutage seltenen Kulturfolgern einen Lebensraum bieten. In diesem Zusammenhang sind vor allem die Weidfelder zu nennen: Etwa vor 1000 Jahren begann der Mensch, den Wald in den höchsten Schwarzwaldlagen zu roden. Die Flächen wurden als Weiden genutzt, auf die die Bauern der Umgebung im Sommer ihr Vieh trieben, die jedoch nie zusätzlich gedüngt wurden. Offene, also waldfreie Flächen bezeichnete man damals mittelhochdeutsch als »velt«, und folgerichtig trug der Berg damals schon den Namen »Mons Veltperch« (KÖBLER 2007, LUTZ 2004). Hier – oberhalb von etwa 1200 m – etablierten sich in der Folge subalpine Borstgrasrasen mit dem namengebenden Borstgras (*Nardus stricta*), dem häufigen Schweizer Löwenzahn (*Leontodon helveticus*, Abb. 443) und der aromatisch duftenden Bärwurz (*Meum athamanticum*, Abb. 443) sowie der ebenfalls als Eiszeitrelikt geltenden Scheuchzers Glockenblume (*Campanula scheuchzeri*). Gold-Fingerkraut (*Potentilla aurea*), Arnika (*Arnica montana*,

442 Das Gewöhnliche Fettkraut (*Pinguicula vulgaris*) bessert die karge Nährstoffversorgung im Moor auf, indem es mit seinen klebrigen Blättern kleine Insekten »fängt« und verdaut. (HK)

443 Weißgelb leuchten die Weidfelder auf dem Feldberg von der Blüten des Schweizer Löwenzahns (Leontodon helveticus) und der Bärwurz (Meum athamanticum) im Sommer. (HM)

Abb. 444), Augentrost (Euphrasia officinalis) und der auffällige Gelbe Enzian (Gentiana lutea) sind weitere typische Vertreter der Pflanzenwelt auf den Weidfeldern. Charakteristische Tierarten der Weidfelder sind Wiesenbrüter wie Wiesen- und Bergpieper (Anthus pratensis, A. spinoletta), der im Übergang zum Wald vorkommende Zitronenzeisig (Carduelis citrinella) oder auch Heuschrecken wie der mit seinem scharfen »Zick-zick-zick« an Sommertagen häufig zu hörende, kräftige Warzenbeißer (Decticus verrucivorus, Abb. 445) und der Gebirgsgrashüpfer (Stauroderus scalaris).

1.3.5 Der Feldsee

Auch im nährstoffarmen und daher klaren, kalten, sauerstoffreichen und für seine geringe Größe erstaunlich tiefen Feldsee konnten seit dem Ende der letzten Vereisung ganz besondere Arten überdauern, deren Vorkommen in diesem Karsee allerdings schon zu heftigen Konflikten zwischen Naturschutz und Tourismus beigetra-

444 Ein wichtiges Ziel der Landschaftspflege im Naturschutzgebiet Feldberg ist die Förderung der Arnika (Arnica montana), hier auf einer Pflegefläche am Baldenweger Buck im August 2008. (AL)

445 Weibchen des Warzenbeißers (Decticus verrucivorus). Der schwertartige Fortsatz am Hinterleibsende ist der Legebohrer, mit dessen Hilfe die Tiere ihre Eier in die Erde versenken. (SB)

gen haben. So lebt hier neben der Elritze (*Phoxinus phoxinus*), einem kleinen Schwarmfisch, der sich schon aus Sicherheitsgründen vor allem in den seichteren Uferbereichen des Feldsees aufhält, den später eingewanderten bzw. eingeschleppten Flussbarschen (*Perca fluviatilis*) und Bachforellen (*Salmo trutta fario*) auch der Seesaibling (*Salvelinus alpinus*).

Die Unterwasserpflanzenwelt des Feldsees beherbergt darüber hinaus zwei der sicher bemerkenswertesten Besonderheiten der Feldbergflora: Das See-Brachsenkraut (*Isoëtes lacustris*) und das Stachelsporige Brachsenkraut (*Isoëtes echinospora*, siehe Abb. 186). Konflikte mit dem Tourismus entstanden, als Ende der 1990er-Jahre ein dramatischer Rückgang der Bestände v. a. des Stachelsporigen Brachsenkrauts gerade in den Bereichen festgestellt wurde, wo bis dahin gebadet werden durfte, und die damalige Bezirksstelle für Naturschutz und Landschaftspflege in Freiburg daraufhin ein Badeverbot für den Feldsee erließ (siehe S. 432). Die Reaktion der Bevölkerung war heftig, das Verständnis für das Verbot gering, aber in der Folge war ein deutlicher Wiederanstieg der Bestände im Feldsee zu verzeichnen (PÄTZOLD 2005).

2. Das Naturschutzgebiet Feldberg im Licht der Naturschutzgeschichte Baden-Württembergs

Das bereits im Jahr 1937 – also vor 75 Jahren – ausgewiesene älteste Naturschutzgebiet Baden-Württembergs bietet sich dafür an, es im Licht der Naturschutzgeschichte dieses Bundeslandes zu betrachten. Als Grundlage hierfür dient insbesondere das von Eberhart HEIDERICH herausgegebene Buch »50 Jahre Naturschutzgeschichte in Baden-Württemberg« (HÄCKER 2004), dessen zeitliche Gliederung hier für die Nachkriegszeit bis 1996 übernommen werden soll. Den wesentlichen Geschehnissen im Naturschutz der verschiedenen Zeitabschnitte sollen die Entwicklungen und Vorgänge im und um das Naturschutzgebiet Feldberg gegenübergestellt werden. Hierfür wurden die umfangreichen Akten herangezogen, die sich seit 1936 in der Naturschutzfachverwaltung (ehem. Bezirksstelle für Naturschutz und Landschaftspflege, ab 2005 Regierungspräsidium Freiburg) angesammelt haben (Abb. 446).

2.1 Vorkriegs- und Kriegsjahre (1936–1945)

Der Erlass des Reichsnaturschutzgesetzes (RNG) im Jahr 1935 wurde von Professor Hans Schwenkel, dem damaligen Leiter der Württembergischen Landesstelle für Naturschutz, als »*fraglos bedeutsamste[s] Ereignis des Jahres*« bezeichnet. »*Es enthält die Gedanken und Vorschläge der deutschen Naturschutzbewegung als Niederschlag von drei Jahrzehnten Naturschutzpraxis*«, so HÄCKEL (2004, S. 14f.). »*Die den Schutzzielen des RNG zugrunde liegenden Kriterien […] waren neben der ›Seltenheit‹ oder ›Eigenart‹ vor allem die ästhetisch begründete ›Schönheit‹ von Landschaftsteilen (§ 1). […] Der Schutz von Pflanzen und Tieren war in § 2 geregelt.*« Das RNG behielt auch nach dem Zweiten Weltkrieg seine Gültigkeit und wurde erst 1976 durch ein neues Landes- bzw. Bundesnaturschutzgesetz abgelöst.

Die Akte über das Naturschutzgebiet Feldberg beginnt mit einem Schreiben des Badischen Ministers für Kultus und Unterricht in Karlsruhe, dem damals der Naturschutz unterstand, an den Geschäftsführer der Bezirksnaturschutzstelle

446 Diese mit dem »badischen Knoten« zusammengehaltenen Akten zum Naturschutzgebiet Feldberg aus dem Zeitraum von 1936 bis 2011 wurden für dieses Kapitel gesichtet. (BS)

für den Amtsbezirk Neustadt, Herrn Regierungsbaurat Schurhammer in Bonndorf, vom 6.3.1936:

»Aufgrund des abschriftlich anliegenden Erlasses des Herrn Reichsforstmeisters und preußischen Landesforstmeisters vom 21. Januar 1936 und einer anschließenden Besprechung mit dem Direktor der Staatlichen Stelle für Naturdenkmalpflege in Preußen beabsichtige ich, das Feldberggebiet zum Naturschutzgebiet zu erklären. Die ursprüngliche Anweisung des Herrn Reichsforstmeisters und preußischen Landesforstmeisters lautete dahin, daß ein geschützter Landschaftsteil im Sinne der §§ 5 und 19 des Reichsnaturschutzgesetzes geschaffen werden soll. Meiner Ansicht nach wäre jedoch nach den gegebenen Verhältnissen ein Naturschutzgebiet zu schaffen, um damit dem im in Frage stehenden Gelände einen verstärkten Schutz angedeihen zu lassen. Die Eigenart der landschaftlichen Gestaltung und der Pflanzenwelt im Feldberggebiet schaffen meines Erachtens durchaus die Voraussetzungen für die Erklärung zum Naturschutzgebiet im Sinne des § 4 des Reichsnaturschutzgesetzes.«

Hermann Schurhammer, der spätere Leiter der Badischen Landesstelle für Naturschutz in Karlsruhe, wurde in dem Schreiben um eine »zweckentsprechende Abgrenzung des zu schützenden Gebiets, die Angabe, welche Eigentümlichkeiten im Bereich der Pflanzen- und gegebenenfalls auch der Tierwelt im Feldberggebiet zu schützen sind« und »einen Vorschlag für die Abfassung des § 3 der von mir zu erlassenden Verordnung« gebeten. Bereits im April 1936 reichte das Badische Kultusministerium einen Antrag bei der zuständigen Reichsstelle ein, das in einer beiliegenden Karte rot umrandete Gebiet zum Naturschutzgebiet zu erklären. Folgendes sollte dort untersagt werden:

a) Pflanzen zu beschädigen, auszureißen, auszugraben oder Teile davon abzupflücken, abzuschneiden oder abzureißen,
b) frei lebenden Tieren nachzustellen, sie mutwillig zu beunruhigen, zu ihrem Fang geeignete Vorrichtungen anzubringen, sie zu fangen oder zu töten oder Puppen, Larven, Eier oder Nester und sonstige Brut- und Wohnstätten solcher Tiere fortzunehmen oder zu beschädigen,
c) das Einbringen von Pflanzen oder Tieren, die im Gebiet in den letzten 200 Jahren nicht mehr heimisch waren,
d) zu lärmen, Feuer anzumachen, Abfälle wegzuwerfen oder das Gelände auf andere Weise zu beeinträchtigen,
e) Bodenbestandteile abzubauen, Sprengungen oder Grabungen vorzunehmen, Schutt oder Bodenbestandteile anzubringen oder die Bodengestalt einschließlich der natürlichen Wasserläufe oder Wasserflächen auf andere Weise zu verändern oder zu beschädigen. Hierunter fällt insbesondere das Verbot, Bauwerke, Straßen, Wege, Eisenbahnen, Hoch-, Niederspannungs- und Telegraphenleitungen zu errichten oder wesentlich zu verändern,
f) Bild- oder Schrifttafeln anzubringen, soweit sie nicht auf den Schutz des Gebiets hinweisen. Unberührt bleiben die Jagd, Fischerei, Wald- und Weidenutzung im bisherigen Umfang, Beweidung indes nur mit Rindvieh.

In besonderen Fällen können Ausnahmen von den Vorschriften von mir genehmigt werden.

Der Badische Minister für Kultus und Unterricht verfügte eine Veränderungssperre in dem zu schützenden Gebiet »im Sinne der angegebenen Verbotsbestimmungen« und ersuchte das Bezirksamt Neustadt, »durch Bekanntmachung im Amtsverkünder [...] insbesondere den betroffenen Eigentümern [...] Kenntnis zu geben unter Angabe der Grenzen des Gebiets.«

Ganz so einfach war die Sache aber doch nicht. Das Bezirksamt berichtete dem Kultusministerium, dass der »Herr Minister des Innern beabsichtigt, auf dem Feldberg zu beiden Seiten der ihn überschreitenden Reichsstraße [...] ein Baugebiet zu schaffen, in welchem Hotels, Gasthöfe, Pensionen, vornehme Privathäuser und Wohnungen für Gewerbetreibende im Fremdenverkehrsgewerbe entstehen sollen.« Die Pläne hierfür würden bereits ausgearbeitet und sähen u. a. auch »ein sehr großes Hotel [...] in unmittelbarer Nähe des Hotels Feldbergerhof« vor. Außerdem gäbe es »Vorarbeiten zur Schaffung eines Eisenbahnlinie Bärental–Feldberg [...] unter Berücksichtigung der Möglichkeit, diese Bahn zu einem späteren Zeitpunkt sogar bis Todtnau weiterführen zu können.«

Der folgende Absatz des Briefs vom Mai 1936 soll wieder wörtlich zitiert werden, nicht zuletzt wegen seiner sprachlichen Besonderheiten:

447 Die Beweidung im künftigen Naturschutzgebiet sollte auf das »Rindvieh« beschränkt werden – hier eine Rinderherde beim »Grüble«, im Hintergrund das Bismarckdenkmal. (KABH, 1938)

»Durch die Schaffung eines Naturschutzgebiets würden die in Aussicht genommenen Pläne zwar nicht unmöglich, da von Fall zu Fall Ausnahmen bewilligt werden können, doch würde das jeweils einzuschlagende diesbezügliche Verfahren den beteiligten Behörden zeitraubende Arbeit bereiten und die Bauverfahren unnütz verschleppen. Ich möchte daher die Erwägung anregen, ob der für die Bebauung in Aussicht genommene südliche Teil des Feldbergs, der landschaftlich und naturgeschichtlich der wenig schönere und interessantere ist und daher auch in geringerem Maße als der nördliche Teil als Naturschutzgebiet sich eignet, von diesem ausgenommen werden will. Den Umfang des Bebauungsplans habe ich auf die dem oben genannten Erlass beigefügten Karte [...] einzeichnen lassen. Von der Erledigung des Erlasses selbst habe ich bis zum Eingang der dortigen Entscheidung auf diesen Bericht Umgang genommen.«

Mit den vom Bezirksamt Neustadt vorgeschlagenen Änderungen wurde das geplante Naturschutzgebiet mit den vorgesehenen Verordnungsinhalten und der Veränderungssperre am 8.8.1936 öffentlich bekannt gemacht. Bereits am 24.2.1937 wurde die Verordnung über das Naturschutzgebiet Feldberg im Amtsblatt des Badischen Ministeriums des Kultus und Unterrichts verkündet (Abb. 448). Sie umfasst etwa eine DIN A4-Seite und beinhaltet zwei einführende Paragrafen, die u. a. die Gesamtgröße von 3250 ha und die betroffenen Gemarkungen aufführen: Hinterzarten, Bärental, Neuglashütten, Menzenschwand, Bernau, Brandenberg, Todtnau, Todtnauberg, Geschwend, St. Wilhelm und Zastler – das waren damals alles selbstständige Gemeinden. Die Gemeinde Feldberg wurde erst zwei Jahre später durch Vereinigung der zu verschiedenen Gemeinden gehörigen Weidegebiete (Exklaven) mit der Gemeinde Bärental gegründet. Noch heute spricht man bei den Weiden am Feldberg von der Todtnauer, St. Wilhelmer, Menzenschwander oder Lenzkircher Weide, obwohl sie inzwischen zur Gemarkung Feldberg gehören.

§ 3 beinhaltet die bereits oben angeführten Verbote. Der Schutz der freilebenden Tiere wird allerdings etwas eingeschränkt: Er umfasst nicht die »berechtigten Abwehrmaßnahmen gegen Kulturschädlinge oder sonst lästige blutsaugende Insekten«. Die Beweidung wird auf das »Rindvieh« beschränkt. Eine Fläche von rund 100 ha um Feldberger Hof und Hebelhof wurden am 20.10.1937 aus dem Naturschutzgebiet entlassen und als Landschaftsschutzgebiet (»Verordnung zum Schutz von Landschaftsteilen«) ausgewiesen, um Baumöglichkeiten zu schaffen. Bereits zu dieser Zeit gab es westlich des Hebelhofs ein »Skistadion«.

Kaum war die Verordnung erlassen, ereilte auch schon den Ersten der Arm des Gesetzes. Der Wirt des Feldberger Hofs verwendete »wildwachsende Pflanzen geschützter Arten zum Schmuck der Gasttische«, was geeignet war, »bei Naturfreunden Anstoß zu erregen«. Ihm war »aufzugeben, von dieser

448 Ausschnitt aus der Verordnung zum NSG Feldberg vom 24. Februar 1937. (BS)

Art Blumenschmuck abzusehen«. Immerhin sollte einem Staatssekretär a. D. vom Veranlassten Kenntnis gegeben werden.

Ein Jahr später ging es um Größeres, nämlich die Errichtung eines »Olympischen Dorfs«. In der Folge der Olympischen Spiele 1936 (Berlin/Garmisch-Partenkirchen) sollte das Gebiet zwischen Feldberg, Herzogenhorn und Schauinsland zum Wintersportgebiet ausgebaut werden. Eine Fläche von 14 ha sollte aus dem Naturschutzgebiet Feldberg entlassen werden, um darauf »Sportunterkünfte in Form eines Olympischen Dorfs« zu errichten (FUCHS 1982). Kurz darauf wurde das Projekt jedoch aufgrund der hohen Erschließungskosten zunächst an das Herzogenhorn verlagert und schließlich durch den Kriegsausbruch zurückgestellt.

2.2 Nachkriegsjahre (1945–1951)

»In den ersten Jahren nach dem Zweiten Weltkrieg wurde die mit Kriegsende zusammengebrochene Naturschutzverwaltung wieder aufgebaut. Aus den ehemals zwei Landesstellen der Länder Württemberg und Baden wurden zunächst vier gebildet, diese aber dann zu dreien zusammengelegt. Als Rechtsgrundlage war das Reichsnaturschutzgesetz nahezu uneingeschränkt weiter gültig, wurde aber in Baden (Südbaden) durch das badische Landesergänzungs- und Änderungsgesetz den aktuellen Erfordernissen angepasst. Gleich nach dem Kriege war in der Bevölkerung das Verständnis für den Naturschutz äußerst gering. [...] Ausweisungen von neuen Naturschutzgebieten gab es in der unmittelbaren Nachkriegszeit nur sehr wenige.« (HÄCKER 2004, S. 13)

Am Feldberg meldete sich nach dem Krieg 1947 der Landkreis Neustadt/Schwarzwald zu Wort, der die starke Inanspruchnahme des Waldes beklagte. »Die Naturschutzbestimmungen werden außer acht gelassen, wodurch die grosse Bedeutung, die dem Schutz der heimatlichen Landschaft im Rahmen des gesamten Volkslebens zukommt und die ihren Ausdruck im Reichsnaturschutzgesetz gefunden hat, keine Berücksichtigung findet.« Jede eigenmächtige Veränderung der Naturschutzgebiete wäre ohne seine Zustimmung untersagt, so der Landrat. Es ging dabei vor allem um das Fällen von Buchen an den Waldrändern, das der damalige Bürgermeister der Gemeinde Feldberg nicht für »eigenmächtige Holzhiebe«, sondern für eine »Gedankenlosigkeit« hielt. Dem könne nur durch eine Verordnung der unteren Naturschutzbehörde entgegengetreten werden.

1948 erschien dann das erste Feldbergbuch (MÜLLER et al. 1948), dessen inhaltliche Diskussion sich auch schon bald in den Akten der Naturschutzverwaltung niederschlägt. Oberforstrat a. D. Dr. Stoll richtete 1949 an die Landesnaturschutzstelle in Bonndorf u. a. die Frage, ob der Feldsee tatsächlich einmal wegen seines Forellenreichtums anfangs des 12. Jahrhunderts dem Kloster St. Peter geschenkt wurde, wie im Feldbergbuch beschrieben, kämen doch heute seines Wissens »wegen Nahrungsmangel keine Forellen vor«. Auch 50 Jahre vorher eingesetzte Saiblinge hätten sich dort nicht gehalten. Die Naturschutzstelle recherchierte gründlich und fand heraus, dass die Fischerei im Feldsee seit 1848 gemeinschaftlich vom Staat und der Fürstlich Fürstenbergischen Verwaltung verpachtet wurde. Der heutige Raimartihof war durch die Ansiedlung des Fischers vom Kloster St. Peter entstanden. Was die Fischerei betrifft, kamen im Feldsee »autochthon Bachforellen vor, die dank der reichlich als Futterfisch vertretenen Elritze bis zu 7 Pfd. schweren Stücken erwächst. Im Juni 1932 fing, einem Zeitungsbericht zufolge, der Hebelwirt im Feldsee mit der Angel einige ›Riesenforellen, die zum Teil über 60 cm lang und über 4 Pfd. schwer waren‹.« Während dem »vor mehreren Jahren eingesetzten Seesaibling […] das kalte Eiswasser des Feldsees« zusagte, scheiterten die Versuche, Regenbogenforellen einzusetzen, »weil das Wasser für die Amerikanerin zu kalt ist […]. Vereinzelt sollen im Feldsee sogar Aale festgestellt worden sein, die offenbar aus dem Meere über den Titisee, Seebach zu dem Gletschersee aufstiegen.« Der Pächter des Feldsees war »seit Jahrzehnten« der Wirt des Hebelhofs. Er war »vertraglich verpflichtet, jährlich 2000 Stück Bachforellenbrut oder 200 Bachforellenjährlinge im Feldsee auszusetzen. Mit Rücksicht auf die im See vorkommenden grossen Raubfische wurde der Pflichteinsatz später auf 500 Bachforellensömmerlinge oder -jährlinge festgelegt.« War es zu dieser Zeit die »Sportfischerei […] mit Fliege und Blinker«, machte 1932 sogar ein Berufsfischer »zum ersten Male mit Stellnetzen einen Versuch, der ihm in 3 Wochen das beachtliche Ergebnis von 7 z. [Zentnern] Forellen und Saiblingen brachte.«

Eine Untersuchung des Fischbestands im Feldsee durch die Fischereiforschungsstelle Baden-Württemberg im Jahr 1991 (Elektrobefischung) ergab, dass der 1948 überhaupt nicht erwähnte Barsch klar dominierte, gefolgt von der Bachforelle, von der einzelne Exemplare eine Länge von über 60 cm und ein Gewicht von etwa 3 kg aufwiesen. Als »Speisefisch« kam noch der Saibling mit wenigen Exemplaren im Feldsee vor, außerdem Elritzen und Groppen (siehe S. 311).

Die Aktennotiz von 1948 geht am Ende noch kurz auf das »Wassergeflügel« ein, das »im Herbstzug, meist im September, am Feldsee einige Tage Rast« machte. »Seltene, nordische Enten, Säger und Taucher« konnten um diese Zeit dort beobachtet werden. »Im strengen Winter 1923 fanden einzelne Wildenten durch Anfrieren auf der Eisfläche des Sees elendiglich den Tod.«

Die Beweidung des Feldberggebiets wurde in der Nachkriegszeit noch ganz unter wirtschaftlichen Gesichtspunkten betrachtet. Die Empfehlung von Heinrich RIES im ersten Feldbergbuch, die Viehzahl durch entsprechende Düngung zu erhöhen, wurde ja bereits erwähnt (siehe S. 402). Die Beweidung im Naturschutzgebiet wurde jedoch in der Verordnung von 1937 auf das Rindvieh beschränkt, und dies sollte in der Folge zu heftigen Disputen führen. Insbesondere die Schafbeweidung (Abb. 449) stieß bei Naturschützern auf erbitterten Widerstand. 1947 wurde mit Billigung durch das Badische Landwirtschaftsministerium, aber ohne Wissen der Naturschutzbehörde, eine Schafherde mit etwa 200 Tieren auf die Zastler Weide getrieben. Der Bürgermeister der damals noch selbstständigen Gemeinde Zastler begründete dies u. a. mit der wichtigen Erzeugung von Fleisch und Wolle. Der Badische Landesverein für Naturkunde und Naturschutz protestierte gegen den Auftrieb der »württembergischen Schafe«, der zuständige Naturschutzbeauftragte suchte Literatur zusam-

449 Schafe wurden von den Botanikern wegen ihres Fraßverhaltens am Feldberg nicht gern gesehen – hier eine Schafherde vor dem Hotel Feldberger Hof. (SUS, nach 1911)

men, »um die Schädlichkeit der Schafbeweidung für die Vegetation zu belegen« (FUCHS 1982). Der Botaniker H. GAMS aus Innsbruck, der auch am ersten Feldbergbuch mitgewirkt hatte, riet »dringend, alles zu tun, um Schaf- und Ziegenweide zu verhindern und, wenn sie nicht zu verhindern ist, wenigstens die wertvollen Flächen durch ausreichend feste Umzäunung zu schützen.« In der Folge wurden Absprachen getroffen und wieder gebrochen, bis schließlich die wirtschaftliche Bedeutung der Schafhaltung in den 50er-Jahren nachließ. Allerdings galt dies auch für die Rinderweide, sodass nun immer mehr Gehölze aufkamen.

Aufschlussreich ist dann wieder eine kurze Pressenotiz aus dem Spätsommer 1949 (Datum und Quelle nicht überliefert), nach der »die Entwicklung des Reiseverkehrs [...] in dem Sommer, der jetzt zu Ende geht, alle Erwartungen erfüllt« [hat]. Die Post wird daher vom 1. Dezember an einen zweiten Omnibus für ihren Linienverkehr vom Bahnhof Feldberg-Bärental zum Feldberg errichten.« Ein Problem stellt offenbar die Versorgung mit Löschwasser »in dem weiten Gemeindegebiet [dar], vor allem im Bereich der Hotels und Gasthöfe«. Der Bürgermeister hat daher »das Wasserwirtschaftsamt zu einer Tagfahrt gebeten, um die Frage der Einbeziehung des Feldsees in die Versorgung mit Löschwasser zu prüfen. Auch der Innenminister Dr. Schühly hat sich bei seinem letzten Besuch mit dieser Frage beschäftigt.«

1950 wurden vom »Spezialbauamt für das französische Militärbauwesen« (Service Francais des Bâtiments Militaires) am Seebuck Flakunterstände aus dem Zweiten Weltkrieg gesprengt. Franz Klarmeyer, der damalige Bürgermeister der Gemeinde Feldberg, war mit dem Vorgehen alles andere als einverstanden. »Ich habe mich [...] davon überzeugt, dass die Sprengung in geradezu sinnloser Weise und Gewalt vorgenommen wurde, sodass die Betontrümmer zum Teil in kubikmetergroßen Klumpen über die Gegend verstreut liegen. Da die Unterstände, wie man sich an einem unversehrten Exemplar jetzt noch überzeugen kann, im Laufe der Zeit durch eine Rasendecke bewachsen waren, waren sie vom Bismarckdenkmal aus, das ja den Hauptanziehungspunkt für die Besucher darstellt, überhaupt nicht zu bemerken und niemand nahm davon Notiz. Nun aber pilgert stets ein Teil der Wanderer zu den Sprengstellen, um sich davon zu überzeugen, was dort los ist. Ich bitte Sie höflich, wenn es irgend möglich ist, dass die Trümmer wenigstens in die Sprengtrichter hinein geworfen werden und zwar auf Kosten derjenigen, welche die Sprengung veranlasst haben [...]. Die Gemeinde ist nicht in der Lage, aus eigenen Mitteln diesen neuen Schandfleck zu beseitigen.« Das Landratsamt in Neustadt schrieb die Französische Behörde in Freiburg in diesem Sinne an, die aber eine Beseitigung der Trümmer ablehnte. Sie könne schließlich nicht für die Errichtung der Bunker im Naturschutzgebiet verantwortlich gemacht werden. Die Bruchstücke würden aber denjenigen Personen, die sie eventuell verwenden können, zur Verfügung gestellt.

Im November 1950 richtete die inzwischen zum Badischen Landesamt für Naturschutz und Landschaftspflege »beförderte« Naturschutzstelle in Bonndorf ein Schreiben an das Badische Landeskulturamt, in dem die »Kämpfe, die sich um das Schutzgebiet und seine Erhaltung abgespielt haben und noch abspielen«, von Hermann Schurhammer zusammenfassend geschildert wurden. Da Schurhammer bereits das Verfahren zur Ausweisung des Naturschutzgebiets vor dem Zweiten Weltkrieg begleitet hatte, hatte er sicher den besten Überblick. Einige vor dem Krieg geplante Vorhaben hatten sich inzwischen »erledigt«, in der Regel »durch die Kriegsereignisse«: Die Verlängerung der Bahn von Bärental auf den Feldberg, das »Olympische Dorf« und ein »Wildwest-Übungsgelände« des Nationalsozialistischen

Kraftfahrkorps (NSKK). Wieder »in die Zeitungen lanciert« wurde nach dem Krieg eine »Hochstrasse Feldberg-Stübenwasen-Schauinsland-Wiedenereck-Belchen mit Belchenrundstrasse, Länge 35 km, Kosten schätzungsweise 15 Millionen Mark«. Diese Planung konnte jedoch durch Rücksprache des Naturschutzamts mit dem Bundesverkehrsministerium »abgewehrt« werden. Eine »Autostrasse Menzenschwand-Feldberg ist von der Gemeinde Menzenschwand in der Presse und im Kreisrat wieder als dringlich eingestuft worden.« In absehbarer Zeit könne jedoch nicht mit öffentlichen Mitteln gerechnet werden, »sodass vorerst eine Gefahr nicht besteht.« Außerdem wurde – man höre und staune – bereits »zu Anfang des Krieges« ein »Windkraftwerk Feldberg« geplant, aber dann durch die »Kriegsauswirkung unterbunden [...]. Es handelte sich um einen 250 m hohen Turm.« Weiterhin ging es noch um einen 48 m hohen Kurzwellensender, ein Pumpwerk zur Wasserversorgung der Gemeinde Feldberg und die meist ungeregelte Abwasserbeseitigung. »Die Zustände sind katastrophal und verlangen dringend nach einer besseren Regelung, die wenigstens den primitivsten sanitären Forderungen entspricht.«

Dann ging Schurhammer auf die militärischen Bauten ein, die erst teilweise beseitigt waren. Ein Dorn im Auge waren ihm vor allem »9 Mannschaftsbaracken des Luftgaukommandos, davon 5 am Südhang des Seebucks«. Schurhammer forderte deren Beseitigung und lehnte einen etwaigen Ausbau zu »Dauerwohnzwecken« vehement ab. Die Gebäude lagen auf dem Eigentum der Gemeinde Todtnau und waren z. T. als Wochenendhütten vermietet, teils an Private verkauft. Dies zog auch ein widerrechtliches Befahren der gesperrten Wege nach sich. »Die Bauten stehen im Naturschutzgebiet, werden bewohnt, baulich verändert, ohne dass irgend eine Stelle etwas dagegen unternimmt; ein Zustand der allgemach unerträglich wird.« Schurhammer ahnte damals wohl nicht, wie lange dieser Zustand noch anhalten würde (siehe S. 428f.).

Neben den militärischen gab es auch eine Reihe nichtmilitärischer Bauten, wie z. B. eine ungenehmigte Schäferhütte am Herzogenhorn, die »infolge der mehr als lauen Haltung des Landeskulturamts« immer noch stand. »Wir sind im Gegensatz zum Landeskulturamt der Ansicht, dass wir alle Veranlassung haben, auf die Entfernung zu dringen und die Durchführung der Naturschutzbestimmungen durch die Untere Naturschutzbehörde zu fordern; wenn die Obere Naturschutzbehörde einen derartigen Standpunkt einnimmt, braucht man sich nicht zu wundern, wenn die Unteren Behörden versagen.«

Ausführlich ging Schurhammer auf das Thema Schafbeweidung auf dem Feldberg ein und nahm Bezug auf das »Beweidungsverbot für anderes Vieh als Rindvieh«, das »nach sehr eingehender Prüfung [...] zum Schutze der einzigstehenden Feldbergflora, wie zum Schutze der Steilhänge gegen Erosionsschäden erlassen war« und auch aus heutiger Sicht durchaus sinnvoll war (siehe S. 421f.). Gegen dieses Verbot haben »das Ministerium für Landwirtschaft und Ernährung, die Gemeinden Bernau, Zastler, Geschwend verstossen, das Ministerium dadurch, dass es die Hand zur Verpachtung gegeben und aktiv an der Verpachtung mitgewirkt hat.« Insbesondere um die »Zastlerweide, die das Herzstück der alpinen Feldbergflora einschließt«, machte sich Schurhammer Sorgen. Es war wieder einmal die Obere Naturschutzbehörde, die Zugeständnisse gemacht hatte, »sodass trotz der angeordneten Freihaltung der wichtigsten Fläche das Pflanzenschongebiet am Zastler aufs Stärkste gefährdet ist, umsomehr, als anerkanntermassen die Schäfer dafür bekannt sind, dass sie sich an Abmachungen nicht halten.« (Abb. 450).

Einen »eindeutig ablehnenden Standpunkt« vertrat Schurhammer auch gegenüber dem Antrag der Gemeinde Feldberg, eine Fläche am Seebuck aus dem Naturschutzgebiet auszuscheiden, um darauf einen Skilift zu errichten. Auch »die großen Wanderverbände, Schwarzwaldverein und Naturfreunde sowie die Bergwacht Schwarzwald« hatten sich der Ablehnung angeschlossen. »Es bleibt für das Gesuch wieder nur eine Begründung übrig: Der Lift bringt erhebliche Einnahmen, also: Geld gegen Kultur.«

Auch in seiner Schlussbemerkung wählt Schurhammer markige Worte und warnt davor, »wohin wir im Naturschutz kommen, wenn wir nicht fest bleiben oder werden. Wo ein Stein des Felsens abbröckelt, wird die Brandung um so stärker angreifen. Vielleicht darf ich hierzu noch eine persönliche Bemerkung machen: ich selbst habe als Kreisbeauftragter im

450 Ausschnitt aus einem Schreiben von Hermann Schurhammer vom Badischen Landesamt für Naturschutz und Landschaftspflege in Bonndorf an das Badische Landeskulturamt in Freiburg vom 10. November 1950, in dem er in schönster Sütterlin-Schrift über die Schäfer schimpft. (RPFR)

451 Hermann Schurhammer, der das Naturschutzgebiet Feldberg in den 1930er-Jahren eingerichtet hatte, wollte es anderen überlassen, »seine Zerstörung einzuleiten«. (STS)

Jahre 1936 alle die zeitraubenden umfangreichen Erhebungen für das Naturschutzgebiet Feldberg: Abzeichnung der Katasterpläne und Ermittlung aller ins Schutzgebiet fallenden Grundstücke und deren Eigentümer in 11 Gemeinden, sowie alle sonstigen Erhebungen unter Verwendung meines eigenen Kraftwagens völlig kostenlos und ohne jede Unterstützung durch die damalige Landesnaturschutzstelle durchgeführt. Das Schutzgebiet zu schaffen war es mir das Opfer wert; seine Zerstörung einzuleiten muss ich anderen überlassen.« (Abb. 451)

2.3 Aufbaujahre (1952–1959)

»Im Zuge der Bildung des Südweststaates kam es zur Neuorganisation der Landesstellen für Naturschutz. Bezirksstellen wurden geschaffen, Kreisbeauftragte neu berufen […]. Die amtlichen Naturschützer führten einen schweren Kampf gegen den nach dem Krieg einsetzenden Bauboom, von dem sie fast vollständig in Anspruch genommen waren. Trotz der in diesem Zusammenhang erdrückenden Arbeitslast wurden auch in jenen Jahren neue Naturschutzgebiete ausgewiesen und es gab ersten Grunderwerb für Naturschutzzwecke. Erste Bürgerinitiativen bildeten sich zur Erhaltung der Natur, von privaten Vereinen und Verbänden getragen. Naturschützer waren voller Zuversicht, die Zerstörung der Natur und den Landschaftsfraß in Grenzen halten zu können. Sie sollten in diesem Punkt aber in der Folgezeit enttäuscht werden.« (HÄCKER 2004, S. 31)

Hermann Schurhammer konnte nicht verhindern, dass zugunsten eines Sessellifts am Seebuck im April 1952 eine Verordnung »über Änderung der räumlichen Umgrenzung des Naturschutzgebiets Feldberg und der geschützten Landschaftsteile im Feldberggebiet« erlassen wurde, in der weitere Flächen aus dem Naturschutzgebiet ausgeschieden und »den Landschaftsteilen zugeteilt«, also zum Landschaftsschutzgebiet herabgestuft werden. Die Badische Zeitung berichtete fälschlicherweise, dass am Feldberg weitere Flächen zu Naturschutzgebieten erklärt worden seien. Kritischer war ein Beitrag in der »Schwarzwälder Post« vom 22.9.1952:

»Mißfällig muß man zur Kenntnis nehmen, daß vor der Zerstörungswut böswilliger Menschen nichts mehr sicher ist. So wurde der schöne holzgeschnitzte Wegweiser an der Straßengabel Feldbergerhof – Hebelhof abgeschlagen und die Trümmer in den Rain hineingeworfen. Auch der Massenbesuch an schönen Tagen hinterläßt Spuren am Bismarckturm, die kaum mit einer guten Kinderstube zu vereinbaren sind. Unrat aller Art, Papier, leere Schachteln, Flaschen liegen herum, die dem ›Naturschutzgebiet‹ Feldberg einen wenig würdigen Rahmen verleihen. Silberdisteln werden gleich sackweise weggeschleppt, und keiner kümmert sich darum, ob diese zu den geschützten Pflanzen gehört oder nicht. Alles in allem: die frühere beschauliche Ruhe auf Bergeshöhen scheint endgültig vorbei zu sein.«

Im Spätjahr 1952 gab es einen Disput zwischen dem Fürstlich Fürstenbergischen Forstamt in Lenzkirch und der Badischen Landesstelle für Naturschutz und Landschaftspflege in Karlsruhe, ob die um 1930 eingebrachten Legföhren wieder entfernt werden sollten oder einen wirksamen Lawinenschutz darstellten. Während das Forstamt die »Einbringung der Bergkiefer für keinen so großen Fehler [hält], dass deren gewaltsame Ausrottung zu verantworten wäre«, plädiert Erich Oberdorfer (!) von der Landesstelle dafür, man solle für die Lawinenverbauung »bodenständige Sträucher nehmen, vor allem die überall in der Nachbarschaft wachsende Salix appendiculata. Sie ist so gut und so schlecht wie die Legföhre, dafür aber der am Feldberg standortsgemäße Pionier des hochstaudenreichen Bergmischwaldes«. Oberdorfer ist der Meinung, dass es

»am Felsenweg z. T. wie in einer gekünstelten Steingartenanlage aus[sieht] und nicht wie in einem Naturschutzgebiet.«

Kurz darauf machte sich mit der Arbeitsgemeinschaft »Heimatschutz Schwarzwald« erstmals so etwas wie ein Naturschutzverband bemerkbar. Bei der 1953 gegründeten Arbeitsgemeinschaft handelte es sich um eine »umfassende Organisation der Geschichts-, Heimat- und Wandervereine in Südbaden« (Badische Zeitung vom 20./21.6. 1953). U. a. verlangte sie »die Freihaltung der Wald- und Wanderwege vom Kraftfahrzeugverkehr.« Am Feldberg wandte sich die Arbeitsgemeinschaft insbesondere gegen die vorgesehene »Inanspruchnahme des Feldsees für eine zentrale Wasserversorgung.« Der See sollte dafür um einen Meter aufgestaut werden, um »die Wasserentnahme in den See zu versenken« (Abb. 452). Auch die Höhere Naturschutzbehörde (Kulturabteilung beim Regierungspräsidium Südbaden) sah dadurch den »Bestand der Feldseemoore mit ihren seltenen Restpflanzen aus der Eiszeit« bedroht. Der Landesbeauftragte für Naturschutz und Landschaftspflege, Dr. Walter Fries, wurde im Mai 1954 noch deutlicher:

»Wenn früher eine Siedlung angelegt wurde, dann musste als erstes die Wasserversorgung geklärt sein, ferner suchte man eine Lage, welche vor extremen Witterungseinflüssen Schutz bot. Die instinktlos gewordenen, halb technisierten Zeitgenossen glauben, derartigen Maßnahmen überhoben zu sein, gerade aufgrund der technischen ›Möglichkeiten‹. So kommt es dann, dass die harte Wirklichkeit ihnen eine ordentliche Lektion erteilt. Es war siedlungstechnisch gesehen eine geradezu perverse Idee, auf dem Feldberg ein Dorf zu gründen, auch wenn es ein olympisches werden sollte. Wohnen können dort oben nur Leute, welche sich eine zweite Wohnung leisten können (abgesehen von den Hotelbetrieben). Es handelt sich bei dieser Siedlung also keineswegs um ein soziales, sondern um ein Luxusunternehmen. Nun kommt der ›Katzenjammer‹: durch zu dichte Besiedlung wird das Wasser knapp. Die Folge ist, dass Abhilfe gesucht wird, was zunächst zu einem Konflikt mit dem Naturschutz führt.« Im Folgenden wies Fries auf die hohe wissenschaftliche Bedeutung des Feldberggebiets und insbesondere der Umgebung des Feldsees hin. Er schließt damit, dass

454 Bereits in den 1950er-Jahren herrschte an schönen Wintertagen manchmal »Verkehrschaos« auf der Bundesstraße 317. (KABH, Sammlung Pragher, 31. März 1954)

1800 Tonnen Uranerz gefördert (Wikipedia, Grube Krunkelbach). Menzenschwand fürchtete um seinen Ruf als Fremdenverkehrsgemeinde, und auch die Arbeitsgemeinschaft Heimatschutz Schwarzwald (siehe S. 417) engagierte sich gegen die weitere Uransuche im Krunkelbachtal. 1963 wurde auf Antrag der Gemeinde Menzenschwand gerichtlich untersagt, die Arbeiten fortzuführen. Das war aber noch lange nicht das Ende des Uranbergbaus im Krunkelbachtal, der erst 1991 endgültig eingestellt wurde.

In den Jahren 1962/63 stand wiederum der Feldsee im Mittelpunkt, dessen Wasserspiegel deutlich abgesunken war. Dies hing damit zusammen, dass das alte, im Zusammenhang mit der Wasserkraftnutzung errichtete Wehr verfallen war und durch eine Sperre aus Baumstämmen ersetzt wurde. In der Folgezeit wurde festgestellt, dass es in der Karte zur Verordnung des Natur- und Landschaftsschutzgebiets Feldberg Unklarheiten gab, die durch eine Aktualisierung beseitigt werden sollten. In diesem Zusammenhang gab es erstmals Überlegungen, das Naturschutzgebiet angesichts der »Verluste in seinem Kern« (Schreiben von Frau Prof. Wilmanns an die BNL vom 26.7.1969) randlich zu erweitern. Der damalige Bezirksnaturschutzwart Dr. Ekkehard Liehl schlug aus glazialmorphologischen Gründen insbesondere das Wittenbachtal mit seinem »in der wissenschaftlichen Literatur mehrfach erwähnten Großkar« als Erweiterungsfläche vor. Dieser Vorschlag wurde wenig später von den beiden Glazialgeologen Prof. Dr. Max Pfannenstiel und Dr. Gilbert Rahm um das benachbarte Katzensteigtal erweitert, da beide Kare »*Schulbeispiele für die Gletscherkunde*« darstellen, die für »*die Lehre in Freiburg unentbehrlich*« seien. Pfannenstiel und Rahm hielten es deshalb für »*unentbehrlich, beide Kare einschließlich der Rundhöcker über dem Bühlhof in das Naturschutzgebiet einzubeziehen*« (Schreiben vom 20.7.1971).

Da der Weideauftrieb von Rindern immer mehr zurückging und zunehmend Gehölze aufkamen, wurde Ende der 1960er-Jahre die Schafweide (siehe S. 414) wieder diskutiert. Bereiche mit besonders empfindlicher Vegetation sollten allerdings ausgespart werden, außerdem sollten strenge Auflagen bezüglich Tierzahl, Verweildauer, Düngung und Pferchen gemacht werden. Die Schafbeweidung sollte zudem wissenschaftlich begleitet werden.

2.5 Aufbruchjahre (1970–1979)

»An der Wende der 60er- zu den 70er-Jahren setzte ein Prozess ein, der sich in den frühen 70er-Jahren verstärkte und in der Bevölkerung zu einer bis dahin unvorstellbaren Aufbruchsstimmung führte. Damit waren auch grundlegende Änderungen in der Einstellung der Bevölkerung zum Naturschutz verbunden. […] In dieser Zeit setzte ein tiefgreifender gesellschaftlicher Wand-

lungsprozess ein, der die bisherige Werteordnung in Frage stellte. [...] Die an Wohlstand gewöhnte Bevölkerung wurde aufgerüttelt durch Rachel Carsons Buch ›Der stumme Frühling‹, welches die Verseuchung der Umwelt durch Gifte wie DDT aufzeigte. 1972 erschien außerdem das Buch des Club of Rome ›Grenzen des Wachstums‹. Beide Veröffentlichungen hatten beträchtlichen Einfluss auf das Umweltbewusstsein in der Öffentlichkeit. Das ›Erste Europäische Naturschutzjahr 1970‹ brachte in seinem Gefolge den 1. Umweltschutzbericht der Landesregierung und das neue Naturschutzgesetz für das Land Baden-Württemberg hervor, das die Stellung des Naturschutzes erheblich verbesserte. Es setzte eine Welle von Vereinsgründungen ein. Die finanzielle Situation der Naturschutzverwaltung entwickelte sich positiv, es wurden neue Personalstellen geschaffen. Die Landesanstalt für Umweltschutz wurde gegründet [...]. Der bis 1972 beim Kultusministerium ressortierte Naturschutz wechselte zum Ministerium für Ernährung, Landwirtschaft und Umwelt [...]. Der Naturschutz gewann allgemein an Bedeutung; er wurde in diesem Jahrzehnt gewissermaßen ›gesellschaftsfähig‹ und bekam eine politische Dimension. Trotzdem ging der Landschaftsverbrauch auch in diesem Jahrzehnt unvermindert weiter.« (HÄCKER 2004, S. 99)

Am Feldberg waren zunächst einige Missstände zu beklagen. Fritz Hockenjos, der damalige Kreisbeauftragte für Naturschutz und Landschaftspflege, hatte anlässlich einer Begehung im Juli 1971 festgestellt, dass der Sportplatz des Leistungszentrums Herzogenhorn mit einem Splittbelag belegt und in einem Haus an der »Silberwiese« eine Abwasserkläranlage eingebaut wurde, die einen »üblen Geruch verbreitet«. Außerdem erfuhr er »durch Zufall«, dass »das Regierungspräsidium die Ausnahmegenehmigung für den Aufhieb der neuen Lift- und Abfahrtsschneisen im Naturschutzgebiet (Gebiet Fahl-Silberwiese) bereits erteilt habe.« Hockenjos bat um Mitteilung, ob in den drei Fällen Genehmigungen erteilt worden wären, und bat außerdem darum, ihn künftig über Ausnahmegenehmigungen der höheren Naturschutzbehörde zu unterrichten. Die Bezirksstelle billigte die monierten Vorkommnisse in ihrem Antwortschreiben zwar nicht, sie waren aber letztendlich genehmigt und damit rechtmäßig.

1973 meldete sich wiederum Ekkehard Liehl als »Angehöriger des Beirats der Bezirksstelle für Naturschutz und Landschaftspflege« zu Wort und legte eine »Karte und Beschreibung der eiszeitlichen Formen des Menzenschwander Albtals als Entscheidungshilfe bei der Planung des Radon-Heilbades vor.« Er hielt die Grenzen des NSG im Albtal für »außerordentlich knapp gezogen« und empfahl, innerhalb dieser Grenzen »unter keinen Umständen« weitere Ausnahmebewilligungen zu erteilen und »Schlucht, Wasserfall und Konfluenzstufe« in das Naturschutzgebiet einzubeziehen. Auch im Landkreis Lörrach gab es Erweiterungspläne, insbesondere als »Ersatz« für den neu gebauten Fahler Lift. Der Gemeinderat der Stadt Todtnau stimmte u. a. der Einbeziehung der »Brandenberger Höchsthalde« und des Scheibenfelsens in das Naturschutzgebiet zu. Ein weiterer Vorschlag kam vom Mineralogen Prof. Wolfhard Wimmenauer: Die Umgebung des Rappenfelsens im St. Wilhelmer Tal als »schwer begehbare Felslandschaft mit zum Teil uraltem Baumbestand« und – durch den Karbonatanteil der Mineralisation – »für kalkhaltige Felsspalten« charakteristischer Flora.

Im Jahr 1976 wurden erstmals Anstrengungen zur Beseitigung der Erosionsschäden »durch den starken Fußgängerverkehr« unternommen. Am Nordhang des Herzogenhorns waren dadurch »Gräben bis zu einem halben Meter Tiefe entstanden« (Abb. 455). Aus diesem Anliegen des Staatlichen Forstamts St. Blasien ging schließlich drei Jahre später (1979) die »Interessengemeinschaft zur Pflege von Natur und Landschaft im Feldberggebiet e. V.« (IGNLF) hervor, der die am Naturschutzgebiet beteiligten Gemeinden und Landkreise beitraten und die in der Erosionsbekämpfung ihre Hauptaufgabe sah.

Die Forstliche Versuchs- und Forschungsanstalt Baden-Württemberg (Abteilung Landespflege) verfasste in den Jahren 1970 (zunächst für den Landkreis Hochschwarzwald) und 1976 einen Landschaftsplan für das Feldberggebiet, der in einem ersten Teil die natürlichen und sied-

455 Auf viel begangenen, steilen Wegen bildeten sich »Erosionsschluchten« bis zu einem halben Meter Tiefe – auf dem Bild Helmut Volk von der Forstlichen Versuchs- und Forschungsanstalt Freiburg (um 1980). (GH)

lungsgeografischen Grundlagen und im zweiten Teil die gegenwärtige und künftige Nutzung der Landschaft behandelte. Dabei wurden auch die Vorschläge zur Erweiterung des Naturschutzgebiets zusammengefasst und der Hoffnung Ausdruck verliehen, dass »*die Bezirksstelle für Naturschutz und Landschaftspflege in Freiburg diese ziemlich zeitaufwendige Arbeit baldmöglichst in Angriff nimmt.*« Die vorgeschlagenen Erweiterungsflächen umfassten rund 500 ha.

1978 bat der Schwarzwaldverein darum, einen Informationsstand am Parkplatz Feldberger Hof aufstellen zu dürfen, der eine Übersichtskarte, Verhaltensmaßregeln im Naturschutzgebiet sowie die Wanderwege und Naturlehrpfade enthalten sollte. Dieser Informationsstand, den die Naturschutzverwaltung begrüßte, erwies sich im Nachhinein als »Keimzelle« des späteren Naturschutzzentrums.

Einiges Aufsehen erregte 1978 ein Urteil des Landgerichts Freiburg, das »*die Gemeinde Feldberg und Hinterzarten dazu verurteilt hat, einer schwer verunglückten Skiläuferin alle entstandenen Schäden zu ersetzen*« (Badische Zeitung vom 6.10.1978). Die Freiburgerin war am Baldenweger Buck mit den Skiern unter einen abgelegten Weidezaun geraten und hatte beim Sturz einen lebensgefährlichen Wirbelbruch erlitten. Das bisher übliche Abhängen der Weidezaundrähte war dem Gericht offenbar nicht genug, den mit dem Aufrollen und Beseitigen der Drähte verbundenen Auf-

wand hielt es für zumutbar. Auch die Pfähle, auf die bereits ein tödlicher Unfall zurückzuführen war, sollten künftig entfernt werden.

1979 schuf der Deutsche Bund für Vogelschutz (DBV, später NABU) unter der Mithilfe von Bundeswehrpionieren mit großem Aufwand eine künstliche Bruthöhle für den Wanderfalken in der Feldseewand. Zweieinhalb Tage harter Arbeit reichten nicht für eine Fertigstellung, sodass im folgenden Jahr noch nachgearbeitet werden musste.

Auch einige Missstände gab es am Ende der 1970er-Jahre im NSG Feldberg zu beklagen: Zur Festigung der Schneedecke wurde teilweise »Blaukorn« (Nitrophoska) verwendet, das als unerwünschten Nebeneffekt auch eine düngende Wirkung auf die schützenswerte Vegetation hatte. Bald darauf wurde dies im Naturschutzgebiet untersagt. Der Bezirksnaturschutzwart Dr. Ekkehard Liehl aus Hinterzarten hatte Bedenken wegen der Beweidung einiger Sonderstandorte am Baldenweger Buck. Auch wies er nochmals auf vordringliche Maßnahmen zur Erosionsbekämpfung hin. Die in einigen Bereichen zugelassene Schafbeweidung (siehe S. 414f.) war offenbar so extensiv, dass die wissenschaftlichen Begleituntersuchung weder die erhofften Effekte der Landschaftsoffenhaltung noch Schäden an der Vegetation nachweisen konnte.

2.6 Fruchtbare und wechselhafte Jahre (1980–1996)

»*Die 8oer-Jahre konnten die Früchte jahrelanger Bemühungen im Naturschutz ernten. Die in den 70er-Jahren aufgekeimte Naturschutzbewegung entwickelte sich an der Wende zu den 8oer-Jahren zu einem Thema, für das sich die Öffentlichkeit interessierte. Die Naturschützer verloren vollends den ehemals anhaftenden Nimbus der dauernden Neinsager, es konnte fruchtbare Naturschutzarbeit geleistet werden. Das erwachte Umweltbewusstsein zeigte sich auch mit dem Einzug der Grünen in den Landtag und der Gründung eines eigenständigen Umweltministeriums 1987, bei dem der Naturschutz bis 1996 ressortierte. Die 8oer-Jahre begannen mit dem in allen Medien diskutierten Thema des Waldsterbens.* […] *Die Naturschutzverwaltung erhöhte ihre Mitarbeiter-*

zahl deutlich. [...] Zahlreiche Naturschutzgebiete wurden in diesen Jahren neu ausgewiesen. Und schließlich gab es eine Novellierung des Naturschutzgesetzes in Form des 1991 verabschiedeten Biotopschutzgesetzes.« (HÄCKER 2004, S. 171)

Ab dem Ende der 80er-Jahre gewann der Vertragsnaturschutz zunehmend an Bedeutung, die Landesregierung (Große Koalition) setzte sich mit dem Ökologieprogramm und dem Gesamtkonzept Naturschutz ehrgeizige Ziele. Zur vermehrten Ausweisung von Naturschutzgebieten wurden Zeitstellen für Juristen geschaffen, was in der ersten Hälfte der 90er-Jahre einen erheblichen Zuwachs an Naturschutzgebieten ermöglichte. Für die Erarbeitung von Pflege- und Entwicklungsplänen für Naturschutzgebiete bekamen auch die Bezirksstellen zusätzliche Mitarbeiter auf Zeit. Seit 1978 wurden zunächst von den Naturschutzverbänden und später auch vom Land Naturschutzzentren gegründet, die der breiten Öffentlichkeit Informationen über Ziele, Aufgaben und Maßnahmen des Naturschutzes vermitteln sollten. 1987 war das Geburtsjahr des ersten Ökomobils bei der BNL Tübingen, die drei anderen Bezirksstellen zogen nach.

»In der ersten Hälfte der 90er-Jahre begann die Akzeptanz des Naturschutzes wieder nachzulassen. [...] Mit dem zunehmenden Sparzwang beim Landeshaushalt verringerte sich auch der Etat der Naturschutzverwaltung. Besonders betroffen war der Erwerb von Grundstücken für Naturschutzzwecke. Die Naturschutzverwaltung [...] musste nun insbesondere durch Abbau der Zeitstellen Kürzungen hinnehmen. Insgesamt rückte das Thema Umweltschutz auch in der Bevölkerung wieder in den Hintergrund« (HÄCKER 2004, S. 171).

Das zweite Europäische Naturschutzjahr 1995 hatte das Thema »Zukunft gestalten – Natur erhalten: Naturschutz außerhalb von Schutzgebieten«. Im Gegensatz zum ersten Europäischen Naturschutzjahr 1970, das »eine allgemeine Bewusstseinsbildung in Europa bewirkt und dem Gedanken des Schutzes unserer natürlichen Umwelt zum Durchbruch verholfen« hat, war »die Bilanz des zweiten Europäischen Naturschutzjahr eher ernüchternd« (Zitate aus HÄCKER 2004, S. 171).

Um der »besucherbedingten Erosion« am Feldberg wirksam begegnen zu können, konzipierte die Forstliche Versuchs- und Forschungsanstalt Baden-Württemberg 1980 ein »Forschungsprogramm Erosionssanierung Feldberg«, bei dem die »unterschiedlichen Maßnahmen, Materialien und Methoden der Erosionssanierung« untersucht werden sollten.

Auch sonst ging man in den 1980er-Jahren hauptsächlich daran, den bisherigen Missständen im Naturschutzgebiet zu begegnen und diese in der geplanten Neuverordnung zu berücksichtigen. Zur Überwachung des Schutzgebiets waren ehrenamtlich Naturschutzwarte des Schwarzwaldvereins aktiv. Sie monierten das Fehlen sogenannter »Verhaltenstafeln«, auf welchen die wichtigsten Bestimmungen des Naturschutzgebiets verzeichnet sein sollten. Heute sind solche »Zusatzschilder« unter dem NSG-Schild in allen häufiger besuchten Naturschutzgebieten üblich (Abb. 456).

Durch den steigenden Stellenwert und die bessere Finanzausstattung des Naturschutzes war es nun auch möglich, Grundstücke für Naturschutzzwecke zu erwerben. Einige Gemeinden und andere Eigentümer, die in der Umgebung des Feldberggipfels Grundstücke besaßen, boten dem Land ihre Flächen an – insgesamt konnten in den 80er-Jahren über 270 ha erworben werden! Die Naturschutzverwaltung handelte sich aber damit das Problem der auf diesen Grundstücken stehenden privat genutzten Hütten (teilweise Flakhütten aus dem Krieg) ein, das sich noch viele Jahre hinziehen sollte – weit über die Räumungsfrist von fünf Jahren hinaus, die 1980 für angemessen gehalten wurde (siehe S. 428f.).

Dass auch geschützte Pflanzen zu den »Unkräutern« gezählt werden können, zeigte ein Antrag aus dem Jahr 1981. Selbst die Bezirksstelle für Naturschutz und Landschaftspflege hielt es für unbestritten, dass »der Alpenampfer und der Gelbe Enzian durch die Massenvorkommen im Bereich der St. Wilhelmer Hütte den Charakter von Weideunkräutern haben«. Während beim Alpenampfer (Rumex alpinus) gegen eine mechanische Bekämpfung keine Bedenken bestanden, wurde »auch ein

456 NSG-Schild mit Zusatzschild, auf dem die wichtigsten Verhaltensregeln für die Besucher des Schutzgebiets aufgeführt sind. Links der Seebuck-Turm. (NAZ)

lediglich mechanisches Entfernen« beim Gelben Enzian (*Gentiana lutea*) als geschützter Art »nicht befürwortet« (Schreiben BNL 14.7.1981).

Im Zusammenhang mit einer beantragten Kletterübung der britischen Streitkräfte im Bereich des Feldseekessels wurde diskutiert, wegen der damals noch hochgradig vom Aussterben bedrohten Felsbrüter Wanderfalke (der 1981 dort seit Jahrzehnten erstmals wieder erfolgreich brütete) und Kolkrabe ein ganzjähriges Kletterverbot zu erlassen. Dies wurde von der Naturschutzverwaltung befürwortet und sollte in die Neufassung der Verordnung aufgenommen werden.

Den zunehmenden Tourismus, der den Schwarzwaldgemeinden natürlich hoch willkommen war, empfanden viele Menschen immer mehr als Belastung für den Naturschutz. So schrieb Hans-Otto Fehr in der Stuttgarter Zeitung vom 4.1.1982: »*Über den Gipfeln ist keine Ruhe mehr. Der Tourismus führt zu einer wachsenden Belastung des Schwarzwalds, die immer größere Probleme aufwirft [...]. Da hilft auch die Ausweisung von Natur- und Landschaftsschutzgebieten nichts mehr. Im Gegenteil: Sie ziehen die Leute noch mehr an, denn im Schutzgebiet muß es ja am schönsten sein. Da tappen dann Hunderttausende von Menschen die Natur zugrunde.*« Im August desselben Jahres hieß es dann (StZ 21.8.1982): »*Aus Trampelpfaden werden Gebirgsbäche.* Auf den Schwarzwaldgipfeln nehmen die Erosionsschäden zu – Sperrung unvermeidlich«. Ein Jahr später titelt jedoch der Südkurier: »*Feldberg scheint sich zu erholen. Maßnahmen gegen Erosionsschäden beginnen zu greifen*«.

Im Rahmen der von der Landesstelle für Naturschutz 1958 begonnenen und von der 1974 gegründeten Landesanstalt für Umweltschutz übernommenen Buchreihe über die Natur- und Landschaftsschutzgebiete Baden-Württembergs wurde 1982 als Band 12 das »zweite Feldbergbuch« (LANDESANSTALT FÜR UMWELTSCHUTZ 1982) herausgegeben, in dem, wie eingangs erwähnt (siehe S. 402), der Naturschutz eine deutlich größere Rolle spielt als im »ersten Feldbergbuch« (MÜLLER 1948).

Ende 1984 meldet sich wieder Hans-Otto Fehr in der Stuttgarter Zeitung zu Wort unter dem Titel »*Höchste Erhebung des Schwarzwalds in akuter Bergnot – Die Besucherkarawane tritt den Feldberg kaputt*«. Der Beitrag basierte auf einem Interview mit dem damaligen Freiburger Bezirksstellenleiter Gerhard Fuchs, der »*eine neue Offensive der Naturschützer*« vor allem darin sieht, bei den Besuchern mehr Verständnis für die Natur zu wecken. Erstmals wird öffentlich ein »*Informationszentrum am Fuße des Feldbergs*« gefordert.

1985 begannen verstärkte Aktivitäten zur Neuabgrenzung und Neuverordnung des Naturschutzgebiets Feldberg. Die Erweiterungs- und Änderungsvorschläge wurden von der Bezirksstelle gesichtet und in einem Gutachten bewertet, das im Januar 1986 an das Regierungspräsidium weitergereicht wurde. Das künftige Naturschutzgebiet sollte eine Fläche von rund 4000 ha haben. Als Erweiterungsflächen waren insbesondere die Brandenberger Höchsthalden, das Wittenbach- und Katzensteigtal, Stutz- und Rappenfelsen, Krunkelbach- und Menzenschwander Albtal sowie die Hinterwaldweide vorgesehen. Einige vor allem skisportlich genutzte Flächen sollten zum Landschaftsschutzgebiet herabgestuft werden (Abb. 457).

Das 1986 vom damaligen Regierungspräsidenten Dr. Norbert Nothhelfer in der Presse angekündigte Verfahren zur Erweiterung und Neufassung des Naturschutzgebiets sollte sich noch bis 1991 hinziehen. Zunächst gab es eine längere Diskussion mit der Abteilung Landwirtschaft des Regierungspräsidiums, der die vorgesehenen Nutzungsbeschränkungen (weitgehendes Düngeverbot, Weideverbot auf empfindlichen Flächen) nicht angemessen erschienen. Da viele ehemalige Weideflächen inzwischen »verhurstet«, d. h. mit Gehölzen zugewachsen waren, musste zunächst einmal die Wald-Weide-Grenze geklärt werden. Zu diesem Zweck wurde von Ludwig Gromer, dem damaligen Leiter der Abteilung Umwelt des Regierungspräsidiums, in die Schutzgebietskarte neben der roten Linie für das Naturschutzgebiet und der grünen Linie für das Landschaftsschutzgebiet erstmals eine gelbe Linie für die Wald-Weide-Abgrenzung eingeführt. Für viele Flächen musste auch noch eine genaue Kartierung der Vegetation vorgenommen werden, um über die Regelungen zur Nutzung oder die Aufnahme in das Natur- oder Landschaftsschutzgebiet zu entscheiden. Aufgrund dieser Arbeiten konnten die Verordnung und die Karte erst im Sommer 1990 in die »förmliche Anhörung« gehen. Im Rahmen des Anhörungsverfahrens gingen zahlreiche Anregungen und Änderungsvorschläge von Gemeinden, Verbänden u. a. ein, die aber die geplante Neufassung des Schutzgebiets nicht substantiell berührten. Der Entwurf der Verordnung wurde nochmals überarbeitet und im Frühjahr 1991 bei den drei betroffenen Landkreisen Breisgau-Hochschwarzwald, Lörrach und Waldshut öffentlich ausgelegt. Danach wurden alle »Einwender« nochmals schriftlich über die von ihnen ausgelösten Änderungen informiert, am 27.9.1991 wurde die neue Verord-

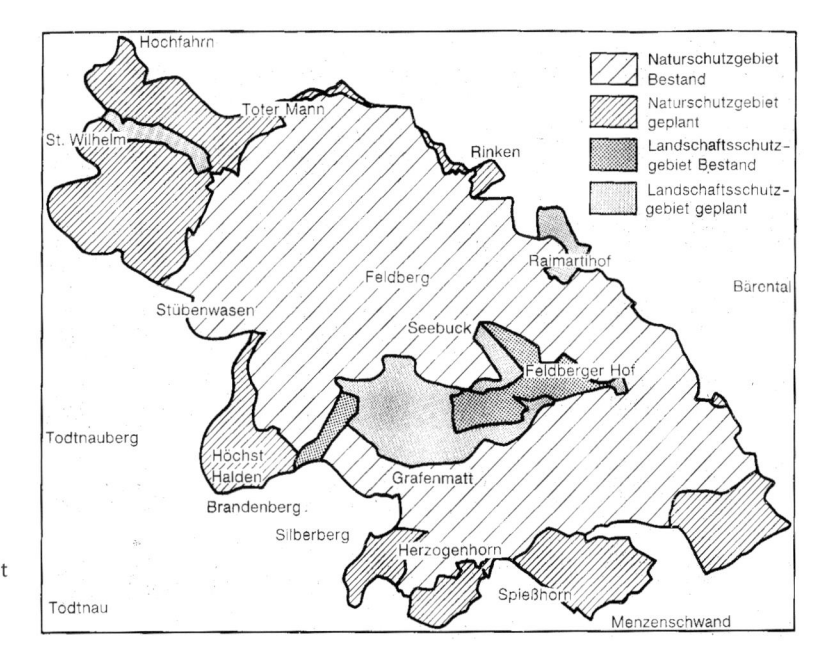

457 Die Badische Zeitung veröffentlichte im März 1986 eine Grafik zu den geplanten Änderungen beim Natur- und Landschaftsschutzgebiet Feldberg. (Badische Zeitung, 8./9. März 1986)

nung von Regierungspräsident Dr. Nothhelfer unterzeichnet.

Während die erste Verordnung von 1937 auf eine Seite passte, umfasste die neue Verordnung über das Natur- und Landschaftsschutzgebiet »Feldberg« immerhin 17 DIN A4-Seiten. Für den »Normalbürger« ist eine solche Verordnung nur schwer zu lesen, er ist aber auch nur in seltenen Fällen damit konfrontiert, da für ihn nur wenige Regelungen von Bedeutung sind. Trotzdem sollen Aufbau und Inhalt der bis heute gültigen Verordnung kurz erläutert werden:

In den Paragraphen 1 bis 3 wird zunächst einmal dargestellt, was überhaupt geschützt wird. Zunächst werden die betroffenen Landkreise, Gemeinden und Gemarkungen aufgeführt – im Fall des Feldbergs sind dies immerhin drei Landkreise, sieben Gemeinden und elf Gemarkungen. Danach wird der Schutzgegenstand näher definiert und auf die Schutzgebietskarte verwiesen. Die Fläche des Naturschutzgebiets wird mit 4226 ha, die des Landschaftsschutzgebiets mit 346 ha angegeben. In § 4 stehen die Verbote im Naturschutzgebiet, die für jedermann gelten. Neben den inzwischen als selbstverständlich akzeptierten Verboten, Pflanzen zu entnehmen oder Tieren nachzustellen (und deshalb auch den Hund an die Leine zu nehmen), besteht in einem Naturschutzgebiet meist auch ein »Wegegebot«, d. h. das Verbot, die Wege zu verlassen. Bei geschlossener Schneedecke ist es allerdings erlaubt, sich im offenen Gelände abseits der Wege zu bewegen – zum Schutz von Wildtieren muss aber der Abstand zum Wald mindestens 50 m betragen. Da die Erholung und der Sport am Feldberg eine besonders große Rolle spielen, wurde dafür ein gesonderter Paragraph (§ 5) formuliert, in dem u. a. Veranstaltungen und Wanderungen auf 50 Personen begrenzt, chemische Mittel zur Schneeverfestigung untersagt und Regelungen zum Wintersport getroffen werden. Auch hier gilt der 50-m-Abstand zum Wald, innerhalb des Waldes dürfen nur ausgewiesene Abfahrten, Loipen oder Wege genutzt werden. Der Wintersport ist auch untersagt, wenn wegen geringer Schneehöhe Pflanzen und Boden geschädigt werden

können. Die Verbote und Erlaubnisvorbehalte im Landschaftsschutzgebiet (§§ 6/7) sind deutlich weniger gravierend und werden den Erholungssuchenden nur selten betreffen. Dies gilt auch für die »zulässigen Handlungen« in §§ 8–10, die sich speziell an die Nutzer des Gebiets wenden. Hier wird z. B. geregelt, dass die »ordnungsgemäße Ausübung« der Jagd und Fischerei nach wie vor gestattet ist, außerdem dürfen Wege, Loipen und Abfahrten im Einvernehmen mit der Naturschutzbehörde weiterhin markiert werden.

§ 9 geht speziell auf die landwirtschaftliche Nutzung ein, die auf die Flächen innerhalb der »gelben Linie« begrenzt ist. Auf Weideflächen wird eine Obergrenze des Viehbesatzes von einer Großvieheinheit je Hektar festgesetzt – dies entspricht dem maximalen Viehbesatz einer extensiv genutzten, ungedüngten Weide, der in den Hochlagen oft deutlich unterschritten wird. Die Weiden dürfen nicht mit mineralischem Stickstoff gedüngt werden, eine Koppelhaltung von Schafen ist verboten. Die auf der Schutzgebietskarte schraffierten Flächen – es handelt sich meist um Feuchtgebiete oder sonstige empfindliche Biotope – dürfen nicht gedüngt und teilweise (Kreuzschraffur) auch nicht beweidet werden. § 10 enthält die Regelungen zur forstwirtschaftlichen Nutzung, die auf die Erhaltung und Entwicklung naturnaher Wälder abzielen. Zu jeder Verordnung gibt es auch die Möglichkeit der »Befreiung« von deren Vorschriften (§ 11), also zu einer Ausnahmegenehmigung, die dann erteilt wird, wenn keine erheblichen Beeinträchtigungen zu befürchten sind. In den weitaus meisten Fällen werden Befreiungen im Zusammenhang mit wissenschaftlichen Untersuchungen beantragt und in der Regel auch bewilligt.

Nach dem Hinweis auf Ordnungswidrigkeiten in § 12 regelt der abschließende § 13 das Inkrafttreten der Verordnung am Tage nach der Auslegungsfrist, die wiederum in § 2 geregelt ist. Danach werden die Verordnungen aufgezählt, die mit Inkrafttreten der neuen Verordnung außer Kraft treten, also durch diese ersetzt werden. Im Falle des Feldbergs waren das außer der alten Verordnung von 1937 und der Änderungs-

"Ich habe das dumpfe Gefühl, daß ich hier oben auf dem Feldberg noch Verstärkung brauche!"

458 Der Dienstantritt des »Feldberg-Rangers« Achim Laber war dem Südkurier sogar eine Karikatur wert. (Südkurier, 2. November 1989)

(Zur Entscheidung der Landesregierung, am Feldberg den ersten Ranger der Bundesrepublik einzusetzen, und zu Presseberichten über illegale Bauarbeiten im Naturschutzgebiet)

verordnung von 1952 auch die Verordnungen der drei Naturschutzgebiete »Scheibenlechtenmoos«, »Bannwald Hirschfelsen« und »Bannwald Napf«, die im neuen Naturschutzgebiet aufgingen. Nach Verkündung im Gesetzblatt für Baden-Württemberg vom 12.11.1991 trat die Verordnung am 13.12.1991 in Kraft.

Bereits über zwei Jahre vorher (1989) wurde von Regierungspräsident Nothhelfer und der Bezirksstelle für Naturschutz und Landschaftspflege ein Plan zur Besucherlenkung vorgestellt, in dem u. a. die Sperrung von Wegen, ein »hauptamtlicher Naturschutzwart« auf Landeskosten und ein »Info-Gebäude« im Bereich des Feldberger Hofs gefordert wurde. Durch diese und andere Maßnahmen sollte verhindert werden, dass die Menschen »die Natur [...] zu Tode lieben« (Badische Zeitung vom 11.5.1989). Wenig später wurden zunächst einmal Informationstafeln aufgestellt, die »an das ökologische Gewissen der Wanderer« appellieren sollen (Badische Zeitung vom 23.8.1989). Kurz darauf war es dann so weit: Achim Laber, der erste »hauptamtliche Naturschutzwart« des Landes, fortan nur noch als »Feldberg-Ranger« bekannt, trat am 1.10.1989 seinen Dienst an (Abb. 458). Dies war auch der Stuttgarter Zeitung einen Beitrag wert: »Der Feldberg steht künftig unter amtlicher Aufsicht«.

Mit der Hiobsbotschaft »Die Vegetation zieht sich vom Feldberg zurück« betitelten die Stuttgarter Nachrichten im Februar 1990 einen Beitrag zu den Erosionsschäden, die durch Touristen, militärische Einrichtungen und das extreme Klima am Feldberg verursacht wurden. Aus »Naturpfaden« würden »Touristenrennbahnen« entstehen. Höchste Zeit, dass es nun einen Feldberg-Ranger gab, um aufzuräumen. Bereits 1990 sperrte er mehrere Wege durch besonders empfindliche Gebiete, und auch die »rund 100 km Trampelpfade« (Südwestpresse 14.7.1990) hielt er für überflüssig. Näheres zur Arbeit des Rangers und zur Besucherlenkung findet sich im folgenden Kapitel.

Teil des Besucherlenkungsplans der BNL waren auch verkehrsberuhigende Maßnahmen, die Ende 1990 in Angriff genommen wurden. Es ging dabei vor allem um die Sperrung der Zufahrtsstraßen und das Angebot eines Busbetriebs an den Wochenenden. Auf wenig Gegenhang mit Natura 2000 wieder einen Stellenzuwachs.

Neben den europäischen Richtlinien war die Naturschutzarbeit in der jüngeren Zeit auch von größeren Projekten und Schutzgebieten geprägt wie den beiden Naturparken Südschwarzwald und Schwarzwald Mitte/Nord, dem Projekt des Landes zur Erhaltung und Entwicklung von Natur und Umwelt (PLENUM), dem Artenschutzprogramm Baden-Württemberg (ASP), den vom Bund geförderten Naturschutzgroßprojekten »Pfunger/Burgweiler Ried« und »Feldberg-Belchen-Oberes Wiesental«, verschiedenen EU-LIFE-Projekten, dem ersten baden-württembergischen Biosphärengebiet auf der Schwäbischen Alb und der Planung eines zweiten im Südschwarzwald.

Das Jahr 1997 begann mit der Planung einer Feier: Das Naturschutzgebiet Feldberg wurde 60 Jahre alt! Feldberg-Ranger Achim Laber schlug vor, zu diesem Anlass eine »Naturschutzzeitung« herauszubringen, die sowohl auf die geschichtliche Entwicklung des Gebiets als auch auf aktuelle Gegebenheiten eingehen sollte. Die Zeitung mit dem Titel »Feldbergblick« erschien im Juli (Abb. 461), Regierungspräsident Dr. Conrad Schroeder lud für den 25. Juli »zu einer kleinen

461 Zum 60-jährigen Jubiläum des Naturschutzgebiets im Jahr 1997 wurde eine eigene Zeitung herausgegeben. (AL)

Jubiläumsfeier« ein, an der auch Ministerin Gerdi Staiblin teilnahm.

Unter dem Titel »Feldberg 2000« wurde im »Feldbergblick« über die Zukunft des Naturschutzgebiets und der Gemeinden spekuliert. Für den Schwarzwaldverein, die BNL und das Naturschutzreferat des Regierungspräsidiums hatte der Bau des Naturschutzzentrums oberste Priorität. Allerdings zeichneten sich in Zeiten knapper öffentlicher Kassen »*düstere Wolken am Feldberghimmel ab*«. Die Zukunft des Feldbergs wurde im »naturverträglichen Tourismus« gesehen, zu dem neben einer Verkehrsberuhigung auch die gezielte Besucherlenkung gehörte.

Nachdem eine angestrebte gastronomische Nutzung des Seebuckturms abgelehnt wurde, schlug die Gemeinde Feldberg dem Land vor, dort das Naturschutzzentrum einzurichten. Dem wurde aber insbesondere vom Schwarzwaldverein vehement widersprochen, der »*keine Alternative zu einem großzügig angelegten Zentrum auf dem hierfür erworbenen Grundstück*« sah. Die Naturschutzverwaltung hatte mit dem Seebuckturm etwas ganz anderes vor: Er sollte als »Ersatzmaßnahme« für den geplanten Sendeturm am Höchsten abgerissen werden. Bei der Jubiläumsfeier im Juli stellte Regierungspräsident Schroeder die naturschutzrechtliche Befreiung für den neuen SWR-Sendeturm am »Höchsten« in Aussicht. Im Anschluss an die Feier unterzeichneten der Regierungspräsident, der Feldberger Bürgermeister Wirbser und der SWF-Intendant Voß einen öffentlich-rechtlichen Vertrag über die weitere Behandlung des Bauantrags und die Folgenutzung des alten Turms auf dem Seebuck, der »*unter bestimmten Voraussetzungen nicht abgerissen zu werden*« brauchte. Später wurde dann ein Förderverein für den Turm gegründet, eine Besucherplattform errichtet und es wurden im Turm Trauungen vorgenommen (ab 2003).

Die Warnungen der 1970er- und 80er-Jahre, zu viele Touristen würden den Feldberg »niedertrampeln«, wichen Ende der 90er-Jahre der Befürchtung der Gemeinden, die Touristen würden wegbleiben. Insbesondere die Gemeinde Feldberg mit ihrem jungen Bürgermeister Stefan Wirbser versuchte, dem mit »Trendtourismus« (BZ-Magazin 12.6.1999) entgegenzuwirken. Zwar spielten sich die Eingriffe, wie der Bau eines modernen Sechser-Sessellifts als Ersatz für einige alte Lifte, im Wesentlichen im Landschaftsschutzgebiet ab, doch wurden von der Gemeinde einige »*eigenwillige Änderungen*« am Planfeststellungsbeschluss vorgenommen, die »*die Seelen der Umweltschützer erzürnt*« haben. Als die Gemeinde Feldberg 2001 beim Landratsamt die künstliche Beschneiung des Seebuckhangs beantragte, gingen die Wogen vor allem bei den Naturschutzverbänden hoch. Als dann die Naturschutzverwaltung signalisierte, dass die Beschneiung unter bestimmten Auflagen genehmigt werden könnte, machte der Landesnaturschutzverband von seinem »Devolutivrecht« (dem Recht, sich an die nächst höhere Behörde zu wenden) Gebrauch und wandte sich an das Ministerium für Ernährung und Ländlichen Raum und gleichzeitig an den Petitionsausschuss des Landtags. Außer einigen Modifikationen am Speicherbecken hatte die Petition allerdings keinen Erfolg. Die Naturschutzverwaltung berief sich bei der Genehmigung auf umfangreiche Unterlagen zur Verträglichkeit des Vorhabens, das sich weitgehend auf das Landschaftsschutzgebiet beschränkte. Hier wollte man einer »Ertüchtigung« des Skigebiets nicht grundsätzlich im Wege stehen, wenn es bei der bisher genutzten Fläche blieb.

Eine »Baustelle« am Feldberg wurde sowohl von den Naturschutzverbänden als auch von der Naturschutzverwaltung herbeigesehnt: das Naturschutzzentrum. Am 14.12.2001 war es dann endlich so weit: Das Naturschutzzentrum Südschwarzwald wurde »*feierlich eröffnet*« (Pressemitteilung des Regierungspräsidiums Freiburg vom 14.11.2001), Regierungspräsident Dr. Sven von Ungern-Sternberg und Landrat Jochen Glaeser hatten einen Monat vorher den Betreuungsvertrag für das Natur- und Landschaftsschutzgebiet Feldberg unterzeichnet. Diese Betreuung umfasst vor allem die allgemeine Öffentlichkeitsarbeit für das Schutzgebiet, dazu kommen Besucherlenkungsmaßnahmen und Kontrollgänge, die Betreuung von wissenschaftlichen Untersuchungen, die Durchführung und Koordination von Pflegemaßnahmen und weitere Aufgaben. Zentraler Anziehungspunkt des »Hauses der Natur«, in dem auch die Geschäftsstelle des neuen Naturparks Südschwarzwald ihren Sitz bekam, sollte vor allem die Dauerausstellung über Naturschutzthemen sein (siehe S. 450f.).

Das neue Jahrtausend begann mit einer Naturschutzmaßnahme, die erhebliche Wellen schlug: dem generellen Badeverbot für den Feldsee. Dieses war notwendig geworden, nachdem bei Tauchuntersuchungen der starke Rückgang der beiden seltenen Brachsenkraut-Arten (*Isoëtes echinospora* und *I. lacustris*) festgestellt wurde, die in ganz Deutschland nur im Feldsee und im Titisee anzutreffen sind (siehe Abb. 186). Durch Badende werden die beiden in geringer Wassertiefe wachsenden Unterwasserfarne entweder direkt oder durch das Aufwirbeln von Schlamm geschädigt. Das Verbot stieß nicht zuletzt im Feldberger Gemeinderat, der Widerspruch dagegen einlegen wollte, »*auf Unverständnis*« (BZ 30./31.3. 2000), wurde in der Folgezeit aber meist akzeptiert und führte tatsächlich zu einer Erholung der Brachsenkraut-Bestände (siehe S. 409).

Neben der traditionellen Beweidung durch Rinder und der immer wieder kritisierten Schafbeweidung kam nun nach und nach auch die Ziege ins Spiel, die sich als vierbeinige Landschaftspflegerin vor allem in steilen und von Gehölzen bedrängten Flächen bewährt hatte. Wurde die Ziegenbeweidung einige Jahre zuvor bereits an der Brandenberger Höchsthalde etabliert und von der Stiftung Naturschutzfonds Baden-Württemberg ein Stall finanziert, gab es nun auch einen »Geißenverein Feldberg e. V.«, dem Flächen im Naturschutzgebiet (im Bereich der Todtnauer Hütte) zugewiesen wurden. Die Ziegenbeweidung spielte auch beim Naturschutzgroßprojekt »Feldberg-Belchen-Oberes Wiesental« eine Rolle, das im September 2002 bewilligt wurde. Für dieses vom Bund zu 65 % und vom Land zu 25 % geförderte Projekt wurde als Projektträger eigens ein Zweckverband aus 15 Gemeinden, drei Landkreisen sowie mehreren Verbänden und Vereinen gegründet. Die Gemeinde Feldberg war erst zu einer Teilnahme bereit, als ein Teil des Naturschutzgebiets Feldberg im Bereich der Grafenmatt-Lifte aus dem Fördergebiet herausgenommen wurde, da zusätzliche Auflagen befürchtet wurden. Von 2002 bis 2005 wurde zunächst einmal ein Pflege- und Entwicklungsplan für das rund 10000 ha große Gebiet erstellt, dann begann die Umsetzung der Maßnahmen. Das mit rund 6 Mio. Euro ausgestattete und daher zu Beginn oft als »Millionenprojekt« bezeichnete Vorhaben läuft noch bis ins Jahr 2012. Es beinhaltet unterschiedliche Maßnahmen von der Erstpflege (»biotopersteinrichtende Maßnahmen«) über die Waldpflege zugunsten des Auerhuhns (in der Folge eines LIFE-Projekts von 1998–2002) bis zum Grunderwerb. Ein Schwerpunkt wurde auf die Freistellung von Weideflächen und die Einrichtung von Weidesystemen mit Rindern, Ziegen oder Schafen gelegt, in diesem Zusammenhang wurden auch drei Ställe gebaut. Ein Rinder- und ein Ziegenstall wurden 2011/12 im Menzenschwander Albtal errichtet und dienen der Beweidung von Flächen im NSG Feldberg (Abb. 462).

Das Projekt kam in der Region so gut an, dass man überlegte, in welcher Form man die Maßnahmen fortsetzen könne. Aus mehreren Möglichkeiten entschied sich eine Reihe von Gemeinden aus dem Gebiet des Naturschutzgroßprojekts sowie weitere aus dem 2005 bis 2011 durchgeführten LIFE-Projekt »Oberer Hotzenwald« für ein Biosphärengebiet, welches nach dem 2009 als UNESCO-Biosphärenreservat anerkannten Gebiet auf der Schwäbischen Alb das zweite in Baden-Württemberg wäre. Voraussichtlich wird auch das NSG Feldberg dazu gehören.

Als Fazit der letzten 15 Jahre kann Folgendes festgehalten werden: Durch den »Feldberg-Ranger« (seit 1989) und das »Haus der Natur« (seit 2001) konnte so etwas wie eine »Versöhnung« des Tourismus mit dem Naturschutz am Feldberg erreicht werden. Die früher so gefürchteten Erosionserscheinungen konnte man durch ein Wegekonzept und die Information der Besucher weitgehend in den Griff bekommen. Die erforderlichen und wünschenswerte Pflegemaßnah-

462 Ziegen am »Schwarzberg« bei Menzenschwand, für die im Rahmen des Naturschutzgroßprojekts »Feldberg-Belchen-Oberes Wiesental« ein Stall gebaut wird. (SM)

men erfuhren durch das Naturschutzgroßprojekt »Feldberg-Belchen-Oberes Wiesental« einen zusätzlichen Schub. Auf der anderen Seite stellen die zunehmenden und sich immer wieder neu erfindenden Freizeitaktivitäten eine große Herausforderung für den Naturschutz am Feldberg dar. In den letzten Jahren nahm zum Beispiel der Mountainbike-Sport erheblich zu, neue Aktivitäten wie Schneeschuhwandern oder »Snow-Kiting« kamen auf. Bisherige und neue, zukunftsweisende Strategien für ein konstruktives Miteinander von Naturschutz und Tourismus am Feldberg sind im folgenden Kapitel dargestellt.

3. Tourismus und Naturschutz – Konfliktherd Feldberg

Alle höchsten Punkte der Welt üben eine nahezu magische Anziehungskraft auf Menschen aus. Und wenn solche Höhepunkte dann noch umfassende, ganzjährig nutzbare touristische Angebote bereithalten und hervorragend erreichbar sind, ist der Massentourismus vorprogrammiert. So verwundert es nicht, dass sich der in unmittelbarer Nähe der Bundesstraße B 317 gelegene, mit PKW und ÖPNV gut erreichbare Feldberg als höchster Berg des Schwarzwalds wie auch ganz Deutschlands (außerhalb der Alpen) mit seinem üblicherweise monatelang schneesicheren Skigebiet, seiner abwechslungsreichen Landschaft mit urigen Wäldern, blütenreichen Bergwiesen, tief eingeschnittenen Karen und Aussichten bis zu den Alpen sowie seinen fantastischen Wandermöglichkeiten zu einem der wichtigsten touristischen Brennpunkte des ganzen Schwarzwalds entwickelt hat.

Schon vor über 150 Jahren begann der Feldbergtourismus. Vielen gilt der höchste Schwarzwaldberg als Wiege des Skisports in Deutschland. Verlässliche aktuelle Besucherzahlen existieren kaum, doch lässt sich z. B. auf Grundlage der aktuellen Skiliftkartenverkäufe (2008–2011) sowie den Daten einer sommerlichen Besucherzählung aus den 1990er Jahren im Bereich zwischen Seebuck und Feldberggipfel plausibel ableiten, dass jährlich mindestens etwa 1 Million Menschen das Feldberggebiet aufsuchen; manche Quellen gehen von bis zu 1,5 Millionen Besuchern aus (LABER 1997). Die winterlichen Liftschlangen und sommerlichen Spaziergänger- und Wanderer-Karawanen sprechen Bände (Abb. 463, 465). Für die Gemeinden im Feldberggebiet stellt dieser Tourismus zugleich die wesentlichste Einnahmequelle dar.

Der Feldberg steht nicht nur als Kern des ältesten und größten Naturschutzgebiets in Baden-Württemberg im Zentrum des naturschütze-

463 Der Massentourismus hat manche Bereiche am Feldberg fest im Griff: Liftschlangen an der Feldbergbahn im Januar 2002 ... (NAZ)

464 ... Autoschlangen auf der Bundesstraße 317 in Feldberg-Ort ... (SB)

rischen Interesses. Weitere Schutzkategorien auf Grundlage von EU-Richtlinien wie etwa FFH-Gebiete oder Vogelschutzgebiete sind weitgehend deckungsgleich mit dem Naturschutzgebiet bzw. greifen noch über dieses hinaus (Abb. 466–469, Tab. 15). Der zentrale Bereich um Feldberg-Ort sowie große Flächen vor allem östlich und südlich des Naturschutzgebiets sind mit Ausnahme der unmittelbaren Ortslagen als Landschaftsschutzgebiet ausgewiesen. Dies umfasst die eigentliche Gemeindefläche und auch die vorrangig von Freizeitsportlern genutzten Bereiche wie etwa den größten Teil der Skipisten am Seebuck und an der Grafenmatt.

Naturschutz und Naturnutzung sind am Feldberg daher so intensiv miteinander verwoben wie kaum an einem anderen Ort in Baden-Württemberg. Die Vielfalt seltener, z. T. vom Aussterben

465 ... und Besucher am Bismarckdenkmal im August 2004. (SB)

bedrohter Pflanzen- und Tierarten sowie die hohe Zahl geschützter und oft hochsensibler Lebensräume lassen immer wieder die Frage aufkommen, ob denn die Natur diesen Massentourismus vertragen kann bzw. wie Naturschutz und Tourismus in für beide Seiten akzeptabler Weise koexistieren können. Konflikte, die auch andernorts auftreten, entwickelten sich am Feldberg oft in besonderer Schärfe und Häufigkeit. Das ohnehin komplizierte Beziehungsgefüge zwischen Naturschützern und den Befürwortern einer möglichst weitgehenden Erschließung für den Freizeitsport ist oft angespannter als anderswo.

Die Situation verschärft sich in schneearmen Wintern noch dadurch, dass dann die Skipisten und Loipen um den Feldberg als Einzige im weiten Umkreis einigermaßen befahrbar sind. Die Schneesicherheit wurde durch eine 2002 errichtete und immer wieder erweiterte Beschneiungsanlage an den Skipisten am Seebuck wie auch in Fahl weiter verbessert. Zusätzlicher Druck auf

Tab. 15 Schutzkategorien im Feldberggebiet. (Quelle: www.geodienste.bfn.de)

Bezeichnung	Größe
Naturschutzgebiet Feldberg	4226 ha
FFH-Gebiet »Hochschwarzwald um den Feldberg«	5052 ha
Vogelschutzgebiet »Südschwarzwald«	33.515 ha
Landschaftsschutzgebiete (mehrere angrenzend)	

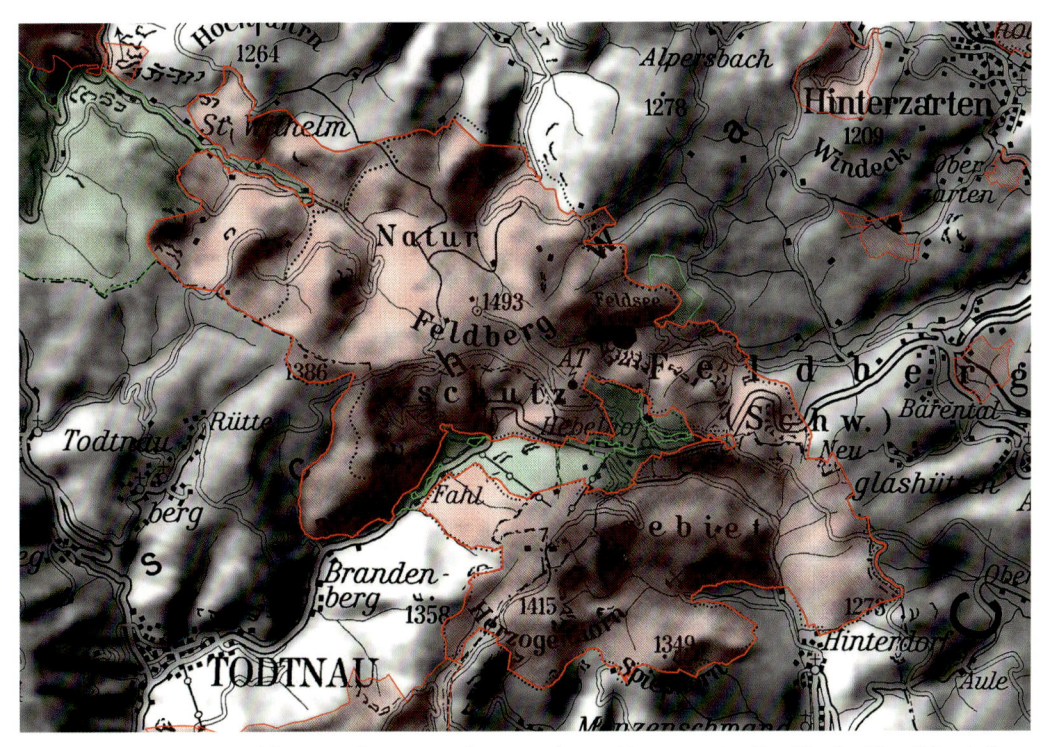

TOURISMUS UND NATURSCHUTZ – KONFLIKTHERD FELDBERG   435

466 Naturschutzgebiet »Feldberg« und angrenzende Naturschutzgebiete (rot) (Quelle 466–469: Räumliches Informations- und Planungssystem (RIPS) Baden-Württemberg)

467 FFH-Gebiet »Hochschwarzwald um den Feldberg« und angrenzende FFH-Gebiete (blau).

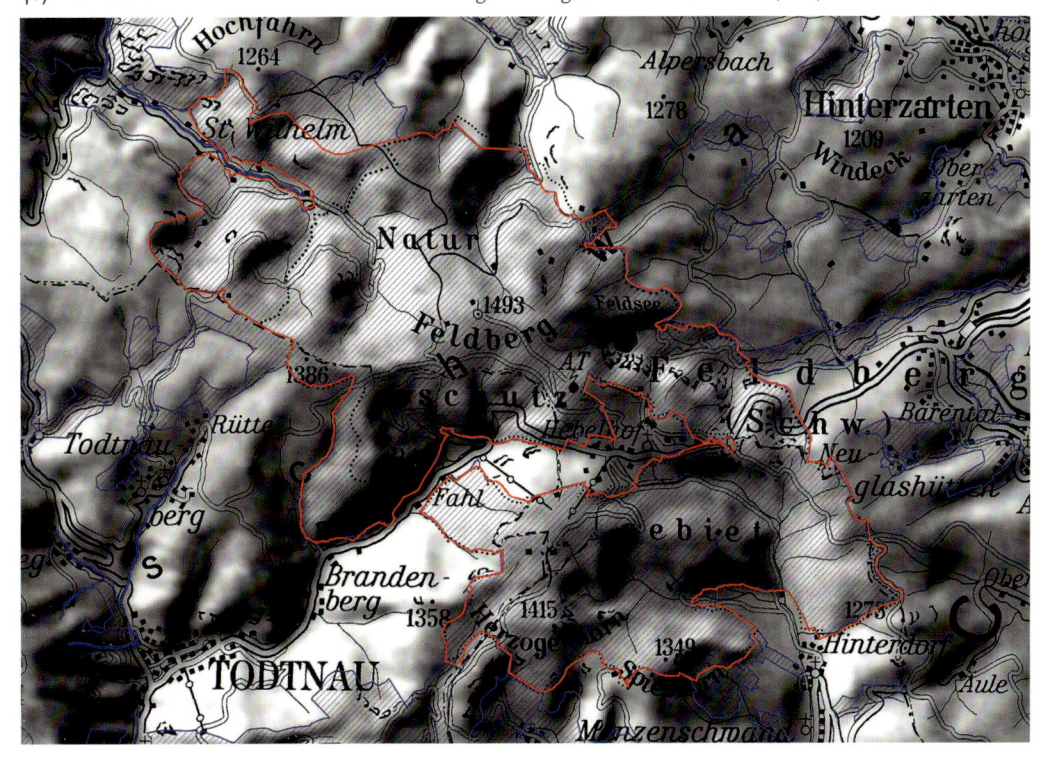

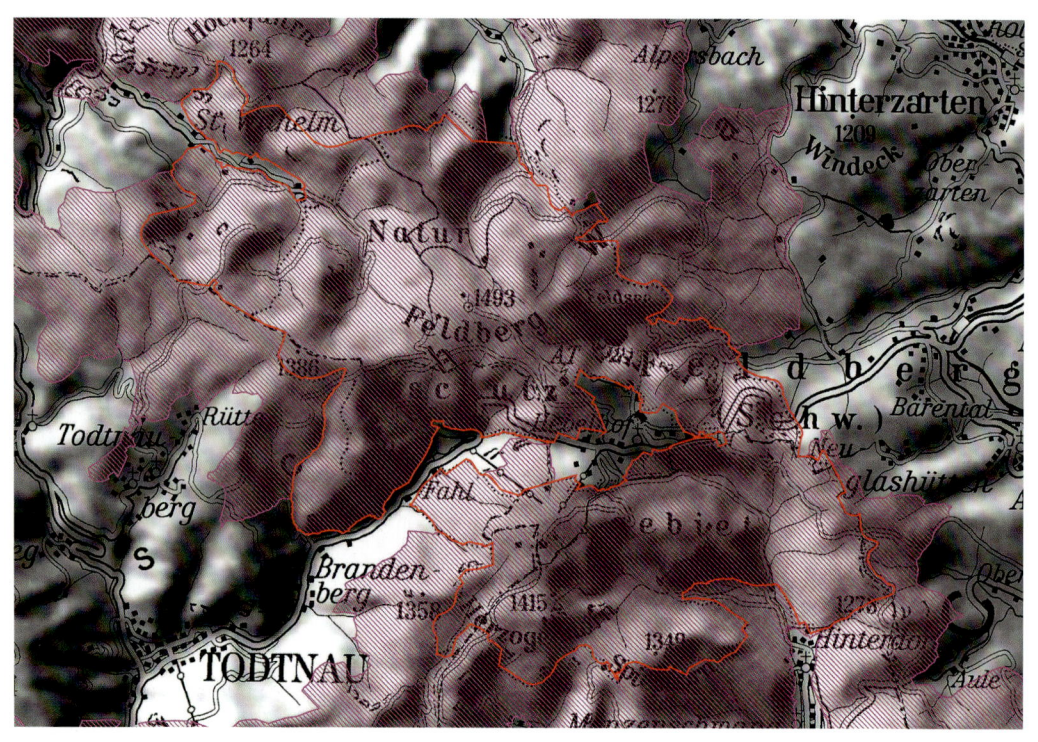

468 EU-Vogelschutzgebiet »Südschwarzwald« (magenta).

469 Landschaftsschutzgebiet »Feldberg« und angrenzende Landschaftsschutzgebiete (grün).

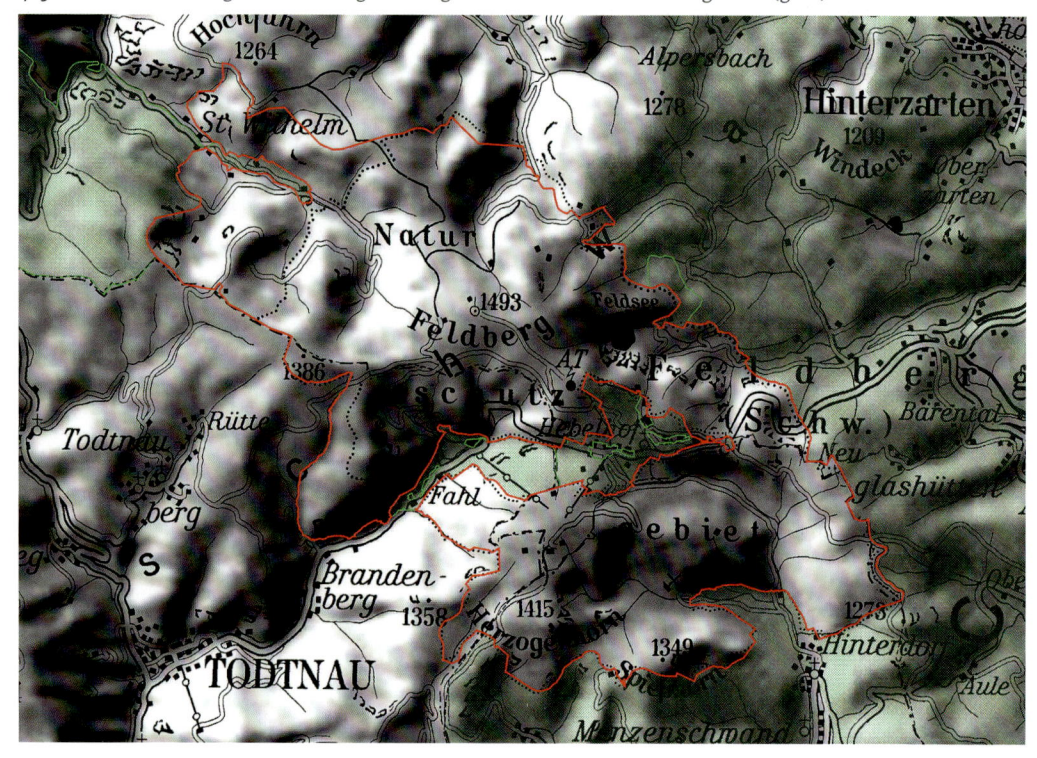

das Gebiet entsteht durch neu aufgekommene Sportarten wie Schneeschuhwandern oder das so genannte Snow-Kiting. Die so genannten Trendsportarten treten allgemein immer mehr in den Vordergrund und tragen zu einer Intensivierung der Konflikte bei: Mountainbiker rivalisieren mit Wanderern und Spaziergängern um schmale, idyllische Pfade, Snowboarder bevorzugen das »Freeriden« abseits gebahnter Pisten und tragen Unruhe in winterliche Rückzugsräume nicht nur der vom Aussterben bedrohten Raufußhühner. Die Begehrlichkeiten für die Ausübung weiterer Sportarten wie etwa Gleitschirmfliegen machen auch vor dem Naturschutzgebiet nicht Halt, Großveranstaltungen bringen zusätzliche Menschenmengen in die sensible Landschaft. Es ist sicher davon auszugehen, dass sich die rührige Freizeitindustrie nicht mit dem bisher Erreichten begnügen, sondern weiterhin neue Trends produzieren bzw. aufgreifen wird. Die schnelllebige Freizeitgesellschaft mit ihrem Hang zur Erholung in freier Natur, aber auch die sich im Zuge des Klimawandels verändernden Rahmenbedingungen fordern dies geradezu heraus. Die allumfassende Mobilität, der Anspruch, alles Machbare auch zu tun, und weltweit greifende Wirtschaftsinteressen stehen den Erfordernissen des Naturschutzes allzu oft entgegen.

Steht also der Feldberg im unauflösbaren Konflikt zwischen Schutz und Kommerz, zwischen Wanderlust und Events, zwischen Naturerlebnis und Ausverkauf? Bleibt der Naturschutz auf der Strecke? Oder wird – wie oft geäußert – im Gegenteil die Entwicklung der Freizeitsportmöglichkeiten durch den Naturschutz so eingeschränkt, dass die touristische Weiterentwicklung und damit das wirtschaftliche Überleben der ganzen Region gefährdet sind?

3.1 Tourismus am Feldberg – gestern, heute und morgen

Als 1937 die erste Schutzgebietsverordnung für den Feldberg erlassen wurde, war nicht absehbar, welch rasante Entwicklung der Tourismus am höchsten Schwarzwaldberg in den folgenden Jahrzehnten nehmen würde. Skifahren war damals Luxus und wurde nur von einer Handvoll Aktiver betrieben, Massentourismus und Breitensport waren Fremdworte. Zwar verblasste im Nachkriegsdeutschland angesichts des Wirtschaftswunders und der Bewältigung alltäglicher Probleme auch die Bedeutung des Naturschutzes, doch hielten sich die Einflüsse des Tourismus auf das Schutzgebiet sehr in Grenzen. Dies änderte sich jedoch nachhaltig mit dem Einsetzen der touristischen Nutzung in den 1950er Jahren. In dieser Zeit entstand der für das Feldberggebiet zentrale Konflikt zwischen Naturschutz und Tourismus.

Auf der anderen Seite jedoch entwickelte sich sowohl bei den für den Feldberg zuständigen Naturschutzbehörden als auch beim traditionell in der Schutzgebietsüberwachung aktiven Schwarzwaldverein die Einsicht, dass die Zukunft nicht nur des Feldbergs, sondern auch des größten Naturschutzgebiets im Land im naturverträglichen Tourismus liege. Der gezielte Ausbau des öffentlichen Personennahverkehrs und eine Lenkung der Besucherströme, eine verbesserte Besucherinformation in einem schon früh geplanten Naturschutzzentrum, die Kooperation mit Gemeinden und Sportverbänden und die Entwicklung neuer, umweltverträglicher Tourismusangebote wurden daher als zentrale Elemente und oft gemeinsam verfolgt.

3.2 Wintersport

»Der Ski, einfach aber sicher beherrscht, führt uns in die fabelhafte Pracht des so lange verkannten Winters. Es war nicht meine Absicht, die vielen, die in unnatürlicher Lebensgewohnheit schmachten, zu überzeugen, ich wollte nur den einen oder anderen veranlassen, über seinen waschlappigen Larvenzustand nachzudenken und sich vielleicht zu einer erlösenden Tat emporzuschwingen. Erlaubt uns die Sportart, größere Strecken zurückzulegen, welche Fülle von Eindrücken, von Beobachtungen und Empfindungen lohnen uns reichlich die Mühe, die wir nicht nur jetzt, sondern auch zum Erlernen des Sports verwendet haben!«* (ZDARSKY 1905).

Mit solch blumigen Worten musste Anfang des 20. Jahrhunderts das Skilaufen offensichtlich noch angepriesen werden, um die Menschen von

470 Hochbetrieb an der 1937 erbauten Skisprungschanze im Fahler Loch. (KABH)

der Ausübung dieser neumodischen Sportart zu überzeugen. Zugegeben – das war damals ohne Skilifte und präparierte Pisten auch erheblich mühsamer als heutzutage. Doch nicht lange bedurfte der Wintersport solcher Aufmunterung: Der Feldbergausflug des französischen Konsulatssekretärs Dr. R. Pilet mit seinen aus Norwegen importierten Schneeschuhen markiert 1889 den Beginn des Wintersports im Südschwarzwald (VETTER 1982). 1891 wurde in Todtnau der erste heute noch bestehende Skiclub Deutschlands gegründet, der 1900 am Feldberg die Premiere der deutschen Skimeisterschaften im Dauerlauf ausrichtete.

Der Feldberg gilt damit als die Wiege des alpinen Skisports in Deutschland. Neben dem Skifahren etablierte sich früh auch das Skispringen am Feldberg, wobei bis zur Errichtung der Sprungschanze im Fahler Loch (1937, Abb. 470) noch am Seebuckhang gesprungen wurde. In Folge der olympischen Spiele von 1936 war die Errichtung eines olympischen Dorfes am Feldberg geplant (siehe S. 412). Verschiedene Namensgebungen erinnern noch heute an die Zeit der Skipioniere: »Dr.-Pilet-Spur« lautet beispielsweise die Straßenadresse des Hauses der Natur am Feldberg. Die steil vom Seebuck zum Feldsee hinunterziehende »Tauernrinne« (Abb. 471) ist keineswegs nach der österreichischen Gebirgsgruppe benannt, sondern nach demjenigen, der sie als erster per Ski befuhr.

Mit der Inbetriebnahme des ersten Sessellifts am Seebuckhang 1951 setzte eine Zeit erheblicher Eingriffe in das Naturschutzgebiet Feldberg ein. Um Schwierigkeiten zu vermeiden, die aus der engen Umschließung der Gemeinde durch Schutzgebietsflächen resultierten (und um den Bau des Sesselliftes genehmigungsfähig zu machen), wurde schon Anfang der 1950er Jahre am Seebuck-Osthang das Landschaftsschutzgebiet auf Kosten des Naturschutzgebiets vergrößert; endgültig rechtskräftig wurde diese Herausnahme der Skipisten aus dem Naturschutzgebiet aber erst mit der Neuauflage der Schutzgebietsverordnung von 1991. Ebenfalls bereits in den 1950er- und 1960er-Jahren entstanden die Schlepplifte an der Grafenmatt, am Zeller Hang und am Zeiger, die zwar im Landschaftsschutzgebiet fußten, z. T. aber bis in das Naturschutzgebiets hineinreichten. Auch das Zastler Loch, einer der wertvollsten Pflanzenstandorte am Feldberg, sollte in den 1960er-Jahren durch eine Kabinenseilbahn erschlossen werden. Diese

471 Der winterliche Feldsee im Januar 2012 – in der linken Bildhälfte ist die steil vom Seebuck abfallende »Tauernrinne« zu sehen. (BS)

Pläne konnten nur durch den Einsatz vieler engagierter Mitglieder des Schwarzwaldvereins und der Arbeitsgemeinschaft Heimatschutz Schwarzwald (siehe S. 417 ff.) verhindert werden. Kaum ein Bereich an den Hängen des Feldbergs blieb, für den nicht Lifte, Zufahrten und Parkplätze geplant wurden.

Seitdem ist es zu einem gewaltigen Anstieg der Zahl der Wintersportler gekommen: So wurden schon im Jahr 2000 vom Deutschen Skiverband etwa 6 Mio. regelmäßige Skifahrer in Deutschland angenommen, davon ca. 3 Mio. Alpinskifahrer und je 1,5 Mio., die Alpinskifahren und Langlauf bzw. nur Langlauf betreiben. Weitere 3 Mio. gelten als Gelegenheitsskifahrer (SCHEMEL 2000). Einer aktuellen Studie der Deutschen Sporthochschule Köln zufolge lag Baden-Württemberg in der Wintersaison 2009/10 mit etwa 1,3 Mio. Alpinskifahrern, 240000 Snowboardern und 320000 Langläufern (und andere nordische Sportarten aus dem Bereich »Ski Nordisch«) an dritter Stelle hinter Bayern und Nordrhein-Westfalen. Immerhin knapp jeder zehnte der in dieser Studie Befragten geht Schneeschuhwandern, etwas mehr sind aktive Skitourengeher, und etwa 40 % gehen Winterwandern (ROTH 2011).

Im gleichen Zeitraum haben auch die Spielarten des Wintersports eine erhebliche Erweiterung erfahren: Ski alpin bietet außer dem Pistenskifahren die verschiedensten Varianten wie Tiefschneefahren (»Freeriding«), Telemarken, Carving, Bigfoot etc.; das Snowboarden weist eine ähnliche Vielfalt der Spielarten auf. Snow-Kiter lassen sich von einem großen Lenkdrachen auf Ski oder Snowboard über die Freiflächen zwischen Seebuck und »Höchsten« ziehen. Zum schon klassisch etablierten Langlauf kommen das ebenfalls traditionelle Skitourengehen, aber auch »Cross country skiing« und Biathlon. Nicht nur Kinder treffen sich am Seebuck zum Schlitten- und Bobfahren mit den neueren Varianten »Tubing« und »Airboarding«. Winterwanderer tummeln sich auf gewalzten Winterwanderwegen, Schneeschuhgeher suchen das Abenteuer abseits gebahnter Pisten und Loipen und Winter-

472 Selbst bei geringer Schneemenge wie hier Ende Dezember 2006 ist der Andrang der Wintersportler am Seebuck immens. (SB)

bergsteiger oder Eisfallkletterer die Herausforderung an vereisten Steilhängen und Wasserfällen. Als vorwiegend »Event«-gebundene Sportart kommen Hundeschlittenrennen immer mehr in Mode, und nicht zuletzt wächst auch der Druck durch Motorschlittenfahrten zur Versorgung der bewirtschafteten Hütten, aber auch zum Transport von Schlitten und deren Benutzern. Und ganz sicher wird diese Entwicklung nicht stehen bleiben, vielmehr werden in mehr oder weniger regelmäßigem Rhythmus neue Angebote auf den Markt kommen.

Die Zunahme des Flächenverbrauchs durch die Erschließung neuer Skigebiete hat in den letzten Jahren zwar generell deutlich abgenommen. Doch die unter dem Aspekt der Qualitätssicherung bzw. Qualitätsverbesserung vorgenommenen Veränderungen bestehen oft in einer Vergrößerung der Gebietskapazitäten und einer erheblichen Ausweitung der angebotenen Infrastruktur. Durch sie wird auch das Landschaftsbild immer stärker beeinträchtigt: Vier Seilbahnen bestimmen seit dem Bau der neuen Sechser-Sesselbahn (1999) das winterliche Bild des Seebuck-Osthangs (Abb. 473). Seit 2002 soll eine Beschneiungsanlage für die gewünschte Schneesicherheit bis in die Osterzeit sorgen; die hierzu notwendige Infrastruktur (Speicherbecken, Technik) setzt weitere unschöne Akzente im Randbereich des Naturschutzgebiets (Abb. 474). Die vielfach befürchteten, schädli-

473 Am Nordrand des Skihangs am Seebuck verlaufen gleich zwei parallele Liftanlagen: der alte Zweiersessel und die neue Sechser-Sesselbahn. (NAZ)

474 Speicherbecken und Kühlaggregate für die künstliche Beschneiung am Seebuck. (SB, 2011)

chen Auswirkungen des Kunstschnees auf die schützenswerte Vegetation der Borstgrasrasen wurden allerdings bisher nicht beobachtet.

Am Ahornbühl auf der Fahler Seite bringt die Ende 2006 eingeweihte Sesselbahn die Skifahrer im Viererpack zügig auf den Berg und ersetzt einen der alten, extrem steil verlaufenden Ankerschlepplifte – aus Gründen der Sicherheit wie auch des Komforts eine deutliche Verbesserung aus Sicht der Wintersportler, aber Naturschützer befürchten auch hier eine immer stärkere »Verrummelung« der Randbereiche des Naturschutzgebiets und eine Ausstrahlung in die bisher ruhigere Umgebung des Herzogenhorns. Wie am Seebuck sorgt auch in Fahl eine künstliche Beschneiung manchmal für weiße Bänder in sonst schneefreier Landschaft (Abb. 475). Die seitens der Naturschutzverwaltung mit der Genehmigung getroffene Regelung, dass nach dem 15.11. und erst nach Vorhandensein einer geschlossenen Schneedecke beschneit werden darf, greift zu kurz, weil die erste Schneebedeckung zwischenzeitlich häufig auch wieder wegtaut.

Weitere Attraktionen besonders für das jüngere Publikum wie etwa großzügig dimensionierte, aus Schnee modellierte Sprungschanzen und »Funparks« ergänzen das Bild. Einflüsse dieser Schneemassen auf die Vegetationsentwicklung sind feststellbar, wurden allerdings bisher wohl nicht wissenschaftlich untersucht (Abb. 476). Die früher häufigen, allerdings oberflächlichen Vegetationsschäden durch die grobstolligen Ketten der Pistenraupen sind hingegen

475 Beschneite FIS-Abfahrt in Fahl. (SB)

476 Wo zwischen den beiden Liftmasten im Winter eine etwa 6 m hohe Sprungschanze aufgeschoben war, ist die frühsommerliche Vegetationsentwicklung deutlich verzögert. (SB, 2011)

477 Ski- und Snowboardspuren ziehen unmittelbar an einem Sperrschild auf der Grafenmatt vorbei. (SB, 2010)

aufgrund verbesserter Präparationstechnik deutlich zurückgegangen. Massivere, durch die Pistenpräparation verursachte Erosionsprobleme hatten am Feldberg nie eine stärkere Rolle gespielt.

Seit 2005 ermöglicht eine neue Skibrücke über die Bundesstraße B 317 die Abfahrt vom Seebuck bis hinab zu den Zeller Liften am Fuß der Grafenmatt, erneut ein diesmal sogar preisgekrönter Eingriff in die Landschaft im Landschaftsschutzgebiet, erneut aber auch ein erheblicher Gewinn an Sicherheit und Komfort für die Gäste. Pläne für einen neuen Lift, der die Wintersportler von dort über die Brücke schwebend wieder zurück an den Seebuck bringt, liegen in den Schubladen bereit.

Die Zukunft des modernen Wintersports wird heute eher in Groß-Skigebieten gesehen, was im Alpenraum bereits dazu geführt hat, dass ehemals zuverlässig geschützte Gebiete beeinträchtigt werden. Der Feldberg gehört zu den am besten für den Wintersport geeigneten Gebieten im ganzen Schwarzwald (ROTH 2006). Auf der anderen Seite ist gerade hier das Interesse des Naturschutzes besonders ausgeprägt, Konflikte unter dem Gesichtspunkt der skizzierten Entwicklungstendenzen sind daher zu befürchten. Aus Sicht des Naturschutzes steht allerdings

trotz des mit der intensiven Wintersportnutzung verbundenen hohen Verkehrsaufkommens und der damit zusammenhängenden sehr umstrittenen Pläne, am Seebuck ein Parkhaus mit etwa 1300 Stellplätzen zu errichten, nicht in erster Linie die massierte Nutzung der Skipisten im Vordergrund der Problematik, zumal sich ein großer Teil der Pisten außerhalb des Naturschutzgebiets befindet und die meisten Alpinskifahrer den engeren Pistenbereich ohnehin nicht verlassen. Schwieriger erscheint die steigende Zahl derjenigen Wintersportler, die sich auch und gerade innerhalb des Naturschutzgebiets abseits der Pisten und Loipen im Gelände bewegen. Anders als früher sind dies nicht mehr nur Skitourengeher, die in überschaubarer Zahl zumeist traditionellen Routen folgen. Seit einigen Jahren sorgt vor allem das sehr in Mode gekommene Schneeschuhwandern am Feldberg und bei ausreichender Schneemenge auch in tieferen Lagen für Unmut auf Naturschützer- und Försterseite. Immer neue Erfindungen wie etwa das so genannte Snow-Kiting verschärfen die Situation noch weiter, nicht immer aus fachlicher Sicht, doch aus der persönlichen Sichtweise anderer Wintersportler. Dieser Druck auf die Flächen abseits der Pisten hat in den letzten Jahren stark zugenommen. Immer mehr Menschen suchen Erholung und Naturerlebnis weitab von den Massen. Anhand der Vielzahl von Ski-, Snowboard- und Schneeschuhspuren im Wald und in den lichten Waldrandbereichen ist dieser Trend leicht nachvollziehbar. Auch Sperrschilder haben hier nicht immer die gewünschte Wirkung (Abb. 477). Die vor allem durch die Höhenlage und die damit verbundene Schneesicherheit besonders starke Nachfrage nach naturnahen Aktionsräumen auch im Naturschutzgebiet droht die Belastbarkeitsgrenzen zu überschreiten und hat bereits verschiedentlich zu verstärkten Rufen nach Restriktionen geführt. Insbesondere so lange gerade die störungssensiblen Raufußhühner in ihrer Verbreitung auf wenige, inselartige Vorkommen beschränkt sind, kommt dem Schutz dieser »Inseln« und damit der Lenkung des Wintersports in diesen Bereichen besondere Bedeutung zu.

3.3 Sommertourismus

Auch die sommerliche, sich je nach Witterung bis weit in den Herbst hinein erstreckende Nutzung des Feldbergs als Tourismusdestination hat eine schon über 150 Jahre alte Tradition. Der Bau des Friedrich-Luisen-Turms am Feldberggipfel und des Feldberger Hofs in der Mitte des 19. Jahrhunderts markierten den Aufbruch in diese Richtung. Bereits 1906 wurde das Feldberggebiet mit dem Fahrrad erkundet (Abb. 478). Und während die in der ersten Hälfte des 20. Jahrhunderts noch relativ wenigen Wanderer sich vorwiegend

478 Historischer »Mountainbiker« am Feldberg (Postkartenmotiv).

479 Der herbstliche Wald im Feldseekar bietet ein farbenprächtiges Schauspiel – ein Höhepunkt jeder Feldbergwanderung. (HK)

auf schmalen, idyllischen Pfaden bewegten, wurde der Berg im Laufe der Zeit von einem immer dichter werdenden Wegenetz erschlossen, ergänzt durch befestigte Straßen zu den baulichen Anlagen im Gipfelbereich.

3.3.1 Wandern

Den besonderen Reiz des Feldbergs als Wandergebiet macht vor allem die große Vielfalt an Lebensräumen und Landschaftsbildern aus: Urige Wälder und blütenreiche, aromatisch duftende Weidefelder, tief eingeschnittene Täler und weite Hochflächen, Bachtäler, Moore und der idyllische Feldsee lassen jedes Wandererherz höher schlagen (Abb. 479). Darüber hinaus ist der Feldberg als sehr attraktiver Aussichtspunkt berühmt: Bei klarer Sicht umfasst der Blick nach Süden einen etwa 360 km langen Ausschnitt der Alpenkette von der Zugspitze im Südosten bis hin zum 246 km entfernten Montblanc (Abb. 480). Weiter nach Norden hin schweift der Blick von den Höhen der Vogesen über den Nordschwarzwald mit der markanten Hornisgrinde und weiter östlich zur Schwäbischen Alb mit den dahinter aufragenden Hegau-Vulkanen Hohenstoffeln und Hohenhewen. Und mit etwas Glück sind vor allem während winterlicher Inversionswetterlagen morgens oder abends über der Alpenkette faszinierende Fata-Morgana-Erscheinungen zu beobachten (Abb. 481).

Viele Wanderwege erfuhren im Laufe der Jahre eine schleichende, aber dennoch massive

480 Sonnenaufgang am Montblanc, mit 246 km Entfernung der weiteste Punkt, der vom Feldberg aus zu sehen ist. (SB)

Vervielfältigung: Gerade während längerer Regenperioden oder auch im Herbst, wenn sich die Oberfläche der schmalen Trampelpfade durch nächtliche Kammeisbildung und dessen morgendliches Wiederauftauen in eine recht matschige Angelegenheit verwandelt, ist die Verlockung groß, diesem Matsch in die benachbarte Wiese auszuweichen. Schnell entstanden so neue Pfadspuren knapp neben den ursprünglich vorhandenen Wegen. Bereits in den 1960er-Jahren waren einige beliebte Routen auf diese Weise auf bis zu 15 parallel verlaufende Spuren erweitert worden (siehe Abb. 487). Auch das Abkürzen von Wegkurven insbesondere bei bergab verlaufenden Wegabschnitten trug zu dieser Vermehrung von Wegen und Trittspuren bei. Dies wie auch die steigende Zahl der sommerlichen Feldbergbesucher ließ das Wegenetz am höchsten Schwarzwaldberg dramatisch ansteigen (Abb. 482). Das Störpotential der überbreiten Wege vergrößerte sich entsprechend, während sich die Fläche ausreichend ungestörter Habitate z. B. für wiesenbrütende Vogelarten wie den fast nur auf der Nordseite des Feldbergs vorkommenden Bergpieper (*Anthus spinoletta*) in gleichem Maße verringerte. Die Erosionskraft fließenden Wassers vertiefte manche viel begangenen Wegspuren auf fast 1,70 m, insbesondere dort, wo die »Direttis-

481 Frühmorgendliche Fata-Morgana-Erscheinung über den Alpen: Die Alpengipfel werden durch Spiegelung an unterschiedlich warmen Luftschichten verzerrt und scheinbar aufgelöst. Im Bildmittelgrund taucht hinter der Schwäbischen Alb der doppelgipflige Hohenstoffeln aus dem Nebel auf. (SB)

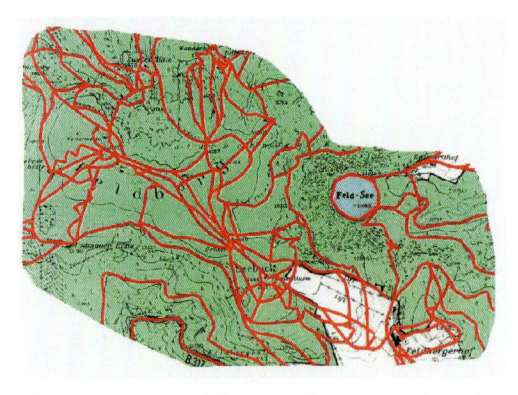

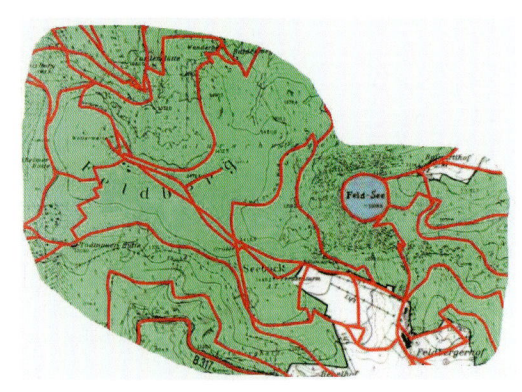

482 Wegenetz am Feldberg vor (links) und nach (rechts) Umsetzung des von der damaligen BNL Freiburg erarbeiteten Besucherlenkungskonzepts. (AL)

sima« vom Gipfel zur nächsten bewirtschafteten Hütte begangen wurde. Die Trittschäden an den Hauptaufstiegen sowie z. B. um das Bismarckdenkmal herum nahmen dramatische Ausmaße an (Abb. 483).

Noch heute ziehen an schönen Sommertagen wahre Karawanen von Spaziergängern vom Großparkplatz vor dem »Feldberger Hof« hinauf zum Bismarckdenkmal, auch wenn die Gesamtzahlen der Besucher nach einem Maximum in den 1970er Jahren und einem weiteren nach der deutschen Wiedervereinigung wohl leicht zurückgegangen sind. Viele Besucher nutzen die im Sommer mit Vierer-Kabinen ausgerüstete Feldbergbahn als Aufstiegshilfe (Abb. 484). Hier am Seebuckgipfel haben viele bereits den Höhe- und Endpunkt der Tour erreicht. Man verweilt, genießt – wenn möglich – die Aussicht und läuft oder fährt gleich wieder hinunter. Bei guter Fernsicht wird gerne noch der alte Fernsehturm besucht, dessen oberste Plattform gegen einen geringen Obolus öffentlich zugänglich ist (Abb. 485). Ein großer Teil der Besucher strebt jedoch als nächstes Ziel dem knapp 1700 m Luftlinie (und auf dem Boden kaum mehr) entfernten, 1493 m hohen Feldberggipfel zu, erreichbar heutzutage über einen gut ausgebauten Schotterweg oder das parallel verlaufende »Nato-Sträßle«, das nach den 1995 abgebauten Richtfunkantennen auf dem Mittelbuck, den so genannten »Nato-Ohren« (siehe S. 429), seinen Namen erhielt. Den höchsten Punkt markiert eine kreisrunde Einfriedung mit Sitzgelegenheiten und einigen Informationen, sodass sich die weitaus meisten Besucher in diesem Bereich aufhalten und Trittschäden einigermaßen vermieden werden.

3.3.2 Fahrradfahren

Seit einigen Jahren werden die Scharen der Wanderer am Feldberg noch durch Mountainbiker verstärkt. Der ganze Hochschwarzwald bildet ein hervorragendes Zielgebiet für diese Sportart: Nicht nur der je nach Fahrtstrecke rassige Berganstieg reizt (aus dem Rheintal bei Freiburg bis zum Feldberggipfel immerhin gute 1200 Höhenmeter, bei Belieben noch mit diversen Gegensteigungen zu würzen), sondern auch die Vielzahl der durch die wunderschöne, ab-

483 Der 1951 erbaute Sessellift am Seebuck und starke Trittschäden unterhalb des oben rechts zu sehenden, durch Blitzschlag stark beschädigten Bismarckdenkmals. (FF, nach 1965)

484 Die Feldbergbahn transportiert die Besucher im Sommerbetrieb in grünen Viererkabinen zum Seebuck. Im Hintergrund rechts das Ende 2001 eröffnete Haus der Natur, links anschließend der »Feldberger Hof« sowie ein Neubau von 2006 mit Appartements, Restaurants und Geschäften. (SB, 2011)

wechslungsreiche Mittelgebirgslandschaft führenden und zumeist sehr gut befahrbaren Forstwege. Trotz dieses Angebots bleibt es nicht aus, dass auch die schmalen, z. T. steilen und kurvenreichen Fußwege – im Mountainbiker-Jargon »Singletrails« genannt – befahren werden, was oft erbittert geführte Streitigkeiten mit Wanderern nach sich zieht. Besonders die manchmal weit in den Abend ausgedehnten Touren auf ehemals ruhigen Forststraßen stellen eine erhebliche Beunruhigung z. B. des Auerwilds dar, das an den Wegböschungen gerne Heidelbeeren oder Magensteinchen aufnimmt.

Als neuester Trend sind seit 2010 so genannte E-Bikes auf dem Markt und werden von den touristischen Einrichtungen im Hochschwarzwald auch für den Leihbetrieb kräftig beworben. Es handelt sich um Fahrräder mit einem zusätzlichen Elektromotor, die es auch wenig trainierten Radfahrern ohne Weiteres ermöglichen, den Feldberggipfel, das Herzogenhorn oder andere attraktive Ziele zu erreichen.

485 Blick vom alten Fernsehturm am Seebuck zum Feldberggipfel mit Wetterwarte (rechts) und neuem SWR-Sendemast. Im Bereich zwischen dem Grüble (Bildmitte) und dem nach rechts aus dem Bild ziehenden Mittelbuck sind die Spuren ehemaliger Wanderwege und Trampelpfade immer noch gut sichtbar (AL, 2009).

gut begehbarem Zustand gehalten. Ergänzend wurden an den Brennpunkten, an denen häufige Übertretungen des Wegegebots zu beobachten waren, erläuternde Verbotsschilder und z. T. Zäune installiert. Dabei genügte in aller Regel ein einfacher Weidezaun, um Besucher am Verlassen der Wege zu hindern – die oft unbegründete Furcht vor Stromschlägen (die Zäune wurden in vielen Fällen gar nicht an ein Weidezaungerät angeschlossen) und vor etwaigen Begegnungen mit frei laufenden Kühen reichten aus, um dem Wegegebot einen gewissen Nachdruck zu verleihen. Die Erfolge waren gut, da sich die weitaus meisten Wanderer in der Regel an die zulässigen Wege halten; die Narben der alten Erosionsschäden lassen sich jedoch auch Jahrzehnte nach der Renaturierung immer noch

487 Wegenetz im Grüble mit Blickrichtung zum Feldberggipfel im Jahr 1979 ... (HK)

488 ... und 1999 nach erfolgter Umsetzung des Besucherlenkungskonzepts und Renaturierung der Schäden. Oberflächlich gesehen sind die meisten Erosionsschäden verschwunden, doch bei genauerem Hinsehen sind die alten Pfadspuren noch gut erkennbar. (HK)

im Gelände ausmachen (Abb. 487, 488). Der Erfolg der getroffenen Maßnahmen war insgesamt gut, auch wenn vor allem Einheimische zur Rebellion neigten. »Was mache ich denn schon kaputt, wenn ich hier durch die Wiese laufe?« oder »Hier bin ich schon gewandert, als Sie [der Ranger] noch in die Windeln ...« waren Aussagen, mit denen Feldberg-Ranger Achim Laber oft konfrontiert wurde. Der Hinweis, dass man nicht zwei unterschiedliche Schutzgebietsverordnungen – eine für Einheimische und eine für Touristen – umsetzen könne und dass eben die Masse der Besucher das Problem sei, ließ aber in den meisten Fällen eine gewisse Einsicht entstehen. Und auch Hundebesitzer, die gerne einmal empfindlich reagieren, wenn ihr Liebling in seinem Freiheitsdrang eingeschränkt werden soll, lassen sich durch freundliche Ansprache meist doch bewegen, ihren vierbeinigen Begleiter anzuleinen.

3.5.2 Evolution der Beschilderung

Die Schilder, mit deren Hilfe Besucher auf Regeln bzw. Verbote aufmerksam gemacht werden sollten, durchliefen im Laufe der Jahre eine regelrechte Evolution: Die Holzschilder aus der Anfangszeit des Naturschutzgebiets wiesen gerade einmal auf den Schutzstatus hin, enthielten aber immerhin schon den kurz gefassten Appell »Schützt Pflanzen und Tiere« (Abb. 489). Später kam eine Auflistung allgemeiner Verhaltensregeln hinzu (siehe Abb. 456). In den 1970er Jahren traten die Piktogramme auf den Plan. Stilisierte Zeichnungen auf 10 x 10 cm großen Täfelchen deuteten die zu unterlassenden Handlungen an, das Verbot deutlich markiert durch einen breiten, roten Schrägbalken.

Was war einfacher, als all die zahlreichen Verbote im Naturschutzgebiet untereinander an – ausreichend hoch dimensionierte – Holzpfosten zu nageln? Diese bekamen schnell den Spitznamen »Marterpfähle vom Feldberg«, und die Aussage »Bei denen ist ja nichts mehr erlaubt!« machte die Runde (Abb. 490). In der Folgezeit setzte sich bei der Naturschutzverwaltung die Erkenntnis durch, dass eine solche Ballung von Verboten eher die Ablehnung des Naturschutzes

489 Naturschutzgebietsschild der Anfangszeit. (HK)

förderte als zu einem verbesserten Naturschutzverständnis beizutragen. Die nächste Schildergeneration konzentrierte sich daher auf nur ein bestimmtes Ge- oder Verbot, das an der jeweiligen Stelle die zentrale Rolle spielte, und lieferte zusätzlich eine Begründung für die jeweilige Regel. Zunächst enthielten die Schilder dann nur Text, später trat dann das entsprechende Piktogramm

490 Solche Ansammlungen von Verbotspiktogrammen verbunden mit einem knapp gefassten Hinweis auf die Regeln hießen bald »Marterpfähle«. (AL)

(aber eben nur eins) wieder hinzu und wurde mit einem Appell wie z. B. »Helfen Sie mit, Bodenschäden zu verhüten« verbunden.

Aber noch immer schienen die Schilder vor allem dem Hauptverantwortlichen, Feldberg-Ranger Achim Laber, zu trocken und nicht geeignet, Menschen zur Beachtung der getroffenen Regelungen zu motivieren. Mit Beginn des 21. Jahrhunderts wurde wiederum eine neue Schildergeneration etabliert, was durch die verbesserten Möglichkeiten der digitalen Bildbearbeitung und des Digitaldrucks erheblich erleichtert wurde. Beruhend auf der Erkenntnis, dass die meisten Menschen viel besser und schneller Bilder erfassen als Texte, wurden ab 2005 die Schilder mit farbigen Illustrationen versehen, die die Begründung für die am jeweiligen Standort geltende Regel verdeutlichen sollten (Abb. 491). Erstmals wurden bei diesen Schildern Regel und Begründung auch in englischer und französischer Sprache aufgedruckt. Den vorerst letzten Stand zeigt Abb. 492: Jetzt wurde das seit Anfang 2006 eingeführte, landeseinheitliche Layout aller Veröffentlichungen der Naturschutzverwaltung aufgegriffen. Dass auch noch so attraktiv gestaltete Schilder nicht immer ausreichen, um alle Schutzgebietsbesucher zur Beachtung der geltenden Regeln zu motivieren, zeigt Abb. 477.

Ergänzt werden die Beschilderungen der Naturschutzverwaltung in jüngerer Zeit vor allem im Winter durch bereits im Alpenraum erprobte Sperr- und Hinweisschilder des Deutschen Alpenvereins und des Deutschen Skiverbands, die zur Lenkung von Schneeschuhwanderern und Skitourengehern beitragen sollen (Abb. 493). Eine von vielen Beteiligten angestrebte, schwarzwaldeinheitliche Beschilderung (ähnlich der Wanderwegebeschilderung des Schwarzwaldvereins) solcher Bereiche konnte bisher (Stand 2011) allerdings nicht realisiert werden.

3.5.3 Verbesserung der Besucherinformation

Immer mehr geriet neben der Überwachung des Schutzgebiets und der passiven Lenkung der Touristenströme auch die Besucherinformation in den Fokus der Arbeit. So engagierte sich der

491 Hinweisschild »Markierte Wege nicht verlassen« um 2005. Die dargestellten Fotos sollen den Besuchern klar machen, warum es diese Regel gibt. (Grafik AL)

Schwarzwaldverein und richtete ab 1996 eine kleine Naturschutz-Infostation im Hotel »Feldberger Hof« ein. Auch Feldberg-Ranger Achim Laber begann schon früh mit den »Ranger-Wanderungen« sowie mit Führungen und dem »Junior-Ranger-Abzeichen« für Schulklassen und andere Gruppen.

493 Feldbergförster Martin Lipphardt und ein freiwilliger Mitarbeiter des Naturschutzzentrums hängen im Herbst 2006 Sperr- und Lenkungsschilder für Schneeschuhwanderer und Skitourengeher auf. (NAZ)

492 Die neueste Generation von Hinweisschildern (2009) greift das landeseinheitliche Layout der Naturschutzverwaltung auf. (NAZ)

Im Dezember 2001 nahm das vom Land Baden-Württemberg im Rahmen seiner Naturschutzstrategie als letztes von insgesamt sieben Naturschutzzentren eingerichtete »Haus der Natur« (Abb. 494) seinen Betrieb auf. Es dient als gemeinsamer Sitz der Stiftung Naturschutzzentrum Südschwarzwald und der Geschäftsstelle des Naturparks Südschwarzwald. Erster Vorstand der Stiftung war Landrat Jochen Glaeser; als Leiter des Naturschutzzentrums wurde der Biologe Dr. Stefan Büchner eingestellt, Stellvertreter wurde Hubertus Knoblauch, der zuvor die Naturschutz-Information des Schwarzwaldvereins betrieben hatte. Mit der Eröffnung des Naturschutzzentrums wurden die Möglichkeiten für die Information der Feldbergbesucher und auch für die Durchführung von Umweltbildungs-

494 Das Ende 2001 eröffnete Haus der Natur am Fuß des Seebucks hat sich mit seiner interaktiven Ausstellung und dem umfangreichen Veranstaltungsangebot zu einem echten Besuchermagnet am Feldberg entwickelt. (SB)

maßnahmen mit Schulklassen und anderen Gruppen erheblich erweitert. In den ersten zehn Jahren seines Bestehens wurden über 355 000 Menschen in der interaktiven Ausstellung im größten Naturschutzzentrum des Landes gezählt; fast 150 000 Kinder und Erwachsene nahmen an den gut 6500 betreuten Führungen und Umweltbildungsveranstaltungen teil. Vor allem Schulklassen nutzen das Führungsangebot des Naturschutzzentrums, etwa 65 % der von den haupt- und nebenamtlichen Mitarbeitern geführten Gruppen sind Schüler der Klassenstufen 4–7 aller Schularten. Das Angebot reicht von einer einstündigen Führung durch die Ausstellung im Haus der Natur über die Führung entlang des Felsenwegs durch das Naturschutzgebiet (ca. 3½ Stunden) bis hin zum außerordentlich beliebten »Junior-Ranger-Abzeichen«, bei dem 8- bis 12-jährige Kinder etwa sieben Stunden lang betreut werden und sich intensiv mit verschiedensten Naturschutzfragestellungen beschäftigen (Abb. 495). Auch im Winter bietet das Naturschutzzentrum mit geführten Schneeschuhwanderungen oder dem »Trapper-Abzeichen« attraktive Veranstaltungen für Gruppen an. Die Vermittlung zwischen Naturschutz und Tourismus und die Verbesserung der Akzeptanz des Naturschutzes in der Bevölkerung sind zentrale Aufgaben des Naturschutzzentrums. Die immer konsequenter auf Besucherinteressen ausgerichtete Darstellung naturschutzfachlicher Inhalte ist eines der wichtigsten Instrumente für die Realisierung dieses Ziels.

Im Haus der Natur hat außer den Mitarbeitern der Stiftung sowie der Geschäftsstelle des Naturparks Südschwarzwald auch der Feldberg-Ranger seinen Dienstsitz. Neben der Koordination der Schutzgebietsüberwachung und des Einsatzes von Sommer- und Winter-Rangern ist er vor allem im Bereich der Besucherinforma-

495 Kinder präsentieren stolz die beim »Junior-Ranger-Abzeichen«, einem der zahlreichen umweltpädagogischen Angebote des Naturschutzzentrums, gefangenen Kleintiere, die später noch genauer betrachtet und anschließend wieder in die Natur entlassen werden. (AL)

496 »Echte« Feldberg-Wichtel informieren am Wichtelpfad spielerisch über die Lebensweise der vom Aussterben bedrohten Auerhühner. (AL)

tion tätig. Außer den traditionellen Ranger-Wanderungen im Sommer gehen viele der attraktivsten, multimedialen Ausstellungselemente im Haus der Natur auf seine Initiative zurück. Auch der »Wichtelpfad im Auerhuhnwald«, ein Erlebnispfad für Eltern mit kleineren Kindern, der auf spielerische Weise Informationen zur Biologie der Auerhühner vermittelt, stammt aus der Feder des Feldberg-Rangers (Abb. 496).

Die Forstverwaltung des Landkreises Breisgau-Hochschwarzwald unterstützt das Naturschutzzentrum durch die Abordnung eines Försters, der vorrangig für forstliche Öffentlichkeitsarbeit zuständig ist und auch die Landschaftspflegeeinsätze im Schutzgebiet koordiniert. Von der Eröffnung des Hauses der Natur bis Ende 2011 hatte der Förster Martin Lipphardt diese Funktionsstelle inne. Einer seiner Tätigkeitsschwerpunkte lag in der Lenkung von Wintersportaktivitäten im Bereich des Naturschutzgebiets Feldberg.

3.6 Kooperation statt Konfrontation – Wege zu einem konstruktiven Miteinander

Tourismus und Erholung stehen nach Landwirtschaft und Forstwirtschaft/Jagd an dritter Stelle der Verursacher des heute zu beobachtenden Artenrückgangs (SCHEMEL und ERBGUTH 2000, BÜCHNER 2002). Die Ursache hierfür liegt insbesondere darin, dass gerade der Natursport oft besonders wertvolle und sensible Lebensräume beansprucht: Gewässerufer, Fließgewässer, Felsen, Rückzugsgebiete – oder eben den Feldberg. Muss der Naturschutz daher also doch die Menschen aus der zu schützenden Natur ausschließen, die viel zitierte »Käseglocke« über den Feldberg stülpen? Lassen sich Naturschutz und Freizeitsport auf keinen Fall verbinden?

Die Lenkung der sommerlichen Besucherströme am Feldberg – vor allem Wanderer und Fahrradfahrer – verläuft aus Sicht des Naturschutzes recht zufriedenstellend. Die massivsten Erosionsschäden wurden beseitigt, die Wanderwege befinden sich in gutem Zustand und wurden mit der Neuregelung des Wanderwege-Beschilderungssystems seit dem Jahr 2000 vom Schwarzwaldverein hervorragend und schwarzwaldweit einheitlich ausgeschildert (Abb. 497). Weidezäune oder Holzgeländer unterstützen an neuralgischen Punkten das in der Schutzgebietsverordnung festgelegte Wegegebot. Die Beschränkung des Mountainbikens auf Wege mit einer Mindestbreite von 3 m trägt zur Konfliktminimierung zwischen Radlern und Wanderern bei. Nicht zuletzt sorgen die seit 1994 mit finanzieller Unterstützung durch das Regierungspräsidium Freiburg eingesetzten Sommer-Ranger (zumeist Studenten der Fachrichtungen Biologie, Geografie oder Forstwissenschaften der Universität Freiburg) sowie zahlreiche ehrenamtlich tätige Helfer vom Schwarzwaldverein und der Bergwacht dafür, dass die wichtigsten Regelungen – das sind vor allem das Wegegebot, das Anleingebot für Hunde und das Badeverbot im Feldsee – eingehalten werden. Darüber hinaus bilden die so genannten »i-Punkte« attraktive Anziehungspunkte für die Besucher. Schön gestaltete Tafeln informieren hier über Alltägliches wie auch Besonderes am Feldberg, und Wichtel »Velt« erzählt auch etwas Spannendes für kleine Wanderer (Abb. 498). Die Standorte dieser Tafeln lassen sich zu reizvollen Rundwanderungen verbinden.

Ungleich höheres Konfliktpotential birgt die Entwicklung des Wintersports: Einerseits bringen es verbesserte Fahrtechnik und Ausrüstung mit sich, dass immer mehr Skifahrer und Snowboarder das Fahrerlebnis auch abseits der gebahnten Pisten suchen, andererseits etablieren sich immer neue Wintersportarten auf dem Markt, deren Anhänger ebenfalls bevorzugt

497 Die neue Wanderwege-Beschilderung des Schwarzwaldvereins folgt mit klaren Standort-, Ziel- und Entfernungsangaben Vorbildern aus dem Alpenraum. (SB)

ihren Freiraum fernab des Massenbetriebs suchen. Seit 2008 werden vom Naturschutzzentrum – erneut unterstützt durch das Regierungspräsidium Freiburg – auch an Winterwochenenden vor allem in Problembereichen so genannte Winter-Ranger eingesetzt, doch ist eine flächendeckende Überwachung des Naturschutzgebiets nicht realisierbar.

Als Beispiele für die bereits erwähnten neueren Sportarten und die durch diese verursachten Belastungen, zugleich aber auch für eine zeitgemäße, zukunftsorientierte Herangehensweise

498 Die schön gestalteten »i-Punkte« im Naturschutzgebiet Feldberg bieten anschauliche Informationen für Kinder und Erwachsene, hier am Beispiel »Urlandschaft«. (AL)

499 Schneeschuhwandern kann faszinierende Naturerlebnisse bieten, Wildtiere aber in ihren winterlichen Ruhezonen in große Bedrängnis bringen. (NAZ)

des Naturschutzes an solche Herausforderungen, wird im Folgenden auf das Schneeschuhwandern und das so genannte Snow-Kiting näher eingegangen; zusätzlich wird das seit einigen Jahren aufgekommene, vor allem im Sommer betriebene Geocaching angesprochen.

3.6.1 Schneeschuhwandern

Das seit Beginn des 21. Jahrhunderts verstärkt in Mode gekommene Schneeschuhwandern entspricht in besonders ausgeprägter Weise den modernen Freizeitidealen der Natur-, Erlebnis- und Bewegungsorientierung, bietet es doch einen Hauch von Abenteuer und »Trapper-Feeling«, ähnlich dem Nordic Walking eine gesunde, gleichmäßige Beanspruchung des ganzen Körpers und ist zugleich ohne weitere Vorkenntnisse für fast alle Altersstufen geeignet. Moderne Schneeschuhe aus Kunststoff und Metall ermöglichen auch weniger sportlichen Naturfreunden faszinierende Erlebnisse in der winterlichen Landschaft des Hochschwarzwaldes (Abb. 499).

Schneeschuhwandern wird oft als »sanfte« Wintersportart bezeichnet, denn es benötigt keinerlei Infrastruktur wie Lifte, Pisten, Loipen oder auch die energieaufwändige künstliche Beschneiung. Tatsächlich jedoch ist die Flächenwirksamkeit des Schneeschuhwanderns hoch: Viele Schneeschuhgänger möchten am liebsten die ersten sein, die eine Spur in eine ansonsten unberührte Schneefläche ziehen; abwechslungsreiche Routenverläufe im Wald bzw. Waldrandbereich werden verständlicherweise oft den windgepeitschten, offenen Hochflächen vorgezogen. Auch gibt es für Schneeschuhwanderer nur wenige geländebedingte Hindernisse: Mit Ausnahme sehr steiler Hanglagen lassen sich mit Schneeschuhen fast alle Flächen mit ausreichender Schneelage und selbst vereiste Stellen relativ problemlos begehen.

Die beunruhigende Wirkung des Schneeschuhwanderns auf Wildtiere wird oft unterschätzt. Besonders schlecht können diese sich auf solche Störfaktoren einstellen, die räumlich und zeitlich unregelmäßig und damit für sie unvorhersehbar und überraschend auftreten. Dies betrifft insbesondere Störungen abseits häufig genutzter Wege, Loipen oder auch Pisten. Nicht übersehen werden darf dabei auch der Ausstrahlungseffekt: So wirkt sich die Störung durch nur einen einzigen Skifahrer oder Schneeschuhwanderer im Winterwald nicht nur auf die von ihm begangene Spur aus, sondern strahlt je nach Tierart unterschiedlich weit in die Umgebung hinein aus. Nachteilig für Wildtiere können z. B. die Einengung ihrer Rückzugsmöglichkeiten sein, die vorübergehende oder auch andauernde Abdrängung in z. B. hinsichtlich des Nahrungsangebots, des Klimas oder der Räuberexposition suboptimale Biotope, der massiv erhöhte Energieverbrauch bei der Flucht und der damit verbundene Abbau von Energiereserven, erzwungene Änderungen von Tagesrhythmus und Raumnutzungsmustern und dadurch z. B. erhöhte Verbissschäden in forstlich genutzten Kulturen sowie eine Erhöhung der Scheue und die dadurch verursachte schlechtere Bejagbarkeit und Beobachtbarkeit.

Im Fokus der Aufmerksamkeit steht auch hier wieder einmal der Charaktervogel des Hochschwarzwaldes, das Auerhuhn (siehe Abb. 500). Die scheuen Raufußhühner weichen Menschen, die sich abseits der Wege und Loipen durch den Winterwald bewegen, recht weiträumig aus. Werden sie zu häufig aufgeschreckt, können sie die bei jeder Flucht verlorenen Energiereserven nicht vollständig wieder auffüllen und verhungern im schlimmsten Fall – nicht aus Mangel an verfügbarer Nahrung, sondern aufgrund unzureichender Ruhephasen. Das Problem wird dadurch verschärft, dass sich die Auerhühner im Winter gerade dort in den Hochlagen aufhalten, wo auch die Schneesicherheit am größten ist.

Der Konflikt scheint unvermeidlich: Schneeschuhwandern wird immer beliebter und immer mehr Anbieter drängen auf den Markt. Andererseits kommen sich Schneeschuhgeher und Auerhühner (wie auch andere Wildtiere) fast zwangsläufig in die Quere, und auch Förster und Naturfreunde aus tieferen Lagen beklagen die immer stärkere »Verrummelung« des Winterwaldes. Argumente für ein Verbot des Schneeschuhwanderns zumindest im Bereich des Naturschutzgebiets Feldberg lägen auf der Hand. Zugleich wäre bei einer solch restriktiven Vorgehensweise allerdings zu klären, wie das Verbot entlang einer Naturschutzgebietsgrenze von ca. 62 km Länge und wenigstens an den Hauptzugangspunkten vermittelt werden könnte. Die flächendeckende Überwachung von 42 km² Schutzgebietsfläche wäre zu gewährleisten und – nicht zuletzt – müsste sich der Naturschutz wieder einmal gegen den Vorwurf zur Wehr setzen, als »ewig-gestriger Verhinderer« immer gegen alles zu sein – ein Aspekt, welcher der Akzeptanz des Naturschutzes üblicherweise eher schadet als nutzt.

Aus solchen Überlegungen heraus hat sich das Naturschutzzentrum Südschwarzwald in Abstimmung mit der Forst- und Naturschutzverwaltung sowie dem Deutschen Skiverband bereits zur Wintersaison 2001/02 entschlossen, diesem wachsenden Andrang durch positive Angebote statt mit Verboten zu begegnen. Auf Initiative des Feldbergförsters wurden in Zusammenarbeit mit dem Naturpark Südschwarzwald zwei Schneeschuhtrails im Naturschutzgebiet Feldberg ausgeschildert, die es eigenverantwortlich gehenden Schneeschuhwanderern ermöglichen, die faszinierende Winterlandschaft am »Höchsten« auf unterschiedlich anspruchsvollen Routen zu erkunden (Abb. 501). Bei der Planung und Ausschilderung der Trails wurden Auerhuhnbiotope und wichtige Rückzugsräume anderer Tierarten großräumig umgangen. Anhand der Spuren lässt sich nachvollziehen, dass sehr viele Schneeschuhwanderer sich an diese Linien oder Korridore halten. Eine Kooperation des Naturschutzzentrums mit dem Deutschen Skiverband

500 Üblicherweise lassen Auerhühner den Menschen nicht so nah an sich heran, dass sie – so wie hier ein »balztoller« Hahn im März 2002 in der Nähe der Zastler Hütte – ohne starkes Teleobjektiv fotografiert werden können. Meist sind die großen Vögel sehr scheu und gehen Menschen weiträumig aus dem Weg. (SB)

501 Ausgeschilderte Schneeschuhtrails leiten eigenverantwortlich gehende Schneeschuhwanderer im Naturschutzgebiet Feldberg auf den »rechten Weg«. (NAZ)

macht es möglich, dass Interessenten im Haus der Natur Schneeschuhe und Teleskop-Wanderstöcke ausleihen können. Sie bekommen bei dieser Gelegenheit die Informationen über die Trails, Sicherheitshinweise sowie über den einzuhaltenden »Ehrenkodex« (siehe Kasten) ausgehändigt.

Darüber hinaus bietet das Naturschutzzentrum wiederum mit Unterstützung des Deutschen Skiverbands geführte Schneeschuhwanderungen an (Abb. 502). Bei diesen Touren, deren Routenführung den Vorgaben der Schutzgebietsverordnung entspricht, werden die Besucher durch einen orts- und sachkundigen Mitarbeiter des Naturschutzzentrums geführt. Diese Guides zeigen den Teilnehmern nicht nur den Weg und sorgen dafür, dass alle wieder heil zum Ausgangspunkt zurückkommen, sondern bieten darüber hinaus zielgruppenangepasste, spannende oder auch lustige Informationen rund um das Naturschutzgebiet, über Tiere und Pflanzen im Winter, über die Auswirkungen der Eiszeit und des Klimawandels sowie über das Miteinander von Tourismus und Naturschutz am höchsten Schwarzwaldberg. Auch bei widrigen Wetterbedingungen steht das eigene Erleben der faszinierenden Winterlandschaft am Feldberg im Vordergrund. Auf diese Weise wird den Schneeschuhwanderern nicht nur ein eindrückliches Erlebnis geboten, sondern auch auf eingängige Art

und Weise vermittelt, dass und warum Schneeschuhwandern problematisch für die Natur sein kann.

Bis Anfang 2011 wurden etwa 15000 Teilnehmer im Alter zwischen etwa 5 und über 80 Jahren bei den geführten Touren gezählt. Da wohl davon auszugehen ist, dass die meisten das Schneeschuhwandern auch ohne diese geführten Angebote ausprobiert hätten (ohne jedoch auf die Thematik »Schneeschuhwandern und Naturschutz« hingewiesen zu werden), ist hierin ein wesentlicher Beitrag zur Besucherinformation und -lenkung zu sehen.

3.6.2 Snow-Kiting

Zu Beginn des 21. Jahrhunderts kam am Feldberg das so genannte Snow-Kiting auf, eine neuartige

---

Ehrenkodex Schneeschuhwandern am Feldberg

Wir halten uns an die ausgeschilderten Trails. Schlechte Sicht, extreme Kälte und überhängende Schneewechten können zu erheblichen Gefahren werden, die nicht zu unterschätzen sind.

Wir respektieren Ruhezonen und Schutzgebiete für Wildtiere (Auerhuhn, Gämsen, Rehe), indem wir besonders im Wald unbedingt auf den Winterwanderwegen bleiben und auf den Freiflächen einen Abstand zum Waldrand von mindestens 50 m einhalten.

Beim Begehen von Langlaufloipen achten wir darauf, die Fahrspuren nicht zu beschädigen.

Wir nehmen Abfälle wieder mit.

Bei zu geringer Schneehöhe verzichten wir auf das Schneeschuhwandern.

Unsere Hunde führen wir grundsätzlich an der Leine.

Zur eigenen Sicherheit gehen wir nur gut ausgerüstet auf Schneeschuhtour. Kleidung, Schuhwerk, Proviant und persönliches Können sind den Wetterverhältnissen und unserer Tour angepasst.

Im Naturschutzgebiet Feldberg nehmen wir besondere Rücksicht auf die Tier- und Pflanzenwelt und vermeiden unnötigen Lärm.

Wir reisen umweltschonend mit öffentlichen Verkehrsmitteln an oder bilden Fahrgemeinschaften.

Wir helfen anderen Wintersportlern, die sich in einer Notlage befinden.

502 Bei den geführten Schneeschuhwanderungen des Naturschutzzentrums (hier mit Feldberg-Förster Martin Lipphardt, Februar 2003) steht das Erleben der faszinierenden Winterlandschaft im Vordergrund. (NAZ)

Wintersportart, bei der sich Ski- oder Snowboardfahrer von einem großen Lenkdrachen abseits der Pisten und am Feldberg meist auf den Freiflächen zwischen Seebuck und Feldberggipfel ziehen lassen; Sprünge bzw. kurze Flüge von mehreren Metern Höhe sind dabei je nach Windstärke möglich. Schnell etablierte sich eine kleinere Gruppe vor allem jugendlicher Aktiver, und bald strebten die ortsansässigen Skischulen die Durchführung von Snow-Kiting-Kursen auf dem Feldberg an. Ebenso schnell kamen auf Seiten der Naturschutzbehörden und -verbände auch Bedenken hinsichtlich der Vereinbarkeit dieser Sportart mit den Vorgaben der Schutzgebietsverordnung bzw. mit der Aufrechterhaltung der Schutzziele auf. Man fühlte sich an die in der Vergangenheit bereits mehrfach geführten Diskussionen um die Zulässigkeit des Gleitschirmfliegens im Naturschutzgebiet erinnert und befürchtete ähnlich ungünstige Auswirkungen des Snow-Kitings auf Wildtiere, wie diese für den Gleitschirmsport bereits nachgewiesen wurden: Vor allem die Schreckwirkung der wie übergroße Greifvögel plötzlich am Himmel auftauchenden Fluggeräte auf Säugetiere und Vögel führte hier zu Einschränkungen und Verboten – so auch in der Neufassung der »Verordnung des Regierungspräsidiums Freiburg über das Natur- und Landschaftsschutzgebiet ›Feldberg‹ vom 27. September 1991«. Mancher fühlte sich auch durch die bunten Drachen am Feldberghimmel gestört und Konflikte zwischen allzu sorglosen oder auch unerfahrenen Kitern und anderen Wintersportlern (z. B. Winterwanderern oder Schneeschuhgängern) blieben nicht aus.

Doch wie war nun das Snow-Kiting naturschutzfachlich zu bewerten? Sprachen ausreichend viele Gründe für ein Verbot dieser neuartigen Sportart im Naturschutzgebiet Feldberg? Die Schutzgebietsverordnung jedenfalls bot keine Entscheidungshilfe: So lange keine Zerstörung, Beschädigung oder Veränderung der Schutzgüter zu befürchten steht, der Wald nicht befahren und auf den Freiflächen der vorgegebene Mindestabstand zum Wald eingehalten wird, war ihr zumindest formal nichts zu entnehmen, das ein Verbot gerechtfertigt hätte. Als zentrales Problem erwies sich, dass in der Verordnung gar nichts Konkretes über diese neue Sportart stehen konnte, da es diese zum Zeitpunkt der Neufassung (1991) eben noch nicht gab. Die naturschutzfachliche Beurteilung ließ sich relativ einfach umreißen: Da sich die Snow-Kiter im eigenen Interesse und um ihre teuren Fluggeräte nicht zu gefährden vom Wald fernhalten, waren keine von dieser Sportart ausgehenden Beeinträchtigungen der Tierwelt zu erwarten.

Nach eingehender Diskussion und Hinzuziehung einer Stellungnahme des Landesnaturschutzverbandes vom 14.10.2006 entschied man sich in Abstimmung mit den Aktiven auch hier für eine positive Lenkung: Den Snow-Kitern wurde ein definierter Bereich zwischen Bismarckdenkmal und Feldberggipfel zugewiesen, wo bei ausreichender (geschlossener) Schneedecke bis zum 15. März Kurse durchgeführt werden dürfen. Durch diese Regelung wurden weitgehend auch die tourismusinternen Konflikte zwischen den Ausübenden verschiedener Wintersportarten entschärft, wenn auch nicht ganz gelöst. Die Sportler selber übernahmen die Beschilderung der Flächen, wobei zweisprachig (deutsch und englisch) u. a. auch auf den Schutzstatus des Gebiets hingewiesen wird, das Naturschutzzentrum übernahm in begrenztem Umfang die Überwachung und Kontrolle des Betriebs.

3.6.3 Geocaching

Unter dem Namen Geocaching wurde in den letzten Jahren eine Art elektronische Schatzsuche oder Schnitzeljagd bekannt. *Geo* leitet sich ab von dem griechischen Wort für Erde, *cache* bedeutet im Englischen so viel wie geheimes Lager. Diese Verstecke – meist wasserdichte Behälter mit einem Logbuch sowie verschiedenen Tauschgegenständen – werden von den so genannten *Ownern* angelegt, die anschließend die verschlüsselten geografischen Koordinaten im Internet veröffentlichen. Die Schatzsucher (»Geocacher«) können diese Verstecke dann mithilfe dieser Koordinaten und eines GPS-Empfängers orten und ausfindig machen (Abb. 503). Die Entschlüsselung der Schatzkoordinaten und ggf. aufzusuchender Zwischenstationen wird üblicherweise durch mehr oder weniger schwierige Aufgabenstellungen im Sinne eines Rätsels erschwert. Die Verstecke können überall in der Landschaft platziert sein – im Wald, in den Bergen oder an Gewässern. Besonders attraktive und gern genutzte Standorte für Caches sind historische Gebäude wie z. B. Burgruinen, aber auch natürliche Bildungen wie Felsen, markante Bäume, kleinere Inseln, Astlöcher oder Höhlen. Allein in Deutschland gibt es inzwischen über 197 000 versteckte Schätze, weltweit über 1,4 Mio. (Stand Juni 2011)! Eine Bestandsaufnahme des Naturschutzzentrums Südschwarzwald ergab im Dezember 2010 immerhin 30 Caches im Naturschutzgebiet Feldberg. Schätzungen zufolge begaben sich 2009 in Deutschland rund 25 000 Menschen auf die »GPS-Jagd«, weltweit wird von 5 Mio. Geocachern ausgegangen – mit steigender Tendenz (www.wikipedia.de, www.geocaching.com).

503 Schon einfach ausgestattete GPS-Geräte reichen aus, um mit ihrer Hilfe Geocaching, die moderne Art der Schatzsuche, auszuüben. (SB)

Gerade jüngere, technikbegeisterte Menschen lassen sich durch diese moderne Art der Schatzsuche zu Aufenthalten in der freien Natur motivieren. Eigentlich ein positiver Effekt, doch sehen viele Naturschützer auch Gefahren: Man befürchtet einen erneut wachsenden Nutzungsdruck und weitergehende Verrummelung auch in Schutzgebieten durch diese modernen Schatzsucher und das ihnen oft unterstellte Bestreben, sich abseits der Wege möglichst in Luftlinie durch die Natur zu bewegen. Konflikte mit bestehenden Verordnungen können auch dann entstehen, wenn Menschen beim Geocaching in Bereiche geführt werden, die bisher weitgehend unberührt sind, wenn bei der Suche Standorte geschützter Pflanzen zerstört oder Tiere beunruhigt werden. Dies betrifft vor allem ohnehin meist stark gefährdete Höhlenbewohner wie Fledermäuse, Spechte, Eulen oder Bilche und – besonders bei Caches, die auch im Winter aufgesucht werden können – wiederum besonders die störungsempfindlichen Raufußhühner. Als sehr kritisch werden so genannte Nacht-Caches angesehen, bei denen die Orientierung z. B. anhand an Bäumen angebrachter Reflektorfolien erfolgt.

Dabei ist auf Seiten der Geocacher durchaus ein Problembewusstsein vorhanden. Viele – jedoch längst nicht alle – Cache-Owner weisen gleich am Beginn ihrer Cache-Beschreibung darauf hin, dass man sich in einem Naturschutzgebiet bewegt und die hier geltenden Regelungen zu berücksichtigen hat. Mancher Höhlen-Cache wird in der Zeit der Winterruhe von Fledermäusen stillgelegt. Auch von Seiten der Administratoren, die die Geocaching-Internetseiten betreuen, werden solche Informationen eingepflegt. Der Deutsche Wanderverband hat gemeinsam mit einem großen Hersteller von GPS-Geräten ein »Positionspapier für naturverträgliches Geocaching« entwickelt, in dem z. B. auf folgende Aspekte hingewiesen wird (www.wanderverband.de): Wegegebot in Schutzgebieten, keine Caches in gesetzlich geschützten Biotopen, keine Caches in Baumhöhlen und anderen Höhlen, besondere Berücksichtigung der Brut- und Setzzeiten.

Es gehört also durchaus zum Ehrenkodex der Geocacher, mit der Natur respektvoll und behutsam umzugehen. Und auch wenn das GPS-Gerät in Luftlinie den kürzesten Weg weist, heißt es dennoch für die meisten Geocacher, vorhandenen Wegen zu folgen, mit der Vegetation sorgsam umzugehen und Eigentumsrechte zu beachten. Nicht zuletzt werden auch immer mehr Geocaches dazu genutzt, Naturschutzinformationen »nett verpackt« zu vermitteln. Dennoch bleiben seitens des Naturschutzes Bedenken und Vorbehalte bestehen, gerade wenn es um Schutzgebiete wie den Feldberg geht.

In Anbetracht dieser Situation und der Erkenntnis, dass ein Verbot des Geocachings nur schwerlich durch- und umsetzbar wäre, haben der Naturpark Südschwarzwald und das Naturschutzzentrum gemeinsam mit dem Schwarzwaldverein im Sommer 2011 die »Flucht nach vorn« angetreten und einen ersten Naturschutz-Geocache unter dem Namen »HÖCHST-Spannung« online gestellt. Erneut wurde – wie schon beim Problemsport Schneeschuhwandern – angestrebt, nicht die Risiken in den Vordergrund zu stellen, sondern die Chancen dieser neuen Art der Freizeitgestaltung für Umweltbildungszwecke gerade auch bei Jugendlichen zu nutzen. Durch die Schaffung eines positiven Angebots soll das Besucherinteresse in geordnete Bahnen gelenkt, über die zu lösenden Rätsel Naturschutzinhalte vermittelt und die Geocacher für rücksichtsvolles Verhalten in einem Schutzgebiet sensibilisiert werden. In die insgesamt 8 km lange Tour ab der Rinkenklause wurde der vom Schwarzwaldverein angelegte und 2010 mit neuer Beschilderung versehene Lehrpfad »Feldberg« integriert. Neben vielen anderen Aspekten werden an den Stationen des Caches z. B. folgende Naturschutzthemen angesprochen: Hinweis auf Naturschutzgebiet, seine Größe, vorkommende seltene Pflanzen und Tiere; Gesteine am Feldberg; Tierspuren (Auerhahn); Fichte/Tanne; Pflanzen im Bergmischwald; Beweidung; Moore; Lawinenbahnen; Klima am Feldberg; Arten der Weidefelder; Eiszeitgeschichte und Bannwald. Darüber hinaus hat der Naturpark Südschwarzwald »Geocaching-Guidelines« herausgegeben und informiert auch im Rahmen seines Internetauftritts über umweltbewusstes Geocaching. Erfahrungen mit diesem neuen Umweltbildungsansatz stehen noch aus, doch zeigen ähnliche Ansätze bei anderen Formen touristischer Aktivitäten in Schutzgebieten durchaus gute Erfolge, wie das Beispiel Schneeschuhwandern zeigt.

4. Ausblick: Weitere Herausforderungen sind absehbar

Die im vorigen Kapitel genannten Beispiele zeigen eine sehr moderne, den Tourismus als wichtigen Partner in der Region und im Naturschutzgebiet Feldberg akzeptierende Herangehensweise der Naturschutzverwaltung und damit auch ein neues Naturschutzverständnis. Schutz der Natur nicht vorrangig durch Verbote und durch das Aussperren der Menschen, sondern unter Einbeziehung ihrer Interessen – das war die Richtschnur der getroffenen Entscheidungen, Verbote wurden auf das naturschutzfachlich notwendige Maß beschränkt. Ein wesentliches Element war dabei die Einbeziehung der Aktiven in die Entscheidungsfindung. In sicher vorbildlicher Weise wurde dies bei der Neuregelung der Wintersportlenkung im Frühjahr 2011 durchgeführt, als mit breiter Beteiligung von Naturschützern, Förstern und Wissenschaftlern, aber auch Touristikern, Verbandsvertretern und aktiven Wintersportlern sehr eingehend und detailliert über notwendige Sperrungen wie auch für den Wintersport zulässige Flächen und Wege diskutiert wurde. Nach der Möglichkeit für die Nutzer, ihre Wünsche und Vorstellungen einzubringen, wurde auch die – notwendige – Fachdiskussion nicht hinter verschlossenen Türen geführt. Eine breit angelegte Akzeptanz der beschlossenen Regelungen (darunter neue Sperrungen, aber auch neue Freigaben für die Wintersportnutzung) war der Erfolg dieser Strategie. Auch bei einem Geocaching-Seminar im Oktober 2011 wurde die »Community«, also die Nutzer, explizit mit angesprochen. Sicher eine zukunftsweisende, beispielhafte Vorgehensweise.

Ähnliche Beispiele für gelungene Kooperationen zwischen Naturschutz und Tourismus waren die Anlage des »Wichtelpfades im Auerhuhnwald« in der Nähe des Hauses der Natur oder auch des »Sägenbachsteigs«, eines neuen Teilstücks des als Premium-Wanderweg zertifizierten Feldbergsteigs im Gegenzug zur Sperrung des traditionell genutzten »Postler-Wegs« im Bereich zwischen Rinken und Baldenweger Hütte. Allen diesen Lösungen lag die Suche nach einer Strategie zugrunde, die beiden Seiten – dem Tourismus wie auch dem Schutz der Natur – einen Vorteil brachte (»Win-win-Strategie«).

In manchen Fällen war dies gar nicht so schwierig. Gerade die Ansprüche der Auerhühner decken sich manchmal mit touristischen Interessen: So werden vielfach zur Aufwertung potentieller oder aktueller Auerhuhnhabitate Auflichtungs- und Enthurstungsmaßnahmen durchgeführt, um die Heidelbeere als bevorzugte Nahrungspflanze der großen Vögel zu fördern und deren Ansprüche an eine aufgelockerte Waldstruktur zu erfüllen. Solche Auflichtungen dienen zugleich touristischen Interessen, sofern sie wenigstens z. T. neben Wanderwegen oder Langlaufloipen durchgeführt werden, indem sie z. B. Ausblicke auf die vielfältige Landschaft eröffnen. Und da sich Auerhühner durchaus an Menschen gewöhnen können, die regelmäßig auf bestimmten, für die Tiere vorhersehbaren Linien auftauchen, wird der Schutzzweck hierdurch nicht oder nur kaum beeinträchtigt.

Dennoch ist nicht auszuschließen, dass viele für sich genommen unschädliche bzw. gut geregelte und gelenkte Nutzungen in der Summe irgendwann zu viel werden können. Die klare Definition von Belastungsgrenzen für das Naturschutzgebiet Feldberg steht jedoch noch aus und kann auch aus naturschutzfachlicher Sicht nicht ohne Weiteres vorgenommen werden. Es steht zu befürchten, dass auch zukünftig immer wieder neue Anforderungen von touristischer Seite an das Naturschutzgebiet Feldberg gestellt werden: Neue Sportarten werden aufkommen – und diese werden in der Regel nicht durch die Schutzgebietsverordnung abgedeckt sein. Anliegergemeinden und Tourismusvertreter werden neue Infrastrukturen für notwendig erachten. Der Klimawandel wird dazu beitragen, dass solche Veränderungen möglicherweise schneller als in der Vergangenheit auftreten.

Wie erreichen wir es nun, dass die freizeit- und erlebnisorientierte Gesellschaft trotz der Dominanz anderer Themen bereit ist, den Naturschutz auch zukünftig als Gemeinschaftsaufgabe zu verstehen und sich dafür einzusetzen? Wie kann der Naturschutz selber zu dieser gesamtgesellschaftlichen Verankerung beitragen, selbstverständlich ohne dabei seine fachlich definierten Grundlagen aus den Augen zu verlieren? Wie lassen sich die immer weiter gehenden

504 »Willkommen im Naturschutzgebiet Feldberg« an allen Zufahrtsstraßen – eine Vision. (Fotomontage SB)

Möglichkeiten – gerade im Freizeitbereich – und die damit einhergehend ständig steigenden Ansprüche an die Landschaft am und um den Feldberg mit dem dauerhaften Schutz bestimmter Arten oder Lebensraumtypen vereinbaren?

Derzeit (2012) gilt der Naturschutz – nicht nur, aber auch am Feldberg – immer noch Vielen als der große »Verhinderer«; großflächige Schutzgebiete werden vorrangig als Störfaktoren der kommunalen Entwicklung verstanden. In der Förderung eines positiven Images großflächiger Naturschutzgebiete liegt eine der vielleicht wesentlichsten und vielversprechendsten Aufgaben des Naturschutzes in den nächsten Jahren (Abb. 504). Beispiele aus anderen Bundesländern (z. B. Nationalpark Bayerischer Wald) und Staaten zeigen, dass hier gute Fortschritte möglich sind. »Der niederländische Naturschutz heißt die Menschen willkommen« war eine grundlegende Erkenntnis einer Fachexkursion in die Niederlande: Attraktive Besucherzentren, ansprechende Informationstafeln (auf denen die Schönheiten und Besonderheiten im Vordergrund stehen und nicht Verbote) und viele Naturbeobachtungseinrichtungen, z. B. für Vögel und Säuger, unterstreichen dort den Naturerlebnischarakter der Schutzgebiete und die Bedeutung, die diese Gebiete für die Erholung der Bevölkerung spielen (KRÜGER 2001).

Solche Ansätze spielen seit einigen Jahren dank des Engagements der Naturschutzverwaltung und des Feldberg-Rangers eine immer wichtigere Rolle im Naturschutzgebiet Feldberg. Das Image des Schutzgebiets nicht als Störung, sondern als Motor und Chance einer naturverträglichen und langfristig tragfähigen Tourismusentwicklung muss gerade auch im Zusammenhang mit dem Aufbau des Europäischen Schutzgebietssystems Natura 2000 im Rahmen der FFH-Richtlinie, aber auch mit den Planungen für ein mögliches Biosphärengebiet im Südschwarzwald (siehe S. 430, 432) unbedingt auch weiterhin verbessert werden. Eine wesentliche Rolle hierbei hat das Haus der Natur übernommen. Wichtigstes Ziel des Naturschutzzentrums Südschwarzwald ist es, Besucher ohne erhobenen Zeigefinger zu informieren und für einen sensiblen Umgang mit der empfindlichen Natur am »Höchsten« zu motivieren. Vor allem aber soll das »Haus der Natur« ein integratives Forum für die oft widerstreitenden Interessen von Freizeitsport und Naturschutz am Feldberg darstellen.

Literatur

Teil A

Buri, T. (1917): Über Verlauf und Gliederung der letzten Eiszeit und über Hängetäler im mittleren und anstossenden südlichen Schwarzwalde. – Jahresberichte und Mitteilungen des Oberrheinischen Geologischen Vereins, N.F. 6: 168–188.

Buri, T. (1928): Glazialstudien im Feldberggebiet (Schwarzwald). – Zeitschrift der Deutschen Geologischen Gesellschaft 80, 2: 238–255.

Creutzburg, N. (1954): Die Natur der Landschaft. – Berichte der Naturforschenden Gesellschaft Freiburg i. Br. 44: 13–73.

Deecke, W. (1917): Geologie von Baden. Bd. 2. Känozoikum, Tektonik, Hydrographie, Bergbau: 408–782, Berlin.

Deecke, W. (1932): Geologie rechts und links der Eisenbahnen im Schwarzwald: 175 S., Freiburg i. Br.

Eberle J./Eitel B./Blümel W. D./Wittmann, P. (2007): Deutschlands Süden vom Erdmittelalter zur Gegenwart: 188 S., Heidelberg.

Eggers, H. (1964): Schwarzwald und Vogesen. Ein vergleichender Überblick: 144 S., Braunschweig.

Erb, L. (1948): Die Geologie des Feldbergs. – In: K. Müller (Hrsg.): Der Feldberg im Schwarzwald: 22–96, Freiburg i. Br.

Ganssen, R. (1957): Beiträge zur Kenntnis der Böden des Oberrheingrabens und angrenzender Gebiete. III. Mitteilung: Die Böden des östlichen Randgebietes des Oberrheingrabens, insbesondere des Schwarzwaldes. – Zeitschrift für Pflanzenernährung, Düngung, Bodenkunde 79: 107–119.

Haase, E. (1963): Der Verlauf der eiszeitlichen Vergletscherung im Talbereich der Haslach (Nordöstlicher Südschwarzwald). – Diss. Univ. Freiburg.: 178 S.

Haase, E. (1965): Glazialgeologische Untersuchungen im Hochschwarzwald (Feldberg-Bärhalde-Kamm). – Berichte der Naturforschenden Gesellschaft Freiburg i. Br. 55: 365–390.

Haase, E. (1966a): Zur Entstehungsgeschichte des Windgfällweihers im Südschwarzwald. – Berichte der Naturforschenden Gesellschaft Freiburg i. Br. 56, 1: 5–16.

Haase, E. (1966b): Gedanken zu Schneegrenzbestimmungsmethoden aufgrund neuer Schneegrenzbestimmungen im Südschwarzwald. – Berichte der Naturforschenden Gesellschaft Freiburg i. Br. 56, 1: 17–22.

Haase, E. (1966c): Glazialphänomene im ›Roten Meer‹. – Ein Beitrag zur Glazialgeschichte des Schwarzwälder Feldberggebietes. – Berichte der Naturforschenden Gesellschaft Freiburg i. Br. 56, 2: 155–168.

Haase, E. (1967): Die Spuren der letzten Eiszeit in den Tälern von Alt- und Neuglashütten (Hochschwarzwald) sowie auf den angrenzenden Höhen. – Berichte der Naturforschenden Gesellschaft Freiburg i. Br. 57, 1: 5–32.

Haase, E. (1968a): Der ›Falkaustand‹ – ein Sonderfall oder eine gesetzmäßige Erscheinung im Bild der Südschwarzwälder Vergletscherung? – Berichte der Naturforschenden Gesellschaft Freiburg i. Br. 58, 2: 135–158.

Haase, E. (1968b): Das Problem der Kardefinition und Karggliederung. – N. Jb. Geol. Paläont. Abh., 131: 33–45.

Haase, E. (1969): Nachtrag zur ›Entstehungsgeschichte des Windgfällweihers im Südschwarzwald‹. – Berichte der Naturforschenden Gesellschaft Freiburg i. Br. 59,1: 5–6.

Hantke, R./Rahm, G. (1976): Das frühe Spätglazial in den Quellästen der Alb (südl. Schwarzwald). – Vierteljahresschrift der Naturforschenden Gesellschaft in Zürich 121: 293–299.

Kerschner, H. (2009): Gletscher und Klima im alpinen Spätglazial und frühen Holozän. – alpine space. man and environment 6. Klimawandel in Österreich: 5–26.

Kneer, S. (1978): Glazialmorphologie – eine geomorphologische Kartierung des Blattes Feldberg/Schwarzwald (8114) 1:25 000. – Staatsexamensarbeit für das Lehramt an Gymnasien Univ. Freiburg: 53 S.

Krüger, J. (1994): Perspektivische Darstellungen von Erdoberflächenformen. Gezeigt am Wutach-Überlauf im Südlichen Schwarzwald. – Karlsruher Geowissenschaftliche Schriften. Bd. 6: 61 S., Karlsruhe.

Landesanstalt für Umweltschutz Baden-Württemberg (Hrsg.) (1982): Der Feldberg im Schwarzwald. Subalpine Insel im Mittelgebirge. – Die Natur- und Landschaftsschutzgebiete Baden-Württembergs 12: 526 S., Karlsruhe.

Landkreis Breisgau-Hochschwarzwald (Hrsg.) (1980): Breisgau-Hochschwarzwald. Land vom Rhein über den Schwarzwald zur Baar: 372 S., Freiburg i. Br.

Leser, H. (1979): Erläuterungen zur Geomorphologischen Karte 1:25 000 der Bundesrepublik Deutschland, GMK 25, Blatt 4, 8313 Wehr: 60 S., Berlin.

Leser, H./Metz, B. (1988): Vergletscherungen im Hochschwarzwald. – Berliner Geographische Arbeiten 47: 155–175.

Liebhart, P. (1978): Eine geomorphologische Kartierung (Morphographie) des Blattes 8114 Feldberg (Schwarzwald) 1:25 000. – Staatsexamensarbeit für das Lehramt an Gymnasien Univ. Freiburg: 64 S.

LIEHL, E. (1948): Die Oberflächenformen des Feldberggebietes. – In: K. MÜLLER (Hrsg.): Der Feldberg im Schwarzwald: 1–21, Freiburg i. Br.

LIEHL, E. (1958): Der Feldberg im Schwarzwald, eine subalpine Insel im Mittelgebirge. – Berichte zur Deutschen Landeskunde 22: 1–28.

LIEHL, E. (1975): Kristalliner Schwarzwald mit Karen und Moränen. Feldberg. – In: W. HOFMANN (Hrsg.): Landformen im Kartenbild. Topographisch-geomorphologische Kartenproben 1:25 000 II, 6: 8–16, Braunschweig.

LIEHL, E. (1980a): Der Schwarzwald in der letzten Eiszeit. – In: Ders. (Hrsg.): Der Schwarzwald: 9–35, Bühl.

LIEHL, E. (1980b): Oberflächenformen und Landschaftsgeschichte. – In: Landkreis Breisgau-Hochschwarzwald (Hrsg.): Breisgau-Hochschwarzwald: 30–41, Freiburg i. Br.

LIEHL, E. (1982): Landschaftsgeschichte des Feldberggebietes. Altlandschaft – Eiszeit – Verwitterung und Abtragung heute. – Landesastalt für Umweltschutz Baden-Württemberg (Hrsg.): Der Feldberg im Schwarzwald. – Die Natur- und Landschaftsschutzgebiete Baden-Württembergs 12: 13–147, Karlsruhe.

LIEHL, E./SICK, W. D. (1980): Der Schwarzwald. Beiträge zur Landeskunde – Veröffentlichungen des Alemannischen Instituts Freiburg i. Br. 47: 573 S., Bühl.

MEINIG, R. (1966): Die würmeiszeitliche Vergletscherung im Gebiet Breitnau – Hinterzarten – Neustadt/Schwarzwald. – Diss. Univ. Freiburg i. Br., Mathematisch-Naturwissenschaftliche Fak.: 166 S.

METZ, B. (1977): Geomorphologische Untersuchungen zur Unterscheidung zwischen Eisrand- und Moränenstauseen. – Berichte der Naturforschenden Gesellschaft Freiburg i. Br. 67: 203–215.

METZ, B. (1985): Erläuterungen zur Geomorphologischen Karte 1:25000 der Bundesrepublik Deutschland, GMK 25, Blatt 21, 8114 Feldberg. – Geomorphologische Detailkartierung in der Bundesrepublik Deutschland: 50 S., Berlin.

METZ, B. (1992): Glaziale Formen und Formungsprozesse im Schwarzwald. – Freiburger Geographische Hefte 34: 57–81.

METZ, R./REIN, G. (1958): Erläuterungen zur geologisch-petrographischen Übersichtskarte des Südschwarzwaldes 1:50 000: 134 S., Lahr.

PAUL, W. (1965): Zur Frage der Rißvereisung der Ost- und Südostabdachung des Schwarzwaldes. – Jahreshefte des Geologischen Landesamtes in Baden-Württemberg 7: 423–440.

PAUL, W. (1966): Zur Frage der Rißvereisung der Ost- und Südostabdachung des Schwarzwaldes (2). – Mitteilungen des Badischen Landesvereins für Naturkunde und Naturschutz, N.F. 9: 309–324.

PAUL, W. (1969): Die plio- und pleistozänen Schotter der Wutach-Donau am Ost-Schwarzwald. – Eiszeitalter und Gegenwart 20: 232–242.

PFANNENSTIEL, M. (1958): Die Vergletscherung des südlichen Schwarzwaldes während der Riß-Eiszeit. – Berichte der Naturforschenden Gesellschaft Freiburg i. Br. 48: 231–272.

PFANNENSTIEL, M./RAHM, G. (1963): Die Vergletscherung des Wutachtales während der Riß-Eiszeit. – Berichte der Naturforschenden Gesellschaft Freiburg i. Br. 53: 5–61.

PFANNENSTIEL, M./RAHM, G. (1966): Nochmals zur Vergletscherung des Wutachtales während der Riß-Eiszeit. – Jahreshefte des Geologischen Landesamtes in Baden-Württemberg 8: 63–85.

REICHELT, G. (1960): Zur Frage einer Riß-Vereisung des Südschwarzwaldes. – Erdkunde 14: 53–58.

REICHELT, G. (1961): Der würmzeitliche Ibach-Schwarzenbach-Gletscher und seine Rückzugsstadien. – Berichte der Naturforschenden Gesellschaft Freiburg i. Br. 51: 95–108.

REICHELT, G. (1964): Die naturräumlichen Einheiten auf Blatt 185 Freiburg im Breisgau. – Geographische Landesaufnahme 1:200 000. Naturräumliche Gliederung Deutschlands 185: 47 S., Bad Godesberg.

REICHELT, G. (1966): Neuere Beiträge zur Kenntnis der Vergletscherung im Schwarzwald und den angrenzenden Gebieten. – Schriften des Vereins für Geschichte und Naturgeschichte der Baar 26: 108–122.

SCHREINER, A. (1977): Quartär. – In: Erläuterungen zur Geologischen Karte Freiburg i. Br. und Umgebung 1:50 000. 2. Aufl.: 174-199, Stuttgart.

SCHREINER, A. (1981): Quartär; Tektonik. – In: A. SCHREINER und W. WIMMENAUER (Hrsg.): Erläuterungen zu Blatt 8114 (Feldberg) der Geologischen Karte Baden-Württemberg 1:25 000: 67–99, Stuttgart.

SCHREINER, A./WIMMENAUER, W. (1981): Erläuterungen zu Blatt 8114 (Feldberg) der Geologischen Karte von Baden-Württemberg 1:25 000: 134 S., Stuttgart.

STRIGEL, A. (1952): Geologie und Morphologie der oberen Albtäler im südöstlichen Schwarzwald (Bernauer und Menzenschwander Albtal). – Zeitschrift der Deutschen Geologischen Gesellschaft 104: 15–28.

STUMPF, T. F. (o. J.): Die Wutach: Grub der Rhein der Donau das Wasser ab? – http://www.webgeo.de/eg_005/, abgerufen 7.3.2011.

ULLMANN, R. (1960): Verwitterungsdecken im südlichen Schwarzwald. – Berichte der Naturforschenden Gesellschaft Freiburg i. Br. 50: 197–246.

ZIENERT, A. (1961): Die Großformen des Schwarzwaldes. – Forschungen zur deutschen Landeskunde 128: 1–108.

Teil B

AGRICOLA, Th. (2005): Die variszische Scherzone von Feldberg-Bärental und ihre Umgebung (südlicher Schwarzwald, Bl. 8114 Feldberg) – Dipl.-Arb. Univ. Frankfurt a. M.

ALTHERR, R. (1975): Der »Randgranit« der Zone Badenweiler-Lenzkirch (Südschwarzwald): ein anatektischer Bereich. – Inaug.-Diss. Univ. Freiburg i. Br.: 106 S.

ALTHERR, R./MAAS, R. (1977): Metamorphite am Südrand der Zentralschwarzwälder Gneisanatexitmasse zwischen Geschwend und Bernau. – Neues Jahrbuch für Geologie und Paläontologie, Abh. 154: 129–154.

BRILL, A. R. (2010): Über das »K.&.K. Bergwerk Rottenbach« am Feldberg im Südschwarzwald. Geologie, Geschichte und Mineralogie einer Grube. – Erzgräber 24: 9–40.

BÜLTEMANN, W. D. (1979): Die Uranlagerstätte »Krunkelbach« bei Menzenschwand, Hochschwarzwald und ihr geologisch-lagerstättenkundlicher Rahmen. – Zeitschrift der deutschen geologischen Gesellschaft 130: 597–618.

BURGATH, K./MAAS, R. (1973): Die variszische Entwicklung im südlichen Schwarzwald. – C. R. 7ème Congr. Internat. Stratigr. Géol. Carbonifère 2: 195–209.

GARCIA-GONZALEZ, M. T./WIMMENAUER, W. (1975): Mineralogische und geochemische Untersuchungen an tektonischen Störungszonen im Grundgebirge des Schwarzwaldes. Ruschelzonen in Gneisen und Anatexiten. – Berichte der Naturforschenden Gesellschaft Freiburg i. Br. 65: 97–118.

HANEL, M./KALT, A./MONTENARI, A./WIMMENAUER, W. (1998): Bestimmung von Sedimentationsaltern hochmetamorpher Paragneise des Schwarzwaldes (Variszisches Orogen). – Berichte der Deutschen Mineralogischen Gesellschaft, Beiheft zu European Journal of Mineralogy 10: 114, Stuttgart.

HANEL, M./KESSLER, G./SAWATZKI, G/WIMMENAUER, W. (2001): Schwarzwald. – In: Stratigraphische Kommission Deutschlands (Hrsg.): Stratigraphie von Deutschland II, Teil II – Courier Forschungsinstitut Senckenberg 234: 13–64, Frankfurt a. M.

HANN, H. P./SAWATZKI, G./VAIDA, M. (1995): Chitinozoen und Acritarchen des Ordoviziums aus den metamorphen Grauwacken der Zone von Badenweiler-Lenzkirch, Schwarzwald, SW-Deutschland. – Neues Jahrbuch für Geologie und Paläontologie, Monatshefte 1995: 375–383.

HANN, H. P.h/CHEN, F./ZEDLER, H./FRISCH, W./LOESCHKE, J. (2003): The Rand Granite in the southern Schwarzwald and its geodynamic significance in the Variscan belt of SW Germany. – International Journal of Earth Science (Geologische Rundschau) 92: 821–842.

HOFMANN, B. (1989): Genese, Alteration und rezentes Fließsystem der Uranlagerstätte Krunkelbach. Menzenschwand, Südschwarzwald – Inaug.-Diss. Univ. Bern: 165+47 S.

LIPPOLT, H. J./TODT, W./HORN, P. (1974): Apparent potassium-argon ages of lower tertiary Rhinegraben volcanics. Approaches to Taphrogenesis – Inter-Union Commission of Geodynamics, Scientific Report 8: 213–221, Stuttgart.

MONTENARI, M. (1999): Palynologische Untersuchungen an metasedimentären Einheiten des Schwarzwaldes. – Inaug.-Diss. Univ. Freiburg i. Br.: 221 S.

PFAFF, K./ROMER, R. L./MARKL, G. (2009): U-Pb ages of ferberite, chalcedony, agate, »U-mica« and pitchblende: constraints of the mineralization history of the Schwarzwald district. – European Journal of Mineralogy 21: 817–836.

SAWATZKI, G./HANN, H. P. (2003): Geologische Karte von Baden-Württemberg 1:50 000. Badenweiler-Lenzkirch-Zone (Südschwarzwald), mit Erläuterungen: 182 S., Freiburg i. Br.

SAWATZKI, G./VAIDA, M./HANN., H. P. (1997): Altpaläozoische Chitinozoen und Acritarchen in Gneisen des Südschwarzwaldes, SW-Deutschland. – Neues Jahrbuch für Geologie und Paläontologie, Monatshefte 1997: 165–178.

STAHR, K. (1990): Die Böden. – In: Erläuterungen zu Blatt 8114 (Feldberg) der Geologischen Karte von Baden-Württemberg 125 000: 112–121, Stuttgart.

STEEN, H. (2004): Geschichte des modernen Bergbaus im Schwarzwald. Eine detaillierte Zusammenstellung der Bergbauaktivitäten von 1890 bis zum Jahr 2000: 485 S., Norderstedt.

VAIDA, M./HANN, H. P./SAWATZKI, G./FRISCH, W. (2004): Ordovician an Silurian protolith ages of metamorphosed clastic sedimentary rocks from the southen Schwarzwald, SW Germany: a palynological study and its bearing on the Early Paleozoic evolution. – Geological Magazine 141: 629–643.

WALENTA, K. (1992): Die Mineralien des Schwarzwaldes und ihre Fundstellen: 336 S., München.

WALENTA, K./HATERT, F./THEYE, T./LISNER, F./ROELLER, K. (2009): Nielsbohrite, a new potassium uranyl arsenate from the uranium deposits of Menzenschwand in the Southern Black Forest. – European Journal of Mineralogy 21: 515–520.

WIMMENAUER, W. (1986): Geologisch-tektonischer Überblick. – In: E. ALTHAUS (Hrsg.): Kontinentales Tiefbohrprogramm der Bundesrepublik Deutschland. Ergebnisse der Vorerkundungsarbeiten Lokation Schwarzwald: 5–19, Seeheim.

WIMMENAUER, W./SCHREINER, A., mit Beiträgen von H. PRIER und K. STAHR (1990): Geologische Karte von Baden-Württemberg 1:25 000, Blatt 8114 Feldberg, mit Erläuterungen. 2. Aufl.: 140 S., Freiburg i. Br.

WIMMENAUER, W./HANEL, M. (1997): Die Fortsetzung der Randgranit-Assoziation nach Nordosten und Norden. – Jahresheft des geologischen Landesamtes Baden-Württemberg 37: 7–24.

WIMMENAUER, W./SCHREINER, A. (1999): Erläuterungen zu Blatt 8014 Hinterzarten der Geologischen Karte Baden-Württemberg 1:25 000: 96 S., Freiburg i. Br.

ZEDLER H. (2000): Der Randgranitkomplex im südlichen Schwarzwald: Kartierung, Petrographie, Geochemie, Zirkonmorphologie, U/Pb-Zirkonalter und Neodymisotopie. – Dipl.-Arb. Univ. Tübingen: 147 S.

ZIEGLER, P. A/WIMMENAUER, W. (2001): Possible glaciomarine diamictites in Lower Paleozoic series of the Southern Black Forest (Germany). Implications for the Gondwana/Laurussia puzzle. – Neues Jahrbuch für Geologie und Paläontologie, Monatshefte 2001: 500–512.

Teil C

HAVLIK, D. (1982): Klima. In: Der Feldberg im Schwarzwald. Subalpine Insel im Mittelgebirge. – Natur- u.Landschaftsschutzgebiete Bad.-Württ., 12: 148–212. Karlsruhe.

Teil D

BARTSCH, J./BARTSCH M. (1940): Vegetationskunde des Schwarzwaldes: 229 S., Jena.

BIELAWSKA, H. (1968): Cytogenetic relationships between lowland and montane species of the Campanula rotundifolia L. group. II. Tetraploid C. rotundifolia s. str. as well as C. polymorpha Witasek and C. Scheuchzeri Vill. from Poland. – Acta Societatis Botanicorum Poloniae 37: 261–296.

BOGENRIEDER, A. (1974): Vergleichende physiologisch-ökologische Untersuchungen an Populationen subalpiner Pflanzen aus Schwarzwald und Alpen. – Diss. Univ. Freiburg, 1972; auch Oecologia Plantarum 9: 131–156.

BOGENRIEDER, A. (2001): Schwarzwald und Vogesen – ein vegetationskundlicher Vergleich. – Mitteilungen des Badischen Landesvereins für Naturkunde und Naturschutz, N.F. 17, 4: 745–792.

BOGENRIEDER, A./WERNER, H. (1979): Experimentelle Untersuchungen an zwei Kennarten der Eisseggenflur des Feldbergs (Carex frigida All. und Soldanella alpina L.). – Beiträge Naturkundliche Forschung Südwestdeutschland 38: 61–69.

BOGENRIEDER, A./v. STIETENCRON, A. (1985): Morphologische und cytologische Untersuchungen an Anthoxanthum alpinum A./D. LÖVE und Anthoxanthum odoratum L. vom Feldberg im Schwarzwald. – Carolinea 42: 51–56.

BOGENRIEDER, A./BÜHLER, M./HÄRRINGER, P.: Anthoxanthum odoratum L. und Anthoxanthum alpinum (A./D.LÖVE) am Feldberg (Schwarzwald). Ein Beispiel für Höhenvikarianz. – Carolinea 51: 41–50.

BOGENRIEDER, A./ESCHENBACH, Chr. (1996): Ökologische Untersuchungen an Moosen aus Quellfluren kalt-stenothermer Quellen des Hochschwarzwaldes. – Crunoecia 5: 109–118.

BOGENRIEDER, A./WILMANNS, O. (1968): Zur Floristik und Ökologie einiger Pflanzen schneegeprägter Standorte im Naturschutzgebiet Feldberg (Schwarzwald). – Veröffentlichungen der Landesstelle für Naturschutz und Landschaftspflege Baden-Württemberg 38: 7–26.

BROCHE, W. (1929): Pollenanalytische Untersuchungen an Mooren des südlichen Schwarzwaldes und der Baar. – Berichte der Naturforschenden Gesellschaft Freiburg i. Br. 29: 1–243.

CURL, H./HARDY, J. T./ELLERMEIER, R. (1972): Spectral absorption of solar radiation in alpine snowfields – Ecology 53: 1189–1194.

DÖLL, J.Chr. (1857): Flora des Grossherzogthums Baden:1429 S., Karlsruhe.

HÜGIN, G. (2006): Die Gattung Alchemilla im Schwarzwald. – Berichte der Botanischen Arbeitsgemeinschaft Südwestdeutschland, Beiheft 2: 89 S.

HÜGIN, G./SCHMIDT, P.A (2002).: Thymus alpestris im Schwarzwald und damit erstmals in Deutschland nachgewiesen. – Floristische Rundbriefe 36, 1–2: 11–13.

HESLOP-HARRISON, Y. (1978): Fleischfressende Pflanzen. – Spektrum der Wissenschaft. Erstedition: 72–81.

HORN, K./PÄTZOLD, F. (1999): Aktuelle Bestandessituation und Gefährdung des Stachelsporigen Brachsenkrautes (Isoëtes echinospora DURIEU) in Baden-Württemberg. – Carolinea 57: 43–56.

KAMBACH, H. H./WILMANNS, O. (1969): Moose als Strukturelemente von Quellfluren und Flachmooren am Feldberg im Schwarzwald. – Veröffentlichungen der Landesstelle für Naturschutz und Landschaftspflege Baden-Württemberg 37: 62–80.

KIRSCHLEGER, F. (1870): Flore Vogeso–Rhenanae: 902 S., Paris/Strasbourg.

KÖRNER, Chr. (1999): Alpine Plant Life: 338 S., Berlin/Heidelberg/New York.

LANG, G. (1952): Zur späteiszeitlichen Vegetations- und Florengeschichte Südwestdeutschlands. – Flora 139: 243–294.

LANG, G. (1953): Späteiszeitliche Pflanzenreste in Südwestdeutschland. – Beiträge Naturkundliche Forschung Südwestdeutschland 12: 89–110.

LANG, G. (1955): Über spätquartäre Funde von Isoëtes und Najas flexilis im Schwarzwald. – Berichte der Deutschen Botanischen Gesellschaft 68: 24–27.

LANG, G. (1973): Neue Untersuchungen über die spät- und nacheiszeitliche Vegetationsgeschichte des Schwarzwaldes. IV. Das Baldenwegermoor und das einstige Waldbild am Feldberg. – Beiträge Naturkundliche Forschung Südwestdeutschland 32: 31–51.

LILJEFORS, A. (1955): Cytological Studies in Sorbus. – Acta Horti Bergiani 17: 47–113.

MÜLLER, K. (1901): Die Vegetation des Feldseekessels am Feldberge, speciell über dessen Moose. – Mitteilungen des Badischen Botanischen Vereins 4: 217–234.

MÜLLER, K. (1935): Über das Vorkommen von Kalkpflanzen im Urgesteinsgebiet des Schwarzwaldes. – Mitteilungen des Badischen Landesvereins für Naturkunde und Naturschutz, N.F. 3: 129–139 u. 164–176.

MÜLLER, K. (1938): Weiterer Beitrag zum Kalkpflanzenvorkommen im Schwarzwald. – Mitteilungen des Badischen Landesvereins für Naturkunde und Naturschutz, N.F. 3: 389–396.

MÜLLER, K. (Hrsg.) (1948): Der Feldberg im Schwarzwald. Naturwissenschaftliche, landwirtschaftliche, forstwirtschaftliche, geschichtliche und siedlungsgeschichtliche Studien: 586 S., Freiburg i. Br.

NEBEL, M./PHILIPPI, G. (Hrsg.) (2000/01/05): Die Moose Baden-Württembergs. 3 Bde., Stuttgart.

NEUBERGER, J. (1912): Flora von Freiburg im Breisgau. 3. u. 4. Aufl.: 319 S., Freiburg i. Br.

OBERDORFER, E. (1927): Cotoneaster integerrima am Feldberg im Schwarzwald. – Mitteilungen des Badischen Landesvereins für Naturkunde und Naturschutz, N.F. 2: 125–126.

OBERDORFER, E. (1934): Die Felsspaltenflora des südlichen Schwarzwaldes. Neufunde von den Kaiserwachtfelsen (Höllental). – Mitteilungen des Badischen Landesvereins für Naturkunde und Naturschutz, N.F. 3: 1–14.

OBERDORFER, E. (1931): Die postglaziale Klima- und Vegetationsgeschichte des Schluchsees (Schwarzwald). – Berichte der Naturforschenden Gesellschaft Freiburg i. Br. 31: 1–86.

OBERDORFER, E. (1956): Die Vergesellschaftung der Eissegge (Carex frigida All.) in alpinen Rieselfluren des Schwarzwaldes, der Alpen und der Pyrenäen. – Veröffentlichungen der Landesstelle für Naturschutz und Landschaftspflege Baden-Württemberg 24: 452–465.

OBERDORFER, E. (1977): Süddeutsche Pflanzengesellschaften. 2. Aufl. Bd. I: 331 S., Stuttgart.

OBERDORFER, E. (1978): Süddeutsche Pflanzengesellschaften. 2. Aufl. Bd. II: 355 S. Stuttgart.

OBERDORFER, E. (1982): Die hochmontanen Wälder und subalpinen Gebüsche. – In: Landesanstalt für Umweltschutz Baden-Württemberg (Hrsg.): Der Feldberg im Schwarzwald. – Die Natur- und Landschaftsschutzgebiete Baden-Württembergs 12: 317–364, Karlsruhe.

OBERDORFER, E. (2001): Pflanzensoziologische Exkursionsflora für Deutschland und die angrenzenden Gebiete. 8. Aufl.: 1051 S., Stuttgart.

PHILIPPI, G. (1963): Zur Gliederung der Flachmoorgesellschaften des Südschwarzwaldes und der Hochvogesen. – Beiträge Naturkundliche Forschung Südwestdeutschland 22: 113–135.

RÄUBER, A. (1981): Ausflug des Botanischen Vereins auf den Feldberg. – Mitteilungen des Badischen Botanischen Vereins 83: 265–268.

SCHILDKNECHT, J. (1863): Führer durch die Flora von Freiburg: 206 S., Freiburg i. Br.

SCHWABE-BRAUN, A. (1978): Werden und Vergehen von Borstgrasrasen im Schwarzwald. – In: WILMANNS, O. und TÜXEN, R. (Hrsg.) Werden und Vergehen von Pflanzengesellschaften. Berichte des internationalen Symposiums Rinteln: 387–405.

SCHWABE-BRAUN, A. (1980): Eine pflanzensoziologische Modelluntersuchung als Grundlage für Naturschutz und Planung. Weidfeldvegetation im Schwarzwald: Geschichte der Nutzung – Gesellschaften und ihre Komplexe – Bewertung für den Naturschutz. – Kasseler Schriften zur Geographie und Planung 18, Kassel.

SEBALD, O./SEYBOLD, S./PHILIPPI, G. (& WÖRZ, A.) (Hrsg. 1990/92/94/98): Die Farn- und Blütenpflanzen Baden-Württembergs: Bde. 1–8, Stuttgart.

TRANQUILLINI, W. (1979): Physiological Ecology of the Alpine Timberline. Tree Existence at High Altitudes with Special Reference to the European Alps. – Ecological Studies 31, Berlin/Heidelberg/New York.

WARNKE, R./BOGENRIEDER, A. (1985): Rieselfluren und Flachmoore der Feldbergkuppe. Untersuchungen zur Temperatur, Sauerstoffsättigung und Ionenführung der Quellen am Feldberg (Schwarzwald). – Berichte der Naturforschenden Gesellschaft Freiburg i. Br. 75: 91–124.

WILMANNS, O. (1971): Verwandte Züge in der Pflanzen- und Tierwelt von Alpen und Südschwarzwald. – Jahrbuch des Vereins zum Schutze der Alpenpflanzen und -tiere 36: 36–50.

WILMANNS, O./RUPP, S. (1966): Silene rupestris, das Felsen-Leimkraut als Glazialrelikt im Schwarzwald. – Mitteilungen des Badischen Landesvereins für Naturkunde und Naturschutz, N.F. 9: 381–389.

ZIMMERMANN, W. (1944): Erwähnung zweier Feldbergpflanzen im 15. Jahrhundert. – Mitteilungen des Badischen Landesvereins für Naturkunde und Naturschutz, N.F. 4: 413–417.

Teil E

BARTSCH, J./BARTSCH, M. (1940): Vegetationskunde des Schwarzwaldes. – Pflanzensoziologie 4: 229 S., Jena.

Bundesamt für Naturschutz (Hrsg.) (1996): Rote Liste gefährdeter Pflanzen Deutschlands. – Schriftenreihe für Vegetationskunde 28: 744 S., Bonn.

BOHN, U./GOLLUB, G./HETTWER, C. (2000/2003): Karte der natürlichen Vegetation Europas 1:2 500 000. – Bundesamt für Naturschutz (Hrsg.): 3 Bde.: Band 1: Erläuterungstext (2003) 655 S., Band 2: Legende (2000) 153 S., Band 3: Karten (2000) 9 Bl., Bonn.

BÜCKING, W./OTT, W./PÜTTMANN, W. (1994): Geheimnis Wald. Waldschutzgebiete in Baden-Württemberg: 192 S. Leinfelden-Echterdingen.

DETZEL, P./RÖSKE, W./LUDEMANN, T. (2007): Pflege- und Entwicklungsplan für das Naturschutzgroßprojekt Feldberg-Belchen-Oberes Wiesental. Vorgaben, Methoden und Planungsabläufe. – Natur und Landschaft 82, 4: 143–151.

ELLENBERG, H./LEUSCHNER, C. (2010): Vegetation Mitteleuropas mit den Alpen in ökologischer, dynamischer und historischer Sicht. 6. Aufl.: 1333 S., Stuttgart.

Forstliche Versuchs- und Forschungsanstalt (Hrsg.) (2000): Bannwald »Feldseewald« im Schwarzwald. – Berichte Freiburger Forstliche Forschung 24: 130 S.

GOLDENBERG, G./FRÖHLICH, M. (2006): Der Birkenberg bei Bollschweil – St. Ulrich. Ein Bergbaurevier aus dem Mittelalter. – Freundeskreis »Burg und Bergbau – die Birchiburg in Bollschweil e.V.« (Hrsg.): 65 S., Bollschweil.

GROSS, H. (um 1550): La Rouge Myne de Sainct Nicolas de la Croix (Vogesen). – In: WINKELMANN, H. (1962): Bergbuch des Lebertals. Gewerkschaft Eisenhütte Westfalia: 25 Federzeichnungen vom Lothringer Bergbau. Wethmar.

HÖLZER, A. (2010): Die Torfmoose Südwestdeutschlands und der Nachbargebiete: 247 S., Jena.

KERSTING, G. (1986): Die Pflanzengesellschaften des unteren Schwarza- und Schlüchttales im Südostschwarzwald. – Dipl.-Arb. Univ. Freiburg, Fakultät f. Biol. Geobotanik: 161 S.

LANG, G. (1973): Neue Untersuchungen über die spät- und nacheiszeitliche Vegetationsgeschichte des Schwarzwaldes. IV. Das Baldenwegermoor und das einstige Waldbild am Feldberg. – Beiträge Naturkundliche Forschung Südwestdeutschland 32: 31–51.

LANG, G. (1994): Quartäre Vegetationsgeschichte Europas: Methoden und Ergebnisse: 462 S., Jena/Stuttgart/New York.

LANG, G. (2005): Seen und Moore des Schwarzwaldes als Zeugen spätglazialen und holozänen Vegetationswandels. Stratigraphische, pollenanalytische und großrestanalytische Untersuchungen. – Andrias 16: 160 S., Karlsruhe.

Landesanstalt für Umweltschutz Baden-Württemberg (Hrsg.) (1982): Der Feldberg im Schwarzwald. Subalpine Insel im Mittelgebirge. – Natur- und Landschaftsschutzgebiete Baden-Württemberg 12: 526 S., Karlsruhe.

Landesanstalt für Umweltschutz Baden-Württemberg (Hrsg.) (1989): Der Belchen. Geschichtlich-naturkundliche Monographie des schönsten Schwarzwaldberges. – Natur- und Landschaftsschutzgebiete Baden-Württemberg 13: 1320 S., Karlsruhe.

Landesanstalt für Umweltschutz Baden-Württemberg (Hrsg.) (2001): Arten, Biotope, Landschaft. Schlüssel zum Erfassen, Beschreiben, Bewerten. – Naturschutz-Praxis. Allgemeine Grundlagen 1. 3. Aufl.: 321 S., Karlsruhe.

Landesamt für Geologie, Rohstoffe und Bergbau (Hrsg.) (1998): Geowissenschaftliche Übersichtskarten von Bad.-Württ. (Maßstab: 1: 350.000) – CD-ROM, Freiburg i. Br.

LIEHL, E. (1982): Landschaftsgeschichte des Feldberggebietes. – In: Landesanstalt für Umweltschutz Baden-Württemberg (Hrsg.): Der Feldberg im Schwarzwald. – Die Natur- und Landschaftsschutzgebiete Baden-Württembergs 12: 13–147. Karlsruhe.

Landesanstalt für Umwelt, Messungen und Naturschutz Baden-Württemberg (Hrsg.) (2009): Arten, Biotope, Landschaft. Schlüssel zum Erfassen, Beschreiben, Bewerten. 4. Aufl.: 312 S., Karlsruhe.

LUDEMANN, T. (1992): Im Zweribach – Vom nacheiszeitlichen Urwald zum »Urwald von morgen«. Die Vegetation einer Tallandschaft im Mittleren Schwarzwald und ihr Wandel im Lauf der Jahreszeiten und der Jahrhunderte. – Veröffentlichungen der Landesstelle für Naturschutz Landschaftspflege Baden-Württemberg, Beihefte 63: 268 S., Karlsruhe.

LUDEMANN, T. (1994a): Die Wälder im Feldberggebiet heute. Zur pflanzensoziologischen Typisierung der aktuellen Vegetation. – Mitteilungen des Vereins für forstliche Standortskunde und Forstpflanzenzüchtung 37: 23–47.

LUDEMANN, T. (1994b): Vegetations- und Landschaftswandel im Schwarzwald unter anthropogenem Einfluß. – Berichte der Reinhold-Tüxen-Gesellschaft 6: 7–39.

LUDEMANN, T. (1996): Die Wälder im Sulzbachtal (Südwest-Schwarzwald) und ihre Nutzung durch Bergbau und Köhlerei. – Mitteilungen des Vereins für forstliche Standortskunde und Forstpflanzenzüchtung 38: 21–53.

LUDEMANN, T. (2001): Das Waldbild des Hohen Schwarzwaldes im Mittelalter. Ergebnisse neuer holzkohleanalytischer und vegetationskundlicher Untersuchungen. – Alemannisches Jahrbuch 1999/2000: 43–64.

LUDEMANN, T. (2002a): Historische Holznutzung und Waldstandorte im Südschwarzwald. – In: M. GEISEL: Wissenstransfer in Praxis und Gesellschaft – Berichte Freiburger Forstliche Forschung 18: 194–207.

LUDEMANN, T. (2002b): Anthracology and forest sites – the contribution of charcoal analysis to our knowledge of natural forest vegetation in southwest Germany. – British Archaeological Reports. International series 1063: 209–217.

LUDEMANN, T. (2003): Large-scale reconstruction of ancient forest vegetation by anthracology – a contribution from the Black Forest. – Phytocoenologia 33: 645–666.

LUDEMANN, T. (2005): Natürliche Baumartenzusammensetzung – Standortswald. – In: TEUFFEL, K. v. u. A. (Hrsg.): Waldumbau für eine zukunftsorientierte Waldwirtschaft: 96–100 Berlin/Heidelberg.

LUDEMANN, T. (2006): Großmaßstäbliche Vegetationskartierung im Südschwarzwald – mit einer Neubewertung des natürlichen Vorkommens der Fichte. – Mitteilungen des Vereins für forstliche Standortskunde und Forstpflanzenzüchtung 44: 47–61.

LUDEMANN, T./BRITSCH, T. (1997): Wald und Köhlerei im nördlichen Feldberggebiet/Südschwarzwald. – Mitteilungen des Badischen Landesvereins für Naturkunde und Naturschutz 16: 487–526.

LUDEMANN, T./MICHIELS, H.-G./NÖLKEN, W. (2004): Spatial patterns of past wood exploitation, natural wood supply and growth conditions: indications of natural tree species distribution by anthracological studies of charcoal-burning remains. – European Journal of Forest Research 123: 283–292.

LUDEMANN, T./NELLE, O. (2002): Die Wälder am Schauinsland und ihre Nutzung durch Bergbau und Köhlerei. – Berichte Freiburger Forstliche Forschung 15: 139 S.

LUDEMANN, T./RÖSKE, W./KRUG, M. (2007): Atlas zur Vegetation des Südschwarzwaldes. Feldberg, Belchen, Oberes Wiesental. – Mitteilungen des Vereins für forstliche Standortskunde und Forstpflanzenzüchtung 45: 100 S.

LUDEMANN, T./SCHOTTMÜLLER, E. (2000): Zur Vegetation und Geschichte des Feldseewaldes. – In: T. LUDEMANN und V. LABUDDA (Hrsg.): Bannwald »Feldseewald« im Schwarzwald – Berichte Freiburger Forstliche Forschung 24: 1–24.

MÜLLER, K. (1939/40): Das Waldbild am Feldberg jetzt und einst. Dargestellt auf Grund neuer Untersuchungen. – Mitteilungen des Badischen Landesvereins für Naturkunde und Naturschutz, N.F. 4 (3/4): 143–156.

MÜLLER, K. (1948): Der Feldberg im Schwarzwald. Naturwissenschaftliche, landwirtschaftliche, forstwirtschaftliche, geschichtliche und siedlungsgeschichtliche Studien: 586 S., Freiburg i. Br.

MÜLLER, T./OBERDORFER, E./PHILIPPI, G. (1974): Die potentielle natürliche Vegetation von Baden-Württemberg. – Beihefte zu den Veröffentlichungen der Landesstelle für Naturschutz und Landschaftspflege Baden-Württemberg 6: 46 S.

NEBEL, M./PHILIPPI, G. (Hrsg.) (2000): Die Moose Baden-Württembergs. Band 1: Allgemeiner Teil, spezieller Teil (Bryophytina I, Andreaeales bis Funariales): 512 S., Stuttgart.

NEBEL, M./PHILIPPI, G. (Hrsg. 2001): Die Moose Baden-Württembergs. Band 2: Spezieller Teil (Bryophytina II, Schistostegales bis Hypnobryales): 529 S., Stuttgart.

NÖLKEN, W. (2005): Holzkohleanalytische Untersuchungen zur Waldgeschichte der Vogesen. – Diss. Univ. Freiburg, Biologie/Geobotanik: 182 S.

OBERDORFER, E. (1982a): Die hochmontanen Wälder und subalpinen Gebüsche. – In: Landesanstalt für Umweltschutz Baden-Württemberg (Hrsg.): Der Feldberg im Schwarzwald – Die Natur- und Landschaftsschutzgebiete Baden-Württembergs 12: 317–364, Karlsruhe.

OBERDORFER, E. (1982b): Erläuterungen zur vegetationskundlichen Karte Feldberg 1:25.000. – Beihefte zu den Veröffentlichungen der Landesstelle für Naturschutz und Landschaftspflege Baden-Württemberg 27: 83 S.

OBERDORFER, E. (2001): Pflanzensoziologische Exkursionsflora. 8. Aufl.: 1051 S., Stuttgart.

OBERDORFER, E. (Hrsg. 1977–1992): Süddeutsche Pflanzengesellschaften. 4 Bde. 2. Aufl., Jena/Stuttgart/New York.

OBERDORFER, E. (Hrsg.) (1992): Süddeutsche Pflanzengesellschaften. Bd. IV: Wälder und Gebüsche. 2. Aufl.: 862 S. Jena/Stuttgart/New York.

PHILIPPI, G. (1989): Die Pflanzengesellschaften des Belchen-Gebietes im Schwarzwald. – In: Landesanstalt für Umweltschutz Baden-Württemberg (Hrsg.): Der Belchen im Schwarzwald. – Natur- und Landschaftsschutzgebiete Baden-Württemberg 13: 747–890. Karlsruhe.

REICHELT, G. (1964): Die naturräumlichen Einheiten auf Blatt 185 Freiburg im Breisgau. – Landesanstalt für Landeskunde und Raumforschung. Bad Godesberg.

REKLIP (Trinationale Arbeitsgemeinschaft Regio-Klima-Projekt, Hrsg.) (1995): Klimaatlas Oberrhein Mitte – Süd. – Offenburg. 2 Bde., Zürich.

SCHLENKER, G. (1987): Höhenstufen, Klimatypen und natürliche Bewaldung. Vorschläge für eine künftige Überarbeitung des klimatologisch-vegetationskundlichen Sektors der Regionalen Gliederung von Baden-Württemberg. – Mitteilungen des Vereins für forstliche Standortskunde und Forstpflanzenzüchtung 33: 9–26.

SCHLENKER, G./MÜLLER, S. (1978): Erläuterungen zur Karte der Regionalen Gliederung von Baden-Württemberg III. Teil (Wuchsgebiet Schwarzwald). – Mitteilungen des Vereins für forstliche Standortskunde und Forstpflanzenzüchtung 26: 3–52.

SCHMIDT, U. E. (1989): Entwicklungen in der Bodennutzung im mittleren und südlichen Schwarzwald seit 1780. – Mitteilungen der Forstlichen Versuchs- und Forschungsanstalt Baden-Württemberg 146. Bd. 1: 206 S., Bd. 2 (Anhang): 109 S., Freiburg i. Br.

SCHNELLER, J. J./RASBACH, H. (1984): Hybrids and polyploidy in the Genus Athyrium (Pteridophyta) in Europe. – Botanica Helvetica 94, 1: 81–99.

SCHUHWERK, F. (1973): Die Vegetation des Bannwaldes Wehratal im Südschwarzwald. – Staatsexamensarb. Univ. Freiburg, Fakultät f. Biol. Geobotanik: 70 S.

SCHUHWERK, F. (1988): Naturnahe Vegetation im Hotzenwald (Südöstlicher Schwarzwald). – Diss. Univ. Regensburg: 526 S.

SCHWABE, A. (1987): Fluß- und bachbegleitende Pflanzengesellschaften und Vegetationskomplexe im Schwarzwald. – Dissertationes Botanicae 102: 368 S., Berlin/Stuttgart.

STOLL, H. (1948): Wald und Waldnutzung im Feldberggebiet. – In: MÜLLER, K. (Hrsg.): Der Feldberg im Schwarzwald: 423–492, Freiburg i. Br.

Teil F

ABEL, U./RIEDEL, P.(2002): Bannwald »Scheibenfelsen« – Berichte Freiburger Forstliche Forschung 36: 47 S.

ANDRIS, K./KAISER, H. (1995): Wiederansiedlung des Dreizehenspechts (Picoides tridacytylus) im Südschwarzwald (1995). – Naturschutz am südlichen Oberrhein 1: 3–10.

ARNAIZ-VILLENA, A./GUILLÉN, J./RUIZ-DEL-VALLE, V./LOWY, E./ZAMORA, J./VARELA, P./STEFANI, D./ ALLENDE, L. M. (2001): Phylogeography of crossbills, bullfinches, grosbeaks, and rosefinches. – Cellular and Molecular Life Sciences 58: 1159–1166.

ARNOLD, W. (2009): Winteranpassung des Rotwildes – Konsequenzen für ein artgerechtes Wildtiermanagement. – Redemanuskript anlässlich des Wildtiersymposiums Denzlingen 2009.

BAUM, F. (1989): Zur Käferfauna des Belchengebietes. In: Landesanstalt für Umweltschutz Baden-Württemberg (Hrsg.): Der Belchen. Geschichtlich-naturkundliche Monographie des schönsten Schwarzwaldberges. – Natur- u. Landschaftsschutzgebiete Baden-Württemberg 13: 965–1030, Karlsruhe.

BISS, R. (1995): Die Versauerung in Fließgewässern im Südschwarzwald. – Untersuchungen im Auftrag der LfU, Karlsruhe, unveröffentlicht.

BLICK, T./FRITZE, M.-A. (2010): Artensteckbrief: Die Blockhaldenwolfspinne – Acantholycosa norvegica sudetica (L. KOCH, 1875). – http://blockhalden.de/downloads/acant_norve.pdf6, Zugriff April 2010.

BOETERS, H. D. (1980): Die Gattung Bythinella in Deutschland. – Archiv für Molluskenkunde 111: 191–205.

BOUCHÉ, M. B. (1972): Lombriciens de France. Écologie et Systématique. –Annales de zoologie/ecologie animale, numero special 2: 671 S., Paris.

BOUCHÉ, M.B., 1977: Lumbricid strategies. – In: U. Lohm und T. Persson (Hrsg.): Soil Organisms as

Components of Ecosystems. – Ecological Bulletins 25: 122–132.
BRAUKMANN, U., BISS, R. (2004): Conceptual study – An improved method to assess acidification in German streams by using benthic macroinvertebrates. LIMNOLOGICA 34, S. 433–450.
BRAUN, M. unter Mitarbeit von DIETERLEN, F./HÄUSSLER, U./KRETZSCHMAR, F./MÜLLER, E./NAGEL, A./PEGEL, M./SCHLUND, W./TURNI, H. (2003): Rote Liste der gefährdeten Säugetiere in Baden-Württemberg. – In: M. BRAUN und F. DIETERLEN (Hrsg.): Die Säugetiere Baden-Württembergs. Bd. 1: 263–272, Stuttgart.
BRAUN, M./DIETERLEN, F. (2005) (Hrsg.): Die Säugetiere Baden-Württembergs. Bd. 2: 704 S., Stuttgart.
BRECHTEL, F./KOSTENBADER, H. (Hrsg.) (2002): Die Pracht- und Hirschkäfer Baden-Württembergs: 632 S., Stuttgart.
BREITENMOSER, U./BREITENMOSER-WÜRTEN, C. (2008): Der Luchs, ein Grossraubtier in der Kulturlandschaft: 537 S., Wohlen/Bern.
Bundesministerium für Umwelt, Naturschutz und Reaktorsicherheit (BMU) (2007): Nationale Strategie zur biologischen Vielfalt: 178 S., Berlin.
BRÜNNER, H. (1988): Untersuchungen zur Verbreitung, Ökologie und Karyologie der Waldspitzmaus (Sorex araneus Linné, 1758) und der Schabrackenspitzmaus (Sorex coronatus Millet, 1828) im Freiburger Raum mit Bemerkungen zu einigen anderen Spitzmausarten. – Dipl.-Arb. Univ. Freiburg.: 87 S.
BRÜNNER, H. (1991): Die Kleinsäugerfauna des Naturschutzgebietes Feldberg (einschließlich der geplanten Erweiterung). Abschlussbericht im Auftrag der Bezirksstelle für Naturschutz und Landschaftspflege, Freiburg i. Br.
BRÜNNER, H./BRAUN, M. (1991): Zur Alpenspitzmaus (Sorex alpinus) in Baden-Württemberg. – Carolinea 49: 115–120.
BRÜNNER, H./HOFFRICHTER, O. (1987): Neue Fundorte der Alpenspitzmaus (Sorex alpinus Schinz, 1837) im Südschwarzwald. – Mitteilungen des Badischen Landesvereins für Naturkunde und Naturschutz, N. F. 14: 403–408.
BRÜNNER, H./NEET, C. R. (1991): A parapatric scenery – the distribution and ecology of Sorex araneus and S. coronatus (Insectivora, Soricidae) in Southwestern Germany. – Zeitschrift für Säugetierkunde 56: 1–9.
BURGHAUS, M./v. NELL C. (1988): Die Böden im Wassereinzugsgebiet des Feldsees unter besonderer Berücksichtigung der naturräumlichen Grundlagen. – Dipl.-Arb. Univ. Freiburg, Forst. Fak.: 322 S.
DOUGLASS, G. N. (1892): On the herpetology of the Grand Duchy of Baden. – The Zoologist 16: 211–222.
EBERT, G. (Hrsg.) (1991–2005): Die Schmetterlinge Baden-Württembergs. Bde. 1–10, Stuttgart.
EIDEL, K. (1933): Beiträge zur Biologie einiger Bäche des Schwarzwaldes mit besonderer Berücksichtigung der Insektenfauna der Elz und Kinzig. – Archiv für Hydrobiologie 25: 543–615.
ELSTER, H.-J.: (1961): Untersuchungen über den limnochemischen Stoffwechsel der Hochschwarzwaldseen. – Berichte der Naturforschenden Gesellschaft Freiburg i. Br. 51, 149–208.
ELSTER, H.-J./SCHMOLINSKY, F. (1954): Morphometrie, Klimatologie und Hydrographie der Seen des südlichen Schwarzwaldes. – Archiv für Hydrobiologie, Suppl. 20: 157–211, 375–441.
FELTEN, H. (1984): Zur Verbreitung der Alpenspitzmaus in deutschen Mittelgebirgen. – Natur und Museum 114: 50–54.
Fischereiforschungsstelle Baden-Württemberg (FFS) (1991): Fischereiliche Versuchsfänge im Feldsee am 8. u. 9. Juli 1991. Unveröffentlicht.
Forst BW (2010): Alt- und Totholzkonzept Baden-Württemberg: 36 S., Stuttgart.
Forstliche Versuchs- und Forschungsanstalt (FVA) Baden-Württemberg (1998): Vegetation und Bestandesstruktur im Bannwald Napf, Südschwarzwald: 50 S., Freiburg i. Br.
Forstliche Versuchs- und Forschungsanstalt (FVA) Baden-Württemberg (2008): Aktionsplan Auerhuhn, Freiburg i. Br.
Forstliche Versuchs- und Forschungsanstalt (FVA) Baden-Württemberg (2010): Rotwildkonzeption Südschwarzwald. – Hrsg. Projektgruppe Rotwild, Freiburg i. Br.
Forstliche Versuchs- und Forschungsanstalt (FVA) Baden-Württemberg (2010): Forschungsprojekt »Konzeption Belchen«; Ergebnisbericht zur Erfassung 2009, Freiburg i. Br.
FRIEND, H. (1893): On some new Irish Earth-Worms. – Proceedings of the Royal Irish Academy 3, 11: 402–453.
GAUSS, R. (1963): Bemerkenswerte badische Käferfunde. – Mitteilungen des Badischen Landesvereins für Naturkunde und Naturschutz, N.F. 8: 439–443.
GOSSMANN-KÖLLNER, S./EISFELD, D. (1990): Zur Eignung des Schwarzwaldes als Lebensraum für den Luchs. – Mitteilungen des Badischen Landesvereins für Naturkunde und Naturschutz 15: 177–246.
HELVERSEN, V. O./ESCHE, M./KRETZSCHMAR, F./BOSCHERT, M. (1987): Die Fledermäuse Südbadens. – Mitteilungen des Badischen Landesvereins für Naturkunde und Naturschutz, N.F. 14: 409–475.
HOFFRICHTER, O./OSCHE, G./PAULUS, H. F. (1982): Tierwelt. – In: Landesanstalt für Umweltschutz Baden Württemberg (Hrsg.): Der Feldberg im Schwarzwald. – Die Natur- und Landschaftsschutzgebiete Baden-Württembergs 12: 365–435, Karlsruhe.
HÖLZINGER, J./BOSCHERT, M. (2001): Die Vögel Baden-Württembergs 2.2; Nicht-Singvögel 2: 880 S., Stuttgart.
HÖLZINGER, J./MAHLER, U. (2001): Die Vögel Baden-Württembergs 2.3; Nicht-Singvögel 3: 547 S., Stuttgart.
HÖLZINGER, J./Bauer, H.-G. (2011): Die Vögel Baden-Württembergs 2.0; Nicht-Singvögel 1.1: 458 S., Stuttgart.
HOLDHAUS, K. (1954): Die Spuren der Eiszeit in der Tierwelt Europas. – Abhandlungen der zoologisch-botanischen Gesellschaft Wien 18: 493 S., Wien.

Autorinnen und Autoren

IRIS ASAL, Geografin und Biologin M. A., Mitarbeit bei der Erfassung der Schmetterlinge Baden-Württembergs; Spezialgebiet: Lokalfauna Oberes Wiesental und Feldberggebiet, Biologie und Ökologie der Kleinschmetterlinge.

JOACHIM ASAL, Verwaltungsfachangestellter bei der Stadt Todtnau, Hobbyentomologe seit 50 Jahren, Mitarbeit bei der Erfassung der Schmetterlinge Baden-Württembergs; Spezialgebiet: Lokalfauna Oberes Wiesental und Feldberggebiet.

REGINA BISS, Dipl.-Biologin, Angestellte beim Referat Naturschutz und Landschaftspflege im Regierungspräsidium Freiburg; Arbeitsschwerpunkte: Natura 2000, Limnologie, insbesondere FFH-Lebensraumtypen und -arten im und am Wasser, Makrozoobenthos.

PROF. DR. ARNO BOGENRIEDER, ehemaliger Hochschullehrer an der Universität Freiburg i. Br., Lehrstuhl für Geobotanik; Arbeitsschwerpunkte: Experimentelle Ökologie, naturschutzorientierte Grundlagenforschung; viele Untersuchungen im NSG Feldberg.

HARALD BRÜNNER, Dipl.-Biologe, Landschaftsökologe, freiberuflich tätig; Arbeitsschwerpunkt: Kleinsäugetiere; Fachgutachter in den Bereichen Natur- und Artenschutz, Monitoring und Management von Tierpopulationen, Populationsgenetik, Umweltpädagogik, Mitarbeit bei Forschungsprojekten.

DR. STEFAN BÜCHNER, Dipl.-Biologe, Leiter des 2001 eröffneten Naturschutzzentrums Südschwarzwald im Haus der Natur am Feldberg; Schwerpunkt der Arbeit des Zentrums ist das Miteinander von Tourismus und Naturschutz am höchsten Schwarzwaldberg.

PROF. DR. PETER DETZEL, Dipl.-Biologe, Geschäftsführender Gesellschafter der Gruppe für ökologische Gutachten, Stuttgart; Lehrbeauftragter und Honorarprofessor an der Hochschule für Wirtschaft und Umwelt Nürtingen; Arbeitsschwerpunkte: Entomologie, Artenschutz, Landschaftsökologie und -planung.

KLEMENS FRITZ, Naturschutzfachkraft bei der unteren Naturschutzbehörde im Landkreis Emmendingen, Vorsitzender des Vereins Amphibien/Reptilien-Biotop-Schutz Baden-Württemberg; Arbeitsschwerpunkte: Amphibien und Reptilien, Biotop- und Artenschutz.

DR. ODWIN HOFFRICHTER, Dipl.-Biologe, Akad. Oberrat (i. R.) an der Universität Freiburg i. Br., Abt. Evolutionsbiologie und Ökologie, seit 2004 Lehrbeauftragter; Arbeitsschwerpunkte: (aquatische) Entomologie, Ornithologie, Naturschutz.

DR. ANGELIKA KOBEL-LAMPARSKI, Biologin, Wiss. Mitarbeiterin an der Universität Freiburg i. Br., Abt. Evolutionsbiologie und Ökologie; Arbeitsschwerpunkte: Boden- und Tierökologie, Sukzessionsforschung in Braunkohletagebaugebieten und am Kaiserstuhl.

HUBERTUS KNOBLAUCH, Dipl.-Forstwirt, stellv. Leiter des Naturschutzzentrums Südschwarzwald im Haus der Natur am Feldberg; Interessenschwerpunkt: Naturschutz im Zusammenspiel von Wald, Wild und Jagd.

DR. FRIEDRICH KRETZSCHMAR, Dipl.-Biologe, Sachgebietsleiter Landespflege im Referat Naturschutz und Landschaftspflege im Regierungspräsidium Freiburg; Arbeitsschwerpunkte: Landschaftspflege, Natura 2000, Bewertung von Eingriffen in Natur und Landschaft, Artenschutz.

PROF. DR. FRANZ LAMPARSKI, ehemaliger Hochschullehrer an der Universität Greifswald (Bodenökologie); Arbeitsschwerpunkte: Bodenkunde, Biogene Bodenstruktur, Regenwürmer, Streuabbau.

DR. THOMAS LUDEMANN, Dipl.-Biologe, Privatdozent für Geobotanik an der Universität Freiburg; Arbeitsschwerpunkte: Vegetationsökologie und Vegetationsgeschichte des Schwarzwalds; Grundlagenerhebung für das Naturschutzgroßprojekt Feldberg-Belchen-Oberes Wiesental.

PROF. DR. ANDREAS MATZARAKIS, Dipl.-Meteorologe, Akad. Mitarbeiter an der Universität Freiburg i. Br., Meteorologisches Institut; Arbeitsschwerpunkte: Human-Biometeorologie, Stadtklimatologie, Klima und Tourismus, Klimafolgenforschung.

DR. JÖRG-UWE MEINEKE, Dipl.-Biologe, Landeskonservator, Leiter des Referats Naturschutz und Landschaftspflege im Regierungspräsidium Freiburg; Arbeitsschwerpunkte: Entomologie, Artenschutz.

PROF. DR. BERNHARD METZ, ehemaliger Hochschullehrer am Institut für Physische Geographie der Universität Freiburg i. Br.; Arbeitsgebiete: Glazialmorphologie mit Schwerpunkten im Schwarzwald, in den Alpen und in Nordamerika, Tourismus und Ökologie in sensiblen Ökosystemen Nordamerikas.

PROF. DR. GÜNTHER OSCHE †, verstorben 2009, ehem. Lehrstuhlinhaber für Systematische Zoologie an der Universität Freiburg i. Br.; zahlreiche, auch populärwissenschaftliche Veröffentlichungen, Mitautor beim Feldbergbuch 1982; Arbeitsschwerpunkte: Evolutionsbiologie, Ökologie, Zoologie der Wirbellosen.

WOLFGANG PANKOW, Dipl.-Biologe, Büro für Gewässerökologie & Entomologie in Dogern am Hochrhein, selbstständiger Gewässerökologe und Käferspezialist; Arbeitsschwerpunkte: aquatische Fauna, Gewässergüte-Indikatorarten, aquatische Neozoen, Käferfaunistik, Höhlen- und Totholzkäfer.

PROF. DR. HANNES F. PAULUS, Leiter des Departments für Evolutionsbiologie der Universität Wien, früher Professor für Zoologie an der Universität Freiburg (Mitarbeiter von Prof. Dr. G. Osche); Arbeitsschwerpunkte: Bestäubungsbiologie; Morphologie, Systematik und Phylogenie der Arthropoda, Biologie der Käfer.

HELGA RASBACH, Dipl.-Biologin, und DR. KURT RASBACH, ehemals Leitender Arzt der Reha-Klinik Glotterbad, statteten bereits frühere Publikationen über den Feldberg und zahlreiche weitere Veröffentlichungen mit ihren Fotografien aus.

WOLFGANG RÖSKE, Dipl.-Biologe, Mitarbeiter des Planungsbüros IFÖ (Bad Krozingen) und der Schutzgemeinschaft Libellen in Baden-Württemberg e. V.; Arbeitsschwerpunkte: naturschutzorientierte Fachplanungen, Biotop- und Artenschutz, Libellen.

DR. HELMUT SAURER, Geograf und Physiker, wissenschaftlicher Mitarbeiter am Institut für Physische Geographie der Albert-Ludwigs-Universität Freiburg; Arbeitsschwerpunkte: Klimatologie, Landschaftsgeschichte.

DR. BERND-JÜRGEN SEITZ, Dipl.-Biologe, Hauptkonservator, stellv. Leiter des Referats Naturschutz und Landschaftspflege im Regierungspräsidium Freiburg; Arbeitsschwerpunkte: Naturschutzprojekte, Biotop- und Artenschutz, Geobotanik, Ornithologie.

DR. ERNST JOACHIM TRÖGER, Akad. Oberrat (i. R.), ehemals Universität Freiburg i. Br., Abt. Evolutionsbiologie und Ökologie; Arbeitsschwerpunkt: Entomologie, speziell Faunistik europäischer Netzflügler.

THOMAS ULLRICH, Dipl.-Forstwissenschaftler, Angestellter beim Büro ö:konzept Freiburg, Mitarbeit beim Naturschutzgroßprojekt Feldberg-Belchen-Oberes Wiesental, Schwerpunkt: Ornithologie.

PROF. DR. WOLFHARD WIMMENAUER, ehemaliger Hochschullehrer an der Universität Freiburg i. Br., Lehrstuhl für Mineralogie und Petrographie, 1948–1967 am Geologischen Landesamt Baden-Württemberg; Arbeitsschwerpunkte: Mineralogie und Petrografie, insbesondere Schwarzwald und Kaiserstuhl.

Abkürzungen der Bildautorinnen und -Autoren

AL:	Achim Laber
AS:	Andreas Schabel
BM:	Bernhard Metz
BS:	Bernd-Jürgen Seitz
EM:	Erich Meyer
EMA:	Erich Marek
ET:	Erich Tomschi
EW:	Ekkehard Wachmann
FB:	Friedrich Burghardt
FK:	Friedrich Kretzschmar
FL:	Franz Lamparski
GH:	Günter Hanning
GO:	Günther Osche
HB:	Heiko Bellmann
HEB:	Hedy Brack
HK:	Hubertus Knoblauch
HKR:	Helga und Kurt Rasbach
HM:	Hermann Miller
HMA:	Helmut Mayer
HS:	Helge Steen
HSA:	Helmut Saurer
JA:	Joachim Asal
JM:	Jörg-Uwe Meineke
JR:	Joachim Rheinheimer
JT:	Jürgen Trautner
KABH:	Kreisarchiv Breisgau-Hochschwarzwald
KE:	Klaus Echle
KF:	Klemens Fritz
KS:	Klaus Sternberg
MG:	Manfred Grohe
NAZ:	Archiv Naturschutzzentrum Südschwarzwald
RB:	Regina Biss
RBE:	Rainer Berg
RM:	Roland Molenda
SB:	Stefan Büchner
SM:	Sigrid Meineke
STS:	Stadtarchiv Schaffhausen
SUS:	Sammlung Ulrich Schwarz
TB:	Theo Blick
TD:	Tom Dove
TK:	Thomas Kaiser
TL:	Thomas Ludemann
TU:	Thomas Ullrich
UB:	Ulrich Braukmann
VP:	Volker Pfaff
WE:	Werner Ebser
WP:	Wolfgang Pankow

Blockhalden-Wolfspinne 289
Blockschutt 53
Blumenbinse 163
Blutwurz 117
Bockkäfer 343
Boden 188, 189
Bodenabtrag 58
Bodenbildung 88, 94
Bodenfließen 55, 140, 150
Bodenstruktur 325
Bodentransport 322
Boloria aquilonaris 332, 333
Bonasa bonasia 373
boreo-alpines Faunenelement 329
boreo-alpine Verbreitung 287, 335
boreo-montane Verbreitung 287
Borstgras 113, 117, 350, 407
Borstgrasleichen 118
Borstgrasrasen 113, 117, 118, 121, 176, 185, 214, 247, 264, 275, 335, 354, 407
Borstgras-Torfbinsenrasen 140
Bosmina coregoni 310
Botrychium lunaria 134, 135
Brachsenkraut 432, 446
Brachyptera seticornis 296, 297
Brandenberger Höchsthalde 421, 425, 432
Braunbär 192, 390
Braune Segge 153
Braunseggensumpf 152, 155, 277
Breitblättrige Glockenblume 177
Breitblättriges Knabenkraut 152
Breitblättriges Laserkraut 174
Brennnessel 138, 230, 241
Bryo-Philonotidetum seriatae 143
Bryum schleicheri 142, 144
Buche 210, 212, 214, 217, 220, 221, 227, 230, 247, 327
Buchenfarn 229, 230, 231, 250
Büchner, Stefan 450
Bufo bufo 358
Bulte 157, 160, 165
Buntsandstein 18
Buntspecht 369
Buschwindröschen 229
Bythinella badensis 295

Calamagrostis arundinacea 132, 133, 134, 225, 226, 236, 242, 261
Calcit 69, 86, 173, 176
Calluna vulgaris 117, 125, 250, 256
Caltha palustris 140, 141, 246
Campanula cochleariifolia 173
Campanula latifolia 177
Campanula pusilla 174
Campanula rotundifolia 120
Campanula scheuchzeri 116, 117, 120, 407
Campanula trachelium 242
Canis lupus 387, 389
Cantharidae 336
Cantharis abdominalis 336
Capreolus capreolus 385, 396
Carabidae 331, 335, 337, 338
Carabus auronitens 338, 339
Carabus coriaceus 338

Carabus nodulosus 339
Carabus silvestris 338
Carabus variolosus 339, 340
Cardamine amara 140, 141
Cardamine flexuosa 242
Cardamine pratensis 246
Carduelis citrinella 361, 408
Carduus defloratus 174
Carex davalliana 151, 174
Carex flava 153
Carex frigida 141, 145, 180, 292
Carex fusca 153
Carex limosa 162, 163
Carex pauciflora 166
Caricetum frigidae 145, 277
Caricetum fuscae 155
Caricetum limosae 163
Carici remotae-Fraxinetum 187, 242, 244
Caritashaus 23
Carlina acaulis 134
Castor fiber 384, 385
Centaurea montana 133
Centaurea nigra 134
Cerambycidae 343
Ceratopogonidae 310
Ceruchus chrysomelinus 343
Cervus elaphus 391, 392, 393
Cervus nippon 395
Cetraria cucullata 120, 124, 406
Ceutorrhynchus pandellei 347
Chaerophyllum hirsutum 233, 245, 246, 380
Chaetocnema angustula 347
Chalcedon 86
Chaoboridae 310
Chaoborus flavicans 310
Charakterart 115, 221, 222, 223
Chenopodium bonus-henricus 138
Chersotis cuprea 352
Chionomys nivalis 373
Chironomidae 288, 301, 307, 310
Chiroptera 380
Chlorit 68
Christophskraut 241
Chrysanthemum leucanthemum 242
Chrysochloa 234, 345
Chrysolina purpurascens 346
Chrysolina rufa 346
Chrysomelidae 344
Chrysosplenium oppositifolium 242, 243, 246
Cicerbita alpina 233, 234, 261, 365, 405
Cinclus cinclus 290, 303
Circaea intermedia 242
Cladocera 310
Cladonia arbuscula 167
Clossiana titania 349, 350
C/N-Verhältnis 317
Coccinellidae 331
Coenonympha tullia 333
Coleoptera 301, 310
Colias palaeno 331, 332
Colostygia laetaria 354
Comarum palustre 165
Consorophylax consors 307

Cordierit 68
Cordulegaster bidentata 289, 298
Cordulegaster boltonii 298
Corduliidae 331
Coronella austriaca 359
Corvus corax 367
Corylus avellana 241
Cotoneastro-Amelanchieretum 176
Cottus gobio 304, 311
Crenitis punctatosiriata 329
Crenobia alpina 295, 305
Crepidodera peirolerii 346
Crepis blattarioides 133
Crepis paludosa 257
Crepis pyrenaica 133, 177
Crocidura russula 379
Crustacea 310
Cryptogramma crispa 172, 173
Ctenicera cuprea 337
Ctenicera virens 341
Cucullia lucifuga 352
Curculionidae 347
Cychrus attenuatus 339
Cynosurus cristatus 136
Cystopteris fragilis 176

Dachs 390
Dactylorhiza maculata 153
Dactylorhiza majalis 152
Dactylorhiza traunsteineri 149, 152, 406, 407
Dammläufer 290
Dampfdruck 100
danubisch 21, 23, 24, 25, 27, 186, 187, 190
Daphne mezereum 133
Daphnia longispina 310
Dauerwaldwirtschaft 192, 205
Davalls Segge 151, 174
Deckgebirge 63, 94
Decticus verrucivorus 408
Delta 38, 51, 52
Dendrocopos major 369
Deschampsia flexuosa 117, 119, 221, 249, 250, 252, 256, 350
Deutscher Skiverband 455
Devon 64, 94
Diamesa sp. 307
Diarsia mendica 353
Diatexit 72
Dickschenkelkäfer 341
Dicranella palustris 141, 144
Dicranodontium denudatum 256
Dicranum scoparium 221, 249, 252, 256
Differentialart 117, 221, 222, 223
Digitalis grandiflora 133, 242, 261
Digitalis purpurea 258, 260
Dinocras cephalotes 297
Diphasiastrum alpinum 115, 121, 155
Diphasium issleri 177
Dipluren 283
Diptera 300, 310
Diura bicaudata 305, 306
Dornfarn 199, 221, 229
Dorniger Moosfarn 146, 147, 151

Draht-Schmiele 117, 119, 221, 249, 250
Drahtwürmer 337
Dreiblättriger Baldrian 171
Dreizehenspecht 368, 369
dropstones 94
Drosera 161
Drosera anglica 163
Drosera longifolia 164
Drosera rotundifolia 163, 164
Drosera x obovata 163, 164
Drusen 81
Drusus chrysotus 305, 307
Drusus discolor 307
Drusus monticola 307
Dryas 51
Dryas-Flora 108
Dryas octopetala 108
Dryopteris dilatata 199, 221, 229
Dryopteris filix-mas 228, 229, 235
Dugesia gonocephala 295
duktil 92
Düngung 137, 402, 413, 426
Dytiscidae 329

Eberesche 130, 208, 211, 216, 219, 241, 247, 254, 259, 260, 405
Ecdyonurus venosus 296
Echinococcus multilocularis 386
Edelfalter 332, 349
Edellaubholzwälder 240
Eiche 216
Eichenfarn 230, 231, 236, 250
Eichhörnchen 374
Einbeere 230, 231, 242, 243
Eintagsfliegen 294, 295, 306
Eisenhut 245
Eisenhutblättriger Hahnenfuß 233, 234, 245
Eiskappe 49
Eislöcher 48, 202, 253, 337
Eisrandfauna 286
Eis-Segge 141, 145, 292
Eisseggenflur 145, 277
Eiszeit 188, 282, 284, 285, 286, 289, 292, 331, 384, 403
Eiszeitpflanzen 109
Eiszeitrelikt 108, 334, 404
Eklogit 71
Elateridae 337, 341
Eliomys quercinus 374
Elmis aenea 302
Elmis latreillei 302
Elmis maugetii 302
Elophos dilucidaria 355
Elophos vittaria 354
Elritze 311, 409, 413
Emberiza cia 365, 366
Empetrum hermaphroditum 177
Endmoräne 28, 32, 35, 36, 37, 38, 39, 49, 276
Endogäische Regenwürmer 313
Engerlinge 342
Enochrus affinis 329
Enochrus ochropterus 329
Entephria caesiata 353

Entephria infidaria   353
Entfichtung   206
Entwaldung   184, 193, 205, 208
Epeorus assimilis   296
Ephemeroptera   295
Epidot   69
Epigäische Regenwürmer   313
Epilimnion   308
Epilobio-Geranietum   241
Epilobium alpestre   138
Epilobium alsinifolium   142
Epilobium anagallidifolium   142
Epilobium angustifolium   206, 258, 260
Epilobium montanum   230, 241
Epilobium nutans   142
Epipsilia grisescens   352
Epirhithral   293
Eptesicus nilssonii   382
Equisetum fluviatile   165
Equisetum sylvaticum   257
Erbsenmuschel   295, 311
Erdeule   353
Erdkröte   358
Erdmaus   374
Erebia ligea   350
Erebia meolans   290, 349, 350
Ericaceae   160, 256
Erigeron gaudinii   172, 177
Erinaceus europaeus   379
Eriophoro-Trichophoretum cespitosi   167
Eriophorum angustifolium   153
Eriophorum vaginatum   166
Erlaubnisvorbehalte   426
Erosion   18, 21, 23, 26, 54, 57, 58, 65, 94, 161, 423, 429, 432, 443, 447
Erosionsbekämpfung   421
Erosionsschäden   176, 402, 415, 421, 424, 427, 447, 448, 452
Ersatzgesellschaft   190, 204, 214, 247
Esche   230, 241, 244
Etagenmoos   251, 254, 256
Euchalcia variabilis   351
Eulenfalter   351
Eulipothyphla   373
Euphrasia officinalis   408
eurosibirisch   287
eurytop   281
Eusphalerum sp.   340
Euxoa decora   353

Fabriciana niobe   351
Fadenmolch   358
Fagus sylvatica   221, 227, 230
Falco peregrinus   366
Falkenlibellen   331
Fehr, Hans-Otto   424
Feldbergbuch   400, 401, 402, 413, 424
Feldbergdonau   23, 24, 26
Feldberger Hof   411, 414
Feldberggipfel   400, 402, 403, 406, 428, 433, 442, 444, 445, 448, 457, 458
Feldberggletscher   24
Feldberg-Ranger   427, 430, 432, 447, 449, 461

Feldbergsteig   460
Feld-Enzian   134
Feldhase   383
Feldheuschrecke   355
Feldmaus   375
Feldsee   30, 31, 54, 57, 110, 167, 168, 170, 291, 307, 309, 311, 357, 403, 406, 408, 409, 413, 417, 418, 420, 422, 424, 429, 432, 438, 442, 446, 453
Feldseekar   30, 31, 52, 53, 54, 185, 218, 272, 273, 274, 403, 442
Feldseemoor   32, 51, 155, 157, 185, 276, 329, 358
Feldseemoorstand   51
Feldseestand
Feldspat   68, 69, 70, 74, 90, 93
Felsenbirne   176
Felsen-Ehrenpreis   175
Felsen-Johannisbeere   235, 238
Felsen-Leimkraut   169, 171
Felsenweg   232, 406, 417
Felswand   169, 176, 274, 275
Fernsehturm   419
Festuca altissima   228, 236
Festuca rubra   117, 119
Festuco-Fagetum   227
Festuco-Genistetum sagittalis   117, 134, 214, 263, 276
Fettkraut   153, 407
Fettweide   136
Feuchtezeiger   230, 231, 237, 242
Feuerfalter   351
Feuersalamander   358
FFH-Gebiet   434, 435
FFH-Richtlinie   429
Fichte   111, 124, 182, 183, 203, 204, 206, 210, 214, 247, 254, 327
Fichten-Blockhaldenwald   187, 253, 274, 275
Fichten-Ebereschen-Vorwald   216, 260
Fichten-Felswald   187, 253, 273, 277
Fichten-Moorwald   187, 207, 208, 209, 253, 255, 275, 276
Fichten-Sumpfwald   187, 253, 259, 273
Fieberklee   158, 159, 165, 166
Filipendula ulmaria   245
Fingerhut   132, 242, 258, 260
Fischereiforschungsstelle   413
Fischfauna   311
Fischotter   390
Flachmoor   145, 149, 406
Fledermaus   380
Florengeschichte   158
Flößerei   191
Flügel-Ginster   134
Flügelginsterweide   113, 117, 134, 214, 263, 264, 276
Flussablenkung   25, 26
Flussbarsch   409
Flussnapfschnecke   294, 295
Flussspat   84, 86, 87
Flussverlagerung   26
fluvial   42
Forellenregion   293
Forstliche Versuchs- und Forschungsanstalt Baden-Württemberg   421, 423, 447
Fransenfledermaus   381, 382
Frauenhaarmoos   249

Frauenmantel   143
Fraxino-Aceretum   187, 240
Fraxinus excelsior   230, 241, 244
Friedrich-Luisen-Turm   400, 442
Fries, Walter   417, 418
Frostresistenz   180
Frosttrocknis   111, 124, 129, 405
Fuchsbandwurm   385, 386
Fuchs, Gerhard   424
Fulgurit   93

Gabelzahnmoos   221, 249
Galba truncatula   311
Galeopsis segetum   242
Galeopsis tetrahit   242
Galio-Abietetum   219
Galio-Fagetum   187, 226, 227, 229, 230
Galium harcynicum   117, 126
Galium odoratum   228, 229, 236
Gämse   394, 397, 398
Gangerz   83, 84
Ganggranit   81
Gartenschläfer   374
Gastropoda   311
Gaudins Berufkraut   172
Gaurodytes affinis   329
Gaurodytes congener   329
Gaurotes virginea   344, 345
Gebirgsgrashüpfer   356, 408
Gebirgsschrecke   406
Gebirgsstelze   302
Geburtshelferkröte   359
Geflecktes Knabenkraut   153
Gelappter Schildfarn   241
Gelber Enzian   116, 117, 118, 119, 132, 177, 408, 423
Gelbe Segge   153
Gelbhalsmaus   375
Gemeinde Feldberg   411, 413, 415, 418, 422, 429, 431, 432
Gemeines Fettkraut   406
Genaustausch   179
Genista sagittalis   134
Gentiana campestris   134
Gentiana lutea   116, 117, 119, 132, 354, 408, 424
Geocaching   458, 460
Geometridae   353
Geotrupes stercorarius   342
Geranium robertianum   230, 241
Geröll   77
Geschiebe   40
Gewässerversauerung   305
Gewitter   103
Gewöhnliche Goldrute   116, 117, 224, 257
Gewöhnliche Moosbeere   161, 162
Gewöhnliche Rasenbinse   150
Gewöhnliches Fettkraut   152
Glaeser, Jochen   431, 450
Glaucidium passerinum   367
glazial   42, 188
Glazialrefugium   284, 287, 317, 329
Glazialrelikt   108, 147, 179, 286, 287, 292, 302, 404, 406, 447
glazifluvial   29, 45

Gletscherrandart   329
Gletscherschliff   47
Gletscherstände   51
Gletscherzungenbecken   403
Glimmer   68, 69, 72
Glis glis   374
Glossosomatidae   294
Gnaphalium norvegicum   121
Gnaphalium supinum   122, 180
Gneis   18, 53, 69, 70, 75, 76, 88, 89, 94
Gnitzen   310
Gold-Fingerkraut   114, 115, 119, 120, 407
Goldnessel   228, 231, 235
Goldrute   117, 224
Gondwana   91
Grafenmatt   112, 216
Granat   69, 71
Granit   17, 53, 64, 72, 74, 79, 93, 94
Granitporphyr   64, 82, 94
Granophyre   82
Grasfrosch   357, 358
Grauerle(nwald)   187, 208, 242, 244, 246, 273, 275
Grauwacken   64, 77, 79, 91, 94
Greiskraut   206, 224, 258, 259, 260, 261
Gromer, Ludwig   425
Groppe   304, 311, 413
Großblütiger Fingerhut   242, 261
Großer Wiesenknopf   141
Grüble   154, 445, 448
Grunderwerb   423, 432
Grundgebirge   16, 34, 63, 64, 94
Grundmoräne   36, 41, 44
Grüner Alpenlattich   121
Grüner Streifenfarn   176
Günsel   236
Gutach   24, 30
Guter Heinrich   138
Gymnocarpium dryopteris   230, 231, 236, 250, 252

Haarmützenmoos   221
Habichtskraut   224
Habitatbäume   369
Hahnenfuß   134, 233, 234, 245
Hainsimsen-Buchenwald   187, 221, 252, 266
Hainsimsen-Tannenwald   187, 224, 247, 251, 273
Hakenkäfer   293
Halesus rubricollis   305, 307
Hämatit   83
Hängetal   37
Hangschutt   29
Haplotarsus angustulus   341
Harnisch   66, 92
Harzer Labkraut   117, 126
Hasel   241
Haselhuhn   202, 373
Haselmaus   374
Hasenlattich   132, 224, 225, 228, 236
Hasenlattich-Habichtskraut   132, 133
Haslachtal   23, 34, 36, 49
Haubentaucher   311
Hauptbaumarten   214, 219
Haus der Natur   432, 445, 450, 451, 461
Hausmaus   376

Hausspitzmaus   379
Hebelhof   23, 411, 418
Heidegrashüpfer   357
Heidekraut   117, 125, 250, 256
Heidekrautgewächse   256
Heidelbeere   117, 125, 208, 221, 249, 250, 256, 353, 371
Heimatschutz Schwarzwald   417, 418, 420
Helokrene   304
Heracleum sphondylium   242
Hermelin   390
Herpotrichia juniperi   128
Herpotrichia nigra   128
Herzblatt   152, 153
Herzblatt-Braunseggensumpf   149
Herzogenhorn   40, 41, 42, 58, 179, 216, 217, 403, 404, 405, 412, 415, 421, 445
herzynisch   20
Herz-Zweiblatt   254, 256
Heuschrecke   355
Hexenkraut   242
Hieracium aurantiacum   177
Hieracium inuloides   132
Hieracium murorum   224, 257
Hieracium prenanthoides   132, 133
Himbeere   207, 224, 260
Hinterwaldweide   277, 425
Hinterzarten   24
Hinterzartener Moor   24, 156, 157, 329
Hirschbäder Moor   157, 189, 275, 329
Hirschkäfer   341
Historisch alter Wald   196, 248
Hochfirst   34
Hochflächenschwarzwald   16, 186, 188
Hochkopf   33
Hochlagen-Fichtenwald   214, 247, 249, 251, 252, 264, 266
Hochmoor   41, 145, 157, 161, 162, 291, 329
Hochmoor-Bläuling   333, 334
Hochmoor-Gelbling   331, 332
Hochmoor-Mosaikjungfer   331
Hochmoor-Perlmutterfalter   332, 333
Hochmoorpflanzen   158
Hochwasserereignis   26
Hockenjos, Fritz   421
Höhenstufen(gliederung)   188, 190, 211, 213, 214, 217, 218, 248
Höhenstufenvikarianz   120, 288
Hohfelsen   42
Hohlzahn   242
Höllenotter   360
Höllental   24
Holozän   94
Holunder   207, 260
Holzkohleanalyse   197, 200, 212, 214, 215
Holztransport   193, 196
Homogyne alpina   121, 180
Hoplia argentea   342
Hornblende   68, 69, 70, 71, 74
Horst   19
Humidität   96
Humusform   323
Humustapete   315, 321

Hunds-Veilchen   134
Huperzia selago   250, 252
Hütten   423, 428, 439
Hydraena lapidicola   302
Hydraena truncata   302
Hydriomena ruberata   354
Hydrophilidae   302, 329
Hydroporus sp.   329
Hydropsyche angustipennis   299
Hydropsyche pellucidula   299
Hydropsyche sp.   299, 300
Hylocomium splendens   251, 252, 254, 256
Hypolimnion   308
Hyporheal   295

Igel   379
IGNLF   421, 447
Iltis   390
Ilybius crassus   329
Impatiens noli-tangere   230, 237, 241
insectivor   161
Insektenfresser   373
Interessengemeinschaft zur Pflege von Natur und Landschaft im Feldberggebiet   421
Isoëtes echinospora   168, 409, 446
Isoëtes lacustris   168, 409, 446
Isoëtes setacea   168

Jahresmitteltemperatur   188, 446
Judolia sexmaculata   344, 346
Juncus squarrosus   141
Junior-Ranger-Abzeichen   451
Jura   18, 20, 94

Käfer   301, 310, 331, 334
Kalifeldspat-Augengneis   64, 75, 76
Kalkpflanzen   109, 173
Kalksilikat   76
Kälterekord   96
Kambrium   94
Kammeis   55, 56
Kammgras   136
Kammmolch   359
Kammschwarzwald   16, 19, 186
Kappenvereisung   30
Kar   30, 37, 110, 188, 273, 291, 403, 420
Karboden   30, 32, 34, 36, 37, 40, 46, 217, 277
Karbon   64, 94
Kargletscher   30
Kar-Lippe   403
Karoid   30, 32, 46
Karrückwand   31, 36, 54, 272, 274, 277
Karschwelle   32, 47
Karsee   30, 272, 274, 408
Katzenpfötchen   134
Katzensteig   45, 425
Kerbtal   47
Keßlermoos   49
Keulen-Bärlapp   125
Kiefer   216, 256
Kielwassertheorie   205
Kieselalgen   294
Klangfichtenstandort   277

Klarmeyer, Franz   414, 418
Klee-Borstgrasrasen   136
Kleine Teichrose   168, 177
Kleinkrebs   310
Kleinsäuger   373
Kleinsäugergesellschaft   379
Kleinwühlmaus   375
Klima   95, 180, 188
Klimadiagramm   96
Klimamodell   106
Klimawandel   106, 203, 381, 446
Kluft   47, 65
Klüftung   66
Kluse   38, 39, 40, 42
Knautia sylvatica   242
Knoblauch, Hubertus   450
Knotenfuß   234, 236, 237, 251
Köcherfliegen   292, 293, 294, 299, 305, 306, 307, 310, 329
Kohlenstoff/Stickstoff-Verhältnis   317
Köhlerei   191, 193, 196, 199, 214, 215, 248
Kohlholz   194, 197, 212
Kohlplatz   196, 197, 199, 212, 217
Kokon   317
Kolkrabe   367
Kollision   91
Konfluenz   40, 42
Konfluenzstufe   33
konservatives Glazialrelikt   120
Krähenbeere   177
Kranzmoos   249, 252, 254
Krauser Rollfarn   173
Kreide   18
Kreuzblume   134
Kreuzotter   360
Kriebelmücken   288, 293, 300, 301, 307
Krunkelbachgletscher   40
Krunkelbachtal   40, 41, 55, 83, 198, 230, 273, 275, 419, 425
Kugelorchis   135
Kuhbusch   383
Kuhfladenkrankheit   128
Kulturlandschaftsschutz   204
Kupfereule   352
Kurzflügler   331, 338, 339

Laber, Achim   427, 447, 449
Lacerta agilis   359
Lägerflur   137, 139
Läger-Rispengras   136
Lamellicornia   341
Lamium galeobdolon   228, 231, 235
Landesanstalt für Umweltschutz   421, 424
Landschaftsplan   421
Landschaftsschutzgebiet   411, 426, 431, 434, 436
Landschaftsverbrauch   421
Langblättriger Sonnentau   163, 164
Langhornbock   344
Langohr   381
Lanzen-Schildfarn   175
Laserpitium latifolium   174
Lasiodiamesa gracilis   288, 329
Lasionycta proxima   352

Laufkäfer   290, 331, 335, 337, 338
Laumontit   69
Lawine   57, 404
Lawinenbahn   127, 260, 261, 275, 404
Lawinenschutz   417
Lebensgemeinschaft   280
Lebensraumkarte   185, 261, 268, 270
Lebensraummosaik/-muster   266, 278
Lebensraumspektrum   262, 264
Legföhre   417
Leistungszentrum   216, 421
Leontodon helveticus   114, 115, 120, 407, 408
Leontodonto helvetici-Nardetum   114, 126, 247, 275
Leontodonto-Nardetum cetrarietosum   125
Leontodonto-Nardetum trifolietosum   136
Leptoiulus simplex glazialis   287
Leptusa simoni   341
Lepus europaeus   383
Lepus timidus varronis   384
Leucorchis albida   115, 350
Leucorrhinia dubia   329
Leuctra alpina   298
Leuctra autumnalis   298
Leuctra handlirschi   296
Leuctra prima   297
leukokrater Gneis   64, 69, 75
Libellen   298, 329
Lidmücken   300
Liehl, Ekkehard   420, 421, 422
LIFE-Projekt   430, 432
Ligusticum mutellina   123, 126, 405
Lilium martagon   133, 242, 261
Limnephilus extricatus   329
Limnofauna   291
Limonit   86
Limonius aeneoniger   341
Linde   241
Liparus germanus   348
Liparus glabrirostris   348
Liponeura brevirostris   300
Liponeura-Larve   300
Lipphardt, Martin   452
Listera cordata   254, 256
Litoral   310
Littorella uniflora   169
llybius crassus   329
Löffeltal   24
Lonicera nigra   234, 235, 241
Lucanidae   341, 343
Luchs   192, 387, 388, 389
Luftdruck   97
Luftfeuchtigkeit   100
Lufttemperatur   99, 188
Lumbricus badensis   283, 312, 324
Lumbricus friendi   317, 324
Lumbricus papillosus   312
Lumbricus terrestris   312, 324
Lutra lutra   390
Luzula luzuloides   221, 224, 249, 250, 252
Luzula sylvatica   221, 224, 250, 252
Luzulo-Abietetum   187, 224, 247, 251
Luzulo-Fagetum   187, 221, 252
Luzulo-Piceetum   187, 247, 248

Lycaena alciphron 351
Lycaena hippothoe 351
Lycaenidae 351
Lycopodiella inundata 160, 161, 163
Lycopodium annotinum 250, 252, 256, 257
Lycopodium clavatum 125
Lynx lynx 387, 388, 389

Maculinea arion 351
Mädesüß 245
Maianthemum bifolium 257
Marderhund 390
Margerite 242
Marienkäfer 331
Marmota marmota 384
Martes foina 390
Martes martes 390
Massentourismus 434, 437
Mauerraute 176
Maulwurf 316, 322, 379
Mausohr 381
Mauswiesel 390
Megaloptera 310
Mehlbeere 120, 130, 131, 132, 176, 261
Meisterwurz 139
Melampophylax melampus 306
Melampyrum pratense 251, 252, 258
Melandrium sylvestre 242
Meles meles 390
Menyanthes trifoliata 158, 159, 165, 166
Menzenschwand 38, 39, 42, 55, 67, 198, 230, 273, 275, 411, 415, 419, 433
Menzenschwander Albtal 38, 42, 43, 51, 55, 93, 199, 208, 421, 425, 432
Mercurialis perennis 229, 230, 236, 241
Merkmalsgradient 120
Mesozoikum 18, 19, 20
Mesozoisches Deckgebirge 18
Metablastit 72
Metalimnion 308
Metamorphose 94
Metatexit 73
Mettma 27
Meum athamanticum 114, 116, 117, 126, 407, 408
Microtus agrestis 374
Microtus arvalis 375
Microtus subterraneus 375
Mierenblättriges Weidenröschen 142
Migmatit 64, 72
militärische Bauten 415
Milzkraut 242, 243, 245
Mineralboden 326
Mineralbodenzeiger 158, 165
Miramella alpina 355, 405, 406
Mittelbuck 110, 140, 199, 219, 429, 445
Mohrenfalter 350
Molinia caerulea 158, 165
Mollusca 311
Mondraute 134, 135
Monochamus sutor 344
Mons Veltperch 112, 407
Montblanc 443
Moorbeere 165, 167, 256

Moor-Bunteule 333
Moorkiefer 156, 331
Moor-Wollgras 166
Moosbeere 157, 165, 256
Moosjungfer 329
Moräne 29, 189, 276
Moränenstausee 36, 39, 51, 52
Motacilla alba 302
Motacilla cinerea 302
Mountainbike 444, 452
Mull 324
Murmeltier 384
Muscardinus avellanarius 374
Muscheln 311
Mus domesticus 376
Muskovit 68, 90
Mustela erminea 390
Mustela nivalis 390
Mustela putorius 390
Mycetoporus monticola 338
Mykorrhiza 160
Myodes glareolus 374
Myotis brandtii 381
Myotis daubentonii 381
Myotis emarginatus 381, 382
Myotis myotis 381
Myotis mystacinus 381
Myotis nattereri 381, 382
Myriophyllum alterniflorum 169
Myrrha octodecemguttata 331

Nachkriegsjahre 412
Nachtfalter 351
Nagetiere 373
Nährgebiet 40
Napf 45, 199, 205, 206, 207, 235, 237
Nardetum alpigenum 126
Nardo-Gnaphalietum supini 123
Nardus stricta 113, 117, 350, 407
Nassschnee 277
NATO-Ohren 429
Natrix natrix 360
Natternwurz-Perlmutterfalter 349, 350
NATURA 2000 429
Naturfreunde 415
Naturnaher Waldbau 192, 205, 264
Naturpark Südschwarzwald 430, 432, 450, 455, 459
Naturraumeinheit 15, 16, 186
Naturräumliche Gliederung 186
Naturschutzgebiet 400, 426, 434, 435, 449, 459, 461
Naturschutzgeschichte 409
Naturschutzgroßprojekt 261, 368, 430, 432, 433
Naturschutzverband 417, 423
Naturschutzverwaltung 412, 413, 419, 421, 422, 423, 424, 429, 431, 440, 446, 448, 449, 450, 455, 460, 461
Naturschutzwart 423, 427
Naturschutzzentrum Südschwarzwald 422, 423, 431, 437, 450, 451, 452, 453, 455, 456, 458, 459
Nebenbaumarten 214
Nebria (Nebriola) praegensis 290, 337
Nebria rufescens 338
Nebula tophaceata 353

Nemoura avicularis   310
Nemoura cinerea   298, 310
Neoendemit   317
Neomys anomalus   378
Neomys fodiens   378, 379
Nesselblättrige Glockenblume   242
Netzflügler   287, 288
Neuabgrenzung   424
Neuroptera   287
Neustadt   30
Nickendes Weidenröschen   142
Niedermoor   145
Niederschlag   103, 188
Niedrige Schwarzwurzel   155
Nitrophyten   137
Nivation   56
Nivationsnische   32
Noctuidae   351
Nordfledermaus   382
Nordischer Streifenfarn   171
Norwegisches Ruhrkraut   121
Nothhelfer, Norbert   425, 426, 427
Nucifraga caryocatactes   290
Nuphar pumilum   168, 177
Nyctereutes procyonoides   390
Nymphalidae   332, 349

Oberdevon   79
Oberdorfer, Erich   417
Oberflächenprozesse   94
Oberrheingraben   18, 20, 65, 85, 94, 95, 110, 204
Ochthebius granulatus   302
Odonata   298
Oedemera tristis   341
Oedemeridae   341
Öffentlichkeitsarbeit   431
ökologischer Waldumbau   206
Ökomobil   423
Ökoschema   282
Ökotyp   180
Olivinnephelinit   82
Olympisches Dorf   412, 414
Omalium nigriceps   340
Omocestus haemorrhoidalis   357
Onthophagus sp.   342
Orangerotes Habichtskraut   177
Ordovizium   91, 94
Oreal   283, 284, 287
Oreina alpestris   405
Oreina cacaliae   346
Oreina sp.   345, 355
oreo-alpine Verbreitung   335
Oreonebria castanea   335, 337, 341
Orthogneis   64, 69, 70, 75, 93, 94
Orthoklas   68, 70, 75, 80, 81, 82
Oryctolagus cinuculus   384
Osterrain   56, 127, 185, 260
Otiorhynchus coecus   347
Otiorhynchus morio   347
Otiorhynchus nodosus   285, 286, 290, 347
Oxalis acetosella   224, 225, 257
Oxalis-Gruppe   242, 250, 252
Oxidationsmineral   85

Oxycoccus palustris   siehe Vaccinium oxycoccos
Oxypoda lugubris   338

Pachyta lamed   343
Pachyta quadrimaculata   343
Paläozoikum   18, 20
Pappel   260
Paragneis   64, 68, 69, 72, 74, 75, 76, 91, 94
Paris quadrifolia   230, 231, 242, 243
Parkhaus   441
Parnassia palustris   152, 153
Parnassio-Caricetum fuscae   149, 153
Parnassius apollo   349
Pauropoden   283
Pechblende   83, 84
Pedicularis sylvatica   141
Pegmatit   81
Peitschenmoos-(Fichtenwald)   251, 253
Pelagial   310
Perca fluviatilis   311, 409
Periglazialfauna   286
Perizoma obsoletata   354
Perizoma verberata   354
Perla grandis   297
Perla marginata   297
Perlmutterfalter   351
Perm   94
Pestwurz   230, 243
Petasites albus   230, 243
Peucedanum ostruthium   139
Pfannenstiel, Max   420
Pfeifengras   158, 165
Pflanzengesellschaft   107, 221
Pflegemaßnahmen   432, 433
Pflege- und Entwicklungsplan   432
Phakoid   92
Philonotis seriata   141, 144
Philonthus nigrita   331
Philopotamus ludificatus   292, 293
Phloeonomus bosnicus   340
Phoxinus phoxinus   311, 409
Picea abies   182, 203, 204, 206, 210, 247, 254
Piceo-Sorbetum   216, 260
Picoides tridactylus   368, 369
Piktogramm   448
Pinguicula vulgaris   152, 153, 406, 407
Pinit   68
Pinus mugo ssp. rotundata   156, 331
Pinus sylvestris   216
Pisidium sp.   311
Pistenpräparation   441
Plagioklas   68, 70, 71, 80, 81, 90
Plagiothecium undulatum   250, 252, 254, 256, 257
Planarien   295
Plankton   310
Plantago lanceolata   134
Platambus maculatus   310
Platanenblättriger Hahnenfuß   234
Platanthera bifolia   134
Plateaugletscher   403
Plattentektonik   78, 91
Plattmoos   250, 252, 254
Platycerus caprea   343

Platycerus caraboides   343
Plecoptera   292, 296
Plecotus auritus   381
Pleistozän   20, 23, 25, 28, 29, 54, 94
Pleurozium schreberi   251, 252, 256
Plusia gamma   352
Poa chaixii   119, 134
Poa supina   136
Podiceps cristatus   311
Podistra pilosa   336
Pohlia wahlenbergii   143
Pollenanalyse   158, 213
Polycelis felina   295, 305
Polychchrysia moneta   351
Polychrysia moneta   352
Polygala vulgaris   134
Polygonatum verticillatum   224, 225
Polygonum bistorta   233, 332, 349
Polystichum aculeatum   241
Polystichum lonchitis   175
Polytrichum commune   256
Polytrichum formosum   221, 249, 252, 256
Populus tremula   260
Potentilla aurea   114, 115, 120, 407
Potentilla erecta   117, 120
Potenzielle natürliche Vegetation   184, 190, 212, 266
Präglazialfauna   284
Präkambrium   91
Prä-triadische Landoberfläche   18
Preiselbeere   251, 256
Prenanthes purpurea   132, 224, 225, 228, 236, 257
Primärstandort   241, 244
Primula auricula   174
Primula elatior   230, 231, 242, 243
Proclossiana eunomia   332
Procyon lotor   390
Profundal   310
progressives Glazialrelikt   120
Prosimulium hirtipes   307
Proterozoikum   94
Prozessschutz   200, 201, 204
Psectrocladius octomaculatus   288
Pseudophilotes baton   351
Pterostichus panzeri   336
Pyrit   69, 83, 84

Quarz   68, 70, 84, 87, 90, 93
Quedius alpestris   338
Quellen   139, 291, 304, 307
Quellfauna   305
Quellfluren   141
Quelljungfer   289, 298
Quellmoor   406
Quell-Sternmiere   141
Quendel-Bläuling   351
Querco-Fagetea   251
Quercus petraea   216
Quirlblättriges Weidenröschen   138

Rädertiere   310
Rahm, Gilbert   420
Raimartihof   413
Ramsele   134, 136

Rana temporaria   357, 358
Randgranit   64, 76, 92
Randring-Perlmutterfalter   332
Ranunculus aconitifolius   233, 234, 245
Ranunculus acris   134
Ranunculus montanus   177
Ranunculus platanifolius   234
Rasenbinse   150, 166
Raufußkauz   367
Rauschbeere   256
Rauschbeerenspanner   333
Reh   394, 396, 397
Rehschröter   343
Reichsjagdgesetz   397
Reichsnaturschutzgesetz   409, 412
Reitgras   225, 226, 236, 242, 261
Reliefgeneration   16, 18, 23, 44
Reliefwechsel   186, 274
Reptilien   357
Rhagonycha fulva   336
rhenanisch   20, 21, 23, 24, 25, 26, 27, 186, 187, 188, 190
Rheohelokrene   304
Rheokrene   304
Rhithrogena aurantiaca   296, 306
Rhithrogena semicolorata   296, 306
Rhyacophila aquitanica   299, 305
Rhyacophila hirticornis   292
Rhyacophila philopotamoides   299
Rhyacophila praemorsa   292, 299
Rhyacophila pubescens   292
Rhyacophila tristis   299
Rhynchospora alba   163, 164
Rhynchosporetum albae   163
Rhytidiadelphus loreus   249, 252, 254, 256
Ribes petraeum   235, 238
Richtfunkanlage   429
Rieselflur   145
Riesen, Erd-/Holz-   192, 193
Ringdrossel   286, 289, 364, 365
Ringelnatter   360
Rinkendobel   51
Rippenfarn   249, 252, 255
Riss-Kaltzeit   28, 29
Rodentia   373
Rohhumus   327
Rollfarn   172
Rosa pendulina   132, 133, 234
Rosmarinheide   164, 165, 256
Rotatoria   310
Rötelmaus   374
Roter Fingerhut   258, 260
Rotes Straußgras   117, 119
Rotfuchs   385, 386, 387
Rothirsch   391, 392, 393, 394
Rotmeer   156, 157
Rot-Schwingel   117, 119
Rotschwingelweide   134, 136
Rotstengelmoos   251, 256
Rotwildgebiet   392, 395
Rubus idaeus   207, 224, 260
Ruchgras   115, 119
rückschreitende Erosion   21, 25, 55

Rühr-mich-nicht-an   230, 237, 241
Rumex acetosa   351
Rumex alpinus   137, 139, 423
Rumex arifolius (= alpestris)   138, 233, 234, 250, 252
Rumicetum alpini   137
Rumpffläche   18
Rundblättrige Glockenblume   120
Rundblättriger Sonnentau   163
Rundhöcker   32, 33, 37, 38, 42, 44, 46, 420
Rupicapra rupicapra   397, 398
Ruprechtskraut   241
Ruschelzone   68
Rüsselkäfer   285, 286, 290, 339, 347
Rutschfläche   92

Säbelwüchsigkeit   131
Sagina saginoides   143, 144
Saibling   413
Salamandra atra   359
Salamandra salamandra   358
Salbei-Gamander   242
Salix appendiculata   120, 130, 131, 261, 405, 417
Salix aurita   256
Salix caprea   120, 260
Salix cinerea   256
Salix x multinervis   256
Salmo trutta f. fario   311, 409
Saltatoria   355
Salvelinus alpinus   311, 409
Sal-Weide   120, 260
Sambucus racemosa   207, 260
Sanguisorba officinalis   141
Sauerklee   224, 225, 257
Sauerklee-Gruppe   224, 228, 236
Säugetiere   373
Saxifraga paniculata   173
Saxifraga stellaris   143
Scapania paludosa   143
Scapanietum paludosae   144
Scarabaeidae   341
Schabenkraut-Pippau   133, 177
Schabrackenspitzmaus   376
Schafbeweidung   413, 414, 415, 420, 422, 426, 432
Schattenblümchen   257
Schatzsuche   458
Schaumkraut   242, 246
Scheibenflechtmoos   41, 157, 276, 329
Scheidiges Wollgras   166
Schermaus   375
Scherzone   67
Scheuchzeria palustris   163
Scheuchzers Glockenblume   116, 117, 120, 407
Schichtung   65
Schiefer   64
Schieferung   66, 67, 69, 94
Schlagflur   258, 259, 265
Schlammfliegen   310
Schlammröhrenwürmer   311
Schlamm-Segge   162, 163
Schlamm-Seggen-Gesellschaft   163
Schleie   311
Schlenken   157, 159, 160, 161, 162
Schlingnatter   359

Schluchsee   35, 37
Schluchseegranit   81, 94
Schluchtwald   240
Schlucht-Weide   120, 130, 131, 132, 261, 405
Schlüsselblume   230, 231, 242, 243
Schmalblättriger Igelkolben   168
Schmalblättriges Weidenröschen   206, 258, 260
Schmalblättriges Wollgras   153
Schmetterlinge   348
Schnabelried-Schlenken   163
Schnecken   281, 311
Schneeboden-Gesellschaft   123
Schneebruch   277
Schneedecke   96, 103, 104, 283
Schneemaus   373
Schneeschimmel   128
Schneeschuhwandern   433, 437, 439, 441, 451, 454, 455, 456, 457, 459
Schneesicherheit   106
Schneewechte   181, 185, 260, 273, 275, 406
Schneewürmer   337
Schnellkäfer   337, 341
Schonwald   200, 201, 202
Schotterfläche   29, 30
Schroeder, Conrad   430, 431
Schurhammer, Hermann   410, 414, 416
Schutthalde   53, 275
Schutzbedürftigkeit   403
Schutzgebietsverordnung   448, 457, 460
Schutzwürdigkeit   401, 403
Schwarzatal   27, 28, 37
Schwarze Flockenblume   134
Schwarze Heckenkirsche   234, 235, 241
Schwarzenbachtal   35
Schwarzerle(n-Auwald)   187, 242, 244, 245
Schwarzstieliger Streifenfarn   171
Schwarzwälder Hauptwasserscheide   25
Schwarzwaldverein   415, 422, 423, 428, 437, 439, 447, 452, 453
Schweizer Löwenzahn   114, 115, 120, 407, 408
Schwemmbachkar   43
Schwemmbachtal   43
Schwemmfächer   54
Schwerspat   86
Schwimmkäfer   329
Sciurus vulgaris   374
Scorzonera humilis   155
Sedum album   349
Seebach   154, 291, 308
Seebachgletscher   403
Seebachtal   30, 33, 34, 48, 49, 50, 218, 246, 274, 275, 276
See-Brachsenkraut   168, 409, 446
Seebuck   14, 17, 110, 404, 406, 414, 415, 417, 418, 419, 424, 431, 433, 434, 438, 439, 440, 441, 444, 445, 457
Seebuckturm   429, 431
Seesaibling   311, 409, 413
Seidelbast   133
Seitenmoräne   35, 39, 40, 49, 51
Selaginella selaginoides   146, 147, 152
Senecio hercynicus   224, 261
Senecio ovatus   206, 224, 258, 259, 260
Separation   179, 318

Sergentia coracina   311
Sesselbahn   429
Sessellift   417, 431
Sialis sp.   310
sibirisches Faunenelement   284
Siebenschläfer   374
Siebenstern   167, 177
Sikahirsch   395
Silberdistel   134
Silbermantel   147
Silberwurz   108
Silene rupestris   169, 171
Sillimanit   69
Silur   94
Simuliidae   293, 300, 307
Simulium costatum   307
Simulium sp.   301
Skifahren   438
Skilift   415
Smaragdlibellen   329
Snow-Kiting   433, 439, 441, 456
Soldanella alpina   146, 152, 180, 404, 406
Solidago virgaurea   116, 117, 224, 257
Solifluktion   28, 55, 140, 150, 154
Somatochlora alpestris   288, 329, 331
Somatochlora arctica   329, 331, 332
Sommertourismus   442
Sonderstandort   181, 184, 214, 253, 260, 264, 273
Sonnenscheindauer   97, 98
Sonnentau   161
Sorbo-Calamagrostietum   132, 134, 237
Sorbus aria   120, 130, 131, 176, 261
Sorbus aucuparia   130, 131, 176, 216, 241, 254, 259, 260, 354
Sorbus chamaemespilus   120, 130
Sorbus x ambigua   132
Sorex alpinus   377, 378
Sorex araneus   376
Sorex coronatus   376
Sorex minutus   377
Spanner   353
Sparganium angustifolium   168
Sparrige Binse   141
Sperlingskauz   367
Sphagnetum magellanici   167
Sphagnum   157, 159, 251
Sphagnum cuspidatum   162
Sphagnum magellanicum   258
Sphagnum majus   162
Spieß-Ampfer   138
Spießhorn   157, 276
Spießhorn-Verband   64, 65
Spitz-Ahorn   241
Spitzmäuse   376
Spitz-Wegerich   134
St. Wilhelmer Eislöcher   253
St. Wilhelmer Tal   45, 70, 186, 187, 205, 220, 237, 275, 403, 421
Stachelsporiges Brachsenkraut   168, 409, 446
Stagnation   308
Staiblin, Gerdi   428, 431
Standortverhältnisse   186, 213, 216, 253
Staphylinidae   331, 338, 339

Stauroderus scalaris   356, 408
Steinadler   282
Steinfliegen   289, 292, 294, 296, 297, 305, 306, 310
Steinmarder   390
Stellaria alsine   141
Stellaria nemorum   234, 242, 243
Stellaria uliginosa   141
Stellario-Alnetum   187, 242, 244, 245
Stenobothrus stigmaticus   357
stenotop   281, 288
Stenus guynemeri   340
Stenus montivagus   338
Stern-Steinbrech   143
Stickstoffpflanzen   137
Stiftung Naturschutzfonds Baden-Württemberg   432
Storchschnabel   230, 241
Strandling   169
Streptopus amplexifolius   234, 236, 237, 250
Streuabbau   313
Striemung   66
Strix aluco   367
Strudelwürmer   295, 305
Stübbematerial   197
Subalpine Vegetation   184, 185, 237, 260, 261, 266, 273, 277
subsilvin   55
Succisa pratensis   141
Sukzession   184, 193, 200, 205, 208, 255, 258, 259
Sumpf-Bärlapp   160, 161, 163
Sumpf-Blutauge   165
Sumpfdotterblume   140, 141, 246
Sumpfenzian   149
Sumpf-Pippau   257
Sumpfspitzmaus   378
Sumpfstern   407
Sumpf-Veilchen   153
Sumpfwald   246, 256
Sumpfwaldkomplex   257
Sus scrofa   390, 391
Swertia perennis   149, 151, 152, 407
Symphylen   283
Syngrapha interrogationis   351, 352
Synusie   144

Tachybaptus ruficollis   311
Taeniopteryx hubaulti   297
Tagfalter   349
Taghafte   287, 288
Tag-Lichtnelke   242
Talgletscher   403
Talpa europaea   379
Talübertiefung   38
Talvergletscherung   30
Tanne   196, 202, 203, 206, 210, 212, 214, 217, 220, 227, 247, 248
Tannen-Bärlapp   250
Tannen-Buchenwald   211, 213, 214, 221, 227, 228, 264, 273, 275
Tannen-Fichtenwald   219
Tannenhäher   290
Tarant   149, 151
Tauernrinne   272, 273, 438
Tausendfüßer   287

Teich-Schachtelhalm   165
tektonisch   71
Terrassenbildung   30
Tertiär   94
Tetrao urogallus   370, 371, 387, 455
Teucrium scorodonia   242
Teufelsabbiss   141
Thelypteris limbosperma   251, 252
Thelypteris phegopteris   229, 230, 231, 250, 252
Thlaspi caerulescens   135
Thlaspi caerulescens ssp. caerulescens   136
Thlaspi sylvestre   136
Thymian-Ameisenbläuling   351
Thymus alpestris   176, 177
Thymus pulegioides   176, 351
Tiefenprozess   94
Tiefgrabende Regenwürmer   314
Tiergeografie   280, 282
Tilia platyphyllos   241
Tinca tinca   311
Titisee   24, 28
Titiseestadium   49
Titiseestand   33, 51
Tollwut   386
Tonmineral   90
Torf   145
Torfmoose   159, 162, 251, 253, 254, 256, 331
torrentikol   286, 293
Toteisloch   39, 41
Totholz   205
Tourismus   103, 105, 106, 424, 433, 451, 452, 459
Transfluenz   29, 36, 44, 48, 49, 50
Trauben-Steinbrech   173
Traunsteinera globosa   135
Traunsteiners Knabenkraut   149, 152, 406, 407
Treppenkar   46
Trias   18, 94
Trichophorum cespitosum   150, 166
Trichoptera   292, 299, 306, 310
Trientalis europaea   167, 177
Trifolium repens   134, 136
Triturus alpestris   358
Triturus cristatus   359
Triturus helveticus   358
Trogtal   43, 44, 45
Tubificidae   311
Tundraarten   404
tundral   287
Tundral   283, 284
Turdus merula   364
Turdus pilaris   364
Turdus torquatus   364
Türkenbundlilie   133, 242, 261
Turmalin   68
Twinnia hydroides   301, 305
tyrphobiont   329

Übergangsmoor   158, 276
Überwachung   423
Ufermoräne   36
Ulmo-Aceretum   187, 240
Ulmus glabra   241
Umweltbildung   451

Ungern-Sternberg, Sven von   431
Unterkarbon   79
Uranerz   83, 420
Uranocircit   84
Uranophan   84
Urbarmachung   183, 184, 191
Urseetal   36, 37
Ursus arctos   390
Urtica dioica   138, 230, 241
Ur-Wutach   25, 26

Vacciniina optilete   333, 334
Vaccinio-Abietetum   219, 251
Vaccinio-Piceetea   251
Vaccinium myrtillus   117, 125, 221, 249, 250, 252, 256, 353, 371
Vaccinium oxycoccos   157, 161, 162, 165, 256, 332
Vaccinium uliginosum   165, 167, 256, 332
Vaccinium vitis-idaea   251, 252, 256
Valeriana tripteris   172, 354
Variszische Gebirgsbildung   16, 79, 91, 94
Vegetationsgliederung   186, 187, 190, 214, 217, 219, 248, 266, 274, 278
Veilchen   228
Venusia cambrica   354
Veränderungssperre   411
Verbote   426
Vergrusung   89
Verkehrsberuhigung   431
Veronica fruticans   175
Veronica montana   231, 242
Verordnung   402, 410, 411, 412, 413, 417, 420, 424, 425, 426, 427, 429, 457
Vertragsnaturschutz   423, 429
Verwerfung   19
Verwitterung   87
Vespertilio murinus   383
Viehbesatz   119, 426
Vierfleckbock   343
Viola canina   134
Viola palustris   153
Viola reichenbachiana   228
Vipera berus   360
Vögel   361
Vogelbeere   130, 131, 132, 176, 208, 211, 216, 219, 241, 247, 254, 259, 260
Vogelschutzgebiet   434, 436
Vogesen   20, 110
Vollzirkulation   308
Voralpen-Hellerkraut   136
Vorwaldvegetation   216, 259
Vulkanismus   82, 94
Vulkanschlot   64, 82, 94
Vulpes vulpes   385, 386

Wacholderdrossel   364
Wachtelweizen   251, 258
Wald-Bärlapp   250
Waldbesitzer   199
Waldbewirtschaftung   190, 199, 201, 202, 205, 248
Waldeidechse   359
Waldentwicklung   184, 190
Walderschließung   192

Waldfähigkeit   181, 182, 184, 260
Wald-Frauenfarn   224, 229, 237, 239
Waldgeschichte   190, 213
Waldgrenze   109, 216
Wald-Hainsimse   221, 224, 250
Waldhofstand   50, 51
Waldkauz   367
Wald-Läusekraut   141
Waldmaus   376
Waldmeister   228, 229, 236
Waldmeister-Buchenwald   187, 226, 229, 230, 266
Waldnaturschutz   202, 206
Waldquellen   242, 244, 259
Wald-Reitgras   133, 134, 225, 226, 236, 242, 261
Waldreitgrasflur   132
Wald-Rispengras   119, 134
Wald-Schachtelhalm   257
Waldschutzgebiet   200, 201, 202, 274
Wald-Schwingel   227, 228, 236
Waldspitzmaus   376
Waldsterben   422
Wald-Sternmiere   234, 242, 243
Waldtyp   219, 223
Waldweide   190, 193
Wald-Weide-Abgrenzung   425
Wald-Witwenblume   242
Waldzerstörung   192
Walzenfichte   277
Wanderfalke   366, 422, 424
Wandergebiet   442
Wannekar   32, 33, 277
Warnstorfia exannulata   141, 144
Warzenbeißer   408
Waschbär   390
Wasseramsel   290, 291, 303
Wasserfledermaus   381, 383
Wasserflöhe   310
Wasserscheide   25
Wasserspitzmaus   378, 379
Wechselblütiges Tausendblatt   169
Wechte   404
Wegegebot   426
Wegekonzept   432
Wehratal   28
Weichkäfer   336
Weichtiere   295, 311
Weidbuche   383
Weiden(gebüsch)   256
Weidenröschen-Storchschnabelsaum   241
Weideunkraut   118
Weidfeld   111, 134, 214, 263, 264, 276, 407
Weiße Hainsimse   221, 224, 249, 250
Weiße Schnabelbinse   163, 164
Weiße Waldhyazinthe   134
Weiß-Klee   134, 136
Weißwurz   224, 225
Weißzüngel   115
Wenigblütige Segge   166
Wesmaelius fassnidgei   287
Wesmaelius quadrifasciatus   288
Wichtelpfad   452
Wiederbewaldung   183, 184, 192, 193, 196, 204, 206, 248

Wiesenknopf-Borstgrasrasen   141
Wiesenpieper   362, 408
Wiesenvögelchen   333
Wiesetal   19, 23, 25, 28, 44
Wiesetalgletscher   29, 44
Wildkaninchen   384
Wildschwein   390, 391
Wildverbiss   203, 397
Wilmanns, Otti   420
Wimperfarn   172
Wimperfledermaus   381, 382
Windgeschwindigkeit   101
Windgfällweiher   35, 49, 79
Windheide-Borstgrasrasen   125
Windkraft   415
Windrose   102
Winkelseggen-Eschenwald   244
Winterquartier   380
Wintersport   412, 426, 429, 437, 438, 441, 453, 460
Win-win-Strategie   210, 460
Wirbser, Stefan   431
Wittenbachtal   420, 425
Wohnröhre   314, 315, 316
Wolf   192, 387, 389
Wollsackverwitterung   67, 81, 90
Woodsia ilvensis   172
Woodsio-Aspleniétum septentrionalis   172
Wühlmäuse   374
Wurmboden   318, 319, 320, 321
Wurmfarn   228, 229, 235
Würm-Kaltzeit   25, 27, 28, 29
Würm-Maximum   38, 45, 47, 48
Wurzelpilz   160
Wutach   23, 26, 35
Wutachschlucht   25, 26

xeromorph   162, 166
Xestia collina   353
Xestia speciosa   352

Zastler Eislöcher   48, 253, 292
Zastler Hütte   47
Zastler Loch   14, 46, 185, 260, 438
Zastlertal   46, 71, 73, 93, 181, 182, 218, 245
Zauneidechse   359
Zerbrechlicher Blasenfarn   176
Ziegenbeweidung   432, 433
Zippammer   365, 366
Zitronenzeisig   361, 408
Zootoca vivipara   359
Zuckmücken   288, 301, 307, 310, 329
Zungenbecken   32, 35, 41, 47, 49
Zungenbeckensee   33, 36, 37, 39
Zweifarbfledermaus   383
Zweiflügler   300, 305, 310
Zwergfledermaus   383
Zwerg-Glockenblume   173, 174
Zwerg-Ruhrkraut   122, 180
Zwergspitzmaus   377
Zwergtaucher   311
Zwerg-Vogelbeere   120, 130, 132
Zwergwasserkäfer   302

Die Beilage-DVD: Sämtliche Feldberg-Clips

Auch in der Umweltbildung nehmen »Neue Medien« einen immer breiteren Raum ein: So realisierte das Naturschutzzentrum am Feldberg gemeinsam mit der Gemeinde Feldberg schon 2007 das Projekt »Hosentaschen-Ranger«. Dabei handelt es sich um einen satellitengestützten Kleincomputer (PDA), der entlang des 12,5 km langen Feldbergsteigs an interessanten Punkten Wissenswertes zum Naturschutzgebiet Feldberg vermittelt. Der Filmemacher Dirk Adam aus Freiburg führte die Regie bei den zwölf Kurzfilmen, die im Rahmen dieses Projekts entstanden.

Um mit diesem Medium neue Zielgruppen und insbesondere auch ein jüngeres Publikum für Naturschutzthemen zu interessieren, wurden in den Filmen klassische naturkundliche Themen wie Glazialmorphologie, Geobotanik oder Forstgeschichte nicht »bierernst«, sondern auf sehr unterhaltsame Weise dargestellt. Die außerordentlich positiven Reaktionen zeigten, dass dieses neuartige Konzept auf große Zustimmung stieß.

Die Geräte, die in den ersten Jahren im Haus der Natur verliehen wurden, waren allerdings von Beginn an sehr störanfällig. Um die Filme dennoch verwenden zu können, wurden sie 2011 als »App« für Smartphones aufbereitet. Dieser multimediale Naturführer kann aus dem Internet heruntergeladen werden; der Werbefilm für diese App steht ebenfalls auf der DVD zur Verfügung.

Auf Grundlage des großen Erfolgs der Hosentaschen-Ranger-Filme wurden 2009 neue Filme in ähnlicher Machart für das Projekt »Talking Ranger« gedreht. Wiederum führte Dirk Adam die Regie. Konzept und große Teile des Drehbuchs stammten von Feldberg-Ranger Achim Laber. Beim »Talking Ranger« handelt es sich um eine Installation in der Ausstellung des Hauses der Natur. Eine künstliche Rangerfigur beantwortet auf Knopfdruck die »10 häufigsten Fragen zum Naturschutzgebiet Feldberg«. Die Puppe wirkt sehr lebensecht, da auf einen Styroporkopf das Gesicht des echten Rangers projiziert wird. Hauptziel war auch hier, die Themen so unterhaltsam aufzubereiten, dass sich auch solche Ausstellungsbesucher angesprochen fühlen, die sich »eigentlich« für Naturschutzthemen nur am Rande interessieren.

Das Projekt erfreut sich außerordentlich positiver Resonanz und mittlerweile bundesweiter Aufmerksamkeit und wurde im November 2011 mit dem Kommunikationspreis »Kompass« des Bundesverbands Deutscher Stiftungen ausgezeichnet.

Das auf der DVD enthaltene Bonusmaterial umfasst vier weitere Naturschutzfilme, die in der Zeit zwischen 2009 und 2011 entstanden sind. Die Filme über die LIFE-Projekte »Oberer Hotzenwald« und »Rohrhardsberg« wurden vom Regierungspräsidium Freiburg produziert, der Clip über das Zerstreute Gabelzahnmoos vom Naturschutzzentrum Obere Donau und der über Auerhühner von der Forstlichen Versuchs- und Forschungsanstalt (FVA) in Freiburg. Bei allen führte Dirk Adam Regie.